中国宪法年刊

CHINESE YEARBOOK OF CONSTITUTIONAL LAW

2019~2020

第十五卷

中国法学会宪法学研究会 主办

韩大元 莫纪宏 主编

法律出版社
LAW PRESS CHINA

北京

图书在版编目(CIP)数据

中国宪法年刊. 2019～2020 ：第十五卷 / 韩大元，莫纪宏主编. -- 北京 ：法律出版社，2022
ISBN 978－7－5197－7122－5

Ⅰ. ①中… Ⅱ. ①韩… ②莫… Ⅲ. ①宪法－中国－2019－2020－年刊 Ⅳ. ①D921－54

中国版本图书馆 CIP 数据核字（2022）第 173534 号

中国宪法年刊(2019～2020·第十五卷)
ZHONGGUO XIANFA NIANKAN
(2019～2020·DI-SHIWU JUAN)

韩大元
莫纪宏 主编

策划编辑 沈小英
责任编辑 陈 妮 毛镜澄 王 鸿
装帧设计 汪奇峰

出版发行 法律出版社
编辑统筹 法治与经济出版分社
责任校对 晁明慧
责任印制 吕亚莉
经　　销 新华书店

开本 710 毫米×1000 毫米 1/16
印张 26.5　**字数** 600 千
版本 2022 年 11 月第 1 版
印次 2022 年 11 月第 1 次印刷
印刷 北京虎彩文化传播有限公司

地址：北京市丰台区莲花池西里 7 号（100073）
网址：www. lawpress. com. cn
投稿邮箱：info@ lawpress. com. cn
举报盗版邮箱：jbwq@ lawpress. com. cn

销售电话：010－83938349
客服电话：010－83938350
咨询电话：010－63939796

书号：ISBN 978－7－5197－7122－5
定价：166.00 元

凡购买本社图书，如有印装错误，我社负责退换。电话：010－83938349

编辑说明

《中国宪法年刊》由中国法学会宪法学研究会主办，自 2005 年起每年出版一卷。由于新冠肺炎疫情等因素的影响，原本应当在 2020 年出版的《中国宪法年刊》(2019 · 第十五卷)，未能如期出版。本卷年刊为 2019 ~ 2020 两年的合集，依惯例序为第十五卷，由韩大元教授、莫纪宏教授任主编。现对各部分内容作如下说明。

第一部分为"学术论文"，选自本研究会 2019 年、2020 年年会论文和部分投稿论文，由学术委员会审稿选定。本部分发表的文章均为首发。

第二部分为"外国宪法(学)新发展"。本部分约请有外国法学习和研究背景的青年学者，翻译近年来有代表性的外国学者学术论文，并就德国、美国、英国、意大利、俄罗斯等国家 2019 ~ 2020 年的宪法(学)发展予以介绍、评述，以开阔学术视界。

第三部分为"重要学术会议综述"。本部分收录了中国法学会宪法学研究会 2019 年、2020 年年会以及第十六届"中国宪法学基本范畴与方法"学术研讨会、"后疫情时代"的法学反思——2020 年"宪法与部门法的对话"研讨会的 4 篇学术综述。

第四部分为"宪法学研究信息"。该部分从《中国宪法年刊》(2007)开始设立，目的是为宪法学研究者提供了解该年度我国宪法学研究进展与基本状况的信息，掌握宪法学研究的一些基本资料。本卷年刊收录了 2019 ~ 2020 年出版的学术著作及教材目录、2019 ~ 2020 届博士学位论文目录以及 2019 ~ 2020 年宪法事例等资料。此外，还收录了 2019 ~ 2020 年中国法学会宪法学研究会、地方宪法学研究会举办的宪法学方面的学术活动。在此感谢为资料收集提供支持的有关院校，也欢迎继续为编辑部提供信息。

《中国宪法年刊》的定位是反映中国宪法学的研究水平，记录中国宪法学的学术演变，旨在推动中国宪法制度的发展。出版年刊的目的是回顾年度宪法学发展的进展，了解国外宪法学研究动态，为宪法学教学与研究提供较详尽的资料。要实现这一目标和功能，离不开各位理事和广大宪法学工作者的支持与配合，对此编辑部表示由衷的感谢，也感谢法律出版社对年刊编辑和出版工作的大力支持。

年刊编辑过程中难免存在一些不足，在资料收集、论文选择等方面可能不够详尽周全，衷心希望各位读者提出批评与建议，努力使年刊日臻完善。联系邮箱是 xfxyjh@163. com。

为扩大本年刊及作者知识信息交流渠道，本年刊自创办以来的各卷均已被《中国学术期刊网络出版总库》及 CNKI 系列数据库收录，同时也被超星集团移动"域出版"平台及系列产品收录。为便于查找引用，本年刊"2005 卷"(2006 年出版)序为第一卷。建议引用格式为:韩大元、莫纪宏主编:《中国宪法年刊》(2019～2020·第十五卷),法律出版社2022年版。

本书出版得到盈科律师事务所资助,特此致谢。

《中国宪法年刊》编辑部

2021年5月

目　　录

第一部分　学术论文

第二部分　外国宪法(学)新发展

第三部分 重要学术会议综述

第四部分 宪法学研究信息

第一部分　学 术 论 文

宪法上人格概念的三个层次

余　军[*]

摘要："价值中立的"、宽泛意义上的"人格"概念可以区分为人格核心领域、内在自由与外在自由三个层面，宪法上个人权利与自由的全面保障即以此为依托而展开。在此框架中，可以观察到分别以"人性尊严""个人自由"为人权基础原理的德国基本法、美国联邦宪法在权利保障方面所呈现的结构性分殊与共同点。

宪法对人格利益的保护，集中体现为德日宪法上的人格权理论与颇具影响力的"一般人格权"概念。[①] 然而，人格概念在宪法上的意义并不仅限于此，正如萨维尼(von Savigny)所言：所有法律的目的就是保护人格，促进人格的独立发展。[②] 在德语中"人格"被解释为"一个人全部个人特性的总称"，[③]与这一日常语境中的人格概念相一致，德国宪法学界亦把"人格"界定为"在质量上和数量上对人的个性有意义的所有的事物"。[④] 这就是所谓"价值中立的"、宽泛意义上的"人格"概念——人作为理性的、社会的存在，其本质乃是一种包含精神、道德层面与外在、物质层面的"所有生活领域的全面存在"(menschliche Vollexistenz aufallen Lebensbereichen)。[⑤] 在此意义上，宪法上个人权利与自

---

* 浙江大学光华法学院教授、博士研究生导师。

① 有关德日宪法上一般人格权的研究，国内学者的代表性著述如下。林来梵、骆正言：《宪法上的人格权》，载《法学家》2008 年第 5 期；周云涛：《论德国宪法人格权——以一般行为自由为参照》，载《法学家》2010 年第 6 期；骆正言：《宪法上的人格权——以德日理论为主轴的规范分析》，浙江大学 2009 年博士学位论文。

② Edward J. Eberle, *Dignity and Liberty*, Praeger Publisher, 2002, p. 82.

③ 《朗氏德汉双解大词典》，外语教学与研究出版社 2002 年版，第 1293 页。

④ Klaus Mùller, Grundgesetz, Carl Heymanns Verl, 1976, S. 66. 转引自林来梵、骆正言：《宪法上的人格权》，载《法学家》2008 年第 5 期。

⑤ 在德国法上，另一种狭义的人格概念为汉斯·彼得(Hans Peters)所主张的伦理、道德意义上的人格，此概念因赋予人格"伦理上的崇高地位"而被认为不是以一种价值中立的方式对人的本质进行的描述。这两种人格概念代表德国宪法对"人格自由发展"的不同理解，即"一般行为自由保障"与"人格核心领域保障"之争。从德国联邦宪法法院的判决考察，"一般行为自由保障"显然处于主导地位。Sabine Michalowski and Lorna Woods, *German Constitutional Law: The Protection of Civil Liberties*, Dartmouth Publishing Company Limited Ashgate Publishing Ltd., 1999, p. 153 - 159.

由的全面保障即以此"人格"概念为依托而展开。按照美国学者爱德华・埃贝乐(Edward J. Eberle)的观点,这种人格概念可以进一步区分为以下三个相对独立但又相互交叠和关联的层面:(1)作为人格核心领域的自我设定(self-definition)与自我认同(self-identity),在宪法上则表述为个人自治(personal autonomy)与自我决定(self-determination);(2)人格内在精神层面上的自由,即内在自由(freedom of inner world);(3)人格外在层面上的外在自由(freedom of outer world),即行为自由(freedom to action)与表达自由(freedom of expression)。①

以上述人格概念的三个层面为依托,宪法所确立的各种权利与自由试图对"人类生活秩序"中人的"个性特征"形成全面保护,而"一般行为自由"与"一般人格权"作为概括的、无名的权利,其发挥的功能则在于——补充各专门的、有名的自由权保护的不足。②

人格概念的三层次划分,可以为我们认知宪法上权利保护的完整体系提供一个框架,而在这一框架内部各种宪法权利的结构性特征,则取决于不同宪法秩序中的人权保障基础原理。所谓人权保障基础原理,是指宪法理论中用以表明"人权保障之哲学立场""价值基础或逻辑起点"的规范性概念。③ 按照德国宪法学界之通说,这一概念乃是决定其他宪法条款的"最高宪法原则"、基本权体系之"出发点"与"基准点"、"宪法价值体系之基础或根本原则"。换言之,不仅宪法上所有的基本权利与自由皆以其为"基本理念",甚至所有的基本权利都可以视为这一概念的具体化。④ 德国《基本法》上的"人性尊严"与美国《联邦宪法》上的"个人自由"乃是立宪主义国家宪法上最具影响力的人权保障基础原理。前者被认为是一种"较重视个人与社会融合关系"、"亲自承担责任"与"社会一体性"的人格主义之权利论;⑤后者属于"立基于社会的独立个人与国家二元对抗的个人主义的权利论"。两者之间的共性与差异,完全体现在基于人格概念的三个层面所展现的权利保障体系之中。需要说明的是,美国《联邦宪法》中并没有出现完整的人格概念,⑥人格权亦非《权利法案》明确列举的权利。但正当程序条款的"任何人未经正当法律程序,不得被剥夺生命、自由和财产"之规定,被认为隐含了对人格的陈述,常被作为确

---

① See Edward J. Eberle, *Dignity and Liberty*: *Constitutional Visions in Germany and the United States*, Praeger publishers, 2002, p. 59 – 61.

② 参见周云涛:《论德国宪法人格权——以一般行为自由为参照》,载《法学家》2010 年第 6 期。

③ 参见林来梵:《人的尊严与人格尊严——兼论中国宪法第 38 条的解释方案》,载《浙江社会科学》2008 年第 3 期。

④ See Sabine Michalowski and Lorna Woods, *German Constitutional Law*: *The Protection of Civil Liberties*, Dartmouth Publishing Company Limited Ashgate Publishing Ltd., 1999, p. 97;李震山:《人性尊严与人权保障》,台北,元照出版有限公司 2000 年版,第 8 页。

⑤ 参见[日]阿部照哉、池田政章、初宿政典、户松秀典编著:《宪法——基本人权篇》,周宗宪译,中国政法大学出版社 2006 年版,第 91 页。

⑥ 美国法上较系统的"人格"概念首先出现在有关隐私权保护的学理之中,See Samuel Warren and Louis Brandies, *The Rights of Privacy*, 4 Harv. L. Rev., p. 193 – 220(1890)。

立有关人格利益保护的“基本性权利”之依据,在客观上亦形成了基于人格概念的不同层面而展开的权利保障之实质。①

本文尝试以人格概念的三层次为框架,对美、德两国宪法权利保障体系的共性与差异作一概览式的梳理。这一视角或可成为理解或比较“人性尊严”原理与“个人自由”原理所代表的两种不同人权理论的“桥梁”。

一、自我设定与自我认同层面

在关涉“人的存在”的本质问题上,个人通过一系列自由、自主的选择,从而实现自我设定与自我认同,反映在宪法语境中,则被称为个人自治与自我决定。这是人格概念中最为核心与内在的部分。个人自治与自我决定意味着“每个人按照他自己的愿望和期望塑造自己的生活”,成为自己生活的主宰者,并且能够对自己的生活进行自我管理和自我把握,这也是自由主义关于“个人自治与自决”的典型阐述。② 个人自治与自我决定作为人格的核心领域,还具有针对人格其他层次的“放射”效力。例如,生育、避孕或堕胎等个人生活领域中重要事项的选择或决定,不仅涉及个人“自我构想”(self-conceive)或“自我设定”(self-define),而且还反映出其内在信念、情感与情绪,亦关涉个人与外部世界关系中的“人格认同”(personal identity),即他人对自己的评价和认同感。如此,个人自治与自我决定便具备了针对人格的内在自由层面与外在自由层面的“放射”效力。③

个人自治与自我决定是个人主义人权理论与人格主义人权理论共同认可的人权保障的核心领域。在美国联邦最高法院与德国联邦宪法法院的诸多判例中,个人自治与自我决定的理念通过堕胎、避孕、生育权等有关判决体现出来(在德国,还包括有关“生理遗传”“姓名选择权”“性别选择”等判决)。两种人权理论在此层面上的共通性显示了其共同的自由主义本质。然而,两者在基础价值上的差异也使它们对这一人格核心领域的诠释各具特色。

德国人权理论中的个人自治与自我决定理念包含于“人性尊严”原理与“人格自由发展权”之中。“人性尊严”原理所包含的人格完整性与人格自由发展之含义,决定了个人自治与自我决定注重人格与个性的形成与发展;同时,个人的选择自由并不是在其自治领域“孤立地选择”,而是体现在个人与社会共同体的关系中,是一种受到责任约束的自由。因此,德国宪法上的个人自治与自我决定必须在两个维度上予以理解:

一是人格内在的、自由的发展之维度,它关注的是个人选择的结果对于人格发展、个人幸福的作用;

二是人格发展的责任维度,它聚焦于个人选择须承担的道德义务与社会责任,强调人格发展与社会共同体关系的协调。④

---

① See Edward J. Eberle, *Dignity and Liberty*, Praeger Publisher, 2002, p. 61.

② 参见[奥]曼弗雷德·诺瓦克:《民权公约评注》,毕小青等译,三联书店2003年版,第286页。

③ See Edward J. Eberle, *Dignity and Liberty*, Praeger Publisher, 2002, p. 125.

④ See Edward J. Eberle, *Dignity and Liberty*, Praeger Publisher, 2002, p. 150 – 151.

上述特征彰显于联邦宪法法院有关判决中。例如,在"变性人案"(Transexual Case)的判决中,德国联邦宪法法院认为:人性尊严与人格自由发展决定了个人对于自己的性别具有选择权,以协调其生理与心理的构成;生理特征以及有关性别信息的法律规制并非问题的关键,个人性别选择的终极目的在于追求"心灵与肉体的统一",这才是个人自治中的决定性因素。① 而在"遗产继承案"(Right to Heritage)中,法院认为个人对于自己生理遗传信息的发现有助于实现人格自我发现(self-discovery)与心理健康的价值。② 在此类案件中,一方面,法院强调的并不仅仅是个人选择的自由,其中心在于选择的结果对于生活质量与个人健康的影响;另一方面,法院还重视个人选择过程中自我责任和社会义务的承担。例如,在"变性人案"判决中,法院宣称,"个人可以依其所愿决定其私人事务,并塑造其自我负责的个人命运";在"变更姓名案"(Name Change Case)中,法院认定个人选择自己姓名的权利属于人格权的一部分,但须受到社会团体的习惯之限制。③ 上述判决体现了德国宪法上的整体性人格概念之中的个人自治理念,其中不仅具有自我决定、平等与尊重之内涵,而且其对个人责任的强调为个人自由设定了适当的尺度。

在"个人自由"基础原理之下,美国宪法中的个人自治与自我决定以防御政府为前提,其重点在于构建排除政府干预的个人自由选择的空间。美国宪法中并无完整的人格概念,其个人自治理论并非基于人格概念而建构。因此,与德国宪法相比,其个人自治与自我决定理念只具有单项维度——仅将其作为排除政府过度干预的个人的选择自由权,至于选择的结果对于个人生活质量与人格健康的影响则在所不问。另外,"个人自由"基础原理强调个人与国家二元对抗的个人主义立场,也使个人责任与社会义务观念在其个人自治理论中并无立足之地。④

"格瑞斯沃尔德诉康涅狄格州(Griswold v. Connecticut)案",被认为是法院首次较为系统地阐述了美国人权理论中的个人自治理论。道格拉斯大法官在此案中推导出的"自我决定权"(a right of privacy)⑤首次在宪法上确立一个排除政府干预的、关于个人生活

---

① *Transexual Case*,49 BverfGE 286,298(1978).

② *Right to Heritage I*, 79 BverfGE 256,268(1988).

③ *Name Change Case*,78 BverfGE 38(1988).

④ Edward J. Eberle,*Dignity and Liberty*,Praeger Publisher,2002,p. 151 – 152.

⑤ 我国学界一般将美国法上的"privacy"一词译为"隐私权",但实际上"privacy"具有多重意义,狭义的"privacy"是指"个人不愿意让他人知晓或干扰的私事与私人领域",广义的"privacy"具有"个人在某些重要事项中的自我决定"之意涵。例如,"迈耶诉内布拉斯加州案"与"皮尔斯诉姐妹会案"均涉及父母对子女的养育和教育的自由选择权,将"privacy"译为"自我决定权"更妥帖。"格瑞斯沃尔德诉康涅狄格州案"所涉及的"已婚夫妇使用避孕器具的权利"以及"罗伊诉韦德案"(Roe v. Wade)涉及的"堕胎权"中,虽具有"不愿意让他人知晓或干扰的私事及私人领域"之含义,但从整体上而言,译为"自我决定权"较"隐私权"更贴切,因为这两项权利的本质均在于个人在避孕或堕胎事项上的自我决定或选择之自由。本文根据"privacy"一词的不同使用语境,分别将其译为"隐私权"与"自我决定权"。如在个人的内在自由层面上,将"privacy"译为隐私权,而在个人自治与自我决定的层面上,则译为"自我决定权"。

重大事项的自我选择与决定的领域，它涵盖了生育、避孕、结婚以及抚养孩子等事项。哈兰大法官在此案的赞同意见中则提供了另一种关于个人自治的论证模式，他以正当程序条款中的自由概念来解释个人自治的领域，即“作为自由底线的”“隐含于秩序自由中的基本价值”。在哈兰看来，个人自治乃是个人自由的一部分，在此自由范围内，每个人都可以对影响本人生活的重大决定进行设定(define)。这就是所谓个人自治与自我决定理念的“消极”版本，其中心在于强调个人自治领域排除政府干预的“消极”面相以及对个人自由的尊重，而对自治领域中自我选择或个人自由的本质内涵着墨不多。① 1992年的“宾州东南计划生育所诉凯西案”②则被认为确立了所谓“积极的”个人自治理论，将重点从强调排除政府干预的消极面相转向注重个人选择的积极面相。法院在判决中着重阐述了个人选择自由的含义：“……这些事项关系到以个人尊严和自治为核心的、人生中最为私密和个人化的选择……自由的中心在于——个人有权设定一生中自我生存状态的意义、范围与奥秘。”

无论是个人自治理论的“消极”版本或是“积极”版本，它们均彰显了美国宪法中个人自治理念的重心在于对政府干预的防御以及对个人选择自由的保障。尽管其个人自治理论的“积极”版本中，亦包含了有关个人尊严的含义，但这并非德国宪法强调的个人与社会关系一体化的人性尊严，其落脚点仍然在于个人主义意义上的意志自由与自我实现。在美国宪法上，个人的尊严仅仅意味着选择的自由。③

总之，在个人自治与自我决定领域，“个人自由”与“人性尊严”基础价值的不同决定着两种人权理论聚焦点的差异。美国宪法中个人自治理论的要旨在于——在防御政府的前提下，实现个人自我决定空间、选择自由的最大化。这种理论将人视为不受社会整体性约束的“自我统治”(self-sovereignty)的行动者，体现了单一维度的人格概念。而德国宪法人权理论中的个人自治，则以人格的自由发展为关怀，强调自我选择自由与个人承担责任的并存，将个人自治与自我决定限定于完整的“人性尊严”原理或人格关系之中。在这个理论中，人乃是处于社会整体性关系中的理性的行动者，体现了一个多维度的个人概念。正如美国学者唐纳德·P. 柯默思(Donald P. Kommers)所言，这两种理论均试图对个人生活的核心领域进行定义，前者透过“自由的镜头”(lens of liberty)观察人，而后者则透过“尊严的镜头”(lens of dignity)观察人。④

二、内在自由层面

内在自由聚焦于人格概念的内在层面，意味着个人作为纯粹的“精神存在”，对于自己的内在精神世界(包括思想、信念、情感、欲念等因素)具有终极意义上的自主权，并使

---

① See Edward J. Eberle, *Dignity and Liberty*, Praeger Publisher, 2002, p. 125.

② Planned Parenthood of Southeastern Pennsylvania v. Casey, 505 U. S. 833(1992).

③ See Edward J. Eberle, *Dignity and Liberty*, Praeger Publisher, 2002, p. 151.

④ See Edward J. Eberle, *Dignity and Liberty*, Praeger Publisher, 2002, Preface.

之成为个人生活领域内在的“庇护所”(sanctuary)。① 德国联邦宪法法院将这一人格内在层面的核心要素表述为“不可侵犯的私人领域以及个人最终的‘自治领域’(ultimate dominion)”,在这个领域中,“个人可以依其所愿塑造自己的生活”。② 而美国联邦最高法院则将这一领域的核心要素表述为“文明人最看重的独处的权利”(Right to be alone)。③ 这个人格的内在层面,可从以下两个层面理解:

其一,个人具有选择从外部世界隐退(retreat)的权利;个人具有不受干扰地专注于自己的内在意识或内在精神层面的发展之权利,这在宪法文本中的规范表达即为“思想与良心的自由”或“宗教信仰的自由”;④当然,个人也可以选择积极地参与外部世界的活动,从而导向人格的外在自由层面。

其二,个人可以选择使自己的思想、信念、情感及欲念或其他个人特征、私人领域处于保密状态,甚至把它们作为不可侵犯的人格核心领域的内容,由此便产生了宪法上的隐私权(privacy)⑤保障;个人也可以向外部世界或者部分社会成员展示或表达自己的思想、信念、情感及欲念,从而与人格的外在自由层面发生勾连,这属于表达自由的保护范围。

从上述两个方面可以看出,人格的内在自由、外在自由以及核心领域三个层面并不存在非此即彼的明确界限,它们都有自己的核心内涵,但在外延上却存在广泛的交迭、融通之处,从而有机地构成了完整的人格概念。内在自由的核心内涵在于——个人内在的精神世界、私人领域的不受侵犯性,其实质是关于这个领域的保护与发展的问题。美、德两国宪法在个人内在自由的保障上存在较大的共通性。例如,在宪法审查中,两国宪法对于“思想与良心的自由”或“宗教信仰的自由”分别采用保护程度最高的“强烈内容审查”(intensive Inhaltskontrolle)基准或“严格审查”(strict scrunity test)基准。在隐私权的保护方面,两国宪法对于离婚、私人会话、免于诽谤的个人名誉等私人事项均给予保护。⑥ 然而,由于两国宪法人权保障基础原理的不同,它们在内在自由保障方面所表现出的不同之处亦十分显著,这尤其体现在隐私权的保障中。

美国宪法上的“个人自由”,蕴含着源自英国传统的“反权威主义”(anti-authoritarian-

① See Edward J. Eberle, *Dignity and Liberty*, Praeger Publisher, 2002, p. 79.

② See Donald P. Kommers, *The Constitutional Jurisprusdence of Federal Republic of Germany*, 328(1989).

③ Olmstead v. United States, 277 U. S. 438, 478(1928).

④ 参见[日]阿部照哉、池田政章、初宿政典、户松秀典编著:《宪法——基本人权篇》,周宗宪译,中国政法大学出版社2006年版,第128~129页。

⑤ 此处的“privacy”解释为“个人不愿意让他人知晓或干扰的私事与私人领域”,即隐私权,与前文中的“自我决定”形成明显区别。本文通过对“privacy”一词作严格解释,认为著名的“格瑞斯沃尔德诉康涅狄格州案”所确立的“privacy”,其重点在于个人的“自我决定”,属于人格核心领域的范畴,而非此处所讨论的“个人不愿意让他人知晓或干扰的私事与私人领域”意义上的隐私权。尽管在汉语中,“privacy”一词约定俗成地被译为“隐私”,但注重区分其双重含义(自我决定与隐私)在不同语境中的体现,已引起部分学者的高度重视。

⑥ See Edward J. Eberle, *Dignity and Liberty*, Praeger Publisher, 2002, p. 110.

ism)、怀疑主义(skepticism)精神,它造就了美国文化中强烈的对政府不信任的意识。在隐私权的保障中,这种不信任意识则体现为:着重于私人领域对于政府干预的排除,即强调"个人自由"原理的外在的、防御政府的面相,而对于所欲保护的私人领域的范围与内涵则不作细究。美国联邦最高法院的判例没有对隐私权的保护领域给出明确的内容,而是以对政府"消极"防御的方式大致划定了一个保护范围。塞缪尔·沃伦(Samuel Warren)和路易斯·布兰代斯(Louis Brandies)在其著作《隐私权》中建构的以人格为核心的隐私权概念——"不可侵犯的人格权"或"作为个人豁免权的人格权",①没有被宪法理论所充分吸收,只是借用其"独处的权利"(right to be alone)之概念,简单地用以概括个人内在自由的核心要素。在美国法上,被认为系现代信息社会隐私权保护的重点内容、与人格利益密切相关的个人信息保护,主要体现在各个单列的普通法律之中。② 美国联邦最高法院认为,国会制定的法律已经对个人信息作出了足够的保护,法院对此并没有太多的作为空间。在 1977 年的"慧伦诉罗伊案"(Whalen v. Roe)中,尽管联邦最高法院认为"大量的政府文件以及计算机数据库中所储存的个人信息是对个人隐私权的一种威胁",但仍然拒绝以第十四修正案中的自由条款对个人信息决定权作出保护。③

美国宪法对于隐私权的保护力度受制于其对言论自由的保障。言论自由被视为美国宪法上首要的"民主制度"以及"个人自由"的根本保障。美国社会的民主传统和民主理念对宪法上关于个人价值的定位产生了重要的影响,其宪法上的个人形象不仅是个人主义意义上的"坚强、自足、勇敢"的个人,在某种程度上也是一种"立足于公众生活的个人",即公众人物被设计为"坚韧的、能够在恶劣环境中生活的个人",他们必须忍受社会公众对其私人生活的限制与干扰、甚至是对其个人名誉的贬损。④ 因此,当言论自由与公众人物的隐私权产生冲突时(如新闻媒体的报道侵犯了公众人物的名誉),美国宪法倾向于保障言论自由。⑤ 与美国宪法形成鲜明对比的是,德国宪法对个人隐私权的保障聚焦于"个人尊严"与"人格的自由发展",侧重于对隐私权实质内涵与保护范围的建构,最终目的在于实现个人生活内在领域的人格发展。"人性尊严"原理及其所蕴含的人格自由发展的要求使对人格完整性(integrity of human personality)的追求成为隐私权保护之首要内容,人格完整性不仅是指个人在私人领域独处的权利,更应该包括其人格的维护与

---

① Samuel Warren and Louis Brandies, *The Rights of Privacy*, 4Harv. L. Rev. , 193 – 220(1890).

② 如 1974 年《隐私权法案》(Privacy Act)与 1994 年《司机隐私权保护法》(Driver's Privacy Protection), See Edward J. Eberle, *Dignity and Liberty*, Praeger Publisher, 2002, p. 94。

③ Whalen v. Roe, 429 U. S. 589, 591(1977).

④ New York Times Co. v. Sullivan, 376 U. S. at 273.

⑤ 有关这方面的一个典型例子是,如果按照欧洲法律的标准,新闻媒体对克林顿与莱温斯基绯闻的报道对个人隐私权的损害已经达到了令人难以忍受的地步,但美国法律和社会主流观念对言论自由的偏好使当事人在这一事件中的处境被认为仍然是可以接受的。See Edward J. Eberle, *Dignity and Liberty*, Praeger Publisher, 2002, p. 110.

培育。实现人格完整性的前提条件则是私人领域对整个外部世界的防御。[①] 因此,德国宪法上隐私权的防御对象不仅涉及国家,还包括社会公众与第三人,并划定了一个宽阔而明确的私人领域。这一私人领域体现在1980年“艾普拉案”所确立的“一般人格权”的保护范围以及1984年“人口普查法案”(Census Act Case)判决所确立的“信息自我决定权”(right to informational self-determination)之中,主要包含:(1)私人领域、秘密领域以及个人保密领域;(2)个人的名誉;(3)对有关自己记述的处分权;(4)对有关自己个人肖像、特定语言的权利;(5)特定情形中不被歪曲性地采访、免受被捏造地加以描述的权利等。[②]

尽管言论自由也是德国宪法上的重要个人权利之一,但当言论自由与隐私权发生冲突时,德国联邦宪法法院对于后者的保护力度显然要强于美国联邦最高法院。例如,著名的“酒徒案”(Drunkard)[③]、“墨菲斯特案”(Mephisto)[④]以及“索拉雅案”(Soraya)[⑤],均体现了德国联邦宪法法院对个人隐私权的保护力度,即无论是以虚构的或是以真实的信息对个人进行描述,只要有损于人格利益,言论自由的利益即受到限制而侧重于保护隐私权。当然,是否保障个人隐私仍需结合个案事实进行利益衡量方能确定。“莱巴赫案”(Lebach)的论证过程就是一个典型的在言论自由(电视台的报道自由)与隐私权(人格权、名誉权)之间衡量的过程。[⑥] 该案判决系德国联邦宪法法院在隐私权保护方面典型的事例,其判决内容包含了“人性尊严”原理所蕴含的着重保护人格完整性、注重人格利益与其他宪法价值的协调之要求。

综上可知,由于人权保障基础原理的不同,美、德两国宪法在隐私权保护领域的差别亦具有前述人格核心领域的特征。美国宪法注重于排除政府干预的私人领域的保障,仍然是一种外在的、防御性的保护;而德国宪法则以内在的人格自由发展为目的建构隐私权保护体系。这一不同决定了两国宪法在隐私权的保护领域、防御对象等诸方面的差异。以人格利益保护为核心的隐私权概念使德国联邦宪法法院细究于各种人格特征在隐私领域的具体“辐射”(radiation)——语言、肖像、个人信息等,并发展成为十分精致的“基于人格多种面向的隐私权保护”,其最终落脚点在于:维护和培育人格的完整性。而

---

① See Edward J. Eberle, *Dignity and Liberty*, Praeger Publisher, 2002, p. 105.

② 参见林来梵:《从宪法规范到规范宪法——规范宪法权的一种前沿》,法律出版社2001年版,第169页;Census Act Case, 65 BverfGE 1(1984)。

③ Drunkard Case, 78 BverfGE 77, 78(1988).

④ Mephisto Case, 30 BverfGE 1, 73(1971).

⑤ Soraya, 34 BverfGE 269(1973).

⑥ Lebach Case, 35 BverfGE 202(1973). 在该案的论证过程中,电视台对犯罪事实的报道(言论自由)是否受到保护,最终取决于该犯罪事实是正在发生的事件或是过去发生的、已经受到法律制裁的事件。如系前者,那么,公众具有知晓该事件可能导致的危险之现实需求,此时则应当保护言论自由;如系后者,那么电视台的报道不必要地公开了该案的犯罪细节,侵犯了业已受到法律制裁的罪犯的人格权,由此导致的名誉损害将对该罪犯重返社会造成不利的影响。此案属于后一种情况,法院判决保护个人的人格利益。

美国宪法隐私权的保护则专注于对政府的防御，以保障其私人领域的安宁与自由。因此，其最终落脚点在于个人"独处的权利"之实现。

三、外在自由层面

人格外在层面的自由体现为行为自由（freedom to action）与表达自由（freedom of expression）。它们都具有"塑造外在生活"与"显示人格内在层面"的双重功能。行为自由意味着一个人可以按照自己的意愿自由地作为或不作为，并在此过程中塑造自身与外在世界的关系，追求人格认同（personal identity）的实现，同时这也是内在人格特征显现的过程。① 而表达自由则关涉个人的"自我描述"。一方面，每个人思想、情感、理念、欲望的表达均体现了其内在人格层面的自我意识、自我定位与自我预期；另一方面，通过表达与交流活动，人们维系了改变自己生活的可能性，表达与交流的过程实际上是一个影响他人（包括影响他人对自己看法），并最终形成他人关于自己的部分形象的过程。② 尽管美、德两国宪法在行为自由、表达自由的保障方面存有本质性的共同点，但两者在这一领域所呈现的差异则更为显著，并被视为其人权体系中最能体现人权保障基础原理不同的部分。

在行为自由层面上，德国联邦宪法法院与主流学说以"一般行为自由"保障为基准。其依据系德国《基本法》第 2 条第 1 项所规定的"人格自由发展权"。由于采用了宽泛的人格概念，德国《基本法》第 2 条第 1 项被解释为具有涉及所有自由权的效力，即个人可以完全自由地选择或作出行为，以实现其人格。"一般行为自由"包含了不属于"人格核心"（精神、道德的层面）意义上的"庸俗"（Banausentum）的人格发展。日常生活中琐碎而平常的个人自由因具有保障个人对生活方式的积极塑造之功能，因而也和那些具有"伦理上崇高地位"的生活层面一样受到基本权规范的保障。因此，德国宪法上的"一般行为自由"是一种价值中立、无所不包的"行为自由"。例如，宪法法院在判决中确立的"出国旅行的自由"、"在林中骑马的自由"以及"放鹰狩猎的自由"等均属于"一般行为自由"的保护范围。③ 德国《基本法》第 2 条第 1 项的宽泛保障的领域被认为是来自"人性尊严"原理的"放射效力"（Selbstbesti mmungswirkung）。如果说"人性尊严"规定在于保障人类本身的"静态存在"（statische Existenz），那么"人格自由发展"条款则属于对"动态自由"（dynamische Freiheit）的保障，④即对最广泛意义上的人的行为自由的保障。⑤ 基于"人性尊严"原理强调个人与社会关系的协调、社会一体性及个人承担责任之要求，"一般行为自由"尚需受到德国《基本法》第 2 条第 1 项规定的"宪法秩序"、"他人权利"及

---

① See Edward J. Eberle, *Dignity and Liberty*, Praeger Publisher, 2002, p. 59.

② See Edward J. Eberle, *Dignity and Liberty*, Praeger Publisher, 2002, p. 189.

③ Elfes, 6 BverfGE 32; Rider in the Woods, 80 BverfGE 137; Falconry Licensing, 55 BverfGE 159.

④ Alfred Katz, ebenda; Ingo von Münch, Grundbegriffe des Staatsrechts I, 4. Aufl. 1986, S. 288.

⑤ BVerfGE6, 32(36), cited from Robert Alexy, *A Theory of Constitutional Rights*, translated by Julian River, Oxford Press, 2002, p. 224.

“道德律”的限制。在宪法实务中,法官需根据案件事实,在“一般行为自由”所涵盖的初步权利与限制条件之间进行利益衡量,方能决定权利保护的确定范围。

美国宪法中并没有关于“行为自由”的概括性规定。个人在日常生活或社会关系中的行为自由由一般法律划定范围并予以保护。在宪法层面上,正当程序条款中的自由概念被认为隐含着关于行为自由的内容。在诸多判例中,正当程序条款中的自由概念被解释为“基本性的”、“隐含于秩序自由概念中的”或者是“深深植根于民族传统与历史中的”自由。根据美国联邦最高法院于1947年“亚当逊诉加利福尼亚州案”(Adamson v. California)①所确立的“选择并入”理论以及1968年“邓肯诉路易斯安那州案”(Duncan v. Louisiana)②对“并入”范围的扩张,正当程序条款中的“自由”概念不仅囊括了《权利法案》列举的大多数实体性权利与程序性权利,而且也是未列举宪法权利的渊源。这些权利被统称为“基本性权利”(fundamental rights),包括涉及人格核心领域、内在自由层面与外在自由层面的诸多权利。正当程序条款中的“自由”概念因而也可解释为包含了对行为自由的保障,但这种行为自由是一种“附随”于其他权利保障的行为自由,如隐含于结婚、生育、避孕等属于“个人自治与自我决定”范围内的行为自由、表达自由中所包含的行为自由要素等。因此,基于正当程序条款所保障的“基本性权利”之“自然权利”属性,③由其所“衍生”的行为自由保障乃是一种更接近“人格核心”领域、具有“伦理上崇高地位”之生活层面中的行为自由,而不是德国宪法上的“一般行为自由”。但这并不意味着美国法律对个人行为自由的保障范围较德国法律狭窄。正如前文所述,美国民众大量日常生活中的行为自由均受到宪法以外的普通法律的保障。

两国宪法在行为自由保障方面的差异仍可在人权保障基础原理的层面上得以解释。“人性尊严”原理以人格的完整性(integrity)与人格的自由发展为要旨,从而要求宪法必须对人格的所有层面提供完整而充分的保障,这自然将日常生活中的普通行为自由纳入了宪法的保障范围。而美国宪法上完整的人格概念的缺失则决定了其无法产生类似于“一般行为自由”的权利保障构造。

在表达自由保障层面上,美、德两国宪法存有根本性的共同之处。两者都将表达自由视为个人发展、民主政治与公共舆论形成的必要条件;两者均认为关于个人思想的自由表达具有对抗多数人的效力;两国宪法均以政治、文学、艺术以及科学研究方面的表达自由为保障之中心;④基于表达自由的易受侵害性,两国宪法都以严格的审查基准加强保

---

① Adamson v. California,332 U. S. 46 - 68(1947).

② Duncan v. Louisiana,391 U. S. 145(1968).

③ 根据联邦最高法院在“迈耶诉内布拉斯加州案”(Meyer v. Nebraska)中的权威解释,基本性权利乃是“依据自然正义或者美国历史、社会中的传统价值,个人在有序的自由社会中所不可或缺的、极其重要的权利”。Meyer v. Nebraska,262 U. S. 390(1923).

④ See Donald Kommers,*The Jurisprudence of Free Speech in the United States and the Federal Republic of Germany*,53 S. CAL. L. Rev. 657 - 692(1980).

护力度,对公众性的表达活动则加强维护并提供便利条件。然而,人权保障基础原理的不同也决定着两国宪法在表达自由保护领域的分殊。

首先,表达自由被视为美国宪法上首要的、具有象征意义的个人自由。这体现了美国传统的民主理论对表达自由所发挥的维系民主政治的功能之极度重视,也蕴含着从"个人自由"原理所衍生的——在个人与国家的对抗关系中,个人通过表达自由监督、控制国家的宪法构想。在过去的40年间,美国联邦最高法院通过一系列判例试图实现其"不受国家和社会约束的、无拘无束地表达自由的理念",以确保每个人可以"自由地思想、自由地表达",[①]从而将美国宪法上表达自由的保障推向了极致。相反,德国宪法上的表达自由则受到了较多的限制。尽管德国联邦宪法法院在1994年的两个判决中宣称要加强对"自由言论"的保护,"无论言论的内容是有价值的或是无价值的、真实的或错误的、理性的或非理性的",[②]但其"人性尊严"原理所要求的人格完整性、个人承担责任之含义决定了其言论自由保障必然要受到社会规范与社会义务的约束。这种差别在以下两个案件中形成鲜明的对比:在1994年的"奥斯威辛谎言案"(Auschwitz Lie Case)判决中,德国联邦宪法法院认为,表达自由虽然属于宪法保障的基本价值之一,但须受到宪法秩序与社会责任的限制,因而禁止了一次旨在否认奥斯维辛大屠杀的示威活动。[③] 与此形成对比的是,在1989年的"R. A. V. 诉圣保罗"(R. A. V. v. St. Paul)判决中,美国联邦最高法院认定,白人少年于深夜在黑人邻居院子里燃烧十字架,表达种族仇恨的行为虽然应该受到刑事法律的惩罚,但仍属于宪法上的表达自由的范围。[④] 该案显示了美国联邦最高法院将表达自由视为"绝对原则"的理念,法院认为,因表达行为给社会造成的冒犯或负担是为了实现表达自由的理想而必须付出的代价。

整体而言,美国宪法上的表达自由体现了绝对的、排他性的个人主义倾向。正如唐纳德·柯默思(Donald P. Kommers)教授所言,在美国宪法上,"自由的实现往往在一定程度上以牺牲诸如社会秩序、社会礼仪等社会性价值为代价"。[⑤] 而德国宪法保护的表达自由则是一种在整体社会秩序中的适度的个人自由。

其次,两国宪法在表达自由保障方面的差别主要体现在隐私权对表达自由的限制方面,德国宪法上隐私权对表达自由构成的限制要远远大于美国。这被认为是两国宪法在人权保障领域的最显著的区别。[⑥] 这一特征亦可通过以下两个案例观察到:在美国的"皮条客杂志诉福尔维斯案"(Hustler Magazine v. Falwell)中,皮条客杂志社(Hustler

---

① See Edward J. Eberle, *Dignity and Liberty*, Praeger Publisher, 2002, p. 231.

② *Denial of Responsibility for World War* Ⅱ, 90 BverfGE 1, 15 (1994); *Soldiers Are Murderers*, 45 NJW 2943, 2943 (1994).

③ *Auschwitz Lie Case*, 90 BverfGE 241 (1994).

④ R. A. V. v. St. Paul, 505 U. S. 377 (1989).

⑤ See Edward J. Eberle, *Dignity and Liberty*, Praeger Publisher, 2002, Preface.

⑥ See Edward J. Eberle, *Dignity and Liberty*, Praeger Publisher, 2002, p. 232.

Magazine)以漫画形式将作为政治公众人物的牧师的第一次性经历描述为“在醉酒的状态下与其母亲在户外发生的乱伦行为”。美国联邦最高法院认为,该漫画不能认为是对事实的陈述,因此不构成“恶意中伤”,尽管该漫画对当事人的情感造成了伤害,但这是一种“为了实现美国不受约束的表达自由理念而导致的痛苦”,因而认定杂志社的漫画属于表达自由的范围,并拒绝保护公众人物的名誉权。相反,在德国的“斯特劳斯政治讽刺案”(Strauss Political Satire Case)中,将一位著名政治家以漫画的形式描绘为正在进行性交的小猪却构成了对人格利益的侵害,而不属于表达自由的保护范围。德国宪法法院认为,性行为是人性尊严保护范围的重要内容之一,将人描绘为动物,尤其是正在从事性行为的动物,是对人格权的严重侵犯。①

美、德两国宪法在表达自由、隐私权保护上的差别,首先率先体现在宪法文本的层面上。美国宪法第一修正案对言论自由的规定采用了一种概括的、绝对的、没有任何限制条件的表达方式,正如布莱克(Black)大法官指出的,该条款“包含了平凡易懂的、但却是绝对性的语言”。② 德国《基本法》第5条则列举了表达自由保护范围的详细内容,并规定了限制条件;与隐私权相关的人格权规定于在宪法上具有崇高地位的“人格自由发展”条款中。两国宪法的上述差别还体现于其人权保障基础原理之中。美国宪法上并无完整的人格概念,人权理论中因人格概念缺失而留下的“空隙”(lacuna)则被“自由”理念所填补,“个人自由”基础原理的终极目标就是个人的自由与自治,而自由实现的必要条件是对政府的防御。③ 在现代民主制度中,表达自由成为个人对抗政府、公共舆论形成的必备条件。因此,在“个人自由”原理的“统率”之下,个人享有高度的表达自由便成为美国宪法的应有之义。而德国宪法上“人性尊严”原理以人格的自由、健康发展为终极目的,并强调“个人与社会的融合关系”。前者决定了德国宪法对属于人格内在自由的隐私权保障的重视,而后者则产生了适度的表达自由之要求,以协调个人自由与社会秩序的关系。

四、结语

以人格概念的三个层面为视角,可以清晰地窥见宪法上权利保障的完整体系。在这一体系中,权利以两种不同的形态呈现:首先是宪法明文列举的各种权利,如与人格内在层面相对应的思想与良心自由、宗教信仰自由等,与人格外在层面相对应的表达自由、人身自由等;其次是通过概括性权利规定以承接、弥补明文列举权利之不足,从而形成对基本权利的无漏洞保障,如德国《基本法》上的“一般人格权”“一般行为自由”分别对应于人格概念的内在层面、外在层面的权利概括性保障,而美国《联邦宪法》中的正当程序条款则作为“枢纽式”的权利条款,对人格所有层面的权利进行概括性保障,从而成为衍生、

---

① *Strauss Political Satire Case*, 75 BverfGE 369(1987).

② Hugo L. Black, *The Bill of Rights*, 35 N. Y. U. L. Rev. 865, 874(1960).

③ See Edward J. Eberle, *Dignity and Liberty*, Praeger Publisher, 2002, p. 233.

确立新权利的母体条款。

德国《基本法》中的“人性尊严”原理与美国宪法中的“个人自由”原理在人格概念三个层面的权利设置中显现不同的特征。“个人自由”原理在具体权利的保障中呈现“外在导向”(outer-orientation)、“单维度”(single demension)特征，无论是在人格核心领域还是在内在自由保障方面，均强调外在层面的对政府干预的排除与防御，而对保护领域本身的内涵则“着墨不多”，简单地以“自由”或“个人的独处权”概括之；而在表达自由领域，则以“不受约束的表达自由”理念使个人自由成为绝对的原则。相反，“人性尊严”原理则呈现一种“内在导向”(inner-orientation)与“多维度”(multiple-demension)的特征，即注重保护领域实质内涵的建构。一方面，以人格的自由发展作为人权保障之终极关怀，注重人格特征的具体表现与全面保护，这一点尤其体现在其“基于人格多种面向的隐私权保护”与“一般行为自由”保障中；另一方面，以社会责任和社会义务约束个人的自由，寻求个人与社群关系的协调性。

除上述分殊外，“个人自由”与“人性尊严”原理亦体现较为本质的共同性。它们都将个人自治与自我决定视为人权保障的核心领域，从本原上看，自由主义乃是“个人自由”与“人性尊严”原理的基本信条。两者之间的分殊实际上可以视为人权理论中关于自由主义的两种不同的诠释进路。正如唐纳德·柯默思(Donald P. Kommers)所言，“如何在个人自由的热望与组织化社会的要求之间达致一个平衡，是宪法的一个中心课题。德国宪法和美国宪法沿着不同的道路实现了这一平衡，显示了两种不同的解决自由与社群关系的路径”。①

---

① Edward J. Eberle, *Dignity and Liberty*, Praeger Publisher, 2002, Preface.

我国宪法“语言文字条款”释义

王宏英*

摘要:我国现行宪法结构性语言文字条款形成几近40年,相关的解释性研究却寥若晨星。语言文字不仅是社会文化现象,更是一个主权国家的聚合符码。“各民族语言”是多元的,而“国家语言”是一维的。“国家语言”源自使用最广泛、传播最悠长的“印刷语言”。国家、各民族、公民三者间的语言文字“群己权界”构成我国宪法语言文字自由的解释性命题。深究宪法原理,国家语言文字自由本质上属于国际法视域下主权国家的集体自决权;各民族语言文字自由可归结为域内作为文化共同体的各民族的文化权;公民个人的语言文字自由则涵摄于公民的受教育权。唯其如此,公民语言文字自由与各民族语言文字自由之间、各民族语言文字自由与国家语言文字自由之间,均互为双向的消极自由;国家语言文字自由于其公民而言,则呈现积极自由属性。

一、语言的本质及其所界定的民族群体

18世纪末期,西方学者在探究语言起源问题时,几乎同时开始关注与之相关的民族问题,这一学术现象如果用“巧合”来分析必然显得肤浅,而只有回归语言的本质才能获得解释。一个人不可能形成某种语言,语言总是一群人的沟通和叙事方式。人生来首先学会的总是围绕在他身边的一群人正在言说的语言,此所谓“母语”,然后通过再教育习得更多的其他民族的语言。总之,一种通用语言背后总是存在一个民族群体。正是在这一层面上,尼古拉斯·奥斯特勒,这位掌握26国语言学知识的语言学家认为“语言的本质是界定群体”。① 语言不是抽象的、仅仅传达信息的沟通工具和语音系统,虫鸣蛙叫、虎啸猿啼都是在传递某种信息,但人类语言一定是作为某个特定区域的群体成员理解彼此身份、编织共同历史、传递共同记忆的意义系统。

关于语言与民族的起源以及二者间关系的阐释先后形成了两种最具影响力的学说。其一是出现于18世纪的典型的历史文化主义,其二是出现于20世纪的主流的民族国家

* 西南政法大学博士研究生,西北师范大学法学院教授。

① [英]尼古拉斯·奥斯特勒:《语言帝国:世界语言史》(第3版),章璐、梵非、蒋哲杰、王草倩译,上海人民出版社2016年版,“前言”第2页。

主义。以下分而述之：

(一)作为文化共同体的“各民族”

无论在民族还是语言起源问题上，德国哲人约翰·赫尔德都是一个无法绕开的先驱人物。此君在语言学史上是公认的一块重要界碑。① 17、18 世纪的西方，语言神授说依然甚嚣尘上，赫尔德不是第一个，但却是最有分量的一位批驳者。“当人还是动物的时候，就已经有了语言；语言并非脱胎自神的语法书上的字母，而是源于人类自由的器官所发出的野性的声音。”②这些话语在今天看来极为稀松平常，但在当时的语境中无异于振聋发聩之声。赫尔德采用神赋予人理性，而人基于现实生活需要发动理性创造出语言的论证逻辑，巧妙地回击了语言神授论。同时，他也讨论了语言的书写问题，“拿所谓最早的神造语言希伯来语来说吧(世界上绝大多数字母是从它那里继承来的)：它的整个语法结构，大量相似而易混淆的字母，特别是完全缺乏元音[字母]，都充分证明它在初始阶段发音非常生动，根本写不出来……只是在希腊人那里，这类生动的送气音才第一次由正式的元音标示出来”。③ 与此同时，赫尔德在论证人类语言起源的过程中率先探索了民族问题，他发现了人的语言与人所栖身其间的民族间的内在秘密——“人绝不是卢梭式的孤独的林中人，因为他有语言；人也不是霍布斯式的狼，因为他有家族语言。而在其他方面，人也绝非一只不能自我调节以适应环境的羊；他的自然本性可以发展，他可以形成新的习惯、构成新的语言”。④ 而每一种新的语言的形成“并不在于气候条件或地理环境，而是在于家族或民族之间的相互仇视；像‘客人’、‘野蛮人’、‘敌人’、‘讲陌生语言的人’这样一些词看起来不应同出一源，但所有较小的民族和语言的历史都证明了这些词确有词源联系”。⑤ 如此，赫尔德在解决语言起源问题的同时，发现人类语言的分化总是与民族的分化如影随形，不同语言几乎是不同民族的区分代码。

从学术立场看，约翰·赫尔德倾向于从历史文化视角将民族理解为一种“历史文化共同体”。他从人类本性和人类成长史中看到“面对毛发蓬然的黑熊和浑身带刺的豪猪，人是一种孱弱无能、一丝不挂的动物。所以，人需要洞穴，人的洞穴很自然地是集体的洞穴”。⑥ 质言之，由于生来某些本能低于动物，出于保存自己的基本需求，人天然地寻求“集体洞穴”的温暖和护佑。这一“洞穴”一开始可能是混居的原始部落，后来发展为婚俗伦理基础上的注重血亲承袭关系的家庭、家族以及由家族不断分化而来的民族。各民

---

① 1769 年，柏林普鲁士皇家科学院组织关于语言起源问题的有奖征文活动，最终拔得头筹并荣膺论文指定出版权的唯有约翰·赫尔德的《论语言的起源》。其文一方面有力地证伪了当时的语言神授论，另一方面辩驳了同持反语言神授论立场的法国学者孔狄亚克和卢梭语言理论的不足。

② [德]J. G. 赫尔德：《论语言的起源》，姚小平译，商务印书馆 2014 年版，第 5、14 页。

③ [德]J. G. 赫尔德：《论语言的起源》，姚小平译，商务印书馆 2014 年版，第 13 页。

④ [德]J. G. 赫尔德：《论语言的起源》，姚小平译，商务印书馆 2014 年版，第 112 ~ 113 页。

⑤ [德]J. G. 赫尔德：《论语言的起源》，姚小平译，商务印书馆 2014 年版，第 113、115 页。

⑥ [德]J. G. 赫尔德：《论语言的起源》，姚小平译，商务印书馆 2014 年版，第 98 页。

族群体相互间再次由于现实的安全感、浓厚的集体荣誉感而互生嫌隙、仇恨甚至爆发战争。长久区隔、敌视的状态又促动各民族有意识地创造出一些标示本民族独特性的文化符号,这些特殊的符码一旦生成又被历史缝合成一个民族的集体自我影像,继而再通过亲属关系不断获得传承,最终,共享同一种历史文化遗产的社会群体无论死者、生者皆属于同一个民族。希罗多德就曾这样描摹希腊的民族性,“我们血脉相承,语言相通;我们(斯巴达人和雅典人)拥有共同的祭司神灵的庙宇和相同的祭品;我们的习惯在共同的成长经历中形成”。[①] 斯巴达人和雅典人都归属于希腊民族,这个共同的民族既不同于他们各自的家庭和城邦,又是家庭与城邦的合体与超越。无论如何,人人都归属于某个民族,个体生命降临之刻必是与某个民族关联之始,源远流长的祖谱、故土情结、个殊的习俗、独特腔调的语言、书写精巧的文字、民间故事、神秘传说、宗教信仰等,这些挥之不去的种种仿佛刻在心头的胎记,终身萦绕相随,难以摆脱。受这些相似记忆缠绕和触动的人们,往往属于一个民族,无论其身在何处,又实际使用怎样的语言与人交流。总之,在赫尔德等人文主义者看来,民族本质上是一个隐含着强大“现时深度”(temporal depth)[②]的人类文化共同体。

(二)作为政治共同体的“民族国家”

人类发展至近代,语言作为单一民族标记的特征开始脱落。即使是说着相同语言的人也会反目成仇,如众多殖民地与其母国原本说着相同的语言却纷纷倒戈相向。与此同时,已经出现的大量民族国家域内的“各民族”人民事实上又各说各话,语言千差万别。正是看到了这些复杂现象,本尼德克特·安德森另起炉灶,重新认识语言与民族,他决然否弃了“历史文化共同体”意义上的民族概念,而将之界定为“一种想象的政治共同体——并且,它是被想象为本质上有限的,同时也享有主权的共同体”。[③] 不难看出,安德森也认可民族在地域上是有限的,在精神上是一个易令人产生依赖感的共同体,这与文化阐释主义有些相似,但是,安德森的民族共同体却被他赋予了“主权”特质,他解释说:“这个概念(指主权)诞生时,启蒙运动与大革命正在毁坏神谕的、阶层制的皇朝的合法性。民族发展臻于成熟之时,人类史刚好步入一个阶段。民族于是梦想着成为自由的,衡量这个自由的尺度与象征的就是主权国家。”[④]由此判断,安德森的基本立场是将“民族”看作“民族国家”这样的“政治共同体”。既然安德森的“民族”与“民族国家”实

① [美]斯蒂芬·格罗斯比:《民族主义》,陈蕾蕾译,译林出版社2017年版,第2页。

② 这是学者斯蒂芬·格罗斯比在描述民族属性时提出的一个重要概念。需要说明的是,笔者认为,译为“现时深度”更能体现作者的原意,因而未采纳译著“时间深度”的表达。参见[美]斯蒂芬·格罗斯比:《民族主义》,陈蕾蕾译,译林出版社2017年版,第7页。

③ [美]本尼迪克特·安德森:《想象的共同体:民族主义的起源与散布》,吴叡人译,上海人民出版社2011年版,第6页。

④ [美]本尼迪克特·安德森:《想象的共同体:民族主义的起源与散布》,吴叡人译,上海人民出版社2011年版,第7页。

际上是同一的，也就不难理解安德森的民族为什么迟至近代才起源，他解释说："在历史上直到三个根本的、都非常古老的文化概念丧失了对人的心灵如公理般的控制力之后，并且唯有在这个情况发生的地方，想象民族的可能性才终于出现。"[①]他所谓的三个概念分别指的是宗教共同体、王朝以及近代之前的宇宙论与人类历史同一的线性时间概念。当宗教共同体、王朝这些传统共同体及其编织的意义在近代走向穷途末路的时候，"这个时代急需的是，通过世俗的形式、重新将宿命转化为连续，将偶然转化为意义。很少有东西比民族这个概念更适合于完成这个使命"。[②] 现实情势的客观需求有了，安德森再借用"同时性"(simultaneity)这样一个"过去和未来汇聚于瞬息即逝的现在"[③]的横向时间概念来证成"民族"这一新的世俗"洞穴"是一种能够被人类想象出来的共同体，纵然是新的，但它的触角又是伸展至遥远的历史的，同时也是通向无限的未来的。

在理论上，还应该进一步剖析安德森的"民族"概念，它恰似古罗马的两面神，长着两副面孔，一面为"民族"，另一面为"民族国家"。作为享有政治主权的物理载体，可以称为"民族国家"，然而，国家不尽然是一个纯粹的政治法律构造，它也是全体人民的历史文化共同体，在这一层面上，安德森的"民族"实际是一国所有民族的"聚合体"，这个范围更大、层次更高的综合意义上的民族强调疆域内所有大小民族间的交融共生、和谐共存。无疑，安德森的"民族"仍不失其历史文化维度，据此认为安德森并未完全抛弃赫尔德的人文主义合理内核似无不当。总之，安德森的"民族"与"民族国家"之间的关系类似"道义"与"肉身"，一个负责安顿共同体的灵魂，一个负责设计共同体的躯壳。

安德森在深究他的民族国家的同时，也探讨了新共同体的统一语言，他将这一新共同体的标准语言称为"国家语言"，认为它来自得到普遍推广的"印刷语言"。由于"迟至1840年，即使在英国和法国——欧洲最进步的两个国家——也有几近半数人口是文盲(而在落后的俄罗斯则几乎有98%是文盲)"，[④]这意味着能够读懂"印刷语言"的"阅读阶级"实际规模偏小，仅是民族国家中的少部分人。为此，将"印刷语言"上升为法定的"国家语言"，再通过国民教育途径提高普通民众的识字率，实现民族国家内真正意义上的沟通交流，往往成为众多民族国家的不二选择。正所谓"民族主义的新中产阶级知识

---

① [美]本尼迪克特·安德森：《想象的共同体：民族主义的起源与散布》，吴叡人译，上海人民出版社2011年版，第32页。

② [美]本尼迪克特·安德森：《想象的共同体：民族主义的起源与散布》，吴叡人译，上海人民出版社2011年版，第10~11页。

③ 这一说法是本雅明对其所提出的"弥赛亚时间"的解释。安德森认为，它类似"同时性"这一概念。参见[美]本尼迪克特·安德森：《想象的共同体：民族主义的起源与散布》，吴叡人译，上海人民出版社2011年版，第22~23页。

④ [美]本尼迪克特·安德森：《想象的共同体：民族主义的起源与散布》，吴叡人译，上海人民出版社2011年版，第73页。

分子必须邀请群众进入历史之中;而且这张邀请卡要用他们看得懂的语言来写才行”。① 统一而标准的“国家语言”是将民族国家内“各民族”人民整合在一起的极为生活化的黏合剂。

一言以蔽之,语言源自共同体生活,语言总是作为历史文化共同体的民族的重要符号之一,民族分化亦会导致语言的分化。反之,共同语言会加深民族内部的聚合力,无论是国家内的“各民族”还是与国家同一层面的整体民族。故此,国家疆域内的“各民族”与作为“聚合体”的国家层面的整体民族都习惯于对某种适格语言进行辨识与规制,这种适格语言即群体的通用语言。

二、宪法语言文字条款的基本结构

1954 年《宪法》(以下简称五四宪法)颁布以来,新中国宪法史几近 70 年,有关语言文字的专门条款自始存在,但较为完整的结构性宪法语言文字条款直到 1982 年《宪法》(以下简称八二宪法)才得以形成。近 40 年来,八二宪法五次修改均未涉及语言文字条款的任何变动,故此可以认为我国现行宪法已具备了一个相对稳定的语言文字条款基本结构。

为描述方便,可将我国宪法语言文字条款的基本结构概括为“四个条款、三大主体、两种自由”。所谓“四个条款”,即现行《宪法》第 1 章第 4 条第 4 款的“各民族语言文字自由”条款;第 1 章第 19 条第 5 款的“全国通用的普通话”条款;第 3 章第 6 节第 121 条的“自治机关执行职务时可使用当地通用语言”条款;第 3 章第 8 节第 139 条的“公民有使用本民族语言诉讼的权利”条款。所谓“三大主体”,指语言文字自由的两类集体主体与个人主体,前者体现为共同体面向的“各民族”和“国家”,后者体现为个体面相的“公民”。所谓“两种自由”,指不同主体的语言文字自由的属性,或为消极自由,或为积极自由。② 一言以蔽之,宪法语言文字结构中“条款”“主体”“自由”三者间的基本逻辑关系为:各“主体”之语言文字“自由”游走于宪法文本的“条款”框架之内;主体间语言文字自由的界限均应在现行宪法中寻求解释。

分析宪法语言文字“四个条款”的内部位阶层次。一般认为,总纲条款属于概括性、指引性条款,处于纲领性、基础性地位,后续相关条款属于辅助性条款,是总纲条款的衍生与展开。我国宪法语言文字条款的构建逻辑亦如此。“总纲”第 4 条第 4 款“各民族语言文字自由”和第 19 条第 5 款的“通用语言文字自由”当属核心条款。剩余的两条均隶属于《宪法》第 3 章“国家机构”部分,分别置于“民族自治地方的自治机关”和“人民法

---

① [美]本尼迪克特·安德森:《想象的共同体:民族主义的起源与散布》,吴叡人译,上海人民出版社 2011 年版,第 77 页。

② “积极自由”和“消极自由”两个概念由英国学者提出。消极自由最早在 17 世纪由霍布斯集中阐发,是一种传统的自由主义观念,将自由理解为一种人天然具有的普遍意义上的抽象的自然权利;积极自由概念最早在 19 世纪由格林提出,是一种新型的自由主义观念,主张自由是一种积极的权力或能力,积极自由的实现需要国家的出现。参见李强:《自由主义》,东方出版社 2015 年版,第 102～106 页。

院和人民检察院”之下，前者科以民族自治地方的自治机关在执行职务过程中负有使用当地通用语言的义务，后者课以人民法院和人民检察院在职务执行过程中负有为各民族公民提供语言便利的义务。这两个条款显然是《宪法》“总纲”第4条第4款“各民族语言文字自由”条款的进一步细化，功能上属于“各民族语言文字自由”的保障性条款。

再来追溯宪法语言文字“四个条款”的历史嬗变。首先，关于“各民族语言文字自由”条款，4部宪法均有规定，只是具体归类位置不同。五四宪法、1975年《宪法》（以下简称七五宪法）、1978年《宪法》（以下简称七八宪法）均将之置于“总纲”“中华民族是统一的多民族国家”总条款之下，[①]到了八二宪法，由于“统一的多民族国家”条款被调整至“序言”第十一自然段，因此“各民族语言文字自由”作为第4款被置于“总纲”第4条“各民族一律平等”总条款之中。其次，关于“自治机关执行职务时可使用当地通用语言”条款，七五宪法未作规定，其他3部宪法均有规定。[②] 再次，关于“公民有使用本民族语言诉讼的权利”条款，七五宪法、七八宪法未作规定，五四宪法和八二宪法有明确规定。[③] 最后，关于“全国通用的普通话”条款，1982年修宪首次将“国家推广全国通用的普通话”内容写入宪法，其他3部宪法对之均未作规定。八二宪法既已确立了一个相对稳定的语言文字结构性条款，自然应该成为所有相关下位法的考量标准。

三、宪法语言文字核心条款释义

（一）《宪法》第4条第4款

八二宪法第4条第4款规定：“各民族都有使用和发展自己的语言文字的自由。”其中出现了三个关键词“民族”、“语言文字”和“自由”。“自由”问题留待第四部分一并讨论。此处仅对其中的“民族”和“语言文字”这两个关键词展开中国语境式的分析。

1. 民族

历史学大家谭其骧曾提出，“我们拿清朝完成统一以后，帝国主义侵略中国以前的清朝版图，具体说，就是从18世纪50年代到19世纪40年代鸦片战争的这个时期的中国版图作为我们历史时期的中国范围。所谓历史的中国，就以此为范围。不管是几百年也

---

① 3部宪法关于语言文字自由均有规定，只是表述上有一些区别，五四宪法和七八宪法规定“各民族都有使用和发展自己的语言文字的自由”，七五宪法规定“各民族都有使用自己的语言文字的自由”。参见五四宪法第3条、七五宪法第4条、七八宪法第4条。

② 八二宪法与五四宪法、七八宪法的表述略有不同，增加了“依照本民族自治地方自治条例的规定”这样的前置条件。参见五四宪法第71条、七八宪法第39条、八二宪法第121条。

③ 具体表述细节上存在一些差异。在使用当地通用语言文字的对象上，五四宪法规定“人民法院对于不通晓当地通用的语言文字的当事人”，八二宪法规定“人民法院和人民检察院对于不通晓当地通用语言文字的诉讼参与人”；在审案方式上，五四宪法采用“人民法院应当用当地通用的语言进行审讯”，八二宪法采用“应当用当地通用的语言进行审理”。参见五四宪法第77条、八二宪法第139条。

好,几千年也好,在这个范围之内活动的民族,我们都认为是中国历史上的民族"。[①] 亦即,凡在中国疆域中存在的地方性文化共同体皆为我国的"各民族"。现实生活中,也许是一种原生文化意义上人类共同体的缘故,普通民众一般对这一层面上的民族认知极为清晰,且有一种天然的认同感;而对于亲属关系较弱的集合意义上的"中华民族"这一民族概念的认识则较为模糊,认同度相对较低。追根溯源,客观而言,"民族"这一名词本身在中国的古汉语中并不存在,是晚至19世纪末20世纪初由日本转道而来的西方舶来语,与之几乎同时兴起的"中华民族"概念在我国获得完全明晰的意义自然需要一个过程。1901年,梁启超在《中国史叙论》中使用的是"中国民族"一词。1902年,他第一次使用"中华民族"的概念,但当时的民族仅指汉族。直到1905年,在《历史上中国民族之观察》一文中,他才提出,"凭古籍,搜遗迹,举其大者,中华民族自始本非一族,实由多民族混合而成"。[②] 与此同时,中国新政体的探索者孙中山对于我国政治共同体意义上的民族认知同样经历了由窄化到完整的过程,他起初"排满",最后才提出,"国家之本,在于人民。合汉、满、蒙、回、藏诸地为一国,则合汉、满、蒙、回、藏诸族为一人,是曰民族之统一"。[③] 当代,对"中华民族"的诠释获得最高认同度的当属费孝通1988年香港中文大学的"泰纳演讲"辞,他提出,"把中华民族这个词用来指现在中国疆域里具有民族认同的十亿人民。它所包括的五十多个民族单位是多元,中华民族是一体。中华民族作为一个自觉的民族实体,是近百年来中国在与西方列强的对抗中出现的,但作为一个自在的民族实体,则是在几千年的历史过程中形成的"。[④] 自此,我国的"各民族"与"中华民族"这二元民族间的关系在概念上得以明晰。多元的"各民族"是我国疆域内特定行政区域的各民族人民的个性化的共同体,一体化的"中华民族"则是中国领域内所有人民(无论是汉族还是少数民族)的共同体。"各民族"是"中华民族"的构成元素,"中华民族"是"各民族"的聚合影像和实体存在。

需要说明的是,我国当前的"各民族"构成数据得益于新中国成立初期的民族识别工作。结合第一次人口普查工作,全国的民族识别工作同时展开。"1953年开始直到1982年,一共进行了30年。到1954年确认了38个少数民族,1954～1964年确认了16个少数民族,1979年又确认了1个少数民族,至此一共确认了55个少数民族。加上汉族,中国这个多民族国家一共有56个民族。"[⑤]70年过去了,我国包括56个多元民族的观念早已深入人心。在当前更为波诡云谲、复杂多变的国际局势下,如何在继续坚持"各民族"多元共存的同时,使"中华民族"这个"一体"成为费孝通先生所勾画的"民族实体",而仅非

---

① 谭其骧:《历史上的中国与中国历代疆域》,载《中国边疆史地研究导报》1988年第3期。

② 《庆祝中华人民共和国成立60周年特刊:百年中国从屈辱到崛起的25个文本》,载《三联生活周刊》2009年第36期。

③ 孙中山:《临时大总统宣言书》,转引自《孙中山全集》(第2卷),中华书局1982年版,第1页。

④ 费孝通:《中华民族的多元一体格局》,载《北京大学学报》1989年第4期。

⑤ 费孝通主编:《中华民族多元一体格局》,中央民族大学出版社2018年版,第4页。

“民族总体”，最终实现整个民族的复兴与繁荣，依然是一个巨大的课题。结合这一现实法益，2018年修宪之后，现行宪法明确采用“二元民族”（“中华民族”和“各民族”）立法导向，这一特色首先体现在《宪法》“序言”中。其一，“序言”第七自然段规定了“中华民族”，这是对“序言”中的三处“中国各族人民”、两处“全国各族人民”所形成的民族共同体的认可；其二，“序言”第十一自然段规定了“平等团结互助和谐的社会主义民族关系”，这是对我国域内“各民族”应然关系的合理期许。

2. 各民族语言文字

费孝通先生在叙述我国的民族识别情况时，曾提及，“我们所观察到的事实是，聚居在一起的少数民族是用相同的语言交谈的，没有共同的语言也就不可能进行日常的共同生活。同时我们也看到他们的语言和其他民族语言的不同”。① 因此，在民族识别时参照了各个民族实际所讲语言的语源和语族，将凡属同一语族的群体划归为一个民族。所以，一般而言，“各民族语言”自然是指我国各民族（包括汉族）的母语，是各民族成员的共同语言或者说通用语言。需要说明的是，拥有语言的民族不一定有自己的文字。

从各民族的语言文字现状看，“我国有130余种语言，约30种文字。占总人口91.51%的汉族使用汉语。占全国人口总数8.49%的55个少数民族中，回族、满族大部分转用汉语，其他53个民族都有自己的语言”。② 之所以会出现这种语言和民族不完全一致的情形，应该是由于作为开放的社会系统之元素的民族及其语言从来都是随着历史变化的。我国历史上大规模的民族迁移大致有3种流向：第一，少数民族移往汉族聚居区，融合进汉族群体。如西汉时期曾有大量的新疆少数民族迁移至今天的陕西境内。第二，汉族移往少数民族聚居区，无论是主动还是被动，结果是汉族融合进了少数民族。第三，一种少数民族移至另一种少数民族聚居区且被融合。③ 这几种大规模的民族融合的结果是：一方面，一些新的民族产生了，比如回族。“回民族是以13世纪初叶开始东来的中亚细亚各族人以及波斯人、阿拉伯人为主，并吸收汉人、蒙古人、维吾尔人成分以及别的成分，融合、发展而形成的一个民族。”④另一方面，原有民族的特征变得模糊了，因此造成语言与民族不能一一对应，甚至至今仍有少数群体未被识别民族成份。⑤

（二）《宪法》第19条第5款

八二宪法第19条第5款规定“国家推广全国通用的普通话”，对于其中的3个关键

---

① 费孝通主编：《中华民族多元一体格局》，中央民族大学出版社2018年版，第5页。

② 国家语言文字工作委员会编：《中国语言文字事业年鉴：2016》，中国传媒大学出版社2018年版，第90页。

③ 关于3种民族融合流向，参见费孝通主编：《中华民族多元一体格局》，中央民族大学出版社2018年版，第125页。

④ 国家民族委员会编：《中国少数民族》，人民出版社1981年版，第127页。

⑤ 我国至今仍有近80万人的民族成份无法识别，参见费孝通主编：《中华民族多元一体格局》，中央民族大学出版社2018年版，第43页。

词“国家语言”“普通话”“推广”,分释如下。

1. 国家语言

如前所述,几乎每个民族国家都有一个探索、确立主权范围内规范意义上的交流媒介的历史,尤其是多民族的国家。为了加强各原初民族的交流,消除误解和裂隙,提升整体民族国家融合度和凝聚力,培养公民的国家认同感,在法律层面上规定统一、标准的交流媒介成为每个民族国家的必要选择,这使“国家通用语言文字”成为生活必须。一般而言,民族国家通用语言文字的确立也并非随意为之。“一切方言都是候补的国语,但必须先有两种资格,方才能够变成正式的国语:第一,这一种方言,在各种方言中,通行最广。第二,这一种方言,在各种方言中,产生的文学最多。”①所谓“通行最广”,自然是指作为众多方言之一的某种民族语言被实际使用的人数最多。根据1953年第一次人口普查数据,我国当时的民族构成中汉族人口占比93.94%,少数民族人口占比6.06%。无疑,我国域内将汉语作为母语使用的人数是最多的,这就为汉语的某种方言成为“国家语言”准备了第一个条件。所谓“产生的文学最多”,应该是指此类文学所采用的语言是一国最流行的“印刷语言”或者书面语言。作为语言学家的胡适的国语方案竟然与作为民族学家的本尼德克特·安德森的“国家语言”形成路径不谋而合。安德森认为,当欧洲神圣的拉丁文不再风行的时候,各民族国家的“国家语言”就诞生了,如英语、法语、德语、西班牙语等。胡适也认为,汉语“古文”犹如欧洲的古典语言拉丁文,最终被凭借一千年文学史传播至大江南北的通俗语言即汉语“白话文”逐渐替代了。当一种语言无论是作为生活中的交流工具还是作为书面语系统在一国域内都最为通行的时候,这种语言往往会被升格为“国家语言”。

2. 普通话

新中国成立后,确立“国家语言”的工作立即被提上了议事日程。1949年10月10日,“中国文字改革协会成立”成立。1956年1月28日,“中央推广普通话工作委员会”成立。同日,国务院通过《汉字简化方案》。1956年2月6日,国务院发布《关于推广普通话的指示》,正是这一文件界定了“普通话”的规范含义,即“以北京语言为标准音,以北方话为基础方言、以典范的现代白话文著作为我国普通话的语法规范”。由此,代替“国语”的法定词汇变为了“普通话”,国家通用语言的“普通话”时代开启。在理解“普通话”的含义时,有两点需要引起注意。第一,不能仅将其简单地解释为众多汉语方言②的标准语。众所周知,我国汉语方言种类繁多、南腔北调、带有极强地域色彩,十分影响交

① 胡适:《国语文法概论》,载姜义华主编:《胡适学术文集:语言文字研究》,中华书局1993年版,第1~2页。

② “汉语有七大方言:北方方言、吴方言、湘方言、赣方言、客家方言、粤方言、闽方言。各方言区内又分布着若干次方言和多种‘土语’。其中使用人数最多的北方方言分为北方官话、西北官话、西南官话、下江官话四个次方言。”参见国家语言文字工作委员会编:《中国语言文字事业年鉴:2016》,中国传媒大学出版社2018年版,第90页。

流，为此，采用一种彼此能理解的共同语言几乎是一种社会共识。但当一种社会共同语言通过国家法律予以规范并作为通行全国的交流媒介时，其地位不再等同于普通的汉语方言，而是法定的“国家语言”。第二，虽然现行宪法的文本表述为“全国通用的普通话”，但也不难解释出“我国的通用语言文字是普通话和规范汉字”①这一意涵。语言的完整含义包括语音和书写。仅会说话不会认字的国民非但自身的发展受限，亦不能很好地服务于国家与社会。

3. 推广

对于国家通用语言的“推广”概念的理解无疑要抛弃单一法条思维。《宪法》第19条第5款不能孤立地获得其意义，它仰赖《宪法》第19条的综意和原旨，既然《宪法》第19条的根本旨归是发展国家教育事业，提高公民的文化素质。那么，作为其中支脉的第5款普通话条款的解读，必须置于国家教育高度获得意义。“普通话”被确立为“国家语言”是国家教育装置的必须。但是，“国家语言”被法定化仅是立法举措，政府如何通过教育途径将之转化为公民个人的通用语言以及有效的公共交流媒介才至为关键。于是，国家通用语言的“推广”工作显得十分必要。

与普通话推广工作紧密相关的语言文字重大举措是汉语拼音方案的立法化。我国汉语拼音方案的确立本质上是为了方便推广普通话，这一点在全国人大的汉语拼音方案批准决定中表述得非常明确。“汉语拼音方案作为帮助学习汉字和推广普通话的工具，应该首先在师范、中、小学校进行教学，积累教学经验，同时在出版等方面逐步推行。”②亦即，汉语拼音虽采用了拉丁字母，但其目的并非某些西方学者所谓的汉语拉丁字母化，而是为了尽快降低当时庞大的文盲率，提高识字率，提升公民的文化水平。这一急迫性可从当时的人口文化程度反映出来，我国第一次人口普查（1953年）公报中未显示人口文化程度，但从第二次人口普查（1964年）统计数据看，当时13岁以上的不识字人口占比最多，文化程度低于这一占比的依次是小学文化程度、初中文化程度、高中文化程度、大学文化程度。③ 这一组数据从另一侧面展现出推广普通话的千秋意义所在。

四、宪法语言文字条款中的“自由”边界

从我国宪法语言文字条款结构来看，作为客体的语言文字主要涉及三大主体。其一，即“国家推广全国通用的普通话”条款中的“国家”；其二，即“各民族语言文字自由”条款中的“各民族”；其三，即具有“各民族”和“国家”双重身份的每一个个体，直接体现于“公民有使用本民族语言诉讼的权利”条款，间接体现于“自治机关执行职务时可使用当地通用语言”条款。质言之，宪法语言文字自由关乎三大主体的现实法益。

---

① 参见《国家通用语言文字法》第2条。

② 参见1958年第一届全国人民代表大会第五次会议通过的《关于汉语拼音方案的决议》。

③ 参见《第二次人口普查结果的几项主要统计数据》（1964年），载国家统计局官网2001年11月2日，http://www.stats.gov.cn/tjsj/tjgb/rkpcgb/qgrkpcgb/200204/t20020404_30317.html。

依照《宪法》第4条“各民族平等”精神,作为第4款的“各民族语言文字自由”的实质意涵应该是“各民族语言平等”;同理,依据第19条“社会主义教育事业”的原则,国家通过宪法确立“普通话和规范汉字”为我国的“国家语言”,服务于发展国家教育事业、培养高素质公民的目标。这里需要关注有关语言文字的“三大主体、两类自由”关系的处理与解释。以下尝试从积极自由和消极自由两个视角辨析我国宪法语言文字条款中三大主体之语言文字自由间的边界(见图1)。

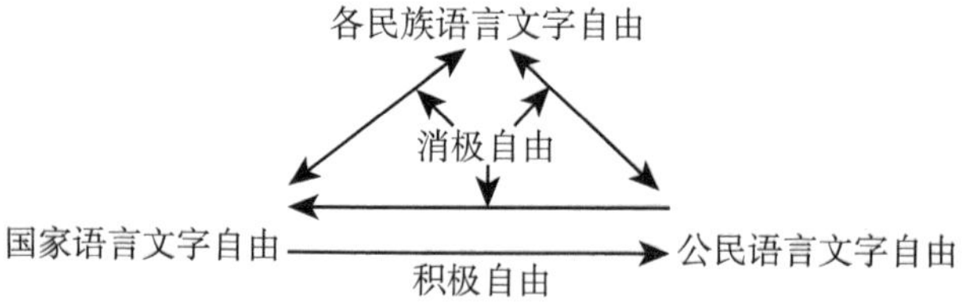

图1　3种语言文字自由关系

(一)“国家”语言文字自由与“各民族”语言文字自由

在国际法语境中,主权“国家”拥有自决权,作为一国文化符号的“国家语言”的确立无疑是集体自决权的体现。在国内法语境中,域内“各民族”皆是文化共同体,故“各民族”的语言文字自由可归结为各民族的文化权。此两种自由之间本质上应该是双向的消极自由。所谓双向的消极自由,即于国家而言,“各民族”语言文字自由是一种消极自由;于各民族而言,“国家”语言文字自由同样是一种消极自由。由于消极自由具有与生俱来性,其命门是免于干扰,任何客体都应该将之当作一个客观存在予以尊重。故此,“国家”语言文字自由与“各民族”语言文字自由互为消极自由,任一方均应尊重对方的语言文字自由。国家在国民教育中积极普及“国家语言”,同时,出于保护国家文化资源考虑,又必须尊重各民族的语言使用和发展自由。相应地,各民族在主张自身的语言文字自由的同时,应尽可能地理解“国家语言”的意义,即使在“国家语言”教育基础薄弱地区,也应该努力达成国家的“双语教育”目标,①积极恪守两个集体主体的语言文字自由边界。

《宪法》“序言”第十一自然段明确规定“中华人民共和国是全国各族人民共同缔造的统一的多民族国家”。从历史文化意义而言,民族无论是域内地方“各民族”还是国家疆域层面上的“中华民族”,均早于“中华人民共和国”这一政治共同体。近代以来,在内忧外患的重重压迫之下,各民族为了寻求共同的生存与发展,搁置狭隘的自身利益和彼此间嫌隙,激发起自古以来有利于更大共同体利益的“中华民族”精神,披肝沥胆携手建构起了一个新的完整独立主权国家。国家的维系和繁荣关乎域内各民族的命运,统一后的国家往往会采用语言这一重要的文化工具加强国家的内聚力和认同度。从这一正当

① 我国截至2020年民族地区的双语教育目标是,“到2020年,学前教育阶段基本普及两年双语教育,义务教育阶段全面普及双语教育”。参见国务院《关于加快发展民族教育的决定》(国发〔2015〕46号)第1条第3款。

性看，国家有"推广全国通用的普通话"的自由。在理解这个"国家语言"时，既要看到国家统一语言于国家统合的必要性，也不要错将国家标准语言当作纯粹的汉族语言看待。"国家语言"高于"各民族"层面的汉族语言。如果某些民族集体仅出于保护本民族文化的考虑，淡化"国家语言"的国家性，而刻意强调其汉族文化渊源性，再凭借《宪法》第4条第4款赋予的"各民族平等的语言文字自由使用和发展权"，以地方立法形式在国民教育环节凸显本民族语言文字的推行和本民族文化的传承，这无异于将"国家语言"的地位降低为与其本民族语言平等的"汉族语言"地位。同理，我国的某些地区在国民教育环节惯性地使用汉语方言，排斥普通话，这都属于"各民族"语言文字自由权的越界行使。

（二）"各民族"语言文字自由与"公民"语言文字自由

虽说语言自由本质上在定义群体，不容忽视的是，语言自由还存在一个个人的语言自由维度。每一种人类共同体，无论是小规模的地方各民族，还是大规模的国家，其基本构成元素均是个人，任一族群语言的真实讲话主体并非民族或民族国家而是个人。于共同体而言，语言自由更多可能是一种工具性自由；于个体而言，语言自由应该是一种能力性自由。共同体较量语言实力，个体竞争语言能力。

于一个中国人而言，一般自出生始，通过家庭习得"各民族"语言（包括汉语方言），应该说个体语言文字自由与其所在的"各民族"语言文字自由亦是双向的消极自由。"各民族"享有专属的集体语言文字自由权，公民享有天然的个体语言文字自由权。公民一般自接受正规的学校教育开始，还会习得"国家通用语言"和多元的域外语言，这是公民的语言文字自由。作为"各民族"的成员，其所在民族不得以集体名义限制其学习本民族语言文字以外的其他语言文字。反之亦然，任何公民个体必须尊重和爱护作为历史文化共同体的"各民族"的语言文字。然而，语言的与人类某个特定群体紧密勾连的本质必然带有其隐秘的局限性。语言哲学大儒维特根斯坦曾坦言："我所说的语言的局限也就是我的世界的局限。"①人生来属于某个特定的群体，很容易习得该群体的语言，如果不去主动学习其他群体语言，仅与自己熟悉的人群交流，个体的视野可能显得狭窄。

（三）"公民"语言文字自由与"国家"语言文字自由

当"公民"的语言文字自由遇上国家，或者"国家"的语言文字自由遇见公民个人时，情形则比较复杂。此时，两个语言文字自由都是单向度的，而且属性相反。前者是一种消极自由，后者则是一种积极自由。对二者分野的解释需要回归宪法框架下的公民个人语言文字自由的本质。终极意义上，公民个人的语言文字自由应该隶属于公民的受教育权。依照现行宪法，受教育权既是公民的权利亦属公民的义务。② 既如此，公民的语言文字自由，首先，体现为公民的权利或者说消极自由，个人学习语言的自由选择权理应获得

---

① ［英］尼古拉斯·奥斯特勒：《语言帝国：世界语言史》（第3版），章璐、梵非、蒋哲杰、王草倩译，上海人民出版社2016年版，第9页。

② 参见《宪法》第46条。

“国家”和“各民族”集体的尊重和保护;其次,作为一个国家的公民,通过再教育习得“国家语言”应是其宪法义务。需要注意的是,公民学习和使用语言文字的宪法义务所对应的权利是“国家”的语言文字自由,既然国家享有推行“国家语言”的积极自由,公民则负有主动习得“国家语言”的法定义务。

早在100年前,胡适先生就评价我国的“国家语言”:“从东三省到西南三省,从长城到长江,在一千年之中,产生了许多有价值的文学著作。”①无人能否认,语言有其强大的历史惯性。迄今为止,中国的“国家语言”不仅在域内使用范围最广,使用人数最多,而且在全球的语言影响力也是前所未有的。这意味着一个中国公民,如果仅掌握单一民族语言,则其自由可能会受限,他会因为不懂得更广阔领域内适用的语言,而只能将自己囿于一个“孤岛”,失去无限的自我发展可能性,“国家语言”于个人的意义由此可见一斑。个人语言自由是个人自主选择学习任何一种语言、锻造个体语言能力、谋求个体最充分发展的必要自由。故而,每个人应在不忘却自己“各民族”语言的同时,在教育条件允许的情况下,自决习得“国家语言”,这属于个体的语言文字选择自由,这一自由对应的是国家积极提供教育条件的法定义务。于国家而言,“国家语言”是叙写国家意义、传播国家理念、弘扬国家精神、聚合国家力量的极具韧性的文化纽带。创造中华民族的伟大复兴奇迹期待所有中国公民掌握“国家语言”,从而最大限度地参与其中。正是在这一要义上,习得“国家语言”既是公民的语言文字权利,也是公民的语言文字义务。

① 胡适:《国语文法概论》,转引自姜义华主编:《胡适学术文集:语言文字研究》,中华书局1993年版,第2页。

宪法环境条款与环境法律规范的体系融贯以及交互影响

张　震[*]　石逸群[**]

摘要:2018 年宪法的修改,增加了"新发展理念""生态文明"等环境国策条款,为环境法律规范的体系化发展提供了可供指引的价值宣示。为保障生态文明制度化实施,推动宪法环境条款的具体化,确保依宪治理环境问题,宪法环境条款与环境法律规范的体系融贯成为必要。保障公民环境权的享有与规范国家环境保护义务的履行,需要对生态文明制度体系的健全和环境法律规范的绿色化,以及从环境法律规范的内部和外部两个维度,对实现体系融贯之障碍予以类型化。对此,应当从正向影响(环境法律规范的宪法化)和反向影响(宪法环境条款的体系化)两个层面来实现宪法环境条款与环境法律规范的交互影响。

法律体系的融贯"关注的是如何把某一决定融入一个法律体系中,如何使其与法律体系中的所有内容融合在一起"。[①] 可以说,融贯理论为宪法环境条款与环境法律规范的交互影响提供了理论基础。近年来,经济社会发展带来的环境问题,使公民对环境利益的需求空前高涨,伴随而来的环境法律规范的爆炸式制定,从而导致环境法律规范内部体系的不相协调性以及外部体系的不合宪性。这将对《宪法》"序言"中生态文明理念向部门法生态文明制度体系的融贯、法律的绿色化,甚至对在实施层面形成保障公民环境权的享有和国家环境保护义务的履行的统一体带来阻碍。因此,有必要基于新时代下生态宪法观的规范框架,推动形成生态文明制度体系,甚至是实现环境法律规范法典化。

一、问题的提出:实现体系融贯之必要

法律应当是作为体系化的存在,环境法律规范亦同。若将环境法律规范体系分为内部和外部两种规范体系,则对内部环境法律规范而言,是指环境保护各要素之间的体系;对外部环境法律规范而言,则是指各环境部门法与其他部门法之间的体系。只有在内部

---

*　西南政法大学教授、博士研究生导师。

**　广东工业大学博士后。

①　侯学勇:《什么是有效的法律规范?——法学中的融贯论》,载《法律方法》2009 年第 8 辑。

和外部两种形式上都形成了规范体系,才能在真正意义上实现宪法环境条款与环境法律规范的体系融贯。

由于"法律规范之间互相联系和相互制约"①,使宪法环境条款与环境法律规范之间的体系融贯有了制度可行性。笔者将从生态文明制度建设、宪法环境条款的实施以及环境社会现实"土壤"三个方面来阐释实现宪法环境条款与环境法律规范体系融贯的必要性。

其一,体系融贯是生态文明理念在环境法律规范中制度化发展的客观需要。2018年《宪法修正案》将"生态文明"写入宪法序言,使其从处于中国共产党的规范性文件层面,以及环境法律规范层面上升至"最高法"意义上予以确认并保障实施。这是新时代下党中央对生态利益深入认识的最新成果,是新时代下国家对生态治理方式的创新,同时也是新时代下生态发展目标的重新定位。有学者也提到,生态文明入宪"标明了中国特色社会主义环境法制发展和制度构建的基本方向,彰显了我国环境法制变革内在动因和逻辑起点"。②

"生态文明"的入宪恰巧为环境法律规范的体系化发展提供了价值宣示。有学者在其书中就我国环境立法体系存在的问题,指出"未能以生态文明理论统摄整个环境立法过程"。③ 因此,我国未来需要探索出适合新时代生态文明理念框架下的环境法律规范体系。虽然早在"生态文明"入宪之前,在2014年《环境保护法》的修改中,就已经将"推进生态文明建设"写入第1条,凸显国家对环境治理问题的认识已达到史无前例的高度。但是由于部门法位阶较低,在实践中并没有统摄其他环境法律规范的制定与实施。

其二,体系融贯是环境法律规范对宪法环境条款的制度回应。从宪法实施的视角出发,宪法环境条款的实施需要环境法律规范予以保障,同时也是宪法环境条款具体化的表现。近年来,国家高度重视宪法实施的路径安排。所谓宪法实施,是指"宪法在现实生活中的运用和体现;它是宪法精神、原则以及规范在国家权力运行和公民权利保障中的贯彻和落实"。④ 那么,如何保障宪法序言中生态文明建设有序开展,就离不开下位法环境法律规范来保障生态文明的实施。因此,宪法环境条款的实施应当立足于生态宪法观框架,将环境宪法精神、原则以及规则在国家环境保护义务的履行与公民环境权的保障之间实现动态平衡。从下位法立法的视角出发,环境法律规范的制定及其实施都应当以宪法为依据。这是进行立法活动的基本行为规范,也是合宪性审查的必然要求。可以说,环境法律规范的制定及其实施离不开对环境宪法精神、原则以及规则的文本释义。

---

① 付子堂主编:《法理学》(第3版),重庆大学出版社2011年版,第117页。

② 刘洪岩:《接驳与拓展:"生态文明入宪"与环境法制革新》,载《吉林大学社会科学学报》2019年第5期。

③ 刘爱军:《生态文明与环境立法》,山东人民出版社2007年版,第140页。

④ 付子堂、张震:《新时代完善我国宪法实施监督制度的新思考》,载《法学杂志》2018年第4期。

当宪法环境条款的内涵得到丰富的时候，环境法律规范也应当及时地予以吸收采纳，这将不断赋予环境法律规范新的内涵，为其注入新的力量。《宪法》第33条第3款明确规定，“国家尊重和保障人权”。有学者提出具有中国特色的人权道路，即“将生存权和发展权作为中国人民的首要基本人权”。① 而生态文明的建设目标是服务于作为基本人权的生存权。事实上，随着公民对人权保障观念的认识日益成熟，人权的内容才得以不断丰富。在环境法律规范对宪法人权条款的反向影响下，环境权“被普遍认为是一项基本人权”。②

其三，体系融贯是宪法环境条款与环境社会现实之间的“桥梁”。“通过对部门法新素材的参酌，弥补或是缩减宪法教义学可能产生的规范与现实之间的距离。”③所以，宪法环境条款需要环境法律规范注入新的力量，以克服宪法环境条款与环境社会现实之间的距离。

一方面，宪法环境条款是统帅环境治理的最高法规范。早在1982年《宪法》，其就已将“国家保护和改善生活环境和生态环境，防治污染和其他公害”写入第26条。这为环境法律规范的制定提供了直接上位法依据，进而环境法律规范又为环境治理行为提供了直接的行为规范，是对国家履行环境保护义务和公民享有环境权的法定化。此外，还有《宪法》第9条，为环境治理规定了一定程度的国家环境保护义务。此外，《宪法》第33条，可以引申出对公民环境权的保障。

另一方面，环境社会现实为宪法环境条款的变迁提供了现实基础。由于法律固有的属性，即从其制定那一刻起，就已经落后于社会现实。宪法环境条款亦是如此。同样地，法律不能朝令夕改，作为国家“根本法”的宪法，宪法环境条款的稳定性是维护宪法权威的表现。但是宪法环境条款要想保持持续的“生命力”，适宜环境社会现实的“土壤”，就需要宪法环境条款的解释与社会环境事实的变迁之间形成很好的回应。而体系融贯恰好为规范宪法环境条款的解释提供了“纽带”。

二、实现体系融贯之关键

凯尔森认为，每一种法律体系中的基本规范保障着这一体系的内在一致性。④ 而“新发展理念”“生态文明”“公民环境权”“国家环境保障义务”正是实现环境法律体系的基本规范。公民对环境权益的享有与国家对环境保障义务的履行两者共同调整着环境治理的行为规范。笔者将依次从宪法环境条款中的生态文明、绿色协调发展，以及公民环境权——国家环境保护义务这对范畴与环境法律规范体系融贯规范文本出发，从而实现对立足于宪法环境条款的环境法律规范的交互影响。

---

① 徐显明：《新中国人权道路的基本经验和核心内容》，载《中国法律评论》2019年第4期。

② 张震：《环境权的请求权功能：从理论到实践》，载《当代法学》2015年第4期。

③ 赵宏：《部门宪法的构建方法与功能意义：德国经验与中国问题》，载《交大法学》2017年第1期。

④ 参见［英］约瑟夫·拉兹：《法律体系的概念》，吴玉章译，中国法制出版社2003年版，第116页。

(一)生态文明

2018年"生态文明"写入《宪法》"序言"。有学者将生态文明条款定性为"基本国策条款"。[①] 也有学者将其视为"国家目标"。[②] 尽管使用的概念不同,但其都认为生态文明条款在功能实现上,区别于作为客观法的宪法环境条款上的客观价值秩序功能。因此,有必要对生态文明条款的内涵进行法教义学阐明。一方面,是为了解决社会经济的可持续发展与环境自然资源的不可再生性之间的矛盾;另一方面,是为生态文明制度体系的建构提供了"最高法"依据和适用准则。因为,"当代宪法解释的主要目的或功能就是,通过有说服力的、客观的宪法解释及时地解决社会发展中可能出现的冲突或问题"。[③]

《宪法》中环境条款主要体现在第9条、第26条、第33条以及第89条。《宪法》第9条第1款是对自然资源的产权所属的规定;第2款是对国家环境保护义务的规定,属于强行性规则,确定了国家对自然资源的产权所属的保障,同时也设定了禁止性规则。第26条是相对于整个生活环境和生态环境而言,国家都负有环境保护的义务,属于义务性规则。第33条是从公民的视角出发,强调公民所享有的权利这一事实规范,并且国家给予充分的尊重和保障。第89条属于权义复合规则,是从国家机构的视角出发,赋予国务院享有领导和管理生态文明建设的职权。权利和义务总是相伴随而出现,所以,反过来看,国务院负有对公民享有环境权的保障义务。

有学者也提到,"生态文明写入宪法意味着中国宪法观体系进一步丰富"。[④] 也就是在原有的宪法观中,新增加了生态宪法观。同时,在生态宪法观的主导下,丰富了以往宪法环境条款内涵的同时,也将对生态文明制度体系构建产生重要的影响。"生态文明是一个集合概念,包含了较多子集,环境权只是其中一项,二者是种属关系,这意味着'生态文明入宪'包含了'环境权入宪'的核心内容。"[⑤]

(二)绿色协调发展

2015年10月29日发布的《中共中央关于制定国民经济和社会发展第十三个五年规划的建议》指出,"绿色是永续发展的必要条件和人民对美好生活追求的重要体现"。党的十八届五中全会再提出"创新、协调、绿色、开放、共享"的新发展理念,是引领新时代的发展理念,是立足于我国现实国情以及客观需要的发展理念。党的十九大报告进一步指出,"推进绿色发展""着力解决突出环境问题""形成绿色发展方式和生活方式"。[⑥] 绿色发展是对《宪法》"序言"中新发展理念的具体化。有学者提出,"'新发展理念'是国家

---

① 王建学:《论生态文明入宪后环境条款的整体性诠释》,载《政治与法律》2018年第9期。

② 张翔:《环境宪法的新发展及其规范阐释》,载《法学家》2018年第3期。

③ 张震:《住宅自由权到住宅社会权之流变》,载《求是学刊》2015年第3期。

④ 张震:《生态文明入宪及其体系性宪法功能》,载《当代法学》2018年第6期。

⑤ 李雷:《生态文明入宪的规范阐释》,载《新疆社会科学》2019年第2期。

⑥ 习近平:《决胜全面建成小康社会 夺取新时代中国特色社会主义伟大胜利——在中国共产党第十九次全国代表大会上的报告》,载《人民日报》2017年10月28日,第1版。

继续推进社会主义现代化过程中所要遵循的发展规范”。[①] 因此,步入新时代,如何将“新发展理念”在社会主义现代化建设中予以深入贯彻落实,形成绿色发展的制度体系,遵循协调发展、绿色发展的新理念,按计划,逐步、稳健地推进社会主义现代化建设成为一项新的任务。

首先,绿色发展是指环境保护理念的绿色化。从“人类中心主义”到“人与自然和谐共处”的理念转变,树立“绿水青山就是金山银山”的理念肯定。从内容上看,绿色协调发展是基于“如何衡平经济发展和环境保护关系的认识”[②]而不断变化的协调发展。绿色发展的核心就是实现生态环境保护与经济高质量发展的统一。因此,要处理好绿色与发展的辩证关系。强调绿色经济的同时,也不能对经济发展带来制约。同样地,强调经济发展也不是对绿色生活方式的破坏。在看到绿色与发展具有对立面的同时,也应该看到绿色与发展也具有统一的一面,而统一的一面恰巧是可以实现融贯的突破口。事实上,环境自然资源的不可再生性、稀缺性才是真正制约着经济高质量发展的关键。而绿色发展的理念,以自然资源的可持续发展为服务对象,强调对自然资源开发、利用的绿色化,将改善生态环境和生活环境视为直接目标,满足人民对美好生活的向往,实现美丽中国建设的宏伟目标。

其次,绿色发展是指环境法律规范的绿色化。可以从内部规范和外部规范的绿色化两个方面来把握绿色发展的规范逻辑。一是就内部规范而言,是指实现环境保护各要素之间的绿色协调发展。由于“环境保护立法还存在诸多的缺点:立法权配置不科学、立法滞后、立法内容的现实操作性差等”,[③]导致环境要素之间保护的割裂性,以及环境要素与其他要素之间保护的断层化。而绿色协调发展的提出,为环境要素之间非生态化保护提供了绿色化规制方式,并为环境要素与其他要素之间协调保护提供了可量化的规制方式。二是就外部规范而言,是指实现环境法律规范与其他部门法之间的绿色化。[④] 也就是说,将绿色发展作为立法理念、基本精神或者指导思想,甚至可能将其确定为立法的基本原则,在各部门法立法的全过程都应当凸显保护和改善生态环境和生活环境的思想。在民法、刑法、经济法、诉讼法等部门法中也增加符合环境保护要求的法律条款,即“其他部门法学应该通过贯彻实施绿色原则,更加有效地共同致力于服务现代民生民益和生态

---

① 张震:《生态文明入宪及其体系性宪法功能》,载《当代法学》2018 年第 6 期。

② 汪劲:《环境法学》,北京大学出版社 2018 年版,第 53 页。

③ 王莉:《中国环境法律制度研究》,中国政法大学出版社 2018 年版,第 5 页。

④ 也有学者将这种环境法与其他部门法融合及其交互影响,称为法律的“生态化”。在我国最早引入法律生态化观点的是北京大学著名环境法学家金瑞林教授,其“法律生态化”观点在国家立法中受到重视并向其他部门法渗透。

文明建设”。[①] 比如,《民法典》的绿色化,[②]刑法中涉及破坏环境资源保护罪的绿色化,[③]环境资源税法的绿色化,金融证券法的绿色化等。

(三)公民环境权

公民环境权,也称为“个人环境权即自然人的环境权”,“是指自然人有合理享用适宜环境的权利,也有合理保护环境的义务”。[④] 根据环境保护的法律规范的不同,可以分为作为宪法规范上保障的基本权利和作为部门法上保障的法律权利两种。

1. 宪法意义上的公民环境权

我国《宪法》没有直接规定公民环境权,而是间接地采取其他条款予以规范,散见于第9条第2款、第26条和第33条第3款。

从法理上来说,首先,作为宪法意义上的公民环境权,具有防御权的功能。它强调的是作为基本权利的公民环境权,个体的自由领域不受国家干预。防御权,是指“公民得要求国家不侵害基本权利所保障的利益,当国家侵犯该利益时,公民得直接依据基本权利的规定请求停止侵害”。[⑤] 由于我国宪法不产生直接适用的效力,公民并不能直接依据作为基本权利的公民环境权请求停止侵害。所以,在宪法意义上的公民环境权更多的是消极的防御权,即公民有要求国家承担消极不侵害责任的权利。也就是说,国家负有推动生态文明建设的义务,以及我们所要建成的是包含文明和谐美丽的基本要素的社会主义现代化强国。国家不能为了发展经济而随意侵犯公民环境权。

其次,宪法意义上的公民环境权,具有请求权的功能。它是指“公民基于维护环境利益的正当诉求,有请求国家采取相关措施保护环境的主观权利功能”。[⑥] 主要表现为对立法者的行为规范的请求。因为“基本权利得以实现的一种重要方式是通过立法的具体化”。[⑦] 这是由于我国宪法条款在司法实践中的非适用性,决定了宪法上基本权利效力范围作用的有限性。因此,宪法意义上公民环境权的普遍规范需要借助于部门法的具体化来予以实现。

最后,公民环境权具有社会权的功能。有学者指出,社会权利的“主旨在于整个人类社会资源的维持和正确的利用,使得人类不至于生活在恶劣的环境中,以及避免资源枯

---

① 蔡守秋、张毅:《绿色原则之文义解释与体系解读》,载《甘肃政法学院学报》2018年第5期。

② 相关论文有吕忠梅:《如何“绿化”民法典》,载《法学》2003年第9期;吕忠梅、窦海阳:《民法典“绿色化”与环境法典的调适》,载《中外法学》2018年第4期;吕忠梅:《中国民法典的“绿色”需求及功能实现》,载《法律科学》2018年第6期。

③ 相关论文有:王红兵:《论刑法价值取向的生态化》,载《理论月刊》2003年第5期;陈少英:《论我国税法体系的生态化》,载《东方法学》2010年第4期。

④ 周训芳:《环境权论》,法律出版社2003年版,第38页。

⑤ 张翔:《论基本权利的防御权功能》,载《法学家》2005年第2期。

⑥ 张震:《环境权的请求权功能:从理论到实践》,载《当代法学》2015年第4期。

⑦ 刘志刚:《基本权利对民事法律行为效力的影响及其限度》,载《中国法学》2017年第2期。

竭这一最不安全因素的出现”。[①] 所以，社会权是保障性的、积极作为的权利。这一点体现在《宪法》第9条第2款，国家主动保障自然资源的合理利用，积极保护珍贵的动物和植物，以及国家应当积极地保护和改善生活环境和生态环境。

2. 部门法意义上的公民环境权

部门法意义上的公民环境权，主要是从宪法意义上的公民环境权的私法化来探讨法律权利的属性。“只有在将环境权确立为一项宪法权利的同时，肯定它的私权性质，使其能够得到民法和民事诉讼程序的保护，才能起到保护环境的作用。”[②]

从部门法视角看公民环境权的性质，公民环境权是一个复合型的权利。首先，公民环境权具有积极防御权的功能。积极防御权，是指要求国家以积极作为的方式保护和改善环境，主要体现在《环境保护法》第4条、第6条、第7条、第8条和第10条等。

其次，公民环境权具有给付型请求权的功能，即公民有向国家提出请求其采取切实有效措施对基本权利加以保护的权利。主要表现为两个方面：一方面，适格主体有请求国家维持环境处于良好状态的权利。例如，《环境保护法》第58条规定，符合条件的社会组织可以对污染环境、破坏生态，损害社会公共利益的行为，向人民法院提起诉讼。另一方面，请求国家以作为的方式对没有处于良好状态的环境予以纠正，主要体现在《环境保护法》的法律责任部分。

最后，公民环境权也应当包含公民在合理范围内保护环境的义务。权利总是与义务相伴相随。公民享有良好环境的同时，也负有保护环境的义务。避免“公民环境权与环境义务的缺位”[③]现象。“法律关系是特定主体之间的权利与义务关系。”[④]公民享有适宜的环境利益，就相对应地负有保护环境的义务。例如，《环境保护法》第6条规定，“一切单位和个人都有保护环境的义务”。同时，公民享有美好环境的权利与合理保障环境的义务之间构成了环境法律规范中最主要的一对基本范畴。从结构主义视角看，公民环境权与义务两者互为对立统一；从内容上看，公民环境权与义务两者相互包含；从功能主义视角看，公民环境权与义务两者共同保障生态文明建设。

（四）国家环境保护义务

1. 宪法意义上的国家环境保护义务

宪法意义上的国家环境保护义务是国家基于对公民环境权的保障而产生的环境保障义务。我国宪法规定国家环境保护义务主要体现在《宪法》“序言”第七自然段、第9条第2款、第26条和第89条第6项等。在《宪法》“序言”第七自然段，提出要推动生态文明协调发展，并且勾勒出社会主义现代化强国的基本图景，包含文明和谐美丽的基本

① 张震：《作为基本权利的环境权研究》，法律出版社2010年版，第75页。

② 吕忠梅：《环境法新视野》，中国政法大学出版社2000年版，第133页。

③ 张晓萍等：《环境法治建设若干问题研究》，东北林业大学出版社2015年版，第17页。

④ 付子堂主编：《法理学》（第3版），重庆大学出版社2011年版，第143页。

要求。国家对基本国策的实施与保障,更是体现了国家环境保护义务。"宪法第 9 条和第 26 条的规定,明确了环境保护作为我国一项基本国策,表明了国家对环境保护的基本立场。"①根据《宪法》第 26 条第 1 款的规定,国家应当主动地保护和改善生活环境和生态环境,防治污染和其他公害。可以说,《宪法》第 9 条和第 26 条是对《宪法》"序言"中生态文明理念的制度化规范。《宪法》第 89 条规定,国务院行使生态文明建设的职权,意味着国务院作为履行国家环境保护义务的主要机构。

有学者从基本权利双重属性及功能理论的角度,将国家义务分为"消极义务、给付义务、保护义务"。② 笔者从以下三个方面来理解国家环境保护义务:首先,国家环境保护义务是一种消极的义务,即要求国家不得侵害公民享有环境利益的自由。《宪法》第 9 条第 2 款体现了国家环境保护的消极义务。其次,国家环境保护义务是一种给付义务,即当出现环境损害的后果,国家负有对环境损害的后果予以修复的义务。最后,国家环境保护义务是一种保护义务,即要求国家以积极作为的方式保护环境。

此外,从基本权利作为客观的法的视角出发,国家环境保护义务的客观价值秩序功能包括"制度保障、组织程序保障、基本权利第三人效力和狭义保护义务"③四个基本内容。国家环境保护义务作为客观的法的制度保障和组织程序保障就需要部门法对其予以展开。根据《宪法》第 89 条的规定,国务院行使生态文明建设的职权。在制度保障方面,生态文明的建设离不开生态文明制度体系化构建;在组织程序方面上,国务院将领导下级人民政府依法开展生态文明建设。

2. 部门法意义上的国家环境保护义务

部门法意义上的国家环境保护义务是将国家环境保护义务实现从普遍规范到具体规范的转化,有利于国家环境保护义务的实施与监督。例如,《环境保护法》第 6 条第 2 款、第 26 条是对《宪法》第 26 条第 1 款、第 89 条第 6 项基本规范的具体化。

可以分别从立法、司法、行政三个方面来理解部门法意义上的国家环境保护义务:其一,立法上的义务。《立法法》在 2015 年新增设区的市地方立法权。根据《立法法》第 72 条第 2 款的规定,设区的市的人民代表大会及其常务委员会根据本市的具体情况和实际需要,负有对环境保护方面的事项制定地方性法规的义务。其二,司法上的义务。《行政诉讼法》在 2017 年修改中规定人民检察院在破坏生态环境和资源保护行为中负有一定的职责。作为国家的监督机构,对行政机关违法行使职权或者不作为,致使国家利益或者社会公共利益遭受侵害的,应当提出检察建议。对破坏生态环境和资源保护中侵害众多自然人合法权益等损害社会公共利益的行为,可以向人民法院提起诉讼。其三,行政

① 张震:《环境权的请求权功能:从理论到实践》,载《当代法学》2015 年第 4 期。

② 张翔:《基本权利的受益权功能与国家的给付义务——从基本权利分析框架的革新开始》,载《中国法学》2006 年第 1 期。

③ 郑春燕:《基本权利的功能体系与行政法治的进路》,载《法学研究》2015 年第 5 期。

上的义务。《环境保护法》第 10 条规定,国务院环境保护主管部门,对全国环境保护工作实施统一监督管理;县级以上地方人民政府环境保护主管部门,对本行政区域环境保护工作实施统一监督管理。

三、体系融贯之现状的文本分析

以生态文明入宪为时代背景,以公民环境权和国家环境保护义务为基本逻辑范式,实现宪法环境条款与环境法律规范的体系融贯,是生态文明制度体系构建的理论基础,是推动国家环境治理体制现代化和环境治理能力现代化的必然选择,是和谐美丽的现代化强国建设的应有之义。宪法环境条款与环境法律规范的体系融贯是为了实现生态文明制度体系的健全。

有学者将法律融贯分为三种不同的类型:一是确定性原则的融贯(factual beliefs);二是规范体系的融贯(normative system);三是"参与者"的融贯(the word around us)。① 本文将按照法律融贯的三种不同的类型这一思路予以分析体系融贯之现状。分别对应生态文明制度体系的构建,环境法律规范的绿色化,以及公民环境权与国家环境保护义务的统一性三个方面,来对当前体系融贯程度的文本予以分析。

(一)生态文明制度体系融贯的文本分析

2019 年 10 月 31 日,党的十九届四中全会审议通过了《中共中央关于坚持和完善中国特色社会主义制度 推进国家治理体系和治理能力现代化若干重大问题的决定》。生态文明制度体系作为整个中国特色社会主义制度中的一个子体系,是实现国家治理体系和治理能力现代化的关键一环。国家高度重视生态文明制度体系的健全。早在 2015 年 9 月 21 日,中共中央、国务院发布了《生态文明体制改革总体方案》(以下简称《总体方案》)。《总体方案》中对生态文明制度体系的内容作出了进一步的明确,主要包括自然资源资产产权制度、国土空间开发保护制度、空间规划体系、资源总量管理和全面节约制度、资源有偿使用和生态补偿制度、环境治理体系、环境治理和生态保护市场体系、生态文明绩效评价考核和责任追究制度 8 项制度。笔者将笔墨重点放在环境治理体系、环境治理和生态保护市场体系,以及生态文明绩效评价考核和责任追究制度这三大类的文本分析。

1. 环境治理体系

环境治理体系的健全是实现环境治理能力现代化的大前提。环境治理体系是由众多环境保护子制度而构成集合体。这个集合体主要包括:污染物排放许可制,污染防治区域联动机制,农村环境治理体制机制,环境信息公开制度,生态环境损害赔偿制度,环境保护管理制度,环境治理和生态保护市场主体,用能权、碳排放权、排污权、水权交易制度,绿色金融制度,绿色产品等 10 项制度。笔者将这 10 项制度予以类型化,立足于客观

---

① See J. M. Balkin, *Understanding Legal Understanding: The Legal Subject and the Problem of Legal Coherence*, The Yale Law Journal, Vol. 103, No. 1 (Oct., 1993), p. 114.

文本的视角,从以下两个方面来阐明制度融贯的现状。

其一,污染物治理问题。我国《宪法》第26条第1款明确规定国家负有防治污染和其他公害的义务。因此,污染物排放许可制度的设定是基于对经济、社会和生态环境协调发展的价值考量。同时也是对《行政许可法》第11条在生态文明法律体系予以融贯的体现。有关污染物治理的问题主要体现在《环境保护法》《大气污染防治法》《水污染防治法》《排污许可管理办法(试行)》(见表1)。

表1　环境治理制度的对应条文

环境治理制度	法律	具体条文
污染物排放许可制	《环境保护法》	第42条、第45条、第54条、第63条、第68条
	《排污许可管理办法(试行)》	(所有条文)
	《大气污染防治法》	第19条、第99条
	《水污染防治法》	第21条、第23条、第24条、第80条
污染防治区域联动机制	《环境保护法》	第20条
	《排污许可管理办法(试行)》	第7条第2款
	《大气污染防治法》	第2条、第92条
	《水污染防治法》	第31条、第69条
农村环境治理体制机制	《环境保护法》	第33条、第49条、第50条
	《水污染防治法》	第52条、第70条
	《大气污染防治法》	第76条

其二,环境权益保障以及救济制度。可以将环境信息公开制度、生态环境损害赔偿制度、环境保护管理制度统归于环境权益保障以及救济制度(见表2)。

表2　环境权益保障以及救济的对应条文

环境制度	法律	具体条文
环境信息公开制度	《环境保护法》	第7条、第47条、第53条、第54条、第62条、第68条
	《企业事业单位环境信息公开办法》	(所有条文)
	《大气污染防治法》	第23条、第24条、第52条、第55条、第91条、第95条、第111条、第121条
	《水污染防治法》	第25条、第32条、第72条、第82条

续表

环境制度	法律	具体条文
环境保护管理制度	《环境保护法》	第 6 条、第 8 条、第 10 条、第 13 条、第 15 条、第 16 条、第 24 条、第 25 条
	《水污染防治法》	第 9 条、第 30 条、第 47 条、第 80 条、第 81 条
	《大气污染防治法》	第 5 条、第 29 条、第 30 条、第 52 条、第 53 条、第 56 条、第 98 条、第 110 条、第 118 条、第 119 条、第 126 条
生态环境损害赔偿制度	《环境保护法》	第 31 条、第 66 条
	《水污染防治法》	第 94 条、第 96 条、第 97 条、第 98、第 100 条
	《森林法》	第 39 条、第 44 条

2. 环境治理和生态保护市场体系

党的十八届三中全会指出，要让市场在资源配置中起决定性作用。习近平总书记指出，“要充分运用市场化手段，推进生态环境保护市场化进程，撬动更多社会资本进入生态环境保护领域”。有学者也认为，“过去的决策中没有统筹考虑环境与发展的关系是导致资源浪费、环境污染的直接原因，其深刻根源是市场没能很好发挥在资源配置中的决定性作用”。[①] 主要表现为环境治理和生态保护市场主体、能源交易制度、绿色金融和绿色产品制度三个方面。

第一，环境市场制度的构建。这是指加大政府和社会力量的合作，鼓励社会资本参与对环境治理和生态保护事务的建设和运营。目前，该项制度在环境法律规范上还是空白。

第二，能源产权交易制度。按照 2014 年国务院办公厅发布的《关于进一步推进排污权有偿使用和交易试点工作的指导意见》（以下简称指导意见），到 2017 年试点地区排污权有偿使用和交易制度基本建立、试点工作基本完成。以重庆市为例，2010 年该市印发了《重庆市主要污染物排放权交易管理暂行办法》，2014 年印发了《重庆市进一步推进排污权（污水、废气、垃圾）有偿使用和交易工作实施方案》《重庆市排污权抵押贷款管理暂行办法》，2015 年印发了《重庆市工业企业排污权有偿使用和交易工作实施细则（试行）》《重庆市排污权有偿使用和交易资金管理办法》。其他开展排污权交易试点省份，如江苏省、浙江省、内蒙古自治区等，在排污权交易纳入行业、交易方式、交易标的等方面都存在较大的差异，开展试点的省份没有形成成熟的可供全国复制使用的经验。

第三，绿色金融和绿色产品制度。2016 年 8 月 31 日，中国人民银行、财政部、国家发

---

① 吕忠梅：《论生态文明建设的综合决策法律机制》，载《中国法学》2014 年第 3 期。

展和改革委员会印发《关于构建绿色金融体系的指导意见》,对绿色金融的概念作出明确的定义,对绿色金融体系所囊括的制度予以类型化。目前,该绿色金融和绿色产品制度没有在很大程度上得以推广,主要原因是该项制度的设计无法激起社会资本的投入,从而使该项制度保持活力。

3. 生态文明绩效评价考核和责任追究制度

《环境保护法》第26条对环境保护目标责任制和考核评价制度作出了明确的规定,并规定考核结果应当向社会公开。与之相关的制度,就是环境保护目标的设定,增强可操作性、可实施性,选取合理的环境保护量化指标(见表3)。

表3　生态文明绩效评价考核和责任追究制度的对应条文

环境制度	法律	具体条文
生态文明目标	《环境保护法》	第26条、第27条、第28条
资源环境承载能力监测预警制度	《环境保护法》	第18条

(二)环境法律规范体系绿色化融贯的文本分析

所谓环境法律规范的绿色化,其实质就是从环境法律规范的制定、实施、适用到遵守,都将绿色发展理念贯彻其中。“从内容看,法律体系生态化是对传统法律目的、法律价值、法律调整方法、法律关系、法律主体、法律客体、法律原则和法律责任的绿化或生态化。”①也就是说,环境法律规范应当体现出绿色发展的理念。

1. 环境法律规范的绿色化

全国人大及其常委会制定的法律中涉及环境法律规范的高达40多部。笔者主要就《环境保护法》的绿色化予以分析。

首先,改变了传统立法目的和价值追求,理顺了环境保护与经济高质量发展之间的关系。有学者认为,“过去的决策中没有统筹考虑环境与发展的关系是导致资源浪费、环境污染的直接原因,其深刻根源是市场没能很好发挥在资源配置中的决定性作用”。②《环境保护法》与宪法环境条款的绿色化融贯体现在《环境保护法》第4条。该条款对经济社会发展与环境保护之间的关系予以了明确,最终目的是实现经济社会发展与环境保护相协调,即环境保护与经济高质量发展之间的绿色协调发展。不仅有《环境保护法》对环境与经济之间的关系予以明确,《环境影响评价法》第1条也将“促进经济、社会和环境的协调发展”作为该法的立法目的。另外,2008年《循环经济促进法》的制定是对可持续发展理念的贯彻,随后于2018年作出修改,修改后的《循环经济促进法》对环境保护与经济高质量发展之间的关系予以进一步明确,符合绿色发展的理念。

① 蔡守秋:《论我国法律体系生态化的正当性》,载《法学论坛》2013年第2期。
② 吕忠梅:《论生态文明建设的综合决策法律机制》,载《中国法学》2014年第3期。

其次，对法律原则予以绿色化，明确了环境保护优先的原则。环境法的基本原则是“准确理解、执行、适用环境法律规范的‘钥匙’”。[①]《环境保护法》第5条明确规定了“环境保护坚持保护优先”原则，为部门法法治的绿色化提供可供借鉴的路径。2017年《民法总则》第9条新增的“绿色原则”，是私法回应环境保护的一项原则。随后通过的《民法典》在“物权编”“合同编”“侵权责任编”等分别对绿色原则予以细化，对民事主体从事民事活动提出了新的要求：要符合绿色发展方式和生活方式，提高绿色消费自觉。这体现民法部门法对宪法绿色发展理念的融贯。例如，民事主体在从事消费的活动中，除要遵守自愿原则、公平原则、诚信原则、符合公序良俗外，还要有绿色消费自觉。这是在新时代下，面对社会发展出现的新矛盾而有针对性地提出对应措施。另外，绿色原则要与其他部门法之间实现沟通与对接。有学者也认为，“其他部门法学应该通过贯彻实施绿色原则，更加有效地共同致力于服务现代民生民益和生态文明建设”。[②] 也就是说，其他部门法学体系也要体现对《宪法》“序言”中的新发展理念的融贯。

最后，对环境治理制度、管理方式的绿色化。例如，《大气污染防治法》第83条第1款明确规定：“国家鼓励和倡导文明、绿色祭祀。”事实上，关于文明、绿色祭祀早在2015年《大气污染防治法》的修改中，就已经将该条文加入其中，并不是在2018年“生态文明”“新发展理念”入宪之后才写入《大气污染防治法》。可以看出，环境法律规范反过来又丰富着《宪法》“序言”中新发展理念的内涵。

2. 其他部门法的绿色化

最能凸显对宪法环境条款绿色发展融贯的其他部门法是民法。《民法典》新增绿色原则，将其作为民事主体从事民事活动所要求的基本行为准则，可以说该原则体现了绿色发展的基本理念，是对1982年《宪法》“序言”中“科学发展观”中的“可持续发展”内涵的延伸。有学者提到，“绿色发展理念是在‘可持续发展’思想的基础上发展而来的，以正确处理经济发展与环境保护之间关系为核心的一种新型发展思想”。[③] 2018年《宪法修正案》第32条，将“贯彻新发展理念”写入《宪法》“序言”。同时“绿色”作为新发展理念的内涵之一，可以说，2018年《宪法》的修改实现了宪法环境条款与部门环境法律规范的融贯，《宪法》“序言”中新发展理念是对可持续发展的继承与延伸，《民法典》的绿色化做到了对《宪法》“序言”中环境政策的具体化。因此，有学者也认为，绿色原则符合《宪法》“序言”中新发展理念的内涵。[④] 还有《刑法》的绿色化，主要体现在“破坏环境资源保护罪”一节。《刑法》第338条至第346条，主要针对非法处置进口的固体废物、擅自进

---

① 吕忠梅主编：《环境法学概要》，法律出版社2016年版，第74页。

② 蔡守秋、张毅：《绿色原则之文义解释与体系解读》，载《甘肃政法学院学报》2018年第5期。

③ 竺效、丁霖：《绿色发展理念与环境立法创新》，载《法制与社会发展》2016年第2期。

④ 参见张震、张义云：《〈民法总则〉中“绿色原则”的宪法依据及其展开》，载《法治现代化研究》2019年第4期。

口固体废物,非法捕捞水产品,非法猎捕、杀害珍贵、濒危野生动物,非法占用农用地,非法采矿,非法采伐、毁坏国家重点保护植物等违法行为进行规范。这类犯罪属于结果犯,一般要求出现严重的后果才予以认定达到犯罪标准。

(三)公民环境权与国家环境保护义务统一性融贯的文本分析

同样地,实现宪法环境条款与环境法律规范的体系融贯也应当从法学基本范畴出发。只有立足于法学基本范畴,"一个知识体系或理论体系得以建立",[①]立足于宪法环境条款的环境法律规范体系才能得以健全。有关法学基本范畴的内容一直以来都有争议。主流观点认为,"权利与义务是法学的基本范畴"。[②] 最重要的一对权利义务关系,是国家环境保护义务的履行与公民环境权的保障之间的关系。因为"国家义务与公民权利已经成为现代国家与公民关系的主轴"。[③] 因此,可以通过对公民环境权与国家环境保护义务的文本规范分析,"撬动"宪法环境条款与环境法律规范体系融贯的"支点"。

公民环境权与国家环境保护义务构成了环境法律规范中最主要的一对基本范畴。从国家环境保护义务和公民环境权关系的结构视角来看,两者是对立统一的。公民环境权的享有离不开国家环境保护义务的保障;当公民环境权受到侵犯时,有权请求国家环境保护管理机构予以保护。从国家环境保障义务和公民环境权关系的内容视角来看,两者是相互包含的。公民环境权与国家环境保障义务在界限上,彼此构成对方的边界。笔者从公民环境权与国家环境保护义务两个视角出发,对接宪法基本权利义务与环境法律规范的文本分析。

1. 公民环境权的保障

其一,为促成公民环境权利的充分行使,环境法律规范对其他辅助性权利的规定。从公民环境权实现的功能来看,"为了保障公民环境权的享有,而衍生出知情权、参与权、救济权、监督权"。[④] 为此,《环境保护法》专列第 5 章为环境信息公开和公众参与,是对公民环境信息知情权和参与权的应有体现。特别是《环境保护法》第 53 条第 1 款明确规定,公民、法人和其他组织依法享有获取环境信息、参与和监督环境保护的权利。公民权利的实现离不开国家保障义务。相应地,《环境保护法》第 54 条规定了人民政府环境保护主管部门和其他负有环境保护监督管理职责的部门负有依法公开环境信息、完善公众参与程序的义务。

在司法救济方面,由于环境问题涉及利益主体的多元性、范围的跨区域性、损害因果的复杂性等,法律并没有单独赋予私主体依法享有对环境利益的侵犯提起诉讼的权利,

① 付子堂主编:《法理学》(第 3 版),重庆大学出版社 2011 年版,第 55 页。

② 付子堂主编:《法理学》(第 3 版),重庆大学出版社 2011 年版,第 56 页。

③ 龚向和:《国家义务是公民权利的根本保障——国家与公民关系新视角》,载《法律科学》2010 年第 4 期。

④ 吴卫星:《环境权研究》,法律出版社 2007 年版,第 95 页。

而是规定特定的社会组织作为环境公益诉讼的适格主体。例如,《环境保护法》第 58 条规定,符合条件的社会组织可以向人民法院提起诉讼,以及人民检察院可以提起检察建议,或者向人民法院提起诉讼。此外,《环境保护法》第 57 条规定公民可以行使监督权。

其二,对公民环境义务的规定。《环境保护法》第 6 条明确规定,“一切单位和个人都有保护环境的义务”。有学者将公民环境保护义务分为三个层次,即充分注意义务、积极维护义务和尽量改善义务。[①] 笔者将在此基础之上,立足于公民环境保护义务的文本分析,进一步丰富公民环境权的内涵。第一个层面是充分注意义务,是集消极义务和尊重义务于一身的集合义务概念,是公民环境保护义务的最低要求。它强调的是在从事生产或者生活过程中,禁止一切以积极作为的方式破坏环境,并在此基础之上,尊重环境的客观发展规律。第二个层次是积极维护义务,是集积极义务和保护义务为一体的义务概念,是公民环境保护义务的普遍要求。它强调的是,公民在力所能及的范围内,采取绿色的生产生活方式和消费方式。例如,《环境保护法》第 6 条第 4 款明确规定:“公民应当增强环境保护意识,采取低碳、节俭的生活方式,自觉履行环境保护义务。”2019 年 1 月 31 日,上海市人民代表大会审议通过了全国第一部有关生活垃圾管理的地方性法规——《上海市生活垃圾管理条例》。该管理条例第 7 条明确规定,个人应当积极参与绿色生活行为,减少生活垃圾产生,履行生活垃圾分类投放义务,并承担生活垃圾产生者责任。可以说,该管理条例是对公民环境保护义务中第二层次义务的规范化,将为公民的积极义务和保护义务提供可供操作并遵循的普遍规范。第三个层次是尽量改善义务,是实现义务和促进义务融合后的义务概念,是公民环境保护义务的最高要求。它强调的是人与自然和谐共生的实现,以及促进美丽中国的建成。

2. 国家环境保护义务的履行

国家环境保护义务的履行是公民环境权保障的关键之所在。从环境保护的主体来看,有国家、公民、社会组织等。但是国家的特殊性质直接决定了国家在环境治理中的主导地位,而其他主体如公民、社会组织等在环境治理中处于辅助地位。从纵向上看,国家环境保护义务的履行涉及中央和地方层面的政府及其所属部门之间环境保护职责的划分。从横向上看,国家环境保护义务的履行涉及同一管辖区域不同部门之间,甚至是不同管辖区域不同部门之间的环境保护职责的划分。笔者将从立法、执法、司法三个方面来阐释国家环境保护义务的融贯文本分析。其一,在立法领域的体系融贯,即中央和地方立法两个层级的立法体系融贯。其二,在环境执法方面的体系融贯,涉及上下机构之间、各部门之间、各区域之间的联动执法。其三,在公益诉讼领域的体系融贯。

四、体系融贯之规范体系实现障碍

构建生态文明制度体系是实现宪法环境条款与环境法律规范体系融合的制度要求。笔者将试图从环境法律规范的内部和外部体系两个维度出发,阐释实现内部和外部体系

---

① 参见张震:《公民环境义务的宪法表达》,载《求是学刊》2018 年第 6 期。

融贯存在的规范障碍,并在文章下一部分提出如何形成对立足于宪法环境条款的环境法律规范的交互影响。

从环境法律规范的规范文本出发,在内部体系融贯方面,环境法律规范主要存在体系层次不清、环境保护条款的不协调规制等两个方面的阻碍。在外部体系融贯方面,主要存在环境法律规范对宪法环境条款的实施不足、环境法律规范的合宪性不足、生态文明建设的配套立法不足等三个方面的阻碍。

(一)环境法律规范内部体系融贯存在的问题

我国环境法律规范以环境保护对象的要素作为立法的分类保护标准。这可能导致环境要素之间保护的割裂性,以及环境要素与其他要素之间保护的断层化。在立法技术上,对各环境要素予以分别立法,表现为保护方法、手段的重复规制,甚至是出现相互冲突的立法。事实上,环境保护要素具有天然的不可分性,要实现从环境保护上升至整个生态的保护,实现生态保护对象的整体性、连贯性、持续性。

1. 环境法律规范体系层次不清

环境法律规范体系层次,是指环境法律规范自身所应当体现的法律规范秩序效力层级。当前,《环境保护法》是由全国人大常委会制定的。因此《环境保护法》的效力层级并没有比其他环境法律规范的效力层级更高。当环境保护法律规范适用出现冲突时,环境保护普通法与特别法之间的冲突可能导致《环境保护法》在适用层面的规避。

另外,《环境保护法》存在立法定位不清的问题,即其主要是对环境保护的治理问题予以规定,没有体现《环境保护法》中生态文明制度建设的理念。例如,《环境保护法》中环境管理机构的职责规定不明确,政府内部具体负责的环境管理部门职责不清晰,内部部门之间界限不明确。《环境保护法》没有对国务院环境保护主管部门,以及县级以上地方人民政府环境保护主管部门的具体职责作出明确的规定,而是根据各环境保护要素,散见于各单行环境法律规范之中。一方面,从实现生态文明建设的视角看,这种情况不利于对整个生态环境进行整体性、系统性、连贯性保护;另一方面,从政府职责的视角看,不利于各地环保责任的追究与问责机制的建立。甚至环保部门"履职免责文件规范"①也缺乏相应配套机制,《环境保护法》对乡镇政府的环保职责缺乏规定。此外,环境法律规范没有对风险环境问题予以规制。

2. 环境保护条款的不协调规制

根据环境法律规范所体现的法律规范秩序效力层级,每一层级都应当有自己的定位。而下一秩序效力层级的法律更多是对上一秩序效力层级的法律予以细化。环境保护条款内部的不协调规制,如表 4 所示。

① 王灿发主编:《新〈环境保护法〉实施情况评估报告》,中国政法大学出版社 2016 年版,第 188 页。

表 4　环境保护条款内部不相协调立法情形

不协调立法情形	实例	分析
与水土密切的专业规划设定在《水法》与《水土保持法》中都提到“应当与城乡规划和环境保护规划等相协调”。不同的是,《水法》还规定“兼顾各地区、各行业的需要”	《水法》第 15 条第 2 款规定,“流域综合规划和区域综合规划以及与土地利用关系密切的专业规划,应当与国民经济和社会发展规划以及土地利用总体规划、城市总体规划和环境保护规划相协调,兼顾各地区、各行业的需要”。《水土保持法》第 13 条第 3 款规定,“水土保持规划应当与土地利用总体规划、水资源规划、城乡规划和环境保护规划等相协调”	水与土地利用具有天然的不可分割性,两者的综合利用规划的分开部署,容易导致立法的重复设置,甚至是出现相互冲突的情形
保护和改善环境、防治污染和其他公害的财政资金使用制度,《大气污染防治法》简单地对《环境保护法》的规定予以复制,没有对国家环境保护义务在财政资金使用上作出实质性的细化	《环境保护法》第 8 条规定,“各级人民政府应当加大保护和改善环境、防治污染和其他公害的财政投入,提高财政资金的使用效益”。《大气污染防治法》第 3 条第 1 款规定,“县级以上人民政府应当将大气污染防治工作纳入国民经济和社会发展规划,加大对大气污染防治的财政投入”	《环境保护法》对财政投入的范围和效益作出原则性规定后,《大气污染防治法》应当针对保护和改善大气污染防治的财政资金作出细致安排,而不是简单地对个别字词的调整。而且“资金使用效益”与“财政投入”在实践中所指有很大差异

(二)环境法律规范外部体系融贯存在的问题

1. 环境法律规范对宪法环境条款的实施不足

宪法环境条款主要是通过间接适用的方式,将宪法环境条款的理念、原则以及规则保证在下位法实施。受制于对宪法环境条款的规范释义,环境法律规范对宪法环境条款中“新发展理念”“生态文明”“和谐美丽”的规范释义将直接影响环境法律规范的合宪性。由于并未在宪法环境条款与环境法律规范之间形成有效互动、融贯机制,使环境法律规范缺乏对宪法环境条款的可实施性。笔者将环境法律规范中部分未能充分体现宪法环境条款的法条梳理如表 5 所示。

表5　对宪法环境条款的实施不足的情形

未能准确实施的情形	实例	分析
在新发展理念方面	《水法》第15条第2款规定,"流域综合规划和区域综合规划以及与土地利用关系密切的专业规划,应当与国民经济和社会发展规划以及土地利用总体规划、城市总体规划和环境保护规划相协调,兼顾各地区、各行业的需要"	《水法》在针对流域规划时提出的"兼顾各地区、各行业的需要",不符合新发展理念中所提倡的环境与经济协调发展的要求
在生态文明建设方面	《大气污染防治法》第87条规定,"……根据重点区域经济社会发展和大气环境承载力,制定重点区域大气污染联合防治行动计划,明确控制目标,优化区域经济布局,统筹交通管理,发展清洁能源,……"	《大气污染防治法》第87条"根据重点区域经济社会发展和大气环境承载力"制定大气污染联合防治行动计划的规定,不符合生态文明建设框架下的环境保护制度要求,没有体现对后代人代际利益的保护
	《水污染防治法》第14条第1款规定,"国务院环境保护主管部门根据国家水环境质量标准和国家经济、技术条件,制定国家水污染物排放标准"。第15条规定,"国务院环境保护主管部门和省、自治区、直辖市人民政府,应当根据水污染防治的要求和国家或者地方的经济、技术条件,适时修订水环境质量标准和水污染物排放标准"	水环境质量标准和水污染物排放标准属于自然科学范畴的事务,标准的确定应该有严格的程序,而根据经济条件予以适时修改或制定标准的方式不符合人与自然和谐相处的理念

2. 生态文明建设的配套立法缺失

根据上文对生态文明制度体系融贯之现状的文本分析,可以发现,还有大量的生态文明建设配套制度没有立法。如表6所示。

表6　配套立法缺位的情形

配套立法缺位	实例	分析
环境治理体系方面	《环境保护法》第17条对环境治理监测数据的公开作出了规定与《环境监测管理办法》(2007年)的决定	《环境保护法》对于公民知情权的规定作出了完善,但是《环境监测管理办法》关于监测环境数据的公开、法律责任承担等存在大量空白
	《环境保护法》第31条是对生态保护补偿制度的规定	无相应配套的立法
	《环境保护法》第39条是对环境与健康监测、调查和风险评估制度的规定	无相应配套的立法
环境治理和生态保护市场体系方面	《环境保护法》第21条、第22条是对环境保护税收制度的规定	无相应配套的立法
	绿色金融制度	无相应配套的立法
生态文明建设绩效评价考核和责任追究制度方面	《环境保护法》第26条是对环境保护目标责任制和考核评价制度的规定	有学者提出,需要制定"《党政干部环保目标责任考核办法》"①的配套立法

五、交互影响:立足于宪法环境条款的环境法律规范体系融贯

实现宪法环境条款与环境法律规范的交互影响,应当从正向影响和反向影响两个路径分别予以展开。一方面,从宪法作为根本法规范来看,宪法是下位法制定以及适用的直接准据的核心规范。因此,环境法律规范的体系化构建是宪法环境条款的外在要求,即环境法律规范应当宪法化。另一方面,从保障宪法实施的角度来看,推动宪法环境条款的实施,是维护宪法权威的表现。反过来,宪法环境条款的解释和公民环境基本权利的保障需要借助环境法律规范,即宪法环境条款应当体系化。

(一)环境法律规范的宪法化

以体系融贯的公民环境权与国家环境保护义务为契机,实现环境法律规范的宪法化。将从环境法律规范的合宪性和法典化两个方面论述如何实现环境法律规范的宪法化。

1. 增强环境法律规范合宪性

党的十九大报告中明确提出"推进合宪性审查工作"。增强环境法律规范的合宪性,最本质的目的是能够更好地保障公民环境权。环境法律规范的合宪性不仅仅是立法的

① 王灿发主编:《新〈环境保护法〉实施情况评估报告》,中国政法大学出版社2016年版,第5页。

基本要求,也是保证宪法环境条款实施的关键。新时代下,环境法律规范的合宪性应当立足于生态宪法观的框架之下,可以通过对宪法中环境保护的理念、基本原则、条款的适用来增强环境法律规范的合宪性。

其一,对宪法环境条款的准确释义,是增强环境法律规范合宪性的关键。将宪法环境国策条款上升至环境法律原则、规范予以保障实施。环境法的基本原则是"准确理解、执行、适用环境法律规范的'钥匙'"。① 因为当环境法律条款在适用过程中不确定时,宪法环境法律条款为环境法律条款的解释提供了框架与界限。例如,新发展理念在《宪法》"序言"中得以确认,对生态宪法观的内涵予以丰富,也对环境法律规范的环境观的内容予以完善。有学者提到,"'新发展理念'是国家继续推进社会主义现代化过程中所要遵循的发展规范"。② 党的十八大提出,深入贯彻以"新发展理念"为引领的社会主义现代化建设,将遵循协调发展、绿色发展的理念,按计划、逐步、稳健地推进社会主义现代化建设。

其二,环境法律规范应当紧紧围绕生态文明的理念予以展开。有学者提出,"生态文明条款应当定性为基本国策条款"。③ 如何保障作为国策条款的生态文明在部门法领域的实施,是增强环境法律规范合宪性的关键。而法教义学的方法则成为保证"生态文明"等宪法中的基本国策条款在环境条款中予以具体落实的"钥匙"。一方面,生态文明建设应当统领环境法律规范体系化构建。长期以来,环境法律规范非法典化,使环境保护规范之间的保护理念、原则,环境保护制度设计上存在冲突,从而使环境法律规范没有在实质上起到对环境的整体性、综合性、连贯性保护。"生态文明"的入宪,对宪法环境条款而言,"不仅实现了从政治概念到法律概念的转化,提升了生态文明概念的法律地位,也会对宪法上的观念、权利、制度及其实施产生重要影响"。④ 对下位环境条款规范而言,"生态文明"入宪丰富了环境治理的逻辑结构的同时,也使作为下位法环境法律规范的体系从保护观念、权利义务、机构职责以及实施等得到进一步的完善。另一方面,生态文明建设是推动国家环境治理体系和环境治理能力现代化的关键一环。新时代下,推动国家治理体系和治理能力现代化是党中央致力于全面深化改革后的必然结果,也是中国特色社会主义道路的必然选择。落实好从生态文明理念建设到生态文明制度建设的全过程。实现从源头上把控环境治理问题,转变环境行政治理思维,落实环境损害赔偿制度及环境责任追究制度,以促进对环境的保护。甚至有学者提出,应该制定一部"生态文明建设促进法"⑤作为确保下位法制定、实施生态文明建设的法律规范。

---

① 吕忠梅主编:《环境法学概要》,法律出版社2016年版,第74页。

② 张震:《生态文明入宪及其体系性宪法功能》,载《当代法学》2018年第6期。

③ 王建学:《论生态文明入宪后环境条款的整体性诠释》,载《政治与法律》2018年第9期。

④ 张震:《中国宪法的环境观及其规范表达》,载《中国法学》2018年第4期。

⑤ 秦天宝、苏芸芳:《制定〈生态文明建设促进法〉的必要性与可行性》,载《环境与可持续发展》2019年第4期。

其三,推动宪法环境条款的具体化是环境法律规范合宪性最主要的表现。从宪法实施的角度来看,实现下位环境法律规范对宪法实施的贯彻,应当以宪法环境条款为核心实现环境法律规范的整体性、连贯性实施。近年来,国家高度重视宪法实施的路径安排。同样,环境法律规范的体系化制定也是保证宪法环境条款实施的关键,还是依宪、依法治理环境问题最直接的体现。维护宪法权威,应该体现在社会的方方面面。将宪法环境的理念、原则以及规则予以具体化,实现环境法律规范从立法到实施的统一。

2. 推动环境法律规范的法典化

我国现行有效的环境法律规范体系可以分为宪法环境条款、环境保护基本法、环境单行法、环境行政法规、环境保护部门规章、地方性环境法规和地方政府环境规章、环境标准和国际环境保护条约,其中处于最高位阶的是宪法环境条款。宪法环境条款将对下位法环境法律规范产生直接适用的依据。早在2007年就有学者提出,“环境法的法典化时机已经成熟,应当开始进行环境法典的编纂工作了”。① 但是,由于环境法作为一门新兴的学科,以及其调整对象范畴的复杂性,使环境法律规范法典化直至今日也未能得以实现。但是不可否认现实对环境法律规范法典化发展的迫切需要。下文将分别从环境治理制度、公众监督与救济以及法律责任三个方面推动环境法律规范法典化。

其一,环境法律规范中环境治理制度的体系化。由于宪法规范的性质决定了宪法规范的内容更多的是对国家机构权力的限制与公民基本权利的保障。所以我国宪法环境条款更多的是对国家机构在环境保护方面提出了更多的义务,而对于公民个人、社会组织的环境保护则更多是规定了享有环境权利。但是也不能否认公民应当负有在合理程度内保护环境的义务。环境保护的方式将根据环境破坏的状态来予以分类,分别采取“保护”“恢复”“改善”的方式来予以保护环境问题。一是“保护”这种方式针对的是一些重大生态环境建设措施。例如,生态红线、自然资源产权和资产管理、自然资源主体功能区规划、空间规划和用途管制等具体的环境保护措施。二是“恢复”方式针对已经破坏的生态环境,要求通过治理恢复原状等,如有关生态补偿制度、生态环境损害赔偿和责任追究等措施属于环境保护中的“恢复”方式。三是“完善”方式是对生态环境保护提出的最高要求,应当不断完善生态环境现状,从而满足人民对美好生活的需求,实现美丽中国建设。②

其二,环境法律规范中公众监督与救济的体系化。从整个生态系统而言,保护的对象应该是整个环境,而不应受限于人类的认知范围。维护良好的环境状态,也就是对构成良好环境状态的各要素进行类型化保护,充分发挥生态系统的供给服务功能、调节服

---

① 张梓太:《论法典化与环境法的发展》,载《华东政法大学学报》2007年第3期。

② 吕忠梅:《中国生态法治建设的路线图》,载《中国社会科学》2013年第5期。

务功能、文化服务功能以及维持这些服务的支持服务功能四种功能的实现。①

其三,环境法律规范中法律责任的体系化。环境法律规范主要是针对排放污染物企事业单位的规制,没有将所有的法人、组织都纳入规制,如学校、医院、社会团体、银行、国家机关等。这导致没有真正意义上实现绿色发展方式和绿色生活方式。有学者提出,"通过立法建立全国统一的生态环境保护管理体制",②也就是说,通过立法手段,实现全国从上至下的环境治理体系和治理能力的现代化。

(二)宪法环境条款的体系化

有学者提到,"不能局限于'单向思维',而应认真检视部门法的动态反作用"。③ 例如,2014年《环境保护法》的修订,就已经将"生态文明"写入第1条,作为新时代下环境保护的目的。无独有偶,2017年《水污染防治法》修订时也将"生态文明"写入第1条,作为水污染防治的基本理念。在"生态文明"未写入宪法之前,可以说"生态文明"建设还只是处于环境保护部门法予以规制的地位。但是在"生态文明"写入宪法之后,实现了"生态文明"从部门法到根本法保证的转变,确定了"生态文明"宪法地位,为进一步开展实施生态文明建设制度化提供了宪法意义上的保障。因此,也是说"生态文明"理念实现了环境法律规范对宪法环境条款的反向作用。

1. 规范宪法环境条款解释

可以看到,"当代宪法解释的主要目的或功能就是,通过有说服力的、客观的宪法解释及时地解决社会发展中可能出现的冲突或问题"。④ 除了要注意,宪法环境条款的解释对下位环境法律规范的实施起到直接的指引作用外,还要看到环境法律规范中具体条文的解释对宪法环境条款的解释的补充。特别是宪法中有关环境保护的国策条款,由于宪法不具有直接适用的效力,导致宪法环境条款的解释与社会现实变迁之间互动的不足,那么这种不足就需要下位环境法律规范的变迁来予以填补。事实上,国家对整个环境的改善和保护都应当负有义务。在《宪法》第26条第1款中根据环境的不同功能,划分为生活环境和生态环境两个方面。关于生活环境和生态环境是否可以涵盖整个环境的讨论,是有争议的。早在2014年《环境保护法》修改中,就已经将"生活环境和生态环境"的表述直接用"环境"予以代之。因此,可以说,宪法环境条款的整体性解释同样也依赖于环境法律规范的内涵。

2. 保障公民环境权

公民环境权的核心意义在于解决人在环境中生存和发展的权利主张的宪法法律依

① 参见联合国千年生态系统评估项目组:《生态系统与人类福祉:评估框架》,张永民译,中国环境科学出版社2007年版,第58页。

② 吕忠梅:《中国生态法治建设的路线图》,载《中国社会科学》2013年第5期。

③ 张翔:《环境宪法的新发展及其规范阐释》,载《法学家》2018年第3期。

④ 张震:《住宅自由权到住宅社会权之流变》,载《求是学刊》2015年第3期。

据问题。而环境牵涉利益的复杂性、所涉主体的多元性、牵涉范围的隐蔽性等都决定了环境治理不可能单纯依靠私主体的个人力量得以解决。可以从“权利的目的及内容以及权利的实现对国家的依赖程度”①来判断公民环境权的社会权功能。

从公民环境权的价值来看，我国《宪法》第33条的人权条款，在面对社会现实问题中，得以不断完善。一方面，这取决于公民对自身权利的觉醒，其寄希望自身所享有的合法权利能够得到“最高法”意义上的保护。另一方面，得益于部门法的发展。部门法中法律权利的规定，为宪法上基本权利的保障提供了权利制度化保障的素材来源，丰富了宪法中的人权条款，从而使人与自然的和谐发展得到根本法保障。因此，公民环境基本权利内涵的丰富还需要环境法律规定的具体化来予以保障。

① 张震：《作为基本权利的环境权研究》，法律出版社2010年版，第122页。

我国中央与地方财政争议解决的法治模式选择*

冉富强**

摘要:各国政治制度、文化传统等对争议解决机制模式的选择有较大影响。目前,世界各国通行的中央与地方财政争议解决机制有行政协商、立法参与和司法裁决三种模式。中央与地方各级政府间事权、财权、财力及支出责任的法治化是央地财政争议解决机制法治化的前提;行政协商向司法裁决转型是各国中央与地方财政争议解决机制演变的趋势;司法裁决机制以地方政府具有公法人地位为制度基础,其有效运行以地方政府享有相当税收立法权、自主财源占财政支出主要部分为前提。我国在全国人大之下设立中央与地方事务财政关系委员会,专司处理央地财政争议,符合我国宪制框架,同时也能为司法裁决机制的构建提供经验积累与法治共识。

一、问题的提出

近年来,关于如何构建中央与地方关系的协调和争议处理机制,国内学者主要有两种观点。一种观点认为,应当构建司法审查机制来解决中央与地方权限争议。① 另一种观点认为,应当利用专门法的形式或者通过地方参与中央立法程序,规范和调整中央与地方的利益冲突和争议。② 两种观点的趋同是构建中央与地方利益关系的法治化解决机制,差异则是基本理念和出发点不同。本文以中央与地方财政争议的法治解决模式为议题,分析研判我国中央与地方财政争议解决模式构建的内在机理及可行路径选择。

二、单一制与联邦制国家中央与地方财政分权的基本特征

在某个主权国家中,中央政府行使全国性公共权力,代表这个国家的整体利益;地方

---

* 本文是国家社科基金项目“公法人视野下公立高校财政自主权研究”(批准号:BIA150094)的阶段性成果。

** 河南财经政法大学法学院教授。

① 参见刘海波:《中央与地方政府间关系的司法调节》,载《法学研究》2004 年第 5 期;王理万:《行政诉讼与中央地方关系法治化》,载《法制与社会发展》2015 年第 1 期;郭殊:《论中央与地方关系中的司法调节功能——以美国联邦司法判例为线索》,载《法商研究》2008 年第 5 期。

② 参见谭波:《论完善中央与地方权限争议立法解决机制》,载《法学论坛》2009 年第 5 期;孙波:《以利益为视角探索中央与地方关系法治化》,载《社会科学战线》2016 年第 9 期。

政府在一定区域内行使公共权力,代表这个区域的局部利益。不管是单一制国家还是联邦制国家,都是如此。不过,联邦制国家一般分为联邦政府、州和地方政府,没有中央政府和地方政府的说法。然而,近年来,也有学者把联邦制国家的政府称为中央或地方政府。如果把联邦政府称为"中央政府",联邦成员及其分支机构则为"地方政府"。本文正是在上述含义上界定"中央政府"与"地方政府"之间的财政分权。综观世界各国,不同体制的国家中央与地方财政分权皆呈现如下趋势与特征。

(一)各国财政分权宪法法律化的形式差异较大

世界各国财政分权的划分模式、税收立法权配置、税种划分、税收收入划分及转移支付方式等方面都存在诸多差异。

首先,在财政分权模式上,美国是典型的"分权型"模式,联邦、各州和地方政府都有自己的税收立法权和管理权,具有相对独立的支出范围;日本、法国采取的是"集权型"模式,税收立法权几乎全部集中在中央政府,地方税立法权受到严格限制;德国采取的则是"集权与分权相结合"的模式,税收立法权集中在联邦政府,但各州参与联邦税收立法权的上院批准机制又使联邦在行使税收立法权时必须充分考虑各州的诉求和利益。

其次,根据地方政府的财政支出权是否与税收立法权及税收收益权相匹配,中央与地方财政分权可以分为"对称型"和"非对称型"两种模式。美国联邦政府、州政府及地方政府都有自己独立的税收立法权,州及地方政府的财政支出主要依靠州及地方政府税收管理系统征收的税收,这与美国各州和地方政府长期地方自治的历史传统有关;与美国相比,德国虽然也是联邦制国家,但由于其建国时强调的是联邦与各州的合作关系,因而税收立法权集中配置给联邦政府,联邦政府通过转移支付保证各州和地方政府的财政均衡;日本和法国则将税收立法权集中在中央政府,仅赋予州政府或地方政府有限的税收立法权,地方政府对纵向转移支付的依赖很大。因而美国属于"对称型"的财政分权,德国、日本和法国则属于"非对称型"的财政分权,"非对称型"财政分权模式的成因和选择往往与这些国家长期中央集权的历史传统有关。

最后,根据转移支付资金的来源可以将财政转移支付制度分为横向与纵向两种。德国采取的主要是横向转移支付制度,其他国家采取的则是纵向转移支付制度。尽管横向转移支付制度屡屡遭受质疑,甚至有两个州向德国联邦宪法法院挑战这一制度,但截至目前,德国的横向转移支付制度尚未有实质改变。横向转移支付有利于加强德国的民族国家认同,非常适合区域发展差异较大且合并时间不长的德国。

(二)地方税收立法权是地方财政自主权的核心要义

无论是联邦制还是单一制国家,市场经济体制的演变往往使各国的中央与地方政府职权、税收立法权与税收收益权、政府支出责任及政府间转移支付制度等方面,均发生不同程度的悄然变迁。但是中央集权及地方分权的理性互动是市场经济国家中央与地方财政关系变迁的基本特征,强调地方财政自主权进而赋予地方政府一定的税收立法权,实现中央与地方财政关系的法治化,是第二次世界大战后特别是全球化以来各国财政分权发展的基本趋势。法国和日本是长期实行中央集权的单一制国家,中央集权也曾经取得辉煌成就,然而,面对全球化带来的挑战,包括英国在内的传统中央集权国家都在进行因地制宜的地方分权化改革。欧洲一体化进程中的《马斯特里赫特条约》也将"辅助性原则"写入其中,其旨在强化地方政府的治理责任,提升地方政府直接参与欧洲市场的竞争力,防止中央过度集权造成效率低下。自主税收立法权是地方财政权的核心要素,最低限度的地方自主税收立法权是税率调整权和税收减免权。为了保证地方自治单位的独立意志,地方自有财政收入应当至少满足当地财政支出的一半,财政平衡制度应当尽量以不附加任何特定目的的一般性转移支付为首选。《世界地方自治宪章》第 9 条专门规定了地方当局的财政收入来源。① 《欧洲地方自治宪章》与《世界地方自治宪章》的规定一致,它们都基本囊括了地方财政分权的大体内容和基本标准。

三、一些发达国家中央与地方财政分权争议的解决机制

中央与地方财政分权纳入宪法、法律以后,如果政治、经济、文化和社会发生重大变化,必须在宪法、法律框架内选择修宪、立法或修法等,以便对财政分权作出相应调整。这种中央与地方财政分权调整机制统称"立法机制",它往往涉及中央与地方财政分权的重大调整。除此以外,中央与地方财政分权还有一个"微调机制"——司法机制,它通过一个个判例推动中央与地方财政分权缓慢变迁,同时也是典型的中央与地方财政分权争议的解决机制。个别国家还建立了行政解决机制。下文就举例考察一下几个典型市场经济国家中央与地方财政争议的解决模式。

(一)美国中央与地方财政争议的解决机制

通过联邦宪法和各州宪法的界定,联邦政府、州政府及地方政府都享有专属的税收立法权、征收管理权、税收收入权和举债权;各级议会有权在联邦宪法及州宪法确定的原则框架下颁布自己的税法,实施自己的税制,构建自己的税务管理机构。但是,宪法的规定并不能一劳永逸地解决中央与地方的财政分权问题,实践中仍然会发生一些权限争议。

当初联邦基本法制定时,麦迪逊曾经极力主张,赋予联邦议会有权否定他们认为违

---

① 具体内容如下:(1)地方当局应有权获得属于它们自己充分的财政来源,同时在它们的权限范围内自由安排这些收入。(2)地方当局的财政来源应当和它们所承担的任务和所负的责任相称。(3)地方当局具有合理比例的财政来源应来自它们有权决定比率的税收、规费和使用者收费。(4)地方当局有权征收的税收,或它们有权分享的固定比例的税收,应该是充分的、富有弹性的,以与它们承担的责任相称。(5)对财政能力脆弱的地方当局需要纵向和横向的财政平衡制度。(6)地方当局应该参与决定财政资源重新分配规则的制定。(7)对地方当局的财政拨款要尽量尊重它们的优先性,不应该对特定项目指定款项的用途。拨款不能改变地方当局在其辖区内制定政策的自由。(8)地方当局应该可以到国内外资本市场进行以投资为目的的借款。See *Towards a World Charter of Local Self-Government*, Accessed Oct. 18,2022,https://www.gdrc.org/u-gov/charter.html.

背联邦条款和对外条约的各种议会立法，但这一动议最终被制宪会议无情地否决。① 美国各州对联邦政府参议院的平等代表权确实是内在于联邦主义架构的政治防护制度，它保证各州作为政治实体存在及其在选择国会和总统中的角色，限制联邦政府对州权力的侵入。较之联邦最高法院的司法审查，国会是使宪法规定的政府间权力分配条款获得最大意义保护的机制。②

也有学者对上述观点提出质疑。美国的参议院虽然各州平等产生2名议员，但参议员任期长达6年，中途不可召回，按人投票。“参议员的长任期和按人投票，使得参议院成为独立而强大的机构，它不是一个联邦或联盟性的机构，而是全国性政府的一个部分。一般来说，美国的参议员较之众议员，更是全国性的政治家。”③因此，美国联邦政府与州政府之间权限争议的主渠道既不是通过复杂而困难的宪法修改程序，也不是经由立法程序，而是由联邦最高法院承担的司法审查机制。联邦最高法院通过判例确定了州议会有权创制地方政府的“狄龙规则”以及州议会批准地方政府对政府结构、财政、人事等享有自治权的“地方特许权法”。④

除司法解决机制外，由国会授权成立的“联邦政府互动关系咨询委员会”（以下简称政咨会）也处理联邦政府与州及地方政府之间的争议。政咨会有权针对联邦训令可能构成对各州及地方政府以下权益的侵犯提出“保留、修正、停用或中止”的建议：联邦训令要求各州及地方政府扩增其相当数量的本身资源，明显造成对该州及地方政府在财政使用顺位破坏的；联邦训令在各州及地方政府的补助金计划内，设定期限或条件，导致是否参加这些计划的自主裁量权受限的；联邦训令要求提供的资源超过各州及地方政府能力的；多个联邦训令可能造成财政负担的紧缩的；等等。⑤

事实上，美国政府间的财政权限争议可以通过政治博弈（修宪或立法）、行政及司法三种路径解决，但由于美国各级政府采取“重叠治理”模式，即“美国的各级政府直接与企业、公民打交道，上级政府并不通过层层委托给下级政府来执行具体事项”，⑥因此美国的政府间争议并不是由联邦政府、州政府及地方政府直接对簿公堂的方式解决。“美国最重要的关于联邦和州之间权力范围调整的判例，往往不是两个政府间的诉讼，而是

① 参见[美]麦迪逊：《辩论——美国制宪会议记录》，尹宣译，辽宁教育出版社2003年版，第745页。

② Herbert Wechsler, *The Political Safeguards of Federalism: The Role of the States in the Composition and Selection of the National Government*, Columbia Law Review, p. 543(1954). 转引自刘海波：《中央与地方政府间关系的司法调节》，载《法学研究》2004年第5期。

③ 刘海波：《中央与地方政府间关系的司法调节》，载《法学研究》2008年第5期。

④ 参见刘君毅：《中央与地方关系法制化初探——对美国制度的借鉴》，载《中国行政管理》2008年第10期。

⑤ 参见刘君毅：《中央与地方关系法制化初探——对美国制度的借鉴》，载《中国行政管理》2008年第10期。

⑥ 参见宣晓伟：《美国的中央与地方关系：司法调节体系的方式和原则——“现代化转型视角下的中央与地方关系研究”之十》，载《中国发展观察》2015年第5期。

涉及个人利益的案件或者纯粹是私人间的诉讼。”①

(二)德国中央与地方财政争议的解决机制

德国历来具有“合作联邦制”的特征,其独具特色的两院制是其“合作联邦制”的重要表征。德国实行两院制,联邦众议院由人民直接投票选举的议员组成。德国《基本法》第51条规定了参议院的组成:联邦参议院由州政府任命与召回的成员组成,州政府的其他成员可作为其替代。每个州应至少有3票,超过200万居民的州应有4票,超过600万居民的州5票,超过700万居民的州6票。每个州可以派遣和其票数同样多的代表。每个州必须由在场成员或其代表投联票。

在立法程序上,对于一些影响各州的立法事务,如地方财政、行政、教育和文化设施等,必须通过参议院同意。这一独特的立法程序虽然历经几次宪法改革,但依然保留在2006年宪法改革方案之中,2006年宪法改革规定,涉及州财政问题的法律需要联邦参议院批准。② 虽然德国联邦参议院的立法权力小于众议院,但参议院在涉及州财政等事项上享有绝对的否定权,除此以外还享有关于其他事项的延缓议案通过的权力。由此就凸显了德国参议院与美国参议院在立法权力方面的实质差异。“德国联邦主义强调的是在各州政府组成和参与联邦政府的体制性保障,联邦政府的立法相当依赖于州政府的合作。联邦政府和州政府之间存在立法和行政的功能性分工,即联邦立法,州政府执行,同时联邦政府对州政府的执行进行监督。”③参议院参与涉及州重要事项的宪法设计有效保障了各州利益不被联邦政府侵犯,但这只是德国“协商式民主”的方式之一。

除立法程序外,德国《基本法》还设立有联邦宪法法院,联邦与各州之间或者各州之间的宪法争议,没有其他救济途径的,由联邦宪法法院裁决,其争讼的对象是各方对联邦或州的权利与义务持有的不同意见(德国《基本法》第93条第1项第3句以及《联邦宪法法院法》第13条第7项与第68条)。依据上述规定,联邦宪法法院可以对联邦法、州法与德国《基本法》之间,以及州法与其他联邦法之间,在形式上或实质上是否一致,根据联邦政府、州政府或联邦议会1/3议员的提请进行裁决。从联邦宪法法院的司法实践来看,裁决在联邦与各州之间的权限争议中扮演了极为重要的角色。④ 联邦宪法法院实施违宪审查虽然使自己过多暴露于政治冲突之中,但就联邦宪法法院的司法实践来看,它一直保持公正的中间政治立场,并未受到过多政治因素的干扰,这在一定程度上是因为

① 刘海波:《中央与地方政府间关系的司法调节》,载《法学研究》2008年第5期。

② 参见童建挺:《德国联邦制的演变》,中央编译出版社2010年版,第241页。

③ 刘海波:《中央与地方政府间关系的司法调节》,载《法学研究》2008年第5期。

④ 参见[德]康拉德·黑塞:《联邦德国宪法纲要》,李辉译,商务印书馆2007年版,第509页。

联邦法官的产生机制具有协议民主的特点。[①]

德国还设立有行政法院，负责审理联邦与州之间、各州之间或者一州之内有关法律问题的公法争议。只有通过法律途径不能解决的，才能提交宪法法院裁决。德国还设立有财政法院，主管租、税事务方面的行政案件，但财政法院只负责审理与个人权利有关的案件，其主要职责在于通过解释法律，维护税法执行和适用的统一。[②]

（三）法国中央与地方财政争议的解决机制

法国从 1982 年开始推行向地方下放权力，到 2004 年基本完成中央与地方关系的改革。2003 年宪法修正案规定，地方团体的税收及其他固定财源构成其财政资源的主要部分，并规定由组织法规定实施条件；明确国家与地方团体间任何权限的转移均应一并赋予地方团体相应财源；规定凡权限创设或延伸导致地方团体增加支出的，均应同时制定地方财源的法律；赋予法律规定财政收支调整机制，用以促进地方团体之间的平等。2004 年的《地方自由权利与责任法》针对财政补偿原则在法国地方财政实务运作中面临的最大问题作出补强性质的确认规定。为避免旧法时代不足额补偿情况的再度发生，2004 年修正的法律要求设立中央与地方财政资源与权限移转评估委员会，以每年定期的评估作为中央政府与地方政府间财政资源是否达成均衡、足额补偿的要求。为保证地方团体固有资源运用的自主与稳定，新法特别要求此等移转的财政资源原则上应为税收。

2003 年宪法修正案实施以后，"法国中央对地方的监督方式发生了根本性的变化，从改革前的上下隶属的'监督'关系转变为平等的监督关系，从'合理性'监督转变为'合法性'监督，从事前行政审批转变为事后司法监督"。[③] 法国中央与地方财政关系的改革因应了欧洲地方自治宪章的要求。《欧洲地方自治宪章》第 11 条也规定，为确保在各国宪法或法律中被赋予权限的自由行使及地方自治原则，地方团体应被赋予提起司法救济的权利。法国中央与地方权限争议解决方式分为宪法委员会的违宪审查和司法裁决两种方式。

法国的税收立法权由中央立法保留，地方仅在法律授权的范围内享有一定的税收立法权；宪法规定地方自治由国家立法予以保障。在中央与地方财政分权方面，地方团体如果对国家的行政监督决定不服，可以向行政法院提起越权之诉；国家对地方团体作出的决定违法，在不能依行政监督权撤销时，也可以向行政法院提起越权之诉，请求法院撤

---

① 联邦宪法法院有基本权利和国家法两个审判委员会，各有 8 名法官。他们一半由联邦议院 2/3 多数选举产生，另一半由联邦参议院以 2/3 多数选举产生。这样的法官产生程序是不同政治力量妥协和协商的结果，较好地平衡了联邦与州、各州及各党派之间的利益。参见宣晓伟：《德国的中央与地方关系：参与式联邦制和协商民主模式》，载《中国发展观察》2015 年第 7 期。

② 参见胡翔：《德国税务司法制度特点及借鉴》，载《国际税收》2016 年第 9 期。

③ 唐建强：《法国中央与地方关系中的监督机制及其对我国的启示》，载《上海行政学院学报》2004 年第 6 期。

销。[①] 2003 年以前,法国最高行政法院曾经在法国最高行政法院(CE)1997 年 3 月 28 日 163508 号"拉库尔纳沃镇案"(CE28 mal 1997, n°163508, Commune de la Coumeuve)(地方团体提起行政诉讼,诉请法院判令中央政府给付应给付补偿费用)中,最高行政法院明确表示否定。但是 2003 年宪法修正案后,这种情况有所改观。在法国最高行政法院(CE)2003 年 1 月 29 日 247909 号"阿纳西市案"(CE29 janv. 2003, n°247909, Ville d, Annecy)及法国最高行政法院(CE)2003 年 1 月 29 日 248894 号"塞纳河香槟镇案"(CE29 janv. 2003, n°248894 Commune de Champagne-sur-Seine)两案中,[②]最高行政法院开始容许地方团体针对中央政府权限转移不足补偿,以年度财务法违反《欧洲人权公约》第 6 条第 1 项规定提起救济。[③]

1958 年法国《宪法》第 72 条规定:"地方自治的实施必须遵循法律的规定。"这里的法律是指狭义的由法国国民议会通过、总统公布的法律,属于狭义的法律保留。"法律保留原则的适用,一方面虽然可以防止地方自治团体免受行政机关的肆意侵犯,但是另一方面,也使得地方自治团体处于立法者的监督之下。"[④]根据宪法委员会的解释,地方自治团体的组织及权限、地方财政、人事事项、中央与地方各级政府事务权限划分,凡是对地方施加义务、加重地方负担的事项等,都属于立法机关的立法范围。如果立法机关通过的立法有违反地方自治原则的嫌疑,在总统公布法案之前,宪法委员会可能就会介入审查。宪法委员会的合宪性审查机制促使立法机关在适用法律保留原则时尽量平衡好中央与地方之间的权限分配,它通过对法律草案进行合宪性审查来完成中央与地方关系的调节与平衡。在长期的合宪性审查实践中,宪法委员会形成了共和国不可分割性和地方团体自由治理两个基本原则。事实上,"宪法委员会一直在寻求二者之间的平衡,宪法委员会对违背地方自治原则的立法是持高度警惕态度的,任何违背两个原则的立法都将受到宪法委员会的违宪制裁"。[⑤]

事实上,从法国宪法委员会的合宪性审查实践来看,法国宪法委员会行使合宪性控制的权力及其对地方团体享有的课税权力的案件并不少见,但其重点多半集中在地方团体享有的课税权限、确立"自主管理"在地方财政面向的基本内容等问题上。宪法委员会第一次以国会通过的法律侵犯地方团体享有的宪法上的自主管理权限为理由,宣告法律

---

① 参见孔繁华:《论作为客观诉讼之机关诉讼》,载《南京工业大学学报(社会科学版)》2012 年第 2 期。

② "CE"意为"Conseil d'état",3 个案件的原文分别为:(1)CE 28 Mar 1997 N 163508 commune de la courneuve;(2)CE 29 Janv 2003 n 247909 ville d'annevr;(3)CE 29 janv 2003 n 248894 commune de champagne-sur-seine。

③ 参见黄源浩:《法国地方税制之危机与转机》,载《台大法学论丛》2006 年第 3 期。

④ 唐建强:《法国中央与地方关系中的监督机制及其对我国的启示》,载《上海行政学院学报》2004 年第 6 期。

⑤ 唐建强:《法国中央与地方关系中的监督机制及其对我国的启示》,载《上海行政学院学报》2004 年第 6 期。

违宪的案例直到 1984 年才出现。整体来说,法国司法审查的重点是地方团体课税权及财政补偿原则的承认,很少对其他法律的合宪性进行深入探究。财政补偿原则虽然多次被宪法委员会强调,但截至 2002 年,宪法委员会也没有宣告任何一项法律因抵触该原则而违宪。① 法国 2003 年以前地方税制的危机在某种程度上正是源于宪法委员会的保守态度。

(四)日本中央与地方财政争议的解决机制

日本为解决中央与都道府县与市町村之间的争议,依据日本《地方分权一揽子法》,于 2000 年在中央政府设立了"国家与地方公共团体争议处理委员会",依据日本《地方自治法》第 250 条第 7 项的规定,该机关是设置在日本总务部之下,由 5 位委员组成的第三者机关,主要审查国家的不当干预行为等,负责公平独立地审查处理中央与地方政府间的权限争议。国家与地方公共团体争议处理委员会对争议的处理是前置程序,只有经过它的处理,当事人一方仍然不服的,才能提起国家行政诉讼。这四种情况为:一是对国家与地方公共团体争议处理委员会的审查结果或者劝告不服;二是对行政机关采取的必要措施不服;三是提出的申请超过 90 日,国家与地方公共团体争议处理委员会没有答复;四是对接到劝告的行政机关在劝告期内不采取措施不服。地方公共团体本身不能提起诉讼,除非经过地方公共团体议会决议才能提起国家干预诉讼。②

依据日本《地方自治法》第 251 条第 5 款的规定,法律有规定时,地方公共团体相当于"法律规定的人"。当国家对作为事业主体的地方公共团体行使违法监督权时,地方公共团体可以提起抗告诉讼。③ 日本《行政案件诉讼法》第 6 条规定,机关诉讼是指国家或公共团体的机关相互之间权限存在与否及有关权限行使纷争的诉讼,即国家和自治体、都道府县和市町村之间发生争议纠纷时,通过行政诉讼最终解决纠纷的司法路径。

在日本,过去由于国家和普通地方公共团体之间存在上下主从关系,虽然《行政案件诉讼法》规定有机关诉讼,但实际发生的国家与地方普通公共团体之间的行政诉讼案件很少。随着 1993 年《地方分权推进法》的制定,特别是依据 1999 年《地方分权一览法》作出重大修改的《地方自治法》规定了国家干预诉讼,赋予地方公共团体在国家与地方公共团体争议处理委员会处理前置的情况下,细化了地方公共团体抗告国家干预的诉讼权利,"具体规定了国家干预诉讼的种类、起诉期间、当事人、管辖法院、程序、国家干预诉讼判决的效力等"④。从此以后,地方公共团体不敢起诉国家干预的情况有所改观。

国家与地方公共团体争议处理委员会设置以后,受理了两起国家与都道府之间争议

---

① 参见黄源浩:《法国地方税制之危机与转机》,载《台大法学论丛》2006 年第 3 期。

② 参见曾祥瑞、佟连发:《新日本地方自治制度之下的国家干预诉讼研究》,载《辽宁大学学报(哲学社会科学版)》2009 年第 6 期。

③ 参见[日]盐野宏:《行政法》,杨建顺译,法律出版社 2001 年版,第 680 页。

④ 曾祥瑞、佟连发:《新日本地方自治制度下的国家干预诉讼研究》,载《辽宁大学学报(哲学社会科学版)》2009 年第 6 期。

案件:一件是2001年4月横滨市要向中央赛马会在横滨市的售票所征税,国家(总务部)不同意,该案件是该委员会受理解决的唯一案件;另一件是2015年冲绳县长要求政府取消原定的填海工地案件。后者案情大致为:前任县长与执法部门签订了一份协议,同意将边野古附近临海地方填海供美军使用,但现任县长上任后认为,该协议有瑕疵,不符合公共利益,随即向委员会提起撤销请求。委员会审查后认为,该事件的实质还是国家与冲绳之间存在的有关美军基地设置问题,并非委员会的受理范围,但向国家与冲绳提出双方应该真诚、坦诚地交换意见,相互谅解,共同处理这个问题。

需要注意的是,日本国家对县(相当于省)的干预的处理程序与县对市町村的处理程序不同。市町村先向总务部提出申请,总务大臣依法临时组织"自治体争议处理委员会"(3人学者委员)进行处理。① 对上述争议,地方可以向委员会提出审查请求,若是对处理结果不服,当事人可以直接上诉到高等法院。但是,国家不能提出审查请求,也不能提起诉讼。鉴于这种制度的非对称性,2009年政府组成了以行政法学家盐野宏为组长的"中央与地方争议解决研究会",对该问题进行探讨研究。该研究会的研究报告提出:建议导入新的诉讼制度,新诉讼制度的适用对象并非所有的国家干预行为,只限定于国家与地方的"自治事务"与"法定委托事务"等行为,诉讼方式有违法确认型诉讼和附加义务型诉讼。除此以外还建议,可以不把"国家地方争议处理委员会"的审查或劝告作为前置程序。

日本的违宪审查制度,受美国的影响,包括最高法院在内的日本各级法院都可行使违宪审查权。根据日本《宪法》第84条的规定,"新课租税,或变更现行租税,必须有法律或法律规定的条件作依据"。这说明日本确立了租税法律主义原则。日本《宪法》第92条规定:"关于地方团体的组织及运营事项,根据地方自治的宗旨由法律规定之。"这说明地方自治事项也采取法律保留主义。日本有关地方自治立法、财税立法、中央与地方财政分权的争议等,应当受到违宪审查制度的约束。然而,由于种种原因,尽管违宪审查制度在日本建立已有70多年,但日本法院作为"宪法守护人"的角色未能成功担当,日本法院呈现强烈的司法消极主义色彩。②

四、一些发达国家中央与地方财政争议解决模式的法理评析

一些发达国家不仅构建了中央适度集权与地方合理分权的分税财政体制,还建立有专门调节中央与地方财税关系的机制——立法调节、行政协调和司法裁判。比如德国依靠联邦参议院实质性参与重要事项立法的方式协调联邦与州及各州之间的权限争议;美

---

① 都道府县和市町村在日本《地方自治法》上,都是完全自治体。但市町村是基础性的地方公共团体,都道府县是广域的地方公共团体,与府县本来具有国家的综合派出机构不同,市町村是本来意义上的地方公共团体。因此,就地方与国家的关系来看,日本的县相当于中国的省级政府。参见[日]盐野宏:《行政法》,杨建顺译,法律出版社2001年版,第615页。

② 参见胡锦光主编:《外国宪法》,法律出版社2011年版,第260页。

国联邦与州的权限调节通过联邦及各州司法机构一个个鲜活的判例进行调节；法国的宪法委员会及行政法院虽然是中央与地方权限争议化解的司法机关，但其中央与地方权限争议更为普遍的解决路径则是行政协调；①日本虽然构建有司法化的中央与地方权限争议机制，但行政程序仍然是其中央与地方权限争议处理的主渠道。

（一）中央与地方财政分权宪法法律化是构建财政争议解决法治路径的基石

中央与地方财政分权的宪法法律化是中央与地方权限争议法治化的前提，即事权、财权、财力与支出责任法治化是央地关系法治化的基础性工作。美国在立国之初，联邦宪法就对联邦政府与各州政府的事权、财税权、举债权、造币权、“州际贸易”管辖权等作出明确界定。随着社会政治经济的发展，美国联邦主义的内涵发生较大嬗变，1913 年为了加强联邦征税权，美国通过联邦宪法第 10 修正案大大扩张了联邦政府的征税权及联邦政府的控制力。联邦宪法有关联邦与州政府的事权、财税权及“州际贸易”条款的规定是美国联邦最高法院能够顺应时代潮流不断扩张或限缩联邦与州政府权限、调节联邦与州政府财政分权的法治基石。

德国《基本法》按照分权与集权结合的原则对各级政府的职责作了原则性规定。德国《基本法》赋予地方政府自治权，德国《基本法》第 93 条授权联邦宪法法院保护地方自治权；在财政权划分方面，德国《基本法》规定了联邦和各州政府分别承担实现各自职责任务所需要的财政支出，但也规定了一系列例外，这些例外是联邦介入州事务的依据；在财政收入方面，德国《基本法》规定了联邦、州、联邦与各州的共享收入；德国《基本法》还规定了独具特色的促使全国生活水平一致性的“横向转移支付制度”；德国的税收立法权完全由联邦垄断，州政府没有税收立法权；尽管各州通过联邦参议院方式参与税收立法权，但没有哪一个州能够单独决定自己的税率或课税估算基础。

德国统一与欧洲一体化进程极大影响了德国联邦制度的发展，促使德国由“合作联邦制”向“竞争联邦制”转型。为回应上述社会政治经济变迁，德国于 1994 年、2006 年、2009 年三次对德国《基本法》有关联邦与州财政关系进行调整与完善。德国联邦宪法对联邦与州政府有关事权、财权、财力及支出责任的规定，是德国联邦与州政府财政分权争议通过立法、司法路径解决的法治基础。

法国是传统中央集权的单一制国家。然而，随着法国社会政治经济形势的变迁，20 世纪 80 年代法国以《权力下放法》为契机，制定了 80 多个法律、800 多个法令，分阶段、有

① 参见宣晓伟：《德国的中央与地方关系：参与联邦制和协商民主模式——“现代化转型视角下的中央与地方关系研究”之十二》，载《中国发展观察》2015 年第 7 期；宣晓伟：《美国的中央与地方关系：规范化协商机制的形成——“现代化转型视角下的中央与地方关系研究”之九》，载《中国发展观察》2015 年第 4 期；宣晓伟：《现代国家中央与地方关系的基本特征——“现代化转型视角下的中央与地方关系研究”之二》，载《中国发展观察》2014 年第 9 期。

步骤地从中央向地方下放权力。[①] 2003 年法国修改宪法,确立“辅助性原则”;禁止领土单位之间存在监护关系;将地方团体的税收立法权入宪,并且规定地方税及其他固定财源占地方财政收入的“主要部分”;实践多年的“财政补偿原则”获得宪法确认,并由 2004 年 8 月颁布的《地方自由权利与责任法》予以细化;以地区间财政均等化为目的的转移支付的宪法依据得以明确。此外,法律还对税收立法权的中央统一行使、国家税与地方税的征收与管理等作出明确规定。上述有关中央与地方财政分权的宪法法律化是法国中央与地方权限争议解决法治化的奠基性工作。

日本是传统中央集权的单一制国家,但在“夏普劝告”提出居民自治和团体自治的理念之后,地方自治写入 1947 年日本《宪法》。但是,在上述宪法规范实施过程中,由于地方财政平衡交付金的失败,导致事权划分也以失败而告终。[②] 此后,日本长期坚持“1940 年体制”——中央集权体制,直到“居民福利和环境保护”运动冲击了中央集权体制之后,日本政府才开始关注地域个性化和自治权。但随着日本进入稳定成长期以后,中央政府继续通过国库补助金替代地方交付税,使地方自治的根基——税源独立性遭受破坏。20 世纪 90 年代以后,日本又开启了如下三轮地方分权改革:2002 年通过“三位一体”改革方案,将国库支出金、地方税、地方交付税作为一个整体,目的是减少中央政府的过度集权;2006 年制定了《地方分权改革推进法》;2008 年制定了《地方分权改革计划》和《新分权一揽子法案》等。但是,日本地方税收的集权型分权体制依然没有得到根本转变,地方政府依然没有实现真正的自治。由于没有建立真正有效的规范中央与地方财政分权的法律制度,所以日本的中央与地方权限争议主要还是依靠行政协商方式处理。

(二)地方享有税收立法权与自主财源占地方财政支出的主要部分是央地争议司法解决机制有效运转的前提

在财政分权模式上,日本、法国属于“集权型”财政分权模式,税收立法权几乎集中在中央政府,地方税收立法权受到严格限制。日本、法国虽然也赋予地方政府一定的税收立法权,但两国地方政府对纵向转移支付的依赖很大。德国采用“集权与分权相结合”的模式,税收立法权集中在联邦政府,但各州参与联邦税收立法权的参议院批准机制能够使联邦在行使税收立法权时充分考虑各州利益。因此,德国、日本和法国都属于“非对称型”财政分权模式。在全球化背景下,传统中央集权国家都在积极推进地方分权化改革。《世界地方自治宪章》第 9 条规定,地方当局享有合理比例的财政来源应来自它们有权决定比率的税收、规费和使用者收费,地方当局有权征收的税收,或它们有权分享的固定比例的税收,应该是充分的、富有弹性的,以与它们承担的责任相称。

---

① 参见张丽娟:《法国地方分权改革的新发展——以 2003 年法国宪法改革为中心》,载《中共云南省委党校学报》2006 年第 5 期。

② 参见丁颖、师颖新、户泉巧:《“二战”以来的日本财政分权改革》,载《经济社会体制比较》2011 年第 5 期。

但是，截至法国2003年宪法修正案及日本三次地方分权推进改革，保障地方自治财政根基的宪法法律制度——地方政府享有税收立法权及地方政府自主财政收入占地方财政支出的主要部分等议题仍然有待构建和落实。地方财政自治权缺乏制度保障，导致包括财政争议在内的中央与地方权限争议的司法解决机制不能有效运转。例如，在日本，“从权力的决定与执行来看，战后权力的决定权限在中央政府，而具体执行则由地方政府承担。显然法制上的地方自治并未完全实现，权力集中于中央政府，中央政府握有远大于地方政府的权力”。① 日本有学者指出：“与其说日本的地方政府是执行地方居民决策的机构，倒不如说是中央政府的派出机构。”②从上述分析可以看出，在地方政府缺乏自主税收立法权、自主财政收入未能占据整个财政支出的主体部分的情况下，即使国家顶层设计赋予地方政府挑战中央政府的司法裁决机制，地方政府也未必会敢于实施。因此，虽然德国、日本、法国均设立有中央与地方权限争议的司法裁决程序，但德国依然以联邦参议院实质参与联邦立法为主旋律配置央地财税资源，日本、法国同样以行政程序为主化解央地财政争议。

（三）地域性公法人制度是构建中央与地方司法裁决机制的主体条件

地方政府具有地域性公法人地位是中央与地方争议司法解决机制构建的主体条件。美国、德国等联邦制国家的州、地方政府具有法人地位是历史形成的，法国、日本等单一制国家地方政府的公法人地位则是通过宪法、地方自治法赋予的。法国的大区、省、市镇都是宪法规定的具有法人地位的地方公共团体。③ 日本《宪法》第92条规定：“有关地方公共团体设立及其运作事项，必须秉持地方自治的基本宗旨并通过法律加以规定。”1947年，日本《宪法》《地方自治法》同时生效，都道府县、市町村具有法人地位。这为中央与地方争议的司法裁决机制奠定了法制基础。

地方政府只有在具有法人地位或地域性公法人地位时，才能具有独立挑战中央政府的主体资格，否则，地方政府与中央政府权限争议的司法裁决机制根本无法开启。例如，如果按照我国《民法典》规定的“机关法人”，各级人大常委会、各级人民政府等都是机关法人，应当由哪个机关的负责人作为地方政府的法定代表人就成为现实的法制困境。如果说地方政府享有税收立法权及主要财政资源是中央与地方权限争议司法解决机制有效运转的物质基础，那么，地方政府享有公法人地位就是中央与地方权限争议司法解决机制启动的主体条件。如果地方政府缺乏法人地位，中央与地方权限争议的司法解决机制就是“无源之水、无本之木”。

---

① 干保柱、毕亚娜：《战后日本中央与地方关系的重构》，载《兰州学刊》2017年第5期。

② ［日］神野直彦：《体制改革的经济学》，王美平译，社会科学文献出版社2013年版，第102页。

③ 参见王建学：《法国公法中地方公共团体的概念》，载《东南学术》2010年第1期。

(四)行政协调程序向司法裁决机制转型是各国中央与地方权限争议化解的发展趋势

在中央与地方关系尚未法治化的国家,调节中央与地方政府权限争议的唯一方式是行政协调程序。实际上,由于中央政府与地方政府的事权、财权、财力及转移支付责任尚未实现科学化、规范化与法治化,用行政协议手段解决中央与地方权限争议既是无奈选择,也是最佳手段。然而,随着中央与地方事权、财权、财力及转移支付责任的理性化、宪法法律化,无论是联邦制还是单一制国家,都会在宪法法律上构建专门的央地权限争议解决机制,而且这个法治化的中央与地方争议解决机制往往是宪法诉讼、行政诉讼。德国为了最大限度地减少联邦政府与各州政府之间的财政分权争议,在联邦宪法中规定,法律如果规定每一项事务引起的财政支出由州承担 1/4 以上,需经过联邦参议院同意。尽管有这一立法程序机制予以保障,德国仍然在宪法层面上构建有专门裁决中央与地方权限争议的宪法诉讼,在行政诉讼制度中也设置有中央与地方权限争议的司法机制。

法国在 20 世纪 80 年代开始注重向地方政府下放权力,推行地方自治制度;日本在 1947 年就通过了日本《宪法》《地方自治法》。但是,由于中央政府掌握税收立法权,地方自治团体的税收立法权非常有限,中央政府又掌握主要财政收入,并依靠财政转移支付对地方政府实施强有力的干预和影响,导致日本、法国的地方自治制度长期名不副实。因此,日本、法国虽然有中央与地方权限争议的司法裁决制度,但其运转效果整体欠佳,日本和法国中央与地方权限争议的主渠道仍然是行政协商程序。反过来,中央与地方权限争议司法机制的运转不畅,又会进一步强化中央政府干预影响地方政府的意愿,最终使宪法法律规定的地方自治制度被肆意"掏空"。

为了根治中央对地方自治公共团体的非法干预,从根本上落实宪法、地方自治法等法律制度赋予地方公共团体的自治权,法国、日本分别进行了多轮宪法、法律改革,其着力点即是夯实地方政府的财政自主权,最大限度地减少地方政府对中央政府的财政依赖,从法律制度上细化中央与地方权限争议司法裁决机制等举措。为了更好地处理行政协调程序与司法裁决机制的关系,日本、法国都保留并完善行政解决机制,将其作为从传统央地权限争议机制向现代司法裁决机制的过渡手段。日本把国家与地方公共团体关系争议处理委员会处理的行政程序作为国家干预司法诉讼程序启动的前置条件。法国为落实 2003 年宪法修正案,于 2004 年制定的《地方自由权利与责任法》中要求设立中央与地方财政资源与权限移转评估委员会,以每年的定期评估作为中央政府与地方政府间财政资源是否达成均衡、足额补偿的判断依据。该评估机构的评估结论将作为修正完善中央与地方财税立法的重要理据,成为中央与地方财政分权争议解决的证据指引。总之,日本、法国的中央与地方权限争议解决机制正处于积极嬗变的历史隘口,以行政协调为主渠道的纠纷解决机制正在向司法裁决为主要路径的机制有序过渡,过渡是否成功还有待进一步观察。

司法裁决机制虽然具有缓慢推进中央与地方财政分权变革,理性化、法治化程度高等诸多优势和特点，但其也有一个显而易见的弊端，即中央与地方权限争议司法机制有效运转需要很高的法治标准和宪制环境：中央与地方事权、财权、财力及支出责任长期演变形成的科学化、宪法法律化的制度体系；地方政府享有较大的税收立法权，且地方自主财政收入占到其财政支出的主要部分；地方政府具有法人或公法人地位；国家有发达的宪法诉讼制度和完善的行政诉讼制度（抽象行政行为纳入行政诉讼范围），高级行政裁判机关具有法律解释权或行政立法功能等，即使大陆法系也不例外。大陆法系的传统理念认为："大陆法系中的分权原则和限制司法机关权力的理论，排斥了普通法院系统的违宪审查权。对'遵循先例'原则的否定，则进一步限制了普通法院行使违宪审查权的可能性。"①随着宪法刚性理念的滥觞，"法院审查行政行为的合法性、立法机关行为的合宪性的违宪性权力以及解释法律的权力，也使严格的分权原则受到挑战。法官释法的程序业已相当司法化。今天，整个大陆法系国家都在加速违宪审查的司法化进程"。② 正是由于中央与地方权限争议解决的司法机制的良好运行需要高标准的宪制环境，因此它并不适合新兴市场国家和发展中国家。

德国的中央与地方权限争议解决的司法机制，由参议院实质参与并否决涉及州政府重要事项立法的制度设计，从源头上最大限度地减少了中央政府与各州之间可能产生的权限争议，加之横向转移支付制度形成的平均主义宪法设计，使德国参议院参与的立法程序更像是一个中央与各州政府共同参与的集体行政协商会议。从某种程度上说，参议院参与的涉及各州利益的立法程序也可以纳入法治化的行政协商程序范畴，然而这种程序机制最大的麻烦是难以适应市场经济内生的地方竞争与地方个性化公共服务的需求。德国各州政府的利益有参议院同意权及横向转移支付制度的双重保障，上述制度共同决定联邦与州政府权限争议的司法裁决机制注定不会成为中央与地方财政争议的主旋律。

（五）传统文化是中央与地方财政争议法治模式选择的重要考量因素

西方现代中央与地方关系生成于其思想观念的变迁。众所周知，西方文明来源于希伯来的"救赎"和古希腊的"求知"传统，在这两大终极价值的共同作用下，西方世界最终形成了以个人主义和社会契约论为文化支撑的现代文明体系。现代社会的最基本单元是个人，组织机制是契约，而传统社会则是一个社会有机体，社会成员信奉共同的价值观。一旦把个人权利转变为"非道德正当性"的价值判断，社会组织就不再是高于个人的社会有机体，而是为个体服务的"构造物"，国家就变成了一个契约的共同体。

虽然英、美与法德都是建立在现代社会个人权利之上的社会，但英、美更加强调对个体权利的尊重，法、德则更加关注"不同治理层级的互相协商与依赖"。近代民族国家的形成有两种情形，英、美是以个人主义的社会契约论理念形成的，而德国则是以整个"民

① [美]约翰·亨利·梅利曼：《大陆法系》，顾培东等译，法律出版社 2004 年版，第 142 页。
② [美]约翰·亨利·梅利曼：《大陆法系》，顾培东等译，法律出版社 2004 年版，第 153 页。

族”而形成的民族国家。① 再者,英、美是自由主义思想的发祥地,有长期地方自治的传统,地方政府的自治权被理解为地方自治单位的固有权利,其不是中央政府通过宪法、法律赋予的权力。这些传统理念各自关注的重点不一样。英、美国家对中央政府干预地方政府始终保持高度警惕,而法、德则非常注重利用中央政府权力推进国家共同体的公平,容易形成强大的中央集权体制。

日本也与德国一样是按照集体本位——“大和民族”为实体构建的民族国家,加之日本长期受儒家思想中央与地方政府比喻“父亲”与“儿子”伦理关系的影响,因此第二次世界大战以后,虽然1947年同时生效的日本《宪法》《地方自治法》都规定了地方自治制度,且从20世纪90年代以来三次推进以“中央向地方分权”为议题的宪政改革,但日本的中央集权体制是否能够“涅槃重生”仍需静心观察。上述原因也导致了日本中央与地方司法裁决机制未能有效运转、行政协商机制仍然占据主导地位的社会现实。

通过对国外中央与地方权限争议解决机制基本规律的解析,笔者认为,中央与地方权限争议的司法机制固然有诸多优点,也确乎是中央与地方权限争议法治化的发展趋势和高级阶段。但是,由于司法裁决机制运行良好要求的内在标准和宪制环境较高,由此决定了在今后相当长的历史时段内,即使在宪法法律顶层构建司法化的央地权限争议机制,现实当中也未必能运转良好。

五、法治化的平等协商机制是当前我国央地权限的最佳选择

中国目前不适合构建司法化的中央与地方财政争议解决机制,有多方面的原因,当然最主要的还是如下几个相互关联的动因。

(一)中央与地方之间的事权、财权、财力与支出责任法治化仍亟待构建

目前,宪法对中央与地方财政分权的表述如下:《宪法》第3条第4款规定,中央和地方的国家机构职权的划分,遵循在中央的统一领导下,充分发挥地方的主动性、积极性的原则;《宪法》第4条第3款规定,各少数民族聚居的地方实行区域自治,设立自治机关,行使自治权;《宪法》第62条、第67条规定,全国人大审查和批准国家预算,在全国人大闭会期间,由全国人大常委会审查和批准国家预算在执行过程中所必须作的部分调整方案;《宪法》第99条规定,县级以上地方各级人民代表大会审查和批准本行政区域内的预算以及预算执行情况的报告;《宪法》第117条规定,民族自治地方的自治机关有管理地方财政的自治权。凡是依照国家财政体制属于民族自治地方的财政收入,都应当由民族自治地方的自治机关自主地安排使用;《宪法》第122条规定,国家从财政、物资、技术等方面帮助各少数民族加速发展经济建设和文化建设事业。

作为“实质财政宪法”的《预算法》,对中央与地方财政分权的规定如下:一是《预算法》第3条有关“国家实行一级政府一级预算”以及设立五级预算的规定;二是《预算法》

① 宣晓伟:《对西方国家中央与地方关系的认识和评价——“现代化转型视角下的中央与地方关系研究”之十四》,载《中国发展观察》2015年第9期。

第15条有关“国家实行中央与地方分税制”的规定；三是《预算法》第16条关于财政转移支付的规定，其中包括转移支付的目的是实现基本公共服务的均等化，转移支付包括一般转移支付和专项转移支付两种模式；四是《预算法》第20条、第83条关于全国人大及其常委会监督中央及地方预算、决算的相关规定；五是《预算法》第29条授权国务院制定“中央预算与地方预算有关收入和支出项目的划分、地方向中央上解收入、中央对地方税收返还或者转移支付的具体办法”的规定；六是《预算法》第39条有关中央政府及地方政府支持、扶助革命老区、民族地区、边疆地区、贫困地区的特别规定。

从上述实证宪法法律规范来看，现行宪法对中央与地方事权、财权、财力及支出责任等相关职权的界定、划分与配置不够细致，不能为法律制定提供明确的立法原则。《预算法》虽然明确规定了中央与地方实行五级政府预算，国家实行中央与地方分税制，授权全国人大及其常委会对地方政府行使财政监督权，确立了中央与地方收入及支出划分的原则，并授权国务院制定具体的划分办法。但是，上述规定与财政分权的法治化还有较大差距。例如，我国实质宪法还缺乏对中央与地方事务管辖权限、地方政府层级设置、地方财政自主权、中央与地方税收立法权限划分、中央与地方收入划分、财政转移支付制度、禁止中央政府强制下放支出责任等基本财政制度的规定。2016年8月16日，国务院印发《关于推进中央与地方财政事权和支出责任划分改革的指导意见》(国发〔2016〕49号)。该意见指出，到2020年，基本完成主要领域改革，形成中央与地方财政事权和支出责任划分的清晰框架。为下一步制定中央与地方财政分权的法律制度体系做好准备工作。由此看来，我国中央与地方财政分权的法治化还有一定的路要走，短期内构建司法化的中央与地方权限争议机制不大可能。

(二)我国中央与地方财政分权将长期采取“非对称模式”

正如有的学者所说：“中国必须选择非对称财政分权模式，这是由中国单一制国家结构形式所决定的。纵观各国财政分权模式，地方政府拥有较大税收立法权的，往往都是联邦制国家，很少见于单一制国家。”“财政收益权、立法权应当集中在中央，地方政府只能在中央立法的前提下，享有有限的税收立法权。”①如果选择“非对称型”财政分权模式，就应当主要采用纵向转移支付制度解决事权与支出责任匹配均衡问题。

事实上，中央政府一旦掌握大量财政转移支付资金，就难免对地方政府产生事实上的影响力。尽管“非对称型”财政分权模式可能产生上述问题，但基于制度的惯性以及单一制国家的国情，我国中央与地方财政分权模式几乎注定要选择并将长期坚持这种模式。

(三)人民代表大会制度与央地权限争议司法裁决难以融通

人民代表大会制度是我国的根本政治制度。在人民代表大会制度框架下，全国人民代表大会及其常委会作为国家立法机关，其制定的法律不允许普通司法机关进行合宪性

① 刘剑文等：《中央与地方财政分权法律问题研究》，人民出版社2009年版，第119页。

质疑,也不允许普通司法机关对它作出法律解释。2015 年修改的《立法法》第 45 条对此有明确限定。最高人民法院及最高人民检察院只能按照《立法法》“附则”第 104 条的规定,对“属于审判、检察工作中具体应用法律的解释,应当主要针对具体的法律条文,并符合立法的目的、原则和原意”。需要进行法律解释的,应当向全国人民代表大会常务委员会提出法律解释的要求或者提出制定、修改有关法律的议案。

《立法法》属于宪法性法律,它对普通司法机关法律解释权的限定说明,至少通过普通司法机关来审理中央与地方权限争议的思路具有现实法律障碍,因为中央与地方财政争议属于法律保留事项,《立法法》第 8 条规定,“税种的设立、税率的确定和税收征收管理等税收基本制度”属于法律保留事项。为此,司法机关要处理中央与地方权限争议,不仅要享有和行使法律解释权,甚至还要享有和行使合宪性审查的权力。然而,我国普通司法机关不享有上述权力。

2018 年宪法修正案将“法律委员会”更名为“宪法和法律委员会”。为此,宪法和法律委员会的职责增加了“推动宪法实施、开展宪法解释、推进合宪性审查、加强宪法监督、配合宪法宣传等工作”。为了推动宪法实施,全国人大常委会于 2018 年 6 月 22 日审议通过了《全国人民代表大会常务委员会关于全国人民代表大会宪法和法律委员会职责问题的决定》,明确了宪法和法律委员会享有推动宪法实施、开展宪法解释、推进合宪性审查、加强宪法监督、配合宪法宣传等工作职责。但是,根据《宪法》第 70 条的规定,在全国人大闭会期间,宪法和法律委员会要接受全国人大和全国人大常委会的领导,宪法和法律委员会在全国人大和全国人大常委会的领导下研究、审议和拟定有关议案。显然,宪法和法律委员会是全国人大及其常委会之下的一个机构,全国人大及其常委会有权改变或撤销宪法和法律委员会不适当的决定。综合研判上述宪法、法律规定可以发现,宪法和法律委员会对财税立法进行合宪性审查依然是全国人大及其常委会的职权范围之内的事项,宪法和法律委员会既不是独立于全国人大及其常委会之外的机构,也不是裁判个案争议的司法机构。

1982 年《宪法》第 3 条规定,我国的国家机构实行民主集中制原则。中央和地方的国家机构职权的划分,遵循在中央的统一领导下,充分发挥地方的主动性、积极性的原则。“中央和地方的关系,也即中央国家机关在处理问题时,一般都要征询、听取地方国家机关的意见。这样既有集中,又有民主。”①

(四)地方政府尚不具有法人或公法人地位

宪法和法律至今尚未赋予各级地方政府法人地位。地方政府享有法人地位与拥有一定范围的自主权属于形式与内容的关系。法人地位是从法律人格视角对地方政府组织形态的确认,地方自主权是从宪法法律上赋予地方政府的自由和权利,二者都与地方政府享有税收立法权、法治化的财力保障紧密相连。民族区域自治制度虽然赋予民族自

① 杜强强:《议行合一与我国国家权力配置的原则》,载《法学家》2019 年第 1 期。

治地区享有一定的自治权，但其在现有法律框架下，仍然缺乏独立承担财产责任的物质基础——自主税收立法权与足额规范的转移支付财源。因此，民族区域自治地区目前尚不具备公法人资格，其他地方政府更不具备公法人资格。

2016 年 8 月，国务院下发《关于推进中央与地方财政事权和支出责任划分改革的指导意见》（国发〔2016〕49 号）。该指导意见提出了划分中央与地方事权、财权的基本原则，规划了改革的主要内容，明确了改革的职责分工和时间表。虽然该规范性文件赋予省级政府要参照中央做法，结合当地实际，按照财政事权划分原则合理确定省以下政府间财政事权，甚至 2014 年修改的《预算法》也赋予省级政府可以发行地方债券的权力。但仅凭上述法律及规范性文件尚不能推导出省级政府享有法人地位的结论，省以下地方政府更不享有法人地位。

鉴于我国中央与地方事权与支出责任尚未完全法治化，地方政府尚不具有公法人地位，人民代表大会制度下司法机关功能有限，需要长期推行“非对称财政分权”模式，由此可以得出结论：中央与地方财政争议化解的司法裁决机制暂不适合中国。在全国人大之下设立中央与地方事务财政关系委员会，专司处理中央与地方财政争议，既符合我国宪制框架，契合“非对称型”的财政分权模式，也因应我国文化传统，同时也能为司法裁决机制的构建提供经验积累与法治共识。

立法事实在我国合宪性审查中的展开*

陈道英**

摘要:在合宪性审查中,立法事实对于判定法律合宪性的涵摄模型起到了构建弥补大前提与小前提之间的落差的额外前提、完成完整的"宪法—法律"涵摄模型具有关键性作用,故而对于合宪性审查来说是必不可少一环。全国人大常委会应通过查阅文献、咨询专家意见、社会调研、组织特定调查委员会等途径查明立法事实,但与司法审查国家不同的是,在合宪性推定原则与尊重原则的适用上应分情况对待。

涵摄在法的证立中具有不可替代的作用,在合宪性审查中也同样如此。但是,合宪性审查中的涵摄与其他案件中的涵摄存在较大区别:普通案件中的涵摄发生于案件事实与法规范之间;而合宪性审查中最主要的却不是案件事实与法规范之间的涵摄,而是法规范与宪法规范之间的涵摄。但这并非意味着合宪性审查就无须对事实进行审查。恰恰相反。因为宪法规范通常都具有较强的抽象性和原则性,所以原本在普通案件中就普遍存在的大前提与小前提之间的"落差",在宪法案件中会更加显著,①而要弥补这一巨大的落差就需要增加更多的额外前提,进行更复杂细致的涵摄与解释。此时,立法事实就必须出场了。尽管我国采取的是由全国人大常委会进行合宪性审查的制度而非司法审查制度,但是立法事实对于"宪法—法律"涵摄的作用却是相同的。本文将围绕这一问题展开详细论述。

一、立法事实的一般原理

(一)立法事实的界定与性质

1. 立法事实的界定

学者对立法事实提出过各种界定。例如,戴维斯(Kenneth Culp Davis)认为,所谓立法事实就是人们所说的"社会经济数据",是帮助法官在宪法问题上作出裁判的事实。②

---

* 本文为国家社科基金重点项目"宪法解释个案基准的证成——路径、方法与规则"(项目编号:17AFX010)的阶段性成果。

** 法学博士,东南大学法学院副教授,教育部教育立法研究基地研究人员。

① "落差"一语出自雷磊。参见雷磊:《为涵摄模式辩护》,载《中外法学》2016 年第 5 期。

② See Kenneth Culp Davis, *An Approach to Problems of Evidence in the Administrative Process*, Harv. L. Rev. 55, p. 403(1942).

基顿(Robert E. Keeton)称之为“作为决定案件中法律问题的前提的事实”。[①] 江桥崇则认为,立法事实就是立法者在制定法律时所应该考虑的事实。[②]

尽管这些界定大同小异,笔者还是更赞同芦部信喜先生对立法事实的理解:所谓“立法事实即作为法律的基础、对其予以支撑的——作为法律的背景的社会、经济的——事实,在宪法诉讼中成为问题的不仅是已经过去的、制定法律当时的事实,而且还要弄清楚现在也就是裁判当时是否有支撑法律使其具有合理性的事实”。[③] 立法事实的考察普遍存在于各种类型的案件中,但是在合宪性审查中具有特别重要的作用。笔者认为,还有两点需特别指出:(1)立法事实的审查主体除法院外,还有可能是行政机关和立法机关。戴维斯就指出过行政程序中对立法事实处理的重要性,我国学者于立深也对行政立法中关于背景事实的考察进行了专门论述。[④] (2)不同的国家机关考察立法事实时,在内容、认定标准和程序上可能存在一定的差异。对此,下文还将予以详述。

2. 立法事实的性质

立法事实虽然与司法事实同样名为“事实”,但在性质上却存在天壤之别:前者属于法律问题,后者才属于事实问题。二者区别如下。

(1)立法事实具有一般性,司法事实则具有具体性。司法事实仅与案件当事人相关,所要查明的是在个案的法律争议中用以导出纠纷解决方案(结论)的小前提的核心要素。司法事实不具有一般性,它与过去发生的其他案件无关,与将来发生的同类型案件也没有关系。然而立法事实则是超越了个案的、具有一般性的事实。它是从过去的无数案件中总结出来的,将来也会对其他同类型案件产生拘束力的事实。[⑤]

(2)立法事实具有规范性,[⑥]司法事实则不具有规范性。立法事实会对将来的同类型案件产生拘束力,而且这种拘束力被认为是具有妥当性的。这也就是为什么有的学者认为立法事实类似社会法源,可类比先例的原因。[⑦]

(3)立法事实往往是价值判断,无法作真伪判断。虽然立法事实中有一部分可以通过数据予以证实,如车牌限号是否有助于提高城市空气质量,但是还有相当大一部分都

---

① Robert E. Keeton, *Legislative Facts and Similar Things: Deciding Disputed Premise Facts*, Minn. L. Rev. 73, p. 8(1988).

② 参见[日]江桥崇:《立法事实论》,载[日]芦部信喜主编:《讲座宪法诉讼》第2卷,有斐阁1987年版,第81~82页。

③ [日]芦部信喜:《宪法诉讼的理论》,有斐阁1973年版,第182~183页(其中的着重号为引者所加)。

④ 参见于立深:《行政立法性事实研究》,载《法商研究》2008年第6期。

⑤ 参见[日]竹裕原:《裁判中的法创造与事实审理(二)》,载《一桥大学研究年报 法学研究》1997年第29号。

⑥ 参见[日]竹裕原:《裁判中的法创造与事实审理(二)》,载《一桥大学研究年报 法学研究》1997年第29号。

⑦ 德国学者曾将之归类为“经验法则”。参见[日]竹裕原:《裁判中的法创造与事实审理(二)》,载《一桥大学研究年报 法学研究》1997年第29号。

为价值判断。只不过其中的一些立法事实是得到全社会公认的,如每个人都应该尊老爱幼;一些是在专业领域内能够达成共识的,如宪法基本原则包括人民主权原则;还有一些却是在专业领域内仍存在争议的,如隔离是否会产生歧视的效果、允许同性恋者缔结婚姻关系并领养孩子是否会对孩子的心理产生负面影响等。

(4)立法事实与司法事实功能不同。司法事实用来说明个案中具体发生了什么情况而引发法律纠纷,立法事实则用来说明作为司法三段论大前提的法律本身是否具有合理性。用日本学者的话来说,就是立法事实是"支撑法律"的事实。因此,虽然在各种类型的案件中同时存在立法事实和司法事实,但是宪法案件中立法事实的作用则更重要。

立法事实的性质决定了它在"宪法—法律"涵摄中具有承上启下的地位,从而证成了立法事实的审查对于合宪性审查的必要性,同时也决定了合宪性审查机关对立法事实的审查应该适用与司法事实审查不同的方法与规则。

(二)立法事实的地位与功能

总体来说,立法事实的功能就在于它在"宪法—法律"涵摄中占据了承上启下的地位,从而是完成"宪法—法律"涵摄所必需的。立法事实所具有的这种功能也是我国合宪性审查中同样需要审查立法事实的重要原因之一。

1. 司法过程中的涵摄模型

按照拉伦茨提出的经典模型,司法三段论的构造为:①

T →R(对 T 的每个事例均赋予法效果 R)

S = T(S 为 T 的一个事例)②

S →R(对于 S 应赋予法效果 R)

法律问题对应其中的大前提"T →R",事实问题则对应其中的小前提"S = T"。也就是说,法律问题对应规范命题,而事实问题则要回答系争案件是否属于大前提的一个事例。拉伦茨同时指出,理想的涵摄在司法过程中是不存在的,③同样地,事实问题和法律问题的区分也并不像它最初看上去那样合理,因为实际上在"S = T"这一步骤中往往同样包含价值判断。④ 然而,如同阿列克西所指出的,拉伦茨之所以得出上述结论只是因为他的涵摄模型太过简单。按照阿列克西的观点,拉伦茨所描述的司法三段论的完整形式

① 参见[德]卡尔·拉伦茨:《法学方法论》,陈爱娥译,商务印书馆2003年版,第150页。

② 此处的等号拉伦茨本人也认为存在不妥。参见[德]卡尔·拉伦茨:《法学方法论》,陈爱娥译,商务印书馆2003年版,第159页,注34。相比之下,阿列克西则是用"Ta"的逻辑符号来表示个体"a"属于概念"T"的外延。[德]罗伯特·阿列克西:《法　理性　商谈:法哲学研究》,朱光、雷磊译,中国法制出版社2011年版,第10页以下;雷磊:《为涵摄模式辩护》,载《中外法学》2016年第5期。

③ 参见[德]卡尔·拉伦茨:《法学方法论》,陈爱娥译,商务印书馆2003年版,第152～154页。

④ 参见[德]卡尔·拉伦茨:《法学方法论》,陈爱娥译,商务印书馆2003年版,第187页。

应是如下表述:①

(IR.1) · (1)(x)(Tx →ORx)

· (1')Ta →ORa [全消规则]

· (2)Ta

(3)ORa (1'),(2)[分离规则]

然而,阿列克西认为,这种模型无法应对复杂情形,在作为前提的法律规范具有复杂结构或其表达允许有多个解释时,"(IR.1)"都将无能为力。② 而第二种情形,即"T"拥有语义空间的情形又包括3种类型:多义、模糊和评价开放。其中,多义通常可以通过语境被消除,但是模糊和评价开放则需要通过在迄今为止有效的适用规则之外添加新的规则来予以精确化。③ 换言之,正如雷磊所言,涵摄就是对作为大前提之法律规则的内涵的个别化过程。④ 如此,在司法过程中常见的涵摄模型实际上如下所示:⑤

(IR.2) · (1)(x)(Tx →ORx)

· (2)(x)(M^1x →Tx)

· (3)(x)(M^2x →M^1x)

·

·

·

· (4)(x)(Sx →M^nx)

· (5)Sa

· (6)ORa (1)—(5)

当然,在很多情况下司法涵摄比上述模型更复杂,因为这一模型并没有考虑第一种情形,即构成要件与法律结果之复杂结构的可能性。⑥ 然而,"(IR.2)"在司法过程中是相当普遍的,⑦而且对于宪法案件来说"(IR.2)"所对应的也正是其中最关键的环节。因

① 参见[德]罗伯特·阿列克西:《法 理性 商谈:法哲学研究》,朱光、雷磊译,中国法制出版社2011年版,第13页;舒国滢、王夏昊、雷磊:《法学方法论》,中国政法大学出版社2018年版,第203页。

② 参见[德]罗伯特·阿列克西:《法 理性 商谈:法哲学研究》,朱光、雷磊译,中国法制出版社2011年版,第13页。

③ 参见[德]罗伯特·阿列克西:《法 理性 商谈:法哲学研究》,朱光、雷磊译,中国法制出版社2011年版,第13~15页。

④ 参见舒国滢、王夏昊、雷磊:《法学方法论》,中国政法大学出版社2018年版,第204页。

⑤ 参见[德]罗伯特·阿列克西:《法 理性 商谈:法哲学研究》,朱光、雷磊译,中国法制出版社2011年版,第16~17页。

⑥ 参见[德]罗伯特·阿列克西:《法 理性 商谈:法哲学研究》,朱光、雷磊译,中国法制出版社2011年版,第17页。

⑦ 参见[德]罗伯特·阿列克西:《法 理性 商谈:法哲学研究》,朱光、雷磊译,中国法制出版社2011年版,第17~18页。

此本文将仅仅在"(IR.2)"的意义上讨论涵摄问题。

2.宪法案件中的涵摄模型

本文开头即已提过,在合宪性审查中同样存在涵摄,而立法事实就是完成法律规范合宪性的内部论证的关键要素。对照阿列克西所提出的实际司法过程中的涵摄模型,笔者试举一例来说明宪法案件中涵摄模型的样态。①

我国《宪法》第33条第2款规定:"中华人民共和国公民在法律面前一律平等。"但我们从这一条款并不能直接就"法律认定乙肝病毒携带者在公务员体检中结果为不合格,不得担任公务员"是否构成违宪得出结论。即以"侵犯公民平等权的法律违宪"为大前提,以"法律认定乙肝病毒携带者在公务员体检中结果为不合格"为小前提,并不能由此推导出该法律违宪的结论。要得出这一结论,在大前提和小前提之间还需要加入多个新的前提,具体如下:

(1)侵犯公民平等权的法律违宪;

(2)不合理的差别对待构成对公民平等权的侵犯;

(3)以与就业岗位性质无关的理由拒绝为公民提供就业机会构成不合理的差别对待;

(4)因公民为日常接触不具有传染性的病毒携带者而拒绝为公民提供就业机会属于以与就业岗位性质无关的理由拒绝为公民提供就业机会;

(5)乙肝病毒携带者日常接触不具有传染性;

(6)法律认定乙肝病毒携带者在公务员体检中结果为不合格,不得担任公务员;

(7)该法律违宪。

如果我们以"M^1"指代"不合理的差别对待",以"M^2"指代"以与就业岗位性质无关的理由拒绝为公民提供就业机会",以"M^3"指代"因公民为日常接触不具有传染性的病毒携带者而拒绝为公民提供就业机会",以"S"指代"因公民为日常接触不具有传染性的乙肝病毒携带者而拒绝其担任公务员",以"a"指代"法律认定",上述论证则可以逻辑语言描述为:

·(1)$(x)(Tx \rightarrow ORx)$

·(2)$(x)(M^1x \rightarrow Tx)$

·(3)$(x)(M^2x \rightarrow M^1x)$

·(4)$(x)(M^3x \rightarrow M^2x)$

·(5)$(x)(Sx \rightarrow M^3x)$

① 在此笔者参考了雷磊对阿列克西涵摄模型的举例分析。参见雷磊:《为涵摄模式辩护》,载《中外法学》2016年第5期。

·(6)Sa[①]

·(7)ORa (1)—(6)

上述即是一个较简单的有关宪法问题(法律的合宪性判断)的涵摄模型。

3. 立法事实在宪法案件涵摄模型中的地位

从上面这一演绎过程可以很清晰地看出,正是(2)—(5)这一系列新的额外前提的加入才使大前提“x”对小前提“Sa”的涵摄得以完成。其中,前提(2)作为一个新的命题需要法教义学提供外部证成的支持,以赋予其充分的说服力,而前提(3)(4)(5)则都属于立法事实。正是立法事实构建起了额外的命题,以新的规则填补了大前提与小前提之间的落差,从而最终使法律规范与宪法规范之间的涵摄得以完成。

立法事实的地位和作用在宪法案件具体争议之涵摄模型中就体现得更加清晰了——在这里立法事实所构建起的规则成为其中的大前提。例如,上述所列举有关法律之合宪性判断的案情为:某甲参加某省公务员考试,以第一名的成绩通过笔试和面试,但因为是乙肝病毒携带者而被判定为体检不合格,遭到该省人事部门的拒绝录用,而对该省人事部门提出行政诉讼。上面分析的宪法问题涵摄模型判定了该省人事部门作出决定的依据违宪,这就建立了一个新的规则。具体来说,在该案用以直接推导出判决结论的涵摄模型中就形成了这样的大前提:“政府因公民为乙肝病毒携带者而拒绝录用,违宪。”而该案的小前提则为“某省人事部门因某甲为乙肝病毒携带者而拒绝录用”。这个小前提正是由该案的司法事实所构成的。这也正回应了上文对于立法事实性质的探讨——立法事实属于法律问题,在拉伦茨的三段论中为大前提,而非小前提。

由此可见,在宪法案件的涵摄模型中,立法事实对于判定法律的合宪性起着承上启下的关键性作用。也许有人会对此提出质疑,因为在有些宪法案件中仅仅通过字面审查就能够对法律的合宪性作出判断。然而,如同学者一再指出的,仅通过法律条文与宪法条文的字面比对就作出合宪或违宪判断的情形只是极少的一部分,更常见的情况是需要通过对立法事实的审查来得出结论。[②]

总之,在宪法案件中,立法事实对于判定法律合宪性的涵摄模型来说起到的作用是构建弥补大前提与小前提之间的落差的额外前提,完成完整的涵摄模型;对于解决案件争议本身起到的作用则是帮助(甚至独自)形成导出判决结论的涵摄模型的大前提。当然,司法事实有时候也有助于弥补第一个涵摄模型的落差,如在命题的选择上。

---

① 需要注意阿列克西的(IR.2)中“S”的不同含义。[德]罗伯特·阿列克西:《法 理性 商谈:法哲学研究》,朱光、雷磊译,中国法制出版社2011年版,第16页。但此处的“S”即使是在阿列克西意义上也能成立,因为乙肝病毒携带者日常接触不具有传染性是得到公认的。

② See Henry Wolf Biklé, *Judicial Determination of Questions of Fact Affecting the Constitutional Validity of Legislative Action*, Harv. L. Rev. 38, p. 6(1924);[日]江桥崇:《立法事实论》,载[日]芦部信喜主编:《讲座宪法诉讼》第2卷,有斐阁1987年版,第76页。

二、我国合宪性审查中考察立法事实的必要性

(一)抽象审查也须完成“宪法—法律”涵摄

与司法审查国家不同,我国的合宪性审查主要以抽象审查的形式进行。[①] 然而,这并不能构成我国合宪性审查不需要考察立法事实的充分理由,因为抽象审查也仍然需要完成“宪法—法律”涵摄。涵摄与其说是司法过程,不如说是法律判断的过程。无论合宪性审查的主体是哪一个国家机关、审查方式为何,只要它需对法律条文合宪与否作出判断,只要宪法仍然具有宏观性、抽象性和原则性,就需要完成“宪法—法律”涵摄,由此也就需要对立法事实进行细致考察。毋宁说,具体审查与抽象审查在审查方法的运用上并不存在实质差别,只不过具体审查还需考虑案件中的司法事实,而抽象审查则无须考虑司法事实。以全国人大常委会法工委(以下简称法工委)2019 年备案审查工作报告中提到的对于规定公安交通管理部门调查交通事故时可以查阅、复制当事人通信记录的地方性法规的备案审查为例。法工委审查的结果认为该地方性法规侵犯了公民的通信自由和通信秘密。然而在该案中,如果说大前提为《宪法》第 40 条,小前提为《甘肃省道路交通安全条例》第 76 条(“因调查交通事故案件需要,公安机关交通管理部门可以查阅或者复制……交通事故当事人通讯记录”),二者之间仍然存在巨大落差,无法直接完成涵摄,从而也就无法对地方性法规合宪与否作出判断。因为“通讯记录”在字面上并不等同于“通信”。[②] “通讯记录”是电信基础运营商所存储的用户通信终端打出和打入的所有通话的时间、通话时长以及电话号码等信息,并不涉及通话内容。而“通信”则为“信件往来”,其重点在于信件的内容。因此,在这里就必须创设新的小前提来完成“宪法—法律”涵摄。而此时就应该适用审查立法事实的方法,考察在信息时代背景下手机“通讯记录”从功能、作用以及对人类生活的影响等方面与“通信自由和通信秘密”之间的内在联系,从而证明该立法的违宪性。

当然,在抽象审查中,对立法事实的考量所占据的比例也并非一成不变的。我国合宪性审查主要包括:(1)提请咨询、立法审议等事前、事中审查;[③](2)批准审查;[④](3)备案审查。其中,批准审查主要通过书面审查的方式来进行,因此对于立法事实的考量所

---

① 即使学者关于借鉴法国合宪性先决程序(QPC)的建议能够被采纳,但全国人大常委会对于由个案引发的合宪性审查也仍然将主要围绕其中法律(或国家机关行为)的合宪性作出判断,具体案件争议的解决还是要留待负责审判的法院来处理,因此大体上全国人大常委会所进行的仍然是抽象审查。

② 杜强强就认为,通话记录并不属于通信自由与通信秘密保护的内容。参见杜强强:《法院调取通话记录不属于宪法上的通信检查》,载《法学》2019 年第 12 期。

③ 参见梁鹰:《备案审查制度若干问题探讨》,载《地方立法研究》2019 年第 6 期。

④ 批准“实际上是比备案还要严格的审查程序”。参见乔晓阳:《〈中华人民共和国立法法〉导读与释义》,中国民主法制出版社 2015 年版,第五章第八十九条释义之“二(三)”。我国的批准审查主要包括:(1)自治区制定的自治条例、单行条例,报全国人大常委会批准;(2)自治州、自治县的自治条例和单行条例,报省、自治区、直辖市的人民代表大会常务委员会批准;(3)设区的市制定的地方性法规,报省级人大常委会批准。

占比例较小。本文对立法事实的探讨主要集中于批准审查以外的合宪性审查。

（二）立法事实对审查者来说并非不证自明

对于我国合宪性审查权的配置，学者历来有不同看法。[①] 但是，即使是抛开学术界的争议不谈，从《立法法》《村民委员会组织法》《中国共产党党内法规和规范性文件备案审查规定》等规定来看，省级人大常委会、乡、民族乡、镇政府，以及中共中央办公厅也拥有一定的合宪性审查权。[②] 当然，基于《宪法》第62条、第67条的规定，并结合考虑我国的政权组织形式，全国人大常委会无疑是我国最重要的合宪性审查主体，且应该是掌握最终决定权的合宪性审查主体。故而，在我国合宪性审查体制中，审查者与立法者存在一定程度身份上的重合。据此，一种有力的观点认为，我国的合宪性审查无须考察立法事实，因为审查者本身就是立法者，对于立法事实是最清楚的。[③] 然而，在笔者看来，上述观点并不能完全排除我国合宪性审查工作对立法事实的考察。原因在于：

1. 即使是在全国人大常委会对法律案进行立法审议型审查从而导致审查者与立法者身份重合的情况下，审查者与草案拟定者的身份也有可能发生分离。从立法实践来看，法律草案的拟定者也有可能是国务院（部门）、中央军委、最高人民法院、最高人民检察院等。其中，国务院构成最主要的法律案草拟者。统计显示，在1979年至2018年2月24日制定的现行有效的260件法律中，由国务院及其下属部门（机构）单独起草的法律有156件，另外还有4件是国务院下属部门（机构）与其他机构联合起草的。[④] 由于起草者与审议者身份的分离，法律起草过程中对与该法律相关的立法事实作出评估和判断的实际上并非审查者。因此，在对这些法律草案进行立法审议型审查时，审查者自然有必要重新查明和评估立法事实。

2. 即使是在审查者与立法者、立法草拟者身份重合的情况下，也仍然有可能需要考察立法事实，只是此时审查者较其他国家机关在考察立法事实上更具便利性而已。这主要是基于两个原因：（1）法律运行是一个动态的过程，而全国人大常委会也处于不断更迭的状态中。即使是在审查者与立法者、立法草拟者身份重合的情况下，很多法律真正的

---

① 参见刘连泰：《中国合宪性审查的宪法文本实现》，载《中国社会科学》2019年第5期；朱学磊：《弱司法审查是中国实施宪法的蹊径吗——"合宪性审查工作体系化"的提出》，载《政治与法律》2019年第4期；秦前红、底高扬：《合宪性审查在中国的四十年》，载《学术界》2019年第4期。

② 王锴提到过这一问题。参见王锴：《合宪性、合法性、适当性审查的区别与联系》，载《中国法学》2019年第1期。此外，尽管梁鹰认为，全国人大常委会是我国合宪性审查唯一的主体，但是法工委在《关于2019年备案审查工作情况的报告》中提到"接受备案的各机关对报送备案的相关规范性文件进行审查，对与宪法、法律和上位法规定相抵触的有关规范性文件有权予以撤销、纠正"（着重号为笔者所加）。这句话甚至可以被解读为法工委认为所有的备审主体都拥有合宪性审查权。当然，对此可以从理论上进一步作出分析。

③ 秦前红教授对笔者在中国法学会宪法学研究会2019年年会就立法事实所作的主题发言进行评议时曾表达过这一观点。感谢秦前红教授富有启发性的评议。

④ 参见全国人大常委会法工委立法规划室编：《中华人民共和国立法统计（2018年版）》，中国民主法制出版社2019年版，第3～138页。

立法者也并非审查者,而是处于法律制定这一已逝去的时刻上的全国人大常委会。作为同一个国家机关,全国人大常委会相比其他国家机关(如法院)在查明立法事实上可能更具便利条件,但也仅此而已。(2)在法律实施过程中,支撑法律合理性的社会背景事实可能会发生变更,由此就可能需要重新认定立法事实。而这种情况又可能发生在以下两种场合:法律的事后审查;①修订法律时的立法审议型审查。②

3. 在大多数情况下我国合宪性审查的审查者与立法者的身份并不重合。仅从全国人大常委会审查的情形来看,除对法律草案的审议会发生这种身份重合的情景外,无论是"提请咨询型"的事前审查还是通过备案审查进行的合宪性审查,都是对全国人大常委会以外的主体制定的决策、立法等进行审查。既然身份并不重合,那么相关立法事实对于审查者来说自然就并非不证自明的了。同样地,从《立法法》《各级人民代表大会常务委员会监督法》等所规定的备案审查体系来看,其他审查者与立法者的身份也不会发生重合。例如,省级人大常委会主要应就设区的市制定的地方性法规是否与宪法"不抵触"进行审查(《立法法》第72条),审查者与立法者就并未产生身份上的重合。

(三)全国人大常委会合宪性审查也需避免恣意

正如芦部信喜先生所言,立法事实的价值之一就是约束权力、避免恣意。尽管全国人大常委会作为国家代议机关的常设机关具备极高的民主性和正当性,但是这也不意味着它能够在合宪性审查工作中随意以自己的价值判断、立场判断代替理性的宪法判断。全国人大常委会的合宪性审查工作在作出结论时必须具有充足的理由和充分的说服力,而立法事实的审查就是保证其作出宪法判断时摆脱简单的价值判断的有效方法。

1. 全国人大常委会并不等同于主权者。根据我国《宪法》的规定,全国人大常委会享有宪法解释权、监督宪法实施的权力以及修宪提案权,而全国人大则享有监督宪法实施的权力和宪法修改权。③ 然而,宪法体现的是主权者的意志,而非全国人大常委会的意志。无论是释宪权、修宪权还是合宪性审查权,都是"宪法创设的权力",需要服从"创设宪法"的意志。即使是全国人大常委会也不能以自己的判断代替制宪者的判断。具体到合宪性审查中,全国人大常委会必须遵循宪法的基本原则,依据宪法条文,遵照一定的方法、规则和程序作出判断,而不能恣意而为。

2. 更重要的是,立法主体的多元性必然要求全国人大常委会的合宪性审查判断具有充分的理性依据。根据《立法法》的规定以及全国人大常委会法工委近几年的备案审查工作报告,全国人大常委会应对以下立法进行备案审查:行政法规、地方性法规、监察法规、最高人民法院和最高人民检察院制定的规范性文件。它们所对应的立法主体为:国

① 尽管我国现在并不存在对法律的事后审查,但不能完全排除以后出现这种审查的可能性。

② 感谢邢斌文博士提醒笔者注意这一点。

③ 对于全国人大是否享有宪法解释权,宪法学界存在争议。参见范进学:《宪法解释的理论建构》,山东人民出版社2004年版,第90～91页。笔者的观点是全国人大同样享有宪法解释权。

务院、省级人大常委会和设区的市人大及其常委会、国监委、最高人民法院和最高人民检察院等。如上所述，立法事实的判断在很多情况下都是立法者价值和立场的体现。当全国人大常委会作为审查者推翻另一立法主体的判断、否认该法具有"支撑其合理性的事实"时，实际上就是否定了该立法主体的价值选择。如果这种否定只是一种立场选择，甚至只是具体承担审查工作的人员的价值判断而缺乏充足的理由，那么在该立法主体与全国人大常委会之间必然产生激烈的利益冲突。因此，全国人大常委会进行合宪性审查必须具有充分的理性依据。对立法事实进行细致的审查能有效地避免审查者的恣意判断、赋予全国人大常委会合宪性审查的结论以充分的理性基础，从而缓和立法者与审查者之间的利益冲突。

（四）实践中存在着对立法事实的考察

从全国人大常委会的审查实践来看，实际上已经出现了对立法事实的审查，只是这种审查还缺乏方法论上的支撑和理论上的引导。2003 年在审议《居民身份证法》草案时，法律委员会曾作过这样的说明："有的常委委员建议增加一些内容，如指纹、血型等。对这些问题，国务院在提出草案前，已反复研究、论证过，并了解了国外的做法，鉴于各方面的意见还不一致，条件尚不具备，因此暂未规定。"①尽管此处未予明确说明，但是办理身份证时录入指纹、血型等受到威胁的是公民的隐私权和个人信息权。"暂未规定"说明法律委员会认为此种规制手段已经超出了必要限度，对公民的上述权利构成了侵犯。这是非典型的立法审议型审查。而得出这一结论的基础在于"国务院在提出草案前，已反复研究、论证过，并了解了国外的做法"，这种"研究""论证""了解"就是对立法事实的调查，全国人大常委会对国务院意见的采纳也就是对立法事实的认定。

此外，2019 年法工委备案审查工作报告中还专门提及了一类备案审查的情形，即因"不适应现实情况"而被废除的情形，其中就包括对收容教育制度的合宪性审查。② 尽管在这里法工委并未言明是合宪性审查，但是收容教育制度主要存在的问题是涉嫌侵犯公民的人身自由，因此予以废除至少是因为在现阶段看来该制度构成了对宪法中人身自由条款的违反。而在废除的原因和审查的方法方面，法工委也并未作任何说明。但将其放在"不适应现实情况"部分，就表明了法工委认为收容教育制度在制定时符合《宪法》，但发展至今，由于社会情势发生了较大变更，已经失去了"支撑其合理性的依据"，因此才会导致其被废除。这也是立法事实论运用的一种手法。

---

① 《全国人大法律委员会关于〈中华人民共和国居民身份证法（草案）〉主要问题修改意见的书面报告》，载中国人大网，http://www.npc.gov.cn/wxzl/gongbao/2003-08/12/content_5318768.htm。

② 作为审查和沟通的结果，2019 年 11 月 27 日国务院向全国人大常委会提出《关于提请废止收容教育制度的议案》。2019 年 12 月 28 日，十三届全国人大常委会第十五次会议通过了《全国人民代表大会常务委员会关于废止有关收容教育法律规定和制度的决定》，自 2019 年 12 月 29 日起施行。

三、全国人大常委会[①]审查立法事实的具体路径

此前学者引介立法事实时多从其与“目的—手段”审查方法(包括比例原则)的联系入手展开阐述,而较少涉及立法事实的具体认定方法。下文就将从这一角度对全国人大常委会审查立法事实的具体路径进行详细论述。

(一)立法事实之审查与合宪性推定

合宪性推定与立法事实之间之所以能发生联系,就在于所谓合宪性推定实际上就是审查者推定存在支撑法律合理性的事实,然后再看推翻这一推定的证据是否充分。那么,立法事实的审查是否必然在合宪性推定下进行?答案当然是否定的。虽然立法事实与合宪性推定存在密切联系,但二者之间并不存在内在的、本质的联系,即使是在不适用合宪性推定的案件中,审查立法事实也仍然是重要的宪法判断方法。“布朗案”[②]就是很好的例证。也就是说,立法事实的审查不一定在合宪性推定的前提和框架下进行。芦部信喜先生就曾强调,对于涉及精神自由的立法进行审查时不应适用合宪性推定。

在此基础上,笔者拟对全国人大常委会进行立法事实审查时是否应该适用合宪性推定的问题进行更进一步的详细探讨。一般认为,适用合宪性推定原则的基础在于尊重立法机关的政策形成空间以及确保法的稳定性。[③] 据此,邢斌文提出,在法律草案审议中不应适用合宪性推定。[④] 但笔者认为这一观点也值得商榷。立法机关固然拥有充分的政策形成空间,从理论上说不应受到起草者判断的约束。但是从立法实践来说,适度尊重起草者的判断同样有助于提高立法的质量和效率,因此不宜一概否定立法审议中对合宪性推定原则的适用。具体来说,在全国人大专门委员会或法工委负责起草法律草案的情形下,起草者与审议者存在身份上的重合,在立法事实的认定上基本上不会出现偏差,此时如不适用合宪性推定,在立法事实认定上就可能会浪费大量的时间和人力。而在起草者为其他部门的工作人员时,如果适用违宪推定,则起草者将可能频频被要求就立法事实进行说明和论证,这样对于立法审议的效率也是极为不利的。但笔者也并不认为在立法审议中审查立法事实时应一概适用合宪性推定原则。第一,综上所述,芦部信喜先生认为,对于涉及精神自由的立法不应适用合宪性推定。笔者赞同这一观点。也就是说,在立法审议过程中对于涉及精神自由、人性尊严等重要的基本权利的立法不应适用合宪性

---

① 因为全国人大常委会是我国最重要的合宪性审查主体,因此这里集中于全国人大常委会来论述立法事实认定的具体路径。

② Brown v. Board of Education of Topeka,347 U. S. 483(1954).

③ 参见王书成:《合宪性推定的正当性》,载《法学研究》2010 年第 2 期;邢斌文:《论立法过程中法律草案合宪性的判断标准》,载《政治与法律》2018 年第 11 期。

④ 参见邢斌文:《论立法过程中法律草案合宪性的判断标准》,载《政治与法律》2018 年第 11 期。需要指出的是,适用合宪性推定原则与提高立法质量、不回避对政治问题的判断之间不存在矛盾。合宪性推定本就与政治问题是两个问题,而适用合宪性推定原则也并非回避违宪判断,只要理由充分,如果发现法律草案中存在违宪的情况,宪法和法律委员会同样能够予以纠正。

推定原则。第二，在修改法律的情形下，由于社会情势发生了较大变化，宪法和法律委员会在审议法律草案时对于原法律文本也无须遵循合宪性推定。

（二）立法事实的审查与认定方法

1. 与司法审查模式下立法事实认定的差异

全国人大常委会与司法机关所占据的不同地位、享有的不同职能决定了全国人大常委会在立法事实认定上与司法机关相比具有较大差异。

首先，这种差异体现在对立法事实进行审查的能力上。立法事实"就是社会经济情况"（data）。[1] 而法院擅长处理的是法律问题，而非政治经济问题。法官是法律方面的专家，但非政治经济方面的专家，对于立法事实所涉及的许多专业问题难以进行调查和研判。司法程序，尤其是质证程序虽然有助于查明司法事实，但对于立法事实的查明作用却是有限的，因此法官才需要专家证人证言和布兰戴斯简报等来帮助其探明立法事实。但是全国人大常委会则不同。全国人大常委会本来就担负国家的立法任务，查明立法事实、制定法律是其主要职能，因此它在审查立法事实上具有与之所匹配的能力，所应受到的限制也就更小。与之相联系，司法机关审查立法事实时通常需要考虑是否应该尊重立法机关的判断[2]，但对于全国人大常委会来说，由于它具有最高的代表性、民主性和正当性，因此在立法事实的审查上受谦抑原则的约束就较小：对于其他立法主体认定的立法事实，全国人大常委会有更大的主动性和空间予以推翻。

其次，司法机关审查立法事实时存在的部分障碍或困难对于全国人大常委会来说是不存在的。这主要表现在两个方面。（1）司法审查下，由于立法事实不受证据规则和司法程序的约束，其公正性容易受到质疑。例如，当事人在起诉书中所附之布兰戴斯简报是否应该接受质证？庭审结束后、宣判之前能否就立法事实提出新的材料和文献？上诉时能否就立法事实再行举证？上诉审法院能否对立法事实重新进行审理和裁判？尽管从立法事实属于法律问题的观点出发，对上述问题都应给予肯定答复，但它们无疑都与传统的程序正义理念存在某种背离。因此，如何排除法院在认定立法事实时的恣意判断、更好地保障另一方当事人的权益也就成为司法审查模式下立法事实论着重需要解决的问题之一。[3] 但全国人大常委会本就不受证据规则和司法程序的约束，这些问题对于全国人大常委会来说也就根本没有考虑的必要。（2）英美法系国家由于在司法上实行当事人主义，法官能否主动进行职权调查也是一个问题。但以职权主动调查立法事实对于

---

① Kenneth Culp Davis, *An Approach to Problems of Evidence in the Administrative Process*, Harv. L. Rev. 55, p. 404 (1942).

② 值得注意的是，德国宪法法院并不对立法机关有关立法事实的判断保持尊重，而是以一种积极能动的态度进行调查。参见[日]异智彦：《论公法关系诉讼中的事实认定——从宪法诉讼谈开》，载《成蹊法学》2016年第85号。

③ 有关法庭调查立法事实对当事人权益可能造成的不利影响，See Notes: *Social and Economic Facts-Appraisal of Suggested Techniques for Presenting Them to the Courts*, 61 Harv. L. Rev. 61, p. 697 – 698 (1948)。

全国人大常委会来说也是其实现监督权的一种工作方式,同样也不存在任何障碍。

2. 总体的查明与认定方法

尽管存在上述差异,司法审查模式下立法事实的查明和认定方法对于我国仍然具有重要的参考意义。

综合戴维斯、芦部信喜、时国康夫、麦考密克(Charles T. McCormick)等学者的观点,对于立法事实的认定可采取以下途径:①(1)专家作为鉴定人提供的证言;②(2)布兰戴斯简报;(3)法官的职权调查。而职权调查可依赖的对象又具体包括:(1)立法委员会的报告;(2)调查委员会;(3)行政机关;③(4)其他州和国家的立法汇编(compilations);(5)百科全书;(6)字典、词典;(7)科学著作和论文。对于专家证言,时国康夫还指出了如下几点:(1)需要专家证言的场合有3种:①对于相关立法事实完全缺乏文献记载时,②虽然有记载,但是想主张该记载全然是毫无根据的假说,对此却全无文献记载时,③虽然有文献记载可证明法律违宪,但法院缺乏对该文献进行正当评价所需专业知识时;(2)专家只得对立法事实本身之存在与否提供证言,不得对法律是否合宪提供证言;(3)虽然如此,以法律专家提供的涉案法律违宪的意见作为上告宗旨书附件的做法也不能说是不妥当的。④ 此外,还有学者提到了指定专家为调查官(as a master)对证据进行独立调查的形式。⑤

但是,并非所有的立法事实都是需要调查的。时国康夫指出,立法事实主要有3种:(1)世所公知的事实或对于法院来说显著的事实;(2)虽然不是世所公知的事实,但是一般人都能够通过查找资料很容易获得的、作为确定无争论余地的学问上的知识命题的事实;(3)虽然并非没有争论余地,但是在文献中有记载,而立法者倚重这些文

---

① 参见 Kenneth Culp Davis, *An Approach to Problems of Evidence in the Administrative Process*, Harv. L. Rev. 55, p. 403(1942);[日]芦部信喜:《宪法诉讼的理论》,有斐阁1973年版,第153～156页;[日]时国康夫:《论宪法事实——尤其是作为宪法事实的立法事实》,载《法曹时报》1963年第15卷第5号;Charles T. McCormick, *Judicial Notice*, Vand. L. Rev. 5, p. 316－317(1952)。但是,请注意,麦考密克对立法事实的理解更接近德国法上的"一般事实"或"法创造事实"。Charles T. McCormick, *Judicial Notice*, Vand. L. Rev. 5, p. 315(1952).

② 早期也有学者对这种做法提出轻微的质疑,因为专家与案件结果之间并无利害关系,允许其参与诉讼程序似有不妥。See Notes: *Social and Economic Facts-Appraisal of Suggested Techniques for Presenting Them to the Courts*, 61 Harv. L. Rev. 61, p. 701(1948).

③ 还有学者提到"作为案件一方当事人的行政部门(an agency)雇员", See Notes: *Social and Economic Facts-Appraisal of Suggested Techniques for Presenting Them to the Courts*, 61 Harv. L. Rev. 61, p. 697(1948)。

④ 参见[日]时国康夫:《论宪法事实——尤其是作为宪法事实的立法事实》,载《法曹时报》1963年第15卷第5号。

⑤ See Notes: *Social and Economic Facts-Appraisal of Suggested Techniques for Presenting Them to the Courts*, 61 Harv. L. Rev. 61, p. 701(1948). 作者也同时指出,任命调查官的形式只存在于宪法领域。

献的记载也可以认为是妥当的事实。[①] 时国康夫认为，前两类立法事实无须证明[②]，只不过第二种立法事实仍需通过查阅权威文献而获得，也就是需要法院进行职权调查。[③] 至于第三类立法事实，因为在学术上存在争议，所以就需要利用多种渠道和方法予以查明和认定。

按照时国康夫的分类，全国人大常委会在合宪性审查中无须查证世所公知的事实或对于自己来说显著的事实；对于虽然不是世所公知的事实，但是一般人都能够通过查找资料很容易获得的、作为确定无争论余地的学问上的知识命题的事实，可通过职权调查的形式，通过查阅百科全书、字（词）典、学术文献、法律汇编等的方式进行查证。如果因为缺乏专业知识而无法判断是否构成“确定无争论余地的学问上的知识命题”，则可请专家提供咨询意见。对于存在争议的立法事实，则可通过职权调查、专家参与、立法者/审查申请者提供立法说明或审查理由、第三方提供情况说明，[④]以及在必要时组成独立的调查委员会（如特定问题调查委员会）等形式予以查明。其中，职权调查又可以具体表现为查阅文献资料（包括立法审议资料、行政机关的报告等）、进行社会调研、召开各界人士座谈会等形式。为了帮助全国人大常委会更好地完成对立法事实的职权调查，还可以在全国人大常委会下设立图书馆，并在图书馆下设立专门的机构负责文献调查的工作。此外，还应考虑从各大高校、科研院所中抽取各领域的专家组成专家库，在有需要的时候从专家库中抽取专家为全国人大常委会提供专业意见。

在这里需要特别指出两点：第一，作为司法审查模式下立法事实重要来源的布兰戴斯简报在我国也是可能以类似的形式出现的。虽然我国并不采用具体审查的方式，因此在合宪性审查中也不可能出现案件当事人，但是被审查的规范性文件制定者提供的情况说明、宪法和法律委员会/其他专门委员会的审议报告、申请审查主体提供的审查理由、第三方提供的情况说明等都可以起到与布兰戴斯简报类似的作用。第二，虽然司法审查模式下法院较倚重行政机关的意见，但在我国合宪性审查中却不宜偏重考虑行政机关的意见。法院之所以倚重行政机关的意见，是考虑其作为专家和立法者的特殊身份。对于司法机关来说，行政机关在有关立法事实的认识和判断上显然更具有相应的能力。但对于全国人大常委会来说，行政机关的这种优势就不再存在了。相反，对于被审查的法律法规来说，行政机关因为具有较深的利益瓜葛，因此其意见可能是存在偏颇的。如果需

---

① 笔者认为，时国康夫对第三类立法事实的界定稍显狭窄，第三类立法事实应该是广泛地包括了所有存在争议，但立法者认定具有一定合理性的社会政治经济情况。事实上，如后文即将指出的，时国康夫自己也意识到了存在完全没有文献记载而需要以其他途径，如专家证言予以查明的立法事实。

② 在实际的立法事实认定中，这两种立法事实都是作为司法确知来予以确认的。

③ 参见［日］时国康夫：《论宪法事实——尤其是作为宪法事实的立法事实》，载《法曹时报》1963 年第 15 卷第 5 号。

④ 由于合宪性审查的结论对举国上下都将产生重大影响，因此除审查申请人与立法主体外，其他的国家机关、企事业单位、社会团体和个人也应该被允许主动向全国人大常委会提供相关情况的说明或主张。

要专家意见,无论是从专业性还是从独立性、中立性的角度出发,都更应该听取专家库中各行业/领域专家的意见。当然,行政机关作为执法部门,其在执法过程中所形成的对于社会情势的认识也是全国人大常委会应该要听取的,但是否采纳则应完全由全国人大常委会决定。

3. 各类型合宪性审查中的查明与认定方法

下面,笔者将针对不同类型合宪性审查中全国人大常委会查明和认定立法事实的方法再分别进行论述。

首先是提请咨询型合宪性审查。在这一类型的合宪性审查中,最主要的对象就是重大决策和立法规划。重大决策不是立法,因此不涉及立法事实的审查。而就立法规划而言,无论是中央层面还是地方层面,无论是人大立法还是政府(部门)立法,其一般都需要经过项目征集、实地调研、广泛咨询和征求各界意见、进行论证与专项评估等环节,可以说对立法事实进行了细致的调研与缜密的论证。① 此外,向宪法和法律委员会提出咨询是规划制定主体主动发起的行为。也就是说,只有在规划制定主体对立法规划的内容是否合宪无法确认时才会发生提请咨询型合宪性审查。因此,在这一类型的合宪性审查中如果涉及立法事实的审查,其需考虑的立法事实一般都是存在争议的,而且可能是存在极大争议的。对于这一类立法事实,除需要通过实地调研、召开座谈会等形式查明现实的社会政治经济情势外,更需要专业的知识背景来对之作出判断。因此,在这一类型的合宪性审查中查明和认定立法事实时可能更需依赖专家意见,并且需要审查主体与提请咨询者进行较多的协商与沟通。

其次是立法审议型合宪性审查。立法审议型合宪性审查的对象较单纯,主要就是法律草案。根据《立法法》等法律法规的规定,宪法和法律委员会对法律案负责进行统一审议,并对全国人大各代表团,或全国人大常委会分组、联组、全体会议审议意见及其他专门委员会审议意见进行筛选统合,在此基础上形成法律草案的修改稿和表决稿,就自己的审议意见以及汇总的审议意见以报告的形式向全国人大或全国人大常委会进行说明。在这一过程中,宪法和法律委员会将同时对法律草案与宪法是否符合进行审查和确认。例如,2018 年 10 月,宪法和法律委员会在关于《法院组织法(修订草案)》审议结果的报告中就专门对由全国人大常委会而不是全国人大完成此次修订的合宪性进行了确认。② 法律案从立项、正式列入立法规划到形成草案、列入全国人大常委会审议议程经历了多

① 《立法项目征集和论证办法》规定了上述环节。

② 参见梁鹰:《备案审查制度若干问题探讨》,载《地方立法研究》2019 年第 6 期。

次调研、讨论、审议和修订，法工委①与牵头起草单位对于相关立法事实也做过多次沟通，②意见相对较成熟。但依然不能排除在立法审议过程中仍然需要审查立法事实的情况。前述《居民身份证法》制定和修订审议时的情况即是如此。为此，法律草案牵头起草单位可以以立法说明的形式对有关立法事实提出自己的主张，而宪法和法律委员会则可通过查阅文献、咨询专家等途径来进一步予以确认。

最后，笔者就备案审查中全国人大常委会查明与认定存在争议的立法事实的方法进行总结说明。概况可参见表1。

表1　备案审查中全国人大常委会查明立法事实的方法

<table>
<tr><td rowspan="3"></td><td colspan="2">被动审查(一)</td><td colspan="2">主动审查(二)</td></tr>
<tr><td>Ⅰ</td><td>Ⅱ</td><td>Ⅰ</td><td>Ⅱ</td></tr>
<tr><td>有权主体要求审查[1]</td><td>其他主体申请审查[2]</td><td>备案审查中的主动审查[3]</td><td>专项审查</td></tr>
<tr><td>主要查明方法</td><td>要求说明理由</td><td>要求说明理由</td><td>要求备案时同时报送立法说明</td><td>—</td></tr>
<tr><td>辅助查明方法</td><td>职权调查</td><td>职权调查</td><td>职权调查</td><td>—</td></tr>
</table>

〔1〕《立法法》第99条第1款。

〔2〕《立法法》第99条第2款。

〔3〕《立法法》第99条第3款。

(1)对于属于被动审查下两种类型的合宪性审查，立法事实的主要查明方法为要求相关主体在书面提出合宪性审查要求或建议的同时详细说明其提出审查要求的理由，辅助方法则为全国人大常委会的职权调查。具体来说，提出审查要求或申请主体应在审查要求/申请书中详细载明其要求审查的法律存在合宪性疑问的条文以及具体理由，必要

① 应注意法工委与宪法和法律委员会存在密切联系。梁鹰指出，法工委的工作部门实际上就是宪法和法律委员会的工作部门。参见《"合宪性视野下的备案审查"研讨会 全程记录》(上)，载微信公众号"浙江暨浙江大学立法研究院"2019年11月7日，https://mp. weixin. qq. com/s/5 – – _wzhzw_ton8zXj1RFlA。而杨景宇也曾指出，法律委员会(宪法和法律委员会的前身)与法工委之间密切的协作关系。参见杨景宇：《法治实践中的思考》，中国法制出版社2008年版，第121页。

② 国务院或全国人大常委会中的任何一方都无法独断法律草案的内容，必须互相沟通协商。参见蒋劲松：《代议法导论：基于中国人大制民主法治化》，法律出版社2016年版，第528页。

时可以附件形式对相关情况予以说明。而辅助查明方法除全国人大常委会通过法工委进行职权调查外,在必要时全国人大常委会还可启动特定问题调查委员会,或委托专业机构作为第三方进行调查。

(2)对于属于备案审查中主动审查类型的合宪性审查,应要求报备主体在将法规、条例等报送备案的同时报送详细的立法说明。同时,如果法工委在备案审查中发现其中的条款存在宪法问题,报备主体应该应法工委的要求对该条款的相关立法事实作出详细的书面说明。当然,法工委也可以通过查阅文献、调研、座谈等形式展开职权调查。

(3)对于属于专项审查类型的合宪性审查,一般则不涉及对立法事实的审查。所谓专项审查,一般是“组织对某一类、某一领域的法规、司法解释集中进行全面清理和审查研究”,而这种特定领域的重点审查涉及的规范性文件数量庞大,仅靠全国人大常委会是无法完成审查的。因此,专项审查通常是以全国人大常委会“督促”各单位对规范性文件进行集中清理的形式进行的。也就是说,专项审查最终是落实在制定主体的“自查自纠”中,只是这种“自查自纠”是在全国人大常委会的“督促”和“监督”之下完成的。因此,专项审查中立法事实审查所占比例较小。

(4)无论是哪种类型的合宪性审查,或是处在合宪性审查的哪个阶段,全国人大常委会都可以向专家进行咨询。同样地,其他的国家机关、企事业单位、社会团体和个人也都可以主动向全国人大常委会提供相关情况的说明或主张。

(三)立法事实认定的控制规则

综上所述,在司法审查模式下,由于立法事实的认定不受证据规则和诉讼程序的限制,同时又涉及对政治部门权力的限制,因此在立法事实的认定上通常会强调对法院应该形成某种约束,以及法院对立法机关有关立法事实判断应保持尊重。例如,时国康夫就曾经指出,对于权威文献的认定、对于某一观点确实构成学说上无争议的学术命题的判断实际上都是法院的专断,因此就需要想办法避免法院在立法事实认定上的恣意裁判。① 他还认为,对于立法事实应尽量引入双方当事人的质证环节。② 然而,正如上文提到过,全国人大常委会本就不受证据规则与司法程序的限制,在审查立法事实的能力上也丝毫不逊色于任何一个其他的国家机关。因此在立法事实的认定上享有较大的主动性。但这并不排除全国人大常委会在认定立法事实时也应该遵循一定的控制规则。

首先,在全国人大常委会通过职权调查以认定立法事实的情况下,其调查应受到全国人大常委会本身职权范围的限制。换言之,全国人大常委会不得超越自身权限范围进

① 参见[日]时国康夫:《论宪法事实——尤其是作为宪法事实的立法事实》,载《法曹时报》1963年第15卷第5号。芦部信喜也表达过类似观点,参见[日]芦部信喜:《宪法诉讼的理论》,有斐阁1973年版,第189~191页。

② 参见[日]时国康夫:《论宪法事实——尤其是作为宪法事实的立法事实》,载《法曹时报》1963年第15卷第5号。

行立法事实的调查。例如,对于国务院各部委掌握的资料和情报,全国人大常委会不得要求或命令其予以提供,而只能通过沟通协商的方式请求该部委对全国人大常委会的调查予以协助。同时,全国人大常委会的调查也不得以监听监控或扣留、拘留、逮捕等刑侦、行政、检察权力的形式来进行,更不得以审理案件的司法形式进行。总之,全国人大常委会在查明立法事实时应以尊重宪法对各部门作出的职能分工为原则,不得侵入其他国家机关和地方政府的职权范围。

其次,尽管全国人大常委会对立法事实的认定不受证据规则的约束,无须经过双方当事人的质证,但是在被动审查的情况下,对于提出审查要求或建议的机关、团体或个人主张法律违宪的立法事实,全国人大常委会应酌情告知相应的立法主体并听取其意见。立法主体在制定法律时对于各种立法事实经过详细全面的调查、协商和考虑,其意见对于全国人大常委会正确认定立法事实具有重要的参考价值。

最后,关于全国人大常委会审查立法事实时是否应对立法(草案起草)主体的判断保持尊重,①笔者认为:(1)对于专业性较强的立法,除非在该领域的专家提供了较确定的支持性意见,或者该法律施行的实践证明了立法主体对立法事实判断有误,否则全国人大常委会应对立法主体的判断予以充分尊重。(2)对于地方立法,尤其是民族自治地方立法,全国人大常委会应在具有鲜明地方特色的条文上对立法主体的判断予以尊重,但是在充分听取各方主体意见和进行了调查的基础之上如仍认为立法主体判断有误,则可依全国人大常委会自己的判断来认定立法事实。(3)对于最高人民法院、最高人民检察院的司法解释,因为法院对于社会经济政治情势的判断在能力上相对国家立法机关存在欠缺,故而全国人大常委会可依自己的判断来认定立法事实,不必对法院的判断给予尊重。

四、总结

所谓立法事实,就是"支撑法律合理性"的事实。它在合宪性审查中具有特别重要的意义,这种意义不仅在于对立法事实的考察能赋予合宪性审查足够的理性,同时还在于它是弥补"宪法—法律"涵摄中大前提与小前提之间的落差、构成额外前提的重要一环。因此,不仅在司法审查的国家,在全国人大常委会行使合宪性审查的中国对立法事实的审查也是必不可少的。在查明和认定立法事实的方法上,全国人大常委会对于世所公知的事实或对于自己来说显著的事实无须查证;对于虽然不是世所公知的事实,但是一般人都能够通过查找资料很容易获得的、作为确定无争论余地的学问上的知识命题的事

---

① 尊重(deference)与合宪性推定是两个问题。尊重要求除非有证据证明立法主体的判断明显不合理,否则就应该采纳立法主体对立法事实的判断。这是一个审查者判断能动程度的问题。合宪性推定则是要求审查者首先推定存在支撑法律合理性的事实,然后再审查是否存在足够的证据推翻这一推定。这是举证责任分配的问题。在不适用合宪性推定的情况下,仍然可能需要适用尊重的原则,如司法审查机关在审查涉及国家秘密的言论自由案件时。

实，可通过职权调查、查阅文献的方式进行查证；对于存在争议的立法事实，则可通过职权调查、专家参与、立法者/审查申请者提供立法说明或审查理由、第三方提供情况说明，以及在必要时组成独立的调查委员会(如特定问题调查委员会)等形式予以查明。尽管全国人大常委会在立法事实的查证中无须受到证据规则和司法程序的约束，但它也不得超越自身职权范围，在被动审查的情况下，对于提出审查要求或建议的主体提出的立法事实，应酌情告知相应的立法主体并听取其意见。除非涉及精神自由、人性尊严等重要的基本权利，否则全国人大常委会在审查立法事实时一般也应适用合宪性推定原则；对于专业性较强的立法或具有鲜明地方特色的地方立法则应适度尊重立法者的判断。

“两层次判断法”的构建

——论规范性文件审查中合宪性审查与备案审查的关系

达　璐*

摘要：合宪性审查作为一种宪法监督制度，是维护宪法权威，实现依宪治国的重要手段。备案审查是保障宪法和法律实施、维护国家法制统一的宪法性制度。两者都是我国宪法监督中的重要机制。如何处理规范性文件中合宪性审查与备案审查的关系，在理论层面存在两种观点，即“寓于合宪性审查中的备案审查”和“寓于备案审查中的合宪性审查”。基于规范性文件在备案审查和合宪性审查工作中开展的现状，应使用“两层次判断法”以厘清合宪性审查和备案审查的关系。通过提出形成现实共识和违反宪法条文这两个层次的判断标准，区分事前审查和事后审查，从而构建“两层次判断法”的判断机制。其中，在事前审查中，备案审查制度仅对两层次的判断标准作形式上审查；在事后审查中，基于法的安定性及保障公民基本权利的原则，备案审查机关对两层次的判断标准采取以实质审查为原则、以形式审查为特例的策略。

合宪性审查与备案审查都是我国宪法监督中的重要机制。在实践中，处理好规范性文件审查中合宪性审查与备案审查两者的关系，真正落实好备案审查和合宪性审查两项工作，是实现我国全面依法治国，保证国家法制统一的重要举措。

一、问题的提出

备案审查制度源于2000年《立法法》的制定。2000年《立法法》第89条规定了法规、条例以及规章的备案事宜。第90条就启动审查的主体进行了规定，其中，国务院、中央军事委员会、最高人民法院、最高人民检察院和各省级人民代表大会常务委员会这5类主体可以提出审查要求，其他组织及个人可以提出审查建议。随后，2006年颁布的《各级人民代表大会常务委员会监督法》在第31条、第32条及第33条中又将最高人民检察院及最高人民法院的司法解释也纳入了备案审查的范围。但此时的备案审查机制，运行并不明晰，官方所持的“鸭子凫水”式的工作方式并未收到预期的效果。公民对备案

* 法学博士，西南政法大学人权学院讲师。

审查机制的期待及热情也在一次次的等待中淡去。①

2014年,党的十八届四中全会提出“健全宪法实施和监督制度”的制度构建,并强调“加强备案审查制度和能力建设,把所有规范性文件纳入备案审查范围,依法撤销和纠正违宪违法的规范性文件,禁止地方制发带有立法性质的文件”。

自2017年起,全国人大常委会法制工作委员会每年都就本年度的备案审查工作向全国人大常委会作报告。从已有的4次报告中可以得知,目前的备案审查机制由依职权、依申请、移送和专项审查这4种审查方式组成。② 备案审查工作中的审查之提起,由组织及公民的审查建议启动,目前尚未收到《立法法》及《各级人民代表大会常务委员会监督法》规定的五大主体所提出的备案要求。今后的备案审查将朝着“全覆盖”的备案审查模式努力,做到“有件必备、有备必审、有错必纠”。③ “重大突破”出现在2020年的报告中,④报告首次以合宪性、涉宪性为标题,披露了3件涉宪性事例。其中,关于应当使用少数民族语言文字进行教学的地方性法规被认为与宪法不一致,要求制定机关作出修改。这是我国合宪性审查工作推进的破冰性事例,然而关于此宪法事例的具体审查决定,以及审查事由及程序等尚未一并公布,因而也不能进一步讨论地方性法规在合宪性审查与备案审查两种制度中如何衔接处理。

党的十九大报告提出了“加强宪法实施和监督,推进合宪性审查工作,维护宪法权威”的要求。此后,学界有关于“合宪性审查”的文章及专著呈汗牛充栋之观。可以看出专家学者对于构建合宪性审查理论机制的热情,但通过对这些学术论文的研究,可以看出学界对于合宪性审查的理论构建仍然处于“百家争鸣”的阶段。除对诸如“坚持党的领导”“坚持在全国人民大会制度下开展”等原则已达成共识外,⑤在具体应该如何开展合宪性审查工作这一拥有很强实际操作性的问题上,学界提出了各式各样的解决方法。

在这些实践性很强的问题中,如何处理规范性文件在合宪性审查与备案审查中的关

① 如针对孙某刚事件,3位法学博士就原《城市流浪乞讨人员收容遣送办法》与我国宪法、法律相抵触之问题,向全国人大常委会提出审查建议。随后,针对同一事件,5名法律学者就原《城市流浪乞讨人员收容遣送办法》向全国人大常委会提出审查建议。但这些审查建议并未得到官方的正式回复。根据《2017年备案审查工作情况的报告》所披露的数据显示,2013～2016年组织、公民个人的审查建议大多每年未超过100件,只有2016年为246件。

② 《法规、司法解释备案审查工作办法》第18条亦规定了这4种审查方式。

③ 参见沈春耀:《全国人民代表大会常务委员会法制工作委员会关于2018年备案审查工作情况的报告》,载《中国人大》2019年第3期。

④ 参见沈春耀:《全国人民代表大会常务委员会法制工作委员会关于2020年备案审查工作情况的报告》,载中国人大网2021年1月27日,http://www.npc.gov.cn/npc/c30834/202101/239178b5d03944c7b453ddc6bdd7c087.shtml。

⑤ 学界对合宪性审查理应坚守的根本原则并无疑义。最典型的论述,参见秦前红:《合宪性审查的意义、原则及推进》,载《比较法研究》2018年第2期。在该文第69～70页,秦前红教授就上述合宪性审查的基本原则作出了论述。

系是其中的一个重要问题。无论是理论界或是实务界都有对两者关系的探讨。① 只有厘清了上述两种宪法监督机制的关系，我们在今后的工作中，才能真正地做到“有的放矢”，也才能避免可能出现的合宪性审查申请的“井喷”式涌现。

目前已有的关于两者关系的研究，笔者将其归纳为“寓于备案审查中的合宪性审查”及“寓于合宪性审查中的备案审查”。持上述两种观点的学者、专家不在少数。如林来梵教授所提出的“以合宪性审查吸纳合法性审查”，这是一种典型的寓备案审查于合宪性审查的论点。② 但这种观点与我国目前的审查实践不符，其实施的成效存疑。另一种寓合宪性审查于备案审查的观点则基于“法律优先”的原则，强调备案审查中合法性审查的重要性，认为合宪性审查机制只有在穷尽了所有法律途径之后才能使用。③ 尽管此种观点具有其现实性，但是很容易造成合宪性审查机制的长期缺位，乃至名存实亡。

基于上述背景及前述两种观点固有的缺陷，笔者就合宪性审查与备案审查之间的关系进行研究，在参考了大量已有研究成果后，结合 2019 年 12 月 16 日通过的《法规、司法解释备案审查工作办法》(以下简称《工作办法》)，提出了“两层次判断法”的工作机制。需要说明的是，就以上两种观点，学界尚未形成一套独立学说。故上文中所提及的论据以及具体的操作都是散见于诸位学界先进的论文或专著中。

从上文可以看出，“寓于备案审查中的合宪性审查”及“寓于合宪性审查中的备案审查”这两种方案虽然有一定的现实合理性，也有其理论基础，但仍有可以完善之处。在结合两种方案的优点的基础上，笔者拟以审查时规范性文件是否通过为划分点，主要论述事前审查中的“两层次判断法”的构建以及事后审查中的“两层次判断法”的构建。值得提出的是，有观点认为，我国的合宪性审查应该分为事前审查，事中审查和事后审查。④ 其中，事前审查为规范性文件提出之前的一种合宪性把握，事中审查为规范性文件制定期间的合宪性控制，而事后审查则是在规范性文件制定后的一种合宪性审查。笔者认为，对合宪性审查进行过细的划分是对国家权力机关权力行使的一种阻碍，且会在事实上给合宪性审查机关造成过重的工作负担，从而导致效率低下。

此外，在构建“备案审查 + 合宪性审查”两层次判断法的理论过程中，还需要解决备案审查的审查主体多元和合宪性审查的审查主体一元之间的协调问题。根据《宪法》第 3 条的规定，我国的国家机构实行民主集中制的原则，国家行政、监察、审判和检察机关都由人民代表大会产生，对它负责，受它监督。针对中央和地方职权的划分，应当遵循在中央统一

---

① 参见朱宁宁：《加快备案审查制度理论研究为合宪性审查奠定坚实基础：全力构建中国特色社会主义备案审查理论体系》，载《法制日报》2018 年 10 月 16 日，第 10 版。

② 参见林来梵：《合宪性审查的宪法政策论思考》，载《法律科学》2018 年第 2 期。

③ 此种观点，参见胡锦光：《合宪性审查》，江苏人民出版社 2018 年版，第 189 ~ 190 页；苗连营：《合宪性审查的制度雏形及其展开》，载《法学评论》2018 年第 6 期。

④ 参见梁鹰：《备案审查制度若干问题探讨》，载《地方立法研究》2019 年第 6 期；全国人大常委会法制工作委员会法规备案审查室：《规范性文件备案审查理论与实务》，中国民主法制出版社 2020 年版，第 109 ~ 110 页。

领导下,发挥地方的主动性和积极性。这些条文无不揭示了这样一个主旨:全国人民代表大会及其常委会是最高国家权力机关,只有在民主集中制和坚持中央统一领导的前提下,才能发挥地方的主动性和积极性。当然,这也是一个单一制国家的应有之义。我国的合宪性审查权依据《宪法》的规定,只属于全国人大和全国人大常委会。而备案审查的主体,依据《宪法》《立法法》《各级人民代表大会常务委员会监督法》的规定,涵盖了全国人大常委会、国务院、省级政府、地方人大常委会这样从中央到地方、从权力机关到行政机关的多元主体。但根据宪法所揭示的主旨可以表明,无论是合宪性审查的一元主体还是备案审查的多元主体,其所遵循的根本审查依据是我国的宪法,审查过程中要维护中央的权威,审查目的是维护法制的统一和尊严。此外,通过研究还可以发现,在合宪性审查和备案审查的主体中,通过"提取公因式"的方法,存在一个相同的主体,即全国人大常委会。基于此,笔者在机制设置上,试图将人民代表大会制度作为两种不同审查机制间的桥梁,通过全国人大专门委员会、常委会内部不同工作机构间的分工合作,以此构建一个统一于宪法之下的两层次判断机制。

二、基于现实共识与宪法文本的"两层次判断法"

(一)从无到有的合宪性审查事例

处理合宪性审查与备案审查两者关系,关键是需要厘清两者的界限,并在纷繁复杂的审查机制中找出处理路径。就各国经验而言,合宪性审查往往是维护国家宪法权威,定分止争的终极手段。在社会平稳时期,①宪法审查机关所处理的宪法事例相较法院而言,数量上不占优势,多以数十计。备案审查作为以人民代表大会制度为基础的制度,注定了其与西方盛行的宪法监督制度是有根本性区别的。备案审查制度要求对规范性文件"有件必备、有备必审、有错必纠",②此要求的提出,揭示了备案审查工作是一项浩瀚庞大的工程,绝非全国人大常委会法工委一家所能承担的。故我国《宪法》、《立法法》和《各级人民代表大会常务委员会监督法》才将此项权力分给中央及地方的人大、政府来运行。合宪性审查的审查决定只能由全国人大及其常委会作出,③而备案审查的审查决定则是多机

---

① 东欧剧变后,匈牙利宪法法院于1990年开始运转。在其成立的前6年半中,匈牙利宪法法院共作出约1500个宪法判决,平均下来每年宪法法院需处理200余个案件。转引自 Christian Boulagner, *Europeanisation Through Judicial Activism? The Hungarian Constitutional Court' s Legitimacy and Hungary' s"Return to Europe"*, in Sadurski, Wojciech, Czarnota, Adam, Krygier, Martin eds., Spreading Democracy and the Rule of Law? The Impact of EU Enlargemente for the Rule of Law, Democracy and Constitutionalism in Post-Communist Legal Orders, Springer, 2006。据匈牙利宪法法院统计,2019年共对94个宪法案件进行了审理。The Statistics of the Hungarian Constitutional Court of 2019, Accessed Nov. 16, 2020, https://hunconcourt.hu/uploads/sites/3/2020/06/2020_12_31_statistics_en.pdf.

② 杨维汉:《"有件必备、有备必审、有错必纠":人大常委会组成人员建言进一步加强备案审查能力建设和制度建设》,载《新华每日电讯》2019年12月29日,第2版。

③ 地方人大常委会无权作出合宪性审查决定,但其在对规范性文件进行审查时,可以对规范性文件进行宪法判断。参见全国人大常委会法制工作委员会法规备案审查室:《规范性文件备案审查理论与实务》,中国民主法制出版社2020年版,第113～114页。

关都可以作出的。此种运行模式表明,合宪性审查机关只会对少数的规范性文件展开实质性审查,备案审查作为一种类前置程序,可以将大部分的合宪性审查要求和建议分流给其他机关进行处理。而这也是与处理合宪性审查与备案审查两者关系时所应遵循的"法律适用优先"原则相一致的。[①] 但仅凭此原则是不足以处理好合宪性审查与备案审查两者关系的。国家有权机关在进行合宪性审查时的现状是,合宪性审查的有权机关往往踟蹰于"何为违宪,违宪需承担何种责任"等问题,而在合宪性审查实践上停滞不前。因而,第一个正式意义上的法规不符合宪法规定的事例直至2020年才通过全国人大常委会法工委关于备案审查工作情况的报告披露出来,[②]该宪法事例认为,地方性法规关于应当使用本民族语言文字进行教学的规定违反了《宪法》第19条第5款关于国家推广全国通用的普通话的规定,是与宪法不一致的。该宪法事例是我国合宪性审查的"重大突破",[③]然而从目前已经公布的有限资料来看,该事例未能呈现实务部门在规范性文件审查中,如何处理合宪性审查与备案审查两种制度间的关系。

在处理合宪性审查与备案审查关系时,除"法律适用优先"等原则外,还需要有更精细化的处理标准。依据《宪法》、《立法法》、《各级人民代表大会常务委员会监督法》以及《工作办法》的规定,并结合实务部门已有的工作流程,笔者认为,可以从形成现实共识和违反宪法文本这两个层次来对合宪性审查和备案审查两项工作进行权衡,只有同时符合达成现实共识与违反宪法条文两个条件的审查要求或建议才能纳入合宪性审查工作中来。

(二)达成现实共识

达成现实共识,即在现实中,人们关于某规范性文件不符合宪法规定这一事实已经产生了共同认识。[④] 而这个共识是在多大范围内所形成的以及此种共识应该通过何种渠道表达是需要进行界定的。在中华人民共和国的宪制史中,1954年《宪法》的制定组织了全国范围的讨论,讨论人数过百万,甚至有观点认为有1.5亿多人参加了关于宪法草

---

① 参见胡锦光:《论法规备案审查与合宪性审查的关系》,载《华东政法大学学报》2018年第4期。

② 在此之前,最常用的例子是关于收容教育制度的备案审查。2018年,全国政协委员提出对收容教育制度进行合宪性审查的建议,全国人大常委会法工委会同其他单位组成了联合调研组,在随后的2018年备案审查工作情况的报告中认为:全国人大常委会《关于严禁卖淫嫖娼的决定》(部分失效,以下简称《决定》)的制定程序和内容均符合宪法规定。将现实中,各方对其所产生的质疑归纳为与立法法的规定相违背,将产生此种质疑的原因诉诸"情况发生了很大变化",放弃了一次难得的作出否定式合宪性审查决定的机会。参见全国人大常委会法制工作委员会法规备案审查室:《规范性文件备案审查案例选编》,中国民主法制出版社2020年版,第1~3页。

③ 舒颖:《备案讲规范 审查重成效——关注2020年全国人大常委会备案审查工作》,载《中国人大》2021年第3期。

④ 韩大元教授早在2012年即对何为"宪法共识"以及"社会共识"作了区分,并认为共识是在保证价值多样性的前提之下,对社会的制度或者社会的事务大家具有一个相似的、相同的理念或者情感、认识。参见韩大元:《宪法与社会共识:从宪法统治到宪法治理》,载《交大法学》2012年第1期。

案的讨论。[①] 大规模的全民讨论在1982年《宪法》的起草过程中也出现过。[②] 但这不是常态,对单一规范性文件的合宪性审查并不能要求这种表现形式。因此,通过规定赞成对某项规范性文件进行合宪性审查的人数在总人数中的百分比,并以全民投票的形式来表现共识形成的方式在我国是行不通的。

人民代表大会制度是国家机关开展各项工作的权力来源。因此,此种现实共识在我国的具体表达可以是以人民代表大会制度为基础的。与合宪性审查密切相关的备案审查,在《立法法》第99条中规定了两种启动方式:一种是国务院、中央军事委员会、最高人民法院、最高人民检察院和省级人大常委会对规范性文件提出审查要求;另一种是其他国家机关和社会团体、企业事业组织以及公民可以对规范性文件提出审查建议。此外,全国人大的专门委员会和常务委员会工作机构可以进行主动的备案审查。可以看出,我国对备案审查的启动主体没有太多限制。

现实共识的形成是人民共同意志的体现,如何在法律认可下表达此种意志是问题的重点。人民代表大会作为中央及地方的代议机关,代为行使管理国家的权力。相似的人民共同意志的表达,还表现在规范性文件的提案上。人大代表的提案"在形式上是一个代表或若干联名代表的个人意志,而在实质上却是人民群体意志的政治表达",[③]《立法法》对立法案的提出主体规定如下:一是全国性的立法,在全国人民代表大会立法程序中,人大系统内的全国人大主席团、全国人大常委会、全国人大各专门委员会、一个代表团或30名以上的代表联名可以向全国人大提出法律案;在全国人大常委会立法程序中,人大系统内的委员长会议、全国人大各专门委员会和常委会组成人员10人以上联名可以向全国人大常委会提出法律案。二是地方的规范性文件,《立法法》未对地方的规范性文件草案的提出主体作出规范,而授权地方各级人民代表大会,根据《地方各级人民代表大会和地方各级人民政府组织法》,并参照《立法法》的相关内容制定。因此,各省对于规范性文件提案的主体范围或有不同,以上海为例,人大系统内,主席团、常务委员会、人大各专门委员会及人大代表10人以上联名,可以向代表大会提出地方性法规案;人大系统内,常委会主任会议、人大各专门委员会和常委会组成人员5人以上联名,可以向常委会提出地方性法规案。[④] 作为一项尚处于探讨期的判断规定,借鉴相近情况下已有规定

① 参见韩大元:《关于新中国1954年宪法制定过程若干问题探讨——纪念1954年宪法颁布五十周年》,载《河南省政法管理干部学院学报》2004期第4期。董成美先生的文章以及许崇德先生、张晋藩先生的著作中提及全国参与宪法草案讨论的人数超过了1.5亿人。董成美:《制定我国1954年宪法若干历史情况的回忆——建国以来法学界重大事件研究(三十)》,载《法学》2000年第5期;许崇德:《中华人民共和国宪法史》,福建人民出版社2003年版,第234页;张晋藩:《中国宪法史》,中国法制出版社2016年版,第358页。

② 参见许崇德:《中华人民共和国宪法史》,福建人民出版社2003年版,第719页。

③ 胡弘弘:《论人大代表提案权的有效行使》,载《法学》2012年第5期。

④ 参见阎锐:《地方人大在立法过程中的主导功能研究——以上海市为例》,华东政法大学2013年博士学位论文,第96页。

是如何规范类似问题的,不失为一种解决之道。备案审查和规范性文件的提案程序中,都对提出主体作出了规范。除人大系统内的主体外,还有诸如政府、社会团体以及公民也在一定条件下拥有启动程序的权力(利)。业已形成的现实共识,需要借助一定的形式表达,在此,笔者认为,坚持人民代表大会制度是一种较优的解决方案。由此,在考察备案审查和立法案提出主体的范围后,笔者认为,现实共识的提出可以分为以下两种情况:针对在全国范围内适用的规范性文件,全国人大主席团、全国人大常委会、委员长会议、全国人大各专门委员会、一个代表团或者一定数目的全国人大代表或是若干名常委会组成人员所提出的审查案是现实共识的表达;针对在地方范围内适用的规范性文件,除上述的主体外,还应包括本地区人大主席团、人大常委会、常委会主任会议、人大各专门委员会、一定数目的地方人大代表或若干名人大常委会组成人员所提出的审查案也是现实共识的表达。对合宪性审查启动主体的这一限制,既坚持了宪法所规定的人民代表大会制度,也避免了因合宪性审查启动主体规定过于宽泛而可能产生的合宪性审查建议数目激增情况的出现。

(三)违反宪法条文

除形成现实共识外,启动合宪性审查还需要列明规范性文件所违法的宪法规定。宪法作为国家的根本法,其规定一般是原则性的,而非具体、直接的,这给通过开展合宪性审查工作,维护国家法制统一,规范和约束公权力、保障公民权利提供了较广阔的空间。当共识通过人大代表制度所表现出来时,不仅要求其表达出对某项规范性文件不符合宪法的质疑,而且需要具体指出该规范性文件违反了哪项宪法规定。① 还是以目前已经披露出来的对收容教育制度提出合宪性审查建议一事为例,2018 年全国政协委员提出了合宪性审查的提案,并认为《关于严禁卖淫嫖娼的决定》(部分失效)第 4 条的规定和对国务院的立法授权,与《宪法》中"中华人民共和国实行依法治国,建设社会主义法治国家"以及"国家尊重和保障人权"的条文不符合。在 2019 年,"两会"期间,有 30 名全国人大代表联名提出了关于废止收容教育制度的议案。② 虽然已有的信息并未披露这 30 名全国人大代表是

---

① 是否指明规范性文件所违反的具体宪法条文,各国做法不一。最典型的是,英国作为一个没有成文宪法的国家,其已有的司法审查,在欧洲一体化的进程中,深受《欧洲人权公约》的影响。因此,英国的司法审查制度中,往往会在判决中宣布法律对某项宪法原则的违反,而不是具体的宪法条文。何海波:《没有宪法的违宪审查——英国故事》,载《中国社会科学》2005 年第 2 期。但在大部分成文宪法国家,特别是大陆法系国家,宪法诉讼中会对违反的宪法条文明确指出,如在波兰引起骚乱的禁止堕胎的宪法法院判决。在诉讼理由中,有一群议员认为波兰的计划生育、人体胚胎保护和容许堕胎情形法案中,第 4a 条第 1 款第 2 项违反了波兰宪法第 38 条的规定,即对所有人生命的保护。该诉由得到了波兰宪法法院的支持。Atina Krajewska, *The Judgment of the Polish Constitutional Tribunal on Abortion: A Dark Day for Poland, for Europe, and for democracy*, UKCLA(Nov. 12, 2020), https://ukconstitutionallaw. org/2020/11/12/atina-krajewska-the-judgment-of-the-polish-consti-tutional-tribunal-on-abortion-a-dark-day-for-poland-for-europe-and-for-democracy/.

② 参见全国人大常委会法制工作委员会法规备案审查室:《规范性文件备案审查案例选编》,中国民主法制出版社 2020 年版,第 1 ~3 页。

否也提出了合宪性审查的建议,并具体指出其所违反的宪法条文。但30名全国人大代表联名对某项制度提出质疑,可以看作一次现实共识的表达。若该项联名提案还指出了收容教育制度或《关于严禁卖淫嫖娼的决定》(部分失效)所违反的宪法条文,则合宪性审查的主体应当启动合宪性审查,并依法作出合宪性审查决定。

需要注意的是,限定合宪性审查启动的主体,看似缩小了合宪性审查开展的范围。一大批国家机关、社会团体、企事业单位及公民因而丧失了启动合宪性审查的权力(利)。但这类主体的权力(利)可以通过开展备案审查工作和提起行政诉讼等方式来得到保障。相反地,适当地规定了合宪性审查启动主体的范围,当达成了现实共识,由有权主体提起启动合宪性审查的审查建议,并具体指出相关规范性文件所违反的宪法条文后,基于"两层次判断法"的机制,合宪性审查主体应当开展合宪性审查工作。

三、事前审查中的"两层次判断法"

事前审查,是指规范性文件在最终通过之前,应该由审查机关对其合宪性、合法性乃至适当性进行审查,并得出审查决定,产生审查后果的行为。在我国,承担审查的具体工作机制有两种:一种是合宪性审查;另一种是备案审查。两种审查机制都是我国实现宪法监督的重要形式。两者的关系应该是平行的。① 在事前审查中,备案审查机制对此规定较少。在全国人大常委会法工委备案审查室所著的书中,作者开宗明义地表明:"备案审查是事后监督……对正在起草或者审议过程中的文件草案进行事前或事中监督,一般不适用备案审查。"②同样的观点亦出现在全国人大常委会法工委备案审查室主任梁鹰的文章中,在文中,梁鹰指出:"备案审查是一种事后的审查,而不是事前的审查。"③这说明在实践中,中央及地方的备案审查不会进行事前审查,而是待规范性文件生效才会进行审查。当然,这并非表示我国规范性文件在颁布生效之前是没有被监督的。事实上,在规范性文件起草及通过期间,我国有一套完备的立法机制对规范性文件的制定进行规制,以确保规范性文件制定的质量。④

(一)事前合宪性审查的可能

由于有立法机制进行事前监督,加之放开设区的市的立法所带来的规范性文件的激增,进一步使仅对规范性文件进行事后的备案审查成为最优解。然而,对规范性文件是否可以进行事前的合宪性审查,当前并未有定论。值得提出的是,当前存在一种论调,该观点认为,合宪性审查不应该包括事前审查。其论述逻辑如下,宪法明确赋予了国务院、

---

① 此观点可以从全国人大常委会法工委中具体的机构设置中窥知一二。备案审查室和宪法室都是法工委内设的工作机构,二者并非从属关系。

② 全国人大常委会法制工作委员会法规备案审查室:《规范性文件备案审查理论与实务》,中国民主法制出版社2020年版,第5页。

③ 梁鹰:《备案审查制度若干问题探讨》,载《地方立法研究》2019年第6期。

④ 参见郑磊:《省级人大常委会对设区的市地方性法规备案审查权:制度需求与规范空间》,载《政治与法律》2019年第2期。

省级人大及其常委会单独制定法规的职权，审查部门不应该在法规制定阶段就对国务院、省级人大及其常委会的法规制定权加以干涉。若法规存在与宪法相抵触之处，也应该采取事后审查的方式进行。[①]

对于这种论断，至少可以从两个方面进行商榷。首先，这种论调与现实要求是不符的。早在党的十八届四中全会中就提出了“把所有规范性文件纳入备案审查范围”的要求。2018 年 5 月，时任全国人大常委会法工委主任沈春耀在一次报告中提出“有关方面拟出台的法规规章、重要政策和重大举措，凡涉及宪法有关规定如何理解、如何适用的，都应当事先经过全国人大常委会合宪性审查，必要时通过适当方式做出合宪性安排，确保与宪法规定、宪法精神相符合”的建议。[②] 随后，法工委也在其所作的 2018 年备案审查报告就如何具体开展备案审查工作计划描下了蓝图“以备案全覆盖带动审查全覆盖，以审查全覆盖实现监督全覆盖”。[③] 这足以说明将事前审查纳入审查机制是符合现实要求的。

其次，从宪法理论上来讲，《宪法》第 2 条、第 3 条以及第 5 条明确规定“中华人民共和国的一切权力属于人民。人民行使国家权力的机关是全国人民代表大会和地方各级人民代表大会……”“中华人民共和国的国家机构实行民主集中制的原则……”“……国家维护社会主义法制的统一和尊严。一切法律、行政法规和地方性法规都不得同宪法相抵触……”。上述宪法条文说明我国的宪法追求的是一个内部统一的宪法秩序，国家机构在行使职权时需要追求在宪法之下的相互融洽。[④] 由此可以得出，国务院、省级人大及其常委会在行使制定法规的职权时，也应该接受宪法的监督。因此，在事前审查中，是可以对规范性文件进行合宪性审查的。

(二) 备案审查制度作为事前合宪性审查的程序保障

作为与合宪性审查制度密切相关的制度，备案审查是开展事前合宪性审查不可或缺的程序保障。规范性文件的制定主体广泛，因此在对众多的规范性文件进行事前合宪性审查时，仅靠合宪性审查主体的力量是不够的。而中央和地方的国家权力机关和政府都有备案审查的权力，出于控制事前合宪性审查数目的考量，可以将备案审查机关作为开启事前合宪性审查的前置程序的执行机关。

在事前的合宪性审查中，仍需使用达成现实共识和违反宪法条文的“两层次判断法”。规范性文件在生效前，合宪性审查有权启动主体可以向备案审查机关提出符合条

---

① 参见刘松山：《备案审查、合宪性审查和宪法监督需要研究解决的若干重要问题》，载《中国法律评论》2018 年第 4 期。

② 参见沈春耀：《深入学习贯彻习近平总书记宪法重要论述精神全面加强宪法实施和监督》，载《人民日报》2018 年 5 月 23 日，第 11 版。

③ 关于“全覆盖”式的备案审查，参见郑磊、赵计义：《“全覆盖”的备案审查制度体系勾勒——2018 年备案审查年度报告评述》，载《中国法律评论》2019 年第 4 期。

④ 参见林来梵：《合宪性审查的宪法政策论思考》，载《法律科学》2018 年第 2 期。

件的合宪性审查建议。备案审查机关在收到合宪性审查建议后,需要对该建议进行形式上的判断,即是否由符合要求的主体提出,是否指出了规范性文件草案的条文所违反的宪法条文。当满足这两项要求时,备案审查机关无须对该合宪性审查建议作实质性的判断,应当将确有不符合宪法规定的规范性文件草案移送至合宪性审查机关,开展事前的合宪性审查。之所以备案审查机关仅需作形式上的判断,主要基于以下两点理由:其一,前文已经提及,备案审查机关仅对规范性文件开展事后审查,故备案审查机关在此阶段无须进行合宪性判断;其二,违反宪法规定的规范性文件一旦作出,将破坏国家法治的统一和损害人民群众的合法权益。因此,在规范性文件颁布之前,应尽量排除开展合宪性审查的障碍,从而将与宪法不一致的规范性文件排除在国家统一的法制体系之外。

四、事后审查中的"两层次判断法"

事后审查,是指在规范性文件已经生效的情况下,对规范性文件开展包括合宪、合法及适当性的审查活动。[①]《立法法》对备案审查的开展方式作了较详尽的规定,备案审查可以依职权开展,也可以依申请开展。由全国人大常委会委员长会议通过的《工作办法》对处理事后的合宪性审查与备案审查两者的关系,提供了新的法律指导。例如,《工作办法》在两种审查方式外,另外规定了移送审查和专项审查两种审查方式。其中,依职权和专项审查,都是审查机关主动对规范性文件进行审查,故专项审查方式的实质仍是一种依职权开展的审查。而移送审查则是其他机关在进行审查或收到审查建议时,发现所涉及的规范性文件可能存在合宪性或合法性的问题,而将其移送给全国人大常委会法工委的一种衔接联动机制,其实质仍是一种依申请开展的审查机制。此外,《工作办法》还在两处明确规定了开展合宪性审查的可能性。一处在"审查职责"一节,《工作办法》指出,宪法和法律委员会、法制工作委员会应当主动对规范性文件中涉及宪法的问题进行合宪性审查研究,提出书面的审查研究意见,并及时反馈制定机关。另一处在"审查标准"一节,合宪性与政治性、合法性、适当性一起,成为审查的标准之一。

(一)事后审查中"两层次判断法"的普遍机制:基于法的安定性原则

事后审查中,由于所审查的规范性文件业已生效,若轻易对其进行事后审查,乃至修改或撤销该规范性文件,会影响社会各界基于该规范性文件所作的一系列行为的法律后果。"法的安定性原则缘起于对社会秩序的深层需求,是法治国原则的核心内容。"[②]因此,对于已经生效的规范性文件是否开展备案审查或合宪性审查,应当采取一种慎重态度。

具体到合宪性审查和备案审查两者的关系上来,当备案审查机关收到有权主体提出的审查建议时,备案审查机关在对申请主体的身份进行核实后,若满足现实共识所要求的表达主体的标准,则备案审查机关可以开展下一步判断,即决定审查建议中是否提出

① 参见王锴:《合宪性、合法性、适当性审查的区别与联系》,载《中国法学》2019年第1期。

② 戴建华:《论法的安定性原则》,载《法学评论》2020年第5期。

了涉及的规范性文件所违反的宪法条文。基于法的安定性原则，对于已经生效的规范性文件，备案审查机关应当对审查建议进行实质性审查。若备案审查机关认为该审查建议中指出的规范性文件并不违反宪法条文，则备案审查机关无须将审查建议移送至合宪性审查机关。当且仅当备案审查机关认为审查建议符合现实共识和实质性地违反宪法文本的“两层次判断法”后，备案审查机关才应当将审查建议移送至合宪性审查机关。

（二）事后审查中“两层次判断法”的特例：基于保障公民基本权利的原则

事后审查中，由于所审查的规范性文件业已生效，为遵循法的安定性原则，因此需要由备案审查机关对审查建议进行实质性判断。然而，现实中的经验是，有权的审查机关在极力避免作出否定式的合宪性审查决定。“两层次判断法”的提出，其主要目的也是推进合宪性审查工作的开展，促使合宪性审查机关依法作出否定式的合宪性审查决定。由此，若一律要求事后审查建议都需要进行实质性的“两层次判断”，则这一规定极有可能会成为审查机关回避开展合宪性审查的理由，不利于维护宪法法律尊严、保障宪法法律实施、保证国家法制统一和保护公民的基本权利。因此，需要在实质性判断的原则下，对某些情形进行特殊处理。合宪性审查在域外实践中，多以保障公民基本权利、限制公权力的滥用为主要着力点。以匈牙利宪法法院为例，2019 年匈牙利宪法法院全年共作出 94 件宪法判决，其中有 83 件与保障公民宪法权利有关。① 基于保障公民基本权利的立场，当收到与侵害公民基本权利有关的审查建议时，备案审查机关应仅对“两层次判断法”作形式上的判断，当审查建议在形式上符合达成现实共识和违反宪法条文两项判断标准时，备案审查机关应当将审查建议移送至合宪性审查机关，合宪性审查工作随即开展。

五、结语

合宪性审查与备案审查作为宪法监督的重要机制，在维护宪法的权威性上发挥关键性作用。若从 2000 年《立法法》的颁布开始算起，备案审查在我国已有 20 多年的历史。从全国人大常委会法工委法规备案审查室的建立到 2017 年以来每年年底法工委所作的备案审查报告，无不表明备案审查的实践与理论体系正朝着精细化、体系化的方向发展。② 党的十九大报告提出“加强宪法实施和监督，推进合宪性审查工作，维护宪法权威”的伟大论断，激活了我国的合宪性审查工作机制，为宪法监督提供了另一种监督方式。

如何处理合宪性审查和备案审查两者的关系是随着合宪性审查的提出而出现的新问题。学者提出了不同的建议，大致可以分为“寓备案审查于合宪性审查两者”和“寓合宪性审查于备案审查”两种。但这两种观点都存在一定的缺陷。基于我国有关审查的法律（规）条文，结合审查工作的具体情况，笔者提出：达成现实共识和违反宪法条文的“两

---

① The Statistics of the Hungarian Constitutional Court of 2019, Accessed Nov. 16, 2020, https://hunconcourt.hu/uploads/sites/3/2020/06/2020_12_31_statistics_en. pdf.

② 参见郑磊：《备案审查理论与实践的精细化与体系化——北航“我国备案审查的重点问题”研讨会总结发言》，载微信公众号：“宪道”2019 年 10 月 7 日，https://mp. weixin. qq. com/s/bGY0QUBOyhUgvV8Q24lnnA。

层次判断法”。合宪性审查与备案审查并不存在依附关系,两者地位平等。通过备案审查中宪法和法律委员会、全国人大常委会法工委宪法室和法规备案审查室的分工协作,可以推进合宪性审查工作和备案审查工作的发展。

在处理合宪性审查与备案审查关系的同时,还应相应地处理好诸如审查决定的公开化程度不高、审查案件可能随着我国审查机制的不断深化而激增、审查基准尚未确立等问题。对于以上在处理合宪性审查与备案审查关系时所带来的后续问题,笔者也试图提出理论构想。针对提升审查决定的公开化程度问题,笔者建议,针对全国人大及其常委会层面的审查决定,可以探讨将其刊登在《中华人民共和国全国人民代表大会常务委员会公报》上的可能性。只有增加审查的公开化程度,才能让人民切实感受合宪性审查以及备案审查机制在我国维护宪法权威上的作用,增加人民以审查建议的形式监督国家机关行使职权、维护自身基本权利的积极性。随着审查决定的公开化程度提升,人民提出审查建议的积极性必然会提高。审查案件大量出现和审查机构审查能力有限之间的矛盾成为发展审查机制所必须要解决的问题。已经有专家针对这个问题提出了不同的应对之策,如建立案件筛选机制、控制宪法案件的数量;①或是将备案审查当作合宪性审查的“过滤机制”;②抑或是从源头上限制启动审查的主体。③ 无论是采取哪种方式,都只能从一定程度上缓解案件激增的情况。只有在各审查机关的审查中自觉实践符合宪法的判断方法,通过引入“必要性原则”等回避合宪性审查的方法,才能在有限的审查资源下,尽量满足人民对合宪性审查的需求。

---

① 参见韩大元:《关于推进合宪性审查工作的几点思考》,载《法律科学》2018 年第 2 期。

② 参见秦前红、底高扬:《合宪性审查在中国的四十年》,载《学术界》2019 年第 4 期。

③ 参见胡锦光:《合宪性审查》,江苏人民出版社 2018 年版,第 190~195 页。

监察建议的功能、性质及其规制路径[*]

石泽华[**]

摘要：监察建议之产生有特定的改革背景和理论渊源，其制度功能在于实现监察全面覆盖与自主惩戒权的衔接，其现实功能是通过预防和惩治职务违法犯罪进而落实权能、构建权威，其法治愿景是以柔性反腐实现标本兼治。较诸检察建议，应当采取“职权说”并将其定性为基于法定职权的建议性职权措施。人大监督之下的“监察监督”不同于“一般监督”，监察建议与行政监察建议没有本质上的承继关系。应以宪法法律上的“监察权”为其厘定范围边界，在正当法律程序下讨论其程序控制问题，在人权保障原则下讨论其救济机制问题，并明确监察机关的程序启动性“建议”是对于被监察单位自主惩戒等内部职权的一种外部触发机制，由此区分于严格意义基于法定职权的“监察建议”。据此在范围界定、程序控制、救济机制和类型区分四个方面将此项职权纳入法治轨道。

2018年3月20日，我国《监察法》正式通过施行。在监察机关的监督、调查和处置3项职责权限中，处置职权作为监察机关依法对监察对象和被监察单位作出最终处理的依据和措施，直接或间接决定二者在事实上或法律上的“命运”，被称作监察机关“开展工作的有力抓手”。① 可以说，能不能用好处置职权，在很大程度上决定了监察机关的社会评价和现实权威，乃至直接影响国家监察体制改革的长期成败。《监察法》第11条、第13条、第47条和第62条共同规定，“监察委员会及其派驻或者派出的监察机构、监察专员”针对“监察对象所在单位”有权提出可能产生特定法律后果的监察建议。本文在具体探讨它的产生背景、主要功能、法律性质和基本定位等基础上，提出通过构建监察建议的法律规制体系，在法治轨道上有序推进有关工作，以期对我国监察改革实践有所帮助。

---

* 本文系教育部哲学社会科学研究重大课题攻关项目“推进人民代表大会制度理论和实践创新研究”(14JZD003)的阶段性成果。

** 法学博士，武汉大学法学院讲师。

① 监督、调查和处置职责分别被形容为“基础性地位”、“经常性工作”和“开展工作的有力抓手”。参见余哲西：《述评之二监督、调查、处置一体推进——保证监察全面覆盖的质量和效果》，载《中国纪检监察》2018年第13期。

一、监察建议的产生及功能

(一)监察建议的产生

当前意义上的监察建议,是伴随《监察法》通过施行而产生的一种新型职权措施,因此有必要结合改革背景和理论渊源对其作出合理解释。

1. 监察建议的改革背景

在国家监察体制改革背景下,(行政)监察建议的制发主体、监督属性、规范依据和规制对象等都发生了根本变化。(1)在制发主体层面,行政监察机关是隶属于各级人民政府的"行政监察部门",监察机关是与同级人民政府具有同等宪法地位的"统一监察机关"。①(2)在监督属性层面,行政监察建议主要是内部监督属性,即行政监察部门对自身隶属之行政机关的监督;监察建议则以外部监督属性为主、辅以内部监督属性,前者指监察机关对本单位以外其他监察对象之监督,后者指其对本单位公职人员之监督。(3)在规范依据层面,行政监察建议主要以原《行政监察法》为中心的"行政监察法律体系"为依据,包括《关于使用〈监察通知书〉、〈监察建议书〉的规定》、原《行政监察法》和原《行政监察法实施条例》等;②监察建议则主要以《监察法》为中心的"监察法律体系"为依据,如《监察法》《公职人员政务处分法》等。(4)在规制对象层面,尽管监察建议的直接规制对象是"有关单位"(《监察法》第11条第3项和第62条),③但从体系解释来看,其实质上也影响了有关单位的监察对象,④故而作为监察对象的公职人员亦可谓监察建议的间接规制对象。

2. 监察建议的理论渊源

从行政监察建议到监察建议的诸多变化,意味着我们必须立足监察机关的宪法定位和宪治职权,在吸收前者既有理论成果和实践经验的同时,进一步围绕后者有关问题展开专门研究。总体来看,当前意义上的监察建议之缘起,吸收借鉴了两个方面的理论渊

---

① 秦前红:《我国监察机关的宪法定位:以国家机关相互间的关系为中心》,载《中外法学》2018年第3期。

② 《关于使用〈监察通知书〉、〈监察建议书〉的规定》于1989年由监察部下发,明确了监察机关制发《监察建议书》的概念和8种情况,对内容填写、签发、送达、落实等作出详细规定;原《行政监察法》于1997年颁布施行,首次从法律层面对监察建议作出具体规定,标志我国监察建议工作走向法制化(该法于2010年修订后,以10个条款对监察建议的情形、程序及执行等作了规定);原《行政监察法实施条例》于2004年10月颁布施行,对1997年颁布施行的《行政监察法》中的一些监察建议的条款进行了细化,对实施中的一些问题作出了规定,进一步推动监察建议工作规范化。

③ 《监察法》第11条第3项和第62条规定的是,向"监察对象所在单位"提出,"有关单位"无正当理由应当采纳原《行政监察法》第25条规定的是:监察机关依法提出的监察建议,"有关部门"无正当理由,应当采纳。

④ 从原《行政监察法》第15条和第16条中"对下列机关和人员实施监察"列举的规制对象来看,行政监察的对象除有关工作人员外,还包括行政机关(不仅包括行政机关组成部门,还包括它的直属机构、派出组织以及受其直接领导的管理公共事务的单位或组织等)本身。根据《监察法》第3条的规定,监察权的规制对象只有"所有行使公权力的公职人员",并不包括"监察对象所在单位"。因此,体系化解释《监察法》与监察权的有关规定可知,其最终目标仍是对行使公权力之公职人员的监督。对此,有学者指出,当前我国实际上形成了人大制度下监督国家机关和监督国家机关工作人员的"二元"监督体制,"监督机关"与"监督人员"之间既相互衔接配合,又彼此交叠牵制。参见刘小妹:《人大制度下的国家监督体制与监察机制》,载《政法论坛》2018年第3期。

源。(1)监察建议建立在原有行政监察建议的基础之上。一方面,鉴于《行政监察法》已经废止的事实[①]以及其与《监察法》之间在规制对象和权利义务关系等方面的较大差异,目前监察机关制发监察建议应当且仅能以“监察法律体系”作为规范依据;另一方面,总结归纳行政法学理论和行政法律体系有关行政监察建议之经验成果,在一定程度上仍可作为当前意义上监察建议法律问题研究的重要渊源。(2)吸收借鉴了检察建议的有益内核。尽管不少学者针对检察建议究竟能否被定性为检察机关的法定职权尚有诸多质疑,[②]同时,检察建议与《监察法》明确规定的监察建议之间也存在诸多差异,但这并不妨碍将检察建议作为理论层面研究当前意义上监察建议的重要参考。

(二)监察建议的主要功能

1. 制度功能:实现监察全面覆盖与被监察单位自主惩戒权的衔接

监察建议的首要功能,或者说制度功能,就在于从制度设计上弥补“监察全面覆盖”可能存在的制度缺陷,从而实现监察全面覆盖与被监察单位自主惩戒权的衔接。监察体制改革背景下,我国国家监督体系形成了“人大监督—专责监察—内部自治”的三维共治格局。与此同时,《监察法》第1条关于立法目的明确提出,“实现国家监察全面覆盖,深入开展反腐败工作”。所谓“监察全面覆盖”,要求“在我们党和国家形成巡视、派驻、监察三个全覆盖的统一的权力监督格局”。[③] 问题在于,鉴于内部监察的制度功能乃是统一监察无法代替的,国家监察体制改革并未将应属自治范畴的内部监察职能全部收归国家监察,故此在继续保留内部监察的同时,尚需理顺二者关系。此种衔接之重要价值,在于确保监察权不至于过度侵扰其他机构的内部职权,使之更加契合我国宪治环境。具体而言,基于我国《宪法》明确规定的一元权力结构和权力的二层架构,监察建议之制度设计,一方面,必须以我国人大政治制度作为根本遵循;另一方面,还须遵守“依法独立行使审判权、检察权”等宪法原则,以及国家各类权力运作的基本规律,如尊重基层群众自治组织和公办企事业单位等所蕴含的宪治价值。

所谓被监察单位的自主惩戒权,是指在监察体制改革和监察全面覆盖的背景下,某些被监察单位的组织管理和纪律惩戒职权仍属其自身,并未转移或完全转移至监察委员会,由此监察机关在行使有关职权措施时,不得逾越或者过度干扰此种内部职权。这包括专属性职权、共治性职权两种情形。对此,还需进一步考虑,统一监察与内部惩戒两种处置权之间的竞合关系及其处理办法等问题。

---

① 《监察法》第69条规定:“本法自公布之日起施行。《中华人民共和国行政监察法》同时废止。”

② 一种比较具有代表性的观点认为,“检察建议是检察工作的组成部分,但是由于缺少制定法上的依据,其并不是一种法定的权力”。参见姜伟、杨隽:《检察建议法制化的历史、现实和比较》,载《政治与法律》2010年第10期。

③ 李建国:《关于〈中华人民共和国监察法(草案)〉的说明——2018年3月13日在第十三届全国人民代表大会第一次会议上》,载《新华每日电讯》2018年3月14日,第2、3版。

2. 现实功能:预防和惩治职务违法犯罪,落实权能、构建权威

监察建议的基本功能,或者说现实功能,在于通过做好自身反腐败工作以及督促被监察单位廉政建设、履行职责,督促有关单位进一步预防和惩治职务犯罪,化制度优势为治理效能。具体而言,针对个案化问题,监察机关可以根据监督、调查结果,提出查处建议或纠正建议,从而确保及时、正确地惩治职务违法犯罪;针对类型化问题,监察机关还可以提出被监察单位在廉政建设和履行职责过程中的制度缺陷和实践问题,从而与被监察单位共同确保有效预防职务违法犯罪。在此过程中,监察机关还可以落实权能、构建权威。一方面,《监察法》明确规定了监察建议的主体、内容和法律后果等事项,由此它与监督权、调查权、处置决定权等共同成为监察机关落实监察权能的有力依据;另一方面,作为《监察法》明确规定的监察机关权限措施,它与该法规定的监督调查措施以及移送审查起诉、政务处分决定和问责决定等处置措施,共同成为监察机关构建监察权威的有效措施。

3. 法治愿景:柔性反腐与标本兼治

监察建议之权能设计所追求的目标,乃是以柔性反腐的方式,最终实现标本兼治。反腐败工作的长期性,要求未来反腐败工作必然是从运动式反腐到制度化反腐、从惩治处置为主到预防教育为主、从刚性实施到柔性实施的逐步完善过程。监察建议的法治愿景和法治意涵在于,监察机关在监督、调查和处置决定等职权措施的基础上,基于某一案件的监督、调查结果,分析案件发生的原因、特点、规律,找出监察对象所在单位制度和管理等方面存在的问题和漏洞,提出监察建议,促使有关单位增强全面从严治党主体责任意识以及内部监管督察重要职责,由此可以有效加强监督管理、完善制度、健全机制,预防职务违法和职务犯罪行为的发生。① 这在一定程度上可以实现《监察法》第 6 条提出的"深化改革、健全法治,有效制约和监督权力"的监察工作目标,在标本兼治的法治反腐道路上迈出重要一步。从这个意义讲,《监察法》明确提出"监察建议"的职权措施,确属我国反腐败法治化进程中具有标志性意义的事件。

二、监察建议的法律性质

(一)监察建议是基于法定职权的建议性职权措施

在进一步研究监察建议的类型及其规制之前,对其法律概念的界定无疑有正本清源的意义。关于法律概念的界定,主要可以从类型、体系—结构、性质、功能等多维角度展开认识。② 对监察建议性质的探究,应当综合考量"监察"和"建议"两个方面的因素。

我国学界早已针对与之相似的"检察建议"展开过激烈争论。关于检察建议性质的认识,主要有"职权说"、"非职权说"和"部分职权说"3 种代表性观点。比较而言,监察建议区别于检察建议的最重要特征在于:《监察法》第 62 条直接明确地规定了有关单位

---

① 参见高伟:《监察建议运用研究》,载《中国纪检监察报》2018 年 5 月 23 日,第 8 版。

② 参见雷磊:《法律概念是重要的吗》,载《法学研究》2017 年第 4 期。

无正当理由拒不采纳监察建议的法律后果；与之相反，检察建议主要是程序意义上的监督而非终局意义上的监督，它是一种提示与提醒，与检察机关的大多数法定职权一样都不具有终局或实质性处分的效力，[①]故不同于实体性的行政处分权或司法裁决权。

鉴于《监察法》第 62 条已经规定了监察建议的法律后果，在排除"非职权说"基础上，监察建议的定性可以考虑以下两种方案：第一种方案"部分职权说"，即监察机关提出的任何"建议"皆可被称作"监察建议"，但必须符合特定条件，才是基于监察建议职权的监察建议，并由此引发特定法律后果；第二种方案是"职权说"，即考虑《监察法》专门区分了"监察建议"和"建议"，应在法定职权层面，将"监察建议"统一定性为基于监察机关法定职权的建议性职权，同时区分于监察机关的其他非职权性"建议"。

应该说，第二种方案更加符合应然定位及各方期待。鉴于《监察法》第 62 条已经明确了无正当理由拒不采纳"监察建议"的法律责任，在严格意义上限定所谓"监察建议"，将其界定为监察机关行使法定职权的一种职权行为，是比较合理的。这也符合监察机关自身秉持的"监察建议不同于一般的工作建议，它具有法律效力"[②]的定位及期待。有必要强调的是，所谓"法律效力"，是不同于"法律后果"的另一个概念，但是《监察法》第 62 条关于监察建议之法律后果的规定，对于明确它的法律效力具有重要意义。[③] 在实践中，监察机关自身也需要考虑其职权措施在实践效果上的统一性；从被监察单位和监察对象来看，前者通常希望存在某种"明确"认知，以衡量其对待监察建议的态度和一般标准，后者则期待监察建议具备其应有的安定性和可预测性。[④] 鉴于此，本文定义"监察建议"如下：监察建议，是指我国监察机关根据监督、调查结果，在监察职权范围内向有关单位提出的一种无正当理由必须履行其内容，否则即须承担相应法律责任的建议性职权措施。

（二）监察建议的基本定位

1. "监察监督"与"一般监督"的界分

所谓"一般监督"，即对有关国家机关违反法律的行政决定和措施以及对国家机关工作人员的违法行为实行的前监督活动。[⑤] 在新中国成立初期的宪治结构下，分别形成了具有不同意蕴的一般监督权。检察机关一般监督权的最大特点在于：其在监督对象上既

---

① 参见姜伟、杨隽：《检察建议法制化的历史、现实和比较》，载《政治与法律》2010 年第 10 期。

② 中共中央纪律检查委员会法规室、中华人民共和国国家监察委员会法规室编写：《〈中华人民共和国监察法〉释义》，中国方正出版社 2018 年版，第 94 页。

③ 有学者提出，所谓"法律效力"，是指某种行为所产生的法律上的力，这包括"合法行为"、"肯定性法律后果"和"强制性保证力"三重要素；至于"法律后果"，其作为某种行为于法律上所产生的结果，与"法律效力"之间具有内在逻辑联系，其含义实质上最终统一于后者。参见李琦：《论法律效力——关于法律上的力的一般原理》，载《中外法学》1998 年第 4 期。按照该学者"法律后果存在的确定性和权威性得以表明法律效力之存在"的观点，《监察法》第 62 条关于监察建议之法律后果的规定，对于明确其法律效力具有重要意义。

④ 参见秦前红、石泽华：《基于监察机关法定职权的监察建议：功能、定位及其法治化》，载《行政法学研究》2019 年第 2 期。

⑤ 参见王桂五：《王桂五论检察》，中国检察出版社 2008 年版，第 189 页。

有国家机关,也有国家机关工作人员。或者说,在监督内容上并不区分对"事"的监督和对"人"的监督。伴随我国1982年《宪法》和1979年《人民检察院组织法》中取消了一般监督的有关规定,权力机关的监督权成为最高层次的监督权,检察机关乃权力机关设立之专门法律监督机关,二者是决定与执行、监督与被监督的关系,存在位阶和性质上的差异。① 有学者根据我国社会法治现状和检察机关法律监督的特点,主张我们现行的法律监督应当定性为"有限的一般监督",②亦有文章进一步阐析我国"法律监督"的"有限"或"边界"之表征。③

有学者提出,《监察法》第3条规定,监察机关的职责还包括"维护宪法和法律的尊严",故而监察权之外延应当从"维护法律实施"出发而不限于"反腐败工作"。但若作此假设,鉴于监察对象将覆盖全部行使公权力的公职人员,其数量之庞大不仅囊括全部国家机关,还进一步关涉公办科教文卫体单位、基层群众自治组织和国有企业等,由此监察机关的监督对象、监督内容都将远超新中国成立初期的检察机关。监察机关将有权对《监察法》第15条所涉全部单位违反法律的决定和措施以及其中监察对象的违法行为实施监督活动,可谓"名副其实"的"一般监督"。显然这并不符合我国监察机关的宪法定位。

笔者认为,"监察监督"既不是新中国成立初期检察机关的"一般监督",也不是前述"有限的一般监督";申言之,在我国人民代表大会制度政体之下,权力机关的监督权是最高层次的监督权,监察机关由其产生、对其负责并成为国家监察专责机关。诚如上述,"监察监督"必须以其机构定位及职能定性作为根本依据,始终着眼"廉政建设和反腐败工作",同时遵循与其他国家机关的组织关系和与其他国家权力的权限边界。

2. 监察建议与行政监察建议的界分

有观点认为,既然《监察法》系由原《行政监察法》修改产生的,那么参考后者即可确定监察建议的范围,由此主张应对《监察法》的第45条第1款第5项"廉政建设和履行职责存在的问题等"作扩大解释,并借鉴原《行政监察法》第23条、第24条关于行政监察建议的一共10种情形的规定,提出当监察机关遇有与前者相似的情形时,皆可提出监察建议,其中还包括兜底情形。

如此理解,具备其一定的合理性,但是未能正确理解原《行政监察法》的条文内涵,也不符合监察建议的基本定位。原《行政监察法》为什么会规定适用如此广泛的行政监察建议?根据原《行政监察法》第1条的规定,其立法目的是"加强监察工作,保证政令畅通,维护行政纪律,促进廉政建设,改善行政管理,提高行政效能"。可见,原《行政监察

① 参见秦前红、刘怡达:《人大司法监督与检察院法律监督衔接机制论纲》,载《地方立法研究》2017年第1期。

② 崔建科:《论行政执法检察监督制度的构建》,载《法学论坛》2014年第4期。

③ 参见秦前红:《两种"法律监督"的概念分野与行政检察监督之归位》,载《东方法学》2018年第1期。

法》并不仅将行政监察职能局限于廉政建设和反腐败工作层面。为达至此目标，其第18条第1款规定，行政监察机关有“执法”、“廉政”和“效能”3种职能，并开放式列举了5项内容，①而第23条、第24条规定的一共10类监察建议情形，正是以上述3种职能、5项内容作为它的法律依据。归结来看，原《行政监察法》作此规定，乃是基于行政监察部门本就隶属于行政机关，行政监察职能（除反腐败监督外）还包含执法监督和效能监督这两大前提条件。但是，正如有学者提出，在国家监察体制改革背景之下，“组织机构的合并并不必然就意味着相关职能的整合”，②行政廉政监察需纳入监察委员会并作必要调整，行政执法监察和行政效能监察不宜纳入监察委员会。③

笔者以为，首先，监察建议与行政监察建议没有本质上的承继关系。鉴于行政监察机关的法定职能并没有完全转隶并整合至监察机关，如此，行政监察建议相关的既往经验便只具有参考价值，不得直接照搬。前述理解显然混淆了行政监察建议与监察建议的关系。其次，根据监察建议之性质及定位，遵循职权法定原则之基本共识，应当认为监察权能之内容仅涉及廉政监督，无法推出执法监督、效能监督。因此，监察机关应主要在廉政监督层面对行政机关提出监察建议，若其要拓展至其他领域，则尚需进一步探讨合法及正当性依据。与此同时，前述关系（监察机关与作为被监察单位的行政机关之间）亦可适用于监察机关与其他被监察单位之间。

三、监察建议的规制路径

（一）宪法法律上的“监察权”为监察建议厘定范围边界

无论是对于作为被监察单位的行政机关，还是对其他被监察单位，监察建议在范围上都必须牢牢立足监察职能，紧紧围绕廉政建设和反腐败工作等与“监察权”有关权能内容相关的事务。具体而言，一是不直接插手被监察单位的专属性职权，如执法效能等；二是不涉及法律监督事宜，如诉讼监督和行政检察监督等；三是不涉及规章审查，更不涉及合宪性审查工作。

在此基础上，监察机关可以制发监察建议的情形，主要包括两个方面：（1）被监察单位是否及时且正确地履行（与惩治职务违法犯罪和廉政建设有关的）职责。这关涉两类事务：第一，是否“及时”。依照有关法律、法规的规定，如果被监察单位应当给予监察对象相应处罚，却未能及时履行该职责，此时监察机关有权对其制发监察建议，督促其作出

---

① 参见《行政监察法》第18条第1款有关规定。

② 江利红：《行政监察职能在监察体制改革中的整合》，载《法学》2018年第3期。

③ 其理由是：仅有行政廉政监察因与监察机关作为“专职反腐败工作机构”的性质定位相适应而纳入监察委员会，并且仍需结合监察委员会的外部监督性（相对被监察单位而言）以及监察对象的限定性，进而作必要调整和整合；至于行政执法监察和行政效能监察，鉴于它们本质乃是行政监察机关对于行政机关及其工作人员“在行政执法中贯彻落实法律、法规、决定或命令的情况以及行政管理活动的效率、效果和效益进行的日常性的内部监察活动”，故不宜纳入监察委员会。参见江利红：《行政监察职能在监察体制改革中的整合》，载《法学》2018年第3期。

相关处置、及时地履行该职责。第二,是否"正确"。依照有关法律、法规的规定,如果被监察单位应当给予监察对象此种处罚,却给予了彼种处罚,或者免予了处罚,此时监察机关有权对其制发监察建议,督促其纠正相关处置、正确地履行该职责。(2)被监察单位廉政建设有关制度或实践是否存在缺陷。如果按照有关法律、法规或决定、命令,被监察单位对于廉政建设有关制度和实践(如内部财务制度等)存在不作为、滥作为、乱作为等现象,此时监察机关有权对其制发监察建议,要求其完善廉政制度并具体落实该制度,督促其履行廉政建设有关职责。

上述有关事务,共同对应了我国实践中存在的两种监察建议类型:第一,针对被监察单位是否及时履职的"督促型监察建议",旨在对监察决定无法触及的内容予以补充;第二,针对被监察单位是否正确履职的"纠错型监察建议",旨在对内部处置明显失当的内容予以纠正。

(二)正当法律程序下监察建议的程序控制

正当法律程序(due process of law)作为英美法上的重要法治原则,起源于英国大宪章运动有关"国家的法律"的措辞,发迹于汉密尔顿在美国1787年纽约州批准宪法会议上提出的"正当法律程序",其后来从程序性正当法律程序发展到实质性正当法律程序,并在历史和现实中一直扮演重要角色。其中,程序性正当法律程序在不同时期有许多经典表述;①我国《宪法》虽未明确提出该原则,但多处表达了类似意思。如前所述,尽管监察建议以有关单位作为直接规制对象,但实质影响了有关单位的监察对象的实际基本权利,故而亦以有关监察对象作为间接规制对象,由此必须接受正当法律程序的规制。

第一,监察建议的作出程序。综观整部《监察法》,"集体研究"出现了4次,涉及从宽处罚的建议、调查过程中的重要事项、采取强制措施3项内容,此外还规定主要负责人批准立案后调查方案需召开专题会议并予以研究确定。其中,从宽处罚的建议作为移送审查起诉内容,与监察建议、政务处分决定等同属监察机关处置职责。从立法技术原理来讲,在实体法中不过多地规定程序性事项是有道理的,在法律文本中不过多牵涉具体事项也符合宜粗不宜细的原则性要求,但具体到监察建议,由于其在一定范围内也可能关涉撤职、开除等政务重处分。因此,派驻机构、派出专员或者特定层级以下的派驻机构、派出专员便不宜被授予过度的自主权。

第二,监察建议的送达程序。首先,监察机关提出监察建议,应当制发严格的监察建议书。其次,监察建议书需以法定方式送达被建议单位。最后,监察建议是否以"送达"

---

① 1354年爱德华三世第28号法令第三章规定:"未经法律的正当程序进行答辩,对任何财产和身份的拥有者一律不得剥夺其土地或住所,不得逮捕或监禁,不得剥夺其继承权或生命。"美国1791年第五修正案规定:"未经法律的正当程序,不得剥夺任何人的生命、自由和财产。"丹宁勋爵表述为"促使审判和调查公正地进行,逮捕和搜查适当地采用,法律援助顺利地取得,以及消除不必要的延误等等"。参见[英]丹宁勋爵:《法律的正当程序》,李克强、杨百揆、刘庸安译,法律出版社1999年版,"前言"第1~2页。

为生效标志？笔者认为，监察建议应以“送达”作为生效标志，同时为被建议单位提供一定时限的异议期。

第三，监察建议的执行落实。严格执行落实监察建议，不仅是监察机关行使职权的重要内容，也是其履行职责的必要要求。因此，监察机关提出建议后，应当定期跟踪监察建议的执行情况。具体而言：其一，对于接受建议的单位来说，其须于监察建议所规定的期限之内，以书面形式正式回复有关监察建议具体落实之情况；其二，无论是否已经收悉前述有关落实的回复，监察机关都有责任主动且及时地了解、掌握、指导监察建议的具体落实情况；其三，接收建议的单位如果未能按期执行，并且经过催告仍未执行，则监察机关有权向其主管部门、上级机关反映。

（三）人权保障原则下监察建议的救济机制

第一，从被监察单位的角度来看，要明确被监察单位拒绝采纳监察建议的可能性及其前提。首先，被监察单位有权拒绝采纳监察建议。《监察法》第 62 条规定了被监察单位拒不采纳监察建议的法律后果，并规定其以被监察单位“无正当理由”为前提；基于对自身独立行使职权之遵循、对内部公职人员依法履行职务行为之保护，被监察单位若有正当理由，应以特定方式及时反馈监察机关。其次，前述“拒绝”采纳监察建议，必须以该监察建议不满足有效要件为前提。根据《监察法》第 11 条和第 13 条关于监察建议制定主体的规定，以及《公职人员政务处分法》第 5 条的规定，[①]监察建议之有效要件至少有 3 个：一是监察建议的主体适格，即只能是各级监察委员会及其派驻监察机构或派出监察专员。此外，《公职人员政务处分法》第 51 条规定，被指定管辖的监察机关虽然有初核权、立案调查权，但仍应提交有管理权限的监察机关作出政务处分决定。监察建议也应如此。二是监察建议的内容合法、适当，即监察建议之依据必须符合法定事由、监察建议之建议必须受法律法规的拘束，不得超出法律法规有关规定随意裁量。三是监察建议的程序合法。如果监察建议的作出或者送达程序中某个环节存在严重问题，也有可能导致其无效。

第二，从监察对象角度来看，切实保障公民基本权利始终是政治体制改革的终极价值和目标。从监察建议指向的作用对象来看，其不仅涉及对监察对象所在单位廉政建设进行整改，在很大程度上涉及对当事人的工作、名誉、职务和财产等作出处置。“有权利必有救济”是现代法治的核心原则，[②]这一方面，要求明确监察建议以谁的名义提出、谁来承担责任，如此方能使其指向的作用对象将来“救济有途”；另一方面，还要求为监察建议指向的作用对象提供畅通救济渠道。具体而言：（1）关于责任主体，除非通过纠错型监察建议减轻了处置的程度，否则监察机关应与被建议单位共同承担责任；（2）关于救济内

---

① 《公职人员政务处分法》第 5 条规定：“给予公职人员政务处分，应当事实清楚、证据确凿、定性准确、处理恰当、程序合法、手续完备。”

② 参见孙笑侠编译：《西方法谚精选：法、权利和司法》，法律出版社 2005 年版，第 44 ~ 45 页。

容,若监察建议被采纳并履行后,又证实内容有误,不可避免就涉及监察对象的原有职级恢复、财产归还和国家赔偿问题;(3)应当规范申诉制度,保障渠道畅通。例如,哪些情况下可以申诉?申诉的方式、机关和层级分别如何?(4)还需要完善错案追究机制和纠正机制。

(四)区分作为内部职权之外部触发机制的程序启动性"建议"

在《监察法》《公职人员政务处分法》等法律法规中,除"监察建议"外,其实还规定了为数不少的"建议"。一方面,"监察建议"之明确提及的条款,主要涉及:《监察法》中有4处(第11条、第13条、第45条和第62条);《公职人员政务处分暂行规定》中有1处(第9条,[①]规定的是取消资格或者调离岗位、降职、免职、罢免的监察建议);《公职人员政务处分法(草案)》有3处(第4条、第25条、第60条);《公职人员政务处分法》有2处(第3条、第61条,删去的一处是关于基层群众自治组织的规定)。另一方面,除明确提及"监察建议"之条款外,上述文本中还提到"建议"的表述主要涉及:《监察法》中有2处(第31条、第32条规定了"从宽处罚的建议",[②]第45条规定了"问责建议"[③]);《公职人员政务处分暂行规定》中有3处(第11条第4项规定了"责令基层群众自治组织中从事管理的人员辞职的建议",[④]以及在第11条第1项、第2项中有一种虽未述及"建议"但可能表现为此形式的"履行前置程序的建议",[⑤]第17条规定了"问责建议");《公职人员政务处分法(草案)》和《公职人员政务处分法》中都分别有2处(分别是前者第26条第1款、后者第23条第1款规定了给予"其他依法履行公职的人员""降低薪酬待遇、调离岗位、解除人事关系或者劳动关系等"的"建议",前者第28条第2款、后者第25条第2款规定了针对"违法行为所获其他利益应予纠正的建议")。

笔者认为,一方面,因循职权法定原则之基本共识,上述非以"监察建议"或者"问责建议"[⑥]形式规定的建议,即不属于严格意义上基于法定职权的监察建议,同时立法对此不得作出兜底性规定;另一方面,同时,我们也不应否定前述条款所规定的"建议"仍有相

---

① 《公职人员政务处分暂行规定》第9条第2款规定:"对前款人员,监察机关可以依法向有关机关、单位提出下列监察建议:(一)取消当选资格或者担任相应职务资格;(二)调离岗位、降职、免职、罢免。"

② 《监察法》第31条和第32条规定,监察机关在移送人民检察院时可以提出"从宽处理的建议"。

③ 《监察法》第45条第1款第3项规定,监察机关"向有权作出问责决定的机关提出问责建议"。

④ 《公职人员政务处分暂行规定》第11条第4项规定:"对基层群众自治性组织中从事管理的人员给予责令辞职等处理的,由县级监察机关向其所在的基层群众性自治组织及上级管理单位(机构)提出建议。"

⑤ 《公职人员政务处分暂行规定》第11条第1项、第2项规定,监察机关对经各级人民代表大会及其常务委员会和经中国人民政治协商会议各级委员会全体会议及其常务委员会"选举或者决定任命"的公职人员,如果要给予政务重处分(撤职、开除处分),应当履行相应的前置程序,即前者需"先由人民代表大会及其常务委员会依法罢免、撤销或者免去其职务",后者需"先由政协全体会议及其常务委员会免去其职务"(以下简称履行前置程序的建议)。

⑥ 参考原《行政监察法》的有关规定,其第24条将"问责处理"纳入行政监察建议范畴的。问责建议尽管未冠以"监察建议"之名,但从主体、对象、性质、效力和后果上与监察建议具有一致性。

当的现实价值。

在此基础上，可以将这些条款所规定的“建议”统合为一种程序启动性“建议”。作为对于被监察单位自主惩戒等内部职权的一种外部触发机制，其不是严格意义上基于法定职权的“监察建议”，而是反腐效能追求之下旨在进一步实现“监察全面覆盖”与“被监察单位自主惩戒权”之间程序衔接的程序启动性“建议”。其意在于，对于此种建议，被监察单位有权作实质性审查，并有选择性地吸收采纳。一方面，监察机关若无正当理由拒不采纳，不直接产生《监察法》第62条规定的法律后果；另一方面，只要此种建议以法定方式被送达被监察单位，后者即须启动自主惩戒等内部职权的审查程序，但是监察机关无权干涉最终结果。分述如下：

1. 从宽处罚的建议。监察机关的从宽处罚建议作为认罪认罚从宽制度适用于反腐败工作的制度性安排，有其存在的重要价值和现实意义，但不应该将其认定为严格意义上的基于法定职权的监察建议。否则，即意味着人民检察院无正当理由拒不采纳从宽处罚的建议，将承担“由其主管部门、上级机关责令改正，对单位给予通报批评；对负有责任的领导人员和直接责任人员依法给予处理”的法律责任。实际上，由于人民法院是司法审判机关，犯罪嫌疑人是否能够受到从轻处罚、减轻处罚或者免除处罚，仍需要接受人民法院司法审查的最终认定；与此同时，只要犯罪嫌疑人确实符合从轻处罚、减轻处罚或者免除处罚的有关情节，人民检察院审查起诉及人民法院依法审判时，本身便会予以适应考虑。

2.（对人大及政协选举或决定任命的公职人员作出撤职、开除等政务重处分）履行前置程序（罢免、撤职或者免去职务）的建议。（1）在人大方面，根据我国《宪法》，并结合《各级人民代表大会常务委员会监督法》等的规定，罢免是指选民和选举单位对人大代表的罢免，人大对国家主席和副主席、各级人大常委会组成人员、国务院组成人员和地方各级政府领导人员、中央军事委员会主席和其他组成人员、各级监委主任、法院院长、检察院检察长等的罢免，以及地方人大常委会在人大闭会期间对上一级人大代表的罢免（但限于个别代表）；撤职区分在大会闭会期间人大常委会对选举产生的本级政府个别副职的“决定撤职”，以及对由它任命的本级政府其他组成人员和法院、检察院相关职务的“撤职”；免职的范围则较广泛。（2）在政协方面，《中国人民政治协商会议章程》和各级政协会议选举办法等，规定了对各级政协委员会及其专委会有关领导职务的撤职和有关委员资格的撤销等事项。根据《公职人员政务处分法》第50条的明确规定，上述人员中属于选举或决定任命的公职人员的，监察机关对其作出政务重处分时，应当先依法罢免、撤销或者免去其职务，或者先依章程免去其职务，再依法作出政务处分决定。

3. 针对基层群众自治组织中从事管理的人员责令辞职、取消当选资格、依法罢免的建议。《公职人员政务处分法（草案）》第25条第1款第二句规定，“基层群众性自治组织中从事管理的人员”有违法行为而且“情节严重”的，监察机关应当向有关机关、单位提出“监察建议”，由其给予“责令辞职、取消当选资格、依法罢免等”处理。此前的《公职人员政务处分暂行规定》第11条第4项也作了类似规定,区别在于其列举表述为"责令辞职等"处理,并提到"向其所在的基层群众性自治组织及上级管理单位(机构)提出建议"。如果从我国基层群众自治组织的法律地位以及其中从事管理的人员的产生方式来看,监察机关无法直接通过监察建议责令他们辞职或者取消当选资格、依法罢免。上述草案中的有关规定,在《公务人员政务处分法》正式通过时已被删去。后者第22条第1款规定,监察机关有权对基层群众性自治组织中从事管理的人员予以"警告、记过、记大过"。未来相关法律如写入此类建议,也应将其定性为基层群众自治组织的自主惩戒等内部职权之外部触发机制的一种程序启动性"建议"。

四、结语

以"法治化反腐"作为逻辑起点,监察建议之初衷乃是以法治思维和法治方式最终实现"监察全面覆盖"的政治目标,在此过程中亦隐蕴"标本兼治、综合治理"的法治愿景。较诸检察建议,应当采取"职权说"并在法定职权层面定义监察建议。从国家监察的终极目标出发、结合监察法治一般原理,人大监督之下的"监察监督"不同于"一般监督",监察建议与行政监察建议没有本质上的承继关系。监察建议的三大类型是督促型、纠错型和整改型,具体以前两者实现监察全面覆盖与内部监察权之衔接,以后者促进"标本兼治、综合治理"。监察建议之功能及性质决定必须对其予以严格规制,包括以宪法法律上的"监察权"之外延为监察建议厘定范围;从作出、送达和执行等方面为监察建议明确程序控制要求;从异议程序和权利救济方面为监察建议明确救济机制的要求。在此基础上,从宽处罚的建议、履行前置程序的建议和针对基层群众自治组织中从事管理的人员责令辞职、取消当选资格、依法罢免的建议等,不是严格意义上基于法定职权的监察建议,而是对于被监察单位自主惩戒等内部职权的一种外部触发机制,旨在进一步实现"监察全面覆盖"与"被监察单位自主惩戒权"之间程序衔接的程序启动性"建议"。据此,可以通过范围界定、程序控制、救济机制和类型区分四个方面,对监察建议施行合理规制,并将其纳入法治轨道。

法官惩戒制度在两体制改革衔接区的协调统一*

郭延军**

摘要：监察机关设立后要不要取消原有法官惩戒制度，这是一个尚待明确的问题。判断要不要用监察制度全面取代原有法官惩戒制度的标准，关系新的制度性安排能否在审判监督和审判独立之间实现平衡。司法体制改革进程中的法官惩戒制度改革在实现审判监督与审判独立之平衡方面迈进了一大步。现在乃至今后若以监察制度全面取代原有法官惩戒制度，可能会再次造成审判监督与审判独立之间的不平衡或加深其程度。法官惩戒制度在两种体制改革衔接区可采用以监察机关为主，法院、法官惩戒委员会适度分担监督权能的综合监督机制，以实现协调统一。

中共中央纪委和国家监察委员会在《监察法》颁布后不久发布的《公职人员政务处分暂行规定》和正在立法过程中的《公职人员政务处分法（草案）》，都将《法官法》列为监察机关实施政务处分的依据，这意味着对法官的责任追究会全面纳入新建的监察体制。根据《监察法》关于监察机关职权的规定，①法院系统内的法官责任追究机制似已无存在之必要。然而，最高人民法院2018年12月发布的《关于进一步全面落实司法责任制的实施意见》第16条提出："严格落实违法审判责任追究制度。各级人民法院对法官涉嫌违反审判职责行为要认真调查，法官惩戒委员会根据调查情况审查认定法官是否违反审判职责、是否存在故意或者重大过失，并提出审查意见，相关法院根据法官惩戒委员会的意见作出惩戒决定。法官违反审判职责行为涉嫌犯罪的，应当移交纪检监察机关、检察

* 本文为国家社会科学基金重大项目"人民代表大会制度理论创新研究"（批准号：14ZDA014）的中期成果。本文完成时间为2019年春。至编辑出版时，文中涉及的部分法律内容有所修改，但为体现当时的研究背景与整体完成性，本文仍保持写作时的原样。特此说明。

** 上海交通大学法学院教授、博士研究生导师。

① 根据《监察法》第15条第1项的规定，监察机关监察的公职人员包括人民法院的公务员。根据《监察法》第11条第2项和第3项的规定，监察委员会依照本法和有关法律规定"对涉嫌贪污贿赂、滥用职权、玩忽职守、权力寻租、利益输送、徇私舞弊以及浪费国家资财等职务违法和职务犯罪进行调查""对违法的公职人员依法作出政务处分决定"。根据第45条第2项的规定，监察机关根据监督、调查结果"对违法的公职人员依照法定程序作出警告、记过、记大过、降级、撤职、开除等政务处分决定"。

机关依法处理。法官违反审判职责以外的其他违纪违法行为,由有关部门调查,依照法律及有关规定处理。"2019 年 2 月最高人民法院《关于深化人民法院司法体制综合配套改革的意见——人民法院第五个五年改革纲要(2019—2023)》(以下简称《五五纲要》)第 28 条进一步提出"健全与纪检监察机关的工作衔接机制"。这表明,法院认为有必要保留其自身的法官惩戒机制,宜与监察机关分担监督法官并追究其责任的部分权能。那么,法官惩戒制度的改革到底何去何从?法官惩戒制度该如何尽可能完美地与监察体制相衔接?本文拟在兼顾尊重司法规律和贯彻国家监察全面覆盖原则两方面内容的前提下,探寻法官惩戒制度改革的具体路径,探讨监察制度和法官惩戒制度合理衔接的具体方法。

一、《监察法》生效后法官惩戒制度改革的不确定性

2017 年修订的《法官法》第 2 条规定,"法官是依法行使国家审判权的审判人员";2018 年修订的《人民法院组织法》第 40 条规定,"人民法院的审判人员由院长、副院长、审判委员会委员和审判员等人员组成";第 45 条规定,"人民法院的法官、审判辅助人员和司法行政人员实行分类管理"。因此,法院院长、副院长、审判委员会委员和审判员属于法官(通常称为员额法官)的范畴,而被《法官法》第 2 条纳入法官范围的助理审判员已经不存在,因而本文也不讨论助理审判员的惩戒问题。

监察制度是对包括法官在内的所有行使公权力的国家公职人员进行监督的一种新机制。对国家公职人员的监督,从过程看,主要包括监督检查、调查、纠错和法律责任追究 4 个环节。法律责任追究是监督制度的核心内容,其对监督者和被监督者之间的关系产生了最深刻的影响。和《监察法》实施前的法官责任追究制度进行比较会发现,《监察法》赋予监察机关追究法官法律责任的职权有部分与《宪法》和《地方各级人民代表大会和地方各级人民政府组织法》(以下简称《地方组织法》)所规定的人大及其常委会的相关职权重叠,还有部分与《法官法》和最高人民法院制定的《人民法院监察工作条例》所规定的法院追究法官法律责任的职权重叠。

《监察法》实施前,对法官法律责任的追究主要有以下 5 种制度。

一是人大对同级法院院长的罢免制度。根据《宪法》第 63 条的规定,全国人民代表大会有权罢免最高人民法院院长。根据《宪法》第 101 条第 2 款的规定,县级以上的地方各级人民代表大会有权罢免本级人民法院院长。

二是人大常委会对法官的撤职制度。根据《地方组织法》第 44 条第 12 项的规定,县级以上的地方各级人民代表大会常务委员会有权在本级人民代表大会闭会期间,决定撤销由其任命的本级人民法院副院长、庭长、副庭长、审判委员会委员、审判员、中级人民法院院长的职务。《各级人民代表大会常务委员会监督法》(以下简称《监督法》)第 8 章对撤职案的提出、审议和决定作了具体规定。

三是法院对法官的惩戒制度。《法官法》第 11 章"惩戒"部分对惩戒适用的行为、惩戒的方式作了具体规定。关于惩戒处分的权限和程序,第 35 条规定,"按照有关规定办

理”。在实践中,这个有关规定是最高人民法院制定的《人民法院监察工作条例》(以下简称《法院监察条例》),根据该条例的规定,法院内设监察部门行使对法官的检查权、调查权和处分的建议权,法院院长行使对本院法官以及下级法院主要领导干部和监察人员的惩戒处分的批准权,法院院长办公会议行使降级、撤职、开除处分的批准权。2016 年中央全面深化改革领导小组通过了《关于建立法官、检察官惩戒制度的意见(试行)》(以下简称中央深改组《意见》),2016 年 10 月最高人民法院、最高人民检察院联合印发了《关于建立法官、检察官惩戒制度的意见(试行)》(以下简称“两高”《意见》)。根据中央深改组《意见》,对法官的责任追究由法院监察部门行使检查和调查权,法官惩戒委员会行使惩戒事项的审议和认定权,法院院长和院长会议分情况行使处分的批准权。

四是司法赔偿中的追偿制度。《国家赔偿法》第 31 条规定,国家赔偿义务机关进行国家赔偿后向相关工作人员追偿部分或者全部赔偿费用,其中的刑事赔偿涉及法官。

五是刑事责任追究制度。根据《刑事诉讼法》的规定,对法官涉嫌职务犯罪的,由检察机关行使立案和侦查权,由法院行使审判权定罪量刑。

《监察法》实施前,有关法官法律责任追究的法律渊源主要是《宪法》《法官法》《国家赔偿法》《刑法》,其中,《法官法》《国家赔偿法》属于宪法相关法的范畴。宪法相关法是与宪法相配套、对宪法相关制度进行细化和补充的法律,国家机构的产生、组织、职权等方面的法律以及调整国家机关组成人员职权关系的法律是其中重要的组成部分。① 从法律责任的性质来看,法官的责任形式主要是宪法责任、宪法相关法责任和刑事责任。② 不同性质的法律责任所适用的对象和条件不同,责任追究的方式和程序也不同。

从责任追究对法官产生的实际后果来看,对法官追究法律责任的具体方式还可以分为 4 种类型,即身份处分、惩戒处分、刑罚和损害赔偿。身份处分是在国家机关公职人员不适合担任相关职务或工作时将其移除职位或使其丧失工作资格,在我国主要是罢免、撤职、开除等方式。惩戒处分是对国家机关公职人员的具体违法违纪行为予以责难、予以制裁,包括训诫、警告、记过、降职、降级等处分方式。刑罚是对罪犯的强制处分,在我国,主刑包括管制、拘役、有期徒刑、无期徒刑、死刑,附加刑包括罚金、没收财产、剥夺政治权利。国家机关公职人员因职务犯罪要受刑罚处罚。损害赔偿是国家公职人员为其违法行为造成的损害向受害人给付金钱补偿。损害赔偿责任从本质上说不具有惩罚性质,因而通常情况下不被列入处罚的范畴。

此处要专门就身份处分和惩戒处分的分类作些说明。关于处分(或政务处分)的具体方式,我国法律是一并列举的,不将处分区分为身份处分和惩戒处分后再分别列举。比如,《公务员法》第 56 条和《法官法》第 34 条的规定是:“处分分为:警告、记过、记大

① 参见郭延军:《错案追责应回归法治轨道》,载《法学》2016 年第 10 期。

② 法律责任可以根据性质分为宪法责任、宪法相关法责任、行政责任、刑事责任和民事责任 5 种类型。相关论述参见郭延军:《错案追责应回归法治轨道》,载《法学》2016 年第 10 期。

过、降级、撤职、开除。"《监察法》第45条也一样,该条第2项规定,监察机关"对违法的公职人员依照法定程序作出警告、记过、记大过、降级、撤职、开除等政务处分决定"。我国法学界在研究处分时,也很少对处分作身份处分和惩戒处分的区分。有日本学者对身份处分和惩戒处分作了区分,指出:"身份处分和惩戒处分,其制度目的是不同的。"①身份处分和惩戒处分都因非法行为而产生,但非法行为未必带来职务适格性的问题。

对处分作身份处分和惩戒处分的区分是很有必要的,尤其对法官来说。因为,身份处分和惩戒处分不仅具有内容上的差异,而且在不少国家,对法官进行身份处分和惩戒处分的法定主体和处分程序是不同的。如在日本,对法官的身份处分是由国会依照弹劾程序进行的,而惩戒处分由监督法官的法院向高等法院申请,由高等法院依据诉讼程序进行。② 在美国联邦层级,对法官的身份处分也是由国会依据弹劾程序进行的,而惩戒处分由巡回法院司法委员会根据惩戒程序进行。③

我国《宪法》和宪法相关法关于法官身份处分和惩戒处分的法定主体和处分程序的规定也是不同的。在《监察法》实施前,根据《宪法》和有关宪法相关法的规定,法院院长的身份处分权属于本级人民代表大会,除法院院长外的法官的身份处分权属于本级人大常委会,对所有法官的惩戒处分权属于法院。

《监察法》实施后,由于监察机关的监察对象包括所有行使公权力的公职人员,因此,《监察法》也成为追究法官法律责任的重要法律渊源。《监察法》属于宪法相关法的范畴,根据《监察法》对法官所追究的责任属于宪法相关法责任。

《监察法》第45条第2项明确规定,监察机关有权"对违法的公职人员依照法定程序作出警告、记过、记大过、降级、撤职、开除等政务处分决定",这使各级监察机关在职务处分方面的职权和本级人大常委会的相关职权出现了重叠,监察机关在惩戒处分方面的职权和法院的相关职权出现了重叠。

各级监察机关和本级人大常委会在法官职务处分方面的职权重叠主要发生在对法官的撤职权上。但是,这个问题相对比较容易解决。因为,按照《宪法》第3条确立的民主集中制原则,在我国同级国家机构中,人民代表大会及其常委会的宪法地位高于其他所有国家机关。在人大常委会宪法地位高于监察机关的情况下,若出现人大常委会和监察机关依法同时享有某方面职权的情况,人大常委会应优先行使相关职权,监察机关应当谦让。

---

① [日]盐野宏:《行政组织法》,杨建顺译,北京大学出版社2008年版,第229页。

② 参见《世界各国宪法》编辑委员会编:《世界各国宪法(亚洲卷)》,中国检察出版社2012年版,第498页;《裁判官分限法》[昭和二十二年(1947年)法律第百二十七号],载 http://elaws.e-gov.go.jp/search/elawsSearch/elaws_search/lsg0500/detail? lawId=322AC0000000127#61,最后访问日期:2021年5月6日。

③ 参见《世界各国宪法》编辑委员会编:《世界各国宪法(美洲卷)》,中国检察出版社2012年版,第615~616页;see 28 U.S. Code § 332,参见最高人民法院政治部编:《域外法院组织和法官管理法律译编》(上册),人民法院出版社2017年版,第51~54页。

相较而言，各级监察机关和法院在法官惩戒处分方面的职权重叠问题解决起来会相对困难。首先，最高人民法院制定的《法院监察条例》和中央深改组《意见》、“两高”《意见》都不在《立法法》的调整范围内，无法正式确定它们的效力位阶，因而在评估这些规范性文件、党内决策、国家机关内部管理文件与《监察法》之间的效力位阶时缺乏明确的判断标准。其次，法官惩戒制度在司法体制改革中也在进行改革，其目的是减少法院监察制度因仿效行政监察体制所带有的行政化因素，但新建监察制度却是脱胎于行政监察体制并整合检察机关的职务犯罪调查职能和反贪职能而形成的监督制度。按新建监察制度的要求，应将法院对法官的惩戒职能全部转移到监察机关，但此举似乎与司法体制改革的目标不一致。法官惩戒制度的改革何去何从，显然仍是一个有待探求明确答案的问题。

二、法院惩戒法官的制度是否应当保留

由于《监察法》在公布时同时废止了《行政监察法》，行政监察部门被成建制地转隶于监察机关，那么，是不是法院也不应当再保留自己的监察部门？已有学者从法院监察部门未转隶于监察委员会这个事实出发，在探讨法院监察部门的实际功能的基础上提出和论证了保留作为内部执纪者的人民法院监察部门的观点，并建议由人民法院监察部门和法官惩戒委员会共同负责对法官违反审判责任的追究。① 这间接表达了要保留法院体系内法官惩戒制度的意见，最高人民法院也提出在进一步全面实施司法责任制的时候要这么做。然而，违反审判责任具体适用于何种行为，为什么国家监察制度不能适用于违反审判责任的追究，相关研究未作专门探讨，最高人民法院也还没有做说明。

是否要保留法院体系内的法官惩戒制度，这需要在人民代表大会制度的框架内兼顾司法体制改革和监察体制改革的双重目标进行考虑和抉择。

（一）法院惩戒法官的制度是否应当保留的判断标准

法官惩戒制度是监督法官的制度之一，要不要保留法院惩戒法官的制度取决于将法院对法官的惩戒权全部交给监察机关后的新的法官惩戒制度是否与宪法和人大制度相契合，以及对法官的监督是否行之有效。我国宪法和人大制度要求法官监督制度的设计和运行要在有效监督法官和保障法院独立行使审判权之间保持平衡，即两种价值目标须同时实现，不可偏废其中任何一个。

《宪法》第 128 条规定，“中华人民共和国人民法院是国家的审判机关”，审判机关的宪法定性决定了审判活动应在两造之间居中裁判。公正是对审判活动的基本要求，而要实现公正审判，最基本的条件就是法官在案件办理过程中在两造之间持中立立场，不偏不倚地审理和裁判。要做到这一点，就要尽可能地防止各种制度外力量对审判过程和结果的可能干预。

---

① 参见秦前红、刘怡达：《国家监察体制改革背景下人民法院监察制度述要》，载《现代法学》2018 年第 4 期。

当然,强调独立行使审判权并不是要否定对法院和法官的必要监督,从世界各国的实践来看,实行审判独立的国家不仅都有审判监督机制,而且审判监督机制的首要功能就是维护审判独立。

第一个值得重视的做法,是职务处分权和惩戒处分权分离。在监督法官的制度设计上,一些国家将对法官的职务处分权交给代议机关或宪法法院,而将惩戒处分权交给普通法庭或专门的惩戒机构。在职务处分权和惩戒处分权分离的制度下,职务处分是政务处分中最严厉的一种处分形式,被配置了最复杂的处分程序,惩戒处分相对而言是比较轻的处分,被配置了相对简单的处分程序,宽严结合能够较好地实现审判监督和审判独立的平衡。第二个值得重视的做法,是实行调查权和审理处分权分离。第三个值得重视的做法,是专门惩戒机构组成人员来源的多样化。在一些国家,除法官外,律师、法学教授,乃至于公民都被纳入专门的惩戒机构中。第四个值得重视的做法,是审理和处分程序司法化。首先,有一些国家直接通过司法程序对法官涉嫌违法违纪行为进行审理和惩戒。其次,专门惩戒机构的惩戒程序也呈现司法程序的特点。第五个值得重视的做法,不在法官没有违法违纪行为的情况下基于法官的裁判行为对法官追责。从发达国家法官责任追究制度的实践来看,无论是监督主体的组成,还是监督过程的职权配置,对法官的监督权能都呈现相对分散的状态,这样的监督机制保持了法院及其法官的相对独立性,这应该说是司法规律的内在要求。当然,还需说明的是,从责任追究方面而言,和行政公务员相比,法官接受了较弱的监督而得到了更多的独立性,但这种制度安排能够防止法官的恣意妄为而实现审判公正,事实上是依靠了其他制度的支持,那就是,相对行政公务员而言更高标准的法官任职资格、更加严格的法官选任程序、更加公开和严谨的审判职权行使程序等。这些制度或在很大程度上保证了法官的职业素质,或在很大程度上起到了监督法官独立审判的作用。

(二)司法体制改革中法官惩戒制度改革的效果

要不要保留法院惩戒法官的制度,取决于对法官的定位。如果将法官定位为和行政公务员一样的国家机关公职人员,那么取消法院惩戒法官的制度也未尝不可;如果将法官定位为不同于行政公务员的国家机关公职人员,那么是否要取消法院惩戒法官的制度,则需再作考量。

根据我国《宪法》,审判权和行政权的运行体制是不同的。我国《宪法》关于行政权运行体制的具体规定是,"国务院是最高国家行政机关","统一领导全国地方各级国家行政机关的工作"。"地方各级人民政府对上一级国家行政机关负责并报告工作。全国地方各级人民政府都是国务院统一领导下的国家行政机关,都服从国务院。""国务院实行总理负责制。各部、各委员会实行部长、主任负责制。""地方各级人民政府实行省长、市长、县长、区长、乡长、镇长负责制。"从上述规定可以看到,行政体制最大的特点就是实行行政机关上下级领导与被领导的制度以及行政首长负责制,在这样的体制下,处于下级地位的行政机关和行政公务员都是不具有独立性的。关于审判权的运行体制,《宪法》

第 128 条和第 131 条分别规定,“中华人民共和国人民法院是国家的审判机关”,“人民法院依照法律规定独立行使审判权,不受行政机关、社会团体和个人的干涉”。可见,我国宪法在行政权和审判权的运行体制设计上是差别处理的,对审判权有独立行使的要求,法院院长不是法院的首长,也不像行政机关那样实行首长负责制。法院行使审判权的“独立”,既包括对行政机关、社会团体和个人的独立,也包括上下级法院之间的审级独立。因为,依据《宪法》第 132 条的规定,最高人民法院对地方各级人民法院,上级人民法院对下级人民法院,在工作上只有“监督”职权,没有行政机关、检察机关那种“领导”的职权。

但是,我国司法体制的实际运行长期呈现行政化特点,比如,下级法院向上级法院的请示汇报,上级法院主持对下级法院的绩效评估和评比,法院对法官的考核和错案责任追究等。这类做法使上下级法院之间的关系已经在很大程度上从监督关系变为类似行政机关、检察机关上级和下级之间的领导与被领导关系。各级法院内部曾有或现在仍有的职级差别制度和相应的考核、请示、报批等规定,也使担任院长、副院长等职务的法官与没有担任这类职务的法官之间的关系也呈现类似行政机关、检察机关内部的领导与被领导关系的特点。

而在法官管理方面,由于我国宪法将审判独立原则落实在法院层面,而非直接落实在法官层面,在司法体制行政化的情况下,法官的性质和行政公务员的差别并不明显。将 2017 年修订前的《法官法》和 2005 年制定、2018 年 12 月修订前的《公务员法》的具体内容进行比较可以看到,《法官法》和《公务员法》的结构和内容一脉相承,《法官法》除在任职条件和任免程序上对法官的要求不同于行政公务员外,在考核、培训、奖励、惩罚、工资福利保险等方面对法官的管理和《公务员法》对公务员的管理内容和方式上没有实质性差别。具体到法官惩戒制度的设计上,《法官法》没有对法官在行使审判权过程中应有的独立性作出规定,而在《法院监察条例》下运行的法院监察制度更加重视对法官行使审判权的监督,且监察制度也呈现行政化特点。

《法院监察条例》是 2008 年最高人民法院参照 1997 年制定的《行政监察法》制定的。全国人大常委会在 2010 年对《行政监察法》进行了修订,该法一直实施到 2018 年《监察法》公布时被宣布废止。最高人民法院曾在 2013 年对《法院监察条例》进行了修订,该条例第 1 条仍然确认了《行政监察法》在该条例制定中的参照地位,该条例目前尚未被废止。将现行《法院监察条例》和刚刚废止的《行政监察法》的内容进行比较,可以看到法院监察制度和行政监察制度在以下三个方面有相同的特点。

其一,在法院内部建立专门的监察部门,其监察职能与行政机关内原监察部门的监察职能基本重合。将已废止的《行政监察法》第 18 条规定的监察机关的主要职责和《法院监察条例》第 14 条规定的监察部门的主要职责进行比较可以看到,二者都有以下职能:(1)检查相关机关遵守和执行法律、法规的情况;(2)受理对相关机关及其公职人员违纪违法行为的控告、检举;(3)调查处理相关国家机关及其公职人员违纪违法的行为;(4)受理相关国家机关及其公职人员不服处分决定的申诉;(5)组织协调、检查指导工作中损害群众利益的不正之风。不同的是,原《行政监察法》规定的职能中多一项“法律、行政法规规定由监察机关履行的其他职责”,而《法院监察条例》规定的职能中多一项“组织协调、检查指导预防腐败工作,开展对法官和其他工作人员司法廉洁和遵纪守法的教育”。

其二,每个层级的法院都设立监察部门,上下级法院监察部门之间、法院院长与本级监察部门之间形成领导与被领导关系,这与原行政监察体制基本相同。原《行政监察法》第 7 条所规定的监察体制是“国务院监察机关主管全国的监察工作。县级以上地方各级人民政府监察机关负责本行政区域内的监察工作,对本级人民政府和上一级监察机关负责并报告工作,监察业务以上级监察机关领导为主”。《法院监察条例》第 8 条规定的监察体制是:“最高人民法院监察室在最高人民法院院长的领导下主管全国法院的监察工作。地方各级人民法院监察室、基层人民法院专职监察员在本院院长和上级法院监察部门的领导下进行工作,监察业务以上级法院监察部门领导为主。”法院监察制度实行的这种领导体制和宪法所规定的法院上下级之间的监督和被监督关系是完全不同的。

其三,法院监察部门集立案、调查、审理、处分建议等职权于一身,这同原行政监察机关的职权基本一致,监察过程具有明显的执法性而非司法性特点。在监察过程中,监察对象的权利保障也得到一定程度的重视,比如,原《行政监察法》第 34 条规定:“监察机关在检查、调查中应当听取被监察的部门和人员的陈述和申辩。”《法院监察条例》第 32 条规定:“审理案件采取听证或者书面审理的方式进行。书面审理案件,应当询问被调查人、听取其陈述和辩解,必要时,也可以与证人核对证言。”此外,法院监察部门还在内部进行了调查职能和审理职能的分工,以在调查组和审理组之间形成一定的制约关系。然而,由于调查组和审理组同属一个部门,相互制约有限,且在审理过程中,调查组和被监察对象之间并不处于平等地位,监察程序的执法性特点并没有被改变。

总之,在司法体制改革之前,我国实际上将法官定位为与行政公务员没有实质差别的国家机关公职人员。在这种情况下,取消法院体系内的法官惩戒机制,将对法官的监督职能一并转移到法院外的监察机关并无不可。

然而,近些年来的司法体制改革已经在不小程度上改变了司法体制的行政化问题,而且这个过程仍在持续。这就带来了法院内部监察工作与新的监察制度的契合问题。为了从制度上保证司法机关依法独立公正地行使审判权和检察权,党的十八届三中全会明确提出:“改革司法管理体制,推动省以下地方法院、检察院人财物统一管理,探索建立与行政区划适当分离的司法管辖制度,保证国家法律统一正确实施。”“建立符合职业特点的司法人员管理制度,健全法官、检察官、人民警察统一招录、有序交流、逐级遴选机制,完善司法人员分类管理制度,健全法官、检察官、人民警察职业保障制度。”“完善主审法官、合议庭办案责任制,让审理者裁判、由裁判者负责。”党的十八届四中全会再次重申了保障司法公正的方针,并提出了更多的改革举措,比如,“建立领导干部干预司法活动、插手具体案件处理的记录、通报和责任追究制度,建立健全司法人员履行法定职责保护机制”，“建立健全司法人员履行法定职责保护机制。非因法定事由，非经法定程序，不得将法官、检察官调离、辞退或者作出免职、降级等处分”，“改革司法机关人财物管理体制，探索实行法院、检察院司法行政事务管理权和审判权、检察权相分离”，“完善主审法官、合议庭、主任检察官、主办侦查员办案责任制，落实谁办案谁负责”等。最高人民法院为落实中央精神发布了《人民法院第四个五年改革纲要（2014—2018）》，具体改革措施包括：实行法院人员分类管理制度改革，建立法官员额制度，建立符合职业特点的法官单独职务序列；改革法官选任制度，在国家和省一级分别设立由法官代表和社会有关人员参与的法官遴选委员会，实现法官遴选机制与法定任免机制的有效衔接；建立省级以下地方法院人员编制统一管理制度，建立省级以下地方法院法官统一由省级提名、管理并按法定程序任免的机制；建立领导干部干预审判执行活动、插手具体案件处理的记录、通报和责任追究制度；健全法官履行法定职责保护机制，确保法官依法履职行为不受追究。在国家和省一级分别设立由法官代表和社会有关人员参与的法官惩戒委员会，制定公开、公正的法官惩戒程序。

经过多年努力，上述改革措施都在一一落实，一些改革成果也已经反映在新修订的《法院组织法》中。这些改革都是基于司法权不同于行政权、法官不同于行政公务员的定性进行的，而这个不同即在于，司法权比行政权需要更多的独立性，法官比行政公务员需要更多的独立性。

具体到法官惩戒制度方面的改革，2016 年 7 月 22 日中央全面深化改革领导小组在第二十六次会议上审议通过了关于建立法官、检察官惩戒制度的中央深改组《意见》，该意见强调，“要坚持党管干部原则，尊重司法规律，体现司法职业特点，坚持实事求是、客观公正、坚持责任和过错相结合，坚持惩戒和教育相结合，规范法官、检察官惩戒的范围、组织机构、工作程序、权利保障等，发挥惩戒委员会在审查认定方面的作用”。① 随后“两高”《意见》对法官、检察官惩戒制度提出了如下具体改革方案：在省（自治区、直辖市）一级设立法官、检察官惩戒委员会。惩戒委员会由政治素质高、专业能力强、职业操守好的人员组成，包括来自人大代表、政协委员、法学专家、律师的代表以及法官、检察官代表。法官、检察官代表应不低于全体委员的 50%，从辖区内不同层级的人民法院、人民检察院中选任。惩戒委员会主任由惩戒委员会全体委员从实践经验丰富、德高望重的资深法律界人士中推选，经省（自治区、直辖市）党委对人选把关后产生。

根据“两高”《意见》，法官惩戒工作办公室设在高级人民法院，检察官惩戒工作办公室设在省级人民检察院，这表明法官和监察官的惩戒过程是分开进行的。因此，惩戒委员会实际上可以区分为法官惩戒委员会和检察官惩戒委员会。本文只讨论法官惩戒委员会。

---

① 《中央全面深化改革领导小组第二十六次会议召开》，载中央人民政府网，http://www.gov.cn/xinwen/2016-07/22/content_5093982.htm。

“两高”《意见》明确规定了法官惩戒委员会的具体工作程序:(1)受理请求。人民法院将法官有涉嫌违反审判职责的行为向惩戒委员会提请审议。(2)审议。惩戒委员会审议惩戒事项时,有关人民法院向惩戒委员会提供当事法官涉嫌违反审判职责的事实和证据,并就其违法审判行为和主观过错进行举证。当事法官有权进行陈述、举证、辩解。(3)决定。惩戒委员会经过审议,根据查明的事实、情节和相关规定,经全体委员的2/3以上的多数通过,对当事法官构成故意违反职责、存在重大过失、存在一般过失或者没有违反职责提出审查意见。

法官惩戒委员会的设立,将对法官涉嫌违法违纪的调查权和对惩戒事项的审议、认定权进行了分离。惩戒委员会设在省级,在较大程度上保证了惩戒委员会的权威性和公正性,以克服因同级法院内部监察人员对法官的监督关系而对法官审判可能产生的不利影响。惩戒委员会实行合议制,且组成人员来源多元化,这表明惩戒委员会设计试图努力赋予其决定以独立性和公正性。在惩戒委员会的审议程序中,法院和法官都可以举证,法官有辩解的权利,审议程序具有司法程序的特点,这有利于惩戒事项的公正认定。法官惩戒制度改革是尊重司法规律的改革,尽管还有不尽完善的地方,但在实现审判监督和审判独立的平衡方面迈出了一大步。

在法官制度于司法改革进程中按照司法规律进行改革并取得一定成果后,法官的性质和地位已经发生了深刻变化,按照行政公务员管理方式对法官进行管理的做法已经变得与改革后的司法体制和法官制度不相匹配,是否应当将法院惩戒法官的体制像行政监察体制那样完全取消是应当作不同考量的。

(三)监察机关全面承接法院惩戒法官职能的后续效应

如果监察机关全面承接法院对法官的惩戒职能,这项改变对监督效果和审判独立与审判监督之间的平衡会带来哪些影响?这要看新建监察制度的监督强度和监察机关及其监察人员职务行为受制约的程度。

根据《监察法》的规定,监察机制的监察强度是非常大的,这主要体现在以下五个方面:一是监察对象全覆盖,监察机关的监察对象包括所有行使公权力的公职人员;二是监察事项全覆盖,监察机关监察的事项包括公职人员履职、秉公用权、廉洁从政从业以及道德操守等各方面的情况;三是监督职权全程化,监察机关集检查、调查(包括一般职务违法调查和职务犯罪调查)和处分职能于一身;四是调查手段广泛,监察机关可以采用的调查方式,包括谈话,询问,搜查,调取,查封,扣押用以证明被调查人涉嫌违法犯罪的财物、文件和电子数据等信息,勘验检查,鉴定,使用技术调查措施,通缉,留置等;五是处罚权限大,除刑事处罚外,监察机关可以采用的处罚方式多样,包括各种口头诫勉和政务处分,还能对不履行或者不正确履行职责负有责任的领导人员进行问责。

以监察机关全面承接法院对法官的惩戒职能,按照新建监察制度运行的法官惩戒制度的一些具体做法和前文所归纳出的平衡审判监督和审判独立的一些做法之间导致一定的张力。一是职务处分权和惩戒处分权集监察机关于一身。当然,对于这一点前文已经分析，对人大常委会任命的法官的职务处分，优先适用《地方组织法》，即由人大常委会行使对法官的撤职权。二是惩戒处分的调查权和审理处分权未分离。在惩戒处分方面，监察机关是集检查、立案、调查、审理和处分决定等职权于一身的。三是监察委员会组成人员具有单一性，其组成人员是专门的监察官。四是《监察法》第五章"监察程序"部分主要规定了立案和调查程序，而没有规定审理和处置程序，只有第45条规定监察机关根据监督、调查结果依法作出处置。也就是说，没有公开的审理和处置程序。五是《监察法》第11条第2项所规定的调查事项是否可以涉及法官的裁判结果尚不清晰，该项的规定是"对涉嫌贪污贿赂、滥用职权、玩忽职守、权力寻租、利益输送、徇私舞弊以及浪费国家资财等职务违法和职务犯罪进行调查"，其中"滥用职权"的界限不清晰。

而从监察机关及其监察人员自身所受到的监督来看，监察机关及其监察人员所受到的监督非常有限。这种有限性主要体现在以下三个方面。

首先，同级人大对监察机关的监督能力弱。在人民代表大会制度下，监察机关当然要由人民代表大会产生，对人民代表大会负责，受人民代表大会的监督，这一点已经在《宪法》和《监察法》中得以充分体现。但是，鉴于实践中反映出来的人民代表大会及其常委会对其他国家机关的实际监督缺乏实效性，权力机关对监察机关的监督能力也是有限的。不仅如此，人大及其常委会对监察机关的监督在实践中的普遍做法是，监察机关仅向人大常委会作专项工作报告，而不对同级人大作工作报告。因此，相较对其他国家机关的监督来说，人大对监察机关的监督能力要更弱一些。

其次，同级其他国家机关对监察机关的制约能力弱。在监察机关和同级政府、审判机关、检察机关的关系上，虽然《监察法》第4条第2款规定，"监察机关办理职务违法和职务犯罪案件，应当与审判机关、检察机关、执法部门互相配合，互相制约"，鉴于监察机关对这些国家机关公职人员具有强有力的监督能力，后者对监察机关的制约效果也不会很明显。

最后，监察机关内部监督机制尚未建立。《监察法》第55条规定："监察机关通过设立内部专门的监督机构等方式，加强对监察人员执行职务和遵守法律情况的监督。"然而，这个监督机构目前尚未建立，即便建立，内部监督的监督效果也是有限的。

从监察机关的监督能力和所受到的制约来看，认为监察委员会为历史上和当今世界权力最巨大而又集中的监察机关的看法也并不为过，用这样"强势"①的机关来监督法官进而监督法院，其对审判权独立行使所形成的钳制力可能稍显过度，监察机关及其工作人员左右审判结果的可能性大大增加，审判监督和审判独立之间的不平衡程度几乎必然会加深，这不仅抵消了法官惩戒委员会改革在平衡审判独立和审判监督方面所做的努力，而且还会超出实行法官惩戒委员会改革之前审判独立和审判监督不平衡的程度。

---

① 韩大元：《论国家监察体制改革中的若干宪法问题》，载《法学评论》2017年第3期。

(四)司法体制改革和监察体制改革衔接区域的安排

有关监察体制改革的决定首先表现为党的决策性文件。2016 年 10 月党的十八届六中全会中提出"各级党委应当支持和保证同级人大、政府、监察机关、司法机关等对国家机关及公职人员依法进行监督",11 月中共中央办公厅印发《关于在北京市、山西省、浙江省开展国家监察体制改革试点方案》,部署在 3 省市设立各级监察委员会,从体制机制、制度建设上先行先试、探索实践。2017 年 10 月党的十九大报告提出,"组建国家、省、市、县监察委员会,同党的纪律检查机关合署办公,实现对所有行使公权力的公职人员监察全覆盖。制定国家监察法"。中共全国代表大会和它所产生的中央委员会是中国共产党最高领导机关,这两个会议作出的决定当然是党的决策。

有关司法体制改革的决定也首先记载在党的决策性文件中。司法体制改革是党的十八大和它产生的中央委员会多年来一直在推进的改革任务,前文也列举了党的十八届三中全会和四中全会所提出的司法体制改革的具体措施。为落实党中央关于司法体制改革的目标,中央全面深化改革领导小组又进一步提出了关于建立法官、检察官惩戒制度改革的《意见》。2018 年中共中央发布《深化党和国家机构改革方案》,将中央深改组改为中央全面深化改革委员会(以下简称中央深改委),职能未变。中央深改委《意见》是深改委对司法体制改革进行总体设计、统筹协调、整体推进、督促落实的结果。因此,中央深改组(委)的意见也是源于党中央权威性机构的决策性文件。

党中央和党中央权威性机构有关监察体制改革和法官、检察官惩戒制度改革的决策同年提出,而两种改革要求的具体内容不一致的问题一直以来似乎没有引起必要的关注。党中央关于司法体制改革的各种决策一直以来都由最高人民法院通过司法文件的具体化在法院体系内贯彻落实的,有关法官惩戒委员会改革的决策也是如此。监察体制改革则是由全国人民代表大会通过作决定或修法的方式将党的决策转变为国家意志后加以推行。2016 年 12 月,第十二届全国人大常委会第二十五次会议通过《关于在北京市、山西省、浙江省开展国家监察体制改革试点工作的决定》,2017 年 11 月第十二届全国人大常委会通过《关于在全国各地推开国家监察体制改革试点工作的决定》,2018 年 3 月全国人民代表大会修改《宪法》和通过《监察法》。

当然,如果从宪法层面而言,根据《宪法》所确立的人民代表大会制度,人民代表大会及其常委会的宪法地位要高于同级人民法院,因此可以认为全国人大制定的《监察法》的效力要高于最高人民法院制定的司法文件。然而,在坚持党的领导的原则下,认定最高人民法院贯彻落实党的决策的司法文件无效,这显然会影响党的决策性文件的权威性。因此,唯有从源头上解决好才是解决问题的根本办法。而且,党有关司法体制改革的决策由最高人民法院通过司法文件贯彻落实的做法是与目前党所提出的"凡属重大改革都要于法有据"的要求是不相符的,本身应当予以纠正。如果司法体制改革也像监察体制改革一样走由全国人大及其常委会贯彻落实党的决策的宪法路径,由于两种改革由同一个国家机关来推进,从目前党的机构设置来看,由中央深改委承担对党的决策性文件的解释和协调功能比较合适，因为根据《深化党和国家机构改革方案》，中央深改委的职能就是负责改革中的重大工作的顶层设计、总体布局、统筹协调、整体推进、督促落实。中央深改委不仅要对党的决策性文件进行解释和协调，以便于国家机关对党的决策的贯彻实施，而且要纠正国家机关在贯彻实施党的决策时可能存在的不合宪、不合法的问题。

那么，当确定了党的决策性文件的解释和协调机制后，如何具体协调本文所讨论的监察体制改革和司法体制改革中的决策冲突问题？笔者认为，为加强反腐力度而整合和强化国家反腐力量、加强对公职人员的监督强度是必要的；但是，鉴于审判权的特殊属性，应将法官和行政公务员区别对待，科学配置监督力量，给予法院和法官更多的独立性，这也是很有必要的。因此，在监察体制和司法体制双重改革背景下，法官惩戒制度的改革既要实现国家监察全覆盖，又要坚持遵循司法规律，监察机制部分介入法官惩戒制度的选项或许更好，即由监察机关、法院、法官惩戒委员会三者分担对法官的惩戒权能，法院对法官的惩戒机制予以保留，法官惩戒委员会改革继续深化。具体改革方案参见下文。这个选项相较监察机关全面承接法院对法官的惩戒职能这个选项而言，其对审判独立和审判监督之间平衡度的影响相对较小。

三、法官惩戒制度在两种改革衔接区域的协调

监察体制和司法体制双重改革背景下，法官惩戒制度改革，一是要划分清楚监察机关和法院在法官惩戒方面的职权范围，二是要在法律上给予法官惩戒委员会以合理定位。

（一）完善监察机关和法院在惩戒法官方面的职权划分

关于监察机关和法院在法官惩戒方面的职权划分，有各种不同的看法。比如，有学者认为，法官职务范围外的个人行为属于监察机关的监察范围，而将法官的职务行为排除在监察范围之外；①但是，上述法官惩戒职权的划分都未能考虑到有学者提出的这个问题："监察委员会在改革中是被定位为'国家反腐败机构'，《监察法》相应被视为反腐败国家立法，而法官违纪违法行为并非皆为腐败行为，故皆由作为反腐败机构的监察委员会来追责自然在定位上值得再探讨。"②笔者赞同区分腐败行为和违法审判行为，并主张以此为基础划分监察机关和法院对法官的惩戒职能。

如何区分违法审判行为和腐败行为？在很多情况下，要严格区分违法审判行为和腐败行为并不容易，因为违法审判行为常常与腐败行为相伴而生。比如，在《法官法》第32条规定的法官应该受到处分的行为中，"徇私枉法"是违法审判行为还是腐败行为？"私自会见当事人及其代理人，接受当事人及其代理人的请客送礼"是违法审判行为还是腐败行为？应该说是两者兼而有之。然而，在监察机制和法院惩戒机制并存的情况下，还

---

① 参见秦前红、刘怡达：《监察全面覆盖的可能与限度——兼论监察体制改革的宪法边界》，载《甘肃政法学院学报》2017年第2期。

② 秦前红、刘怡达：《国家监察体制改革背景下人民法院监察制度述要》，载《现代法学》2018年第4期。

不得不将上述行为进行归类,只有这样才能明确划分监察机关和法院在惩戒处分方面的权限范围。

那么,对兼有违法审判和腐败双重性质的违法行为归入哪一类比较好?从国家监察委员会将12类与诉讼相关的职务犯罪案件排除在其管辖范围之外的做法,或许可以得到启示。

国家监察委员会在《监察法》实施后不久发布了《国家监察委员会管辖规定(试行)》(国监发〔2018〕1号),在职务犯罪的调查权方面,该条例第四章详细列举了监察机关的职务犯罪案件管辖范围,包括六大类88个职务犯罪案件。这88个职务犯罪案件不包括:徇私枉法罪,民事、行政枉法裁判罪,执行判决裁定失职罪,执行判决裁定滥用职权罪,私放在押人员罪,失职致使在押人员脱逃罪,徇私舞弊减刑、假释、暂予监外执行罪,非法拘禁罪,非法搜查罪,刑讯逼供罪,暴力取证罪,虐待被监管人罪。这12个职务犯罪案件由检察机关管辖。

这12个职务犯罪都与诉讼有关,是在诉讼的各个处理环节发生的职务犯罪案件。由检察机关行使这12个职务犯罪案件的调查权符合我国《宪法》规定的检察制度。我国《宪法》第134条规定:"中华人民共和国人民检察院是国家的法律监督机关。"根据《检察院组织法》第20条的规定,检察院的法律监督职权包括:对诉讼活动实行法律监督;对判决、裁定等生效法律文书的执行工作实行法律监督;对监狱、看守所的执法活动实行法律监督。检察机关进行法律监督的基本方式是,对诉讼的各个处理环节进行检查,发现问题进行调查,对于存在的问题提出检察建议并予以纠正。作为专门的法律监督机关,检察机关熟悉和理解诉讼的各个环节,将与诉讼相关的职务犯罪案件的调查权交由检察机关是最合适的,这也应该是检察机关法律监督职权的范围。

在这12个职务犯罪案件中,兼具违法审判性质和腐败性质的犯罪主要是徇私枉法罪,民事行政枉法裁判罪,徇私舞弊减刑、假释、暂予监外执行罪。这些职务犯罪案件的调查权被归入检察机关的管辖范围而不是归入监察机关的管辖范围,这表明,这些案件是被作为违法审判性质的职务犯罪予以对待的。

对于法官的一般违法行为,如果也是兼具违法审判性质和腐败性质的,完全可以按照国家监察委员会处理涉及诉讼案件的职务犯罪案件管辖权的做法,将其归入违法审判行为的范畴,并由法院对法官的违法审判行为进行监督。

作出这种选择,既考虑到了司法体制改革所强调的保障审判权独立行使的基本要求,也考虑到了两个机关在审判监督方面的专业能力。

从保障审判权独立行使的角度看,由于监察机关具有超强的监督能力,限缩监察机关对法官监督事项的范围是很有必要的,这可以在一定程度上减少监察机关对审判权独立行使的可能干预,使监察机关的监督和审判独立之间的关系能够有所平衡。

从监督的专业能力来看,法院在审判监督方面具有专业性,能够更准确地判断法官违法审判行为的性质和违法程度。因此,将兼具违法审判和腐败性质的违法行为归入违法审判行为并由法院对法官进行监督是更好的选择。按照这种选择，只要是与审判活动相关的违法行为，无论是否具有腐败性质，都归入违法审判行为的范畴。

那么，到底哪些行为属于违法审判行为？最高人民法院1998年制定了《人民法院审判人员违法审判责任追究办法（试行）》（以下简称《违法审判责任追究办法》），该办法第二章“追究范围”详细列举了应当追责的违法审判行为。最高人民法院2009年还制定了《人民法院工作人员处分条例》（以下简称《法院处分条例》），该条例所规定的应当处分的违反办案纪律的行为比《违法审判责任追究办法》的规定更具体细致。两份文件都是根据《法官法》制定的，都现行有效，因而，《违法审判责任追究办法》规定的违法审判行为和《法院处分条例》所规定的违反办案纪律的行为都属于违法审判行为的范畴。

区分了违法审判行为和腐败行为后，再来划分监察机关、法院对法官的惩戒权限就比较容易了。只要属于《违法审判责任追究办法》和《法院处分条例》中规定的违法审判行为和违反办案纪律的行为，都由法院对法官行使监督权。按照现行《法院监察条例》的规定和法官惩戒制度改革的方案，具体惩戒程序是：由法院监察部门行使对法官违法审判行为的调查权，法官惩戒委员会行使对法官违法审判行为的审理和认定权，法院院长行使对本院法官和下级法院领导的惩戒处分批准权。对于违法审判行为以外的腐败行为，由监察机关对法官行使监督权，具体惩戒程序是：监察机关在法院的派驻纪检监察组行使对法官除违法审判行为外的腐败行为的调查权和处分权。

（二）继续深化法官惩戒委员会改革

法官惩戒委员会的现有改革的确可以在监督和独立之间起到一定的平衡作用，但是相关改革仍存在诸多问题。

第一，法官惩戒委员会的建立缺乏必要的法律依据。法官惩戒委员会是根据中央《意见》和“两高”《意见》建立的，且各地建立法官惩戒委员会的方法各不相同。党的十八届四中全会明确提出“实现立法和改革决策相衔接，做到重大改革于法有据”，法官惩戒委员会是司法改革中产生的新事物，是法官监督制度的重要构成部分，其建立理应有法律上的依据。新修订的《人民法院组织法》第47条第3款规定：“法官的职责、管理和保障，依照《中华人民共和国法官法》的规定。”然而，《法官法》尚未修改，全国人大常委会也没有作出关于建立法官惩戒委员会的相关决定。因此，法官惩戒委员会尚未获得法律上的地位。

第二，法官惩戒委员会的组织性质不清。关于惩戒委员会的性质，《广东省法官、检察官惩戒委员会章程》第3条规定：“惩戒委员会是法官、检察官司法责任的专业评定确认机构，依照本章程规定独立行使职权，不受其他机关、团体和个人的干预。”①湖南省委、省委政法委的负责人强调，“惩戒委员会是独立于司法机关和其他国家机关以外的机

① 载阳光检务网，http://www.gd.jcy.gov.cn/jcgg/201805/t20180518_2215360.shtml，最后访问日期：2021年5月6日。

构,是中立的第三方监督力量"。① 然而,从成立过程来看,这个机构更像是一个附属地方党委的组织,因为各省、自治区和直辖市法官、检察官惩戒委员主要是由各地党委或政法委负责筹建成立的。如2014年12月上海市成立全国首个省级法官、检察官遴选(惩戒)委员会,在成立会议上,由中共上海市委书记向15位委员颁发聘书。② 河北省法官、检察官惩戒委员会成立时也是由中共河北省委的政法委书记向当选人员颁发聘书。③ 湖南省法官监察官惩戒委员会成立时,成立会议是由中共湖南省委政法委常务副书记主持的,省法官检察官惩戒委员会第一次全体会议推选省委政法委一位副书记为惩戒委员会的主任委员。④《广东省法官、检察官惩戒委员会章程(试行)》第10条明确规定:"各单位推荐的委员人选,经省委政法委进行资格审核合格并征求纪检监察部门意见后,向社会公示。公示期满后未发现有影响履职情况的,由省委政法委颁发任命书,并予以公告。"⑤

第三,法官惩戒委员会被定位为第三方司法责任认定机构,然而其认定结论的权威性来源不明。对法官的行为是否违法违纪、是否应当追究责任等事项进行判断的第三方机构,其权威性从何而来?来源有两个:一个是法律的明确授权,从目前来看并没有;另一个可以是全国性职业自治组织的认可,对于法官来说,这样的组织可以是全国性法官自治组织或者是包括法官在内的全国性法律职业者自治组织。然而,从目前来看也是没有这样的自治组织的明确认可的。

第四,法官惩戒委员会自定章程的做法不太合法理。"两高"《意见》在第5条提出,惩戒委员会的工作职责之一是制定和修订惩戒委员会章程。那么,什么样的组织能够自定章程?国家机关及其组成部分是不能的。《立法法》第8条对此已经作了明确规定,关于各级人民代表大会、人民政府、人民法院和人民检察院的产生、组织和职权的事项应当由全国人大及其常委会制定法律。从法律上说,只有社会成员依据法律规定的条件和程序成立的社会组织,如企业、社会团体等,可以依法自定章程,这是一种自治的体现。那么,法官惩戒委员会属于社会组织吗?从成立过程来看,这个由党委或政法委负责筹建的组织显然不是社会成员根据法律成立的社会组织。

---

① 参见《湖南省成立法官检察官惩戒委员会》,载湖南长安网2018年6月20日,http://www.hnzf.gov.cn/Info.aspx?ModelId=1&Id=31048。

② 参见《上海法官检察官遴选(惩戒)委员会成立》,载中国法院网,https://www.chinacourt.org/article/detail/2014/12/id/1506380.shtml。

③ 参见《河北省法官检察官遴选(惩戒)委员会成立》,载搜狐网2016年4月9日,http://www.sohu.com/a/68417473_119825。

④ 参见《湖南省成立法官检察官惩戒委员会》,载湖南长安网2018年6月20日,http://www.hnzf.gov.cn/Info.aspx?ModelId=1&Id=31048。

⑤ 载阳光检务网,http://www.gd.jcy.gov.cn/jcgg/201805/t20180518_2215360.shtml,最后访问日期:2021年5月6日。

第五，法官惩戒委员会显得名实不太相符。根据“两高”《意见》，除制定和修订惩戒委员会章程外，法官惩戒委员会的职权是：根据人民法院调查的情况，依照程序审查认定法官是否违反审判职责，提出构成故意违反职责、存在重大过失、存在一般过失或者没有违反职责的意见；受理法官对审查意见的异议申请作出决定；审议决定法官惩戒工作的其他相关事项。结合《法院监察条例》，法官监督工作的职能分工是这样的：法院监察部门根据本院院长或者上级人民法院监察部门的指示或者要求行使检查权，法院院长行使对法官涉嫌违法违纪事项的立案和组织调查的决定权，监察部门行使对涉嫌违法违纪事项的调查权和惩戒处分的建议权，法官、检察官惩戒委员会行使对涉嫌违法违纪事项的审理和认定权，法院院长行使对法官的惩戒处分和向人大及其常委会提请身份处分的决定权。从整个监督流程中的职权配置来看，惩戒委员会并不是名副其实的惩戒主体，因为是否给予法官惩戒处分的权力仍然归属于法院。

最高人民法院发布的《人民法院第五个五年改革纲要（2019—2023）》已明确要求继续进行健全完善法官惩戒制度的改革，并提出了“设立最高人民法院法官惩戒委员会，推动在省一级全面设立法官惩戒委员会”的改革措施。在进一步的法官惩戒制度改革中，应当解决上述所列各种问题。

要深化法官惩戒委员会的改革，并解决上述问题，需要重新认识法官惩戒委员会的性质。将法官惩戒委员会定位为设在法院组织体系内部较高层级但具有相对独立性的法官监督组织比较合适。关于法官惩戒委员会的性质，目前是将其定位为第三方司法责任评定机构，但这种定位不准确。法官惩戒制度是国家机构体系内对法官进行监督的制度，其性质是权力对权力的监督，因而，法官惩戒委员会尽管相对法院和法官是第三方，但是其在惩戒程序中对惩戒事项进行审理和认定的职能性质应当属于国家权力的范畴，法官惩戒委员会应属于国家机构体系中的一个组织。那么，法官惩戒委员会放在国家机构体系中的什么位置比较合适？我国法官惩戒委员会也是多元成员组成的，目前的工作机构设在省级法院，这样的安排应继续沿用，按《五五纲要》的构想在最高人民法院设立惩戒委员会也是很有必要的。基于对法官惩戒委员会职能性质的权力定性，法官惩戒委员会的定位就清晰了，即法官惩戒委员会应是设在法院组织体系内部较高层级但具有相对独立性的法官监督组织。

基于对法官惩戒委员会所行使职能的定性，未来法官惩戒委员会的产生机制、职权范围及其相关依据都应进行相应改革。

首先，法官惩戒委员会成员由党的机构提名、同级人大常委会聘任应更合适。法官惩戒委员会行使的监督法官的职权具有公权力性质，因而，法官惩戒委员会成员由党的机构直接聘任就似乎不甚合适了。对于多元成员组成的法官惩戒委员会，各国对于成员的任命有不同做法。比如，韩国《法官惩戒法》第 4 条和第 5 条规定，委员由大法院院长任命或委任,预备委员由大法院院长从法官中任命。[①] 美国各州关于成员的任命,有10个州是全部由州最高法院任命的;在其他的大多数州,不同类别的成员由不同的组织任命,公民成员由州长任命,律师成员由州律师协会任命,法官由州最高法院任命。在一些州,组织成员的任命需要经过立法机关的批准。[②]根据我国《宪法》,我国法官任命权属于同级人大常委会,法官惩戒委员会是监督法官的组织,且组成人员来源较多,因而惩戒委员会委员由党的机构提名、同级人大常委会聘任较合适。

其次,应在条件成熟时扩大法官惩戒委员会的职权。关于法官惩戒委员会的职权,随着司法改革的深入,可在条件成熟时赋予法官惩戒委员会惩戒处分的决定权,由法官惩戒委员会采用具有司法程序特点的审理程序,对法官违反审判责任的行为进行审理和判断,并作出具体惩戒处分决定。赋予法官惩戒委员会惩戒处分权的改革可以使惩戒委员会名实相符。在这种多元成员组成的专门组织惩戒制度下,惩戒法官的具体程序是:法院监察部门根据法院院长的指示对法官违法审判的行为行使调查权,由法官惩戒委员会行使对法官违法审判行为的审理权和惩戒处分权。

最后,应由法律明确规定法官惩戒委员会的法律地位、性质、职权和职权行使的程序。《五五纲要》在改革的基本原则方面也特别强调:"坚持依法有序推进。坚持以宪法法律为依据,坚持人民代表大会制度,做到以法治引领改革、用改革完善法治。制订改革方案时,同步研究是否符合法律规定、是否确有必要修改法律,确保改革于法有据。重大改革试点需要得到法律授权的,严格按照法律程序进行。"根据这个精神,法官惩戒委员会的改革也应当于法有据,且依法进行的惩戒委员会改革可以分两步走:第一步是在制定法律的条件尚不成熟时,可以通过全国人大常委会作出决定的方式授权最高人民法院主持法官惩戒委员会的改革,由最高人民法院制定法官惩戒委员会的具体改革方案;第二步是将法官惩戒委员会改革的成果适时补充进适当的法律中。在我国,《法官法》应承担起规范法官惩戒委员会的法律地位、性质、职权和职权行使程序的任务。

关于法官惩戒制度,《法官法》的规定存在缺位。《法官法》1995年制定,在2001年和2017年被修订两次。关于处分法官的权限和程序的规定,《法官法》一直以来都是这样表述的:"处分的权限和程序按照有关规定办理。"这里的"有关规定"显然是位阶在法律之下的,甚至是层级很低的规范性文件。这样的安排很可能不甚妥当。

从各国的实践来看,法官惩戒制度通常由宪法和立法机关制定的法律予以规定,也有由最高法院制定规则的。比如,美国在联邦层面,《合众国法典》第28部第16章"投诉法官和司法风纪"对法官惩戒制度作了详细规定,《合众国法典》是国会制定法律的汇

---

① 参见最高人民法院政治部编:《域外法院组织和法官管理法律译编》(下册),人民法院出版社2017年版,第763、765页。

② See Cynthia Gray, *How Judicial Conduct Commissions Work*, American Judicature Society, Chicago, IL, p.27-37(1999).

编;在州层面,关于法官惩戒制度,有 28 个州是由宪法规定的,16 个州是立法机关制定的法律规定的,7 个州是由州法院制定详细规则的。① 英国的法官惩戒制度规定在《宪制改革法》中。法国法官惩戒制度的法律渊源是《宪法》第 65 条、1994 年 2 月 5 日颁布的 n°94 - 100《组织法》第 14 条和《司法官地位条例》第 7 章"惩戒"。日本、韩国、德国等国家的法院组织法或法官法都对法官惩戒制度作了详细规定。事实上,在法治比较发达的国家,对国家机关公职人员的管理制度,无论是针对法官还是针对行政公务员,多采用具有法律地位的规范性文件进行规范,且相关法律对有关法官、行政公务员的职责、管理和保障方面的制度都规定得特别详尽,这应是保证国家权力规范运行的基本方法。

因此,《法官法》第 35 条应该修改。修改方式可以有两种。一种是在《法官法》中详细规定处分法官的权限和程序,这种修改对《法官法》的改动会比较大。另一种修改方式是在《法官法》第 35 条中明确处分法官权限和程序的法规范性文件。第二种修改方式也有两个选项可供选择:(1)由全国人大常委会自行制定专门的法官惩戒法;(2)全国人大常委会在《法官法》第 35 条授权最高人民法院制定专门的法官惩戒规则,这样可以解决最高人民法院制定司法解释以外的规范性文件的权力来源不明的问题。笔者认为,无论采用哪种方式和方法规范法官惩戒制度,都应当在相关法律中明确规定法官惩戒委员会的性质、组成、职权和职权行使的程序。

处理好监察体制改革和司法体制改革竞合背景下法官惩戒制度的协调统一问题,具有重要现实意义和一定的紧迫性。希望这个问题能引起法学界足够的注意和及时充分的讨论。

---

① See Cynthia Gray, *How Judicial Conduct Commissions Work*, 28 Just. Sys. J. 405(2007).

新中国审判独立的行政权之维探源*

杨小敏**

摘要:新中国成立时期,宪法规范与现实间的互动事实,表现出中国特色社会主义审判独立的行政权之维的宪法构造底色、阶段性演变逻辑和影响因子,为当今宪法变迁背景下,将行政权对审判独立的维度控制在合理限度内,以促进审判公正,维持和谐宪法秩序,提供了发轫时期的历史考据。

面对审判独立的行政权之维的当代课题,回应党的十八大以来提出的努力实现依法独立公正行使审判权的现实需求,我们需要追溯至新中国宪法的起点——1949 年《共同纲领》,从历史的规范与现实间的互动事实中,探寻行政机关对审判独立施加边界的独特内在构造,力求在原旨主义的分析路径上赋予其历史解释,避免当代宪法变迁研究中的历史虚无主义。

一、审判独立宪法条款的缺位:近乎绝对的审判独立边界

(一)审判独立条款在《共同纲领》等宪法性文件中的缺位

早在新民主主义革命时期,革命根据地苏维埃政权在规定诉讼制度时就开始确立审判独立原则。具体而言,在中央分设审判机关和行政机关,中央执行委员会下设立的最高法院与人民委员会(中央政府)是平行机关,最高法院是专门的审判机关,独立行使审判权,不受党政机关和任何人的干涉。① 1931 年,中央执行委员会非常会议通过的《中华苏维埃共和国中央执行委员会训令(第六号)》中提出:"一切反革命案件审讯(除国家政治保卫局的预审外)和审决(从宣告无罪到宣告死刑)之权都属于国家司法机关。"②1941 年,中共中央在其批准的《陕甘宁边区施政纲领》中规定:"……除司法系统及公安机关

* 本文系 2018 年度国家社会科学基金一般项目"宪法视角下新中国审判独立边界的演变史研究"(18BFX033)的阶段性成果。

** 法学博士,中南财经政法大学法学院副教授。

① 参见彭光华等:《中央苏区法制建设》,中央文献出版社 2009 年版,第 153～154 页。

② 西南政法学院函授部编:《中国新民主主义革命时期法制建设资料选编》(第 2 册),1982 年 2 月,第 257 页。

依法执行其职务外,任何机关部队团体不得对任何人加以逮捕审问或处罚……”①《陕甘宁边区高等法院组织条例》规定,边区高等法院受中央最高法院之管辖……边区高等法院独立行使其司法职权。② 1946 年,陕甘宁边区三届一次参议会通过的《陕甘宁边区宪法原则》明确规定:“各级司法机关独立行使职权,除服从法律外,不受任何干涉。”除司法机关、公安机关依法执行职务外,任何机关团体不得有逮捕、审讯的行为。③ 正如韩大元教授所言,这些司法理念为新中国宪法确立审判独立原则积累了实践基础。④

新政权虽然完全否定资本主义国家的司法独立,但是也一直坚持审判独立的理念。例如,谢觉哉曾在 1949 年 1 月新中国成立前夕的司法训练班上的讲话中提到:“所谓司法独立,是说制定出来的法律,大家要遵守,法官依照法律办案。资产阶级学者,有意把法律与行政对立起来,是有意蒙混视听。”“我们的现行司法制度,不是形式上的独立,而是审判只服从法律的独立。”⑤但是,1949 年通过的《共同纲领》仅规定国家政权机关是各级人民代表大会和各级人民政府;《中央人民政府组织法》仅规定,最高人民法院为全国最高审判机关,并负责领导和监督全国各级审判机关的审判工作;1951 年制定的《人民法院暂行组织条例》也只规定了法院的组织和各种工作制度。这些具有宪法性质的文件都没有规定审判独立的司法原则,为政务院和不同层级的行政机关以各种不同方式影响和介入法院的审判工作留下了宪法规范空间,为行政机关对法院形成全方位审判独立边界提供了消极的宪法规范基础,此现象一直持续到 1954 年《宪法》的颁布。

(二)审判独立宪法条款缺位的原因

《共同纲领》只规定新政权建立议行合一的体制,缺乏国家职能明确分工的规定。尽管《中央人民政府组织法》和《法院暂行组织条例》这两部宪法性文件对新政府,尤其是法院的职能作了规定,但是,“在目前情况下,我们尚不宜过分强调各部门间的精细分工”⑥的思想指导下,国家机关职能的划分并不具体和明晰。因此,在一定程度上审判独立原则的确立缺乏最根本的权力规范基础。

新中国成立后百废待兴,人员和经费的不足也在客观上限制了审判独立原则的建立。⑦ 例如,当时人民法院法官的来源主要是各解放区司法机关和其他机关的干部、部队

---

① 许崇德主编:《中国宪法参考资料选编》,中国人民大学出版社 1990 年版,第 244 页。

② 参见韩大梅:《新民主主义宪政研究》,人民出版社 2005 年版,第 175 页。

③ 参见许崇德主编:《中国宪法参考资料选编》,中国人民大学出版社 1990 年版,第 249 页。

④ 参见韩大元:《论 1954 年宪法上的审判独立原则》,载《中国法学》2016 年第 5 期。

⑤ 谢觉哉:《在司法训练班上的讲话》,载王定国等编:《谢觉哉论民主与法制》,法律出版社 1996 年版,第 154～161 页。

⑥ 彭真:《关于政法工作的情况和目前任务》,载彭真:《论新中国的政法工作》,中央文献出版社 1992 年版,第 26 页。

⑦ 董必武曾总结司法机关合署办公的部分原因是为了缓解人员和经费的不足。参见董必武:《论加强人民司法工作》,载董必武:《董必武政治法律文集》,法律出版社 1986 年版,第 271 页。

选调的官兵、少数高等法学院系毕业生以及零星的“旧司法人员”。①

二、行政机关与法院的宪法地位:议行合一制下适当分工且并列平行

在马克思主义理论的指导下,新政权严厉批判资本主义国家的“三权分立”理论,采纳了产生于巴黎公社时期的“议行合一”学说。在构建新中国政权机关的《共同纲领》《中央人民政府组织法》《法院暂行组织条例》等宪法性文件中,“政府”一词反复出现,“行政机关”却未明确规定,再加上“议行合一”的表述,就很容易推导出立法权与行政权合二为一,国家权力没有分工,②以及审判机关隶属于政府(行政机关)的结论。③

追根溯源,马克思确实曾指出,巴黎公社“是一个实干的而不是议会制的机构,它既是行政机关,也是立法机关”。④ 但从实践看,巴黎公社除是行使立法权的公社外,也设有相应的行政部门,且这样的行政部门甚至都有十个之多,⑤行政和立法并没有在体制上合二为一。巴黎公社之后出现的各个社会主义国家宪法,包括我国宪法,也都分别设立了国家的立法机关、行政机关等。正如杜强强教授所强调的,“即使在经典作家笔下实行议行合一的巴黎公社仍有行政部门的设置,而不是由公社代替行政;巴黎公社仍由法官负责审判,并不是由公社代行审判。只要明确这个事实,就可知议行合一实际上并不否定国家权力的适当‘分工’”。⑥

从新中国建立的最初的议行合一体制来看,国家权力机关之下,法院和行政机关不仅进行了适当分工,两个机关在国家机构体系中还处于并列、平行和同等的宪法地位。1949年9月22日,负责中央人民政府组织法起草工作的董必武在中国人民政治协商会议第一届全体会议上所作的报告中曾论述:“政府的组织原则……是民主集中制,它具体表现是人民代表大会制的政府。民主集中制原则的提出,正是针对着旧民主主义三权分立原则。”“我们不要资产阶级骗人的那一套。我们是议行合一的,行使国家权力的机关是各级人民代表大会和它产生的各级人民政府。”“中央人民政府委员会辖政务院、人民

---

① 参见祝铭山:《法官职业化与现代司法观念》,载苏泽林主编:《法官职业化建设指导与研究》第2辑,人民法院出版社2003年版,第1页。

② 杜强强教授曾指出,我国宪法学理论曾长期认为我国采取议行合一原则,但这个理论自20世纪80年代末起逐渐受到质疑,批评议行不宜合一,议行合一导致集权。对有关学术讨论的整理,参见徐秀义编著:《宪法学与政权建设理论综述》,北京理工大学出版社1990年版,第113～114页;杜强强:《议行合一与我国国家权力配置的原则》,载《法学家》2019年第1期。

③ 例如,有学者认为,1951年《人民法院暂行组织条例》继承边区传统所确立的是司法隶属于行政的体制。参见田夫:《中国独立行使审判权制度的历史考察》,载《环球法律评论》2016年第2期。

④ 参见马克思:《法兰西内战》,载《马克思恩格斯选集》(第3卷),人民出版社2012年版,第98页。

⑤ 参见吴家麟:《“议行”不宜“合一”》,载《中国法学》1992年第5期。

⑥ 杜强强:《议行合一与我国国家权力配置的原则》,载《法学家》2019年第1期。

革命军事委员会、最高人民法院和最高人民检察署。”①1949 年 10 月 15 日，谢觉哉在关于政权问题的讲话中曾说：“资本主义国家的组织形式，所谓‘三权分立制’，立法、司法、行政，三权分立，互相牵制，戳穿说是不通的。国家是有阶级性的，哪个阶级当权，哪个阶级就掌握一切。”“‘三权分立’，只是资产阶级要的花样，真正的分立，从来没有过，也不可能有。”“我们明白地不采用三权分立制，是因为本来无所谓分权，也不可能有。”②由此，《共同纲领》第 12 条规定，新中国建立议行合一的宪法体制，各级人民代表大会和各级人民政府共同组成“人民行使国家政权的机关”，人民政府的性质是国家政权的行使机关。③ 但对人民政府的职能分工并没有明确规定，《中央人民政府组织法》第 5 条设立了中央人民政府，下设中央人民政府委员会、政务院、人民革命军事委员会、最高人民法院和最高人民检察署等机关。④ 该第 18 条对政务院下设政治法律委员会、公安部，政治法律委员会指导公安部、司法部、法制委员会的工作。⑤ 可见，“中央人民政府”中的“政府”是指广义的政府；“中央人民政府委员会”相当于 1982 年《宪法》上的全国人民代表大会常务委员会，是最高国家权力机关的常设机关；“政务院”相当于 1982 年《宪法》上的国务院，是最高行政机关；“最高人民法院”是最高审判机关。因此，这一时期的法院与行政机关——政务院是平行并列关系，而不是法院与广义政府之间的隶属关系。⑥ 具体而言，

---

① 董必武：《中华人民共和国中央人民政府组织法的草拟经过及其基本内容》，载董必武：《董必武选集》，人民出版社 1985 年版，第 246、247 页。

② 谢觉哉：《政权组织问题》，载王定国等编：《谢觉哉论民主与法制》，法律出版社 1996 年版，第 353 页。

③ 《共同纲领》第 12 条规定：“中华人民共和国的国家政权属于人民。人民行使国家政权的机关为各级人民代表大会和各级人民政府。各级人民代表大会由人民用普选方法产生之。各级人民代表大会选举各级人民政府。各级人民代表大会闭会期间，各级人民政府为行使各级政权的机关。国家最高政权机关为全国人民代表大会。全国人民代表大会闭会期间，中央人民政府为行使国家政权的最高机关。”

④ 《中央人民政府组织法》第 5 条规定：“中央人民政府委员会组织政务院，以为国家政务的最高执行机关；组织人民革命军事委员会，以为国家军事的最高统辖机关；组织最高人民法院及最高人民检察署，以为国家的最高审判机关及检察机关。”

⑤ 《中央人民政府组织法》第 18 条规定：“政务院设政治法律委员会、财政经济委员会、文化教育委员会、人民监察委员会和下列各部、会、院、署、行，主持各该部门的国家行政事宜：内务部；外交部；情报总署；公安部；财政部；人民银行；贸易部；海关总署；重工业部；燃料工业部；纺织工业部；食品工业部；轻工业部（不属上述四部门之工业）；铁道部；邮电部；交通部；农业部；林垦部；水利部；劳动部；文化部；教育部；科学院；新闻总署；出版总署；卫生部；司法部；法制委员会；民族事务委员会；华侨事务委员会。政治法律委员会指导内务部、公安部、司法部、法制委员会和民族事务委员会的工作。财政经济委员会指导财政部、贸易部、重工业部、燃料工业部、纺织工业部、食品工业部、轻工业部、铁道部、邮电部、交通部、农业部、林垦部、水利部、劳动部、人民银行和海关总署的工作。”“文化教育委员会指导文化部、教育部、卫生部、科学院、新闻总署和出版总署的工作。为进行工作，各负指导责任的委员会得对其所属各部、会、院、署、行和下级机关，颁发决议和命令，并审查其执行。人民监察委员会负责监察政府机关和公务人员是否履行其职责。”

⑥ 有学者认为，随着 1954 年《宪法》和 1954 年《人民法院组织法》颁布改变了 1951 年《法院暂行组织条例》继承边区传统所确立的司法隶属于行政的体制，使法院从政府中分离出来，才使法院独立行使审判权有了可能。参见田夫：《中国独立行使审判权制度的历史考察》，载《环球法律评论》2016 年第 2 期。

《法院暂行组织条例》第10条规定:“各级人民法院(包括最高人民法院分院、分庭)为同级人民政府的组成部分,受同级人民政府委员会的领导和监督。”甚至于,董必武在1952年关于“人民司法代表会议”问题中说道:“司法部门是人民政府的组成部分。”①这就指明法院、检察署和公安机关等司法部门是广义政府的组成部分。又如,在新中国成立前,刘少奇曾在1949年7月访问苏联时论述:“新的中央政府的组织成分尚未决定。除开军事委员会之外,在内阁之下,将成立财政经济委员会、文化教育委员会及政治委员会(管理公安、内务、司法等)……”②这也佐证了“中央政府”是广义的大政府,行使的权力非常广泛,涵盖了国家社会生活的各个方面,而“内阁”才是行政机关,即狭义上的政府。

三、行政机关与法院的不对称宪法关系:全方位助力型审判独立边界

(一)行政机关对法院的全方位帮助关系

尽管行政机关与法院在国家机构体系中是并列、平行和同等的宪法地位,但是,行政机关却可以通过各种直接或间接方式影响和介入法院审判。例如,《法院暂行组织条例》第10条规定:“省人民法院分院、分庭受其所在区专员的指导。”在审判依据方面,依据《法院暂行组织条例》第4条的规定,人民法院还以政务院及其所属部门颁布的决议、命令和政策作为审理依据。③ 在法院管辖案件方面,依据《法院暂行组织条例》第19条、第20条和第28条的规定,法院需要审理人民政府(其中包括政务院)交办的案件。在司法行政方面,依据《法院暂行组织条例》第22条的规定,省级人民法院还要接受上级司法部的领导。在监督法院及其审判人员履行职责方面,依据《共同纲领》第19条之规定,监察机关监督各级法院及其审判人员是否履行其职责,并纠举其中之违法失职的机关和人员。行政机关对法院审判的指导、领导、监督等涉及审判前、审判中和审判后各阶段,形成全方位审判独立的边界。

新政权的行政机关对法院审判的指导、领导或配合都是建立在道德信任基础上的帮助关系,而不是对抗式的干涉关系,国家机关都应该代表人民,统一于人民代表大会。正如谢觉哉在1949年1月司法训练班上的讲话中提到的,“我们的行政机关,绝不应有叫司法机关做违法的事,相反,我们的行政机关,应该帮助司法机关使审判搞得更好”,“我们的现行司法制度,不是形式上的独立,而是审判只服从法律的独立。行政机关对于司

① 董必武:《关于“人民司法代表会议”问题》,载董必武:《董必武政治法律文集》,法律出版社1986年版,第222页。

② 李格:《新中国成立前中央人民政府筹备述略》,载《中共党史研究》1996年第6期。

③ 《法院暂行组织条例》第4条规定:“人民法院审判案件,以中国人民政治协商会议共同纲领及人民政府颁布的法律、法令、决议、命令的规定为依据;无上述规定者,依据中央人民政府的政策。”《中央人民政府组织法》第15条第1项规定:“政务院有权根据中国人民政治协商会议共同纲领、国家的法律、法令和中央人民政府委员会规定的施政方针,颁发决议和命令。”《中央人民政府组织法》第19条规定:“各部、会、院、署、行,在自己的权限内,得颁布决议和命令,并审查其执行。”由此可推断,人民法院以政务院及其所属部门颁发的决议、命令和政策的规定为审判依据。

法，只有帮助而没有干涉，帮助他判案，而不是干涉他判案"，"把行政与司法机械地对立起来看待，是不对的"，"我们的政权是统一的，统一于最高国家权力机关——人民代表大会。它是真正由人民选举的，它是实实在在代表人民的"。①

（二）法院对行政机关不构成监督关系

与之相对应的是，法院对行政机关的监督却只能依据《共同纲领》第 19 条的规定，即人民和人民团体有权向法院控告任何行政机关及其公务人员的违法失职行为。② 实际上，在行政机关全方位助力法院审判的情况下，人民法院难以有效行使《共同纲领》第 19 条规定的职权，很难对同属人民政府之下的行政机关进行有效监督。如果将《共同纲领》第 19 条解释为法院监督行政机关，则会有违反议行合一原则的嫌疑。

其实，既然是人民和人民团体提出的控告，将该条款解释为人民监督任何行政机关及其公务人员应该更符合议行合一原则。因为议行合一原则背后蕴含的是人民主权原理：公社代表人民统一行使主权，而主权不容分割，人民则保有对公社的监督权。关于人民主权原则与分权原则、议行合一的关系，许崇德教授曾有精当的语言总结，"三权分立原则中的立法、行政、司法三部门彼此分离独立而又互相牵制平衡，以致在整个国家中找不到主权权威……资本主义国家标榜人民主权，同时也标榜立法机关——议会代表人民，而议会却又不能完全地行使国家主权，这样就使它在人民主权原则和三权分立原则之间产生了无法解决的矛盾。至于'议行合一'原则的实施，就不会产生这样的矛盾：'议行合一'原则下，最高人民代表机关即最高国家权力机关，全面地、全权地代表全国人民行使国家权力，既不和其他国家机关'三权鼎立'，也不受其他国家机关牵制，因而使'议行合一'原则的实际运用能够和人民主权原则相一致"。③ 按照这样的理论认识，人民和人民团体向法院控告行政机关及其公务人员，不是将法院与行政机关彼此分离独立，又相互牵制平衡，而是人民享有对行政机关的监督权，通过人民的监督来实现"中华人民共和国的国家政权属于人民"原则。④

四、专项式的司法实践：全方位助力型审判独立边界的扩大实施

新中国成立后，为了稳固政权，党和国家在 1950～1953 年开展了镇压反革命运动和

---

① 谢觉哉：《在司法训练班上的讲话》，载王定国等编：《谢觉哉论民主与法制》，法律出版社 1996 年版，第 154～161 页。

② 《共同纲领》第 19 条规定："在县市以上的各级人民政府内，设人民监察机关，以监督各级国家机关和各种公务人员是否履行其职责，并纠举其中之违法失职的机关和人员。人民和人民团体有权向人民监察机关或人民司法机关控告任何国家机关和任何公务人员的违法失职行为。"

③ 许崇德主编：《中国宪法》，中国人民大学出版社 2010 年版，第 39 页。

④ 《共同纲领》第 12 条规定："中华人民共和国的国家政权属于人民。人民行使国家政权的机关为各级人民代表大会和各级人民政府。各级人民代表大会由人民用普选方法产生之。各级人民代表大会选举各级人民政府。各级人民代表大会闭会期间，各级人民政府为行使各级政权的机关。国家最高政权机关为全国人民代表大会。全国人民代表大会闭会期间，中央人民政府为行使国家政权的最高机关。"

剿匪运动,目的就是清除国内残存的"反动"势力,维护新生政权的稳定。这一时期,承担镇反任务的主要机关即为公安部。此时的公安部与法院相比拥有更高的政治地位,罗瑞卿曾指出:"公安部既是国家政权的一个部门,又是党锄保卫政策的执行者,是党领导的一个工作机关。公安部就是社会部,公安部门既是政府的,也是党委的。"①此时的公安部属于军委序列,被称为中央军委公安部。而法院在"镇反"时期行使的主要是程序上的职能,即对公安机关逮捕的反革命分子进行审判,而公安部门还可以对审判工作进行干预,"公安部虽然不是审判机关,但是判得轻了,判得慢了,可以提出意见,加以协助、催促"。②罗瑞卿曾在第五次全国公安会议上提出:"一部分罪恶较大需要判刑而又民愤不是很大者,可交当地公安机关就地处理依法判刑,并将处理结果在其有民愤的地区公布,向人民交代清楚。"③法院对公安机关的有效制约明显不足。

此外,在"镇反"运动中死刑的执行还需要经过政府的批准方可执行。1950 年 3 月 18 日颁布的《中共中央关于镇压反革命活动的指示》规定:"死刑及长期徒刑应经法院审讯和判决,在判决后,应经省政府主席或省政府委托之专员或其他负责人批准后,方得执行。"④1952 年 10 月 3 日政务院通过的《惩治毒贩条例(草案)》第 14 条规定:"判处死刑、死刑缓期执行之批准权,属省(市)级人民政府。判处五年以上徒刑,无期徒刑之批准权,属专署级或相当于专署之市级人民政府。判处五年以下徒刑或管制之批准权,属县级人民政府。"⑤

在"镇反"运动中出现了公检法联合办公的情况。例如,为了有效清理积案,巩固"镇反"的胜利,1951 年 5 月 10 日罗瑞卿在第三次全国公安会议上提出:"在党委坚强领导下,其中公安、司法、检查以及军队保卫干部,以他们为骨干并从各方面调集大批得力干部参加,统一计划,统一行动,进行清理。"⑥与此同时,彭真也在 1951 年 5 月 11 日的政务院第八十四次会议上提出:"在目前情况下,我们尚不宜过分强调各部门间的精细分

---

① 罗瑞卿:《必须坚决、准确地执行中央镇压反革命活动的指示》,载公安部《罗瑞卿论人民公安工作》编辑组编:《罗瑞卿论人民公安工作》,群众出版社 1994 年版,第 34 页。

② 罗瑞卿:《在第二次全国公安会议上的报告》,载公安部《罗瑞卿论人民公安工作》编辑组编:《罗瑞卿论人民公安工作》,群众出版社 1994 年版,第 28 页。

③ 罗瑞卿:《做好今冬明春的镇反工作》,载公安部《罗瑞卿论人民公安工作》编辑组编:《罗瑞卿论人民公安工作》,群众出版社 1994 年版,第 147 页。

④ 《1950 年 3 月 18 日中共中央关于镇压反革命活动的指示》,载中共中央文献研究室编:《建国以来重要文献选编》第 1 册,中央文献出版社 1992 年版,第 142 页。

⑤ 罗瑞卿:《中华人民共和国惩治毒贩条例(草案)》,载公安部《罗瑞卿论人民公安工作》编辑组编:《罗瑞卿论人民公安工作》,群众出版社 1994 年版,第 158 页。

⑥ 罗瑞卿:《保证镇反运动健康发展》,载公安部《罗瑞卿论人民公安工作》编辑组编:《罗瑞卿论人民公安工作》,群众出版社 1994 年版,第 78 页。

工,应该提倡各个部门相互间和各个部门内部都围绕着中心工作而通力合作。"①在"镇反"运动中,公安机关与法院曾联合发文。例如,"依照政务院、最高人民法院发布的《关于镇压反革命活动的指示》,更有计划、有秩序地镇压反革命活动"。②

而且,原本指导公安部和司法部的政治法律委员会也负责指导与联系法院的工作。例如,彭真在1951年5月11日所作的《关于政法工作的情况与目前任务》中总结道,"为了适应目前的需要,保证各项工作任务的完成,应在省级以上人民政府逐步建立政治法律委员会(专署、县人民政府有必要又有条件时可在适当首长主持下设立政法联合办公室),负责指导与联系民政、公安、司法、检署、法院、监委等机关的工作,并处理相互间的组织与工作关系。政法部门的干部应有必要的补充"。③

在"三反""五反"运动中,一些市级人民政府还有权力设立人民法庭。例如,1952年3月24日政务院通过的《关于"五反"运动中成立人民法庭的规定》中规定:"凡'五反'运动中工商户违法案件较多之市,得在市人民政府领导下设立市人民法庭进行审判,并得以一个区或几个区为单位设立分庭。""市人民法庭及其分庭的审判长、副审判长、审判员,均由市人民政府任命之。"④

五、集中型的司法改革:审判独立的行政权之维的转型预备

《共同纲领》第17条规定:"废除国民党反动政府一切压迫人民的法律、法令和司法制度,制定保护人民的法律、法令,建立人民司法制度。"这为集中以废除"六法全书"为目标的司法改革提供了正当性的规范基础,也为1954年《宪法》确立新中国审判独立原则奠定了基础。换言之,《共同纲领》中司法制度的规定为新中国司法原则的转型在做准备,审判独立宪法条款只是暂时缺位,这符合正处于过渡阶段的新政权的实际情况,而不是否定审判独立原则。从1952年6月到1953年2月开展的新中国首次司法改革更是为行政机关与政府之间建立了新型的宪法关系,以及为审判独立的行政权之维的转型作了必要的政治清理和法律储备。

依照马列主义的定义,国家是一个阶级统治另一个阶级的工具。"政权是一部分人代表着特定的阶级,运用国家的权力,发号施令,叫人民做什么事情,或禁止人民不得做什么事情。""政权既是关系千百万人的生命和他们的生活方向,所以一切革命的政党,最重要的问题,是夺取政权。""共产党人要革命就得组织政党,叫革命的政党。其目的就是

---

① 彭真:《关于政法工作的情况和目前任务》,载彭真:《论新中国的政法工作》,中央文献出版社1992年版,第26页。

② 罗瑞卿:《一年来人民公安工作的成就和今后任务》,载公安部《罗瑞卿论人民公安工作》编辑组编:《罗瑞卿论人民公安工作》,群众出版社1994年版,第40页。

③ 彭真:《关于政法工作的情况和目前任务》,载彭真:《论新中国的政法工作》,中央文献出版社1992年版,第28页。

④ 《关于"五反"运动中成立人民法庭的规定》,载中共中央文献研究室:《建国以来重要文献选编》第3册,中央文献出版社1992年版,第125~126页。

要改造旧世界,建设成没有人剥削人、没有人压迫人的新世界。革命就是把妨碍经济、政治发展的旧的制度推翻,建立新的、人不压迫人、人不剥削人的政治经济制度。历史证明,要达到这个目的,自然也是非夺取政权不可。因此,共产党人和革命人民在没有得到政权以前,是要夺取政权,在得到了政权以后,是如何巩固政权,运用政权逐渐达到我们所想要达到的目的。因此,共产党人和革命人民得到这个政权之后,一定要维护这个政权,巩固这个政权,发展和建设这个政权,这是达到其目的的第一个门槛、第一个步骤。""建立新的政权,自然要创建法律、法令、规章、制度。我们把旧的打碎了,一定要建立新的。否则就是无政府主义。如果没有法律、法令、规章、制度,那新的秩序怎样维持呢?因此新的建立后,就要求按照新的法律规章制度办事。这样新的法令、规章、制度,就要大家根据无产阶级和广大劳动人民的意志和利益来拟定。"①由此形成的理念是,确立人民的法院、人民的司法和人民的法律是巩固人民民主专政的武器。

依据《共同纲领》规定的"取消国民党反动政权机关"的目标,②此次司法改革的主要目标是解决"新中国成立初期各项变革运动,特别是'三反'、'五反'运动中司法机关暴露出来的严重的政治不纯、组织不纯、思想不纯的问题"。③"在司法改革以前,从两千个法院的情况来看,过去政治上、组织上和思想上这三方面的不纯(这里面包括反革命分子和一些蜕化了的老干部),占了司法人员的百分之二十四多,差不多有四分之一;如果拿政治上的不纯来看,只江西的一个地区(几个县)的一千三百八十二个旧司法人员中就有二百九十个是反革命,就是这样严重的政治不纯!""司法改革中,把政治上的不纯和组织上的不纯都基本解决了。""至于思想不纯,旧法观点虽然还没有完全、彻底地肃清,但经历了许多运动之后,至少是浮在表面上的东西都批判了。""这次司法改革是自上而下地从中央司法机关到各地方司法机关对政务院的指示进行了一次比较深刻的学习,划清了敌我界限和新旧法律观点的界限。"④这场司法改革集中清除了一些旧司法人员,肃清了旧法思想,特别是批判了"法律面前人人平等""司法独立"等旧法观点。1952 年 10 月 17 日《人民日报》曾发表叶澜的文章,其中谈到"必须彻底改革司法工作,清算反人民的旧法观点",批判"司法独立"原则,指出"具有旧法观点的人,非常热衷于脱离政治的所谓'司法独立',似乎他们是可以脱离政治斗争而独立存在的。因此他们不要政治领导,向政治'闹独立性',他们不理解政治和法律是一回事,不理解政治决定法律和法律为政

① 董必武:《论新民主主义政权问题》,载董必武:《董必武选集》,人民出版社 1985 年版,第 212～218 页。

② 《共同纲领》第 17 条规定:"废除国民党反动政府一切压迫人民的法律、法令和司法制度,制定保护人民的法律、法令,建立人民司法制度。"

③ 李龙主编:《新中国法制建设的回顾与反思》,中国社会科学出版社 2004 年版,第 112 页。

④ 董必武:《论加强人民司法工作》,载董必武:《董必武政治法律文集》,法律出版社 1986 年版,第 275～276 页。

治服务的道理”。[1] 批判“司法独立”被认为是司法改革取得的重要成果之一，“使大家认识到那些‘法律面前人人平等’、‘司法独立’等所谓‘超阶级、超政治’观点的错误”。[2] 这为社会主义审判独立宪法原则的建立扫除了政治障碍。

新政权的建立需要用新法律秩序替代旧法律秩序，对旧法时代的司法工作者的思想进行政治上的清理具有历史正当性，客观上确实为1954年《宪法》上审判独立原则的确立奠定了政治基础和现实基础。但是，以废除“六法全书”径直割裂的方式对待不同历史时期法律存在的历史事实，大量清除旧司法人员，忽略新补充的司法人员缺乏法律基础与专业能力的客观事实，都对司法制度的正常运行产生了负面影响。例如，错捕错押、刑讯逼供和错判错杀，[3]案件大量积压。[4] 值得注意的是，按照马克思主义哲学原理，在那个特殊的历史节点上，国家政权不稳定，国内一些残存的国内外“反动”势力仍然破坏着新生政权的建设。因此，彻底肃清国内外“反动”分子以稳固新政权才是决定中华人民共和国成功建立的主要方面，法律的客观规律和精神只能是处于被支配地位的次要方面。

六、结语

《共同纲领》时期是新旧政权更迭的过渡期，国家政权革命性建构导致社会主义审判独立的建立缺乏明晰的权力规范基础、政治基础和现实基础，在宪法规范上表现为空缺，形成了近乎绝对的审判独立边界。新中国百废待兴，新中国司法人员和经费严重不足，在这种政治经济条件下，在马列主义阶级论的指导下，行政机关对于法院审判的影响和介入按照执政逻辑展开，构成了全方位边界，即行政机关颁布的决议、命令和政策作为法院审判依据的直接边界，以及其他指导、配合和监察法院审判的间接边界。这些宪法规范在类型上大多属于规范强度较低的确认性规范、授权性规范和义务性规范，鲜有“禁止”或“不得”的高强度的禁止性规范。这些宪法规范总体上表现出政治性高于法律性的状态，法院的审判以及行政机关对法院审判的帮助都被作为一种专政的工具以发挥其政治功能，至于宪法规范设置的主体、实体和程序内容、效力等级等方面表现出了临时性、粗糙化，甚至是空白。这造成规范与实践的空隙，现实中出现了公安机关直接代替法院审判的非常现象。即便如此，董必武还是肯定了“恶法胜于无法”，意指即使当时初创

---

① 参见叶澜：《必须彻底改革司法工作 清算反人民的旧法观念》，载《人民日报》1952年10月17日，第3版。

② 参见《中央各司法机关人员在司法改革学习运动中对旧法观点进行严肃批判收到良好效果》，载《人民日报》1953年2月17日，第2版。

③ 参见董必武：《论加强人民司法工作》，载董必武：《董必武政治法律文集》，法律出版社1986年版，第273页。

④ 据统计，1953年全国积案达35万件。参见董必武：《论加强人民司法工作》，载董必武：《董必武政治法律文集》，法律出版社1986年版，第282页。

的法一时还不完备、不可能尽善尽美,也总比无法要好。[①] 另外,我们也可以发现,尽管专项式的司法实践扩大实施了行政机关对法院审判的全方位边界,但是,集中型的司法改革为法院向人民审判机关转型、行政机关与法院不对称关系的调整,以及社会主义审判独立原则在1954年《宪法》中的确立,都在积极地创造条件,从而为新中国从新民主主义国家顺利过渡到社会主义国家,从执政逻辑转变为治理逻辑,从政治逻辑延伸到法治逻辑提供了现实可能性。这透视出这样一个客观事实,即审判独立的边界会随着宪法的外部结构而适时调整。在国内外环境相对紧张的非常规时期,宪法偏重按照执政逻辑和政治逻辑予以展开,对行政机关施加于审判独立的边界会产生严格效应;在国内外环境相对和缓的常规时期,宪法又向治理逻辑和法治逻辑延伸,对行政机关施加于审判独立的边界就产生宽容效应。这个考察结果为我们理解新中国成立70余年以来行政机关对审判独立边界的阶段性变化,以及进一步预判其未来发展趋向提供了历史基础。

《共同纲领》时期,行政机关对审判独立的边界是中国特色权力监督和制约的一个缩影。中国共产党领导的新政权充分认识到西方分权体制下权力制衡产生的负面作用,即对抗关系导致权力之间相互纠缠、相互消磨的消极面向,甚至异化为资产阶级的一种"权力游戏"。为了避免这种缺陷,我们选择了议行合一体制,行政机关对法院审判不同方式的影响和干预,立基于对行政机关完全信任的道德基础上,行政机关被认为是"必要的善",是"绝不会让法院做违法的事,而是帮助法院审判得更好",正如彭真在1951年5月11日《关于政法工作的情况和目前任务》中所言,"在目前情况下,我们尚不宜过分强调各部门间的精细分工,应该提倡各个部门相互和各个部门内部都围绕着中心工作而通力合作"。[②] 因此,新中国的行政与审判不同于以美国为例的资本主义国家的对抗关系、制衡关系,而是帮助、合作关系,最终统一于人民。在这种宪法体制和理念下,拒绝行政与审判之间相互制衡,而形成一种所谓和谐的助力关系,创造了中国特色审判独立边界的宪法构造的底色。这种权力构造成为中国宪法变迁背景下社会主义审判独立边界理论发展和转型无法忽略的理论预设。然而,行政机关与法院的和谐宪法关系只是议行合一理论创设的行政与审判的应然状态、理想图景。司法实践和司法改革,以及定期的司法工作总结将这种应然状态转化为对实然状态的关注,以总结和回应中国司法实践中提出的迫切要求。正如彭真对政法工作总结中所言,"我们的一切工作既不能从反动的《六法全书》之类的观点出发,也不能教条主义地从一些抽象理论出发,必须从我们当前的实际情况出发,因此必须有重点地并系统周密地进行调查研究和及时地总结工作经验。过去的经验充分说明,一经注意调查研究,搜集了典型经验加以整理,'任务不明'和'工作不

① 董必武强调,"我说'恶法',是指我们初创,一时还不完备的法。但有位先生,把我的意见解释错了"。董必武:《论新民主主义政权问题》,载董必武:《董必武选集》,人民出版社1985年版,第218页。

② 彭真:《关于政法工作的情况和目前任务》,载彭真:《论新中国的政法工作》,中央文献出版社1992年版,第26页。

知从何着手'的现象就立即开始克服,各部门的工作就能很快地建立起来,步入正轨,干部也就由此获得锻炼,因而工作情绪迅速提高"。[①] 这反映了行政机关对审判独立的助力型边界还需向实然状态转化,从经验主义出发,通过实践角度来检验该理论和制度在中国背景下的运作效果,用实践逻辑分析行政机关对审判独立的影响和介入的过程中的各种因素,根据观察到的行为来分析理论和制度中存在的问题,由此,审判独立边界的理论和制度需要在长期的司法实践和改革中逐渐形成和发展。毕竟,建立中国特色的社会主义审判独立边界理论是崭新的,我们并无直接可移植或拿来的适合中国宪法文化的社会主义审判独立边界的理论和制度。

尽管新中国的行政机关相较法院的宪法地位明显强势,但这种全方位审判独立边界还是具有历史的正当性和现实的合理性。虽然在行政机关的助力作用下,法院审判的专业性和公正性仍显不足,但是在推翻腐朽的旧制度、建立体现人民利益的新宪法秩序上,还是具有现实的必要性和积极意义。换言之,就营造宪法秩序整体和谐来看,这种全方位助力型的审判独立的行政权之维在适度的范围之内。新中国形成的行政机关与法院的不对称宪法关系,始终是构造中国特色社会主义审判独立行政权之维的宪法基因,如何将行政权维度控制在合理限度内以促进审判公正、维持和谐宪法秩序,是中国宪法学需要研究的重要课题。

① 彭真:《关于政法工作的情况和目前任务》,载彭真:《论新中国的政法工作》,中央文献出版社 1992 年版,第 26 页。

基因编辑婴儿技术的宪法追问

姚岳绒*

摘要:从历史上看,科技与宪法整体上呈现良性互动关系,但当人类创造科技进步时获得的外在客体反客为主,以致束缚、压制乃至支配人类,则强烈地冲击着宪法价值与规范。基因编辑婴儿技术看上去是在解救两个可能会患艾滋病的女婴,实质上是让人物化为实验室里的一件试验品。人的物化是基因编辑婴儿对宪法中人的尊严这一最基本价值的挑战,即人的主体性沦陷;同时,人的平等性也将可能不复存在。面对科技发展,人类必须保持足够的理性与谨慎,许多干预人类自然进程的科技后果既是危险的也是无可挽回的,事后式的法律责任追究机制必将失灵,用宪法控制基因编辑婴儿技术是国家积极义务。给基因科技划线,是立法者所保留的"特权",区分治疗性基因编辑与生殖性基因编辑。通过人类胚胎的基因编辑来产生人类的方法,无论基于何种原因,都应该被禁止,不存在技术的成熟或不成熟这一条件的适用问题。当代宪法的根本任务或许无法去实践一种最高的善,但必须去阻止一种最大的恶。

一、问题的由来

如果生命可以像电脑上的Word文档那样被编辑、被修改,那世界将变得如何?假如这样的生命修改成为日常,有人会对这样的景象充满期待与兴奋,有人则会惶恐不安。自从基因编辑技术被用来修改人类胚胎的基因组起,虽然那时尚未有研究人员计划将这些胚胎植入女性子宫,但已引起一些科学家的反对,他们呼吁禁止此类研究,这"太危险,在伦理上不可接受"。① 2018年11月26日,世界首例免疫艾滋病的基因编辑婴儿在中国诞生。②

---

* 法学博士,华东政法大学副教授。

① 参见[英]约翰·帕林顿:《重新设计生命:基因组编辑技术如何改变世界》,李雪莹译,中信出版集团2018年版,"序言"。

② 《世界首例免疫艾滋病的基因编辑婴儿在中国诞生》,最初报道于人民网深圳频道,但目前已无法搜到报道内容,但是报道已被其他网络转载,所以报道内容依然可见,如载腾讯科技频道,http://tech.qq.com/a/20181126/008118.htm,,最后访问日期:2019年1月5日。

随后，一份122位科学家的联合谴责声明，①将此事件从科技层面演化为社会事件，并引起了激烈讨论。当天，国家卫健委就此事回应并表示将依法依规处理。② 次日，科技部副部长表示该基因编辑婴儿如果确认已出生，属于被明令禁止的，将按照中国有关法律和条例进行处理。③ 早在2015年3月22日，《自然》杂志出现了一篇爱德华·兰菲尔的评论文章，呼吁科学家不要用CRISPR/CAS9修改人类胚胎，即便是出于研究的目的。④ 事后证明，这份呼吁是基于当时的一篇投稿，而这篇稿子被《自然》和《科学》杂志审稿人因为“伦理问题”被拒稿后发表于《蛋白质与细胞》，⑤而文章的作者是我国中山大学的黄某就研究团队。⑥ 由此可见，试图用基因编辑技术来修改人类胚胎的研究2015年时已开始。这预示“定制”婴儿已成为可能，没想到的是技术来得如此之快，⑦2019年的最后一天，深圳市南山区人民法院一审公开宣判贺某奎等3名被告人构成非法行医，被依法追究刑事责任。但是这样的事后式法律制裁是否在真正意义上解决了基因编辑婴儿事件的法律问题？

福山宣称的历史终结于自由民主制的结论并不靠谱，因其面临诸多挑战，而这些挑战中，福山意识到最严峻的挑战来自现代科学，特别是生物技术革命。因此，他无法反驳“除非科学终结，否则历史不会终结”这一对他历史终结观点的批判观点，后其出版《我们的后人类未来》作为对科学的反思。我们是否会进入福山所言的“后人类”？以及他所警告的“生物技术会让人类失去人性……”。⑧ 当前，人类进入科技井喷的新时期，信

---

① 参见《针对“基因编辑婴儿”国内122位科学家联合声明强烈谴责》，载北青网，http://news.ynet.com/2018/11/26/1544755t70.html。

② 参见《关于“基因编辑婴儿”有关报道的回应》，载国家卫生健康委员会官网，http://www.nhc.gov.cn/zhuz/xwfb/201811/314206cbb65d48e38ef30030b0eccbef.shtml。

③ 参见王姝等：《科技部：“基因编辑婴儿”被明令禁止》，载新华网，http://www.xinhuanet.com/tech/2018-11/28/c_1123776229.htm，2018年11月30日最后访问。

④ 参见[英]约翰·帕林顿：《重新设计生命：基因组编辑技术如何改变世界》，李雪莹译，中信出版集团2018年版，第108页。

⑤ 《蛋白质与细胞》是中国高等教育出版社主办的一本英文学术期刊，创刊于2010年。

⑥ Liang, P., Xu, Y., Zhang, X., Ding, C., Huang, R., Zhang, Z., Lv, J., Xie, X., Chen, Y., Li, Y., Sun, Y., Bai, Y., Songyang, Z., Ma, W., Zhou, C*., Huang, J*. (2015). CRISPR/Cas9-mediated gene editing in human tripronuclear zygotes. *Protein &cell* 6, 363-372. 这篇稿子列入黄军就教授的研究成果，参见黄军就教授的介绍，载中山大学生命科学院的官网，http://lifesciences.sysu.edu.cn/teachers/professor/228，最后访问日期：2019年1月6日。根据中山大学官网宣传，这篇稿子获得了国际上的高度认可。但在英国学者约翰·帕林顿看来，显然这篇稿子并未获得《自然》与《科学》杂志的认可。参见[英]约翰·帕林顿：《重新设计生命：基因组编辑技术如何改变世界》，李雪莹译，中信出版集团2018年版，第108~109页。

⑦ 作为发表全世界第一篇关于基因编辑生殖胚胎的黄军就在发表论文后接受采访时指出，因为技术上不够安全，所以停止了研究，并且在发表论文时预测全球看到基因编辑活产婴儿可能还要50~100年，载生物通网，http://www.ebiotrade.com/newsf/2015-12/20151218113752709.htm。

⑧ [美]弗朗西斯·福山：《我们的后人类未来：生物技术革命的后果》，黄立志译，广西师范大学出版社2017年版（英文版2002年出版）。

息技术、网络技术、人工智能、基因工程为核心的新技术正以惊人的速度和方式改变乃至控制我们的生活方式。科技让人类生活更美好的同时,也可能彻底毁灭人类。基因编辑婴儿技术触及整个法律体系的反思,其中,从宪法视角来考察此技术的控制尤为必要。宪法价值所珍视的人的生命和尊严在基因编辑婴儿技术面前迎来前所未有的挑战和威胁,改变了宪法上"人"这一概念的生物学基础,并从根本上冲击了人的尊严的宪法保护机制,宪法所珍视的平等价值也可能将不复存在。

在这样的现代科技面前,人的价值不但没有提升,反而被边缘化、被贬低,甚至被"奴役"。"科技预示了一种潜在毁灭人类的可能性,而人类的毁灭或终结,并不一定意味着人类在物理生存上的消失,更重要的,是对已植根于人类文化传统中人之本质的否定。"①亚里士多德在《政治学》中一开头就断言人本质上是政治的动物,介于野兽与上帝之间。② 人不可能是上帝,所以不可能有无限的利他性;人也不是野兽,所以人出于天性需要组织起来,并形成维持这个社群所需的道德品质。"法学的使命也不是赞赏科技发展带来辉煌的成就,而是要审视科技可能带来非理性的后果,以及如何通过法治降低科技发展可能带来的风险与非理性,如何通过宪法控制科技对人类文明、尊严与未来的威胁。在当代这样一个价值多元化、科技发展具有不确定性的世界面前,我们要更加珍惜人类文明的价值,更加重视宪法功能和宪法价值,更加强化宪法的价值共识——人类共同体的价值和人的尊严的价值,让宪法真正成为这个时代最具有价值共识的最高法、高级法。"③

二、科技与宪法:一部良性互动的历史

近代科技的发展,催生了宪法产生的社会基础与社会条件。宪法产生的经济条件与思想条件与近代科技的发展密不可分。宪法是社会需求的一种最高的概括与规范,是以社会为基础的。而社会变革主要受科技发展的影响,以科技进步为其变革的背景,宪法适应社会变革的要求实际上意味着宪法积极吸收现代科技发展的成果。④从宪法发展的历史来看,科技是宪法产生的"催化剂",也是宪法发展的推动力。18 世纪 60 年代在英国发生的工业革命是第一次工业革命,以技术为主导,以蒸汽机为标志,改变了生产方式,促进了生产力发展。工场变成工厂,新兴资产阶级产生,封建阶级瓦解,资本主义生产方式确立,近代宪法率先在英国诞生,美国与法国紧随其后。第二次工业革命开始,科学与技术的结合为我们带来了汽车、飞机的雏形,还有爱迪生的灯泡,给人们带来了光芒。当第二次工业革命临近尾声时,帝国主义降临,之后的第一次世界大战就不可避免地爆发了,同时还有俄国十月革命的胜利。宪法功能从保障自由的同时开始增加一系列

---

① 颜厥安:《法与实践理性》,中国政法大学出版社 2003 年版,第 314 页。

② 参见[古希腊]亚里士多德:《政治学》,吴寿彭译,商务印书馆 1997 年版,第 9 页。

③ 韩大元:《当代科技发展的宪法界限》,载《法治现代化研究》2018 年第 5 期。

④ 参见韩大元、王贵松:《谈现代科技的发展与宪法(学)的关系》,载《法学论坛》2004 年第 1 期。

社会保障权,1919 年魏玛宪法标志近代宪法向现代宪法转变。而俄国十月革命的胜利带来了社会主义宪法。

科技的发展会引发宪法调整对象和范围的变化。如宪法保护公民的住宅不受侵犯,传统意义指的是保护住宅这个物理空间的内在安全与隐私,但随着超敏感与隐蔽的监听装置的产生,根本不用进入住宅空间,同样也能侵害住宅空间内的安全与隐私。在此种意义上,如何解读宪法上的住宅权就必然需要与时俱进,才能充分保障公民的宪法权利和自由。如因为网络的便捷性,民意的传播速度很快,民意的反映内容也更繁杂,宪法机构的运作与民意间互动的及时性与有效性显然增加,这改变了传统意义上民主过程中听取民意的方式。事实上,每次重大科学技术的发明都在不同程度上影响宪法理论的发展进程,推动宪法学从不成熟走向成熟。在宪法层面,科技进步对人类的服务主要表现在使人们获得更多的自由和权利,并最终实现人的全面发展。

宪法为技术创新与发展提供了充分的自由保障。科技创新所依赖的科研与创作自由,交流与表达的自由是宪法所确立的基本权利和自由。自 1919 年《魏玛宪法》规定了学术自由起,科学研究的自由已成为各国宪法内容的标配。通过宪法保障科学研究自由,这意味着人们进行科技研究“不用再担心遭受宗教裁判所的审判,不用再担心像布鲁诺那样钉在火刑柱之上”。① 自由作为宪法的基本价值,对科技发展发挥强有力的保障和引导作用。我国宪法中明确规定了国家发展科学事业,奖励科学成果,也明确了公民有进行科学研究的自由。

宪法对公民私有财产权的保障是宪法为科技创新提供的又一强有力支撑。基于宪法价值中保护私人财产权而设立的专利制度及国家的全部知识产权保护体系,这使从事科技创新的公民和企业从科技创新中获得稳定、丰厚的物质回报,从而也为他们可持续地进一步进行科技创新提供了源源不断的财力支持。

三、科技异化:科技对宪法的诸多挑战

人们运用现代技术认识和改造自然,提高物质生活水平,但技术也产生了无法回避的问题,其滥用及无节制地开发已经把人类置于一定程度的危险之中,譬如,现代战争威胁、生态环境恶化、自然资源匮乏等。当人类这一主体在创造出各类科技进步、获得各种外在客体,这些客体不仅同主体相脱离,而且反客为主,反过来束缚、压制乃至支配主体,这就是科技的异化。“在进步和解放遇到自身造成的悖论之前,每一种进步或解放都是主体性的凯旋,如轮船、火车、汽车、飞机、青霉素、X 光、疫苗、法治、民主,如此等,但是当进步和解放最终遇到自身悖论,就可能由主体性的凯旋变成主体性的自我否定。”②

---

① 韩大元、王贵松:《谈现代科技的发展与宪法(学)的关系》,载《法学论坛》2004 年第 1 期。

② 赵汀阳:《完美是最好的吗?》,载[美]迈克尔·桑德尔,《反对完美:科技与人性的正义之战》,黄慧慧译,中信出版社 2013 年版,第Ⅺ~Ⅻ页。

任何一项高新技术从诞生、发展到成熟,所能给人们带来的种种祸福,确是不以人的意志为转移的。蒸汽机的出现带来了工业革命,也带来了西方列强瓜分世界的狂潮;第二次世界大战时期,核技术的出现为人类在未来提供了可能无穷的巨大能源,但也带来了足以毁灭整个人类的最可怕的战争方式;20 世纪后半期,信息技术大大推进了全球一体化,但是在信息技术的发展面前,数据王国中掌握数据的主体成为足以影响乃至控制他人的新型权力,甚至可能预测、影响和控制选举的民主结果。① 而科技异化最极致的后果是科技可控制人类未来的命运。②

就当前世界而言,克隆人、人工智能与基因编辑婴儿是最能引发科技异化极致后果的 3 类科技。面对此类科技,宪法所面临的挑战十分严峻,宪法如何回应此类科技是迫在眉睫的任务,因为,此类"黑科技"所挑战的是宪法的根本,即人的主体性地位和人的尊严的维护。宪法所要保障的是人须成为人,而不是其他。启蒙运动和现代化成果的核心价值是尊重人的自由、主体性与自决权。维护人的尊严,既是宪法共识,也是宪法治理的目标。1932 年赫胥黎在《美丽新世界》一书中预言,在不久的将来,人类将有能力扮演创造并且改变生命的角色。在这样的美丽新世界里,宪法是不需要的,因为上帝不需要也无法用宪法来控制,而宪法存在的价值就在于如何确保人不被异化,特别不被权力异化。现在,笔者则想说,宪法应该如何确保人不被科技异化。

在过去的几十年内,我们经历了由数据化处理,到人工智能,再到基因编辑的科技发展轨迹,不知不觉中,人开始变成科技的"奴隶"。庞大的数据库,分析着人们,让人渐渐变得透明,使人的私密性不再完满。人有尊严,就有私密。私密性的缺损,就意味着尊严的贬损。如今基因编辑技术的出现,人的基因都不再是秘密,可以说人已经完完全全地曝光在科技之下了,尊严又该从何谈起。人的主体独立性是宪法用尽一切去维护的价值。科技的背后是掌握科技的极少一部分人。倘若该技术被大规模应用,人的基因便由这极少的一部分人把控,甚至可以仅由一个人把控。无须暴力,只需在人出生前对基因进行一个小小的修改,便可"塑造"出一个"听话"的、符合"要求"的人。没有高压,没有铁律,外来的意志早已深入骨髓,"住"进了遗传基因里,人的主体独立性在温和的编辑修改中灰飞烟灭。没有独立作谱,自由之歌何以成调。如果人与人之间的关系,特别是当代人和未来人之间的关系被定位为主客体关系,那么,未出生人的脆弱性和依赖性就在于将自己完全暴露在他人的偏好和价值取向中,完全暴露在他人的控制和掌握之下。在这种情形下,人与人之间的尊重不过是一句空话。基因编辑婴儿技术想做的事情就是去

---

① 如在脸书(Facebook)泄密事件中,多达 8000 万名脸书用户的个人信息在未经授权的情况下,被一家名为"剑桥分析公司"的数据分析企业用于设计软件,以预测并影响选民投票。英美媒体报道称,"剑桥分析公司"曾受雇于特朗普的竞选团队和英国全民公投的脱欧阵营。

② 2011 年,英国迷你剧《黑镜》播出,此剧以探讨科技对人类机体和意识的入侵为主题,所引发的思考则是科技至上主义与人类未来命运之间的关系。

控制和掌握未来人,而未来人却根本没办法说不。

科学技术至多只能成为一种工具,是达到人类目的所应用的手段,它本身无法证明目的的正当性,无法证明什么是应当的,什么是不应当的。人类社会活动并不只是对自然规律的服从,人类总是试图追求实现自己的理想和目的,至少到目前为止,在许多问题上道德选择仍是我们无法逃脱或回避的。[①] 如安乐死,在技术上可行的情况下,我们能否将其合法化?如果技术上可以确定某个人会杀人,那是否可以提前用法律对其加以限制自由或剥夺生命?显然,技术不能代表法律的回答,更是过不了人类道德这个坎。技术对人类的威胁不只来自可能有致使作用的技术机械或装置,真正的威胁已在人类的本质处触动了人类。[②] "我们愈是邻近危险,进入救渡的道路便愈明亮地开始闪烁,我们便愈加具有追问之态。因为,追问乃思之虔诚。"[③]

四、人的物化:基因编辑婴儿技术挑战了宪法上人的尊严和平等秩序

宪法的开启是以维护人权为要义,以控制权力为手段。在人类社会发展过程中,并不是所有的人都拥有被当作人对待的权利。譬如,在奴隶社会,奴隶主掌握权力,奴隶是奴隶主的工具,被当作客体来对待。但随着宪法的产生,这一切就变了。宪法产生的时机是工业革命。在此之前,人崇拜神,神为主而人居次。而工业革命以及一系列思想解放运动将人从神的枷锁中解放出来,人的价值被发掘。人,开始被升到社会中最主要、最核心的位置。由此,宪法的时代开启了,宪法以维护人权为要义,保障每一个人在这个社会的主体地位。美国生命伦理学家、美国前总统生命伦理学委员会主席利昂·卡斯(Leon-Kass)说:"界定我们所认为人的所有自然界限,如人与动物的界限,人与超人或神的界限,还有生和死的界限,这些都是21世纪的问题,而且没有比这些问题更为重要的。"[④]这些界限就是人之所以为人的底线,如果上述些界限模糊了,甚至颠倒了,那人无法再保持人之所以为人的完整性、主体性以及多样性。人的完整性是人之为人的"独特标识"。为保持人类的存在与延续,人类有责任去尊重和保护自身的完整性。人的主体性意味着不可以将人当作一个客体或当作一项工具加以使用,即须确保人的尊严得到维护。"生物科技的发达还导致了另一个更深刻的危机:人的危机。此中的关键在于,一般的科技都是在客体的范围内进行运作,这或可称为客体操作。但是生物科技却不限于客体,反而主要是以人为运作对象,而形成了主体操作。更值得注意的是,这种主体操作却终究是一种将主体当作客体的操作。因此根本性地质疑了主体的主体地位。"[⑤]

---

① 苏力:《法律与科技问题的法理学重构》,载《中国社会科学》1999年第5期。

② [德]马丁·海德格尔:《技术的追问》,孙周兴译,载[德]马丁·海德格尔:《演讲与论文集》,三联书店2005年版,第28页。

③ [德]马丁·海德格尔:《技术的追问》,孙周兴译,载[德]马丁·海德格尔:《演讲与论文集》,三联书店2005年版,第37页。

④ 邱仁宗:《论"扮演上帝角色"的论证》,载《伦理学研究》2017年第2期。

⑤ 颜厥安:《法与实践理性》,中国政法大学出版社2003年版,第322页。

(一)宪法规范上人的尊严的沦陷

宪法命题的首要要义是确立人是目的、人是主体。近代启蒙思想家从人的主体性这一前提出发,论证了人的自由、自主、自治等宪法学范畴。人的主体性在宪法上是指人应当是人权的主体。法国人权宣言宣称,“凡人权无保障和分权未确立的社会,就没有宪法”,世界第一部成文宪法(《美利坚合众国宪法》)以“人”(person)来表达宪法意义上人这一个体意义上的主体与尊严。《维也纳宣言及行动纲领》中指出,参加世界人权会议的所有国家确认一切人权源于人固有的尊严和价值,人应是这些权利和自由的主要受益者,应持有积极实现这些权利自由的信念。人的主体性以及人的尊严的维护一直是自近代以来宪法哲学的主题,也是宪法实践中所追求的目标。

人的主体性的确认,人性尊严的保障,早已不再是道德或思想层面的内容,而是宪法秩序的一部分,是宪法规范所明确的法律事实。“人性尊严”一词,已成为宪法价值之一部分,并属于宪法秩序之基础。宪法中人性尊严之核心应有二:其一,人本身即是目的,不得被要求或视为一种物体或手段;其二,人得以自治、自决,不应处于被操控的他治、他决的地位。① “科技发展要基于人的尊严和宪法共识。任何时候,无论以任何理由,把人性边缘化而取得的任何一个辉煌、任何一个所谓的成果,都不符合我们所追求的法治理想,更不符合社会共识。”②有学者在梳理海德格尔对技术的反思与批判的过程中,指出海德格尔努力试图找回人的多样性,并要维护人是自然的守护者所被赋予的最高尊严。③皮科的《论人的尊严》被誉为“文艺复兴的宣言”,皮科提出,人的尊严来自人的形象并未被先天地规定下来,而是可以通过道德自律、不断进取来实现自己的完善。④

人类的自然生殖有其偶然性,甚至有其神秘性。子女基因决定于其父母但又不等同父母,其结果是基于自然的演变而非人为的选择与决定,正因如此,人从生下来开始就拥有开放的未来。通过基因编辑“定制”出来的人,这样一个失去人的个体独特性,将人种趋于单一性的社会还是不是我们所论道的人类社会。“迄今为止,一个新生儿的遗传本质一直被认为是‘命运’,或是偶然的状态、一个偶然过程的结果。儿童就是在这个过程中长大成人的,而且,他还必须为自己的命运寻找到一个答案。”⑤人类就是这样一个偶然的存在,并有诸多自然意义上的不确定性与可变性。在赫胥黎的《美丽新世界》中,每个人永远都是快乐的,但你读着的时候就会觉得这个世界令人毛骨悚然,因为这样的人不是我们所能理解的人。基因编辑技术可以实现对人类遗传物质的修饰和操纵,能够利用外在技术力量,从受精卵诞生那一刻到十月怀胎后脱离母体,从出生直至死亡都可以

---

① 参见李震山:《“复制人”科技发展对既有法律思维与制度之冲击》,载《中外法学》2002年第5期。

② 韩大元:《科技发展要基于人的尊严与宪法共识》,载《北京日报》2018年12月3日,第14版。

③ 王伯鲁、宋洁:《从追问技术本质到探寻人类救赎之道——海德格尔追问技术思想新解》,载《河南社会科学》2018年第8期。

④ 参见[意]皮科·米兰多拉:《论人的尊严》,顾超一、樊虹谷译,北京大学出版社2010年版。

⑤ [德]尤尔根·哈贝马斯:《后民族结构》,曹卫东译,上海人民出版社2002年版,第218页。

进行有计划的干预。生老病死都将成为过去式，对生命的神圣感、敬畏感逐渐减弱，甚至消失。

宪法学的基本命题和核心价值就是在任何时候都不能把人性边缘化，以牺牲人性尊严为代价带来任何的发展。任何时候，无论以任何理由，把人性边缘化而取得的任何一个辉煌、任何一个所谓的成果，都不符合我们所追求的法治理想，更不符合社会共识。① 或许你可以说，宪法保护人的尊严，这也可以包括人对自己身体的自主权，即选择如何延续后代。但是，当通过人类基因工程干预自然生殖过程，即可以自由选择如何延续时，必然涉及另外一个主体的权利，那就是后代的基本权利问题。不久的将来，在“出租的子宫”、“人造的子宫”或者动物的子宫中，孕育出人类胚胎都将成为可能，他们觉得自己作为“人”的尊严受到了侵犯时能否得到宪法的基本权利保障？当子女出生后觉得父母为自己作的选择并不是自己的愿望，而又无法更改时，有权利向法律寻求保护吗？

基因编辑婴儿技术面前，人已被物化，这将构成对宪法的最大挑战。早在克隆人技术面前，法国行政法院在其1998年年度报告中就指出：“在实验室里生产具有根据订单确定的生理甚至心理特征的人，对人类尊严和自由构成了比奴隶更彻底的侵害。事实上，不但人类的行为，而且人类的存在都可能无法挽回地被摧毁。”②今天的基因编辑婴儿技术比克隆人技术更具摧毁性以及无法挽回的风险。

（二）宪法上人的平等追求可能将不复存在

自宪法诞生始，人人生而平等这一启蒙思想就成宪法规范的内容，并通过宪法实践推动人类的平等历程。追求平等自始就是宪法规范所保护的，并且也是宪法的基础价值之一。宪法中规定的人人生而平等，其前提是人类自然降生。所谓平等，并不是指社会地位、经济能力绝对平等，而是机会平等。自然状态下的遗传与出生，使人的性状具有极大的随机性。因此，金字塔尖端的那一脉人，不会永远处在最高处；底层的众生，也可借由自身努力探向天边的星光。社会是流动的，借由这种随机性，在时间的长河中，每一脉相承的基因都拥有同等的发展机会。

托马斯·杰斐逊认为，“普罗大众并非身背马鞍出世，少数特权者也非出世就穿马靴着马刺”是每个人都能触及的真理。③ 社会是流动的，这确保每一主体都有可能获得基因自然演变并拥有同等的发展机会。DNA告诉我们，我们都是机会和命运的产物，而且任何人都是不相同的。基因组就是生活发给你的第一手牌，怎么打就看你的了。④ 人的

① 参见韩大元：《当代科技发展的宪法界限》，载《法治现代化研究》2018年第5期。

② 韩大元：《论克隆人技术的宪法界限》，载《学习与探索》2008年第2期。

③ 参见［美］弗朗西斯·福山：《我们的后人类未来：生物技术革命的后果》，黄立志译，广西师范大学出版社2017年版，第13页。

④ 参见［澳］克里斯廷·肯奈利：《基因中的人类简史》，李孚声、杨欣然译，天地出版社2018年版，第314页。

生命是一个化学反应,生命是不完美的复制,是嵌在DNA中信息的累积和提炼。以前从来没有一个人会和你一模一样,以后也绝不会有。你的脸、生理机能、新陈代谢、经历、DNA和历史,都是在一个毫无感情的宇宙中偶然形成的。我们的DNA是独一无二的,但是它是从数百万名祖先那里获得的。①

豪克(KaiHaucke)指出:"我们体验到我们身体的天然质朴性这一点,似乎既是伦理上的自由之前提,也是我们相互之间得以平等相待的前提。就此意义而言,我们存在的身体状态是一种义务论的道德之前提,因此现存的身体上的不可支配性间接地蕴含着一种规范性的道德地位。"②制造新人的行为本身就意味着一种新的不平等,同时也意味着将认可社会出现一种新的不平衡的相互关系类型,即拥有塑造、设计、决定权的上一代与被塑造、被设计、被决定的下一代之间的严格分野。于是,人类历史上除传统的性别、阶级、种族、宗教上的差别外,又出现了一种新的由生物特征界定出来的两大阵营,这两大阵营的人们由于所处地位的巨大势差,自然就不可能形成相互认可的主体间的关系,不可能进行相互尊重的交往,也不可能达成体现双方意志的共识。③

哈贝马斯在反对克隆人的论证时就指出,如果从法学角度讨论,克隆人实际上就涉及了一个宪法问题,即是否应当允许一种特殊决定的制造方法?如果有了这种决定权,人之间相互平等的规范前提就会遭到破坏。④ 哈贝马斯在反对基因编辑技术去选择完美婴儿时同样指出,我们是否承认彼此生而平等,皆是有尊严的人,取决于我们如何从人类学角度看待物种成员的自己。我们可以选择将通过基因编辑实现物种自我转化及自我优化视为促进个人自主的方式?还是这种干预会破坏我们对于主导自己人生及彼此表达平等尊重的理解?⑤ 换言之,我们本是自主并且平等与相互尊重的,这是人所以为人这个物种的自我定位,如果选择基因编辑而改造人类,那么就会违背人类这个物种的自我定位。

如果人可以通过基因编辑加以"定制",处于社会顶端的人可以通过技术使自己永远处于顶层生活,而原本基于出生时基因的偶然性与随机突变性可以通过技术控制得以避免。人类社会的不平等现象将永远无法通过宪法予以消解,只可能不断加深这一不平等的鸿沟。客观地说,人类平等是宪法所追求的目标,但在人类真实社会中是不可能真正、全面地实现平等的,而宪法所要保障的是人类在追求缩小差距的道路上行走。正因如此,有学者指出:"在人类基因操作上,无论如何,我们必须避免让基因成为人类社会不平

---

① 参见[英]亚当·卢瑟福:《我们人类的基因》,严匡正、庄晨晨译,中信出版集团2017年版,第322～325页。

② 甘绍平:《克隆人:不可逾越的伦理禁区》,载《中国社会科学》2003年第4期。

③ 参见甘绍平:《克隆人:不可逾越的伦理禁区》,载《中国社会科学》2003年第4期。

④ 参见[德]尤尔根·哈贝马斯:《后民族结构》,曹卫东译,上海人民出版社2002年版,第227页。

⑤ See Habermas, *The Future of Human Nature*, Polity Press London, 2003, p. 29.

等的一个新根源。”①

假设上述所担忧的不平等并没有发生，而是通过基因编辑这一把“神刀”，让这个世界上的每一个人都变得同样的聪明、漂亮、健康，这是否是一种彻底的真正平等？又或者人们对统一的完美标准不感兴趣，而是通过基因编辑这一“神刀”，人按照自己独特的偏好来创作一个独一无二的存在，每个人的偏好和价值都没有共通性，这是不是一种多元化的真正平等？我想，这两个平等都不是人类真正想要的完美场景，第一个场景的统一性，让人不寒而栗，而第二个场景的多元化，则让人类不知所措，因为没办法取得最大公约数的共识。

五、控制科技：用宪法控制基因编辑婴儿技术是国家积极义务

在当今科技时代，许多干预自然进程的行为之后果既是危险的又是无可挽回的，仅靠“追究责任”则一切都为时过晚。由于与传统的追溯性责任、过失责任类型完全不同，有人因此把这种以前瞻性、关护性责任模式为特征的责任伦理称为20世纪后半叶以来科技时代的新伦理。② 基因技术在分子水平上实现了对人类遗传物质的修饰和操纵，使现代人能够利用外在技术力量对从受精卵诞生那一刻到经过十月怀胎脱离母体，从出生直至死亡都可以进行有计划的干预，从而改变自身的自然本性以提高生命质量。对于无可挽回，但又极其危险的现代科技，用法律责任的事后追究来控制往往是失灵的。因此，需要提前控制，而且以宪法控制基因编辑婴儿技术是宪法上维护人的尊严的国家积极义务。

（一）法律责任的事后追究在控制科技上可能会失灵

基因编辑婴儿事件后，我国生命伦理学的开拓者和引领者邱仁宗教授对此事件持反对态度，但是，在其后发表论文中可以看出，邱仁宗教授所反对的只是这次基因编辑婴儿技术的不成熟和不安全，对于基因编辑技术用于人类生殖这一科技则持肯定态度，认为相信有朝一日可遗传的基因编辑技术的安全性和有效性可以得到保障，到了那时可遗传的基因编辑从基础研究、临床前研究进入涉及人的临床试验就可以得到伦理学的辩护和接受了。他进而设计了一套对于评价基因编辑用于人类生殖伦理框架以及确保基因编辑进入临床试验的11项必要性条件。评价基因编辑用于人类生殖的伦理标准包括六个方面。一是基因编辑用于人类生殖必须先进行临床试验，在证明安全有效后，方可正式用于临床实践；二是维护未来父母的利益，即必须让接受通过基因编辑来生殖子女的父母充分知情所进行技术的全部信息及相应风险；三是维护未来人的利益，即要确保基因编辑用于人类生殖只是为了生一个没遗传病的孩子，不是为了赚钱，也不是为了优生；四是维护社会其他人的利益，即那些没有经过基因编辑而仍受遗传病折磨的人不应被歧视

---

① 王康：《人类基因编辑实验的法律规制——兼论胚胎植入前基因诊断的法律议题》，载《东方法学》2019年第1期。

② 参见甘绍平：《克隆人：不可逾越的伦理禁区》，载《中国社会科学》2003年第4期。

或污名化;五是维护整个社会的利益,即父母利用基因编辑以便使未来孩子不会患其遗传病,但不是所有干预都是可以被接受的,如果影响社会成员的结构以及他们的道德地位,那么实施编辑前必须邀请公众或其代表参与讨论;六是维护人类的利益,即基因编辑要对未来时代的人负责。基因编辑所引起的改变通过许多代传递才可能引起对安全的关注,潜在的不良效应可能潜伏很长时间,也可能在好几代后突然表现出来。①

通过上述6个伦理标准的梳理不难看出,理想是美好的,但几乎没有一条是可以实施与确保实现的,即使是作为前提的安全性也无法有效保障。基因编辑用于人类生殖的临床试验显然有别于用于治疗性的临床试验。如果通过基因编辑治疗疾病,作为被接受试验的个体是明确的,而且只限于这一个人并不会影响其他人。而通过基因编辑用于人类生殖,作为被试验的对象并不是试验的直接受体,而是未来的孩子。即便在安全性这个前提确保万无一失情形下,另外5个伦理标准能否得以实现?无论是维护未来人的利益,还是维护社会其他人的利益和整个社会的利益,这都是难以衡量的标准。当技术安全情形下,如何确保选择技术的人不是为了赚钱或为了优生?如果为了赚钱或优生,但在孩子已出生的情形下如何制裁?在技术广泛应用下,如何让那些没有经过编辑的人不被歧视或污名?通过科学家的一纸声明能实现?基于维护整个社会的利益,特定个体选择基因编辑技术要获得其他公众的同意与公众参与讨论,这是民主还是民主滥用?个人的自主权何处安放?更不用说,在第六个标准中,基因编辑用于人类生殖必须对未来时代负责?通过基因编辑所引起的不良效应可能在几代人后才会体现,上一代做试验的已成故人的科学家没有可能承担这个责任。更可怕的是,这样的不良效应是不可逆的,也是无可挽回的。在笔者看来,这些限制性条件是不可能实现的,或者无法实现的。更不用说,用法律责任承担的方式去控制基因编辑上的失灵现象。

当苏格兰科学家克隆出多莉羊,另一些科学家和政论家考虑克隆人时,时任美国总统的克林顿下令不得用联邦资金来进行克隆人的研究,欧洲议会在《关于克隆人类胚胎的决议》中宣布:"坚信,克隆人类,无论是在试验室里还是在为器官移植或任何其他目的而进行的人工受精手术和胚胎植入前的诊断,都违反伦理和道德,有悖于对人的尊重,是对基本人权的严重侵犯,这在任何情况下都是不正当的和不可接受的。"对于克林顿和欧洲议会的反应,德沃金教授将这种反应视为草率,并对反对克隆人的经常有的3种理由,即安全、公正与完美进行一一反驳。德沃金所要表示的就是,没有理由不能代替上帝去改进自然而使它更加完美,既然人类有能力追求完美,也有可能实现平等,怎么就不可以?正是因为未来不可知,因此无法证明科学会成功,但也无法证明它必将失败。最后,德沃金还激情地认为:"玩弄上帝当然是玩火,然而这正是我们这些凡人自普罗米修斯这位从事危险发现的圣人以来一直在做的事情。我们玩火并承担后果,因为除此之外只有

① 参见邱仁宗、翟晓梅、雷瑞鹏:《可遗传基因组编辑引起的伦理和治理挑战》,载《医学与哲学》2019年第2期。

面对未知世界时的懦弱。"[①]"玩火"并承担后果,这是德沃金面对克隆、基因工程等科技的态度。但要知道,有些科技是可逆的,也是可以试错的,错了后可以承担法律后果,但有些科技是不可逆的,错了是无法挽回的,更加危险的是,这个错的后果可能得试验后好几代人,乃至几个世纪后才能显现出来,那么这类科技就应该被禁止。通过基因编辑用于人类生殖就是这样一类不可以逆、不可试错的科技试验。

社会达尔文主义认为,在社会中也应信奉适者生存、优胜劣汰的信条,但是宪法的目标之一便是限制社会达尔文主义。宪法不是追求强者更强、弱者更弱,而是希望社会能够达到相对平衡的状态。绝对的自由市场经济就是适者生存,导致的却是市场崩溃。随着经济危机一次又一次袭来,自由市场经济在困境中进入了宏观调控时代。宪法不仅约束国家公权力,同时也限制个人私权利,这一点在反垄断上体现得淋漓尽致。为避免社会的崩溃,宪法必须起到对社会力量的平衡调节作用。还有如认为科技无罪,科技就是应该去探索,不应该过多地谴责贺某奎团队。但是,必须明确科技发展的最终目的是为人类服务,而不是人被科技绑架。当科技背离人的价值,其发展与最初目的背道而驰,甚至将人类逼向灭亡时,科技是有罪的。

(二)用宪法控制基因编辑婴儿技术

1. 控制基本编辑婴儿技术是国家积极义务

我国《宪法》第 38 条规定,"公民的人格尊严不受侵犯",而 2004 年宪法修正案则将"国家尊重和保护人权"写入宪法。基于公民消极身份[②]所形成的基本权利,最初所具有的功能就是对抗国家,避免国家权力干涉,赋予公民免受干预的自由空间,对国家来说,要求国家不得侵犯公民基本权利是一项纯粹的国家消极性义务。从近代国家的宪法文件开始,具有防御功能的各类自由权构成了基本权利的主体性内容。

但随着国家形态与任务的变化以及社会经济的发展,基本权利功能的内涵与外延随着基本权利的解释得以不断延伸。1958 年德国联邦法院的"吕特案"(Lueth)判决开启了基本权利内涵扩展性解释的大门。基本权利主要是人民对抗国家的防卫权;但在基本法的各个基本权利规定里也体现一种客观的价值秩序,被视为是宪法上的基本决定,有效地适用于各法律领域。客观价值秩序具有如阿列克西所说的原则性内容与要求。宪法上的人的尊严和平等保护是宪法规范的原则性内容和要求,也是宪法上基本权利的客

---

① 参见[美]罗纳德·德沃金:《至上的美德:平等的理论与实践》,冯克利译,江苏人民出版社 2003 年版,第 427 ~522 页。

② 当代基本权利功能体系的构建与耶利内克身份理论有极大的关联。耶利内克认为,个人在国家中的成员地位可以被动身份(服从地位)、消极身份(自由地位)、积极身份(市民地位)与主动身份(主动市民地位)这 4 种状态来描述。上述 4 种身份中,随着现代政治民主的推动,与专制制度相适应的被动地位身份日益消退,而另外 3 种地位分别对应宪法或法律状态中国家与个体的关系,即消极身份对应于个人的自由领域,具有防御权功能,积极身份对应个人作为国家成员有向国家请求保护的权利,具有受益权功能,而主动身份对应个人作为国家承担者有积极参与的权利,具有参与权功能。

观价值秩序。相对防御功能所强调的国家的消极不作为,基本权利的客观价值的实现更依赖国家的积极作为。

基因编辑婴儿技术极大地挑战了宪法上的人的尊严以及平等原则,控制基因编辑婴儿技术是国家须履行的积极义务。国家掌握立法权、行政权与司法权,当基本权利价值被减损时,公民在很多时候不能单方面采取保护或惩罚措施,往往需要国家的积极界入才能获得保护。人的尊严和平等已纳入宪法规范,但两者的宪法保护内容是一个不断发展和完善的宪法过程。面对新科技对宪法的挑战,宪法需作出积极回应,方能从根本上控制科技对宪法规范和价值所可能带来的风险。

2. 给基因科技划线是立法者所保留的"特权"

在基因编辑婴儿技术上,借用福山的话来说,必须用"政治'锁死'科技"。① 福山所猜想的后人类的未来中,"科学将逐渐赐予我们改变'人类本质'的能力","它也许是一个任何'共享的人性'已经消失的世界,因为我们将人类基因与如此之多的其他的物种结合,以至于我们已经不再清楚什么是人类",也或者"每个人都健康愉悦地生活,但完全忘记了希望、恐惧与挣扎的意义"。② 那该怎么办？管制,将合法行为与禁止行为区分,划定一系列的红线,而这红线由"组成民主政治共同体的成员来决定,通过他们所选举的代表来执行"。③ 当科技所带来的益处和灾难相伴而生时,国家必须从政治层面规范这些技术的发展与使用,建立能用与不能用两者之间的区分。

因基因科技所造成风险而伴随的不受期待的、有损害性的,甚至不可逆转的影响时,必须通过最高度的预防使此类风险得以控制。德国联邦宪法法院在《基因科技法》部分条文合宪性审查判决中指出,对基因科技应用的长期效应之判断来说,立法者有义务必须特别谨慎地注意到是否有遵守德国《基本法》第 20a 条之托付,即立法者基于对未来世代之责任,必须对自然生存予以保护。④虽然立法不能解决任何问题,而且法律也不是万能的,但诚如耶林所言,法律是最低限度的道德。如果一项技术无法从法律上得到保护,那意味着其无法满足最低道德限度的要求。

在基因编辑婴儿事件的讨论中,更多人强调在技术成熟之前必须严格限制此研究,那么有两个问题:一是如果限制研究,那技术还会有成熟一天吗？二是如果有一天技术成熟了,是否就可以对人类胚胎进行基因编辑了？在笔者看来,通过人类胚胎的基因编

① 参见周濂:《用政治"锁死"科技?》,载[美]弗朗西斯・福山:《我们的后人类未来:生物技术革命的后果》,广西师范大学出版社 2017 年版,"导读"。

② 参见[美]弗朗西斯・福山:《我们的后人类未来:生物技术革命的后果》,黄立志译,广西师范大学出版社 2017 年版,第 216～217 页。

③ [美]弗朗西斯・福山:《我们的后人类未来:生物技术革命的后果》,黄立志译,广西师范大学出版社 2017 年版,第 186 页。

④ 德国《基本法》第 20a 条:"国家为将来之世世代代,负有责任以立法,及根据法律与法之规定经由行政与司法,于合宪秩序范围内保障自然之生活环境。"

辑来产生人类的方法,无论基于何种原因,都应该被禁止,这是科学技术研究的基本立场问题,而不存在技术成熟或不成熟这一条件的适用问题。我们要控制技术,“技术愈是有脱离人类的统治的危险,对于技术的控制意愿就愈加迫切”。[①] 如托夫勒所警告的,我们若不控制技术,它就要控制我们。“控制技术的实质是控制人,控制人的价值观。”[②]当今社会已是多元风险社会,在基因科技发展所带来的诸多不确定风险以及不可逆的可能性面前,人们虽然享受新科技所带来的冲击,但内心深处必然也有对新科技的焦虑与不安。为此,借助公民参与公共讨论,政府尽可能地将能预估的风险公布于众。无论立法、行政或司法各层面对基因科技的控制都尽可能用尽多项原则的谨慎考量。

谷歌首席未来学家雷·库兹韦尔预言,时至2029年,科技便能让人类逐步实现永生,至2045年人类命运的终点就不再是死亡。彼时的人,成为永生的、崭新的“人类”,即“奇点人”。[③] 特斯拉CEO马斯克忙着建造火箭,欲开展火星移民计划。倘若基因编辑婴儿技术得以应用,它对人的改造程度越过了某个临界点,那时的人是否还可称其为人?死亡是人类的必然命运,如果死亡可以被打败,[④]人类可以永生,那就是超人类。如果人类不再是人类,讨论人权的宪法也就失去了存在的意义。若我们还希望自己是人类,就须时刻谨记,人权与尊严是科技发展的底线。若有一日科技发展背离了人类,请拿起宪法作为武器,用宪法来约束科技,守卫人的价值、权利与尊严。有人说,在可能毁灭人类的所有技术中,人工智能是“21世纪头号风险”,[⑤]那现在,我要说毁灭人类的真正头号“刽子手”是用基因编辑婴儿技术。当代宪法的根本任务或许无法去实践一种最高的善,但必须去阻止一种最大的恶。

---

① [德]马丁·海德格尔:《技术的追问》,孙周兴译,载[德]马丁·海德格尔:《演讲与论文集》,三联书店2005年版,第5页。

② 刘英杰:《作为意识形态的科学技术》,商务印书馆2011年版,第198页。

③ 参见[美]雷·库兹韦尔:《奇点临近》,李庆诚等译,机械工业出版社2018年版,第224~236页。

④ 苏美尔人的神话中,国王吉尔伽美什英勇善战,无人能敌,当他陪着好朋友遗体时因看到尸体鼻孔中爬出蛆而感到极度惊恐,于是下决心战胜死亡,但最终仍告失败,从而体会到神创造人类的时候,死亡是必然的,必须学会接受。

⑤ 参见[美]约翰·C.黑文斯:《失控的未来》,仝琳译,中信出版集团2017年版,第135页。

“离婚冷静期”的合宪性思考*

邓静秋**

摘要:“离婚冷静期”的设置,目的在于缓解现实中草率冲动离婚的现象,但也有观点认为其限制了公民的婚姻自由。婚姻自由是《民法典》婚姻家庭编的基本原则,也是我国宪法规定的具体化和宪法精神的延伸。我国《宪法》第49条的内容包含了婚姻自由、保护家庭和弱势家庭成员等各自独立但又密切联系的多个面向。“离婚冷静期”对登记离婚申请人设置了程序上的条件,构成了对离婚自由的限制,但具有维护家庭稳定和保护未成年子女等家庭成员的正当目的。通过形式和实质意义上的审查,“离婚冷静期”符合法律保留原则和比例原则的要求。在具体适用中,还需要从配套制度的建构、特殊个案的限缩适用和与其他部门法的协调等角度来进行合宪性调适。

一、问题的提出

《民法典》婚姻家庭编第1077条规定:“自婚姻登记机关收到离婚登记申请之日起三十日内,任何一方不愿意离婚的,可以向婚姻登记机关撤回离婚登记申请。前款规定期限届满后三十日内,双方应当到婚姻登记机关申请发给离婚证;未申请的,视为撤回离婚登记申请。”该条款规定的内容被称为“离婚冷静期”,引发了公众极大的关注和争议。根据《关于〈中华人民共和国民法典(草案)〉的说明》,这一制度安排的目的在于让因情绪冲动而决定离婚的夫妻能够有一定时间冷静思考,避免因为一时冲动而作出令自己后悔并影响其他家庭成员的决定,进而维护婚姻关系和家庭关系的稳定。而反对意见则主要集中在这一规定有干涉婚姻自由之嫌,不利于保护妇女的权益。那么,“离婚冷静期”制度符合我国宪法的价值基础和规范体系吗?

婚姻自由是《民法典》婚姻家庭编的重要原则。《宪法》第49条第1款规定,“婚姻、家庭、母亲和儿童受国家的保护”,该条第4款规定“禁止破坏婚姻自由”,共同构成了宪法婚姻自由的规范体系。宪法作为整个法秩序中的最终价值和效力源泉,决定了婚姻自

* 本文系北京外国语大学教师科研启动项目“宪法上婚姻自由的价值变迁”(项目号:251500119009)的阶段性成果。

** 法学博士,北京外国语大学法学院讲师。

由的基本理念和规范内涵,顺流而下衍生出婚姻自由保障的具体制度和措施。婚姻自由的内在价值在我国宪法发展史上历经复杂嬗变,也在当代部门法体系中与其他概念和制度形成错综关联。但对这一概念的研究成果更多集中在婚姻家庭法领域,其在宪法学视域中的丰富内涵和价值却尚未被我们充分体察。围绕“离婚冷静期”的讨论为我们进一步理解宪法上的婚姻自由提供了一个良好契机。

《宪法》第51条规定:“中华人民共和国公民在行使自由和权利的时候,不得损害国家的、社会的、集体的利益和其他公民的合法的自由和权利。”作为“概括限制条款”,这一规定为限制公民基本权利提供了规范依据。① 因其用语上的模糊性,需要对具体限制性的规定和措施进行合宪性判断,如果满足了形式意义和实质意义上的要求,则该限制具有合宪性。就婚姻自由而言,法律以及其他法规范中对公民行使婚姻自由都规定了限制性内容。理解婚姻自由的限制以及该限制的合宪性,需要从以下几个方面展开。首先,解释该项行为是否落入婚姻自由的保护范围,这就是婚姻自由作为一项基本权利本身的内容为何,是否可以将所涉及的事实涵射婚姻自由的保护范围之中。其次,考虑婚姻自由所保护的法益是否受到该规定的限制。最后,从形式和实质两个角度对该限制进行合宪性审查。前者主要是从法律保留的角度分析,后者主要是运用比例原则。

本文将依循这一框架,从基本权利“限制的限制”角度出发,对“离婚冷静期”是否对宪法所保护的婚姻自由构成限制及其限制的合宪性进行分析,以期明确婚姻自由的基本权利属性及其与其他价值的平衡,为《民法典》婚姻家庭编的实施和发展提出建议。

二、作为基本权利的婚姻自由

(一)婚姻自由的宪法表达与价值演进

作为人类社会最基础、古老并且普遍的一种生活模式,婚姻具有很多重要功能,包括情感连接、扶老携幼、生命繁衍、亲情维系甚至是经济生产。婚姻是最具有基础意义的公共现象,凝聚人类社会跨越千年的生存智慧,是一种责任伦理的世代延续,更是人类面向未来的发展基础,它在任何历史时期都是社会基本规则要规范和调整的主要对象。宪法是人类社会对于国家和个人关系进行理性反思之后的产物,是具有价值秩序的规范系统,婚姻这种最具有基础意义的公共现象同样应该成为其调整的对象。

婚姻自由已经在越来越多国家的宪法实践中得到承认。其承认方式主要包括3种形式:一是通过宪法解释来明确婚姻自由的基本权利地位;二是在宪法文本中明确规定;三是通过对国际人权法进行国内法的转化。经对联合国193个成员的宪法文本进行统计发现,世界上共有93个国家的宪法中规定了有关婚姻的内容,明确婚姻受到国家的保护。另外,有38个国家的宪法文本中虽未提及婚姻,但是规定了家庭受到国家的保护,公民有组成家庭的权利。对上述93个国家的文本规定进行比较分析,各国宪法将对婚姻的保护置于不同章节中,主要存在两种情况。一种是有些国家在公民的基本权利章中

---

① 参见张翔:《基本权利的体系思维》,载《清华法学》2012年第4期。

规定婚姻权抑或是婚姻自由,明确国家保护婚姻,这是最普遍的做法。另一种是有些国家在社会纲领、政策性原则、国家的基本原则等宪法文本的纲领性条款中对婚姻加以规定,从国家存在的社会基础的角度来看待婚姻。比如,匈牙利《宪法》在第一章"宪法基础"中规定:"匈牙利保护男女基于自愿结合基础之上的婚姻制度和作为国家生存基础的家庭。"是否将婚姻自由视为基本权利并为其提供保护,与一个国家的社会文化传统和意识形态、政府职能大小、国家经济实力有关,因为保障公民的基本权利都需要政府付出服务和经济方面的成本。这也反映出各国宪法文化的多样性,以及在婚姻话题上国家价值观的差异。作为国家指导原则的规范在总体上控制国家权力的运行,体现了国家在实现其国家目标上的主动性,表达了国家在稳定社会基础方面的价值追求,这样的影响效果甚至比确立个人基本权利的方式更加深远。

我国婚姻自由的确立具有特殊的社会背景,主要是针对我国历史上的包办婚姻、买卖婚姻等强制或非法干涉公民结婚自主自愿性的现象,被视为反对封建婚姻制度的武器,其影响力在后续发展中不断扩张。对于中国人来说,婚姻所具有的意义深远而重大,它自然成为近代先进人士思考国家和民族命运的重要内容之一,对旧式婚姻制度的变革被赋予了"强国保种"的悲壮语境。① 这一点从历史角度界定了我国婚姻自由含义的特殊语境。如果不局限于我国的这一特殊历史语境,社会变迁已赋予婚姻自由更多更新的内涵。由此可见,婚姻自由吸收并反映了特定的时代背景和诉求,被制宪者所认知并表达在宪法和法律中,又反过来在实践中得以深化,被赋予更多更深层次的内涵,推进更宏大的社会历史进程。

(二)宪法上婚姻自由的规范功能

"禁止破坏婚姻自由"这一规定以强行性规范禁止婚姻自由权利主体之外的其他所有主体(包括国家)采取某特定模式的行为。这一表达传递了强烈的防御性含义,即对基本权利的理解主要是个人防御国家公权力的侵犯、突出公民个人凭借自由意志而行动,并为自身行为负责和排除他人干涉的目的。在这样的理念指引下,个人价值和个人能力受到最大程度的尊重,要求国家相信公民作为一个独立而成熟的个体,可以对婚姻这样的事项作出符合自身情况的选择和判断。② 此外,结合《宪法》第 49 条第 4 款"婚姻受国家的保护"进行体系解释,国家对于婚姻具有保护义务。公民在婚姻方面所享有的基本权利具有社会权的积极属性,其实现需要国家的积极介入、有所作为甚至强力推动,在宏观上通过制定法律、构建制度来照顾婚姻,提供实质性的前提条件来履行其保护义务。

根据基本权利的双重性质理论,基本权利一方面是公民个人可以主张的主观权利,

---

① 参见王栋亮:《自由的维度——近代中国婚姻文化的嬗变(1860～1930)》,社会科学文献出版社 2016 年版,第 112 页。

② See Edward J. Eberle, *Dignity and Liberty-Constitutional Visions in Germany and the United States*, Praeger Publishers, 2002, Preface.

另一方面作为客观价值秩序的要素，扩展了基本权利的效力范围，将保护基本权利的义务加诸国家。① 德国宪法法院于 1958 年在“吕特案”中确立了基本权利的双重性质理论，对后续宪法实践和基本权利理论的发展都产生了重大影响。具体而言，基本权利一方面是公民的一项主观权利，对抗公权力对个人自由和权利的侵扰和干预；另一方面基本权利也形成了一个客观的价值秩序，该秩序是以人的尊严在社会共同体中自由发展为中心的价值体系。从这个角度讲，基本权利作为宪法的基本决定，有效适用于各法律领域。②

借助上述理论，将我国宪法对婚姻的特殊保护置于基本权利的双重属性框架之中，可以更加清楚地理解其内涵。一方面，婚姻家庭属于个人极为私密的事项，需要防御权功能来要求国家与私生活领域保持一定的距离。婚姻属于典型的私生活领域，但在人类绵延已久的习惯做法中，这一私生活领域与公共领域长期处于交织状态甚至被后者所覆盖。宪法需要尊重并赋予其积极的意义，从而实现对人尊严的尊重和保护，并确保个人在这一范围中的自由。③ 这一界限的区分，是对个人自由和尊严的保护。另一方面，婚姻被看作共同体整体秩序的要素，是天然而基础的社会单位，除对狭义的国家生活领域有意义外，还规范了共同体秩序的其他客观法的基础与特征。作为基本权利，婚姻自由具有的功能之一就是要求立法机关积极建立和维护婚姻制度，这是婚姻自由以及婚姻受国家保护的实现前提。这一制度跨越公法和私法两个领域，涉及多重社会关系，贯穿结婚、婚姻关系维护、离婚、离婚之后的整个过程，要解决多个成员之间的权利义务关系。面对如此复杂的现实情况，仅依靠单纯的宪法规定毫无意义，需要立法机关在具体的法律规定中予以明确，并通过行政机关和司法机关在法律实施中予以落实，从而保障公民婚姻自由的实现。

《民法典》婚姻家庭编将婚姻自由作为基本原则之一加以确立，正是国家通过立法的方式来保障婚姻自由这项基本权利的体现。宪法保护婚姻自由，明确规定性别平等，由此课予立法者制度建构的任务，推动了现代婚姻家庭制度的确立和完善，以及男女平等在社会各领域中的贯彻。《民法典》婚姻家庭编中婚姻自由的内容是对我国宪法上婚姻自由规范的具体化。与此同时，立法形成过程对婚姻自由的形塑也是对其宪法意涵予以限缩的过程。我们需要以婚姻自由的宪法含义来审视相关婚姻法律规范的合宪性。

(三)婚姻自由的保护范围

婚姻是一种关系持续的状态，这种状态从婚姻关系的形成，到婚姻关系的维持，再到可能出现的婚姻关系的解除，即“结婚—婚姻关系的维持—离婚”这样一种持续性状

---

① 参见张翔：《基本权利的双重性质》，载《法学研究》2005 年第 3 期。

② 参见张翔主编：《德国宪法案例选释：基本权利总论》，法律出版社 2012 年版，第 36 页。

③ 参见李鸿禧：《宪法与人权》，台北，元照出版有限公司 1999 年版，第 431 页。

态。[①] 因而婚姻自由的保护领域贯穿整个婚姻从缔结到存续过程再到解除的过程。换言之,婚姻自由的保护范围包括结婚自由、婚姻关系存续中婚姻实体与双方权利的保护,还有离婚自由。

离婚自由是婚姻自由的重要方面之一,其确立的基本考虑是使那些感情破裂、无法继续维系共同生活状态的夫妻,能够通过法定途径解除婚姻关系。近代社会对于婚姻自由的争取最早就源于反对教会禁止离婚的斗争。中世纪在西方历史中是宗教婚姻发展相对鼎盛的时期,其婚姻观念包含的核心内容是婚姻的神圣性和不可离异性。16 世纪宗教改革和婚姻还俗运动之后,宗教主义思想被当权者所排斥并受到了巨大冲击,宗教婚开始被法律婚逐步取而代之,这就使婚姻从“神事”回归“民事”。1791 年法国《宪法》第一次将婚姻规定为民事契约,1792 年法国《民法典》正式确立起了近代离婚制度。[②] 婚姻发生不可挽回的破裂并不必然导致家庭解体。但是如果以禁止离婚来强行维护家庭形式上的完整,这就与其初衷相违背,破坏了婚姻维系情感的重要功能,不可避免会给当事人造成更大伤害,无疑破坏了婚姻自由,更给人们缔结婚姻造成不必要的恐惧。离婚自由使那些已无生命力的婚姻得以解除,使当事人获得了重建幸福美满婚姻的可能性,在总体上改善了家庭关系。

“离婚冷静期”在程序上给已达成离婚合意的夫妻设置了障碍,要求在其提出离婚申请之后等待 30 天,才能取得离婚证使其婚姻关系终结的事实获得法律认可,而非直接在其提出离婚申请之时就即刻颁发离婚证。因此,“离婚冷静期”所涉及的离婚自由落入了公民婚姻自由的保护范围之内。

三、“离婚冷静期”对婚姻自由的限制

接下来需要判断“离婚冷静期”这一规定的实行是否对婚姻自由构成了限制或干预。根据较有代表性的德国传统宪法理论,如果国家行为对公民基本权利产生了“命令性影响”,那就是基本权利被限制或侵害,相应特征分析主要可以从以下几个角度进行:目的性,即该限制行为是否有意为之;直接性,限制效果可因国家措施而直接实现;规制性,作为具有法律行为的国家措施;强制性,必要时以国家强制力为保障而贯彻实施。[③]

婚姻登记是婚姻登记机关根据法律规定,对要求缔结或解除婚姻关系的相对人的法律地位、法律关系和相关事实进行判断、给予确定、认可、证明并予以宣告的一项具体行政行为,从而使婚姻关系在形式上成立或解除并发生法律效力。婚姻登记的目的主要包括两个方面:第一,婚姻登记是国家维护社会两性关系秩序,实现对公民婚姻状况科学管理和监督的方式之一。当事人向婚姻登记机关提出婚姻登记申请,并提供相关证明文件供其书面审查,必要时还可能遇到实质审查。这一过程体现了婚姻登记制度是国家干预

① 参见张春生、宋大涵:《保障婚姻自由的一个重要方面》,载《法学研究》1981 年第 4 期。
② 参见夏吟兰:《离婚自由与限制论》,中国政法大学出版社 2007 年版,第 29 页。
③ 参见李建良:《基本权利理论体系之构成及其思考层次》,载《人文及社会科学集刊》1997 年第 1 期。

和监管婚姻秩序的手段。第二,婚姻登记使一段婚姻关系的重要信息产生向全社会公示的效应,为第三人与婚姻关系主体建立相关法律关系提供充分的信息保障,以维护正常的婚姻秩序和交易秩序,①有利于预防和解决各种纠纷。从这个角度来讲,婚姻登记将个人之间的事项上升至为其他社会成员提供信息,并将此信息公示视为重要公共利益的地位,其作用不可小视。在当代社会,婚姻登记的功能应该弱化这种国家对婚姻的监督和管理,强调对婚姻的公示作用。

“离婚冷静期”是国家为达成特定目标,采取立法的方式,对公民在以登记离婚的方式解除婚姻关系时,科以程序上的特殊要求,否则将无法获得离婚的现实效果。这项制度设计与立法目的之间有直接的因果关系,并由国家采用强制性方式促成其推广实施,构成了对于婚姻自由的限制。

四、“离婚冷静期”的合宪性论证

如前文所述,离婚自由落入婚姻自由的保护范围,“离婚冷静期”这一制度安排对婚姻自由构成了限制。以下将从形式意义和实质意义两个角度对上述限制的合宪性进行论证和判断,具体从法律保留原则和比例原则两个角度分别展开。

(一)形式审查

法律保留原则,是指对于公民基本权利的限制,需要有法律的明确规定方可为之。换言之,只有经过立法者的同意和审慎的政治程序,并且形诸于法律之后,才可以限制基本权利,以强化限制的民主正当性基础。这也是法治原则的必然要求。这里的“法律”是指“形式法律”,即全国人大及其常委会制定的法律。《民法典》由十三届全国人大第三次会议通过,是新中国成立以来第一部以法典命名的法律,是具有基础性的民事法律规范。由此可见,《民法典》婚姻家庭编所明确的离婚登记程序方面的内容,符合法律保留原则,并具有明确性,满足形式合宪性的要求。

(二)目的正当性

这一环节需要考查基本权利限制所要达到的目的。因为特定基本权利的行使会对其他基本权利,或者宪法所要保障的其他公益带来影响,因而要在该权利所能带来的私人利益和可能侵及的公益之间进行调和。而“目的正当性”审查正是判断该限制手段所要达到的目的是否为宪法所要保护的公益。对于公权力行为,既要进行手段上的审查,也需要进行目的审查。② 以下结合宪法婚姻家庭条款的价值,对“离婚冷静期”的目的和功能进行分析,判断其是否具有社会公益性。

“离婚冷静期”制度的设立,主要针对现实生活中逐渐增多的轻率离婚现象,这种现

---

① 参见孙凌:《婚姻登记的法律属性辨析——由〈中华人民共和国婚姻法〉第八条引发的思考》,载《宁夏社会科学》2010 年第 3 期。

② 参见刘权:《目的正当性与比例原则的重构》,载《中国法学》2014 年第 4 期。

象不利于婚姻家庭的稳定。[①] 据此,可以看到我国当下不断攀升的离婚率,引发了民众的焦虑与恐慌。因而"离婚冷静期"制度的主要目的在于疏解离婚率增高的焦虑,维护家庭的稳定,发挥婚姻家庭的应有功能。《宪法》第49条的规定同样可以为上述目的提供规范依据。第49条婚姻家庭条款的规范结构不仅包括婚姻自由,还包括了其他独立又与之联系密切的内容。

1. 家庭价值的维护

《宪法》第49条从根本法角度明确了家庭的基础性地位,以及父母与未成年子女之间相互的抚养和赡养的义务,体现了家庭这一基础性单位的自足性及其内部成员之间的互助性,以及家庭对国家人口教育任务的分担。该规定还体现了为了维护和谐家庭关系的目标,宪法将中国自古以来以"父母之慈子女之孝"为精神内核的家庭秩序提升至以根本法和最高法来维护的传统价值,呈现宪法视野中的理想家庭图景。家庭观念深刻根植于民众脑海中,赡养父母、抚育子女、保持与其他家庭成员的交流和沟通是大多数中国人的生活日常。从这个角度来讲,家庭在现代社会中的凝聚和保障作用一时难以被取代。它包含了传统的孝道、家庭成员一体、家庭自治和生存保障等基本逻辑,共同涵盖每个人生命存在的完整尺度。家庭对于每一个中国人来说,蕴含生命的原始意义,是中国人的精神寄托和心灵归属。[②] 家庭是个体人生观和价值观形成的重要场域,是一个人迈向公共生活前与社会相联系的纽带,是一个人在社会中生存所依赖的精神资源。每一个人需要在家庭中才能找到与他人共有的与这个世界的意义关联,在与家人的交流和分享中进一步认知和完善自身存在的意义。这才应该是绵延长久的中国人的生存哲学和生活智慧。

2. 弱势家庭成员的特别保护

《宪法》第49条还规定了对母亲、儿童、老人等弱势群体的保护。这些规定延续了苏联时期的宪法内容。[③] 在苏联以及独立后的各共和国,部分离婚后独居的老年妇女和男子生活困难、无人照顾,因而在宪法中规定了相关内容。[④] 根据许崇德老师的回忆,第49条在草拟过程中,当时的报纸报道了社会上很多家庭内部存在矛盾的事例。比如,夫妻离婚之后,都不履行抚养义务,未成年子女因此陷入生活困境。又如,成年子女不仅不赡养老人,还虐待老人,最终导致老人悬梁自尽,酿成令世人难以接受的悲剧。针对这些家庭悲剧,宪法修改委员会的成员一致认为,宪法必须对家庭关系加以规范,明确家庭成员

---

① 参见王晨:《关于〈中华人民共和国民法典(草案)〉的说明》。

② 参见李拥军、雷蕾:《论我国婚姻家庭关系的伦理价值与立法表达——以〈民法典(婚姻家庭编)〉制定为背景》,载《政法论丛》2019年第2期。

③ 1936年苏维埃社会主义共和国《联盟宪法》规定:"国家保护母亲和儿童的利益;国家对多子女母亲和单身母亲提供帮助。"

④ 参见《世界各国宪法》编辑委员会编译:《世界各国宪法(欧洲卷)》,中国检察出版社2012年版,第672页。

之间对于彼此最起码的义务。针对这样的社会现象，宪法修改委员会在第49条中增加了第3款和第4款后半句的内容，重申老人和儿童受到国家保护的原则。此类条款具有浓厚的道德气息，对于发展团结和睦、尊老爱幼的家庭关系具有重要作用。①

从上述规定来看，国家要为未成年人给予必要保护，并将此任务课予各个家庭。对于未成年子女来说，生活在父母双全的幸福家庭中，当然是其健康成长的重要条件。而父母的离婚会使他们陷入无助的状态中，这就需要国家介入。② 国家应该对家庭提供协助，再以家庭为媒介，提供对于儿童的照顾、保护以及培养，使其在和平、宽容、平等以及和谐的环境中得到抚育和成长。父母对于其婚姻关系的处理决定必须要考虑该决定是否对处于身心发展相对脆弱阶段的儿童产生不良影响。《儿童权利公约》③指出，儿童应该在幸福和充满理解的家庭氛围中得到成长和发展。④ 配偶双方在婚姻关系的存续过程中，对于婚姻、家庭事务的处理，都需要以未成年子女的利益为优先考虑。这是未成年子女的抚养教育义务以及儿童的特别保护对于父母婚姻自由的限制。

（三）实质性审查

实质意义层面的审查，主要是按照比例原则检视"离婚冷静期"是否对婚姻自由构成过度限制，要求限制手段与由此要实现的目的之间必须有合理关系。比例原则包括3个子原则：一是适当性原则，对基本权利的限制手段能够实现特定公共目的；二是必要性原则，可行范围内所有能达到特定目标的措施中，需要选择采用对公民基本权利损害最小的手段；三是狭义比例原则，要求限制手段所欲追求的目的与所损害的私益之间不能存在明显失衡。具体分析如下：

1. 适当性审查

适当性审查旨在判断"离婚冷静期"这一手段是否能实现维护家庭稳定性、抑制草率和冲动型离婚的目的。适当性标准相对宽泛，只要手段和目的之间存在一定的因果关系即可，因而通常是较容易通过的审查环节。离婚是夫妻关系的终结，但就大多数现实情况而言，其后果的影响范围必然超出夫妻双方，进而波及子女或其他家庭成员。在冲动型离婚的情况中，"离婚冷静期"能给一时赌气的当事人一个平复情绪和慎重考虑的时间，也给子女和其他家庭成员应有的重视，重建当事人对家庭的责任心，通过婚姻关系的重新修复来维护家庭关系的稳定与和谐。

"离婚冷静期"制度无疑能实现上述目的，符合适当性原则的要求。但是适当性原则仅仅分析"手段—目的"的关联性，是相对宽泛的要求。"离婚冷静期"虽然满足了适当

---

① 参见许崇德：《中华人民共和国宪法史》，福建人民出版社2003年版，第807页。

② 参见夏吟兰：《离婚自由与限制论》，中国政法大学出版社2007年版，第127页。

③ 《儿童权利公约》将"儿童"界定为18周岁以下的公民。

④ 《儿童权利公约》第3条第2款规定："缔约国承担确保儿童享有幸福所必需的保护和照顾，考虑其父母、法定监护人、或任何对其负有法律责任的个人的权利和义务，并为此采取一切适当的立法和行政措施。"

性原则,但这并不意味着“离婚冷静期”是缓解离婚率攀升的最佳途径,还需要进行以下两个层面的分析。

2. 必要性审查

必要性审查,是指在存在多种可以实现目的的方法时,应当选择对婚姻自由损害最小的方法。在这一层次,需要分析既有婚姻家庭制度中的相关规定是否能有效促进上述目的的实现,以及是否存在其他较“离婚冷静期”对离婚自由损害更小的制度选择。

为了对公民离婚事务实行有效管理,我国登记离婚制度曾采用介绍信、离婚审查期等做法。例如,1994 年《婚姻登记管理条例》要求当事人申请离婚时提交所在单位或者基层组织开具的介绍信,用以证明当事人的婚姻关系合法,并且规定了一个月的离婚审查期。① 此后,2003 年颁布的《婚姻登记条例》则取消了上述两项要求。这一变化在一定程度上淡化了婚姻登记的行政管理色彩,体现了尊重当事人意思自治和保护离婚自由这一立法理念。离婚登记也不再有程序上的限制,因此有观点认为,我国的离婚制度是世界上最自由的离婚制度之一。② 当然,只是用离婚制度限制不足这一个原因来解释离婚率上升的现象,难免有偏颇之嫌。从总体来看,离婚率上升是一个由社会经济、文化导向、家庭结构、伦理道德观念以及社会人口结构等多方面因素交织联系发生作用的复合现象,同时是公民大众生活观念所发生的变化体现在婚姻关系方面的综合反映。

在《民法典》的编纂过程中,中国法学会婚姻法学研究会起草的《民法典(婚姻家庭编)专家建议稿》试图恢复审查期的做法,以此作为缓解冲动离婚的方式。③ 虽然时间期限都是 1 个月,但相比“离婚冷静期”而言,“离婚审查期”对于当事人的离婚自由限制更甚。一方面,婚姻登记机关会主要侧重对是否满足离婚条件进行审查,这就意味着当事人离婚是否会得到准许具有相当的不确定性,这样的情况就会出现:假如双方经过 1 个月的时间重归于好,然而未能将离婚登记的申请及时撤销,那么婚姻关系仍会被解除。另一方面,如果由婚姻登记机关对所提交申请材料进行形式审查,但却没有相应渠道来核实离婚协议以及当事人所陈述内容是否真实,那么婚姻登记机关也无法保证其判断的正确性。若出现判断失误导致审查期过长或过短,必然会使当事人的婚姻权利受到损

① 1994 年颁布的《婚姻登记管理条例》第 14 条规定:“当事人离婚的,必须双方亲自到一方户口所在地的婚姻登记管理机关申请离婚登记;申请时,应当持下列证件和证明:(一)户口证明;(二)居民身份证;(三)所在单位、村民委员会或者居民委员会出具的介绍信;(四)离婚协议书;(五)结婚证。”第 16 条规定:“婚姻登记管理机关对当事人的离婚申请进行审查,自受理申请之日起一个月内,对符合离婚条件的,应当予以登记,发给离婚证,注销结婚证。当事人从取得离婚证起,解除夫妻关系。”

② 参见夏吟兰:《对中国登记离婚制度的评价与反思》,载《法学杂志》2008 年第 2 期。

③ 中国法学会婚姻法学研究会起草的《民法典(婚姻家庭编)专家建议稿》(2017 年 2 月 10 日版)第 43 条第 2 款规定:“婚姻登记机关应当在审查期间内查明双方是否符合登记离婚条件,符合登记离婚条件的,审查期届满后予以登记并发给离婚证。审查期间为一个月。”转引自马忆南:《离婚冷静期是对轻率离婚的限制和约束》,载《妇女研究论丛》2020 年第 4 期。

害。[1]更重要的是,离婚审查期制度将是否解除婚姻关系的判断权交予婚姻登记机关,代替婚姻双方当事人作出是否离婚的决定,在某种程度上使登记离婚从尊重个人意志的自主模式又回归到依赖行政机关的管理模式。

如前文所述,除避免冲动离婚和缓解离婚率的攀升外,"离婚冷静期"的另一重要目的还在于保护弱势群体,可以有效弥补原有《婚姻登记条例》中对离婚意思表示不真实的一方保护不足的缺憾。登记离婚实行的前提条件在于双方当事人具有自愿离婚的真实意思表示。但在现实情况中,往往会出现多种因素导致当事人表达想法的不真实。典型的例子包括因一方胁迫、欺诈而缔结离婚协议;又如,当事人双方通谋对婚姻登记机关进行欺骗而作出的虚假意思表示等。[2] 假如婚姻登记机关由于能力所限无法及时辨别上述情况,而直接给当事人当场办理了离婚登记,那么离婚登记即刻起就发生了法律效力。"离婚冷静期"则可以在一定程度上减少上述情形,使婚姻登记机关查明双方意愿的真实性,为因意思表示不真实而可能受到损害的当事人提供一定的救济途径和时限。

通过考察域外相关立法的具体实践,离婚冷静期并非新鲜事物。不少国家的婚姻家庭立法为了避免轻易离婚对家庭价值的威胁,会在离婚程序上增设门槛。例如,韩国的离婚熟虑期制度,要求申请离婚者须得到家庭法院的离婚咨询,经过 3 个月(有需要抚养的人)或 1 个月(无需要抚养的人)来得到离婚意思的确认,同时规定了排除上述规定适用的紧急情形,如家庭暴力等。[3] 英国设立了反省与考虑期制度,申请离婚者需要参加专业人士组织的信息会议,获得咨询和调解,并强化对于子女的责任意识。信息会议之后的 3 个月内向法院提出声明,法院为申请离婚者指定 9 个月甚至更长的反省与考虑期。[4] 从许多国家的做法来看,"冷静期"的时间更长,程序性条件更复杂,这样无疑可以给当事人更多的时间考虑,充分思考子女抚养、财产和感情等问题,但也给当事人解除婚姻关系本身带来了更多的限制。我国"离婚冷静期"的规定充分尊重了当事人的婚姻自由,可以实现预设目的,并且在方法选择上也注意对婚姻自由侵害效果的控制,符合必要性原则的要求。

3. 狭义比例原则

狭义比例原则要求手段的选择虽为目的实现所必要,但不能对公民基本权利行使造成过重负担。"离婚冷静期"直接带来的公共利益可以归纳为抑制轻率、冲动离婚,给挽救婚姻一个机会,避免子女和其他家庭成员因此而受到伤害,促进婚姻家庭关系的稳定和社会的稳定。此外,某些地方的婚姻登记机关已对登记离婚采用类似"冷静期"的做

---

① 参见马忆南:《离婚冷静期是对轻率离婚的限制和约束》,载《妇女研究论丛》2020 年第 4 期。

② 参见夏吟兰:《对中国登记离婚制度的评价与反思》,载《法学杂志》2008 年第 2 期。

③ 参见《韩国民法典——朝鲜民法》,金玉珍译,北京大学出版社 2009 年版,第 129 页。

④ See White Paper, *Looking to the Future: Mediation and the Ground for Divorce*(1995), 2.37. 转引自杨立新、蒋晓华:《对民法典婚姻家庭编草案规定离婚冷静期的立法评估》,载《河南社会科学》2019 年第 6 期。

法,但设置的"冷静"期限以及最终发给离婚证的条件却因地而异。因此,《民法典》婚姻家庭编的颁布能使"离婚冷静期"在实践中得到统一适用,避免各地在适用条件、内容、期限和结果上的差异。

从另一角度来讲,公权力对于婚姻自由的主要干预目的是确保当事人意志的真实性,并尽可能确保其动机和决策的理性状态,使双方对其共同生活的体验以及婚姻关系的存续能有明确而成熟的共识,绝非代替双方来进行判断和决定。而30天的时长标准来判断当事人冷静和理性的程度,也并非片面以家庭稳定来压制当事人对个人幸福的正当追求。正是因为婚姻对个人自主和人格发展的重要性,以及离婚这种解除身份关系的法律行为对个人、社会和国家的重要性,给予其更长的时间考虑确显必要。因此,相比其目标价值,"离婚冷静期"尚未对公民的婚姻自由构成过度限制。

当然,对于其他手段的考量和选择,还需要就离婚率攀升原因进行分析,就不同原因采取更具有针对性的解决方法。离婚原因可能是社会政策、社会矛盾等多重因素综合作用的结果,包括夫妻感情确已破裂、草率冲动离婚、规避政策的离婚等。[①] "离婚冷静期"对于草率冲动型的离婚确实可以起到一定的抑制作用;对于感情确已破裂的夫妻在离婚程序上增加了30天的等待期限,也并非极其严重的损害;而对于因为规避政策而引发的离婚,"离婚冷静期"虽然也可以起到抑制作用,但针对这种类型则应该更多关注各领域社会政策的制定和实施给婚姻家庭造成的影响。与其说是公民采用离婚的方法来达到其他目的,毋宁是政策制定的局限带来婚姻自由价值在现实中的错位,导致了婚姻家庭的失衡与动荡。

五、"离婚冷静期"适用的合宪性调控

综上所述,登记离婚中的"离婚冷静期"制度设置可以通过形式上和实质上的双重审查,对婚姻自由的限制具有正当性。但是其背后的逻辑链条也并非绝对完整和严密,因而有必要在适用中对其运作进行合宪性调整和细化,使该制度在实践中的运用更加合理且周全。

(一)综合性的制度建构

基本权利的保障都依赖制度的完善建构和良好运转。婚姻家庭受国家保护具有的功能之一就是要求立法机关积极建立和维护婚姻家庭制度。这一制度涉及多重社会关系,贯穿家庭建立、家庭关系的维系甚至瓦解之后的整个过程,要解决多个成员之间的权利义务关系,并兼顾多项宪法价值的实现。现代婚姻制度的确立,正是体现了立法机关通过建构和完善相应制度来保护公民婚姻权利的充分实现。

离婚率增长是多重原因导致的,夫妻婚姻关系破裂的原因也是多样的。"离婚冷静期"能缓解的只是"闪离"或者草率型离婚当事人双方的冲动情绪而已,要缓解不断上升的离婚率,还需要采取其他相对精细化的配套措施,比如,考虑现代家庭形态的核心化,以及对托老抚幼功能的承担,探索加大税收抵免、税收扣除力度等手段来提高婚姻家庭

---

① 参见王歌雅:《〈民法典·婚姻家庭编〉的编纂策略与制度走向》,载《法律科学》2019年第6期。

抗风险的能力；①设置相应的调解或者咨询环节，由专业人士给处于冷静期内的婚姻当事人提供咨询或者心理疏导服务，在一定程度上促进双方的相互理解和包容，激发对整个家庭和其他家庭成员的责任感，使双方有更多的时间相互磨合，为婚姻关系的存续创造机会等。② 换言之，维护家庭的稳定性，并充分发挥其在社会发展中的重要功能，是一个多方位的体系性工程，需要多项制度的建构和多项措施的齐头并进，这也是宪法规定婚姻家庭受到国家保护的客观要求。

（二）特殊个案中“离婚冷静期”的限缩适用

正如反对意见所担忧的那样，如果存在家庭暴力、虐待、转移财产等特殊情形，依然也不加区别地适用一个月的“离婚冷静期”，无疑会对一方当事人的人身权利和财产权利造成侵害。在此种情况下，一个月的冷静期非但无法维护家庭关系的稳定和谐，反而延长了受害一方的痛苦。若实施家庭暴力的一方撤回离婚申请，等于是继续放纵了家暴行为，将受害者置于更加危险的境地中。此时追求“离婚冷静期”的统一适用，维护婚姻家庭和谐稳定的目的再无必要，因为婚姻家庭的情感已非常淡漠且无以为继。相反，应该兼顾宪法中对妇女等弱势群体的权益予以特别保护的规定，需要就个案中的事实因素进行权衡分析，在维护婚姻家庭的稳定与保护弱势群体人身财产权利这二者之间作出充分衡量，对30日的“离婚冷静期”进行合目的性的限缩适用，使受到损害的一方尽快摆脱婚姻关系造成的危险。

（三）与其他部门法规范的协调适用

婚姻登记的设立并非婚姻自由实现的障碍，而是将婚姻这样相对私人化的事项通过国家承认上升至公共利益的层面，将婚姻这一基础性的社会关系纳入法治化框架中进行保护和调整。与此同时，宪法还对妇女、儿童、老人等特定的家庭弱势群体提供了特别保护，并在立法中予以具体化。例如，2020年新修订的《未成年人保护法》就从家庭、学校、社会、网络、政府、司法等多角度为未成年人构筑起了一道安全保护网。因而对这些主体的利益考量，也需要与婚姻自由的保障进行平衡。

国家对特定家庭成员的保护需要遵守国家辅助性原则，即当个人不能凭己之力和家庭成员的互助而维持自身生存和稳定之时，国家才会介入并对弱势的一方进行救助，解决其生存照顾问题，发挥“国家补充功能”。国内外都以一定亲属间的私法上扶养义务为优先，再由国家来承担补充性的扶助责任。从确保基本权利保障的实效性角度来看，应该将《宪法》第49条中对于特定家庭成员的保护场域予以扩大，不仅局限在家庭之中，因为在当代家庭日益核心化，传统功能减退的情况下，社会和国家承担了更多责任。因而对于家庭弱势群体的利益考量，需要根据不同主体及其权益保护的路径、程序和方法的差异，适用相关的社会法规范。

---

① 参见王军平、翟丽娜：《OECD国家家庭福利政策实践与启示》，载《北京社会科学》2012年第5期。

② 参见张力：《对离婚冷静期的冷思考》，载《检察日报》2020年1月22日，第7版。

六、结语

婚姻被看作共同体整体秩序的要素,是天然而基础的社会单位,除对狭义的私人生活领域有意义外,还对社会共同体的总体秩序有基础性意义。婚姻自由之所以被列入宪法并作为公民的一项基本权利加以规定,最重要的原因在于婚姻自由本身内含每一个人的生存和发展所必需的重要价值。宪法上的婚姻自由依赖婚姻家庭法的落实,而婚姻家庭法的具体规定又必须接受宪法精神的笼罩和调适,并兼顾其他价值的实现。二者之间并非单方面地控制,而是相互影响和"相互动态调适"的过程。①

"离婚冷静期"能在多大程度上降低离婚率、拯救那些尚未真正破裂的婚姻,还有待实践的检验,而婚姻家庭法规范体系本身也还有待完善的空间。但这一立法设定对于落实宪法保护婚姻、家庭和弱势群体,传递主流的婚姻家庭价值观具有重要意义。现代生活方式和家庭形成途径日益多样化,婚姻承担越来越复杂的功能,成为公共领域中生存照护的责任分担者,这些都使婚姻成为沉重的选择。仅仅关注不断增长的离婚率并为之设定"冷静期"门槛,并不能从根本上解决使婚姻关系变得脆弱的结构性问题。真正稳定的婚姻秩序或许还需要分析并解决城乡差别、阶层分化、性别差异和人口流动等因素带来的影响,以及因社会保障力度不足给家庭带来的日益沉重的负担。② 围绕"离婚冷静期"本身存在的争议也正好说明婚姻作为一种生活方式,并非每个人必然和唯一的选择,这或许才是婚姻自由的应有之义。

---

① 参见张翔:《宪法与部门法的三重关系》,载《中国法律评论》2019 年第 1 期。

② 参见吴小英:《"离婚冷静期"争议背后的几个学术焦点》,载《妇女研究论丛》2020 年第 4 期。

第二部分　外国宪法(学)新发展

德国《基本法》下基本权利教义学在德国国家法理论中的发展

[德]克里斯蒂安·布姆克*　著　张小丹**　译

自从70年前基本权利的生效起,其已经成为德国宪政国家的中心支柱。当今关于基本权利的理解是如何形成以及在时间中是如何演变的是本文要研究的问题。对这些问题的描述将集中在国家法学的研究对话(Forschungsgespräch)中,这样做不仅是为了让浩如烟海的材料可控,而且也是因为,德国联邦宪法法院的司法在关于基本权利的研究兴趣中占据着中心地位,其司法在多样化的情境中的发展,也正在被研究。

一、关于70年基本权利发展的叙述和假设

(一)早期历史

1. 标志进入新世界的"吕特案"判决

关于这一发展的历史叙述很少,而且主要涉及最初的几年。① 根据现今非常流行的叙述,自20世纪50年代中期开始,根本性的理解转换完成了。基本权利获得了"双重性

* Christian Bumke,德国汉堡博锐思法学院(Bucerius Law School)教授。

** 德国法兰克福大学法学博士。

本文原题为 Die Entwicklung der Grundrechtsdogmatik in der deutschen Staatsrechtslehre unter dem Grundgesetz,原载《公法学档案》(Archiv des öffentlichen Rechts)第144卷(2019年),第1~80页。

① E.-W. Böckenförde, Zur Lage der Grundrechtsdogmatik nach 40 Jahren Grundgesetz, 1990; H. Dreier, Dimensionen der Grundrechte, 1993; W. Schmidt, Grundrechte-Theorie und Dogmatik seit 1946 in Westdeutschland, in: Simon (Hg.), Rechtswissenschaft in der Bonner Republik, 1994, S. 188 ff.; B. v. Bülow, Die Staatsrechtslehre der Nachkriegszeit (1945–1952), 1996; C. Bumke, Der Grundrechtsvorbehalt, 1998, 4. Kap.; R. Poscher, Grundrechte als Abwehrrechte, 2003, S. 15 ff., 48 ff.; F. Günther, Denken vom Staat her, 2004; R. Wahl, Herausforderungen und Antworten, 2006; W. Pauly, Verfassungs-und Verfassungsprozessrecht, in: Willoweit (Hg.), Rechtswissenschaft und Rechtsliteratur, 2007, S. 883 ff.; ders., Wissenschaft vom Verfassungsrecht: Deutschland, in: v. Bogdandy/Villalón/Huber (Hg.), Handbuch Ius Publicum Europaeum, Bd. 2, 2008, § 27 Rn. 11 ff.; T. Rensmann, Wertordnung und Verfassung, 2007, 1. Teil; M. Stolleis, Geschichte des Öffentlichen Rechts, Bd. 4, 2012, S. 122 ff., 145 ff., 211 ff., 216 ff., 350 ff., 474 ff., 499 ff., 530 ff.; J. Bomhoff, Balancing Constitutional Rights, 2013, 3. Kap. (聚焦言论自由); J. P. Thurn, Welcher Sozialstaat?, 2013, S. 22 ff., 119 ff., 271 ff., 543 ff.; C. Schönberger, Der „German Approach", 2015, S. 27 ff. 针对1989年之后阶段的研究,参见 J. Krüper, Die Verfassung der Berliner Republik, Rg 23 (2015), S. 16 ff。专门针对国家法教师协会年会的研究,参见 H. P. Ipsen, Staatsrechtslehrer unter dem Grundgesetz, 1993。关于国家理论讨论的概览,参见 C. Möllers, Der vermisste Leviathan, 2008。

质”(Doppelcharakter),其不再仅仅被理解为主观的防御权(subjektive Abwehrrechte),而同时被理解为客观的或者决定价值的(wertbestimmend)的“原则规范”(Grundsatznormen),辐射整个的法律秩序(Rechtsordnung)。“改造宪法”的核心力量是联邦宪法法院。“吕特案”标志着转折点,②其被描述为这一改造过程的“宇宙大爆炸”或“高潮点”。③

从历史上看,将“吕特案”如此定位是并不能令人信服的。以当时的研究状况衡量,这一判决绝对不是革命性的,相反,这一判决中体现的只是已经广泛传播的对基本权利的理解。此外,在基本权利的第三人效力(Drittwirkung)上,与许多在国家法和私法中知名的支持声音相反,在基本权利对私法的影响问题上,法院认为基本权利对私法的影响有限。[详见下述二(一)]

有人认为,“吕特案”的判决同时对基本权利的继续发展有非凡意义,也“为德国公法建立起了自我发展路径”④。这样的看法与上述评价并不矛盾。之所以这么说,可以从理论思考(theoretisches Nachdenken)、实践决定(praktisches Entscheiden)与宪法诉讼巨大的意义增长之间的差异来解释。此外,“吕特案”判决、“艾尔菲斯案”(Elfes)判决和“药店案”(Apotheken)判决直到今天构成了基本权司法适用的实践和理念基础。⑤

---

② BVerfGE 7,198 ff.

③ Böckenförde,Zur Lage der Grundrechtsdogmatik nach 40 Jahren Grundgesetz,1990,S. 22 ff. 在此基础上:R. Alexy,Verfassungsrecht und einfaches Recht,VVDStRL 61(2002),S. 7,9(„Urknall“);R. Wahl,Lüth und die Folgen,in:Henne/Riedlinger(Hg.),Das Lüth-Urteil aus(rechts-)historischer Sicht,2005,S. 371,374(„Fanfahrenstoß“),392:“概括地说,通过发现其客观面向,基本权利本身也被重新发现了。”;ders.,Herausforderungen und Antworten,2006,S. 32 f.;Pauly,Verfassungs-und Verfassungsprozessrecht,in:Willoweit(Hg.),Rechtswissenschaft und Rechtsliteratur,2007,S. 891;D. Rennert,Die verdrängte Werttheorie und ihre Historisierung,Der Staat 53(2014),S. 31 ff. 从私法的方面:U. Diederichsen,Die Rangverhältnisse zwischen Grundrechten und Privatrecht,in:Starck(Hg.),Rangordnung der Gesetze,1995,S. 39,44 ff.;J. Collings,Democrasy's Guardians,2015,S. 59,将这一判决描述为“地震”。施托莱斯也追随博肯福德的评价,虽然不是太清晰,参见 Stolleis,Geschichte des Öffentlichen Rechts,Bd. 4,2012,S. 225 f.。对这一阶段的不同描述,参见 K. Stern,Das Staatsrecht der Bundesrepublik Deutschland,Bd. 3 Hb. 1,1988,S. 897 ff.。其虽然赞同研究文献起初将基本权利“几乎仅仅理解为主观防御权”,但是马上又补充说,“20 世纪 50 年代初期,也已经出现了第一批的关于基本权利其他的、非主观—权利面向的进路”(ebd.,S. 897)。思路相近但时间上比博肯福德更早的研究,参见 H. D. Jarass,Grundrechte als Wertentscheidungen bzw. objektive Prinzipien in der Rechtsprechung des Bundesverfassungsgerichts,AöR 110(1985),S. 363,363。

④ Wahl,Lüth und die Folgen,in:Henne/Riedlinger(Hg.),Das Lüth-Urteil aus(rechts-)historischer Sicht,2005,S. 393,392 ff.

⑤ 只需参见亨纳(T. Henne)的评价,Von 0 auf,Lüth' in 6 ½ Jahren,in:Henne/Riedlinger(Hg.),Das Lüth-Urteil aus(rechts-)historischer Sicht,2005,S. 197,206 ff.,以及 Rensmann,Wertordnung und Verfassung,2007,3. Kap.;C. Schönberger,Anmerkungen zu Karlsruhe,in:Jestaedt/Lepsius/Möllers/Schönberger,Das entgrenzte Gericht,2011,S. 9,27 ff.。

2. 法律秩序的改造

对早期发展过程的第二个描述来自米歇尔·施托莱斯(Michael Stolleis)。在其《德国公法史》(Geschichte des Öffentlichen Rechts in Deutschland)中,他看到了20世纪50年代与1933年后时间之间的“引人注目的”相似性。即使有不同的特征,在这两段时间里,新秩序(die neue Ordnung)都成了“法律认识之光(das Licht der Rechtserkenntnis)必须穿透的意识形态的电影胶片”。⑥

笔者认为,上述判断的弊端在于没有充分地考虑以下方面:个人和思想的连续性当然地会影响1949年之后的时间。这一判断也涉及这一普遍被认同的观察,即每一个激进的新政治秩序都追求让自己获得实现。但是,1933年与1949年的对比正好显示出,实现的进路(Realisationswege)可以根本上不同[详见下述二(一)]。1949年之后开始的并不是“无限制解释”(unbegrenzte Auslegung)⑦。所有国家权力受基本权利约束以及新“价值秩序”(Wertordnung)的实现是与对理性的也即尽可能可理解的(nachvollziehbar)、可预见的(vorhersehbar)和明晰的法律适用的追求并行的。旧的以及新兴的法律秩序并不服从于完全的政治功能化(Funktionalisierung)。⑧

此外,将法律和意识形态(Ideologie)对立起来是有问题的,因为其可能会引发两方面的批评:一是联邦宪法法院的判决工作可能不是在法律秩序之内,而是在意识形态信仰(ideologische Überzeugungen)基础上作出的;二是在做价值秩序思考的时候可能涉及概念(Konzept),而这一概念可能决定了基本权利的内容。⑨这一批评忽略的是在对待基本权利时,科学以及实践当时所处的思维—概念(gedanklich-konzeptionell)困境:一般地思考基本权利的意义以及为那些想要限缩既存法律权利的立法者寻找至少建立基本界限的路径,这是一个从魏玛时代遗留下来事情。⑩然而,另外一件完全不同的事情是,在新宪法的基础上修改流传下来的法律秩序,并让其受基本权利的指导。对于这一工作来说,德国历史上并不存在范例。从法教义学的角度看,必须要开发新领域,而由此带来的

---

⑥ Stolleis, Geschichte des Öffentlichen Rechts, Bd. 4, 2012, S. 219 ff., 243 f.

⑦ 关于纳粹时期的发展,只需参见B. Rüthers, Die unbegrenzte Auslegung, 8. Aufl. 2017。

⑧ 作为佐证,参见G. Leibholz, Bericht des Berichterstatters an das Plenum des Bundesverfassungsgerichts zur „Status"-Frage, JöR 6(1957), 120, 124-126(关于联邦宪法法院的自我理解以及“法律适用”的努力);H. Höpker-Aschoff, Bemerkungen des Bundesverfassungsgerichts zu dem Rechtsgutachten von Professor Richard Thoma, ebd., S. 194, 200-202;同时注意托马(R. Thoma)的批评,参见R. Thoma, Rechtsgutachten betreffend die Stellung des Bundesverfassungsgerichts, ebd., S. 161, 170 f。此外,也引入了联邦宪法法院关于德国《基本法》第3条第1款的司法实践(详见下文第二部分第四节第1点第a小点)。

⑨ 这样的指责源于许多不同的方面,如福斯特霍夫(Ernst Forsthoff,详见下文第二部分第一节第3点)、里德(Helmut Ridder, ders., Vom Wendekreis der Grundrechte [1977], in: ders., Gesammelte Schriften, 2010, S. 355, 368 ff., 376 ff)、埃姆克(Horst Ehmke, ders., Prinzipien der Verfassungsinterpretation, VVDStRL 20[1963], S. 53, 81 ff)。参见哥尔利希(H. Goerlich)的分析, Wertordnung und Grundgesetz, 1973。

⑩ 参见Bumke, Der Grundrechtsvorbehalt, 1998, S. 109 ff。

不确定性以及多样性处处都能很清楚地感受到。

（二）对国家法理论思维和工作方式的评价

对于德国《基本法》下国家法学的思维和工作方式发展的评价有很多种。本哈德·施林克(Bernhard Schlink)的著名描述将国家法理论的立场称之为"联邦宪法法院实证主义"(Bundesverfassungsgerichtspositivismus)。[11] 其认为,国家理论(Staatslehre)以一种缺乏概念(konzeptarm)以及无幻象(visionslos)的方式固化在了联邦宪法法院的司法中。[12]

虽然价值判断(Werturteile)不可反驳,但是事实基础(Tatsachenbasis)、决定标准(Entscheidungskriterien)以及区分的适当性(Angemessenheit)是可质疑的。由此,存在需要法院确定(Gerichtsfixierung)的行为领域。这尤其适用于法教义学的中心任务,即评价、吃透和整理实证法。从19世纪下半叶起,司法变成了处理法律材料(Rechtsstoff)的司法。如此获得的理论体系在法律评注和法学手册中汇总,并在法学教材中得以呈现。此外,在日常的法律工作中,也有很多多样化的、很多时候是短命的、关于法院判决的评论和观察被写出来。另外,为了影响法院的判决行为,也有很多的法律鉴定(Rechtsgutachten)被写出来。但是,即使在这一领域,也不可能完全放弃概念性的思维(konzeptionelles Denken)。因为法律机制(juristische Figuren)的获得或者非成文要求或者效果(ungeschriebene Gebote oder Wirkungen)的可操作化(Operationalisierung)。例如,比例原则、防御权、保护义务或者法律理论的编写,无不都是通过援引法院实践来实现的。最后,人们在这一范围内也总会遇到司法的不同方案(Gegenentwürfe zur Rechtsprechung),而不管对个别的基本权利领域还是对一般的基本权利理论,这些不同方案都是不可或缺的。

---

⑪ B. Schlink, Die Entthronung der Staatsrechtswissenschaft durch die Verfassungsgerichtsbarkeit, Der Staat 28 (1989), S. 161 ff. 追随这一判断的,参见 Schmidt, Grundrechte-Theorie und Dogmatik seit 1946 in Westdeutschland, in: Simon (Hg.), Rechtswissenschaft in der Bonner Republik, 1994, 193 ff.; M. Jestaedt, Verfassungsgerichtspositivismus, in: Depenheuer u. a. (Hg.), Nomos und Ethos, 2002, S. 183 ff., 其继续区分不同的类型并发展出自己的立场; Schönberger, Der „German Approach", 2015, 31 f. (相对化); 至少是20世纪70年代以前对这一判断的质疑,参见 Günther, Denken vom Staat her, 2004, S. 110 f.。关于国家法理论中司法在理解发展中的角色的一般论述,参见 Wahl, Lüth und die Folgen, in: Henne/Riedlinger (Hg.), Das Lüth-Urteil aus (rechts-) historischer Sicht, 2005, S. 26 ff.。

⑫ Schönberger, Der „German Approach", 2015, 32 ff., 其在欧洲化进程中呼吁国家法学重新加强概念研究 (ebd., S. 50 ff.). 很多的事取决于这一判断到底关涉什么。比起对具体宪法的研究来说,这一判断可能对于国家理论的思考来说更适合(相同的方向上,参见 C. Möllers, Der vermisste Leviathan, 2008, S. 31 ff.)。提出并研究反思缺陷,参见 M. Morlok, Reflexionsdefizite in der deutschen Staatsrechtslehre, in: Schulze-Fielitz (Hg.), Staatsrechtslehre als Wissenschaft, 2007, S. 49 ff.。关于国家法理论的一般描述,参见 H. Schulze-Fielitz, Staatsrechtslehre als Wissenschaft, in: ders. (Hg.), Staatsrechtslehre als Wissenschaft, 2007, S. 11 ff.; F. Schoch, Gemeinsamkeiten und Unterschiede von Verwaltungsrechtslehre und Staatsrechtslehre, in: ebd., S. 177 ff.; A. Jakab, Staatslehre, in: Schönberger, Der „German Approach", 2015, S. 75 ff.。

另外一个活动领域来自对更大法律主题领域的归纳和反思,在其中可以选择许多不同的进路(历史的、比较的、学科内部的、学科外部的、法教义学的、理论的或者哲学的)。在此,司法可以是对象,但绝非在实证主义的意义上或者固定的意义上。基本权利发展的早期正是受到了众多虚幻建议的影响。⑬ 基本权利的双重性质并不是联邦宪法法院的发明。关于德国《基本法》第12条、比例原则、基本权利的第三人效力、德国《基本法》的经济宪法问题以及宪法解释路径的早期研究并非某个法院实践的反映或临摹。之后,又有关于基本权利的正确理解、基本权利理论或者自由概念的基本权利理解和正确的基本权利模式的研究。如果有人认为,自从20世纪90年代起,如果国家法理论整理—安排性力量(die ordnend-gestaltende Kraft)减弱了,那么这尤其可能体现在一般基本权利理论的强化中。

此外,还有一种广泛被接受的假设,即基本权利发展的早期受到施米特学派与斯门德学派之间争论的决定性影响。⑭ 此外,还有关于发展道路自身的不同评价。发展道路

⑬ 在20世纪五六十年代,用其概念性工作影响了国家法理论的思维和工作的国家法学家,如福斯特霍夫(Ernst Forsthoff,关于其著作详见 F. Meinel, Der Jurist in der industriellen Gesellschaft, 2011)、施伊勒(Ulrich Scheuner,关于其著作详见 C. Steinbeiß- Winkelmann, Grundrechtliche Freiheit und staatliche Freiheitsordnung, 1986, S. 255 ff.)、克莱(Friedrich Klein, mit seinem v. Mangoldt/Klein GG Kommentar, 2. A., Bd. 1, 1955)、迪里希(Günter G. Dürig,详见 H. Wilke, Stand und Kritik der neueren Grundrechtstheorie, 1975, S. 24 ff.)、里德(H. Ridder,详见 Steinbeiß-Winkelmann, ebd., S. 435 ff.)、赫柏勒(P. Häberle,详见注100中提及的著作)。

⑭ 这一假设是由弗里德·昆特(Frieder Günther)在其非常完美和精细的博士论文"Denken vom Staat her"中发展出来的(Denken vom Staat her, 2004)[在其之后,如还有 Pauly, Verfassungs-und Verfassungsprozessrecht, in: Willoweit (Hg.), Rechtswissenschaft und Rechtsliteratur, 2007, S. 887 f., 900 f.]。这一假设的困难之处源于这一情况,即虽然对于施米特学派来说可以命名由其代表的清晰的概念规定(konzeptionelle Vorgaben)(ebd., S. 112 ff., 127[zusammenfassend]),而且——如昆特很形象和详细地描述的那样——相互之间存在非常密切的专业联系。但是,对于斯门德学派来说却缺少可以比拟的、清晰的、由其代表的关于基本权利和宪法的前提(ebd., S. 159 ff.),至多可以援引到程序性时刻,但是仅这一点还不足以形成一个学派。人员的归属也是有疑问的。例如,我在汉斯·彼得·伊普森(Hans Peter Ipsen)的言论中就无法看到施米特学派的思想。(sieht man vom pessimistischen Grundton bspw. beim Rückblick dess., Über das Grundgesetz, DÖV 1974, 289 ff., ab, der von Thurn, Welcher Sozialstaat?, 2013, S. 262 ff, als grundsätzlicher Wandel gelesen wird). 对于乌尔里希·施伊勒(Ulrich Scheuner)来说,我会觉得其并非一个非常独立的研究人物;对于霍斯特·埃姆克(Horst Ehmke),我也是这么认为的。最后,所有前20年有影响的学者既不属于施米特学派,也看不出跟鲁道夫·斯门德(Rudolf Smend)有多么密切的联系,我觉得这样的学者还有奥托·巴霍夫(Otto Bachof)、昆特·迪里希(Günter Dürig)、弗雷德里希·克莱(Friedrich Klein)、汉斯·卡尔·尼佩岱(Hans Carl Nipperdey)或者赫尔穆特·里德(Helmut Ridder)。但是,昆特(Günther)(ebd., S. 93 ff.)自己完全没有将图景简化为两个学派。因此,他继续探讨了国家法理论中的其他"思想集体"(Denkkollektive),尤其是围绕阿本德沃特(Abendroth)和里德(Ridder)的集体。Zur Entwicklung des Smendschen Werkes unter dem Grundgesetz s. n. Pauly, Verfassungs-und Verfassungsprozessrecht, in: Willoweit (Hg.), Rechtswissenschaft und Rechtsliteratur, 2007, S. 895 f. m. w. N.

有时候被人理解为西化(Westernisierung),有时候又被理解为德国特殊道路的继续。⑮人们也会碰到国家法学关于宪法研究方向的不同评价。⑯

除了这些概括性假设本身带来的显著不确定性,这些评价的失败之处还在于广泛缺乏对发展历史的整理。这些评价大多建立在单个的提示或者观察之上。关于基本权利的研究对话很少得到历史性的归纳整理。只有少数的研究为了个别问题或者人物而广泛、细致地整理了历史材料。⑰因此,许多评价只能是推测性的,只是建立在作者自己的经验背景上。

(三)本文的进路

本文也只能部分地反对推测性元素。由于范围的原因,只能进行一些举例性的描述。下文将不会对单个的基本权利进行探讨。因为这些基本权利到现在为止还没有形成一种全面的发展历史。因此,本研究集中于基本权利的一般理论。另一个挑战源于基本权利对话的过程:开始时广泛而共同的思想潮流在20世纪60年代时,演化为不同的方向,新的流派加入进来,流派之间相互重叠,旧的东西被继承,新的东西出现,而有些东西随着时间而消失。因此,缺少必要的线性(Linearität),这样的线性不仅是为了获得清晰的时间节点,而且也是为了形成完整的叙述线条(Erzählungsstrang)。本文将首先去发掘那些影响了迄今历史的发展要素,而不会关注时期、变化以及突进。

二、基本权利的发展要素

(一)基本法基本权利理解的构成

本文关于基本权利理解的叙述从一开始就不同于其传统的发展图像,传统发展图像认为"基本权利的双重性质"的理念从一开始就影响了基本权利理解。⑱ 因此,20世纪50年代中期的时候,提出的问题不是基本权利在私法中是否(ob)有效,而是基本权利在

---

⑮ 参见 V. Frick, Die Staatsrechtslehre im Streit um ihren Gegenstand, 2018, S. 61 ff.; Stolleis, Geschichte des Öffentlichen Rechts, Bd. 4, 2012, S. 246,其称为"区隔";对于舍恩贝格尔(C. Schönberger)来说,"行政法是具体化的宪法", in: Stolleis (Hg.), Das Bonner Grundgesetz, 2006, S. 53, 57,称为"令人吃惊的联邦德国的特殊道路"。关于国际法对基本法产生的影响及其基本法早些年发展的研究,参见 Rensmann, Wertordnung und Verfassung, 2007, 1. Teil。

⑯ 参见 Günther, Denken vom Staat her, 2004, S. 234 ff., 321 ff.; Frick, Die Staatsrechtslehre im Streit um ihren Gegenstand, 2018, S. 9 ff., 77 ff.。

⑰ 参见注释1中的内容;此外,参见 Meinel, Der Jurist in der industriellen Gesellschaft, 2011;聚焦私法,参见 Privatrecht: T. Hollstein, Die Verfassung als „Allgemeiner Teil", 2007; I. Kauhausen, Nach der, Stunde Null, 2007。

⑱ K. Hesse, Grundzüge des Verfassungsrechts, 1967, S. 110.

私法中如何(wie)有效。[19]如果大家看一下国家法学中的讨论,联邦宪法法院的四大判决[“艾尔菲斯案”(Elfes)、“配偶分割课税案”(Ehegattensplitting)、“吕特案”(Lüth)以及“药店案”(Apotheken)]之间并没有停顿[20]——相反,这几个案子是相互嵌入对话当中的。

---

⑲ 详见二(二)部分,如此清晰的表述,参见 F. Laufke, Vertragsfreiheit und Grundgesetz, in: Nipperdey (Hg.), Festschrift für H. Lehmann zum 80. Geb., 1956, S. 145, 146;同样的评价也参见 S. Künkele, Die positiv-rechtlichen Auswirkungen des Art. 1 Abs. 1 Satz 1 des Grundgesetzes, Diss. Tübingen 1958, S. 141 f.;莱斯勒(W. Leisner)在其教职资格论文„Grundrechte und Privatrecht“, 1960, S. 310,注释 63 中列举那些反对任何形式的“第三人效力”的意见。但是这一清单,一方面,可以短一点,因为那里列出的有些作者非常可能承认基本权利在私法领域内的效力。例如, G. Dürig, W. Geiger oder F. Klein, aber auch G. Hueck, G. Beitzke, F. Laufke(参见注释 48, 49, 53)。另一方面,涉及的在国家法上的立场都是很短的和概括性的说法,而没有详细论述(例如, W. Apelt, F. Jerusalem, E. Kern, A. Koettgen, C.-H. Uhle 的说法)。我认为这一点可以如此来理解,即莱斯勒只是想与 W. Schmidt-Rimpler, P. Gieseke, E. Friesenhahn, A. Knur, Die Lohngleichheit von Männern und Frauen, AöR 76(1950/51), S. 165 ff. 中提出的那些论证进行讨论(ebd., S. 311 ff.)。最后,不仅需要援引那些承认在私法领域某种形式的规范效力的学者的数字(Leisner, ebd., S. 339,注释 124),而且也需要援引那些在 1949~1952 年产生的否定性立场(当然会存在少量重要例外,如 E. Boetticher 的文章 Der Anspruch auf Gleichbehandlung im Arbeitsrecht, RdA 1953, S. 161 ff.)。

⑳ BVerfGE 7, 198-Lüth; 6, 55 – Ehegattensplitting; 6, 32 – Elfes; 7, 377 – Apotheken. Pauly(Verfassungs-und Verfassungsprozessrecht, in: Willoweit(Hg.), Rechtswissenschaft und Rechtsliteratur, 2007, S. 899)称之为 20 世纪 50 年代期间联邦宪法法院与国家法学之间的“给和取”(Geben und Nehmen)。雷斯曼(Rensmann, Wertordnung und Verfassung, 2007, S. 68 ff.)也强调介入与国家法学的对话。联邦宪法法院是通过那些判决开始其价值秩序司法(Wertordnungsrechtsentsprechung),关于这一问题的讨论请参见 Dreier, Dimensionen der Grundrechte, 1993, S. 10 ff.; Bumke, Der Grundrechtsvorbehalt, 1998,注释 560。这些判决也显示出了创造性元素(关于基本权利领域内的创造性,参见 G. Hornung, Grundrechtsinnovationen, 2015),这一点不会让人吃惊:通过“吕特案”,在民事诉讼中常用的评价手段被引入了宪法并被作为专业法院的审查手段。同时,由此为建立比例原则(Verhältnismäßigkeitsgrundsatz)提供了重要的出发点。这一发展史详见 C. Bumke, Der Grundsatz der Verhältnismäßigkeit, in: Hoffmann-Riem(Hg.), Innovationen im Recht, 2016, S. 117, 132 ff.; A. Tischbirek, Die Verhältnismäßigkeitsprüfung, 2017, S. 38 ff. 立法者必须受到基于必要性要求(Erforderlichkeitsgebot)最低限度的理性约束,也在“药店案”判决中获得了确立[请参见 U. Scheuner, Das Grundrecht der Berufsfreiheit, DVBl. 1958, 845, 849;以及 Ehmke 的激烈批评,参见 Prinzipien der Verfassungsinterpretation, VVDStRL 20(1963), S. 89 ff.; ders., Wirtschaft und Verfassung, 1961, S. 56 ff., 78 ff. H. Ridder, Die soziale Ordnung des Grundgesetzes, 1975, S. 91–93, 106 f.]。“艾尔弗斯案”中的简单法律保留意义上的合宪性秩序概念的解释[相同的理解参见 H. v. Mangoldt, Das Bonner Grundgesetz, 1953, S. 47(Veröffentlichung der Lieferung 1949, S. 47)]对于基本权利教义学具有广泛影响。因为在此之前在文献中大多数人遵循的通过德国《基本法》第 2 条第 1 款第 2 半句的限制条款来论证对基本权利限制的方法被终结了[请参见 H. v. Mangoldt, Grundrechte und Grundsatzfragen des Bonner Grundgesetzes, AöR 75(1949), S. 273, 280; H. Solcher, Zur Frage der Grenzen des Rechts auf freie Entfaltung der Persönlichkeit nach Art. 2 Abs. 1 GG, Diss. Hamburg 1952, S. 111 ff.; W. Hertle, Der allgemeine und der besondere Gesetzesvorbehalt bei Grundrechten, Diss. Freiburg 1953, § 14; G. Dürig, Art. 2 des Grundgesetzes und die Generalermächtigung zu allgemeinpolizeilichen Maßnahmen, AöR 79(1953/54), S. 57 ff., 81; ders., Urteilsbesprechung, JZ 1957, S. 169, 171 ff.; Herbert Krüger, Die Einschränkung von Grundrechten nach dem Grundgesetz, DVBl. 1950, S. 625, 627; U. Scheuner, Grundrechtsinterpretation und Wirtschaftsordnung, DÖV 1956, S. 65, 69]。此外,在宪法诉讼的框架下开始了非常广泛的合宪性审查(Verfassungsmäßigkeitskontrolle),这具有重大的实践

基本法的基本权利理解的形成是从更早的时候开始的,也即从1949年就开始了,而且结束得更晚。如果想要找一个合适的明显结束点,大家可以选择1967年《联邦德国宪法基础》(Grundzüge des Verfassungsrechts der Bundesrepublik Deutschland)㉑的出版为节点。㉒这部著作完成了基本权利理解建构时期的总体构建。

1.新的基本法秩序

随着基本法的生效,在德国的西部被占领区建立了联邦德国,其致力于尊重和保护人的尊严(Menschenwürde)。除了保护人的尊严、人权保障,以及基本权利对所有国家权力的约束外,公权力的合宪性控制、分权以及民主、社会联邦国家原则也被坚定地加以保障。立法者以某种在当时还不明确的方式受到基本权利的约束:㉓虽然有宪法的侵犯授权(Eingriffsermächtigung),但是立法者也不能够侵犯某一基本权利的本质内容(Wesensgehalt)。所有的国家权力,包括立法者的权力都要求受到联邦宪法法院的控制。如此构建的秩序的未来是非常不确定的。但是,非常明确和坚定的是,纳粹主义的恐怖统治得到了避免,民主宪法国家以及所有人具有同等尊严和自由的思想得到了保障。

除了那些有意识留下的未决问题,如有关选举体制的问题,新的基本法秩序给法律实践和国家法学抛出了一大堆具有挑战性的问题:在缺少一种类似于盖尔伯式(Gerber-

---

意义。对于德国《基本法》第2条第1款的不同争论点的概述,请参见 Laufke, Vertragsfreiheit und Grundgesetz, in: Nipperdey (Hg.), Festschrift für H. Lehmann zum 80. Geb., 1956 S. 157 ff., 163 ff., 173 ff. 从国家法学层面典型的尖锐批评,请参见 Ehmke, Prinzipien der Verfassungsinterpretation, VVDStRL 20[1963], S. 81 ff.。关于联邦宪法法院和联邦法院之间的争论中的判决意义,请参见 A. Brodocz, Lüth und die Deutungsmacht des Bundesverfassungsgerichts, in: Henne/ Riedlinger (Hg.), Das Lüth-Urteil aus (rechts-) historischer Sicht, 2005, S. 271 ff.; T. Darnstädt, Verschlusssache Karlsruhe, 2018, S. 199, 215 ff.。这些讨论中部分讨论至今仍未平息,请参见 K. Stern, Das Staatsrecht der Bundesrepublik Deutschland, Bd. 4 Hb. 1, 2006, S. 890 ff., 923 ff., 951 ff.。

㉑ Hesse, Grundzüge des Verfassungsrechts, 1967, S. 110. U. Scheuner 在其书评 DÖV 1967, S. 283 f. 中表明了这一进步特征。这一评价与在此强调的总体特征并不矛盾。

㉒ 这一转变存在于承认"基本权利的双重性质"或者说承认客观法的方面。在此呈现出来的观察基本权利理解的发展方式是和尼佩代(H. C. Nipperdey)的观察方式一致的,他在 Boykott und freie Meinungsäußerung, DVBl. 1958, S. 445, 447 中称为"基本权利变迁"(Wandel der Grundrechte),这一变迁是通过基本法的公布而完成的;与此一致,K. Kübler, Über Wesen und Begriff der Grundrechte, Diss. Tübingen 1965, S. 324 ff. (没有明确的时间定位); T. Ramm, Der Wandel der Grundrechte und der freiheitlich soziale Rechtsstaat, JZ 1972, S. 137 ff.。自从20世纪70年代初开始,普遍的做法是将这一转变,在"变迁"这一关键词中予以主题化: R. Bernhardt, Wandlungen der Grundrechte, 1970; E. Friesenhahn, Der Wandel des Grundrechtsverständnisses, in: DJT 50 (1974), Bd. 2, S. G 1 ff.; H. H. Rupp, Der Wandel der Grundrechte, AöR 101 (1976), S. 161, 165 f.; 对语词使用的批判. 参见 F. Ossenbühl, Die Interpretation der Grundrechte in der Rechtsprechung des Bundesverfassungsgerichts, NJW 1976, S. 2100, 2100. P. Saladin 在其以变迁为主题的 Grundrechte im Wandel, 1970 一书中研究了瑞士联邦法院司法中的变化。

㉓ 参见 Bumke, Der Grundrechtsvorbehalt, 1998, S. 40 ff., 124 ff.。舍恩贝格尔(Schönberger)从行政法角度强调了处理宪法时的不确定性,„Verwaltungsrecht als konkretisiertes Verfassungsrecht", in: Stolleis (Hg.), Das Bonner Grundgesetz, 2006, S. 59 f.。

sch)立宪君主制设计的民主宪法国家设计的情况下,如何思考新的国家和宪法秩序?[24]源自19世纪的基本权利表述在工业－福利国家的大众民主(Massendemokratie)的条件下具有哪些意义?社会国(Sozialstaat)、法治国(Rechtsstaat)以及民主原则如何统一起来思考,各自又如何来理解?立法者的基本权利约束(Grundrechtsbindung des Gesetzgebers)如何实现?这些问题没有一个得到基本的回答。因为,回答这些问题还缺少必要的规范性的认识。例如,在回答最后一个问题时,缺少法教义学的工具,以便将基本权利约束翻译为一个法院可控制的模式。虽然,通过制度性保障(Einrichtungsgarantie)机制以及利益衡量(Güterabwägung)的思想,在魏玛时期已经产生了第一批理论进路来约束立法者。[25]但是,一方面,制度性保障机制并不是在所有基本权利中都能以同一种方式适用。而另一方面,法益以及法律所保障的利益之间的衡量恰好正是立法者的原初任务。[26]立法权的宪法界限能够考虑的至多是立法权的滥用。但是,即使是立法权的宪法界限,大家也并不确定,如何来划定民主—政治的目的设定(demokratisch-politische Zielsetzung)与法律恣意(rechtliche-Willkür)之间的界限。此外,还存在这一困难,即任何等级化的和衡量性的操作(Hierarchisierungs-und Abwägungsprojekt)都必须从宪法法益的基本法平等性出发。[27]此外,在具体法律适用层面上多样化的、困难的问题也亟须寻求答案。[28]

基本法至多只是指明了方向和目标:一个带有独立宪法诉讼的宪政国家。[29]虽然是以法律条款的形式撰写的,但是基本法在基本权利那一章却写得很粗糙和零碎。除了这些的宪法语言和目的的不确定性外,还缺少必要的经验和认识来将这一政治奠基性的和社会记忆性的工程转化为可理解的法律概念、整合性－引导性概念以及可操作的

---

[24] C. -F. -W. v. Gerber, Grundzüge eines Systems des deutschen Staatsrechts, 1852. 就此问题可参见我的概括性论述, C. Bumke, Rechtsdogmatik, 2017, S. 13 ff. 。卡尔·施米特(Carl Schmitt)虽然在其宪法理论看到了这一设计[请参见 C. Schmitt, Verfassungslehre(1928), 6. A., 1983, S. Ⅶ],但是这样一种设计无论是在实践中还是在理论上都不能论证这样的背景性理解。原因可能在于这一事实,即其理论涉及这样一个概念,在这一概念之下,民主宪法国家分裂为两个部分(非政治的自由—法治国家—分权的部分,以及政治的民粹—民主的敌视选举的部分),因此,作为政治秩序的综合性概念在其核心上是有问题的。

[25] Bumke, Der Grundrechtsvorbehalt, 1998, S. 112 f., 114;魏玛时期基本权利教义学发展的一般情况参见 ebd., S. 109 ff.;此外参见莱斯勒(Leisner)的详细分析, „Grundrechte und Privatrecht“, 1960, S. 30 ff., 52 ff.,以及 H. Dreier 的总括性阐释, Die Zwischenkriegszeit, in: Merten/Papier (Hg.), Handbuch der Grundrechte, Bd. 1, 2004, § 4 Rn. 28 ff.; C. Gusy, 100 Jahre Weimarer Reichsverfassung, 2018, S. 240 ff.。

[26] 参见注释61。

[27] 关于宪法规范不同等级秩序的可能性的思考: O. Bachof, Verfassungswidrige Verfassungsnormen, 1951, S. 32 ff.。联邦宪法法院从一开始就宣传宪法的统一性: BVerfGE 1, 14, 32。对于这一基础理解的批评,参见 F. Müller, Die Einheit der Verfassung, 2. Aufl., 2007。

[28] 参见本节第2部分第(2)小点。

[29] 施托莱斯形象地称为“基本权利的激活”。参见 Stolleis(前注1), S. 216 ff。

法律工具。[30]回溯来看,除了一些简单的认识以及原则性的方向指引外,只有少数地方才能够在基本法的原初规定及其之后解释之间划出一条清晰界限。并不存在一个确定的、有解释力的以及可操作的法律教义学理解背景(Verständnisfolie)来赋予文本以特别的法律内容。基本法尤其是由那些根本性的确信、指明方向的东西以及陈述性的东西组成的。[31]

议会委员会的那些立法讨论材料以及基本法产生史中其他的材料非常具有参考价

---

[30] 克莱专门研究了所缺少的基本权利教义学知识,见 Klein(前注 13),S. Ⅵ.,一些学者敏锐地察觉到了显著的不确定性。W. Apelt, Betrachtungen zum Bonner Grundgesetz, NJW 1949, S. 481 ff.; H. Brill, Die Grundrechte als Rechtsproblem, DÖV 1948/49, S. 54 ff.; C.-H. Uhle, Die Grundrechte, DVBl. 1949, S. 333 ff.; F. W. Jerusalem, Die Grundrechte des Bonner Grundgesetzes und ihre Durchsetzung in der Rechtsprechung, SJZ 1950, S. 2 ff.; Krüger, Die Einschränkung von Grundrechten nach dem Grundgesetz, DVBl. 1950, S. 627.

[31] 托马(R. Thoma)强调对待新宪法时的不确定性,Über die Grundrechte im Grundgesetz für die Bundesrepublik Deutschland, in: Wandersleb(Hg.), Recht, Staat, Wirtschaft, Bd. 3, 1951, S. 9, 19(„dunkle Orakelsprüche")。沃尔夫(E. Wolf)强调纲领性的要素,Die Freiheit und Würde des Menschen, in: Wandersleb (Hg.), Recht, Staat, Wirtschaft, Bd. 4, 1953, S. 27, 38。关于基本法的颁布所实现的根本性转变的清晰分析,参见 Leisner, Grundrechte und Privatrecht", 1960, S. 139 ff., 152 ff。在此背景下,博肯福德(E.-W. Böckenförde)的这一论题获得了其意想不到的意义,即在"将基本权利理解为原则性规范"时,所涉及的不是"基本法的规定",而是涉及"基本权利的解释和鉴定(Qualifizierung)结果",也就是"发展基本法的结果"(Zur Lage der Grundrechtsdogmatik nach 40 Jahren Grundgesetz, 1990, S. 22 f.)。这一论题是正确的,因为它认为基本权利"双重性质"的理解并不是建立在基本法清晰的文本规定或者议会委员会所欲求的规定基础上。基本法以及立宪者并没有认识到基本权利的双重性质,但是如果就此主张说从一开始就存在一个单面向的基本权利的理解,那么这种说法要么缺少(1)一个批判性的、有信息含量的对立点,要么(2)这一主张自身是错误的。对于第一点来说,在议会委员会那里,基本权利的确是作为对抗国家,保护个人的自由权或者防御权来理解的。但是,这一理念史的内容并没有确定基本权利法教义学的内容,也没有确定其具体的法律效果。为了实现自由权的理念,如同现今那样的防御权机制是非常适合的。但是,除现今的防御权机制外,还有其他的实现路径,同时,对防御权机制本身的设计也是非常不同的。自由权的理念与基本权利的"双重性质"处在一种中立—开放的关系中。对于第二点来说:如果这一论题是说,基本法已经规定未来基本权利教义学的概念,如将基本权利规定为防御权,那么这个论题就是错的。1949 年时,并不存在以可操作的法律实践论证和控制工具为形式的防御权机制。大家看一下福斯特霍夫(Forsthoff)在缺乏当前的教义学选择性的情况下,援引"分配原则"(Verteilungsprinzip)作为法治国家体系的构成性基石就可以证明这一点。将一个好似在国家法律秩序之外的自由空间与不自由的、通过法律管治的空间对立起来对于实现基本法所承担的任务并没有任何帮助,这一任务即是划分这两个空间之间的界限,并形成与基本权利的自由—秩序概念相协调的自由形态的法律秩序的标准。国家的不自由与私人的自由之间的对立也并不适于描述约束与自治相互交织的社会现实。昆特[Frieder Günther, Denken (前注 1), S. 202 ff.]用以下的说法补充了博肯福德的观点,即 20 世纪 50 年代的国家法理论对基本权利可能并不是特别感兴趣,这个时期的基本权利是在主观防御权的意义上来被理解的。对于这一说法,除可以用 20 世纪 50 年代超过 100 本关于基本权利主题的博士论文来加以反驳,还可以用其他的大量研究基本权利问题的论文来反驳。与此处描述的图像相一致的是泼舍尔的重构(Poscher,前注 1,关于魏玛时代第 31 页以下部分,第 41 页):"基本法中还不存在以教义学形式建构的防御权。"耶施塔特(M. Jestaedt)也持相同的观点,参见 Grundrechtsentfaltung im Gesetz, 1999, S. 101 ff.。

值。[32] 但是,正是关于这些材料的研究增强了这一看法,即在议会委员会里面缺少有力的工具,以便在基本权利那一章写下可信的设计程序(Gestaltungsprogramm)。无论是在基本法的原初设计中所写下的东西,还是所欲求的东西,都与之后所理解的东西并不冲突。所欲求的东西与所理解的东西之间的界线是交错的,所理解的东西之所以可以被理解是因为只有在对于立宪者自己来说还是陌生的(宪法)法典被制定之后,法典才会解释那些被规定的东西。出于这些原因,基本法的制定以及一开始的讨论必须被共同作为基本法发展史的本来开端。因此,这一开端是由原初的文本理解、参与者的集体目的以及 20 世纪 50 年代早期的基本法适用共同组成的混杂物。

2. 实质的宪法——基本权利理解

(1)共同的前理解

从一开始,试图努力理解基本权利就是一部多声部的合唱。想要拒绝新秩序的人是没有的。[33] 然而,这一和弦的和声更多是和一个关于起初情况(Ausgangslage)的广泛共同前理解一起的,而这一前理解则是由多个部分组成的:19 世纪的自由主义(Liberalis-

---

[32] 费尔德坎普(M. F. Feldkamp)提供了关于基本法产生历史的可信介绍,Der Parlamentarische Rat 1948 - 1949,2008;关于这些争论的有益概括,参见 W. Sörgel, Konsensus und Interessen, 1969;特别关注基本权利的是 K. Niclauß, Der Weg zum Grundgesetz, 1998, S. 249 ff.,另可参见 Bumke, Der Grundrechtsvorbehalt, 1998, 122 ff.; Poscher, Grundrechte als Abwehrrechte, 2003, S. 42 ff. Stern, Das Staatsrecht der Bundesrepublik Deutschland, Bd. 3 Hb. 1, 1988, S. 1520 f.。从基本权利被理解和规定为自由权的情况中并在援引 D. Vogt, Die Drittwirkung der Grundrechte und Grundrechtsbestimmungen des Bonner Grundgesetzes, Diss. Münster 1960, S. 90 f. 的情况下,得出结论认为议会委员会并没有想要第三人效力。然而,这一如此广泛的说法,大家还不能够从那些仍然"沉默"的材料中得出来。在德国《基本法》第 3 条第 2 款的范围内,这一新的秩序至少也应该包括私法。其他对于理论和实践来说意义重大的问题,从基本法的产生历史中也不能得出太多答案。与施米特的看法相反(Schmidt,前注 1, S. 197 ff.),例如,对基本权利的限制,无论是从基本法的产生历史中,还是从基本法文本中,都无法得到清晰的概念。关于此点,详见 Bumke, Der Grundrechtsvorbehalt, 1998, S. 36 ff., 122 ff.。

[33] 关于国家法理论上对基本法的接受,参见 Stolleis, Geschichte des Öffentlichen Rechts, Bd. 4, 2012, S. 128 ff.;此外参见 Bülow, Die Staatsrechtslehre der Nachkriegszeit(1945 - 1952), 1996, S. 141 f.; Günther, Denken vom Staat her, 2004, S. 81 ff. (breite Anpassungsprozesse) 84 ff. (zu den Kritikern)。代表性的批评者:W. Weber, Weimarer Verfassung und Bonner Grundgesetz (1949), in: ders., Spannungen und Kräfte im westdeutschen Verfassungssystem, 3. Aufl., 1970, S. 9 ff.,其批评的核心不是针对基本权利(ebd., S. 19 ff.),没受到攻击的只是根据基本法第 1 条第 3 款(ebd., S. 33)的普遍约束力。此外,福斯特霍夫(Forsthoff)对宪法的产生历史或者由此所追求的程序进行了批评;接下来批评者,参见 Meinel, Der Jurist in der industriellen Gesellschaft, 2011, S. 325 f., 347 ff. 而克莱(F. Klein)强调了 4 种(臆想的)二律背反。此外,这一理解也具有中心意义,即基本法在其形式和起草上处在自由法治国的传统中,虽然基本法所欲求的社会的法治国(ebd., S. 398 ff.)以及自由法治国早就被宪法的现实超越了(ebd., S. 407 ff.)。但是克莱早在其文章 Tragweite der Generalklausel im Art. 19 Abs. 4 des Bonner Grundgesetzes, VVDStRL 8(1950), S. 67 ff. 中,已经试图对基本法进行创造性解释,得出只是拒绝或者克服自由主义的结论(ebd., S. 86 f., 122):"……可以明确讲的是,之前的自由—法治国家、公民—自由概念和立场在现在已经不能起到支柱性作用了(ebd., S. 87)。" F. Klein, Mangoldt/Klein GG Kommentar, 2. A., Bd. 1, 1955, S. 16:他关于基本法宪法政治和法律技术层面的价值判断是"正面的"。将基本法理解为暂时秩序,这一挑战,伊普森(Hans Peter Ipsen)作了简短的评述,Über das Grundgesetz(1949), 1969, S. 14 ff.。

mus)以及19世纪末20世纪初的实证主义(Positivismus)这两个熟悉的对立概念构成了第一个共同的基准点。虽然,新的秩序尤其是在语言上,而且也在内容上与19世纪的自由宪法传统相衔接,但是大家也广泛同意,基本法与自由主义是有差别的,后者被理解为黑格尔意义上的市民交易社会(Verkehrsgesellschaft)秩序。㉞ 基本法所追求的并不是独立的自由,而是与社会相互联系的自由。另外,实证主义也被克服了——这一点毫无疑问。在特里佩(Triepel)的模式上,这意味着将社会和政治的发展包括进国家法的思考中,以及准备好也进行法律价值判断(rechtliche Werturteile)。㉟而对于这个前理解来说,“魏玛时期学说”只具有很少的意义。积极援引魏玛时期的基本权利讨论,虽然是可行的,但是考虑到这些讨论的碎片化发展状态,援引的可能性也非常有限。因此,清晰地援引——如果大家不考虑制度性保障(Einrichtungsgarantie)这一点——是非常少的。㊱应该创造一种新的人类秩序,一种法律的统治秩序。但是,与此同时,这一受过创伤的过去又

㉞ 曼戈尔特(H. v. Mangoldt)非常清楚地研究了对19世纪自由主义的偏离以及与自由主义相关的概念,尤其是自由法治国的概念,Grundrechte und Grundsatzfragen des Bonner Grundgesetzes, AöR 75[1949], S. 275, 279; Klein, Tragweite der Generalklausel im Art. 19 Abs. 4 des Bonner Grundgesetzes, VVDStRL 8(1950), S. 86 f.。此外参见 H. Herrfahrdt, Tragweite der Generalklausel im Art. 19 Abs. 4 des Bonner Grund gesetzes, VVDStRL 8(1950), S. 126, 135 ff.; H. Nawiasky, Die Grundgedanken des Grundgesetzes für die Bundesrepublik Deutschland, 1950, S. 22(gegen Egoismus); G. Uber, Freiheit des Berufs, 1952, S. 41 ff.; Mangoldt, Das Bonner Grundgesetz, 1953, S. 47; U. Scheuner, Die institutionellen Garantien des Grundgesetzes, in: Wandersleb (Hg.), Recht, Staat, Wirtschaft, Bd. 4, 1953, S. 88, 97 f.; J. Kleiner, Die verfassungsrechtliche Bedeutung der Grundrechte im Bonner Grundgesetz und in den Landesverfassungen, Diss. Freiburg, 1953, S. 40 ff.; O. Bachof, Begriff und Wesen des sozialen Rechtsstaates, VVDStRL 12(1954), S. 37, 38 f.; W. Abendroth, VVDStRL 12(1954), S. 85, 87 ff.。((第91页:克服实证主义和自由主义。)这一出发点在过去的时间中总是被反复强调:H. Peters, Geschichtliche Entwicklung und Grundfragen der Verfassung, 1969, S. 234 ff.; Bethge. Aktuelle Probleme der Grundrechtsdogmatik, Der Staat 25(1985), S. 351, S. 373 f.。然而,也有不同的观点:W. Thieme, Liberalismus und Grundgesetz, ZgStW 113(1957), S. 285 ff., 蒂梅(W. Thieme)将德国法治国－君主制(rechtsstaatlich-monarchisch)传统意义上的自由主义理解为基本法的意识形态基础(ebd., S. 286 ff.),像克莱(注释33)一样,他将自由主义与民主或者社会国之间的关系理解为是相互矛盾的(ebd., S. 292 ff., 297 ff.)。

㉟ 例如,关于克服实证主义,参见 G. Bohne, Menschenwürde und Strafrecht, in: Wandersleb (Hg.), Recht, Staat, Wirtschaft, Bd. 3, 1951, S. 20, 21 ff.; E. v. Hippel, Ungeschriebenes Verfassungsrecht, VVDStRL 10(1952), S. 1, 5 f.; W. Abendroth, VVDStRL 12(1954), S. 85(91); Arndt, Die Krise des Rechts(1948), in: ders., Gesammelte juristische Schriften, 1976, S. 3, 12 ff.。昆特也认同在此作出的评价,参见 Günther, 前注1, S. 193 ff。

㊱ 例如,乌伯(Uber)认为,魏玛的基本权利教义学没有什么帮助,参见 Freiheit 前注34, S. 38 f.。援引制度性保障(制度的理论和制度保障)的代表性人物是克吕格(Krüger), Die Einschränkung von Grundrechten nach dem Grundgesetz, DVBl. 1950, S. 627. 之后的较克制的观点参见 W. Schick, Bonner Grundgesetz und Weimarer Verfassung-heute, AöR 94(1969), S. 353, 363 ff., 368 ff.。在此处提出的观察不可以与这一问题,即魏玛的(宪法)经验对议会委员会的工作具有哪些意义,相混淆。这些经验在其影响力上,大家再怎么褒扬都不为过。关于此点,不用看很多,只需要看 Peters, Geschichtliche Entwicklung und Grundfragen der Verfassung, 1969, S. 82 ff. 就够了。

被包裹在一张沉默的无法穿透的布里。㊲

(2)基本权利作为对整个法律秩序"有约束力的规范"

基本权利被理解为对整个法律秩序"有约束力的规范"㊳。㊴ 基本权利不仅包含对公法的

㊲ 关于20世纪50年代历史发展的概括,参见 G. Metzler, Stabilisierung, Normalisierung, Modernisierung, in: Henne/Riedlinger (Hg.), Das Lüth-Urteil aus (rechts-) historischer Sicht, 2005, S. 25 ff.; U. Herbert, Integration der jungen Republik durch Verfassungsrecht? in: Stolleis, Das Bonner Grundgesetz, 2006, S. 85, 88 f.。关于人和物连续性的主题,参见 B. Weisbrod, Das Moratorium der Mandarine, in: Lehmann/Oexle (Hg.), Nationalsozialimus in den Kulturwissenschaften, Bd. 2, 2004, S. 259 ff.; B. Diestelkamp, Kontinuität und Wandel in der Gesellschafts-und Rechtsordnung(1986), in: ders., Rechtsgeschichte als Zeitgeschichte, 2001, S. 1 ff.; Pauly, Verfassungs-und Verfassungsprozessrecht, in: Willoweit (Hg.), Rechtswissenschaft und Rechtsliteratur, 2007, S. 885 ff.; Günther Denken vom Staat her, 2004, S. 57 ff., 63 ff., 191 ff.。对司法的观察,参见 M. Kirn, Verfassungsumsturz oder Rechtskontinuität? 1972。关于方法论,参见 J. Rückert, Zu Kontinuitäten und Diskontinuitäten in der juristischen Methodendiskussion nach 1945, in: Acham (Hg.), Erkenntnisgewinne, Erkenntnisverluste, 1998, S. 113, 128 ff.。关于后来连续性争论的原因的反思,参见 C. Joerges, Law and Critique 14(2003), S. 297 ff., näher eingegangen wird dabei auf H.-P. Ipsen (ebd., S. 305 ff.)。关于 H.-P. Ipsen,内容连续性的研究继续进行,参见 A. K. Mangold, Hans Peter Ipsen, in: C. Kremer (Hg.), Die Verwaltungsrechtswissenschaft in der frühen Bundesrepublik, 2017, S. 177, 185 ff.。

㊳ U. Scheuner, Grundfragen des modernen Staates, in: Wandersleb (Hg.), Recht, Staat, Wirtschaft, Bd. 3, 1951, S. 126, 157.

㊴ 穆勒(J.-W. Müller)所描写的关于一般理念史的情况适合于在此所描述的理解,参见 Das demokratische Zeitalter, 2018, 4. Kap。根据施伊勒(U. Scheuner)的观点,基本权利提出了整个社会的秩序要求(Ordnungsanspruch),参见 Grundfragen des modernen Staates, in: Wandersleb (Hg.), Recht, Staat, Wirtschaft, Bd. 3, 1951, S. 156 ff.; ders., Die staatliche Intervention im Bereich der Wirtschaft, VVDStRL 11(1954), S. 1, 18 ff., 56 ff.(以经济秩序为视角); ders., Grundrechtsinterpretation und Wirtschaftsordnung, DÖV 1956, S. 65, 66("特定法律制度或者秩序的客观利用"); Bachof, Begriff und Wesen des sozialen Rechtsstaates, VVDStRL 12(1954), S. 42 f., 44 f.(除自由,基本权利也要求"最小限度的社会安全"); W. Abendroth, in: VVDStRL 11(1954), S. 85, 87 ff.(从"参与权"的意义上来思考基本权利); ders., Das Grundgesetz, 1966, S. 12 f., 64 ff.; 里德(H. Ridder)区分了不同的具有不同功能的基本权利类型,参见 Meinungsfreiheit, in: Neumann/Nipperdey/ Scheuner (Hg.), Die Grundrechte, Bd. 2, 1954, S. 243, 245 ff.。里德将"精神自由"视为是中心的理念。所有的基本权利,也包括那些经典的基本权利,都拥有社会的"社会性(Sozialität)"元素,因此也具有社会秩序的内容,包括可能的第三人效力(ebd., S. 258)。某些基本权利,如"公开的言论自由"并不是个人主义式地设立的,因此,能够推导出其特殊的秩序任务(Ordnungsaufgabe)(以"公开的言论自由"为例,参见 ebd., S. 249 ff., 269 ff., mit einer eigenwilligen Verbindung zwischen Art. 5 I 1, 2 und 21 I GG) und allgemein zur Drittwirkung aus späterer Zeit ders. Die soziale Ordnung des Grundgesetzes, 1975, S. 91 ff.。此外,参见 A. Köttgen, Die Freiheit der Wissenschaft und die Selbstverwaltung der Universität, in: Neumann/Nipperdey/ Scheuner (Hg.), Die Grundrechte, Bd. 2, 1954, S. 291, 316 ff.(以学术自由为视角); G. Dürig, Freizügigkeit, in: Neumann/Nipperdey/Scheuner (Hg.), Die Grundrechte, Bd. 2, 1954, S. 507, 521 ff.(schlussfolgerte aus dem Menschrechtsgehalt des Art. 11 GG auf ein Einwanderungsrecht auch von Nicht-Deutschen, das über Art. 16 Ⅱ GG hinausging); T. Maunz, Deutsches Staatsrecht, 4. A., 1955, S. 76(die dort als „unechte Grundrechte" aufgeführten und als „Gesamtregelungen des gesellschaftlichen Lebens" bezeichneten Bestimmungen), 88; Klein, Mangoldt/Klein GG Kommentar, 2. A., Bd. 1, 1955, S. 86 ff.; H. Huber, Die Bedeutung der Grundrechte für die sozialen Beziehungen unter den Rechtsge nossen, ZSR 74(1955), S. 173, 196 ff.; G. Dürig, Der Grundrechtssatz von der Menschenwürde, AöR 81(1956), 117, 119, 123 f.; ders., Grundrechte und Zivilrechtsprechung, in:

规定,而且也包含对私法的规范。然而,其确切内容却并不清楚,且在实践中一些非常重要的问题上,具有巨大的争议。在公法中,新创设的职业自由(德国《基本法》第12条第1款)的宪法结果构成了职业权(Gewerberecht)和自由职业权(das Recht der freien Berufe)的讨论重点。㊵

Maunz (Hg.), Festschrift Hans Nawiasky zum 75. Geb., 1956, S. 157, 176 ff.; ders., in: Maunz/Dürig, GG-Kommentar(1958), Art. 1 Rn. 4 f., 16, 99(wobei er aber in Rn. 2 den Charakter der Menschenwürdegarantie im Sinne eines „reine[n] Unterlassungsgebots" hervorhebt); J. M. Wintrich, Zur Problematik der Grundrechte, 1957, S. 10 ff., 14 ff.; W. Hamel, Die Bedeutung der Grundrechte im sozialen Rechtsstaat, 1957, S. 18 ff.; Herbert Krüger, Staatliche Gesetzgebung und nicht staatliche Rechtsetzung, RdA 1957, 201, 205; H. Krüger, Einleitung, in: ders./Breetzke/Nowack, Gleichberechtigungsgesetz, 1958, S. 115 ff.; K. Hesse, Die verfassungsrechtliche Stellung der politischen Parteien im modernen Staat, VVDStRL 17(1959), S. 11, 31("论证原则与客观证成的总体秩序的保障"); W. Geiger, Die Einwirkung der Grundrechte auf die Privatrechtsordnung und auf die Wirtschaftsrechtsordnung(1957), in: Die Grundrechte in der Privatrechtsordnung, 1960, S. 7, 18 ff.; ders., Die Rechtsprechung der deutschen Gerichte zur Durchsetzungder Grundrechte(1958), in: ders., Grundrechte und Rechtsprechung, 1959, S. 21 ff.。关于基本法是否建立了特定经济宪法这一问题的讨论,在这里也可以算上。对此,只需参见 E.-R. Huber, Wirtschaftsverwaltungsrecht, Bd. 1, 2. A., 1953, §3; K. Ballerstedt, Wirtschaftsverfassung, in: Bettermann/Nipperdey/Scheuner (Hg.), Die Grundrechte, Bd. 3 Halbb. 1, 1958, S. 1 ff.; Ehmke, Wirtschaft und Verfassung, 1961, S. 7 ff.。与此紧密相连的是关于国家介入的范围的讨论,而关于国家介入范围的讨论又引发了所有权保障的争论,代表性人物是施伊勒,参见 U. Scheuner, Die staatliche Intervention im Bereich der Wirtschaft, VVDStRL 11(1954), S. 1 ff.。对限制经济的法律持清晰保守态度的是 Huber, ebd., S. 388 ff., 660 ff.。单单强调了基本权利的排除功能: E. Friesenhahn, Staatsrechtslehrer und Verfassung(1950), in: Wandersleb (Hg.), Recht, Staat, Wirtschaft, Bd. 3, 1951, S. 51, 55(基于客观的情景,但是没有说服力)61(在援引德国《基本法》第1条之下,将基本法作为"强调价值"的民主秩序); E. Kaufmann, Grundrechte und Wohlfahrtsstaat, in: Wandersleb(Hg.), Recht, Staat, Wirtschaft, Bd. 4, 1953, S. 77, 79 f. Nawiasky 并没有进一步描述基本权利范畴 Die Grundgedanken des Grundgesetzes für die Bundesrepublik Deutschland, 1950, S. 18 ff.(仅仅强调了对极权主义的背离); und Wernicke, Bonner Kommentar, 1. Aufl., 1950 in den Kommentierungen zu den Art. 1, 2 und 19 GG。关于基本权利从产生史上是否首先是作为对抗国家的防御权来理解的讨论: D. Grimm, Recht und Staat der bürgerlichen Gesellschaft, 1987(die unter Ⅲ. abgedruckten Beiträge); Dreier, Dimensionen der Grundrechte, 1993, S. 27 ff. 戈特霍尔德(J. Gotthold)进行了完全不同的解释,参见 Wirtschaftliche Entwicklung und Verfassungsrecht, 1975, S. 70 ff.。他试图说明,所有关于基本法的解释都可以在"自由想象"的意义上来理解。他的这一观点如何与大家都已经一致赞成的观点,即基本法已经克服的19世纪的自由主义,相互协调,他自己没给出答案。

㊵ 进一步的内容,只需参见 Uber, Freiheit des Berufs, 1952, S. 41 ff.; O. Bachof, Freiheit des Berufs, in: Bettermann/ Nipperdey/Scheuner(Hg.), Die Grundrechte, Bd. 3 Halbb. 1, 1958, S. 155 ff.。除职业选择与职业从事之间的区分以及法律保留(Regelungsvorbehalt)外(Art. 12 I 2 GG),也有学者尤其研究了《职业许可法》(Berufszulassungsrecht)中传统的需求保留(Bedürfnisvorbehalt): Uber, Freiheit des Berufs, 1952, S. 228 ff.; Klein, Mangoldt/Klein GG Kommentar, 2. A., Bd. 1, 1955, S. 383 ff.; O. Bachof, ebd., S. 236 ff.。试图进行边界划分的努力也可以从当时的一些博士论文中很好地看到,如 O. Gebser, Die Apothekenbetriebsrechte im Lichte des Grundgesetzes, Diss. Mainz 1955, S. 91 ff.; E. Hartung, Gewerbefreiheit und Zulassungsvoraussetzungen unter dem Grundgesetz, Diss. Köln 1955; R. Sieber, Die Berufsfreiheit im Rahmen der Freiheitsrechte des Grundgesetzes, Diss. Mainz 1958, S. 49, 102 f.(概述)。从数量上看,关于德国《基本法》第12条的讨论,是 DVBl.(《德国行政杂志》)以及 DÖV(《德国公共行政杂志》)在20世纪五六十年代的讨论重点之一。

此外㊶,特殊权力关系(besondere Gewaltverhältnisse)的存续㊷,将国库作为私人形式的国家来对待㊸以及尤其是德国《基本法》第 19 条第 2 款本质内容保证(Wesensgehaltsgarantie)㊹也成了讨论的重点。

㊶ 简单地列举一下其他的一些问题:很多文章研究所有权保障(Eigentumsgarantie)以及没收财产的原则(Grundsätze der Enteignung),代表性的如 H. -P. Ipsen, Enteignung und Sozialisierung, VVDStRL 10(1952), S. 74 ff. ;E. Knoll, Eingriffe in das Eigentum im Zuge der Umgestaltung gesellschaftlicher Verhältnisse, AöR 79(1953/54), 455 ff. ,81(1956), S. 157 ff. ,342 ff. ;W. Weber, Eigentum und Enteignung, in: Neumann/ Nipperdey/Scheuner (Hg.), Die Grundrechte, Bd. 2, 1954, S. 331, der aufbauend auf die Weimarer Diskussion(ebd. , S. 346) die Aufrechterhaltung des status quo durch Art. 14 I 1 GG gewährleistet sieht(S. 346 ff. ,361 ff.);R. Reinhardt/U. Scheuner, Verfassungsschutz des Eigentums, 1954。对德国《基本法》第 15 条的整理和处理,参见 Ipsen, ebd. , S. 100 ff. ; H. Ridder, Enteignung und Sozialisierung, VVDStRL 10(1952), S. 124 ff. ;H. Krüger, Sozialisierung, in: Bettermann/ Nipperdey/Scheuner(Hg.), Die Grundrechte, Bd. 3 Halbb. 1, 1958, S. 267 ff. 。国家介入的新的形式,如投资帮助(Investitionshilfe)也与此具有紧密的事实关系(bspw. zu den anfänglichen Schwierigkeiten H. -P. Ipsen, Rechtsfragen der Investionshilfe, AöR 78(1952/3), S. 284 ff. , insbes. S. 308 ff.)。关于在没有足够的议会法律的基础上的警察行为在实践中的重要问题,参见 E. Kern, Schutz des Lebens, der Freiheit und des Heims, in: Neumann/Nipperdey/ Scheuner(Hg.), Die Grundrechte, Bd. 2, 1954, S. 51, 65 f. ,88 f. ,93 f. ;Dürig, Art. 2 des Grundgesetzes und die Generalermächtigung zu allgemeinpolizeilichen Maßnahmen, AöR 79[1953/54], S. 57 ff. ;W. Rohde-Liebenau, Grundrechte und Polizei, DÖV 1957, S. 472 ff. 。关于罢工权是否作为结社自由(Koalitionsfreiheit)加以保护,参见 R. Dietz, Die Koalitionsfreiheit, in: Bettermann/Nipperdey/Scheuner(Hg.), Die Grundrechte, Bd. 3 Halbb. 1, 1958, S. 417, 462 ff. ;Klein, Mangoldt/Klein GG Kommentar, 2. A. , Bd. 1, 1955, S. 332 ff. 。

㊷ 只需参见 Klein, Mangoldt/Klein GG Kommentar, 2. A. , Bd. 1, 1955, S. 134 ff. ;speziell mit Blick auf die Strafgefangenen I. v. Münch, Die Grundrechte der Strafgefangenen, JZ 1958, 73 ff. ;L. -E. Donle, Zur Problematik der besonderen Gewaltverhältnisse unter besonderer Berücksichtigung vor allem der Einschränkbarkeit der Grundrechte, Diss. Würzburg 1960, der die Ansätze zur extrakonstitutionellen Beschränkung sichtet und verwift(zusammenfassend ebd. , S. 259 f.), und rückblickend: Stolleis, Geschichte des Öffentlichen Rechts, Bd. 4, 2012, S. 232 ff. ;S. Kielmansegg, Grundrechte im Näheverhältnis, 2012, S. 59 ff. 。

㊸ 只需参见 Dürig, Grundrechte und Zivilrechtsprechung, in: Maunz (Hg.), Festschrift Hans Nawiasky zum 75. Geb. , 1956, S. 184 ff. ;K. Löw, Fiskalgeltung der Grundrechte? DÖV 1957, S. 879 ff. , und rückblickend Stern Das Staatsrecht der Bundesrepublik Deutschland, Bd. 3 Hb. 1, 1988, S. 1394 ff. 。

㊹ 1957 年之前多重层面的努力以及同时影响到讨论的,进一步的资料参见 Klein, Mangoldt/Klein GG Kommentar, 2. A. , Bd. 1, 1955, S. 551 ff. ;此外参见 Hamel, Die Bedeutung der Grundrechte im sozialen Rechtsstaat, 1957, S. 38 ff. 。一个至今仍然显著存在的解释将本质内容保障与各个基本权利的人的尊严的权利内容(Menschenwürderechtsgehalt)等同起来,并在"客体公式"(Objektformel)中发现了所有基本权利的核心,如 Dürig, Der Grundrechtssatz von der Menschenwürde, AöR 81(1956), S. 133 ff. (通过这一实践论证,即德国《基本法》第 19 条第 2 款以这种方式是可操作的);ders. , Maunz/Dürig, GG-Kommentar(1958), Art. 1, Rn. 8. 只要少量的文章试图研究德国《基本法》第 19 条第 1 款第 2 句。对讨论有影响的,如 H. Röhl, Die Nennung des eingeschränkten Grundrechts nach Art. 19 I 2 des GG, AöR 81(1956), S. 195 ff. ,其为联邦宪法法院之后的思路做了准备(ebd. , S. 206 ff.)。关于德国《基本法》第 19 条第 1 款第 1 句,参见 H. Krüger, Die Verfassungswidrigkeit der lex Schörner, DVBl. 1955, S. 758 ff, 791 ff. ,此外见 Klein, Mangoldt/Klein GG Kommentar, 2. A. , Bd. 1, 1955, S. 542 ff. 。

在私法领域,讨论集中在以下几点,即通过德国《基本法》第3条第2款、第3款以及第117条规定对《家庭法》(Familienrecht)的改造,[45]基本权利的效力,尤其是对一般人格权(Persönlichkeitsrecht)的承认,[46]劳动权利上成文或者不成文的劳动报酬的平等[47],以及这一普遍问题,即基本权利以何种方式影响公民之间的法律行为关系(die rechtsgeschäftlichen Beziehungen)。

没有人将基本权利理解为公民之间的防御权,让单个的公民完全像国家权力那样负有义务。[48] 但是,大体上,大家都认为,基本权利对私人的法律关系具有刺激性、客观规定

---

[45] 弗兰奇乌斯(C. Franzius)从家庭法改革的角度整理了当时的争论,Bonner Grundgesetz und Familienrecht,2005。另可参见T. Henne,Die neue Wertordnung im Zivilrecht,in:Stolleis(Hg.),Das Bonner Grundgesetz,2006,2006,S. 13 ff. 第38届德国法学家大会的论文提供了关于一开始的讨论情境的生动图像,其中舍夫勒(E. Scheffler)的报告,乌尔默(E. Ulmer)的协同报告以及之后的发言尤为精彩,参见38. DJT,1951,S. B 1 ff. 关于其他的影响,可参见W. Müller-Freienfels,Scheidungsstatut und Gleichberechtigung,JZ 1957,141 ff.(IPR),und A. N. Makarov,Artikel 3 des Bonner Grundgesetzes und das Staatsangehörigkeitsrecht,in:Constantopoulos/Wehberg(Hg.),Festschrift R. Laun zum 70. Geb.,1952,S. 659 ff.(Staatsangehörigkeitsrecht und IPR)。广为传播的还有这样一种努力,即用"同价值性"(Gleichwertigkeit)要求来取代德国《基本法》第3条第2款所要求的法律平等对待(Gleichstellung),代表性的有:G. Beitzke,Gleichheit von Mann und Frau,in:Neumann/Nipperdey/Scheuner(Hg.),Die Grundrechte,Bd. 2,1954,S. 199,213 ff.(Möglichkeit zu differenzieren,aufgrund natürlicher Unterschiede-„Gleichwertigkeit" statt formaler Rechtsgleichheit,ebd. S. 208 f.)。关于德国《基本法》第3条第2款在公法中的意义,请参见C. Wöhler,Die Gleichberechtigung der Frau im Öffentlichen Recht unter besonderer Berücksichtigung des Artikel 3 Absatz 2 des Grundgesetzes der Bundesrepublik Deutschland,Diss. Freiburg 1950;G. Goldbach,Artikel 3 Abs. Ⅱ GG und seine Auswirkungen im Öffentlichen Recht,Diss. Köln 1953。与德国《基本法》第3条第2款不同,来自德国《基本法》第6条第5款的改革要求几十年都没有受到重视,虽然在文献中已经有所涉及。少数令人印象深刻的例外中的一个例子,参见H.-O. Seydel,Unehelichenproblem und das Grundgesetz,Diss. Tübingen 1955。

[46] 对当时讨论的概括,参见H. Hubmann,Das Persönlichkeitsrecht,1953;F. Schorn,Das allgemeine Persönlichkeitsrecht,Diss. Köln 1956。援引基本法以论证一般人格权,请参见F. Scheißmeier,Das allgemeine Persönlichkeitsrecht,Diss. Münster 1951,S. 1951,S. 68 ff.。此外见H.-C. Nipperdey,Freie Entfaltung der Persönlichkeit,in:Bettermann/Nipperdey/Scheuner(Hg.),Grundrechte,Bd. 4 Hb. 2,1960,S. 741,826 ff.;Künkele,Die positiv-rechtlichen Auswirkungen des Art. 1 Abs. 1 Satz 1 des Grundgesetzes,Diss. Tübingen 1958,S. 147 ff.。20世纪70年代中期,一个有益的总结,请参见P. Schwerdtner,Das Persönlichkeitsrecht in der deutschen Zivilrechtsordnung,1976。对以司法为重点的发展的描述,参见S. Gottwald,Das allgemeine Persönlichkeitsrecht,1996。

[47] 关于劳动报酬平等要求的争论的概括,参见H. Galperin,Gleicher Lohn für Männer und Frauen,JZ 1956,105 ff.,以及注释49。

[48] 克莱明确强调了这一点,见Klein,前注13,S. 65 ff.。克莱虽然拒绝承认私人直接约束力意义上的第三人效力(S. 62 ff.),但是他却承认基本权利对于私法的规范效力,也即不仅仅是针对制度保障(ebd.,S. 83 ff.),而且也针对基本权利,只要其体现出了"原则规范"(Grundsatznormen)(ebd.,S. 86 ff.;这一概念也被迪里希采用,Maunz/Dürig,GG-Kommentar(1958),Art. 1 Rn. 99)(这涉及了大部分的基本权利)。此外,这也可能导致,一般的法律变得无效或者内容上被修改(ebd.,S. 66 ff.)。另外,基本权利作为"一般的评价原则"(allgemeine Wertungsgrundsätze)也会对一般法律,包括私法的解释产生约束力(ebd.,S. 69)。最后,克莱也在基本权利中发现了"价值体系"(Wertsystem)(ebd.,S. 93),在克莱的概念构造及分类的基础上,福格特(D. Vogt,前注32)以

(objektive Vorgaben)、价值想象(Wertevorstellungen)、规范或者指导性。但是,对于关键性的内容,也即基本权利的范围以及与之具体相关的法律效力,大家看法不统一或者不确定。㊾

非常独到的眼光参与到争论中,并认识到,没有人会支持克莱意义上的第三人效力。尤其是当大家把福格特的著作与施勒费尔(P. Schröfl)的研究,Rechtsnatur und Wirkungskraft der Grundrechte,Diss. Würzburg 1959 对比的时候,这一点就非常清晰。坚持将克莱的立场作为出发点的,参见 Geiger,Die Einwirkung der Grundrechte auf die Privatrechtsordnung und auf die Wirtschaftsrechtsordnung(1957),in:Die Grundrechte in der Privatrechtsordnung,1960,S. 18;Peters,Geschichtliche Entwicklung und Grundfragender Verfassung,1969,S. 243 ff.(其清晰区分了需要否定的克莱意义上的基本权利第三人效力以及需要肯认的基本权利私人效力)。莱斯勒(„Grundrechte und Privatrecht“,1960,S. 310 Fn. 63)也不支持那种与对公权力约束相类似的对私人的约束。为了解决合同领域之外的基本权利冲突(Grundrechtskollisionen)[涉及合同关系的,他选择了放弃基本权利的方式(ebd.,S. 384 ff.)],他虽然援引了基本权利的保留(ebd.,S. 391 f.),但是这只是服务于抽象的优先规定(abstrakte Vorrangbestimmung)。基本权利在其有效范围,也可以构成《民法典》第 134 条意义上的禁止(Verbote)或者《民法典》第 823 条第 2 款意义上的保护法(Schutzgesetze)(ebd.,S. 403:„§ § 134 und 823 Abs. 3 BGB“)。出于这一原因,在泼舍尔(Ralf Poscher)的描述中包括了“防御中的防御权”以及“试图争取社会模式的防御权(ders.,Grundrechte als Abwehrrechte,2003,S. 48)”,我认为这并不符合历史情境,如果防御权指的是比福斯特霍夫所持的概念更多东西的话。在论著中,没有人对防御权持反对态度。那些努力从概念上理解社会法治国(der soziale Rechtsstaat)的人,或者那些——无论以何种形式——支持私法中基本权利的效力的人,在基本权利中很自然地发现了防御国家的自由权(Freiheitsrechte)。对于那些假定基本权利也具有关于社会秩序安排的规定的人来说也是这样。在国家权力面前保护个人,这一点构成了所有讨论参与者的决定性出发点[只需参考 W. Abendroth,VVDStRL 12(1954),S. 87],在这里讨论的是作为“排除权”(Ausgliederungsrechte)的基本权利与作为“参与权”(Teilhaberechte)的基本权利之间的和解,在防御国家的自由保障的意义上,更加清楚 ders.,Das Grundgesetz,1966,S. 12 f.,S. 69 ff. 基本权利作为自由权的性质以及由此作为防御国家侵犯的保护性权利,没有人会否认。但是这一“消极地位”(negativer Status)就算在魏玛共和国时期也没有超过耶利内克(G. Jellinek)对其的内容塑造,见 System der subjektiven öffentlichen Rechte,2. Aufl.,1905,S. 94 ff.,“所有自由都是免于非法强制的一般自由”(ebd.,S. 103)。在魏玛共和国时期,这一原则虽然通过立法者也受约束而受到了质疑。但是,宪法的侵犯授权(eine verfassungsrechtliche Eingriffsermächtigung)就足以将基本权利约束最终又带回到原则中去。大家都试图争取广泛的约束,但是其方法却超出了消极地位(vgl. ebd.,S. 95),从这一背景就可以清晰看出,R. Christensen/A. Fischer-Lescano 提出的支持克莱意义上的直接第三人效力的建议有多么不寻常,见 Das Ganze des Rechts,2007,S. 247 ff.,264 ff.,274 ff.,367 ff.。由于他们并没有进一步研究那些在国家的类比中产生的众多问题,以及他们援引了莱斯勒(Leisner)的概念,因此,最终也不能完全确定地说清楚他们想在多大程度上推动这一类比。

㊾ 关于德国《基本法》第 3 条的立场具有多样性,而绝大多数作者都以这样或者那样的方式承认基本权利的规范效力,典型的如:G. Hueck, Der Grundsatz der gleichmäßigen Behandlung im Privatrecht, 1958[第 97 页:“应该承认第 3 条作为一般法律原则……构成了私法中平等对待的基础”;第 100 ~ 101 页:否认基本权利的直接效力,但承认基本权利的间接效力,并认为二者在结果上没有显著差别(亦参见第 105 页);第 184 页:平等对待原则作为恣意禁止(Willkürverbot);第 250 页及之后:主张合同自由(Vertragsfreiheit)相对第 3 条第 1 款具有优先性]。支持这一见解的如 W. Herschel, Das Arbeitsrecht, in: Bettermann/Nipperdey/Scheuner (Hg.), Die Grundrechte, Bd. 3 Hb. 1, 1958, S. 235, 327 f。此外,参见 L. Raiser, Vertragsfreiheit heute, JZ 1958, S. 1, 8,具有启发性的是,平等对待的思想在私法尤其是在劳动法领域在此时已经确立(援引 ders.,Der Gleichheitsgrundsatz im Privatrecht, ZHR 111[1948],S. 75, 90 f.),因此,人们是接受直接效力,还是接受间接效力,在某种程度上已经并不重要。莱斯勒(„Grundrechte und Privatrecht“,1960,S. 310 Fn. 63)之后也持相同的判断。总体上否认德国《基本法》第 3 条第三人效力的,如 A. Hueck, Die Bedeutung des Art. 3 des Bonner Grundgesetzes für die Lohn-und Arbeitsbedingungen der Frauen, 1951, S. 14 ff.; H. – P. Ipsen, Gleichheit, in: Neumann/Nipperdey/Scheuner (Hg.), Die Grundrechte, Bd. 2, 1954, S. 111, 143;承认德国《基本法》第 3 条的第三人效力的,如:

如果将这些讨论大大简化的话,可以将这些思想回溯到两种基本的立场,即基本权利直接的和间接的“第三人效力”㊿。从私法领域产生的支持直接第三人的效力的大数学者——尤其是卡尔·尼佩岱(Carl Nipperdey)、希尔德伽德·克吕格(Hildegard Krüüger)以及弗朗茨·劳夫克(Franz Laufke)——认为基本权利的规定直接改变了法律关系,也即限制了私法的形成力(Gestaltungsmacht)或者能够以德国《民法典》第134条意义上的禁止(Verbote)发挥效力。[51]出于维护传统的秩序理念(Ordnungsvorstellungen)的考虑——尤其是被理解为自我规定的意志自由(selbstbestimmte Willensfreiheit)的意思自治(Privatautonomie)——这样的直接效力被很多主要来自国家法学界的学者,尤其是弗

G. Beitzke, Gleichheit von Mann und Frau, in: Neumann/Nipperdey/Scheuner (Hg.), Die Grundrechte, Bd. 2, 1954, S. 199, 212. Laufke, Vertragsfreiheit und Grundgesetz, in: Nipperdey (Hg.), Festschrift für H. Lehmann zum 80. Geb., 1956, S. 181 ff., 只愿意在如下的范围内认可德国《基本法》第3条在私法里的直接适用,即私人承担了类似立法者那样的任务,即在劳资协议法的领域(ebd., S. 182);否则的话,劳夫克(Laufke)就只承认其间接的,也即需要通过解释来实现的法律效力。Klein, Mangoldt/Klein GG Kommentar, 2. A., Bd. 1, 1955, S. 207 f. 克莱否认在劳动报酬平等上,针对雇主所具有的主观—公权利(ein subjektiv-öffentliches Recht),但是却承认其原则性规范的性质(Grundsatznormcharakter),这一原则性规范的性质只能发挥非常有限的效力(ebd., S. 208)。伯默尔(G. Boehmer)肯定了德国《基本法》第3条第3款的第三人效力,见 Erbrecht, in: Neumann/Nipperdey/Scheuner (Hg.), Die Grundrechte, Bd. 2, 1954, S. 401, 421。关于良心自由(Gewissensfreiheit)在私法中的规范效力,请参见 H. Scholl, Die Freiheit des Gewissens, 1958, S. 182 ff., 对于规范性解释的多样性,典型的可参见以下的讨论,即 F.-W. Bosch/W.-J. Habscheid, Vertragspflicht und Gewissenskonflikt, JZ 1954, S. 213 ff.; dies., Nochmals: Vertragspflicht und Gewissenskonflikt, JZ 1956, S. 297 ff., 以及 A. Blomeyer, Gewissensprivilegien im Vertragsrecht? JZ 1954, S. 309 ff.。紧接着这些讨论的是 H. Kaufmann, Die Einrede der entgegenstehenden Gewissenspflicht, AcP 161(1962), S. 289 ff.。

㊿ 对概念有决定性影响的,参见 Ipsen, Gleichheit, in: Neumann/Nipperdey/Scheuner (Hg.), Die Grundrechte, Bd. 2, 1954, S. 143。过于狭窄的立场所带来的危险,早就被赖泽尔(L. Raiser)强调了,他建议用“基本法对私法的形成力(privatrechtsgestaltende Kraft des Grundgesetzes)”这一替代说法,参见 Grundgesetz und Privatrechtsordnung, in: DJT 1967, Bd. 2, S. B 9 f.。

[51] H.-C. Nipperdey, Gleicher Lohn der Frau für gleiche Leistung, 1951, S. 8 f., 16 ff.; Enneccerus/Nipperdey, Allgemeiner Teil des bürgerlichen Rechts, 1. Hb., 14. A., 1952, S. 57 f.。诺伊哈尔芬(H. Neuhalfen)接受并完善了这一立场,参见 Inwieweit bindet Artikel 3 Absatz 2 und 3 des Bonner Grundgesetzes den einzelnen Rechtsgenossen, Diss. Köln 1953; ders., Die Würde des Menschen, in: Neumann/ Nipperdey/Scheuner (Hg.), Die Grundrechte, Bd. 2, 1954, S. 1, 35 f.; G. Peschka, Die Entwicklung des Grundrechtsproblems in der Geschichte des deutschen Verfassungsdenkens und die Form der Verwirklichung des Grundrechtsgedankens im Bonner Grundgesetz, Diss. Köln 1952, S. 131 ff.; Krüger, Einleitung, in: ders./Breetzke/Nowack, Gleichberechtigungsgesetz, 1958, S. 115 ff., 不仅承认直接效力,如对于姓名权(ebd., S. 160 ff.)或者对于监护权(ebd., S. 191 ff.)的直接效力,而且也承认间接效力(ebd., S. 208 ff.); Laufke, Vertragsfreiheit und Grundgesetz, in: Nipperdey (Hg.), Festschrift für H. Lehmann zum 80. Geb., 1956, S. 179 ff., 其(像 Enneccerus/Nipperdey, ebd., S. 57 一样)想要检查每一个基本权利来确认其是否属于德国《基本法》第2条第1款第2半句意义上的合宪性秩序的一部分,并没有得出统一性的说法,他认为基本权利除了直接效力,间接效力也是可能的(ebd., S. 181 ff.) Raiser, (注释49) S. 8 以及注释52,不太好归类,其认为在德国《基本法》第3条之后存在一个超实证主义的法律原则,其也对私法有效,但是他试图维护私法的独立性的同时 Grundgesetz und Privatrechtsordnung, in: DJT 1967, Bd. 2, S. B 19, 又承认和遵从基本法对私法的秩序形成性的规定(ordnungsgestaltende Vorgaben)(ebd., S. B 20 ff.),此外参见 Huber(注释40), S. 391 f., ders., Wirtschaftsverwaltungsrecht, Bd. 2, 2. A., 1954, S. 14, 382。

雷德里希·克莱(Friedrich Klein)、昆特·迪里希(Günter Dürig) 以及魏利·盖格(Willi Geiger)所否认,相对于一般平等原则(德国《基本法》第3条第1款)以及德国《基本法》第3条第2款和第3款的特别要求,他们赋予了意思自治优先性。[52]但是大家都完全承认对私法解释的间接影响,或者在某种情况下还甚至认为这种影响是必要的,尤其是关于《民法典》第138条第1款的违反道德限制(Sittenwidrigkeitsschranke)的解释以及《民法典》第242条诚实信用原则(Treu-und-Glauben-Grundsatz)的解释。[53]通过"吕特案"中的判

---

[52] 根据私法学者和公法学者的分类,参见 Laufke, Vertragsfreiheit und Grundgesetz, in: Nipperdey (Hg.), Festschrift für H. Lehmann zum 80. Geb., 1956, S. 146 f.;拉姆(Ramm)也持相同的立场,参见(前注48), S. 38 f.。

[53] 在这一意义上,参见 Klein, Mangoldt/Klein GG Kommentar, 2. A., Bd. 1, 1955, S. 86 ff.; H. Huber, Die Bedeutung der Grundrechte für die sozialen Beziehungen unter den Rechtsgenossen, ZSR 74(1955), S. 201 ff.(其称之为具体化的必要性)以及迪里希(Dürig)的对讨论起决定性影响的文章 Grundrechte und Zivilrechtsprechung, in: Maunz (Hg.), Festschrift Hans Nawiasky zum 75. Geb., 1956, S. 157, 176 ff.; ders., Maunz/Dürig, GG-Kommentar (1958), Art. 1 Rn. 126 ff. Dürig 将意思自治优先于基本法评价这一原则作为他的宪法思考的出发点。以此为出发点,他将私法理解为相对于基本法来说是独立的、有自身规律的法律领域(S. 164),借助于超越法律的"权利道德"(Rechtsmoral),他建立了基本法与私法之间的联系(S. 176 f.)。这一共同的基础使得在"填充"(Ausfüllung)权利概念和一般条款时能够回溯到在基本权利中形成的价值内容。例外情况下,甚至可以以填补漏洞的形式进行——如同在承认一般人格权时那样。但是,无论如何,其涉及的只是一种解释(S. 177 ff.)。与亨纳(T. Henne)的观点 „Von 0 auf, Lüth' in 6 ½ Jahren, in: Henne/Riedlinger (Hg.), Das Lüth-Urteil aus (rechts-) historischer Sicht, 2005, S. 219 不同,迪里希的理解与联邦宪法法院关于基本权利第三人效力的理解没有太多共同之处。共同之处仅在于联邦宪法法院的判决中所作的表述,即"作为客观规范的基本权利的权利内容……在私法中借助于那些直接掌管这一法律领域的规定"发挥出来(BVerfGE 7, 198, 205)。但是,这种形式的效力被其他的作者所承认,就算他们在涉及某些基本权利时,是支持直接的第三人效力的(Enneccerus/Nipperdey, llgemeiner Teil des bürgerlichen Rechts, 1. Hb., 14. A., 1952, S. 57: „nach Maßgabe der §§138, 826 evtl. auch 823 Abs. 2 BGB"; Laufke, Vertragsfreiheit und Grundgesetz, in: Nipperdey (Hg.), Festschrift für H. Lehmann zum 80. Geb., 1956, S. 181 ff.),但是他们之间的出发点却完全不同。联邦宪法法院正好强调的是基本权利的无限制的形成秩序的权利,即使是在面对私法时也是这样:"价值体系——其中心点是在社会共同体内部自由发展的人格及人的尊严——必须作为宪法的根本决定对所有的法律领域有效;立法、行政和司法从价值体系里获得指导方针和动力。因此其当然也会影响民法;没有民法规定可以违反这一价值体系,每一条民法规定都必须在这个价值体系的精神中解释。(BVerfGE 7, 198, 205)"迪里希正好否定的就是这一根本性的理解。宪法与私法的共同基础只有通过权利道德才能产生。因此,迪里希概念的出发点并不是联邦宪法法院所主张的宪法优先性(Vorrang der Verfassung)(Krüger 也承认这一点, Staatliche Gesetzgebung und nicht Staatliche Rechtsetzung, RdA 1957, S. 205)。对于迪里希理论的一个重要反驳建立在私法中合同与非合同规则的差异上。Laufke 已经强调了对迪里希的反驳,参见 Vertragsfreiheit und Grundgesetz, in: Nipperdey (Hg.), Festschrift für H. Lehmann zum 80. Geb., 1956, S. 147, Fn 11. 更进一步的论证,参见 Leisner „Grundrechte und Privatrecht", 1960, S. 379, 384 ff. [莱斯勒想要借助基本权利所附带的保留来实现基本权利承担者之间的平衡(Grundrechtsträger)];这一观点之后也没有被迪里希削弱(a. A. wohl Stern, Das Staatsrecht der Bundesrepublik Deutschland, Bd. 3 Hb. 1, 1988, S. 1546), in: Maunz/Dürig, GG-Kommentar, Art. 3 Rn. 513。此外见 W. Geiger, Die Einwirkung der Grundrechte auf die Privatrechtsordnung und auf die Wirtschaftsrechtsordnung (1957), in: Die Grundrechte in der Privatrechtsordnung, 1960, 18 ff.; ders., Begrenzung und Verletzung der Grundrechte im Privatrechtsverkehr, in: ders., Die Einwirkung der Grundrechte auf die Privatrechtsordnung und auf die Wirtschaftsrechtsordnung (1957), in: Die Grundrechte in der Privatrechtsordnung, 1960, S. 40 ff.; Wintrich, Zur Problematik der Grundrechte, 1957, S. 12 f. Fn. 14(温特里希根据由"各个基本权利规范所保护的价值",支持符合宪法的解释); W. Reimers, Die Bedeutung der Grundrechte für das Privatrecht, 1958, S. 20. H. Holler 主张借助保护请求权(Schutzanspruch)的第三人效力,但是没有更进一步的完善,见 Die legitimierende Kraft der Grundrechte, Diss. Frankfurt a. M. 1951, S. 74 f.。

决意见以及建立在此基础上的联邦宪法法院实践,间接第三人效力的理念开始实现。[54]

(3)自由、法律形成与基本权利约束

新的秩序出现了。该把它在具体的、可操作性的法律的具体内容和形式中进行翻译了。但是,如何在国家法律秩序中来思考自由?[55] 根据传统的理解,自由是处在国家之外的。在国家中,占据主导的是约束(Bindung)。[56]因为法律秩序之外的自由最多是个别的,对实践来说有意义,而许多对个人来说重要的行动选择(Handlungsoptionen)都是处在法律秩序之中的。因此,问题是,法律之外的自由如何提升成为法律秩序的衡量标准。构成共同体的个人图像或者形象打开了为此所必需的思维空间(Gedankenraum)。[57]在如

---

[54] 例如,迪里希赞同 Ballerstedt, Wirtschaftsverfassung, in: Bettermann/Nipperdey/Scheuner (Hg.), Die Grundrechte, Bd. 3 Halbb. 1, 1958, S. 56 ff. 以及 O. Bachof, Freiheit des Berufs, in: Bettermann/Nipperdey/Scheuner (Hg.), Die Grundrechte, Bd. 3 Halbb. 1, 1958, S. 172 ff. 的观点,但是他也强调"从实践结果来看……立场上的区别"比起大家根据争论的激烈程度所设想的来说要小(ebd., Fn. 68); Hesse, Grundzüge des Verfassungsrechts, 1967, S. 141 f.; E. Stein, Lehrbuch des Staatsrechts, 1968, S. 224. 只是在立法者的形成自由(Gestaltungsfreiheit)不被限缩的时候才承认这一意义上的间接效力,参见 Ehmke, Wirtschaft und Verfassung, 1961, S. 81 f. 根据"吕特案"的判决,支持直接第三人效力的人迅速减少,到 20 世纪 60 年代,只有极少数的支持声音了:H. Morell, Die Geltung von Grundrechten zwischen den Staatsbürgern, Diss. Würzburg 1959; Ramm, Der Wandel der Grundrechte und der freiheitlich soziale Rechtsstaat, JZ 1972, S. 53 ff.; Leisner, „Grundrechte und Privatrecht", 1960, S. 354 ff.; Kaufmann, Die Einrede der entgegenstehenden Gewissenspflicht, AcP 161 (1962), S. 295 ff.; F. Gamillscheg, Die Grundrechte im Arbeitsrecht, AcP 164 (1964), S. 385, 406 ff.。更晚一些,专门解释德国《基本法》第 19 条第 3 款,参见 J. Lücke, Die Drittwirkung der Grundrechte anhand des Art. 19 Abs. 3 GG, JZ 1999, S. 377 ff., Christensen/Fischer-Lescano (Fn. 48)。

[55] 对自由论题的聪明分析,参见 F.-L. Neumann, Zum Begriff der politischen Freiheit, ZgStW 109 (1950), S. 25, 40 ff., 但是自由并不是生产性地理解的。不同抽象层面以及不同客观事实情况基础上的秩序构成(Ordnungsbildung),如参见 Ridder, Enteignung und Sozialisierung, VVDStRL 10 (1952), S. 138 ff. (借助"Sozialentwährung"这一范畴,将德国《基本法》第 14 条和第 15 条结合起来); R. Bäumlin, Die rechtsstaatliche Demokratie, 1954(支持民主宪法国家,从民主与法治国家结合起来的角度)。

[56] 施米特(C. Schmitt)的法治国家的分配原则(Verteilungsprinzip)构成了思想—概念上的出发点,参见 C. Schmitt, Verfassungslehre, 1928, S. 158 f.。

[57] 以内容丰富的自然法为基础,参见 G. Dürig, Die Menschenauffassung des Grundgesetzes, JR 1952, S. 259 ff.; 佩施卡(G. Peschka)非常明确地发展了这一理解,参见 Die Entwicklung des Grundrechtsproblems in der Geschichte des deutschen Verfassungsdenkens und die Form der Verwirklichung des Grundrechtsgedankens im Bonner Grundgesetz, Diss. Köln 1952, S. 143 ff.。此外参见 J. Wintrich, Die Rechtsprechung des bayerischen Verfassungsgerichtshofs, in: Wandersleb (Hg.), Recht, Staat, Wirtschaft, Bd. 4, 1953, S. 139, 144 f.。温特里希很清晰地追随了这一构造标准的努力, Zur Problematik der Grundrechte, 1957, S. 5 ff., 25 f. W. Wertenbruch 试图发展出一种人的概念(Personenbegriff)以此来作为基本权利的标准,参见 Grundgesetz und Menschenwürde, 1958, S. 181 ff.。在乌伯那里,人的图像的功能方面清晰可见,参见 Freiheit des Berufs, 1952, S. 50 ff.。尖锐的批评参见 Ridder, Die soziale Ordnung des Grundgesetzes, 1975, S. 154 f.; ders., Vom Wendekreis der Grundrechte (1977), in: ders., Gesammelte Schriften, 2010, S. 396 ff.; 此外参见 die kritische Analyse der Rspr. des BVerfG durch E. Denninger, Staatsrecht, Bd. 1, 1973, S. 11 ff.。现今的文献,参见 Wahl, Herausforderungen und Antworten, 2006, S. 20 ff.; P. Häberle, Das Menschenbild im Verfassungsstaat, 4. Aufl., 2008; C. Bumke, Menschenbilder des Rechts, JöR 57 (2009), S. 125 ff.。

此理解的“基本法的人的图像”(Menschenbild des Grundgesetzes)里,约束和自由结合在一起。如果人们消除这一理念的思想史上的昏暗过去,那么就可以通过约束个人的恣意而实现社会秩序的建立,而无须放弃自由这一思想。因为基本权利约束立法者,且其本质内容(Wesensgehalt)不可侵犯,因此,自由这一思想(Freiheitsgedanke)作为构成共同体的个人的一部分在共同福祉(Gemeinwohl)中也不会消散。基本法所保障的自由必须在法律秩序内得到实现。如果人们明白了开辟思想空间的这一自由图像,那么也就会理解,为什么大家会经常回溯到这一图像,即使其具体的引导力(anleitende Kraft)很微弱。

从(上述)这一看法来考虑,也就可以得出基本权利作为客观秩序(eine objektive Ordnung)或者价值体系(Wertesystem)的意义。[58]在此也涉及思维空间的打开,以此来完成基本权利展开与基本权利约束的任务。借助于这一理念,先国家的自由(vorstaatliche Freiheit)与法律的约束之间的矛盾就化解了。如果说基本权利不仅保障了一个法律之外的空间,而且作为客观秩序也构成了“有约束力的法律准则”,那么通过这种方式,基本权利就可以提升为形成法律秩序(die Gestaltung der Rechtsordnung)的标准。然而,如同人的图像一样,价值秩序的思想(Wertordnungsgedanke)也不能具体推导出宪法所要求的法律秩序的形成。因此,更合适的是,在两种图像或者两种理念中看到基本权利约束力的可能性的条件。

具体约束来自适格的保留(qualifizierte Vorbehalte),只要这些保留是基本权利保障(grundrechtliche Gewährleistungen)所附带的。此外,德国《基本法》第19条第2款也建立了一个界限,防止基本权利的“空转”(Leerlaufen)。当然,要以有效的方式实现这一边界的可操作性,是困难的。推导出基本权利的规范内容并发展出尤其是对立法者有效的基本权利约束是非常具有挑战性的,因为这需要确定一个思维的空间,但这样的思维空间缺少清晰和可操作的概念;[59]另外,也尤其是缺少实践的经验。对某部法律的宪法法院审查是否可以被理解为一种法律上的行为或者司法行为,在魏玛年代就有疑问。由于错误

---

[58] 参见注释39中的内容。显著差异性的评价,参见 Stolleis, Geschichte des Öffentlichen Rechts, Bd. 4, 2012, S. 245,施托莱斯将价值思维描述为“公民宗教”(Zivilreligion);Günther, Denken vom Staat her, 2004, S. 193 ff.;Goerlich Wertordnung und Grundgesetz, 1973。施托莱斯详细研究了缺少的理性可操作性(Operationalisierbarkeit)(ebd., S. 131 ff., 187);价值秩序的司法(Wertordnungsrechtsprechung)亦被理解为作为超越的意识形态的一部分,参见 F. Hase/K. - H. Ladeur, Verfassungsgerichtsbarkeit und politisches System, 1980, S. 262 ff., 280 ff.。

[59] 一开始的努力、立法者的基本权利约束的困难性以及借助于德国《基本法》第19条第2款构建约束,参见 R. Barzel, Die verfassungsrechtliche Regelung der Grundrechte und Grundpflichten der Menschen, Diss. Köln 1949, S. 80 ff.;Peschka, Die Entwicklung des Grundrechtsproblems in der Geschichte des deutschen Verfassungsdenkensund die Form der Verwirklichung des Grundrechtsgedankens im Bonner Grundgesetz, Diss. Köln 1952, S. 86 ff., 143 ff.(“受秩序约束的自由”理念的约束);W. Knüllig, Bedeutung und Auslegung des Artikel 19 Abs. Ⅰ und Ⅱ des Grundgesetzes, Diss. Kiel 1954, S. 108 ff.。

的预测而否定一部法律,被许多人视为是狂妄的行为。[60]从专业法院的工作里,将与情境相关的利益衡量(Interessenabwägung)的这一非常熟悉的操作转移到对一部法律的审查上,也是非常不可想象的。能够考虑的充其量是一种抽象的衡量,如同联邦宪法法院通过三阶理论(Drei-Stufen-Theorie)为职业自由所发展和实践的那样。[61]不仅仅是不确定性(Unsicherheit),而且——或多或少——理性的对立法者的宪法法院审查的实务经验或者实践所带来的根本性转换(der fundamentale Wandel),都可以德国《基本法》第3条第1款的平等性要求(Gleichheitsgebot)为例来进行研究。根据产生的历史,平等性要求也约束立法者,这一点是毫无疑问的。通过在20世纪20年代就已经发展出来的恣意禁止(Willkürverbot),甚至还存在让德国《基本法》第3条第1款可操作化(operationalisieren)的标准。[62]但是,即使这样,20世纪50年代的时候,大家还是对平等性原则究竟是否可司法化(justiziabel)进行了大量讨论。[63]恣意判定(Willkürurteil)真的可以被理解为一种法律论证还是最终涉及的只是一种政治上的价值判断?问题答案不能在建构的-法教义学(konstruktiv-rechtsdogmatisch)的层面上找到,而是通过成功的法院实践来找到。通过联邦宪法法院的判决,也在其判决中,联邦宪法法院表明,通过法律论证来进行恣意审查

---

[60] 代表性的观点,如U. Scheuner, Die Rechtsprechung des Bundesverfassungsgerichts und das Verfassungsrecht der Bundesrepublik, DVBl. 1952, 613 ff., 644 ff.。关于后来联邦宪法法院的审查实践以及文献中的讨论,参见K. Messerschmidt, Gesetzgebungsermessen, §11; H.-A. Stuttmann, Gesetzgeberische Gestaltungsfreiheit und verfassungsgerichtliche Kontrolle, 2014。

[61] 明确地将衡量(Abwägung)强调为是可司法性(Justiziabilität)的界限,参见E. Kaufmann, Die Grenzen der Verfassungsgerichtsbarkeit, VVDStRL 9(1952), S. 1, 9.。仍然考察了魏玛宪法,参见H. Triepel, Staatsrecht und Politik, 1927, S. 39;此外参见Geiger, Die Einwirkung der Grundrechte auf die Privatrechtsordnung und auf die Wirtschaftsrechtsordnung(1957), in: Die Grundrechte in der Privatrechtsordnung, 1960, S. 39 ff.; P. Lerche, Übermass und Verfassungsrecht, 1961, S. 129 ff.; ders., Stil, Methode, Ansicht(1961), in: Dreier/Schwegmann(Hg.), Probleme der Verfassungsinterpretation, 1976, S. 110, 123(Blick auf Art. 5 Abs. 2 GG); R. Schnur, Pressefreiheit, VVDStRL 22(1965), S. 101, 121 ff.。一系列联邦宪法法院以之作为判决基础的抽象的优先规则(Vorrangregeln),施耐德(H. Schneider)作了整理,参见Die Güterabwägung des Bundesverfassungsgerichts bei Grundrechtskonflikten, 1979. A. Arndt, Zur Güterabwägung bei Grundrechten(1966), in: ders., Gesammelte juristische Schriften, 1976, S. 179 ff.。与之相反,施托莱斯(Stolleis, Geschichte des Öffentlichen Rechts, Bd. 4, 2012, S. 167)主张:"1958年,没有人表达对……'衡量'优先性的质疑。"另可参见Bomhoff, Balancing Constitutional Rights, 2013, S. 119 ff.(zusammenfassend)。实践整合的图像,参见注释69。

[62] 关于《魏玛宪法》第109条的意义的讨论,参见G. Anschütz, Die Verfassung des deutschen Reichs, Kommentar, 14. Aufl., 1933, S. 523 ff.。

[63] 对当时讨论的概述,参见Ipsen, Gleichheit, in: Neumann/Nipperdey/Scheuner(Hg.), Die Grundrechte, Bd. 2, 1954, S. 150 ff., 156 f.(在恣意禁止意义上缺少的可司法性), 158 ff., 177 ff.(只有在特别形式,尤其是德国《基本法》第3条第3款的条件下对立法者的约束);此外参见K. Hesse, Der Gleichheitssatz im Staatsrecht, AöR 77(1950/51), S. 167, 168 Fn. 5(zur Diskussion zwischen 1949 und 51), 218 ff.; W. Böckenförde, Der allgemeine Gleichheitssatz und die Aufgabe des Richters, 1957, S. 77 ff., 86 f.; E.-W. Fuss, Gleichheitssatz und Richtermacht, JZ 1959, S. 329 ff.。此外,见迪里希的一般评论, Maunz/Dürig, GG-Kommentar(1958), Art. 1 Rn. 94 f.。

(Willkürprüfung),让恣意审查形成司法路线以及让恣意审查在法律秩序的范围内成为可以理解的判决,在实践上是可能的。以这种方式,正如对必要性(Erforderlichkeit)的审查一样,恣意审查获得了高度的自明性(Selbstverständlichkeit),20 世纪 60 年代末时,这一开始的过于广泛的、侵入政治领域的担心也不复存在了,而借助于恣意禁止的平等性审查(Gleichheitskontrolle),"简约主义和宁静主义"(Minimalismus und Quietismus)受到了 Hans Zacher 的批评。[64]而这样的批评如果是放在 20 世纪 50 年代开始的时候,无一例外是不会被接受的。

联邦宪法法院成功实践的意义,获得了国家法学界大部分学者在很多方面的认可,对此绝对不能低估。在联邦宪法法院审查的自明性和日常性中,不仅仅先国家的自由与法律约束这一传统的对立消失了,而且也表明了将政治与法律进行部门化—主题化(sektoral-thematisch)的区分既没有可能,也没有必要。[65]重要的是发展出法律上的标准,并让这些标准的遵守得到控制。由此产生了宪法建构空间,这一空间被宪法法院的经验材料和检验材料所填充,在这一空间中,大家可以试验实践的重构(Rekonstruktionen der Praxis)、图像—理论的建构以及选择性(Alternativen)和批评的发展。这持久地改变了基本权利教义学的世界。

主导的基本权利理念世界是由康拉德·黑塞(Konrad Hesse)在其《联邦德国宪法基础》(Grundzüge des Verfassungsrechts der Bundesrepublik Deutschland)中确立的。"本书试图"——正如其在前言中所说——"在当前的宪法整体理解的基础上来突出现行宪法的基本特点"。基本权利是宪法秩序的"安排"中的一部分:"讲述的是国家的政治体(die politische Einheit)。"[66]基本法体现了"共同体的法律基础秩序"(Grundordnung)。基本法的规范效力(normative Kraft)在于成为现实(Wirklichkeit zu werden)并塑造法律和政治秩序。宪法"构建政治体的形式和类型"。并不存在先于宪法的国家,而是只有基本法之下的国家,这一国家必须成为其应该所是的那样的国家。如同其他的宪法权利,基本权利是需要具体化的(konkretisierungsbedürftig)。在这一具体化的工作上,联邦宪法法院是受到功能正确性(funktionelle Richtigkeit)的思想指导的。联邦宪法法院不可以借助解释(Interpretation)来改变宪法所规定的其与立法者的关系。然而,根据黑塞的观点,联邦宪法法院通过从一般的行动自由(Handlungsfreiheit)意义上来解释德国《基本法》第 2 条第 1 款以及由此让立法者承担起广泛的宪法论证义务(Rechtfertigungspflicht),已经实现了

---

[64] H. Zacher, Soziale Gleichheit, AöR 93(1968), S. 341, 357 f. 当然,也有其他声音否定借助德国《基本法》第 3 条第 1 款对立法者进行审查,参见 Ridder, Die soziale Ordnung des Grundgesetzes, 1975, S. 152 ff.。

[65] 早期的主题化研究,参见 M. Drath, Die Grenzen der Verfassungsgerichtsbarkeit, VVDStRL 9(1952), S. 17, 93 ff.;关于"国家治理(Staatsführung)的法院控制"的争论,参见 Bülow, Die Staatsrechtslehre der Nachkriegszeit(1945-1952), 1996, S. 62 ff.。

[66] Hesse, Grundzüge des Verfassungsrechts, 1967, S. 5.

这一点。[67]

对于黑塞来说,基本权利具有双重性质。基本权利是主观权利,并作为主观权利本身约束国家且塑造共同体中个人的法律地位(Rechtsstellung)。基本权利旨在实现自由(Freiheit zu verwirklichen),并为自主的人格发展(Persönlichkeitsentwicklung)提供可能条件。然而,原初的参与权(Teilhaberechte)并不能从基本权利中推导出来。[68] 基本权利的客观方面(die objektive Seite)在于,为整个法律秩序(Gesamtrechtsordnung)形成提供构成性要素或者基础性要素。由此,基本权利通过其秩序内容(Ordnungsgehalte)一方面与民主原则(Demokratieprinzip)相连,另一方面与社会法治国的宪法决定(Verfassungsentscheidung)相连。为了解决基本权利的自由与公共福祉利益(Gemeinwohlinteresse)之间的冲突,黑塞建议用"实践的调和性"(praktische Konkordanz)的思想作为解决冲突的标准,他认为这一作为利益衡量(Güterabwägung)的思想,能够更好地实现"合比例的分配"(verhältnismäßige Zuordnung)。[69]

当时许多的国家法学者应该对由黑塞建立的思想大厦、结构大厦以及图像大厦非常熟悉。同时,黑塞的著作也标志着一段发展历史的终点。1967 年,这一共同的开端开始破碎。关于司法和理论继续发展的道路产生了争论。随着反思工作的开始,有不同的根本性立场(Grundpositionen)存在,这一点变得清晰了。最终,思想上的基本确信(Grundüberzeugungen)(基本权利理论、基本权利教义学、宪法解释的方法)开始分化,并抛出了许多新的问题。

3. 福斯特霍夫的通向虚幻的 19 世纪的不可行道路

如果是从恩斯特·福斯特霍夫(Ernst Forsthoff)的角度来思考一开始的情景,那么大家会得到完全不同的评价:他认为,基本权利的教义学的问题在魏玛共和国的时候就已

---

[67] 此处的说法,参见 Hesse, Grundzüge des Verfassungsrechts, 1967, S. 10 ff., 161 f.。

[68] Hesse, Grundzüge des Verfassungsrechts, 1967, S. 110 ff., 115(无原初的参与权). 关于基本法中"社会最低生存"保障的讨论,参见 E. Harnisch, Soziale Grundrechte und Grundpflichten, Diss. Hamburg 1952, S. 105 ff.; Bachof, Begriff und Wesen des sozialen Rechtsstaates, VVDStRL 12(1954), S. 42 f.;联邦宪法法院的相反观点,参见 BVerfGE 1, 97, 104 f. S.。关于本判决的讨论,参见 Rensmann, Wertordnung und Verfassung, 2007, S. 47 ff.。关于此问题的当今视角,参见 W.-G. Leisner, Existenzsicherung im Öffentlichen Recht, 2007, S. 98 ff.; H.-M. Heinig, Der Sozialstaat im Dienst der Freiheit, 2008, Abs. F.。

[69] Hesse, Grundzüge des Verfassungsrechts, 1967, S. 53 f., 74 ff., 28 f., 126 f. 例如,穆勒(F. Müller)继承了黑塞的概念,参见 Positivität der Grundrechte, 1969, 1. Teil, S. 21, 24, 89, 虽然他强烈拒绝将利益衡量作为工具(ebd., S. 17 ff.)。进一步的关于实践调和性的图像以及其后续研究的可能性,参见 M. Schladebach, Praktische Konkordanz als verfassungsrechtliches Kollisionsprinzip, Der Staat 53(2014), S. 263 ff.; W. Hoffmann-Riem, Praktische Konkordanz im Verfassungsrechtsdenken von Konrad Hesse(Manuskript 2019)。对这一图像的独特重构以及尖锐批评,参见 A. Fischer-Lescano, Kritik der praktischen Konkordanz, KJ 2008, S. 166 ff.。

经得到了回答。基本法没有包含任何“值得称之为是成就的东西”。[70]其涉及法治国宪法的类型(Typus)[71],而这一法治国家宪法(eine rechtsstaatliche Verfassung)“是启蒙(Aufklärung)精神的独创。法治国宪法自身产生以后就是独立的、完善的,是一个在其中各个要素都处在逻辑联系中的系统性概念:基本权利、权力分立、规范性的法律概念等等,没有什么是需要值得改善的”。[72]国家不再是政治争论的场所。[73]国家必须发展成为目的理性(zweckrational)的建构物,以此来完成那些社会靠自己的力量不能完成的任务。在此,处在核心中的是行政的生存保障(Daseinsvorsorge)以及社会国(Sozialstaat),在社会国中借助税收的手段,社会福祉得以重新分配。[74]作为秩序权力(Ordnungsmacht),国家失去了功能和自明性。国家与社会的区分逐步模糊化,经济更多地安排了工业社会的发展,而法治国家不再能够以可靠的方式保障公民的自由免受国家秩序权力的侵害。福斯特霍夫就是如此感知社会现实的。[75]这一发展可以从宪法和基本权利的解释领域中读出来,这一解释领域的不适当意义图像(Sinnbild)存在于将基本权利理解为价值体系的这一理解中。[76]福斯特霍夫的观点超越了这一核心看法,即认为宪法是政治安排决定(Gestaltungsentscheidungen)的表达。[77]在结果上,宪法失去了指挥能力(dirigierende Kraft),它不得不面对那些在法律上不再能够理性掌控的解释性理解(interpretatorische Ausdeutungen)。[78]一方面,可直接感知的去形式化(Ent-Formalisierung)在于基本权利规定对社会的详细化。在此,法治国家的“分配原则”(Verteilungsprinzip)[79]以及形式上的公民平等思想被一种新型的“特权国家”(Privilegienstaat)所取代。[80]另一方面,从福斯特霍夫的观点来看,这一丧失也体现在以幼稚的—不可行的方式否认法治国家和社会国家概念的不协

---

[70] E. Forsthoff, Rechtsstaat im Wandel, 2. Aufl., 1976, S. 189(下面引用的福斯特霍夫的论文产生于1954年至1964年). Näher zu Forsthoffs Vorstellungswelt Meinel, Der Jurist in der industriellen Gesellschaft, 2011, S. 369 ff.

[71] Forsthoff, Rechtsstaat im Wandel, 2. Aufl., 1976, S. 190, 203 f.

[72] Forsthoff, Rechtsstaat im Wandel, 2. Aufl., 1976, S. 25 f., 203 ff.

[73] Forsthoff, Rechtsstaat im Wandel, 2. Aufl., 1976, S. 30, 198.

[74] Forsthoff, Rechtsstaat im Wandel, 2. Aufl., 1976, S. 4 f., 30, 198.; ders., in: VVDStRL 12(1954), S. 8, 31 ff.

[75] Forsthoff, Rechtsstaat im Wandel, 2. Aufl., 1976, S. 143 f., 186 ff., 195 ff.

[76] Forsthoff, Rechtsstaat im Wandel, 2. Aufl., 1976, S. 135 ff., 159 ff., 180 ff., 190 ff. C. Schmitt 也提及了这一方向,见 Die Tyrannei der Werte, 3. Aufl., 2011, S. 54 f.,关于此点,参见 C. Schönberger 的整理 Nachwort, ebd., S. 79 ff.;关于整体的进一步情况,参见 Meinel, Der Jurist in der industriellen Gesellschaft, 2011, S. 410 ff。

[77] Forsthoff, Rechtsstaat im Wandel, 2. Aufl., 1976, S. 171, 176. 对宪法的这一理解与将宪法理解为程序(Prozess)不同,参见 H.-H. Klein, Die Grundrechte im demokratischen Staat, 1972, 79,其认为从规范性的规定里可以产生任何东西。

[78] Forsthoff, Rechtsstaat im Wandel, 2. Aufl., 1976, S. 145(Enformung der Verfassung), 148[在此称为宪法的开放性(Offenheit der Verfassung)], 150(宪法的消解)。

[79] 参见注释56。

[80] Forsthoff, Rechtsstaat im Wandel, 2. Aufl., 1976, S. 139, 185 f., 192.

调性(Unvereinbarkeit)的努力中。保障自由的对国家的抵御(Ausgrenzung des Staates)以及国家参与(staatliche Teilhabe)现在不再能够有意义地被一起思考。㉛此外,社会国在法律实践上也没有可操作性。㉜这些确信和观点是由这一概念理解(Begriffsverständnis)所承担的,即社会的存在(das gesellschaftliche Dasein)通过简单的区分不断地分化为相互对立的对立面(例如,宪法的政治/非政治的对立、宪法类型/国家类型、法律/措施、紧急状态/正常状态、自由权/制度保障)。

上述这些确信的有益谅解是不可能的,因为福斯特霍夫的现实感知(Wirklichkeitswahrnehmungen)与本文作者的现实感知差异太大,且缺少共同的本体论(ontologisch)基础。㉝因为,笔者认为,存在(Dasein),无论是事实性(faktisch)的还是规范性的(normativ),不适合在一种二分结构(eine dichotome Struktur)中来加以描述。即使个别对福斯特霍夫的思想的批评是无效的,但是还是需要对其思想提出反驳:(1)基本法包含了关于基本权利理解的清晰政治决定(eine klare politische Entscheidung),这一基本权利理解也同时包括了社会领域(die gesellschaftliche Sphäre),且并不满足于区分出一个先国家的自由;(2)魏玛的基本权利教义学在通过基本权利约束立法者这一点上处于一种非常初级的形式中——因此,基本权利通常是“空转的”;㉞(3)基本权利虽然拥有反封建的前进方向,也证成了公民自由平等的思想,但是基本权利在公民交易社会中仍然广泛地囿于行政合法性原则(Gesetzmäßigkeit der Verwaltung)中;(4)法律概念(Gesetzesbegriff)非常清晰地处在德国《基本法》第3条第1款的平等性要求的指导力量之下(虽然是以恣意禁止的形式)。㉟简单地说,福斯特霍夫所主张的和被其所偏爱的19世纪的法治国家概念即使是初步性地也不能实现基本法所规定的目标。福斯特霍夫不得不提供的唯一内容标准就是维护现状。㊱

㉛ Forsthoff, VVDStRL 12(1954), S. 18 ff.:社会国是立法者的事情;社会国的物质基础是税收法律。关于当时法治国和社会国关系的争论,除参见 E. Forsthoff(Hg.), Rechtsstaatlichkeit und Sozialstaatlichkeit, 1968 中的文章外,也可参见以下文章的分析,H.-H. Hartwich, Sozialstaatspostulat und gesellschaftlicher stauts quo, 1970, S. 281 ff., 344 ff.; J. Wege, Positives Recht und sozialer Wandel im demokratischen und sozialen Rechtsstaat, 1977, 6. Kap.; Meinel, Der Jurist in der industriellen Gesellschaft, 2011, S. 355 ff.; Thurn, Sozialstaat, Welcher Sozialstaat?, 2013, Kap. 2。

㉜ Forsthoff, VVDStRL 12(1954), S. 26 f.

㉝ 关于对福斯特霍夫观点的批评,只需参见 A. Hollerbach, Auflösung der rechtsstaatlichen Verfassung? AöR 85(1960), S. 241 ff.;更晚一些的批评,参见 Dreier, Dimensionen der Grundrechte, 1993, S. 14 ff.。

㉞ 舍恩贝格尔(Schönberger)也认同这一评价,参见„Verwaltungsrecht als konkretisiertes Verfassungsrecht“, in: Stolleis(Hg.), Das Bonner Grundgesetz, 2006, S. 60。

㉟ 福斯特霍夫认为,恣意禁止意义上的德国《基本法》第3条第1款的意义与被他更加偏爱的法治国家理解不兼容,参见 Forsthoff, Rechtsstaat im Wandel, 2. Aufl., 1976, S. 206。

㊱ Forsthoff, VVDStRL 12(1954), S. 18, 33. 方法论上,福斯特霍夫援引了萨维尼(Savigny)的解释理论(ebd., S. 173 f.),但他却没有指明,通过这种方式从基本法里能够得出哪些内容,福斯特霍夫也没有指明,在疑难案件的情况下,他是否准备与萨维尼一样将目的论证(Zweck-Argumente)包括进来。

(二)矛盾的基本权利主张的形成

1. 对立与方向之争的产生

德国国家法中广泛认同的关于宪法原初处境的前理解[87],以此为基础建立民主宪法国家的努力,以及在此框架下让基本权利发展成为一般法律秩序的指令性规则,这三点造成内容上高度和谐的错误印象。在基本权利的决定性秩序权(Ordnungsanspruch)、原则性质或者双重性质(Grundsatz-oder Doppelcharakter),或者决定价值意义(die wertsetzende Bedeutung)的理念之下,存在众多对立的思想多样性、建构多样性以及意见多样性。[88]哪些具体的法律规定可以从不同的基本权利中推导出来,应该如何回答共同性的基本权利问题,尤其是那些关于基本权利的保护法益(Schutzgüter)的界分问题,以及最重要的是,通过哪些方法论的途径以及借助哪些手段才能够实现基本权利的展开,这些问题大家都不确定,看法也不尽统一。因此,宪法的解释发展成为重点主题,以及为了特地强调区别于传统的解释工作的创造性(gestalterisch)因素而引入了"具体化"(Konkretisierung)这一概念,这些都不是偶然。[89]以有效和可理解的方式展开基本权利内容的这一任务,对于所有人来说,都明显超过了国家法学工作的熟悉路径。也正是因此,恩斯特·福斯特霍夫的异议才引人关注。他提出了一个很难战胜的点,这个点没有什么有说服力的理论概念与之抗衡,最终只能在日常的实践中才能克服。

对立的基本权利主张的产生和形成的决定性原因可能需要在基本权利不断增长的对一般法律秩序的意义中去寻找。[90]正是因为所有地方都牵涉基本权利,新的基本权利思想被证明是成功的,以及宪法化进程(Konstitutionalisierungsprozess)已经开始,因此阐明基本权利的规范性内容(die normativen Gehalte)和规定就显得非常急迫。而内容和概念上的开放性(Offenheit)同时也为最为多样性的想象和愿望创造了空间。为了伴随这一过程,甚至为了引导这一过程,(之前的)共同基本权利理解已经不能提供足够稳固的框

---

[87] 参见二(一)2.(1)部分。

[88] 这些不确定性构成了齐佩利乌斯(R. Zippelius)教职资格论文的出发点,参见 Wertungsprobleme im System der Grundrechte,1962. Günther,Denken vom Staat her,2004,S. 285 ff.,称为国家法理论的多元化。代表性的是关于 Dürig 建立基本权利体系的讨论,关于此的准确重构,参见 Wilke,前注 13,S. 24 ff.,相关的批评 ebd.,S. 32 ff.。

[89] 例如,Zippelius,Wertungsprobleme im System der Grundrechte,1962,S. 20 ff.;Hesse,Grundzüge des Verfassungsrechts,1967,S. 25 ff.。以及注释 134。

[90] 持此看法,参见 M. Kloepfer,Grundrechte als Entstehungssicherung und Bestandschutz,1970,S. 1,这一过程被主题化为"法律秩序的宪法化"(Konstitutionalisierung der Rechtsordnung)这一关键词。进一步请参见 R. Wahl,Der Vorrang der Verfassung und die Selbständigkeit des Gesetzesrechts,NVwZ 1984,S. 401 ff.;G. -F. Schuppert/ C. Bumke,Konstitutionalisierung der Rechtsordnung,2000。关于历史发展进程,参见 Stolleis,Geschichte des Öffentlichen Rechts,Bd. 4,2012,S. 226 ff.,247 ff.;从行政法角度,参见 Schönberger,„Verwaltungsrecht als konkretisiertes Verfassungsrecht",in:Stolleis(Hg.),Das Bonner Grundgesetz,2006,S. 53,57. Günther,Denken vom Staat her,2004,S. 211 ff.,他强调代际转换(Generationswechsel)是国家法理论运动的原因。

架。正因为如此,必然会造成争论,尤其是在缺乏一个有力的基本权利教义学的情况下。例如,当立法者侵入基本权利保护的领域时,缺少可操作性的工具来实现对立法者基本权利约束,也缺少可操作的工具来决定基本权利能够发挥哪些效力或者来确定基本权利以什么样的方式能够介入私法的争端中。

从20世纪60年代初起,可以观察到两种完全重叠或者相互混同的运动。一种是关于基本权利意义和原则性操作的不同根本主张的形成;另一种是不断增长的对基本权利进行法教义学理解的努力以及为处理基本权利发展出工具或者机制的努力。将基本权利理解为是参与权,要么会遇到这一基本权利教义学问题,即如何建构这样的参与权以及如何与其他的基本权利效力相互兼容,要么会导向基本权利理论里的原则性问题,即基本权利应该普遍地还是例外地被理解为是参与权。[91]当时讨论的一个特点是,对各种主张的刻画比较极端和夸大,并在这种极端化和夸大的背景下来提出自己的观点。这种研究方式的优点是在这种背景下,自己的主张能够获得清晰的轮廓,并且自己将重点放在什么地方很清楚。但是缺点是,大家最终会处在一个幻想的对立空间中,而这样的空间基本上或者完全是不存在的,因为没有人会真正持这样的主张。这种方法上的定位的典型例子是,“侵犯—限制思想”(Eingriffs-und Schrankendenken)(Peter Häberle)或者国家法理论在关于法治国上的“健忘”(Vergeßlichkeit)(Hans Hugo Klein)。[92]这种行为方式不能够以马克斯·韦伯(Max Weber)发展出的理想型(Idealtyp)机制重构。因为,一方面在理想型的机制中远离现实(realitätsfern)的状态是已知的,另一方面这一机制的作用在于以理解变化(Verständniswandlung)的形式来解释社会发展,而在20世纪60年代开始的争论,涉及的是其自身的、内容上的刻画。[93]

这些争论或多或少与当时一般的社会政治讨论紧密地交织在一起。[94]此外,还有对联邦宪法法院实践的担忧、失望或者满意。后面这一点,有时候还会导致争论的参与者一起出现在批评者的阵营中,虽然在他们之中仍然存在价值观的壁垒。典型的如恩斯特·福斯特霍夫(Ernst Forsthoff)、霍斯特·埃姆克(Horst Ehmke)和赫尔穆特·里德(Helmut Rid-

---

[91] 只需参见 R. Wiethölter, Thesen zum Wirtschaftsverfassungsrecht, in: Abendroth, Der Kampf ums Grundgesetz, 1977, S. 158, 164 ff.。关于20世纪70年代的讨论,参见 P. Badura, Soziale Grundrechte im Recht der Bundesrepublik Deutschland, Der Staat 14(1975), S. 17, 32 ff.; H. Bethge, Zur Problematik von Grundrechtskollisionen, 1977, S. 375 ff.。此外参见注释194中提及的文献。密切相连但并不完全等同的关于社会基本权利(soziale Grundrechte)的讨论,参见 J. Isensee, Verfassung ohne soziale Grundrechte, Der Staat 19(1980), S. 367 ff.; E.-W. Böckenförde, Die sozialen Grundrechte im Verfassungsgefüge, in: Böckenförde u. a. (Hg.), Soziale Grundrechte, 1981, S. 7 ff. T. Ramm, Die sozialen Grundrechte im Verfassungsgefüge, ebd., S. 17 ff.。

[92] P. Häberle, Die Wesensgehaltsgarantie des Art. 19 Abs. 2 Grundgesetz, 1962, S. 222 ff. (zusammenfassend); H.-H. Klein, Die Grundrechte im demokratischen Staat, 1972, S. 5.

[93] 参见 U. Gerhardt, Idealtypus, 2001。

[94] 参见 E. Wolfrum, Die Bundesrepublik Deutschland, 10. Aufl., 2005, § 6。

der),他们3位都不同意联邦宪法法院不断扩大对立法者的审查以及建立新的宪法规定。[95]

2. 自由基本权利理解的发明

20世纪60年代,“基本权利是防御权”的理解或者“自由基本权利理论”形成了。为了理解这一发展,必须看一下对时代和思想都有重要影响的皮特·赫柏勒(Peter Häberle)的博士论文。其著作《基本法第19条第2款的本质内容保障》(Die Wesensgehaltsgarantie des Art. 19 Abs. 2 Grundgesetz)建立在基本权利作为一种价值秩序(Wertordnung)的理念基础之上。基本权利具有“双重性质”,包括“个人利益”(individuelles Interesse)以及“社会功能”(soziale Funktion)。[96]据此,其研究建立在一个很熟悉的基础之上。其研究核心是当时的一个中心研究问题,即关于法(Recht)与自由(Freiheit)的关系问题或者说法律(Gesetz)与基本权利(Grundrecht)的关系问题。比起之前的研究,赫柏勒更加清晰地提出了法律的自由保障功效,并指出把基本权利的自由与国家法律秩序对立起来并不能构成思考基本权利的有效出发点。[97]他的第二个研究主题是立法者的基本权利约束这一谜题。对他来说,这一谜题的答案在于,从基本权利本身得出法律关于自由安排(Freiheitsgestaltung)的标准。[98]他认为,有必要克服侵犯—限制的思维模式,将“国家介入”(Intervention)在理论上视为是基本权利的内在问题,并通过利益平衡(Güterabwägung)

---

[95] 参见 Forsthoff oben B. I. 3.;Ehmke, Prinzipien der Verfassungsinterpretation, VVDStRL 20[1963], S. 77–97;Ridder, Die soziale Ordnung des Grundgesetzes, 1975, Teil Ⅳ u. Ⅴ.;ders., Vom Wendekreis der Grundrechte [1977], in:ders., Gesammelte Schriften, 2010, S. 392 ff.。

[96] Häberle, Die Wesensgehaltsgarantie des Art. 19 Abs. 2 Grundgesetz, 1962, S. 4 ff.

[97] Häberle, Die Wesensgehaltsgarantie des Art. 19 Abs. 2 Grundgesetz, 1962, S. 180 ff. 对基本权利的自由保护和国家法律秩序之间的相互作用的有益和积极解释,也是鲁普(H.-H. Rupp)的思想和研究的中心点(ders., Das Grundrecht der Berufsfreiheit in der Rechtsprechung des Bundesverfassungsgerichts, AöR 92[1967], S. 212, 225 ff.;ders. Der Wandel der Grundrechte, AöR 101(1976), S. 187 ff.;ders., Staat und Gesellschaft, in:Isensee/Kirchhof [Hg.], Handbuch des Staatsrechts, Bd. 1, 1987, §28 Rn. 31 ff., 44 ff. [= Bd. 2, 3. Aufl., 2004, §31 Rn. 31 ff., 44 ff.])。鲁普在很多方面也认同赫柏勒对于“侵犯—限制思想”的批评,参见 Der Wandel der Grundrechte, AöR 101(1976), S. 172 ff.。施泰因拜斯·温克尔曼(Steinbeiß-Winkelmann)重新建构了鲁普的基本权利理解,参见 Grundrechtliche Freiheit und staatliche Freiheitsordnung, 1986, S. 542 ff., 553 ff., 577 ff.。其认为鲁普的方案比起赫柏勒的制度内在性理论(institutionelle Immanenzlehre)更加具有成效。克吕格(H. Krüger)也强调国家对基本权利的保障功能,参见 Allgemeine Staatslehre, 1964, § 30(此外,第528页:“因此,国家不是对立面,也不是敌人——国家是权利和自由的现实和前提”)。虽然他认为,通过建立德国《基本法》第19条第2款的本质内容保障的基本权利理解,强势国家会受到威胁(ebd., S. 537)。但是,他同时也强调,个人专断意义上的自由理解会消解国家(ebd., S. 538 f.)。他研究了基本权利对社会的不同功能(此外还有对于国家秩序来说的作为价值的整合性任务)(ebd., S. 53 ff.)。基本权利的决定性层面,他尤其是从正确的自由享有(Freiheitsgebrauch)的角度来研究的。他主张,这一自由的享有——有时候即使是有约束力的——也必须被引导和促进(ebd., S. 552 ff.)。抵御国家权力的基本权利的自由保障任务在此需要让位。然而,他强调基本权利保障的不同社会领域的“自身规律性”(Eigengesetzlichkeit)(ebd., S. 551)。

[98] Häberle, Die Wesensgehaltsgarantie des Art. 19 Abs. 2 Grundgesetz, 1962, S. 39 ff., 210 ff., 222 ff. 这一思想之前就已经有了,也参见 Hamel, Die Bedeutung der Grundrechte im sozialen Rechtsstaat, 1957, S. 42 f.。

的手段来回应国家的介入。[99]他主张,为了避免侵犯基本权利,立法者必须在由基本权利自己所确定的,也即内在的界限内活动。在此意义上,立法(Gesetzgebung)就不会被基本权利限制,而是一种基本权利的实现(制度内在性理论)。

有很多关于赫柏勒研究的争论。[100]对于现在讨论的问题来说,下面这一点是重要的:赫柏勒的研究体现了当时国家法学在其中运行的思维性—建构性的混合物(die gedanklich-konstruktive Melange):基本权利理解、理论、法教义学工具以及具体的实践——而所有这些方面也都是相互交织的。因此,赫柏勒并没有以必要的方式在对基本权利所保护的法益(Positionen)的限制与对基本权利规定(Vorgaben)的遵守之间进行区分。显然,在此缺少对防御权的基本权利审查来说必要的法教义学工具。但是,与此同时,赫柏勒形成了关于基本权利对法律约束(Gesetzesbindung)的关键点,也即基本权利自身被理解为是规范性的、以保障为特别目的(gewährleistungsspezifisch)的规定的综合体或者"束"(Bündel)[101]。然而,缺少一个概念工具来适当地理解不同的基本权利面向并在同一个理论大厦中给予其定位。由于缺少区分,内在性理论具有激进性(Radikalität),[102]从这种激进性中会产生强烈的冲动来发展关于法与自由关系的替代性理解并通过法教义学来实现具体的基本权利的研究。

在这一氛围之下,有时也刻意区别于赫柏勒的制度内在性理论,防御权意义上的基本权利理解得以发展。[103]罗曼·施努尔(Roman Schnur)关于新闻自由的国家法学家演讲

---

[99] Häberle, Die Wesensgehaltsgarantie des Art. 19 Abs. 2 Grundgesetz, 1962, S. 126 ff., 222 ff.

[100] 只需参见 P. Lerche, Buchbesprechung, DÖV 1965, 212 ff.(积极的);施努尔(R. Schnur)有两个批评性意见,见 Buchbesprechung, DVBl. 1965, 489 ff.; A. Podlech, Grundrechte und Staat, Der Staat 6(1967), S. 342, 348 ff., Wilke 的全面分析,见 Stand und Kritik der neueren Grundrechtstheorie, 1975, S. 111 ff.; Steinbeiß-Winkelmann, Grundrechtliche Freiheit und staatliche Freiheitsordnung, 1986, 6. Kap.。关于其著作的整体评价,参见 A. Voßkuhle/T. Wischmeyer, Der Jurist im Kontext, JöR 63(2015), S. 401 ff.。

[101] 以保障为特别目的的规定或者标准是基本权利规范的规范性内容,其可以从单个的规定中解释性地得出来,属于这样规定的,如未出生的生命与已经出生的生命之间的平等对待要求(BVerfGE 88, 203, 254)或者空间上,免受国家监视的不受打扰的空间的要求(BVerfGE 109, 279, 319 f.)。关于这一思想的进一步阐述,参见 Bumke, Der Grundrechtsvorbehalt, 1998, S. 57 f., 235 ff.; ders., Ausgestaltung von Grundrechten, 2009, S. 52 ff.。

[102] 赫柏勒完全相信,如果人们追问其意义,即使最严重的自由侵害也会丧失其道德和法律的清晰性(ihre rechtliche und sittliche Schärfe) Die Wesensgehaltsgarantie des Art. 19 Abs. 2 Grundgesetz, 1962, S. 232 f.;为了共同的福祉,牺牲是必要的。现在,这些说法至少是没有必要的。人们思考法律对于自由的社会秩序的意义。例如,试图通过基本权利教义学来论证所谓的正当开枪(Rettungsschuss)授权正是两件不同的事情。

[103] 博肯福德(E.-W. Böckenförde)提出这一宪法理论主张,即立宪者在撰写基本权利那一章的时候就是以这种理解为指导的(Grundrechtstheorie und Grundrechtsinterpretation(1974), in: ders., Staat, Verfassung, Demokratie, 1991, S. 143 f.)。在这里就已经可以注意到,这与历史上的原初情境是不一致的[参见二(一)1. 及 2.(1)(2)]。Poscher Grundrechte als Abwehrrechte, 2003, S. 52 ff. 将莱斯勒(Walter Leisner, 注 19)的研究强调为更大的对立极点。但是,可以注意到这一研究并没有处于争论的中心点。无论是施努尔(Schnur),克莱(Klein)还是博肯福德都没有将莱斯勒作为"敌对"者。与此相反的观点,参见 Günther, Denken vom Staat her, 2004, S. 234 ff., 243 ff.,其将斯门德学派(Smend-Schule)的年轻一代视为决定性的诱因。

提供了防御权意义上的基本权利理论的代表性尝试。[104]他区分了自然的自由(natürliche Freiheit)和法的自由(rechtliche Freiheit),由此赋予了立法者有意义的地位。更为广泛的内容规定,尤其是将新闻理解为是公共任务(öffentliche Aufgabe)的想法,施努尔是拒绝的。但是他认为,新闻对于民主的正常运作来说的重要性需要在设定界限的法律的范围内加以考虑。在法律教义学层面,他从保护领域(Schutzbereich)、宪法侵犯授权(Eingriffsermächtigung,德国《基本法》第5条第2款)以及本质内容保障(Wesensgehaltsgarantie,德国《基本法》第19条第2款)发展出了防御权审查程序,但是却拒绝了利益衡量(Güter-bzw. Interessenabwägung)的思想,因此也拒绝了法律和基本权利之间的相互作用。作为一般的理性要求(Rationalitätsgebot)的表达,他采用了被理解为必要性要求(Gebot der Erforderlichkeit)的"过度禁止"(übermaßverbot)作为国家的界限。[105]在本质内容保障的规定里,(其理论)显示出了与制度内在性理论的差异,而且在其整个影响范围内也显出了与当时当主导的基本权利的理解的差异:赫柏勒——像其他很多人一样——想要从基本权利的制度层面或者客观层面为立法者发展出标准。防御权的理解恰恰是要拒绝这样的处理方法,认为其与"公民自由"(bürgerliche Freiheit)的理念不符合。[106]恩斯特-沃尔夫冈·博肯福德(Ernst-Wolfgang Böckenförde)后来也指出,基本权利的功能不能援引来作为宪法的标准。[107]因此,本质内容必须以另外的方式来规定。为此,施努尔将为"制度保障"(Einrichtungsgarantie)[108]而发展出来的这一思想普遍化了,即通过承认基本权利,立宪者在核心上已经将先于宪法的法状态或者法律状态通过宪法确定下来了。[109]由施努尔发展出来的防御权理论建立在一个基本权利理论方案的基础之上[110],这一理论方案是由卡尔·施米特(Carl Schmitt)为了魏玛宪法而创立的,而恩斯特·福斯特霍夫将之作为基本法下批评的衬托。适应于基本法,赋予了立法者可行的地位以及为实践的法律工作补充了法教义学的工具,防御权理论发展成为直到今天都具有代表性的基本权利理解。[111]

---

[104] Schnur, Pressefreiheit, VVDStRL 22(1965), S. 101 ff. 关于文本中的更广泛说法,参见 ebd., S. 102 ff. (inbes. Fn. 5, 12, 16 - 论自由概念以及自由与法之间的关系), 113 ff. (公共任务)。

[105] Schnur, Pressefreiheit, VVDStRL 22(1965), S. 121 ff.

[106] Schnur, Pressefreiheit, VVDStRL 22(1965), S. 102 ff.

[107] *E. -W. Böckenförde*, Grundrechtstheorie und Grundrechtsinterpretation (1974), in: ders., Staat, Verfassung, Demokratie, 1991, S. 115, 120 f.

[108] 关于这一概念的进一步阐释,参见 Klein, Mangoldt/Klein GG Kommentar, 2. A., Bd. 1, 1955, S. 83 ff.。

[109] Schnur, Pressefreiheit, VVDStRL 22(1965), S. 130 ff. 之前的类似看法,参见 Lerche, Übermass und Verfassungsrecht, 1961, S. 240 ff.。

[110] 通过 Böckenförde, Grundrechtstheorie und Grundrechtsinterpretation (1974), in: ders., Staat, Verfassung, Demokratie, 1991, S. 116, 被理解为"关于基本权利的普遍性质、规范的目的设定以及内容范围的系统导向的观点。其参考点……通常处在特点国家观或者宪法理论中"。

[111] 参见第二部分第三节。

3. 寻找基本权利理论的支撑点

20 世纪 60 年代末,社会和法学都开动起来:[112]对国家社会主义(nationalsozialistisch)过去历史的清理开始了,第一波移民大潮抵达德国,大家开始意识到经济增长的生态环境界限,社会民主化的呼声以及更多地对国家决策的参与的呼声越来越大。在社会民主党和自由民主党的联合执政(die sozial-liberale Koalition)下,改革立法(Reformgesetzgebung)开始了,并引发了激烈的宪法争论。社会的觉醒、激荡以政治极端化(Radikalisierung)影响了整个时代。

在法学内部,传统的方法论(Methodenlehre)陷入了深刻的危机。[113] 一方面,宪法解释工作遇见了巨大的不确定性。因此,基本法的文本基本上没有什么抵抗力,而基本法产生史(Entstehungsgeschichte)一如既往地没什么帮助。作为这一情况的体现,同时也是作为这一情况的治疗手段,法律理论(Rechtstheorie)成了一门独立的(分支)学科。[114]此外,还有很多努力来建立与社会科学(Sozial-und Gesellschaftswissenschaften)的联系。另一方面,在国家法学内部也有很强的坚持性力量。由此产生的"方向之争"(Richtungsstreit),从 20 世纪 70 年代起,在基本权利领域内以如何建立正确的基本权利理论(Grundrechtstheorie)的问题进行。[115]

内容上,方向之争主要是围绕将基本权利重新解释(Um-Deutung)为福利国家(wohlfahrtsstaatlich)中的参与权进行的。[116]汉斯·胡果·克莱(Hans Hugo Klein)通过其论战文章"民主国家中的基本权利"(Die Grundrechte im demokratischen Staat)提出了一个直到现在还非常知名的主张。他反对功能－民主式(funktional-demokratisch)的以及社会国家式(sozialstaatlich)的基本权利理解,主张自由基本权利理解(ein liberales Grundrechtsverständnis),他认为通过自由基本权利理解,"理性的技巧"(eine List der

---

[112] 进一步的情况,参见 Pauly, Verfassungs-und Verfassungsprozessrecht, in: Willoweit (Hg.), Rechtswissenschaft und Rechtsliteratur, 2007, S. 914 ff.; Stolleis, Geschichte des Öffentlichen Rechts, Bd. 4, 2012, S. 317 ff., 350 ff., 395 ff.。

[113] 同时代的观察,只需参见 E.-W. Böckenförde, Die Methoden der Verfassungsinterpretation-Bestandsaufnahme und Kritik(1976), in: ders., Staat, Verfassung, Demokratie, 1991, S. 53 ff., 回溯性的观察,参见 Pauly, Verfassungs-und Verfassungsprozessrecht, in: Willoweit (Hg.), Rechtswissenschaft und Rechtsliteratur, 2007, S. 905 ff.。

[114] 参见 Stolleis, Geschichte des Öffentlichen Rechts, Bd. 4, 2012, S. 379 ff., 457 ff.; 关于当时情况的简要描述,参见 Bumke, Rechtsdogmatik, 2017, S. 37 f.。

[115] 清晰的描述: H.-H. Klein, Die Grundrechte im demokratischen Staat, 1972, S. 9 ff.; J. Perls, in: ders. (Hg.), Grundrechte als Fundament der Demokratie, 1979, S. 7 f.; die in W. Abendroth u. a., Der Kampf ums Grundgesetz, 1977, versammelten Beiträge; Hase/Ladeur, Verfassungsgerichtsbarkeit und politisches System, 1980, S. 262 ff., 280 ff.。A. Arndt 超前的主题,参见 Das nicht erfüllte Grundgesetz(1960), in: ders., Gesammelte Schriften 1976, S. 141 ff.。回溯性的描述,参见 Pauly, Verfassungs-und Verfassungsprozessrecht, in: Willoweit (Hg.), Rechtswissenschaft und Rechtsliteratur, 2007, S. 909 ff.。

[116] 参见 Thurn, Welcher Sozialstaat?, 2013, S. Kap. 3. B.; 此外,参见注释 91 中的内容。

Vernunft)就变得有效了。[117]他将基本权利的自由思想理解为是多面向(mehrdimensional)的结构[118],承认基本权利的第三人效力[119]并强调基本权利的自由和政治自由(grundrechtliche und politische Freiheit)的同等重要性[120],并最终提出基本权利的排除性任务(die ausgrenzende Aufgabe)以及将个人自由的保障作为决定性要素。[121]彼得·赫柏勒在其国家法学家大会报告“福利国家中的基本权利”(Grundrechte im Leistungsstaat)中提出了相反的方案。[122]为了适当地应对在福利国家以及工业社会中产生的对个人的威胁,赫柏勒支持将基本权利理解为参与权。[123]自由不仅仅是免受国家干预的自由(Freiheitvom Staat),而且同样也是通过国家而实现的自由(Freiheit durch Staat),也是为了国家而实现的自由(Freiheit zum Staat)。正是通过这三个面向,基本权利所保护的,同时也是需要实现的“自由的整体状态”(der freiheitliche Gesamtzustand)得以确定。[124]参与权(status activus)构成了概念的核心,赫柏勒将其多样化的程序意义概括为程序权(status activus processualis)。[125]赫柏勒没有对防御权(status negativus)提出质疑,他提出用可能性保留(Vorbehalt des Möglichen)来限制机会均等参与(chancengleiche Teilhabe)的目标。[126]他的目标是用基本权利提升社会国家。基本权利教义学(Grundrechtsdogmatik)与基本权利政策(Grundrechtspolitik)应该并肩而行,但是不失各自的独立性。正是在这一点上引发了批评。[127]基本权利上所要求的(Gebotenem)、可能的(Möglichem)以及值得期待的(Wünschenswertem),这三者之间如何能足够清晰地相互区分?[128]

---

[117] H.-H. Klein,Die Grundrechte im demokratischen Staat,1972,S. 20 ff.,39 ff.,73 ff.;引文在第79页。

[118] H.-H. Klein,Die Grundrechte im demokratischen Staat,1972,S. 53 ff.

[119] H.-H. Klein,Die Grundrechte im demokratischen Staat,1972,S. 67,此外见 ebd.,S. 35 f.(19世纪的国家与法治国家),47 ff.(国家和社会).关于国家与社会关系的争论,还可参见 Pauly 的概述,参见 Verfassungs-und Verfassungsprozessrecht,in:Willoweit (Hg.),Rechtswissenschaft und Rechtsliteratur,2007,S. 901 ff.。

[120] H.-H. Klein,Die Grundrechte im demokratischen Staat,1972,S. 45,47.

[121] H.-H. Klein,Die Grundrechte im demokratischen Staat,1972,S. 73 ff.,在此并不清楚的是,将其仅仅留给“理性的技巧”,还是为个人最终实现作为基本法的目标的“真正”自由(ebd.,S. 53)。明显地与福斯特霍夫的宪法理论相衔接,他也认为基本权利的参与权和防御权在结构上是互不相容的:H.-H. Klein,Die Grundrechte im demokratischen Staat,1972,S. 72。

[122] P. Häberle,Grundrechte im Leistungsstaat,in:VVDStRL 30(1972),S. 43 ff. 对此次大会上争论的分析见 Thurn,Welcher Sozialstaat?,2013,S. 145 ff.;赫柏勒就法学的自我理解,参见 ebd.,S. 244 ff.。

[123] Häberle,Grundrechte im Leistungsstaat,in:VVDStRL 30(1972),S. 112 ff.,69 ff.,82 ff.

[124] Häberle,Grundrechte im Leistungsstaat,in:VVDStRL 30(1972),S. 76.

[125] Häberle,Grundrechte im Leistungsstaat,in:VVDStRL 30(1972),S. 80 ff.

[126] Häberle,Grundrechte im Leistungsstaat,in:VVDStRL 30(1972),S. 91,102,109 ff.,113 ff.;赫柏勒自己没说成是可能性保留,而是说成“尺度保留”(Maßgabevorbehalt)(ebd.,S. 114)。

[127] Häberle,Grundrechte im Leistungsstaat,in:VVDStRL 30(1972),S. 71,75,105. 他想借助于基本权利来调和法治国家和社会国家(ebd.,S. 98 f.)。

[128] 关于当时的争论,参见 Thurn,Welcher Sozialstaat?,2013,S. 237 ff.,242 ff.。

进一步的讨论受到恩斯特－沃尔夫冈·博肯福德文章“基本权利理论和基本权利解释”(Grundrechtstheorie und Grundrechtsinterpretation)的影响,这篇文章直到今天都是被最多引用的文章之一。[129]从这一无可置疑的观察出发,即“语词理解(Wortfassung)、语言意义(Sprachsinn)以及规则联系(Regelungszusammenhang)”并不能寻找到某一基本权利的规范内容(normative Gehalte),也不能限定解释性理念的范围,他得出结论认为,解释应由特定的基本权利理论来引导。如大家所知道的,他区分了5种理论:(1)自由(自由—法治国家)理论;(2)制度理论;(3)价值理论;(4)民主—功能理论;(5)社会国家理论。但是他认为,宪法解释者在这些理论中进行选择时并不是自由的,相反,理论在基本法面前必须站得住脚。博肯福德确信,只有自由基本权利理论才是合宪(verfassungsgemäß)的。

正如后续的那些讨论所表明的,博肯福德以这种方式成功地划定了对话的框架,这一框架反复地并直到今天还被采用。[130]他将一个反思性的层面(Reflexionsebene)纳入了基本权利的争论中。这一反思层面让那些争论的重要参与者得以公开他们基本权利理论的前理解,也迫使他们这么去做。由此便创造了一个空间,在这个空间中可以避免有关具体的法教义学建构性问题(Konstruktionsfragen)的争论,如关于正确的自由概念的争论。[131]但是,随着时间的推移,博肯福德理论的弱点或者漏洞也越来越明显:在基本权利理论的层面,博肯福德的理论会使人认为,这种方式下存在各种同质的(homogen)理论开端,人们必须作出永久性的选择。由此,被弱化的不仅仅是所有的内容重叠,而且想要将某个理论的基本理解视为对某一基本权利是合适的,但是对另一基本权利是不合适的,也变得不可能了。此外,其理论也缺少与普遍的基本权利教义学的联系。根据当时的发展状态,这是可以理解的。但是随着不断的完善,一个新的层面被建立了,这个新的层面能够共同引导单个基本权利的具体解释。有一系列实践中非常重要的问题,但是这些问题不是单单借助于基本权利理论的确定就可以回答的。

讨论随着时间的推移而发展。参与权思想失去了影响力,与之相伴的是,关于正确的

---

[129] Böckenförde, Grundrechtstheorie und Grundrechtsinterpretation (1974), in: ders., Staat, Verfassung, Demokratie, 1991,进一步的问题 ebd., S. 119 ff. 以此为基础, K. Kröger, Grundrechtstheorie als Verfassungsproblem, 1978, S. 31 ff.。

[130] 对20世纪80年代中期讨论的考察,参见 Steinbeiß-Winkelmann, Grundrechtliche Freiheit und staatliche Freiheitsordnung, 1986, S. 255 ff.;更晚一些时间的,参见 J.-F. Lindner, Theorie der Grundrechtsdogmatik, 2005, S. 9 ff.,概括性思考,参见 K. Stern, Idee und Elemente eines Systems der Grundrechte, in: Isensee/Kirchhof (Hg.), Handbuch des Staatsrechts, Bd. 9, 3. Aufl., 2011, § 185 Rn. 28 ff.。

[131] 关于这一反思空间的代表性理论,参见 E. Denninger, Staatsrecht, Bd. 2, 1979, S. 181 ff.; R. Alexy, Theorie der Grundrechte, 1985, S. 21 ff.。对于基本权利理论用处的批评性意见,参见 J. Schwabe, Probleme der Grundrechtsdogmatik 1977, S. 5 ff.。

基本权利理论的争论也消退了。[132] 取而代之是,基本权利的多面向性(Mehrdimensionalität),其不仅仅被作为一般反思的出发点,同时也被作为具体的基本权利研究的出发点。[133]通过这一步,国家法理论将联邦宪法法院的实践普遍化了。同时,这也意味着自由基本权利理解的限缩性立场被拒绝了。现在,对某个基本权利的某个功能的法教义学处理成为中心。防御权也成为一个面向,需要将之翻译为可操作的机制或者审查程序。

从当时争论中得出的教训是,解释性行为(das interpretatorische Geschäft)远远超过对传统法律的解释工作(Auslegungsarbeit)。因此,逻辑结果是,在这种情况下大家更多地称为"具体化"(Konkretisierung)而非解释(Auslegung)。[134] 基本权利多样的规范性内容不能借助熟悉的经典诠释学操作来确认。为了确定某一基本权利所携带的秩序理念(Ordnungsvorstellungen)、特别规定(spezifische Vorgaben)以及原则效力,必须在不同层面进行——例如,宪法的模式、基本权利理论的确信、一般的基本权利教义学、以保障为目的的秩序理念、产生史的情景以及具体的事实挑战,以此来将不同的评价、观点和确信融合成为某一个基本权利的整体概念(Gesamtkonzeption)。当然,这一理论并不是被所有人都接受,建构幼稚性(konstruktive Naivität)以及对诠释学启示(hermeneutische Offenbarung)的信仰到现在仍然存在。近来,马提亚斯·耶施塔特(Matthias Jestaedt)提出了一个替代性建议,即借助于区分法律认识过程(Rechtserkenntnisvorgänge)与法律生产过程(Rechtserzeugungsvorgänge)来克服这些困难。[135]

---

[132] 后来的对基本权利参与权意义的主张,参见 K. Grimmer, Demokratie und Grundrechte, 1980, 244 ff.;关于对现今主导性看法的概括,参见 D. Murswiek, Grundrechte als Teilhaberechte, soziale Grundrechte, in: Isensee/Kirchhof (Hg.), Handbuch des Staatsrechts der Bundesrepublik Deutschland, Bd. 9, 3. Aufl., 2011, § 192。

[133] Ramm, Der Wandel der Grundrechte und der freiheitlich soziale Rechtsstaat, JZ 1972, S. 145 ff.; Rupp, Der Wandel der Grundrechte, AöR 101(1976), S. 165 ff.; Saladin, Grundrechte im Wandel, 1970, 6. Kap.; Ossenbühl, Die Interpretation der Grundrechte in der Rechtsprechung des Bundesverfassungsgerichts, NJW 1976, S. 2100 ff.; H.-P. Schneider, in: ders., (Hg.), Grundrechte als Fundament der Demokratie, 1979, S. 11, 27 ff., 34 ff.; K. Hesse, Bestand und Bedeutung, in: Benda/Maihofer/Vogel (Hg.), Handbuch des Verfassungsrechts der Bundesrepublik Deutschland, 1984, S. 79, 90 ff. 关于司法的发展,参见 Jarass, Grundrechte als Wertentscheidungen bzw. objektive Prinzipien in der Rechtsprechung des Bundesverfassungsgerichts, AöR 110(1985), S. 363, 363.; Dreier, Dimensionen der Grundrechte, 1993, S. 21 ff。

[134] 代表性著作:K. Stern, Das Staatsrecht der Bundesrepublik Deutschland, Bd. 3 Hb. 2, 1994, S. 1716 ff.。批评性意见:Jestaedt, Grundrechtsentfaltung im Gesetz, 1999, S. 141 ff.。为了更好地刻画具体化领域(das Feld der Konkretisierung)而采取的策略是,在原则性宪法理解上区分宪法作为"框架性秩序"(Rahmenordnung)的观念与宪法作为"基础性秩序"(Grundordnung)的观念。基础性工作,参见 Böckenförde, Grundrechtstheorie und Grundrechtsinterpretation(1974), in: ders., Staat, Verfassung, Demokratie, 1991, S. 197 ff.。关于这一对立的详细讨论,参见 Jestaedt, Grundrechtsentfaltung im Gesetz, 1999, 3. Teil; B. Reese, Die Verfassung des Grundgesetzes, 2013, S. 235 ff. 我认为,由此展开的不同规则范围和密度(Regelungsweite und-dichte)的理想型持续性(das idealtypische Kontinuum)唤起了伊森斯所主张的错误的联系,参见 J. Isensee, Staat und Verfassung, in: Isensee/Kirchhof(Hg.), Handbuch des Staatsrechts der Bundesrepublik Deutschland, Bd. 2, 3. Aufl., 2004, § 15 Rn. 191。追随凯尔森的纯粹法理论(Reine Rechtslehre),黄舒芃进行了具有自己独立视角的讨论,参见 S.-P. Hwang, Verfassungsordnung als Rahmenordnung, 2018。

[135] 参见 Jestaedt, Grundrechtsentfaltung im Gesetz, 1999, 4. Teil。

(三)基本权利教义学理论大厦的建立

1. 基本权利、基本权利保留与基本权利本质内容

没有人会怀疑这一点,即基本权利应该约束国家权力的行使或者引导国家权力的行使。即使是表述不同,但是大家也同意需要在基本权利面前来论证国家所采取的措施。除了这一点外,在1949年之后,大部分的东西都是不确定和有争议的。

中心主题是保留和限制条款(Vorbehalte und Schrankenklauseln),如德国《基本法》第2条第1款第2半句、第2条第2款第3句、第5条第2款、第11条第2款、第12条第1款第2句和第14条第1款第2句,以及这一问题,即在什么前提条件下,基本权利,如第4条第1款、第2款以及第5条第3款,所保护的利益以及那些无保留地被保障的利益可以被侵犯。[136]问题是,是否可以从各种关于基本权利保留非常不同的表述中推导出来一个独立的关于立法者安排权力(Gestaltungsmacht)的标准[137],在基本权利保留中相近的介词["通过"(durch)以及"基于"(auf Grund)]应该在授权禁止(Delegationsverbot)意义上来理解还是在执行要求(Vollzugsgebot)意义上来理解[138],基本权利自由的实现的一般界限是以不侵犯限制(Nichtstörungsschranke)的形式还是以滥用限制(Missbrauchsschranke)的形式存在,以及基本权利的保护领域是否需要在内容上提前设定,以便让特定的行为模式,如在十字路口按喇叭,不再包括在基本权利的保障领域内。[139]这还不够,根据与基本权利相关侵害的范围,也即在基本权利的侵害范畴里,大家还讨论了基本权利在什么程度上能够提供免于事实或者间接侵害的保护。[140]最后,法律概念(Gesetzesbegriff)也有争议。[141]由此,大家试图徒劳地在一般的议会法(Parlamentsgesetz)之外,建立措施法(Maßnahmegesetz)的机

[136] 早期的观察,参见 R. Herzog, Grundrechtsbeschränkungen nach dem Grundgesetz und Europäische Menschenrechtskonvention, Diss. München 1958, 1. Teil;之后的研究,参见 F. Müller, Positivität der Grundrechte, 1969, 1. Teil;此外参见 T. Wülfing, Grundrechtliche Gesetzesvorbehalte und Grundrechtsschranken, 1981, S. 26 ff.;Bumke, Der Grundrechtsvorbehalt, 1998, 4. Kap。

[137] 概述性的,参见 Bumke, Der Grundrechtsvorbehalt, 1998, S. 46 ff.。

[138] 参见 Bumke, Der Grundrechtsvorbehalt, 1998, S. 197 ff.;新近的、相信宪法语言使用的意义,但是没有涉及之前讨论的,参见 L. Michael/M. Morlok, Grundrechte, 6. Aufl., 2017, Rz. 575, 583 ff.。

[139] 这些理论的代表性著作,如 K. -A. Bettermann, Grenzen der Grundrechte, 1968, 9 ff.。批评性意见,参见 Bumke, Der Grundrechtsvorbehalt, 1998, S. 155 ff.;此外参见 M. Sachs, in: Stern, Das Staatsrecht der Bundesrepublik Deutschland, Bd. 3 Hb. 2, 1994, S. 301 ff.。坚持这一概念并对其进行了概括,参见 D. Merten, in: Merten/Papier (Hg.), Handbuch der Grundrechte, Bd. 3, 2009, § 60。

[140] 关于这一范畴的发展,参见 R. Eckhoff, Der Grundrechtseingriff, 1992; A. v. Arnauld, Die Freiheitsrechte und ihre Schranken, 1999, S. 90 ff. 概括性的研究,参见 Sachs, in: Stern, Das Staatsrecht der Bundesrepublik Deutschland, Bd. 3 Hb. 2, 1994, § 78。

[141] 对早期讨论的概括,参见 C. Starck, Der Gesetzesbegriff des Grundgesetzes, 1970, S. 32 ff.;H. -J. Papier, Die finanzrechtlichen Gesetzesvorbehalte und das grundgesetzliche Demokratieprinzip, 1973, 27 ff.;更为详细的,见 Sachs, in: Stern, Das Staatsrecht der Bundesrepublik Deutschland, Bd. 3 Hb. 2, 1994, S. 423 ff.。

制,并维护传统的形式意义上的法律与实质意义上的法律的区分。[142]

德国《基本法》第19条第2款中的本质内容保障(Wesensgehaltsgarantie)提出了一个更大的谜题。[143] 不管现在是相对地(relativ),还是绝对地(absolut)来理解,如何能够划出一条严格的界限,让这条界限具有实践意义,且这条界限不会因为人类存在(das menschliche Dasein)的情境多样性(die situative Vielgestaltigkeit)所带来的管理需求(Regelungsbedürftigkeit)而失灵,并让法律的适用者可操作?在这一背景下,昆特·迪里希到现今仍有吸引力的建议就可以理解了,他建议从"人权内容"(Menschenrechtsgehalt)里来寻找德国《基本法》第19条第2款的保障,或者求助于宪法的法律状态(Rechtslage)。[144]

此外,还有这些在规训(Disziplinierung)国家权力时通过回溯到以下这些思想而产生的众多问题,如利益衡量(Güter-oder Interessenabwägung)、合比例性(Verhältnismäßigkeit)、必要性(Erforderlichkeit)、合理性(Zumutbarkeit)、实践协调性(praktische Konkordanz)、最大平衡(der mildeste Ausgleich)、适当性(Angemessenheit)或者相互作用(Wechselwirkung)。为了实现对国家权力的基本权利约束,有些人视之为"万能钥匙",而另一些人则尖酸地加以嘲讽,认为这些理论或者机制的可操作性存疑。[145]尤其是,这些思想传播了关于联邦宪法法院和立法者之间既棘手又脆弱关系的巨大的担忧。联邦宪法法院自己试图通过如下的方式来解决这一难题,即它自己满足于传统的抽象衡量(abstrakt gehaltene Abwägungen),

[142] 对这一主题的基础性研究,参见 K. Zeidler, Maßnahmegesetz und „klassisches Gesetz", 1961; 此外参见 Starck Der Gesetzesbegriff des Grundgesetzes, 1970, S. 242 ff. 更晚一些主张议会法的结构要求,参见 A. Janssen, Über die Grenzen des legislativen Zugriffsrechts, 1990, S. 45 ff. 关于现今的讨论,详细研究参见 G. Kirchhof, Die Allgemeinheit des Gesetzes, 2009, 2. Kap. C., 概括性评论参见 H. Dreier, in: Dreier GG-Kommentar, Bd. 1, 3. Aufl., 2013, Art. 19 I Rn. 13。

[143] 对争论具有影响力的研究和整理,参见 Klein, Mangoldt/Klein GG Kommentar, 2. A., Bd. 1, 1955 法, S. 551 ff.。另可参见 Lerche, Übermass und Verfassungsrecht, 1961, S. 235 ff.; Häberle, Die Wesensgehaltsgarantie des Art. 19 Abs. 2 Grundgesetz, 1962, S. 51 ff.; H. Jäckel, Grundrechtsgeltung und Grundrechtssicherung, 1967, S. 20 ff., 115 ff.; 回溯性的并具有启发性的研究,参见 P. Häberle, Die Wesensgehaltsgarantie des Art. 19 Abs. 2 GG, 3. Aufl., 1983, S. 315 ff.; 此外参见 M. Stelzer, Das Wesensgehaltsargument und der Grundsatz der Verhältnismäßigkeit, 1991, S. 47 ff.; 近来尝试更进一步的描述,参见 Stern, Das Staatsrecht der Bundesrepublik Deutschland, Bd. 3 Hb. 2, 1994, S. 864 ff.。

[144] Dürig, Der Grundrechtssatz von der Menschenwürde, AöR 81 (1956), S. 133 ff. 关于现今的讨论,参见德莱尔(H. Dreier)概述性的评论, in: H. Dreier, Dreier GG-Kommentar, Bd. 1, 3. Aufl., 2013, Art. 1 I Rn. 162 ff.。

[145] 对于利益平衡思想的尖锐批评,如 Ridder, Die soziale Ordnung des Grundgesetzes, 1975, S. 74 ff.; G. Roellecke, Prinzipien der Verfassungsinterpretation, in: Starck (Hg.), Bundesverfassungsgericht und Grundgesetz, Bd. 2, 1976, S. 22, 27 ff.; 代表性观点参见 Ossenbühl, Die Interpretation der Grundrechte in der Rechtsprechung des Bundesverfassungsgerichts, NJW 1976, S. 2107。虽然对联邦宪法法院的方法研究提出了原则性的质疑,但是认可合比例性审查(Verhältnismäßigkeitskontrolle)的可操作性,参见 H. Schneider, Zur Verhältismässigkeitskontrolle insbesondere bei Gesetzen, in: Starck (Hg.), Bundesverfassungsgericht und Grundgesetz, Bd. 2, 1976, S. 390 ff.; W. Rüfner, Grundrechtskonflikte, in: Starck, Bundesverfassungsgericht ebd., 453, 467 ff.。

并强调立法者的安排和评价的裁量空间(Gestaltungs-und Einschätzungsspielraum)。[146]

2. 防御权

当然,从一开始就有人从事基本权利教义学的研究,也有许多非常令人印象深刻的例子,大家只要想想以下例子就知道了,吉斯伯特·乌伯(Giesbert Uber)关于"职业自由"(Freiheit des Berufs)的博士学位论文,"基本权利"手册第二卷中收录的文章,尤其是汉斯·卡尔·尼佩岱(Hans Carl Nipperdey)的"人的尊严"(Die Würde des Menschen),汉斯·彼得·伊普森(Hans Peter Ipsen)关于"平等权"(Gleichheit)的文章,赫尔穆特·里德(Helmut Ridder)关于"言论自由"(Meinungsfreiheit)的文章,魏纳·韦伯(Werner Weber)关于"财产权和剥夺财产"(Eigentum und Enteignung)的研究以及之后卷数中的文章,如恩斯特·福斯特霍夫(Ernst Forsthoff)和奥托·巴霍夫(Otto Bachof)关于"社会法治国家概念和本质"(Begriff und Wesen des sozialen Rechtsstaates)的报告,弗朗茨·劳夫克纪念文集文章《合同自由和基本法》(Vertragsfreiheit und Grundgesetz),弗雷德里希·克莱以及昆特·迪里希早期的评论,约瑟夫·温特里希(Josef Wintrich)的报告《基本权利问题研究》,威廉·魏腾布鲁赫(Wilhelm Wertenbruch)的教职资格论文《基本法和人的尊严》(Grundgesetz und Menschenwürde),魏利·盖格两个关于"私法秩序中的基本权利"(Die Grundrechte in der Privatrechtsordnung)的研究,同年出版的瓦尔特·莱斯勒(Walter Leisner)标题为"基本权利和私法"(Grundrechte und Privatrecht)的研究,或者——最后再举一个令人印象深刻的例子——彼得·勒希(Peter Lerche)的关于"过度禁止与宪法"(Übermassverbot und Verfassungsrecht)的研究。[147]这个时期所有这些研究的特点是,各种共同的努力相互交错,试图为

---

[146] 参见 E. Grabitz, Freiheit und Verfassungsrecht, 1976, S. 89 ff.;此外,参见对司法的整理研究, Schneider, Die Güterabwägung des Bundesverfassungsgerichts bei Grundrechtskonflikten, 1979;概括性的评价,见 Stolleis, Geschichte des Öffentlichen Rechts, Bd. 4, 2012, S. 254 ff.。

[147] Uber, Freiheit des Berufs, 1952, S. 41 ff.; Nipperdey, Gleicher Lohn der Frau für gleiche Leistung, 1951, S. 8 f., 16 ff.; Ipsen, Gleichheit, in: Neumann/Nipperdey/Scheuner (Hg.), Die Grundrechte, Bd. 2, 1954, S. 111, 143; Ridder, Meinungsfreiheit, in: Neumann/Nipperdey/Scheuner (Hg.), Die Grundrechte, Bd. 2, 1954, S. 243, 245 ff., Weber, Eigentum und Enteignung, in: Neumann/Nipperdey/Scheuner (Hg.), Die Grundrechte, Bd. 2, 1954, S. 331, Forsthoff, VVDStRL 12(1954), S. 8, 31 ff.; Bachof, Begriff und Wesen des sozialen Rechtsstaates, VVDStRL 12(1954), S. 37, 38 f.; Laufke, Vertragsfreiheit und Grundgesetz, in: Nipperdey (Hg.), Festschrift für H. Lehmann zum 80. Geb., 1956, S. 145, 146; Klein, Mangoldt/Klein GG Kommentar, 2. A., Bd. 1, 1955; Dürig, Der Grundrechtssatz von der Menschenwürde, AöR 81(1956), 117, 119, 123 f.; ders., Grundrechte und Zivilrechtsprechung, in: Maunz (Hg.), Festschrift Hans Nawiasky zum 75. Geb., 1956, S. 157, 176 ff.; ders., in: Maunz/Dürig, GG-Kommentar(1958), Art. 1 Rn. 4 f., 16, 99; Wintrich, Zur Problematik der Grundrechte, 1957, S. 10 ff., 14 ff.; Wertenbruch, Grundgesetz und Menschenwürde, 1958, S. 181 ff.; Geiger, Die Einwirkung der Grundrechte auf die Privatrechtsordnung und auf die Wirtschaftsrechtsordnung(1957), in: Die Grundrechte in der Privatrechtsordnung, 1960, S. 7, 18 ff.; ders., Die Rechtsprechung der deutschen Gerichte zur Durchsetzung der Grundrechte(1958), in: ders., Grundrechte und Rechtsprechung, 1959, S. 21 ff.; Leisner, Grundrechte und Privatrecht, 1960, S. 310 Fn. 63; Lerche, Übermass und Verfassungsrecht, 1961, S. 129 ff.; ders., Stil, Methode, Ansicht(1961), in: Dreier/Schwegmann (Hg.), Probleme der Verfassungsinterpretation, 1976, S. 110, 123(Blick auf Art. 5 Abs. 2 GG).

新建立的共同体指明方向,发展出主导的关于基本权利的理解,形成关于国家、宪法以及在必要情况下,关于基本权利的理论主张,并研究基本权利教义学普遍或者特殊的要素。20 世纪 60 年代,在方法和主题的分化过程中,基本权利教义学发展成为一个越来越独立的研究领域。⑱

(1)基本权利教义学的渗透

20 世纪 70 年代,法律教义学的研究越来越多,这些研究关注本部分开篇所提出的那些问题,并且努力为防御权保护(der abwehrrechtliche Schutz)发展出可操作性的基本权利教义学工具。⑲典型例子是于尔根·施瓦布(Jürgen Schwabe)的著作《基本权利教义学问题》(Probleme der Grundrechtsdogmatik)。⑳此书对基本权利防御权进行了清晰的分析性整理和研究。卸掉了概念的累赘,施瓦布以回溯性的以及澄清之前所有问题的方式,在简单区分的基础上回答了在保护领域、侵犯以及宪法论证层面的主要问题。[151]多年之后,基本权利防御权获得了清晰和可靠的内容。大家开始教授、学习并运用基本权利防御权。博多·皮沃特(Bodo Pieroth)以及本哈德·施林克(Bernhard Schlink)的教科书

---

[148] Poscher, Grundrechte als Abwehrrechte, 2003, S. 60 f. 感受到了这样的踟蹰。这些基本权利教义学的努力的形象例子,参见 W. Schmidt, Die Freiheit vor dem Gesetz, AöR 91 (1966), S. 42, 65 ff., 75 ff.; W. Knies, Schranken der Kunstfreiheit als verfassungsrechtliches Problem, 1967。

[149] 第一份总结性的工作是 A. Bleckmann, Allgemeine Grundrechtslehren, 1979。是否有某一部作品,可以代表那些希望在通过法教义学来构建防御权的努力,是很难判断的。Poscher, Grundrechte als Abwehrrechte, 2003, S. 61 波舍尔(Poscher)将穆勒(Friedrich)Müller1969 年所著的"Die Positivität der Grundrechte"(《基本权利的实证性》)作为起点,但考虑到基本权利教义学从一开始就是相关研究的目标,就很难再把某一本著作称为基本权利研究的"转折点"或者"新起点"。穆勒的著作研究的是基本权利教义学的一个非常中心的主题,这个主题从一开始讨论就非常多。他并没有进一步讨论基本权利的效力或者维度。他的目标是将基本权利发展成为"事实影响的"(sachgeprägt)保障(ebd., S. 11)并认真对待基本权利保留之间的区别。其著作的副标题"实践基本权利教义学问题"当然也可以以波舍尔理论纲领来理解。另外一个关于这一变化的代表性例子——至少从方法论的角度看——是波德勒希(A. Podlech)1971 年的教职资格论文《宪法上一般平等原则的内容和功能》(Gehalt und Funktionen des allgemeinen verfassungsrechtlichen Gleichheitssatzes),受训于逻辑经验主义(der logische Empirismus)以及批判理性主义(der kritische Rationalismus),他以严格的方式展示出,平等权规定无论如何都可以解释为论证的最终规范。当然,这里也有疑义的是,是否一开始就已经存在力图建构基本权利教义学的工作。即便如此,笔者认为,在波德勒希的建构性尝试中已经表现出了新的现象。进一步的属于建构防御权的基本权利教义学的研究,参见 H.-U. Gallwas, Faktische Beeinträchtigungen im Bereich der Grundrechte, 1970; Klopfer, Grundrechte als Entstehungssicherung und Bestandschutz, 1970, S. 2 ff. Schmidt, Grundrechte-Theorie und Dogmatik seit 1946 in Westdeutschland, in: Simon (Hg.), Rechtswissenschaft in der Bonner Republik, 1994, S. 208 ff., 也表现出了向基本权利教义学的转向——但是带着显著的批判声调:"过度生产""混乱和不清晰"(ebd., S. 208)。

[150] J. Schwabe, Probleme der Grundrechtsdogmatik, 1977.

[151] Schwabe, Probleme der Grundrechtsdogmatik, 1977, 1. Kap. 此外,请参见 W. Henke 的建议, Systematik der Grundrechte, DÖV 1984, S. 1 ff., 其建议将基本权利教义学回溯到和衔接到由私法影响的一般法律理论上去。K. Stern 和 M. Sachs 继承并发展了这一思想,参见 K. Stern, Das Staatsrecht der Bundesrepublik Deutschland, Bd. 3 Hb. 1, 1988, §§64 II, 65 IV。

《基本权利》让学生都能学习到基本权利的内容。[152] 如果大家想要找一个这些概念性努力的阶段性成果或者想要找到当时已经达到成果的总体体现,可以看一下克劳斯·施坦恩(Klaus Stern)著名的《联邦德国国家》(Staatsrecht der Bundesrepublik Deutschland)第三卷,这个第三卷由两个半卷组成,是在米歇尔·萨克斯(Michael Sachs)和约翰纳斯·迪特莱(Johannes Dietlein)的共同参与下写成的。[153] 当然,这并不意味着,防御权涉及所有对基本权利来说具有重要性的问题都已经找到了令人满意的答案。但是,已经产生了一个能够引导法教义学研究的理论大厦。[154]

(2)基本权利保障里对方向和支点的寻找[155]

然而,防御权却在一个非常重要的点上留下了空白,这一空白在上述的研究中也没有得到填补。在审查适当性(Angemessenheit)这一点时,同时也在审查合理性(Zumutbarkeit)、过度禁止(Übermaßverbot)、狭义上的合比例性原则(Verhältnismäßigkeit im engeren Sinne)以及实践协调性(praktische Konkordanz)时,消极自由的保护利益(Schutzgut)不能够为宪法判断提供标准。关于基本权利保障的特殊标准的问题,虽然有很多方式加以研究,但是却都缺少必要的清晰性。[156]

这种努力的一个非常具有教益的例子是埃本哈德·格拉比茨(Eberhard Grabitz)的研究"自由和宪法"(Freiheit und Verfassungsrecht)。[157]其研究的重点是细致分析和描述包括比例原则在内的防御权教义学,他将联邦宪法法院司法实践考虑在内,分析和描述了防御权教义学在当时是如何形成的。[158]格拉比茨描述了当时基本权利教义学状态的清晰图像,包括其中存在不确定性和弱点。由此,他的研究可以当成是施瓦布的建构性研究的补充读物来读。但是,格拉比茨追求的是另外一个目标。他想指出,在基本权利教义

[152] B. Pieroth/B. Schlink, Grundrechte, 1. Aufl., 1985. 由事实(Tatbestand)、限制(Schranken)以及限制的限制(Schrankenschranken)构成的三重基本结构已经非常成熟了,此外请参见 Bleckmann, Allgemeine Grundrechtslehren, 1979, S. 227 ff.。

[153] Stern, Das Staatsrecht der Bundesrepublik Deutschland, Bd. 3 Hb. 1, 1988, S. 897 ff.; Stern, Das Staatsrecht der Bundesrepublik Deutschland, Bd. 3 Hb. 2, 1994, S. 1716 ff.

[154] 参见批判性立场或者修正性意见, Arnauld, Die Freiheitsrechte und ihre Schranken, 1999, S. 90 ff.; W. Cremer, Freiheitsgrundrechte, 2003; Poscher, Grundrechte als Abwehrrechte, 2003, S. 15 ff., 48 ff.。

[155] 保障(Gewährleistung)这一概念描述的是对自由或者平等权利的基本法上的保障(Garantien)。例如,德国《基本法》第2条第1款第1半句、第2条第2款第1句和第2句;德国《基本法》第3条第1款至第3款。需要与此相区别的是保留(Vorbehalte)和限制条款(Schrankenklauseln)。保障(简称为基本权利)不可与防御权的保护领域(Schutzbereich)相混淆。防御权是一种实现保障的机制:因为保障或者基本权利是这样或者那样进行保护的,因此需要防御权以最可能的方式来保障这种保护。

[156] 参见早期的分析, Schmidt, Die Freiheit vor dem Gesetz, AöR 91 (1966), S. 65 ff.; sowie Bumke, Der Grundrechtsvorbehalt, 1998, S. 21 ff., 40 ff., 235 f.。

[157] Grabitz, Freiheit und Verfassungsrecht, 1976, S. 89 ff.; 参见相关的争论, Bleckmann, Allgemeine Grundrechtslehren, 1979, S. 219 ff。

[158] Grabitz, Freiheit und Verfassungsrecht, 1976, §§1 bis 19.

学的理论大厦中,还缺少一个决定性的、能够构成意义和标准的要素,[159]这一要素也即是"自由的宪法原则"(Verfassungsprinzip der Freiheit)。[160]自由原则的设定提供了一种可能性,来区分防御权的保护领域和作为适当性判断框架下的作为标准的自由(Freiheit als Maßstab)。如果缺少这样一种区分,那么大家在研究防御权时就会陷入困难之中。对此,典型的例子是迪特·苏尔(Dieter Suhr),他试图论证"通过人来实现人的发展"(Entfaltung der Menschen durch die Menschen)。[161]在这一敏锐的关于基本权利的适当自由理解(ein angemessenes Freiheitsverständnis)的研究中,苏尔没有将其观点与基本权利教义学中的防御权联系起来,以满足可操作的实践需求。[162]

之前就有人尝试,在保护领域的层面上来解决这一问题。尼克拉斯·卢曼(Niklas Luhmann)的研究"作为制度的基本权利"(Grundrechte als Institution)构成了这些尝试的起点。[163]卢曼将基本权利的社会(sozial 或者 gesellschaftlich)功能作为其研究的中心。[164]他认为基本权利的中心任务在于,"安排交互体制(Kommunikationswesen),以便让其对分化(Differenzierung)保持开放性"。[165]他进一步研究了对于核心的基本权利,如尊敬、自由、财产权以及平等权来说的这一基本功能(Grundfunktion)。将社会功能提升为法教义学的标准的尝试,之后的代表人物如陆佩特·舒尔茨(Rupert Scholz),他将之用于结社自由上。在舒尔茨的理论里,社会功能被理解为规范性的基本权利目的(der normative Grundrechtszweck)与事实性的基本权利行使(die tatsächliche Grundrechtsausübung)之间的关系概念(Relationsbegriff)。[166]通过弗雷德里希·穆勒(Friedrich Müller)学派也想要追

---

[159] Grabitz, Freiheit und Verfassungsrecht, 1976, S. 236 f., 246 ff., 256.

[160] Grabitz, Freiheit und Verfassungsrecht, 1976, § 20.

[161] 至少,如果大家赞同其提出的这一意义,即任何的侵害都需要服从于宪法上的正当性。D. Suhr, Entfaltung der Menschen durch die Menschen, 1976. 同样也看到这些困难的典型例子,参见 Rüfner, Grundrechtskonflikte, in: Starck, Bundesverfassungsgericht und Grundgesetz, Bd. 2, 1976, S. 456。

[162] 之后的基本权利教义学研究让关于自由概念的讨论脱离于这一问题,即如何构建防御权的保护领域:Alexy, Theorie der Grundrechte, 1985, S. 194 ff., 以及基础性的研究 M. Morlok, Selbstverständnis als Rechtskriterium, 1993, 375 ff.; 此外参见 Poscher, Grundrechte als Abwehrrechte, 2003, S. 109 ff., 更近一些的,典型的如 J.-H. Klement, Wettbewerbsfreiheit 2015, S. 84 ff., 2. Teil。

[163] N. Luhmann, Grundrechte als Institution, 1965. 将这一理论重构并细化,参见 H. Wilke, Stand und Kritik der neueren Grundrechtstheorie, 1975, S. 157 ff.。

[164] Luhmann, Grundrechte als Institution, 1965, S. 201 ff. (zusammenfassend).

[165] Luhmann, Grundrechte als Institution, 1965, S. 23.

[166] R. Scholz, Koalitionsfreiheit als Verfassungsproblem, 1971, 5. Kap., insbes. S. 96 ff.; 此外参见 N. Luhmann, Funktionale Methode und juristische Methode, AöR 94 (1969), S. 1 ff.; K. Hailbronner, Die Freiheit der Forschung und der Lehre als Funktionsgrundrecht, 1979, S. 73 ff. (没有详细的功能理解的理论基础); M. Stock, Medienfreiheit als Funktionsgrundrecht, 1985, S. 2 ff. (作为关于通信自由适当的教义学理解的特殊表现形式); 关于这一之后没有进一步研究的理论在当时的意义,参见 Gallwas, Faktische Beeinträchtigungen im Bereich der Grundrechte, 1970, S. 63 ff. 的评价。

求实现的基本权利纲领和社会现实领域之间的联系,可以获得基本权利自由对社会秩序的不同方面或者组成部分的意义,以便通过这种方式获得关于对防御权所保护法益的国家侵害的适当性的合适标准。[167]

这些建议都没有得以实行,因此对于保障专门性的标准[168]的寻找还没有达到法教义学上可用的结果。虽然有反复的努力,但是状况仍然是不清晰和混乱的。[169]

(3)关于保护领域、基本权利侵犯以及保留多样性的争论

比起标准论题,国家法学将非常多的注意力放在了保护领域(Schutzbereich)和基本权利侵犯(Grundrechtseingriff)的安排上。关于保护领域这一问题,大家总是试图将防御权的传统上广泛地加以理解的事实应用领域(der sachliche Anwendungsbereich)主题进行专门化。[170]除对基本权利衡量领域进行避免的一般性努力外,对此具有决定性意义的尤其有3个动机:第一个动机是,阐明每个基本权利的特殊保护领域。典型例子是关于集会自由的保护目的的争论。[171]第二个动机源于在处理宽泛的侵犯理解(Eingriffsverständnis)时遇到的困难。因为基本权利侵犯不像所谓经典侵犯那样具有标

[167] F. Müller, Normstruktur und Normativität, 1966, S. 168 ff., 201 ff.; ders./R. Christensen, Juristische Methodik, Bd. 1, 11. Aufl., 2013, 3. Teil,概括性的分析参见 S. 517 ff.。对此予以补充或替代的另一种进路,是借助社会科学的分析和概念来对法院和行政机关的法律工作进行理性化(rationalisieren),这一进路的代表性作品,如 W. Hoffmann-Riem, Innovation und Recht-Recht und Innovation, 2016,专门从基本权利教义学角度进行分析的文章,参见 ders.(Hg.), Offene Rechtswissenschaft, 2010, 3. und 4. Kap。

[168] 关于这一概念,参见注释101。

[169] 早期的试图从基本权利保障中获得专门标准的努力,参见 R. Wendt, Der Garantiegehalt der Grundrechte und das Übermaßverbot, AöR 104(1979), S. 414, 438 ff.;近期选择的完全不同的道路,参见 M. Albers, Informationelle Selbstbestimmung, 2004, S. 29 ff., 145 ff.(清晰地观察了基本权利教义学的一般状况);描述这一寻找,参见 B. Rusteberg, Der grundrechtliche Gewährleistungsgehalt, 2009, S. 12 ff., 169 ff.(用自己的概念);对阿列克西(Alexy)原则理论的援引也可以正好回溯到在基本权利保障中来寻求支点,如 M. Cornils, Die Ausgestaltung der Grundrechte, 2005, 10. Kap. M. Mahlmann, Elemente einer ethischen Grundrechtstheorie, 2008, S. 13 ff. 则试图将基本权利理论作为帮助手段来解决标准的问题。这些关于作为整体的宪法的内容和概念的想象的更详细讨论,参见 U. Di Fabio, Zur Theorie eines grundrechtlichen Wertesystems, in: Merten/Papier(Hg.), Handbuch der Grundrechte, Bd. 2, 2006, § 46; U. Volkmann, Leitbildorientierte Verfassungsanwendung, AöR 134(2009), S. 157, 177 ff., ders., Grundzüge einer Verfassungslehre der Bundesrepublik Deutschland, 2013, S. 147 ff.; M. Helleberg, Leitbildorientierte Verfassungsauslegung 2016, S. 213 ff.。

[170] 详见 W. Kahl, Neuere Entwicklungslinien der Grundrechtsdogmatik, AöR 131(2006), S. 579, 605 ff.; Rusteberg, Der grundrechtliche Gewährleistungsgehalt, 2009, S. 93 ff., 131 ff., 171 ff.。最近,这一讨论经常被置于阿列克西(Alexy, Theorie der Grundrechte, 1985, S. 278 ff.)所提出的关键词"窄的和宽的事实构成理论"(enge und weite Tatbestandstheorie)下来进行(ebd. 关于较旧的讨论),关于之后的讨论,参见 M. Borowski, Grundrechte als Prinzipien, 3. Aufl., 2018, S. 66 ff., 313 ff.。

[171] 参见 C. Gusy, in: v. Mangoldt/Klein/Starck GG Kommentar, 7. Aufl., 2018, Art. 8 Rn. 9 ff., 14 ff.。

志性的要素,[172]有时候侵犯这一问题单单取决于到底基本权利保护哪些利益(Positionen)。概括地援引某一个法益(Rechtsgut),如健康或者生命,有时候并不足以回答侵害的问题。相反,需要在如健康风险或者生命风险的保护方面的专门化。[173]第三个动机的力量的本质上源于无保留(vorbehaltslos)基本权利的存在,这些无保留的基本权利缺少明确的宪法上的侵害授权(Eingriffsermächtigung)。在此,为了区分那些需要获得保护的(das Schutzbedürftige)与那些其限缩不需要广泛的宪法论证的权利,沃尔夫冈·霍夫曼-雷姆(Wolfgang Hoffmann-Riem)和恩斯特-沃尔夫冈·博肯福德(Ernst-Wolfgang Böckenförde)主张在基本权利的保护领域(Schutzbereich)和保障领域(Gewährleistungsbereich)之间进行区分。只有保障领域才发展出基本权利特殊的保护。给出普遍化的和可操作的标准——借助于这些标准的帮助,在保护领域的层面上需要保护的和基本权利上不重要的得以区分开来——的困难性,与对普遍的基本权利界限的徒劳无获的寻找类似,可能是这一建议只有很少追随者的决定性原因。[174]

在基本权利侵犯这一层面上,在20世纪70年代已经有了宽泛的理解。根据这一理解,无论是根据当时保护领域标准下的事实侵犯(faktische Beeinträchtigungen),还是以国家的可归责性(staatliche Zurechenbarkeit)为前提的间接侵害(mittelbare Beeinträchtigungen),都可以认为是基本权利侵犯。[175]研究的中心点,一方面是那些国家以之必须为对他人的损害承担责任的标准,另一方面尤其是法律保留的范围。因为,传统的侵犯与保留之间的解决方案可能对于立法者来说过于苛刻。[176]

---

[172] 宽泛的侵犯概念正是损耗计算的结果,大家牺牲了那些对于经典的侵犯概念来说的建构性特征,以便在国家限缩基本权利所保护的利益时,提供尽可能有效的保护。关于相关的发展,参见注释140中的内容。

[173] 关于此纲领性的论述,参见Albers, Informationelle Selbstbestimmung, 2004,其论述集中在各个基本权利的保障内容(ebd., S. 82 ff.)。

[174] E.-W. Böckenförde, Schutzbereich, Eingriff, verfassungsimmanente Schranken, Der Staat 42(2003), S. 165 ff.; W. Hoffmann-Riem, Enge oder weite Gewährleistungsgehalte der Grundrechte? in: ders., Innovation und Recht-Recht und Innovation, 2016, S. 407 ff.,对于这些理论动机的探讨,参见Kahl, Neuere Entwicklungslinien der Grundrechtsdogmatik, AöR 131(2006), S. 605 ff.; Rusteberg, Der grundrechtliche Gewährleistungsgehalt, 2009, S. 93 ff., 171 ff.。

[175] 近期讨论的著作,参见Gallwas, Faktische Beeinträchtigungen im Bereich der Grundrechte, 1970, 2. Hauptteil;此外参见注释140。

[176] 参见A. Roth, Verwaltungshandeln mit Drittbetroffenheit und Gesetzesvorbehalt, 1991; W. Roth, Faktische Eingriffe in Freiheit und Eigentum, 1994;参见概括性的评述Schulze-Fielitz(注释142), Rn. 115. 关于不同的基本权利保留与法律保留之间的关系问题,参见Bumke, Der Grundrechtsvorbehalt, 1998, S. 200 ff.。详细的关于基本权利保留、法律保留以及法院的判决行为之间的关系问题,参见P. Lassahn, Rechtsprechung und Parlamentsgesetz, 2017。

保留的多样性引起了关于如何正确处理基本权利竞争(Grundrechtskonkurrenzen)的众多讨论。[177]对此形成了多样化的建议和主张。大家反复声称的是,从保留的安排或者保留的缺失中可以推导出规范的重要性或者基本权利的重要性。然而,也存在广泛的观点认为这种推导是不可能的。[178]

(4)作为基本权利约束“万能钥匙”的比例原则

虽然有彼得·勒希的“过度与宪法”(Übermass und Verfassungsrecht)的基础性研究以及其他众多研究,但是比例原则还是属于被忽视的研究领域。[179]以这一原则的巨大实践意义来衡量,虽然有一些非常优秀的研究,但是这一原则被忽视的状况在整个20世纪70年代都没有改观。当时,关于比例原则的分析研究比较引人注目的是本哈德·施林克的博士论文《宪法中的衡量》(Abwägung im Verfassungsrecht)[180],由于在法学里普遍存在的反对形式化(Formalisierung)和数学(Mathematik)的保留性倾向而很少被关注的洛塔·佛曼(Lothar Fohmann)的博士论文《宪法中的竞争和冲突》(Konkurrenzen und Kollisionen im Verfassungsrecht)[181]以及洛塔·希尔施贝格(Lothar Hirschberg)的教职资格论文《比例原则》(Der Grundsatz der Verhältnismäßigkeit)[182]。借助于在科学领域熟悉的帕累托最优(die Pareto-Optimalität)的标准,施林克重构了必要性要求。此外,他还试图证明,联邦宪法法院所援引的利益衡量的思想可以轻易地被必要性要求所取代,因此可以放弃利益衡

---

[177] 参见 Schwabe, Probleme der Grundrechtsdogmatik, 1977, 2. Teil; L. Fohmann, Konkurrenzen und Kollisionen im Verfassungsrecht, 1978,广泛的分析,见 Stern, Das Staatsrecht der Bundesrepublik Deutschland, Bd. 3 Hb. 2, 1994, §92。

[178] 对此进行着重强调的,参见 Schwabe, Probleme der Grundrechtsdogmatik, 1977, S. 304 ff.;此外参见 Stern, Das Staatsrecht der Bundesrepublik Deutschland, Bd. 3 Hb. 2, 1994, S. 1394 ff.; Bumke, Der Grundrechtsvorbehalt, 1998, S. 221 ff.。

[179] Lerche(注释61).这一著作详细研究了,当时存在的关于必要性要求的具体法律内容的不确定性(ebd., S. 162 ff.)以及联邦宪法法院对立法者的衡量审查时保持克制的不确定性(ebd., S. 130 f.)。关于狭义上的合比例性要求的可能关联以及规范内容,参见 ebd., 5. Abschnitt。关于基本法下的一开始的讨论需要注意的是,合比例性的概念一开始是与必要性要求(Gebot der Erforderlichkeit bzw. Notwendigkeit)等同的,只有到后来才被与利益衡量的思想联系起来。参见 L. Hirschberg, Der Grundsatz der Verhältnismäßigkeit, 1981, S. 2 ff.;关于立法者受到比例原则约束的早期争论,参见 R. v. Krauss, Der Grundsatz der Verhältnismäßigkeit, 1955, S. 42 ff.; O. Pohl, Ist der Gesetzgeber bei Eingriffen in die Grundrechte an den Grundsatz der Verhältnismäßigkeit gebunden?, Diss. Köln 1959. Bomhoff 整理了后期的讨论,参见 Balancing Constitutional Rights, 2013, S. 72 ff.。

[180] B. Schlink, Abwägung im Verfassungsrecht, 1976.

[181] Fohmann, Konkurrenzen und Kollisionen im Verfassungsrecht, 1978;此外参见文特(R. Wendt)非常明智的分析:Der Garantiegehalt der Grundrechte und das Übermaßverbot, AöR 104(1979), S. 414, 438 ff.。

[182] Hirschberg, Der Grundsatz der Verhältnismäßigkeit, 1981, S. 2 ff.

量。[183]希尔施贝格反对这一分析。他强调必要性要求的价值依附性(Wertungsabhängigkeit),并指出狭义上必要性和合比例性的理性内容(等于利益衡量要求)只能渐进地进行分化,而不能——像施林克认为的那样——进行质的分化。[184]

大概在20世纪80年代末的时候,在当时的国家法学中一直存在的对于比例原则和利益衡量的质疑开始变得越来越弱了。原因可以从罗伯特·阿列克西(Robert Alexy)的重构性研究中去寻找。在其"基本权利理论"(Theorie der Grundrechte)中,他发展出一种原则理论(Prinzipientheorie),这一原则理论建立在这一命题之上,即法律秩序是由规则(Regeln)或者原则(Prinzipien)构成的。[185]原则被描述为是"最优性要求"(Optimierungsgebote),也即被描述成这样一种规范,其要求在法律的(rechtlich)和事实的(tatsächlich)可能性上相对尽可能高的标准中得以实现。[186]"原则的特征"——阿列克西继续说——"已经暗含了比例原则"。[187]据此,利益衡量并不是某种权宜之计,也不是某种方法上的无纪律性的表现,而是在法律理论上不可避免的。原则理论为基本权利上发生的事情开辟全新的视角。自从福斯特霍夫的原则批评(Grundsatzkritik)开始,就形成了一种法律理论的构想,在其之上,利益衡量思想以及比例原则的其他组成部分得以建立。此外,在方法论上,阿列克西也找到了利益衡量的过程。他强调"衡量律"(Abwägungsgesetz),并在之后的研究中用重要性公式予以填充。[188]在过去的20年,衡量工具(das Instrument der

---

[183] Schlink, Abwägung im Verfassungsrecht, 1976, 1. Teil;回顾性的参见 ders., Der Grundsatz der Verhältnismäßigkeit, in: Badura/Dreier (Hg.), Festschrift 50 Jahre Bundesverfassungsgericht, Bd. 2, 2001, S. 445, 458 ff.。关于联邦宪法法院利益衡量的实践,参见 N. Petersen, Verhältnismäßigkeitskontrolle als Rationalitätskontrolle, 2015, S. 136 ff.。

[184] Hirschberg, Der Grundsatz der Verhältnismäßigkeit, 1981, S. 172 ff.; Petersen 通过另外的论证方式,也追随这一观点,参见 Verhältnismäßigkeitskontrolle als Rationalitätskontrolle, 2015, S. 54 ff.。此外,维护其观点,参见 Schlink 183, S. 456 ff.。

[185] Alexy, Theorie der Grundrechte, 1985, S. 21 ff.

[186] Alexy, Theorie der Grundrechte, 1985, S. 75.

[187] Alexy, Theorie der Grundrechte, 1985, S. 100 ff.

[188] Alexy, Theorie der Grundrechte, 1985, S. 143 ff., 143; ders., Theory of Constitutional Rights, 2002, S. 406 ff. 阿列克西理论在一系列博士论文、教职资格论文中被接受,这些论文采纳并扩展了他的理论,只需参见近期的 M. Klatt, Die praktische Konkordanz von Kompetenzen, 2014, §§8 f.; C. Kallmeyer, Ideales Sollen, 2016; Borowski, Grundrechte als Prinzipien, 3. Aufl., 2018, S. 66 ff., 313 ff.;此外参见 die in Clérico/Sieckmann (Hg.), Grundrechte, Prinzipien und Argumentation, 2009, und Klatt (Hg.), Prinzipientheorie und Theorie der Abwägung, 2013, versammelten Beiträge。批评性的意见,参见 Jestaedt, Grundrechtsentfaltung im Gesetz, 1999, S. 222 ff.; R. Poscher, Theorie eines Phantoms, RW 2010, S. 349 ff.; J. M. Quecke, Unantastbare Menschenwürde, Diss. HU Berlin 2018, S. 92 ff.; A. Barak, A Critical Review of Alexy Regarding the Relationship between Constitutional Rights as Principles and the Theory of Proportionality, in: Borowski/Paulson/Sieckmann (Hg.), Rechtsphilosophie und Grundrechtstheorie, 2017, S. 347 ff.。

Abwägung)已经发展成为不言自明的东西了。[189]与之相伴的是越来越多的国际性研究对话。[190]

3. 基本权利客观效力的不确定测量

在基本权利的客观—法律效力(die objektiv-rechtlichen Wirkungen)方面,并没有产生与防御权可比拟的确定性。只有对在《魏玛宪法》之下已经发展出来的制度保障机制才形成了处理(Umgang)和规范内容(die normativen Gehalte)的清晰规则。[191]其他的效力,当中包括传统的给付或者参与权(Leistungs-bzw. Teilhaberechte),保护义务(Schutzpflichten)和程序权和组织权效力(verfahrens-und organisationsrechtlichen Wirkungen),继续面临不确定性和争议。[192]

当然,很多激烈讨论的问题被澄清了。例如,对于这一冗长的长期且广泛争论的主题,即基本权利承担者(Grundrechtsträger)是否也可以援引客观基本权利内容(die objek-

---

[189] 持这一基本立场的代表性作品,参见 Petersen, Verhältnismäßigkeitskontrolle als Rationalitätskontrolle, 2015, S. 136 ff.; Stern, Das Staatsrecht der Bundesrepublik Deutschland, Bd. 3 Hb. 2, 1994, S. 814 ff.; C. Calliess, Rechtsstaat und Umweltstaat, 2001, S. 577 ff. ["多极的合比例性审查",其目标是将防御权的比例原则与保护义务下的不足禁止(Untermaßverbot)结合起来]。关于比例原则的进一步讨论,参见 T. Wischmeyer, Die Kosten der Freiheit, 2015; Jestaedt/Lepsius (Hg.), Verhältnismäßigkeit 2015; A. Tischbirek, Die Verhältnismäßigkeitsprüfung, 2017。关于对利益衡量的现有质疑,参见 F. Ossenbühl, Maßhalten mit dem Übermaßverbot, in: Badura/Scholz (Hg.), Wege und Verfahren des Verfassungslebens, 1993, S. 151 ff.; W. Leisner, Der Abwägungsstaat, 1997; K.-H. Ladeur, Kritik der Abwägung in der Grundrechtsdogmatik, 2004; ders., Der Staat gegen die Gesellschaft, 2006, S. 343 ff.; R. C. de Oliveira, Zur Kritik der Abwägung in der Grundrechtsdogmatik, 2013; F. J. Urbina, A Critic of Proportionality and Balancing, 2017。

[190] A. Stone Sweet/J. Matthews, Proportionality Balancing and Global Constitutionalism, Columbia Journal of Transnational Law 47(2008), S. 72 ff.; V.-C. Jackson, Constitutional Law in the Age of Proportionality, 124(2015) Yale L. J., S. 3094 ff.; Urbina, A Critic of Proportionality and Balancing, 2017. 关于国际讨论的有益概览,参见 G. Bongiovanni/C. Valentini, Balancing, Proportionality and Constitutional Rights, in: Bongiovanni et. al. (ed.), Handbook of Legal Reasoning and Argumentation 2018, S. 581 ff.; P. Yowell, Constitutional rights and constitutional design, 2018, S. 15 ff.。

[191] 概括性研究,参见 Stern, Das Staatsrecht der Bundesrepublik Deutschland, Bd. 3 Hb. 1, 1988, § 68; 此外见 U. Mager, Einrichtungsgarantien, 2003。

[192] Schmidt, Grundrechte-Theorie und Dogmatik seit 1946 in Westdeutschland, in: Simon (Hg.), Rechtswissenschaft in der Bonner Republik, 1994, S. 220 ff. 博肯福德敏锐地分析了其中产生的"宪法结构的结果效力(Folgewirkungen für die Verfassungsstruktur)",参见 Zur Lage der Grundrechtsdogmatik nach 40 Jahren Grundgesetz, 1990, S. 54 ff.。对客观效力维度的不确定解释或者意义的多样性进行主题化研究,参见 G. Hoffmann, Die objektiv-rechtliche Einwirkung der Berufsfreiheit auf arbeits-, sozial-und ausbildungsrechtliche Freiheitsprobleme, AöR 107(1982), S. 177, 180 ff.。批评性意见,参见 Schwabe, Probleme der Grundrechtsdogmatik, 1977, S. 286 ff.; Poscher, Grundrechte als Abwehrrechte, 2003, S. 84 ff.; Cremer, Freiheitsgrundrechte, 2003, 3. Kap.。全方位的论战,参见 K.-A. Bettermann, Hypertrophie der Grundrechte, 1984。10 年之前的类似论战,参见 H. Ridder, Die soziale Ordnung des Grundgesetzes, 1975, S. 91-93, 106 f. 当然其基础是非常不同的社会政治观念。在这一情景中,也回溯到了框架秩序理解和基础秩序的理解的对立(Rahmen-oder Grundordnungsverständnis)(参见注释 134 中的评论)。

tiven Grundrechtsgehalte)。这一问题形成了这样的观点,即这样的权利是存在的。如果大家从基本权利的意义来考虑这一问题,这是一个易于理解的结论。[193]而其他的问题则失去了其原初的迫切性,尤其是20世纪70年代初处在讨论中心的关于将基本权利解释为参与权的问题。在20世纪80年代的时候,就形成了这样的观点,即原初的参与权虽然可以从某些少数基本权利中推导出来,但是参与权思想并不是基本权利保障的一般基础。[194]

(1)产生情境

法教义学上对客观权利内容研究在其意义上绝不能低估的情境在于联邦宪法法院判决的情境依附性(Kontextabhängigkeit)和保障关联性(Gewährleistungsbezogenheit)。[195]此处的意思是说,正是某一具体法律争端的情境以及特定基本权利的性质对于承认特定基本权利效力来说是决定性的——导致的结果是,大家应该避免仓促的结论。一个形象的案例是“大学招生名额案”(Nummerus Clausus),从这个判决中得出了相对于国家给付的对一般基本权利上的参与权(Teilhabeanspruch)的承认。[196]从这一判决以及其他判决中可以得知,首先做的是应该对具体的情境进行分析、根据保障(Gewährleistungen)进行区分和审查新型的内容规定在什么范围内得以借助防御权的工具获得理解。这一操作的生产性(Produktivität)的案例是,20世纪80年代对基本权利程序维度的研究。在此得以证明的是,虽然有赫尔穆特·哥尔利希(Helmut Goerlich)[197]令人印象深刻的方案,但是将基本权利的程序维度回溯到超越性—统一性的(übergreifend-einheitsstiftend)法教义学概念并没有真正获得成功,同时可以证明的是,程序权保护的许多要素可以借助于防御权

[193] 关于这一讨论,参见 Böckenförde, Zur Lage der Grundrechtsdogmatik nach 40 Jahren Grundgesetz, 1990, S. 41 ff.,也详见 Stern, Das Staatsrecht der Bundesrepublik Deutschland, Bd. 3 Hb. 1, 1988, S. 978 ff.。

[194] 代表性研究,参见 G. Haverkate, Rechtsfragen des Leistungsstaates, 1983, 3. Kap。此外,对于争论的概述,参见 Sachs, Leistungsrechte, in: Stern, Das Staatsrecht der Bundesrepublik Deutschland, Bd. 3 Hb. 1, 1988, § 67,回溯性研究,见 Thurn, Sozialstaat, Welcher Sozialstaat?, 2013, S. 387 ff., 406 ff.。

[195] 施米特也强调情境关联性(Kontextbezogenheit),参见 Schmidt, Grundrechte-Theorie und Dogmatik seit 1946 in Westdeutschland, in: Simon (Hg.), Rechtswissenschaft in der Bonner Republik, 1994, S. 192 f. O. Lepsius, Die maßstabsetzende Gewalt, in: Jestaedt/Lepsius/Möllers/Schönberger, Das entgrenzte Gericht, 2011, S. 161, 200 ff., 245 f., 259 ff.,莱普修斯(O. Lepsius)认为,对于联邦宪法法院的司法来说,缺少所要求的情景化(Kontextualisierung)或者法院应该放弃建立超越具体案例的标准的做法。

[196] BVerfGE 33, 303. 对“大学招生名额案”(Nummerus Clausus)判决的有代表性的解读,参见 H.-P. Ipsen, Über das Grundgesetz-nach 25 Jahren, DÖV 1974, S. 289, 295 f.。

[197] H. Goerlich, Grundrechte als Verfahrensgarantien, 1981.

得到适当的理解。[198]

(2)将保护义务作为基本权利教义学机制

特殊情境也构成了联邦宪法法院两个关于堕胎(Schwangerschaftsabbrüche)的刑法规制判决的基础。此处所设定的保护义务(Schutzpflicht)很少被与法院在处理技术性的或者社会性危机(核能或者骚乱)时所援用的保护思想或者在对有效合同进行限制时所援用的保护思想联系起来。[199]

即使如此,保护义务还是发展成为一个普遍性的基本权利内容。其历史早在1974年就开始了,在这一年联邦宪法法院作出了其第一个关于堕胎的判决。[200]在早期时,德国《基本法》第1条第2款中所涉及的保护思想就被采用了,后来又被普遍化了,[201]但是基本权利教义学的处理在20世纪80年代的时候才真正开始。[202]

于尔根・施瓦布(Jürgen Sohwabe)很早就提出了对这一机制的质疑,其认为无论如何防御权已经足以处理那些借助于保护义务来处理的情况。他抱有这一确信,即认为当一个公民在面临另外一个公民的侵害时——不管这种侵害是暴力、语言、图像或者任何

---

[198] 对这一研究的有益区分,参见 F. Ossenbühl, Grundrechtsschutz im und durch Verfahrensrecht, in: Müller u. a. (Hg.), Festschrift für K. Eichenberger, 1982, S. 183, 184 ff.;基本权利教义学上研究努力的形象阐释,参见 Stern, Das Staatsrecht der Bundesrepublik Deutschland, Bd. 3 Hb. 1, 1988, §69 V, und P. -M. Huber, Grundrechtsschutz durch Organisation und Verfahren als Kompetenzproblem in der Gewaltenteilung und im Bundesstaat, 1988。此外,近期概括性的研究,参见 E. Schmidt-Aßmann, Grundrechte als Organisations-und Verfahrensgarantien, in: Merten/Papier (Hg.), Handbuch der Grundrechte, Bd. 2, 2006, §45; E. Denninger, Staatliche Hilfe zur Grundrechtsausübung durch Verfahren, Organisation und Finanzierung, in: Isensee/Kirchhof (Hg.), Handbuch des Staatsrechts der Bundesrepublik Deutschland, Bd. 9, 3. Aufl., 2011, §193。

[199] 关于联邦宪法法院的司法实践,参见 P. Szczekalla, Die sogenannten grundrechtlichen Schutzpflichten im deutschen und europäischen Recht, 2002, S. 92 ff.,从私法争端中视角,参见 C. Burkiczak, Grundrechtswirkungen zwischen Privaten, in: Becker/Lange (Hg.), Linien der Rechtsprechung des Bundesverfassungsgerichts, Bd. 3, 2014, S. 115 ff.。

[200] BVerfGE 39, 1.

[201] 例如,从立法者对私法交易的安排角度,参见 E. Stein, Wirtschaftsaufsicht, 1967, S. 58 ff。在基本权利章节中,巴泽尔(R. Barzel, Die verfassungsrechtliche Regelung der Grundrechte und Grundpflichten der Menschen, Diss. Köln 1949, S. 85 ff.)在很早的时候就非常自然地以主观化的国家对人权的保护义务为前提;Saladin Grundrechte im Wandel, 1970, S. 310 f。关于之后的发展,参见 W. Pauly, Verfassungs-und Verfassungsprozessrecht, in: Willoweit (Hg.), Rechtswissenschaft und Rechtsliteratur, 2007, S. 911 ff.。

[202] J. Isensee, Das Grundrecht auf Sicherheit, 1983, S. 27 ff., J. Isensee 主张"一个"安全基本权利(Grundrecht auf Sicherheit)。很多时候,保护层面(Schutzaspekt)被看作不同基本权利的可能效力或者维度。基本权利教义学研究的早期尝试,参见 E. Schmidt-Aßmann, Anwendungsprobleme des Art. 2 Abs. 2 GG im Immissionsschutzrecht, AöR 106(1981), S. 205 ff.。对讨论有重要影响的研究,尤其参见 Alexy, Theorie der Grundrechte, 1985, S. 410 ff.; D. Murswiek, Die staatliche Verantwortung für die Risiken der Technik, 1985; G. Robbers, Sicherheit als Menschenrecht, 1987; G. Hermes, Das Grundrecht auf Schutz von Leben und Gesundheit, 1987; J. Dietlein, Die Lehre von den grundrechtlichen Schutzpflichten, 1991。

侵犯形式——而想要获得保护,但是所涉及的国家机构——通常是最终是法院——却拒绝这一保护时,那么就存在基本权利侵犯。因为通过有约束力的拒绝,国家就强迫寻求保护的公民容忍(Duldung)。他认为,国家因此就必须对侵害负有责任,并为与此相连的基本权利侵犯提供论证。[203]虽然其观点"简明扼要",但是追随其建议的人却很少。大部分的人都不想接受施瓦布所勾画出的归责步骤(Zurechnungsschritt)。为了填补由此产生的漏洞,就必须创制新的基本权利效力,也即保护义务。[204]

建构性的挑战在于保护义务可以以多种方式来实现。[205]而另外一个挑战在于寻求保护者的情况可能会显著不同。涉及的是远的还是近的、小的还是大的危险？涉及的是技术危险,还是涉及禁止某种行为、刑事犯罪或者恐怖主义？或者涉及的是在原则上具有同等保护价值之间的权利之间进行区分,如言论自由、新闻自由和艺术自由与一般人格权之间的争论？将这些差异借助于一个统一的标准来进行处理,无疑是困难的。[206]而援引保护的适当性并不会带来可理解的内容,因为保护或者确定性描述的是一种特殊的状态。认为基本权利要求最大限度地保护这一观念,[207]可能是与基本权利自由(grundrechtliche Freiheit)这一思想一致的。虽然大家可以将保护理解为是积极的自由概念(ein positiver Freiheitsbegriff)的组成部分,但是不同于最大限度地基本权利自由这一观念,保护总是与自由的限制(Freiheitsbeschränkungen)相伴的。这一观念,即认为基本权利要求实现最大限度地对自由进行限制,作为理论出发点在处理保护义务时并没有太多的吸引力。

格奥尔格·霍尔姆斯(Georg Hermes)在其博士学位论文《保护生命和健康的基本权利》(Das Grundrecht auf Schutz von Leben und Gesundheit)中看到了在生命健康领域防范技术风险的不同建构性和概念性努力。[208]之后,约瑟夫·伊森斯(Josef Isensee)通过其论文《作为防御权和作为国家保护义务的基本权利》(Das Grundrecht als Abwehrrecht und als staatliche Schutzpflicht)第一次对被作为普遍基本权利效力来理解的保护义务进行了

---

[203] J. Schwabe, Die sogenannte Drittwirkung, 1973. 展示了类似方向的思考,参见 Müller, Positivität der Grundrechte, 1969, S. 37 ff.。

[204] 参见施坦恩(Stern)的讨论, Das Staatsrecht der Bundesrepublik Deutschland, Bd. 3 Hb. 1, 1988, S. 1550 f.;也参见 Poscher 第三人效力主题的防御权重构 Grundrechte als Abwehrrechte, 2003, S. 272 ff., 以及关于从保护义务的必要性视角进行讨论的容忍义务(Duldungspflicht),参见 Poscher, Grundrechte als Abwehrrechte, 2003, S. 167 ff.。

[205] G. Lübbe-Wolff, Die Grundrechte als Eingriffsabwehrrechte, 1988, S. 37 ff.

[206] 参见 Bumke, Der Grundrechtsvorbehalt, 1998, S. 75 ff.。

[207] 如此认为的,参见 Alexy, Theorie der Grundrechte, 1985, S. 422。

[208] Hermes, Das Grundrecht auf Schutz von Leben und Gesundheit, 1987. 参见 Murswiek 的令人印象深刻的防御权重构, Die staatliche Verantwortung für die Risiken der Technik, 1985。

总的构建。[209]

(3)借助于保护义务和防御权对第三人效力的重构

承认保护义务的另外一个重要原因在于借助防御权和保护义务使得建构性地理解基本权利的第三人效力得以可能,同时通过这种方式也可以取代模糊的辐射效力(Ausstrahlungswirkung)。这种方式是克劳斯－威廉・卡纳里斯(Claus-Wilhelm Canaris)在其文章《基本权利与私法》(Grundrechte und Privatrecht)中推进的,在其中他一方面虽然支持让私法的立法者直接以防御权的方式受到基本权利的约束,但是另一方面却认为"私法主体的行为"(Akte von Privatrechtssubjekten)只能间接地借助于保护要求功能(Schutzgebotsfunktion)受到基本权利的制约。[210]

不久之后,阿列克西在其"基本权利理论"(Theorie der Grundrechte)中建议,借助于"相对于民事法庭的公民权利"来解决第三人效力的难题,根据这一理论,法院应该以必要的程度去考虑"基本权利原则"所支持的公民提出的权利主张。[211]这可以被解读为这样一种建议,即借助于基本权利的原则理解(Prinzipienverständnis)来重构辐射效力。虽然阿列克西以这种操作表达了一种"统一性建构的愿望",但是仍然不确定的是,为什么除了防御权和保护义务还需要一个进一步的新机制。

借助于保护义务的统一性解决(Einheitslösung)面临这样的质疑,即每一个针对公民所作出的法院的要求或者禁止都满足基本权利侵犯的特征,而且并没有什么显著的原因来解释为什么这些要求或者禁止不适用于民事法院程序。在处理防御权时获得的确定性带来了至少能够理解第三人效力一个方面的可能性。从这一立场来考虑,那么可以发现"吕特案"判决是由两个部分组成的:第一,基本权利是否为私法关系(privatrechtliche Beziehungen)准备好了内容上的规定;第二,向吕特作出的禁止其进行抵制呼吁的命令是否侵犯了其言论自由。[212]为了回答第一个问题,无须回溯到模糊的辐射效力上,也无须回

---

[209] J. Isensee, Das Grundrecht als Abwehrrecht und als staatliche Schutzpflicht, in: ders./Kirchhof (Hg.), Handbuch des Staatsrechts, Bd. 9, 3. Aufl., 2011, § 191 (1. Aufl. 1992). 近期的一些研究,如 M. Möstl, Die staatliche Garantie für die öffentliche Sicherheit und Ordnung, 2002, S. 84 ff.; Szczekalla, Die sogenannten grundrechtlichen-Schutzpflichten im deutschen und europäischen Recht, 2002, S. 244 ff.; Cremer, Freiheitsgrundrechte, 2003, S. 228 ff.; Calliess, Rechtsstaat und Umweltstaat, 2001, 312 ff., 437 ff., 566 ff.。

[210] C.-W. Canaris, Grundrechte und Privatrecht, AcP 184 (1984), S. 201, 210 ff., 225 ff.; ders., Grundrechte und Privatrecht, 1999, S. 30 ff.;持相同的理论进路,参见 Stern, Das Staatsrecht der Bundesrepublik Deutschland, Bd. 3 Hb. 1, 1988, S. 1565 ff., 1572 ff.;比较克制的观点,参见 S. Oeter, „Drittwirkung" der Grundrechte und die Autonomie des Privatrechts, AöR 119 (1994), S. 529 ff.;对保护义务的论题与第三人效力讨论之间的主题联系的质疑,见 Isensee, Das Grundrecht auf Sicherheit, 1983, S. 35 f.。

[211] Alexy, Theorie der Grundrechte, 1985, S. 488.

[212] Ridder, Die soziale Ordnung des Grundgesetzes, 1975, S. 85 ff. 着重研究了这一关键点。追随这一观点的,参见 I. Staff, Lüth-Urteil und Demokratietheorie, in: Henne/Riedlinger [Hg.], Das Lüth-Urteil aus (rechts-) historischer Sicht, 2005, S. 315, 323 ff.。

溯到将基本权利效力限制在民法的一般条款上。对于这种解决方式的怀疑源于基本权利对合同关系(vertraglichen Beziehunge)的处理上。因为在处理合同关系时,必须从权利主张的对称性(Symmetrie)出发,并且合同关系正是建立在意思自治下自由安排的行为基础之上,因此,防御权的解决方式对于这一主题来说显得并不合适。这也正是为什么卡纳里斯(Canaris)支持保护义务的解决方式的原因。

由此,越来越多的人提出建议,将防御权和保护义务结合起来,尊重意思自治安排的那些要素(Momente privatautonomer Gestaltung),并考虑意思自治下的安排需求(Ausgestaltungsbedürftigkeit)。[213]但是,直到今天,传统的关于在间接的第三效力和直接的第三人效力之间进行选择的叙述仍然被证明是强大的,这些叙述也总是能够促使新的研究对话形成。[214]就像一个没有尽头的历史过程,在过去和现在,这两个选择被相互对立起来,在强调直接第三人效力不可行的时候,就会有人主张谨慎的间接第三人效力。无论怎样,从 20 世纪 90 年代开始,还有个别的尝试让整个私法免受基本

---

[213] 许多代表性人物,参见 M. Ruffert, Vorrang der Verfassung und Eigenständigkeit des Privatrechts, 2001, S. 122 ff., 223 ff.; Cremer, Freiheitsgrundrechte, 2003, S. 453 ff. (虽然其对基本权利广泛的多面向性持显著的保留态度); W. Kahl, in: Kahl/Waldhoff/Walter (Hg.), Bonner Kommentar zum Grundgesetz, Art. 1 Abs. 3 Rn. 334 ff. (2014). 私法领域的代表性人物,参见 M. Grünberger, Personale Gleichheit, 2013, S. 943 ff. (从意思自治的角度); A. Hellgardt, Regulierung und Privatrecht, 2016, §7。关于私法的宪法化(Konstitutionalisierung),参见 U. Diederichsen, Das Bundesverfassungsgericht als oberstes Zivilgericht, AcP 198(1998), S. 171, 214 ff., 其同时也试图借助于间接的第三人效力尽可能减少基本权利对私法的影响(ebd., S. 230 ff.)。关于基本权利私法效力完全不同的理解,参见 G. Teubner, Verfassungsfragmente, 2012, S. 199 ff., 其赋予了基本权利 3 个维度,这 3 个维度即使是在私人关系中也需要得到维护(概括性的,参见 ebd., S. 218 f.),借助防御权和保护义务的重构只能涵盖德国《基本法》第 1 条第 3 款所约束的权力。在考虑基本权利的影响下,如何思考私人之间的私法,仍然是悬而未决的问题。G. Brüggemeier, Constitutionalisation of Private Law., Barkhuysen/Lidenbergh (ed.), Constitutionalisation of Private Law, 2006, 59, 74 ff., 其对建构提出了异议。他主张宪法对私法的内容上渗透(ebd., S. 79 ff.),这被视为是有影响力的异议,参见 F. Rödl, Gerechtigkeit unter freien Gleichen, 2015, S. 373 ff. 而仲裁法庭的判决构成了实践中很重要的情境,仲裁法庭判决的根据即德国《基本法》第 1 条第 3 款的基本权利约束是有争议的(否定性意见,参见 M. Herdegen, in: Maunz/Dürig, GG-Kommentar, Bd. 1 Rn. 98 m. w. N. zur Gegenposition)。Christensen/Fischer-Lescano, Das Ganze des Rechts, 2007, S. 247 ff., 264 ff., 274 ff., 367 ff.。也援引仲裁法庭的例子(ebd., S. 285 f.)并得出与公权力受基本权利约束一样的私人受到基本权利直接约束的必要性。其认为基本权利保护的目的在于保障不同社会系统的理性。

[214] 简洁的、富有启发性的关于第三人效力讨论的比较法角度的概括,参见 A. Barak, Constitutional Human Rights and Private Law, in: D. Friedmann/D. Barak-Erez (ed.), Human Rights in Private Law, 2001, S. 13 ff.。以传统方式来研究这一主题,如参见 H.-J. Papier, Drittwirkung der Grundrechte, in: Merten/Papier (Hg.), Handbuch der Grundrechte, Bd. 2, 2006, §55 Rn. 11 ff.; M. Kloepfer, Verfassungsrecht Ⅱ, 2010, §50. C.。

权利的影响。[215]

4. 基本权利的限制和安排

魏玛时期主张的是对影响规范的基本权利的限制性保护(der beschränkte Schutz),这种保护不会超越一般法律秩序的具体形式。然而,作为基本权利的保障的是制度保障,其让不同法律制度(Rechtsinstitute)的基础或者核心要素免于受到一般立法者的改变。根据这一原初情境,单个基本权利的安排需求(Ausgestaltungsbedürftigkeit)并不具有宪法上的重要性。

当皮特·赫柏勒将"基本权利安排"(Grundrechtsausgestaltung)这一概念提升为是一个纲领性概念以及将之提升为是传统的侵犯和限制思想(Eingriffs-und Schrankendenken)的对立概念时,这一概念就成为一个有争议的概念。[216]很多年中,基本权利安排都标志着基本权利理论的一个分界线。在赫柏勒的安排世界(Ausgestaltungswelt)之外,安排一如既往是没意义的。因为这一概念描述的是对基本权利上所保护的权利的触碰,而非这些权利被损害并由此会出现基本权利侵犯的情形。[217]

20 世纪 90 年代,才出现对安排主题(Ausgestaltungsthematik)更加集中的研究,这一研究很少或者没有受到之前基本权利理论研究结论的支配。[218]在基本权利效力的层面上,

---

[215] U. Diederichsen, Die Rangverhältnisse zwischen Grundrechten und Privatrecht, in: Starck (Hg.), Rangordnungder Gesetze, 1995, S. 70 ff. 持如此观点,其主张在客观权利的基本权利价值和私法之间的关系中涉及"价值实现"(Wertverwirklichung)时的"等级同等性或者等级中立性"(Gleichrangigkeit bzw. Rangneutralität)。近期的研究,参见 Rödl, Gerechtigkeit unter freien Gleichen, 2015, S. 379 ff.,其主张"私法的逻辑优先性"(ein logischer Vorrang des Privatrechts)。其理论进路只可以在其"规范性私法理论"(eine normative Privatrechtstheorie)的形式下的私法的合同法和侵权法的法哲学基础的背景下才能理解(ebd., Kap. 1)。这一理论甚至主张,共同体的民主基础可以从私法理论中推导出来(ebd., S. 384 ff.)。关于这些概念以及与之相连的从民主宪法国家角度的正当性成本,参见 C. Bumke, Ausgestaltung von Grundrechten, 2009, S. S. 28 ff. "私法社会"(Privatrechtsgesellschaft)建立在一个疏离基本权利的原初理解之上。因为其依靠私法上经济社会,也可能是公民社会的内在安排性力量和秩序性力量。这些自主性领域的理念有非常不同的来源,如参见 F.-A. Hayek, Recht, Gesetz und Freiheit, 2003, Kap. 4－6, 8, 18; Ladeur, Der Staat gegen die Gesellschaft, 2006, S. 296 ff.; Teubner, Verfassungsfragmente, 2012, Kap. 2, 6;此外,也参见 K. Riesenhuber (Hg.), Privatrechtsgesellschaft, 2007 中收集的文章。

[216] Häberle, Die Wesensgehaltsgarantie des Art. 19 Abs. 2 Grundgesetz, 1962, S. 180 ff.

[217] 关于主导性的处理方式,有代表性的观点参见 Alexy, Theorie der Grundrechte, 1985, S. 300 f.,简短的评论,参见 Stern, Das Staatsrecht der Bundesrepublik Deutschland, Bd. 3 Hb. 1, 1988, S. 1298－1304。但是安排这一主题总是反复被研究,参见 Lerche, Übermass und Verfassungsrecht, 1961, S. 106 ff.; W. Leisner, Von der Verfassungsmäßigkeit der Gesetze zur Gesetzmäßigkeit der Verfassung, 1964; ders., Die Gesetzmäßigkeit der Verfassung, JZ 1964, S. 201 ff.; W. Schaumann, Der Auftrag des Gesetzgebers zur Verwirklichung der Freiheitsrechte, JZ 1970, S. 43 ff.; Schmidt, Grundrechte-Theorie und Dogmatik seit 1946 in Westdeutschland, in: Simon (Hg.), Rechtswissenschaft in der Bonner Republik, 1994, S. 212 ff.; W. Höfling, Vertragsfreiheit, 1991。

[218] 参见 Bumke, Ausgestaltung von Grundrechten, 2009, S. 1 ff., 9 ff.,此外参见 Höfling, Vertragsfreiheit, 1991; G. Morgenthaler, Freiheit durch Gesetz, 1999; M. Gellermann, Grundrechte in einfachrechtlichem Gewand, 2000(处在赫柏勒的传统中); J. Aulehner, Grundrechte und Gesetzgebung, 2011。

大家回溯到了概念上,以便在规范影响(Normprägung)的基础上来理解全部的引导行为的效力,如保护义务、给付权利或者针对保障的特殊安排义务。但是,本来的争论涉及的是基本权利保障(Grundrechtsgewährleistung)层面以及安排性国家权力(die ausgestaltende Staatsgewalt)的基本权利约束(Grundrechtsbindung)。为了实现有效的约束,大部分的研究都主张设定一个法律之外的或者先于法律的保护对象(Schutzgegenstand),这一保护对象可以让安排性的国家权力服从于防御权上合法性审查。[219]马提亚斯·科尼尔斯(Matthias Cornils)在其研究《基本权利的安排》(Die Ausgestaltung der Grundrechte)中对于这一观点做了仔细审视和论证。[220]相反的观点认为回溯到一个准防御权(quasi-abwehrrechtlich)的保护对象(Schutzgut)在实践中是不可行的,因此主张独立的安排教义学(Ausgestaltungsdogmatik)。对于安排性立法者(der ausgestaltende Gesetzgeber)的基本权利约束在此来源于所涉及基本权利的针对保障的特殊规定。[221]在过去一些年,关于这一问题的争论愈加平静了,就好像大家已经就答案达成共识了似的。[222]

5. 三个基本权利类型

从20世纪80年代开始,形成了基本权利教义学的工作可以以之为基础的三个基本权利类型:[223]在第一种类型中,防御权的功能处于完全的中心地位,第二种类型建立在这一法律理论的确信基础上,即基本权利涉及最优化要求或者原则(Optimierungsgebote bzw. Prinzipien),而根据第三种、在实践中也占主导的理念,基本权利涉及能发挥不同效力(功能或者维度)的保障(Gewährleistungen)。

---

[219] 参见 Cornils, Die Ausgestaltung der Grundrechte, 2005, 9. Kap.; Bumke, Ausgestaltung von Grundrechten, 2009, S. 20 ff.。

[220] Cornils, Die Ausgestaltung der Grundrechte, 2005, 10. Kap. 根本性否定安排教义学(Ausgestaltungsdogmatik)尝试的观点,如参见 S. Rixen, Sozialrecht als öffentliches Wirtschaftsrecht am Beispiel des Leistungserbringungsrechts der gesetzlichen Krankenversicherung, 2004, S. 244 f.; Kahl, Neuere Entwicklungslinien der Grundrechtsdogmatik, AöR 131(2006), S. 602 ff.; Rödl, Gerechtigkeit unter freien Gleichen, 2015, S. 379; C. Hillgruber, Schutzbereich, Ausgestaltung und Eingriff, in: Isensee/Kirchhof (Hg.), Handbuch des Staatsrechts der Bundesrepublik Deutschland, Bd. 9, 3. Aufl., 2011, §200 Rn. 64 ff.。积极性的评价,参见 C. Degenhart, Grundrechtsausgestaltung und Grundrechtsbeschränkung, in: Merten/Papier (Hg.), Handbuch der Grundrechte, Bd. 3, 2009, §61 Rn. 42 ff.。

[221] 参见 Bumke, Ausgestaltung von Grundrechten, 2009, S. 52 ff.。

[222] 参见 Bumke, Ausgestaltung von Grundrechten, 2009, S. 41 ff.。

[223] 也持如此主张的,参见 Poscher, Grundrechte als Abwehrrechte, 2003, S. C. Ⅲ. 恩德斯(C. Enders)认为有两种类型,参见 C. Enders, Vorbem. vor Art. 1, in: Friauf/Höfling (Hg.), Berliner Kommentar zum GG, S. 40 ff., 即自由模型和实质模型(ein liberales und ein materiales Modell)。除3种模型外,H. Ridder 还设定了一个独立模型,他将基本法理解为也包括社会的改革秩序(Reformordnung),这一改革秩序可以借助于产生史(Entstehungsgeschichte)和文本忠诚(Texttreue)得出(请参阅 ders., Die soziale Ordnung des Grundgesetzes, 1975, S. 10 f., 16 ff.)。关于其基本权利理解,参见 Steinbeiß-Winkelmann, Grundrechtliche Freiheit und staatliche Freiheitsordnung, 1986, 7. Kap.(概括性的,参见 S. 523 ff.)。

(1)“作为防御权的基本权利”[224]

第一种类型的基本思想在于认为基本权利并没有两面性,而是——仅仅或者至少是绝大部分——只能被理解为是防御权。客观效力——如果必要——需要从防御权上来加以理解。[225]以防御权为标准,基本权利就拥有了清晰的、在实践中可操作的内容,由此对基本权利的研究就具有足够的可预见性。通过这种方式,也让过于强大的、取代或者强占政治的(das Politische)违宪审查(Verfassungsgerichtsbarkeit)的危险得以避免。

防御权类型有两个根本上不同的变种。第一个变种建立在20世纪60年代的自由基本权利理解(das liberale Grundrechtsverständnis)基础之上。恩斯特－沃尔夫冈・博肯福德以典型的方式发展了这一类型理解的框架和内容。[226]据此,基本权利的秩序请求权(Ordnungsanspruch)限于国家与公民之间的法律关系(Rechtsbeziehungen)。如果忽视个别例外情况,从基本权利中不能够得出关于公民相互之间社会关系的规定。基本权利在核心上保护的是任意行为自由(消极自由概念)。因此,从基本权利保障中也不能为一般法律秩序的安排得出直接的内容规定。此外,联邦宪法法院也不可以借助于宪法权利(利益或者原则)之间的衡量来取代立法者的行为,因为这些安排性的决定(solche gestalterischen Entscheidungen)是保留给立法权的。

第二个变种放弃了两方面法律关系的限制。[227]即使是私法关系也需要以基本权利来判断。施瓦布论证了这一变种。格尔图德・吕贝－沃尔夫(Gertrude Lübbe-Wolff)在其研究《作为侵犯防御权的基本权利》(Die Grundrechte als Eingriffsabwehrrechte)中,借助于受基本权利保护的“规范存在保护”(Normbestandschutz)这一思想,将防御权延伸到了国家给付的领域。[228]最终,拉尔夫・泼舍尔(Ralf Poscher)在其教职资格论文《作为防御权的基本权利》(Grundrechte als Abwehrrechte)中为这一理解带来了坚实的基本权利理论基础,并细致研究了法教义学上将基本权利作为防御权来理解的可能性和界限。在此,支

---

[224] 泼舍尔(Poscher)(注释1)的研究题目就是这样的。

[225] 参见 Schwabe, Probleme der Grundrechtsdogmatik, 1977, S. 201 ff., 286 ff.; Poscher, Grundrechte als Abwehrrechte, 2003, Teil F.。

[226] Böckenförde, Grundrechtstheorie und Grundrechtsinterpretation (1974), in: ders., Staat, Verfassung, Demokratie, 1991, S. 119 ff., 142 ff.; ders., Zur Lage der Grundrechtsdogmatik nach 40 Jahren Grundgesetz, 1990, S. 66 ff. Enders, Vorbem. vor Art. 1, in: Friauf/Höfling (Hg.), Berliner Kommentar zumGG, S. 41 ff., 48 ff. 重构了这一理解。赞同这一理解,但是在援引自由主义—经济学和系统理论概念发展出自己独立的内容架构,参见 K.-H. Ladeur, Negative Freiheitsrechte und gesellschaftliche Selbstorganisation, 2000, S. 204 ff.; ders., Kritik der Abwägung in der Grundrechtsdogmatik, 2004, S. 31 ff., 58 ff.(在此,为了维护社会的自我理性,私人受到基本权利约束在狭窄的范围内得到了承认); ders., Der Staat gegen die Gesellschaft, 2006, S. 343 ff.。

[227] Schwabe, Probleme der Grundrechtsdogmatik, 1977, S. 204 ff., 241 ff., 286 ff.; Lübbe-Wolff, Die Grundrechte als Eingriffsabwehrrechte, 1988, S. 69 ff.; Poscher, Grundrechte als Abwehrrechte, 2003, Teil F.

[228] Lübbe-Wolff, Die Grundrechte als Eingriffsabwehrrechte, 1988, Teil 2, 否定性观点,参见 Cremer, Freiheitsgrundrechte, 2003, S. 96 ff.。

柱性的理念是“基本权利的反身性”(Reflexivität der Grundrechte),根据这一理念,当国家以法律进行管理,比如,消解了基本权利所保护的自由行为之间的矛盾时,基本权利就为国家建立了规则。[229]

(2)作为最优要求或者原则的基本权利

第二种类型是由罗伯特·阿列克西在其“基本权利理论”(Theorie der Grundrechte)中发展出来的。如果大家忽视原则概念[230](Prinzipienbegriff)的修正,那么阿列克西以及他国内、国外的学生原则上坚持了他所设计的基本模型。而在阿列克西学派之外,将基本权利理解为最优要求也成为一个通常性的主题——不管大家是持支持还是反对的立场。

阿列克西清楚地阐释了主观权利的概念并以此为基础引入了“自由”(Freiheiten)、“权能”(Kompetenzen)以及“对某物的权利”(ein Recht auf etwas)这些范畴,由此,在其理论中,他将“基本权利发展成为了主观权利”(Grundrechte als subjektive Rechte)。关于防御权,他研究的是保护领域(“基本权利”)与宪法的侵犯授权(“基本权利限制”)之间的相互作用。此外,他还分析了基本权利的客观效力[“要求国家积极作为的权利”(Recht auf positive Handlungen des Staates)],他支持普遍的自由权(ein allgemeines Freiheitsrecht),并研究了联邦宪法法院在审查一般平等权(Gleichheitsrecht)时所使用的恣意公式(Willkürformeln)。[231]

所有这一切的理念和概念的中心是他对规则和原则(Regeln und Prinzipen)的区分。对于阿列克西来说,在此涉及的是关于法律规范(Rechtsnormen)的法律理论结构(die rechtstheoretische Struktur)的最重要的见解之一。[232]因为任何一个法律规范,要么具有规则的结构,要么具有原则的结构——这是一种排中律(tertium non datur)。基本权利是原则,而原则可以被描述为是最优化要求。规则和原则的区分构成了整个基本权利大厦的

---

[229] Poscher, Grundrechte als Abwehrrechte, 2003, Teil D. 这一基本思想的前身以鲁普(H. -H. Rupp)的基本权利理解为基础。参见 ders., Das Grundrecht der Berufsfreiheit in der Rechtsprechung des Bundesverfassungsgerichts, AöR 92[1967], S. 225, 参见 Steinbeiß-Winkelmann, Grundrechtliche Freiheit und staatliche Freiheitsordnung, 1986, S. 542 ff.。

[230] 阿列克西在其“基本权利理论”中建立了最优要求的机制,以此来定义原则(Alexy, Theorie der Grundrechte, 1985, S. 75 ff.)。后来,他修正了这一将最优要求与原则等同的做法,因为最优要求展示的是一个规则结构,他将原则回溯到更古老的独立的思想,并将之描述为是理想的应然(ideales Sollen)或者优化性要求(zu optimierendes Gebot),见 ders., Zur Struktur von Rechtsprinzipien, in: Schilcher/Koller/Funk (Hg.), Regeln, Prinzipien und Elemente im System des Rechts, 2000, S. 31, 38 f.;在阿列克西学派内部关于原则理论的许多争点,参见 Borowski, Grundrechte als Prinzipien, 3. Aufl., 2018, S. 114 ff. 即便这样,阿列克西还是坚持这一观念,即基本权利的效力可以合适地被理解为最优要求。出于这一原因,在此援引了最优要求的机制,以便来表述这一类型。关于原则理论和原则概念的讨论,参见注释 188。

[231] Alexy, Theorie der Grundrechte, 1985, S. 159 ff., 249 ff., 395 ff., 309 ff., 357 ff.

[232] 参见 Alexy, Theorie der Grundrechte, 1985, 3. Kap.;详见 Kallmeyer, Ideales Sollen, 2016。

关键。因为所有阿列克西分析的要素在其结构和操作上,都可以回溯到基本权利的原则结构(Prinzipienstruktur)。原则冲突(Prinzipienkollisionen)主宰了基本权利的世界,而借助于情境相关的衡量对原则冲突的消解构成了这个世界的具体内容。原则理论的解释力对于一些人来说是一种恩赐或者说胜利,而对于另外一些人来说则是逃跑或者说失败,因为对于后者来说分化的,有时也是紧张—不均匀的法教义学工具可能会丧失。[233]

(3)作为多维度保障的基本权利

直到今天占主导地位的是第三种类型。基本权利具有两面性,主观层面和客观层面。此外,基本权利通常还具有一系列不同的效力。[234]实践中最重要的是防御权,然后是保护义务以及其他的维度,如制度保障或者程序法内容。客观层面和主观层面处于何种关系之中,大家的意见并不统一。联邦宪法法院首要强调的是防御权相对于其他基本权利效力的优先性。其他的人则认为在客观层面中存在规范的、建构秩序的核心,从这一核心出发,防御权也能够获得其尺度。[235]反复被强调的是,基本权利自由的思想并不能够在对一般行动自由的保护中穷尽,而是针对一种可实现的自由(eine realisierbare Freiheit)。[236]法教义学上,防御权获得了可靠的构建。在保护领域的层面,有效的是消极自由概念,获得承认的是广义上的侵犯理解,这一侵犯理解一直需要宪法上的侵犯授权。不确定性仅仅在于,在合比例性审查的框架中如何让情境化的衡量(situative Abwägungen)得到足够的控制。如果大家忽视制度保障以及在面对普遍参与权思想时的原则上的克制,那么对于其他基本权利效力的法教义学操作就有许多不同的建议。然而,在此至少对于保护义务来说形成了共同的审查要素,由此在保护义务那里大家可以主张一种最低限度的法教义学可预见性。

6. 简要的总结

在20世纪80年代末、90年代初的时候,一般基本权利理论得到了巩固。从20世纪90年代后半期的时候起,基本权利教义学进入了可靠的轨道。基本权利教义学得到精细化,在其个别地方得到修正,有时候也获得了扩展。重要的问题被再次进行研究并获得了回答的空间。机制被建立起来,并被试图置于一个总的体系之下。教学资料繁荣起

---

[233] 批评性意见,参见注释188。

[234] 不考虑所有细节上重要不同点而持此种观点的代表性人物,参见 H.-D. Jarass, Bausteine einer umfassenden Grundrechtsdogmatik, AöR 120(1995), S. 345 ff.; ders., Funktionen und Dimensionen der Grundrechte, in: Merten/ Papier (Hg.), Handbuch der Grundrechte, Bd. 2, 2006, §38; K. Stern, Idee und Elemente eines Systems der Grundrechte, in: Isensee/Kirchhof (Hg.), Handbuch des Staatsrechts, Bd. 9, 3. Aufl., 2011, §185 Rn. 52 ff. 这种理解典型地可以德莱尔(Horst Dreier)主编的评注来阐释[Dreier (Hg.), GG-Kommentar, Bde. 1 bis 3, 1. Aufl., 1996 bis 2000]。在德莱尔周围聚集了一众作者,他们的任务是将每一个基本权利都理解为多维度的保障,并以此种多维度性为标准进行判断。

[235] 参见 Stern, Das Staatsrecht der Bundesrepublik Deutschland, Bd. 3 Hb. 2, 1994, S. 1794 ff.; Dreier, in: Dreier (Hg.), Grundgesetz Kommentar, Bd. 1, 3. Aufl., 2013, Vorbemerkung, Rn. 82 ff.。

[236] Poscher, Grundrechte als Abwehrrechte, 2003, S. 109 ff.

来,主要表现在各种教科书、概论以及评注的出现。作为"大"教科书,克劳斯·施坦恩(Klaus Stern)的七卷本著作显得非常突出。[237]在过去一些年,出现了一些普遍的对法教义学的批评,也出现了一些具体的对基本权利教义学的批评。[238]除了已经提到过的乏味的关于宪法法院实证主义(Verfassungsgerichtspositivismus)的指责外,还存在这样的指责,即从国家法学的纯粹法纲领出发,认为基本权利教义学从事的是一种非法的"自我授权"(Selbstermächtigung)。[239]值得期待的是,这一批判性潮流在多大程度上能够成功地建立一个内容丰富的,但是却是价值无涉的基本权利教义学。

(四)平等权思想的变迁

1. 一般平等要求的发展

(1)联邦宪法法院的主导作用

多年以来,将德国《基本法》第3条第1款的一般平等要求确立并发展为审查立法的基准,都主要是联邦宪法法院的职责。当然,在一开始,宪法法院也面临着一个重要的限制。因为恣意禁止的审查标准是魏玛时期国家法学的发明,这一发明除了有海恩里希·特里佩(Heinrich Triepel)以及埃利希·考夫曼(Erich Kaufmann)的贡献之外,还尤其是有吉尔哈德·莱布霍尔茨(Gerhard Leibholz)以其博士论文《法律面前的平等》(Die Gleichheit vor dem Gesetz)的贡献。[240]

为平等要求的结构性渗透(die strukturelle Durchdringung)作出重要贡献的是波德勒希,前面已经提到过其《一般宪法平等原则的功能和内容》(Gehalt und Funktionen des allgemeinen verfassungsrechtlichen Gleichheitssatzes)的著作。[241]然而,他提出的将平等要求重构为

---

[237] K. Stern, Das Staatsrecht der Bundesrepublik Deutschland, Bd. 1, 2. Aufl., 1984; Bd. 2, 1980; Bd. 3 Hb. 1, 1988; Bd. 3 Hb. 2, 1994; Bd. 4 Hb. 1, 2006; Bd. 4 Hb. 2, 2011; Bd. 5, 2000.

[238] 代表性人物,参见 Jestaedt, Grundrechtsentfaltung im Gesetz, 1999, 3. Teil; ders., „Öffentliches Recht" als wissenschaftliche Disziplin, in: Engel/Schön (Hg.), Das Proprium der Rechtswissenschaft, 2007, S. 241, 247 ff.; O. Lepsius, Kritik der Dogmatik, in: Kirchhof u. a. (Hg.), Was weiß Dogmatik?, 2012, S. 39 ff.; ders., Problemzugänge und Denktraditionen im Öffentlichen Recht, in: Hilgendorf/Schulze-Fielitz (Hg.), Selbstreflexionen der Rechtswissenschaft, 2014, S. 53, 65 ff.。

[239] 这样的观点主要是由耶施塔特(Matthias Jestaedt)(例如, ders., Das mag in der Theorie richtig sein ..., 2006, S. 84 f.)和莱普修斯(Oliver Lepsius)(例如, ders. Kritik der Dogmatik, in: Kirchhof u. a. (Hg.), Was weiß Dogmatik?, 2012, S. 43 ff.)发展出来的。对这二者观点的研究和概括,参见 P. Hilbert, Systemdenken in Verwaltungsrecht und Verwaltungswissenschaft, 2015, S. 121 ff.; 以类似方式提出的保留,参见 H. Dreier, Rechtswissenschaft als Wissenschaft, in: ders. (Hg.), Rechtswissenschaft als Beruf, 2018, S. 1, 50 ff.。

[240] H. Triepel, Goldbilanzen-Verordnung und Vorzugsaktien, 1924, S. 29 f.; G. Leibholz, Die Gleichheit vor dem Gesetz, 1925, insbes. S. 72 ff.; E. Kaufmann, Die Gleichheit vor dem Gesetz im Sinne des Art. 109 der Reichsverfassung, in: VVDStRL 3 (1927), S. 9 ff.; 此外,参见 F. Stier-Somlo, Gleichheit vor dem Gesetz, in: Nipperdey (Hg.), Die Grundrechte und Grundpflichten der Reichsverfassung, Bd. 1, 1930, S. 158, 179 ff.。

[241] Podlech, Gehalt und Funktionen des allgemeinen verfassungsrechtlichen Gleichheitssatzes, 1971.

论证负担规则(Argumentationslastregel)的这一建议却不可行。[242]这也可能是因为,联邦宪法法院在实践中,在审查恣意禁止时,已经成功地解决了标准形成(Maßstabsbildung)问题。之后,昆特·迪里希在其评注中发展出了平等要求的平等主义一面(die egalitäre Seite)。他强调,德国《基本法》第3条第1款想要在法律上平等对待所有人,而这一目标——例如,借助于权利能力(Rechtsfähigkeit)或者基本权利享有者资格(Grundrechtsträgerschaft)——也深深地写入了整个法律秩序。[243]同时,迪里希还强调了自由相对于平等的优先性,并将之作为普遍承认的出发点。[244]平等性主题被借助于自由思想来阐释。所具有的是平等的自由(gleiche Freiheit)[245],而非自由和平等(Freiheit und Gleichheit)。[246]通过这一平等主义思想,恣意禁止寻找到了标准。然而,这一思想却不允许在整体上来理解平等要求。这一点在之后的斯特凡·胡斯特(Stefan Huster)的博士学位论文《权利和目的》(Rechte und Ziele)中变得很清晰,他说明了在进行平等性审查时,经常回溯到要求存在不平等对待(Ungleichbehandlung)的"适合性标准"(Entsprechungsmaßstäbe)中去。[247]属于这种适合性标准的有两种要求,根据给付能力(Leistungsfähigkeit)来确定个人所得税的额度以及将社会给付(Sozialleistungen)的范围独立于需求的程度。与之相反,这样的平等要求理念是不可行的,即其将平等要求理解为是一种"原则(Maxime)……来限制或者甚至取消整个社会的广泛交织的不平等,以有利于所有人自主的和平等的安排可能性(Gestaltungsmöglichkeiten)"[248]。

此外,从20世纪80年代开始,总是有人反复尝试将平等要求重构为实质的防御权

---

[242] 对这些思想进行研究的,参见 A. Somek, Rationalität und Diskriminierung, 2001, S. 578 ff.(概括性的),他认为,在对不平等对待的理性上可理解的论证中平等要求很重要。

[243] G. Dürig, in: Maunz/Dürig, GG-Kommentar, Art. 3 Abs. 1, Rn. 21 ff. 持类似观点的,参见 M. Kriele, Freiheit und Gleichheit, in: Benda u. a., Handbuch des Verfassungsrechts der Bundesrepublik Deutschland, 1984, S. 129, 132 ff. 平等权被用来克服基本权利上自由行为的臆想特权,代表性人物,如 K.-A. Bettermann, Grenzen der Grundrechte, 1968, S. 25 ff. 对当时讨论的形象描绘,参见 K. Hesse, Der Gleichheitssatz in der neueren deutschen Verfassungsentwicklung, AöR 109(1984), S. 174 ff.; R. Zippelius, Der Gleichheitssatz, VVDStRL 47(1988), S. 7 ff.。

[244] Dürig, in: Maunz/Dürig, GG-Kommentar, Art. 3 Abs. 1, Rn. 120 ff.

[245] 对这一思想的清晰强调,参见 Kriele, Freiheit und Gleichheit, in: Benda u. a., Handbuch des Verfassungsrechts der Bundesrepublik Deutschland, 1984, S. 129, 132 ff.。

[246] 支持正是在这一点上的修正,参见 Wilke, Stand und Kritik der neueren Grundrechtstheorie, 1975, S. 226 ff.。

[247] S. Huster, Rechte und Ziele, 1993, 4. Kap. 此外参见 L. Michael, Der allgemeine Gleichheitssatz als Methodennorm komparativer Systeme, 1997, S. 228 ff。

[248] J. Perls, Der Gleichheitssatz zwischen Hierarchie und Demokratie, in: ders., Grundrechte als Fundament der Demokratie, 1979, S. 69, 81 ff.(引自注释81);关于德国《基本法》第3条第1款的社会国解释,参见 Thurn, Welcher Sozialstaat?, 2013, S. 482 ff.。

(substantielles Abwehrrecht)。[249]这些尝试的开场是米歇尔·克吕夫(Michael Kloepfer)的《作为宪法问题的平等权》(Gleichheit als Verfassungsfrage)。[250]这些理论进路到现在都没有得以实行,原因可能一方面在于防御权涉及是一种法教义学机制,而这种机制之所以被发展出来恰恰是为了处理对基本权利所保护的利益的侵害。由此,必须首先要发展出一种适应于平等要求比较结构(Vergleichsstruktur)的机制,这一机制可以让司法实践进行模仿。接下来,这种机制在共同性和差异性上能够与防御权的机制进行比较。另一方面平等主义以及适合性这两个标准很难被总结成为一个统一的,却同时具有说服力的保护利益(Schutzgut)。[251]

(2)不适当不平等对待禁止与合比例性原则

联邦宪法法院的第一裁判委员会发展出了一个著名的新公式,以便加强对立法者行为的审查,只要立法者不平等对待"人群"(Personengruppen)。[252] 后来,联邦宪法法院称,涉及不平等对待"人群"的法律规则需要满足合比例性的要求(Verhältnismäßigkeitserfordernisse)。虽然联邦宪法法院在此已经清晰地界定了合比例性要求这一纲领[253],但是,在国家法学中还是产生了关于如何理解合比例性要求的激烈

---

[249] 最近的讨论中,重点有两个类型。第一个是胡斯特(Stefan Huster)的类型(Rechte und Ziele,1993,S. 351 ff.;概括性的,ders.,in:Friauf/Höfling (Hg.),Berliner Kommentar zum Grundgesetz,Art. 3,Rn. 78 ff.),这一类型建立在内在的、关涉正义的与外在的关涉合目的性二者的区分基础之上。由于胡斯特认为,在保护领域的层面上(不)平等对待是需要获得宪法上的论证的,以及他将审查不限于恣意审查(ebd.,Rn. 89 ff.),因此这一类型最终取决于:(1)是否足够可信地在内部目的和外部目的之间进行区分;(2)需要建立的审查标准需要进行区分。第二种类型是由萨克斯(Michael Sachs)发展出来的(ders.,in:K. Stern,Das Staatsrecht der Bundesrepublik Deutschland,Bd. 5,2000,§120 Ⅱ)。这一类型想要借助防御权的机制来研究平等权,并想要有助于理性处理(rationale Handhabung)。他将"平等对待利益"(Gleichbehandlungsinteresse)设定为是保护对象(ebd.,S. 1490 ff.)。

[250] M. Kloepfer,Gleichheit als Verfassungsfrage,1980.

[251] 关于防御权类型的讨论,也参见 J.-D. Bonhage,Grund und Grenze,2008,S. 209 ff.,其建议对事实构成的理解无须回溯到某个上位概念(ebd.,S. 220 ff.);对此的精细化努力,也参见 S. Kempny/P. Reimer,Die Gleichheitssätze,2012,S. 49 ff.,114 ff.);F. Wollenschläger,in:v. Mangoldt/Klein/Starck,GG Kommentar,7. Aufl.,2018,Art. 3 Rn. 53 ff.。

[252] BVerfGE 55,72,88. 关于联邦宪法法院司法发展的简要叙述,参见 G. Britz,Der allgemeine Gleichheitssatz in der Rechtsprechung des BVerfG,NJW 2014,346 ff.。

[253] BVerfGE 129,49,69(st. Rspr.):"如果规范对象或者受规范影响的人的群体比起其他人来说被以另外的方式对待了,而并不存在这样的种类和重要性上的差异能够合理化此种不同对待,那么在此种情况下,平等性原则就受到了侵害。"

争论。[254]

一开始的时候,对于立法者受到德国《基本法》第3条第1款的约束还是有很多明显可以感觉到的保留,以此来看,无论是在1980年之前还是之后,审查程度(Prüfungsintensität)越来越大变得非常理所当然,然而对这一主题的研究却非常少,这一点让人非常吃惊。其中的原因除了已经多次提到的实践上的漏洞外,还在于每一个关于不平等对待的积极或者消极的判决都扩展了比较材料(Vergleichsmaterial),而在下次判决的时候又会非常可信地援引这些比较材料。此外,许多比较判决都能够衔接到任何法律秩序中都有的平等或者不平等判决的大网之中,并以之为标准。最后,许多强化的内容审查并非建立在简单的比较之上。相反,在这些情况中,通过区分,除了平等要素外也涉及一般人格权、家庭,或者同居关系,由此涉及的就不是简单的不平等对待,而是涉及歧视(Diskriminierungen),这超出了德国《基本法》第3条第3款所列举的所禁止的区分标准(Unterscheidungskriterien)的本来范围。在此,自由保护和平等保护是密切相连的。

(3)平等要求作为延伸要求

一般平等要求具有自由权(Freiheitsrechte)不具有的一个方面,即平等要求具有在不同规则情境(Regelungszusammenhänge)中进行扩展的性质。如果立法者创造某个规则情境、追求特定目标、进行利益衡量、界分行为可能性(Verhaltensmöglichkeiten)和法律利益(Rechtspositionen),那么立法者就创造了评价(Wertungen)和比较标准(Vergleichsmaßstäbe)的网络。平等要求可以以这些评价和比较标准为导向,如果是这样,那么评价和比较标准就被延伸到了整个的规则体系(Regelungskomplex)。

---

[254] 有些人支持,认为这些要求等同于那些自由权的合比例性原则的要求(Kloepfer, Gleichheit als Verfassungsfrage, 1980, S. 62 f.; P. Martini, Art. 3 Abs. 1 GG als Prinzip absoluter Rechtsgleichheit, 1997, S. 192 ff.)。当然,这一步的前提条件是,为平等要求构建的比较已经逐步消失了。其他人认为,原则的修正是必要的,以此来用不平等对待所追求的区分目标(Differenzierungsziel)来取代立法者规则目标(Regelungsziel)的要素。(Sachs, in: K. Stern, Das Staatsrecht der Bundesrepublik Deutschland, Bd. 5, 2000, S. 1567 ff.; T. Kingreen/R. Poscher, Grundrechte, 34. Aufl., 2018, Rn. 528 ff.). 这一条可行的道路,只要立法者已经设定了这样的目标。然而,许多不平等对待并非建立在一个可确定的区分目标基础之上。因为如果每一个规则追求了一个对其自己来说合法的目标就够了,立法者必须服从于合法地区分目标这一一般性的要求的地位就变得不确定了。我认为,这有助于说明剩下的那些人的声音,他们在援引自由和平等审查中的不同结构这一理由下,主张一个独立的原则,这一独立原则的要素他们是从由联邦宪法法院所建立的那些要求中发展出来的。在包含理论界的讨论下,对司法的令人瞩目的重构,参见 Bonhage, Grund und Grenze, 2008, S. 254 ff.;此外,标准的发展,参见 P. Kirchhof, in: Isensee/Kirchhof (Hg.), Handbuch des Staatsrechts der Bundesrepublik Deutschland, Bd. 8, 3. Aufl., 2010, § 181 Rn. 191 ff., 200 ff., 以及信息量十分丰富的关于建构性进路的概览,参见 Wollenschläger, in: v. Mangoldt/Klein/Starck, GG Kommentar, 7. Aufl., 2018, Rn. 107 ff., und zur Rspr. Rn. 120 ff.。基本上没有作为研究主题的是这一情况,即两个裁判委员会在其近期的判决中都一致同意,"任何的区分……都需要客观原因(Sachgründe)的论证,这些客观原因对于区分目标和不平等对待的程度来说是适当的"。(BVerfGE 129, 49, 68; 145, 304, 330)由此,除法院的审查标准外,联邦宪法法院还确定了平等要求的统一的和实质性的内容。即存在针对立法者的行为规范,这一规范只是在更严格的宪法法院审查中才等同法院的审查规范(Kontrollnorm)。

这种力量可以从引入同性同居关系中看出来。㉕采纳了尤其是西欧和北欧所代表的关于同居关系、性取向和性别身份的观念转变,立法者通过生活同居关系(Lebenspartnerschaft)创建了一种新的制度,从出发点来看,立法者想要将这一新的制度摆在与婚姻相并列的位置上。但立法者在设计这一制度时在很多地方都优待了婚姻而非生活同居关系。然而,在随后的一些年里,这些对婚姻的优待由于违反了德国《基本法》第3条第1款而被联邦宪法法院一步步地宣布为违宪。㉖

一开始的时候,这种延伸效力也被放在"系统正义"(Systemgerechtigkeit)这一关键词下来讨论,弗兰茨-约瑟夫·派勒(Franz-Josef Peine)在其教职资格论文《系统正义(Systemgerechtigkeit)》中概括性地检视了"系统正义",并认为其没有太大的作用。㉗多年后,在新千年的开端,这一主题又成为国家法学的关注焦点。关于延伸要求(Erstreckungsgebot)不同的、清楚的表现,但是同时也在求助于联邦宪法法院那些其他的与法律秩序无矛盾性(Widerspruchsfreiheit)思想相关的观念下,普遍的宪法理性要求(Rationalitätsgebot)的存在、推导和内容被放在"合逻辑性"(Folgerichtigkeit)或者"一致性"(Konsistenz)这些关键词之下来加以思考。㉘在关于理性要求的讨论还没有到达确定认识的时候,延伸要求已经成为一般平等要求的固定组成部分。

2. 平等权和歧视禁止作为平等要求的支柱

平等权要求(Gleichberechtigungsgebot)和歧视禁止(Diskriminierungsverbot)是基本法上关于一般平等要求(Gleichheitsgebot)的特别规定。通过将特定的与人格相关(persönlichkeitsbezogen)的特征排除出区分标准(Unterscheidungskriterien),平等权要求和歧视禁止具有了清晰的标准,并强调平等要求的平均主义内容。此外,平等权要求也

㉕ 通过2001年2月16日制定的《注册生活同居关系法》v. 16. 2. 2001(BGBl. I S. 266)。德国《民法典》第1353条第1款被同性伴侣的婚姻开放(Öffnung der Ehe)所取代。关于此点的合宪性讨论,参见M. Lohnig, in: Staudinger BGB, Einleitung zum Familienrecht, 2018, S. 233。

㉖ BVerfGE 124, 199 ff.; 131, 239 ff.; 132, 179 ff.; 133, 59 ff.; 133, 377 ff.; 136, 400 ff. 联邦宪法法院司法的发展,参见S. Berning, Eingetragene Lebenspartnerschaft = Ehe?, in: Becker/Lange (Hg.), Linien der Rechtsprechung des Bundesverfassungsgerichts, Bd. 3, 2014, S. 167 ff.。对这一司法实践的激烈批判,例如,参见K. Stern, Das Staatsrecht der Bundesrepublik Deutschland, Bd. 4 Hb. 1, 2006, S. 481 ff.; C. v. Coelln, in: Sachs, Grundgesetz Kommentar, 8. Aufl., 2018, Art. 6 Rn. 49 f. 从宪法变迁(Verfassungswandel)角度的更普遍的讨论,参见M. Germann, Dynamische Grundrechtsdogmatik von Ehe und Familie?, VVDStRL 73(2014), S. 257 ff.。

㉗ F.-J. Peine, Systemgerechtigkeit, 1985(S. 301 ff. 概括性的),在此基础上的进一步研究U. Kischel, Systembindung des Gesetzgebers und Gleichheitssatz, AöR 124(1999), S. 174 ff.; 对司法的概括,参见H.-H. Rupp, Art. 3 GG als Maßstab verfassungsgerichtlicher Gesetzeskontrolle, in: Starck, (Hg.), Bundesverfassungsgericht und Grundgesetz, Bd. 2, 1976, S. 364, 380 ff., 他强调了系统思想(Systemgedanken)在适用平等要求上效力的有限性。

㉘ 关于德国《基本法》第3条第1款的概述,参见P. Kirchhof, in: Maunz/Dürig, Grundgesetz Kommentar, Art. 3 Abs. 1, Rn. 404 ff.; Wollenschläger, in: v. Mangoldt/Klein/Starck, GG Kommentar, 7. Aufl., 2018, Rn. 197 ff., 总括性的研究,参见L. O' Hara, Konsistenz und Konsens, 2018. U. Hufeld从系统忠诚(Systemtreue)的思想中,推导出了更严格的要求,参见U. Hufeld, in: Bonner Kommentar GG, Art. 19 Abs. 1 Satz 1, Rn. 15 ff.。

标志着延续数千年的父权制的终结。深刻影响了法律、国家、社会以及思想的男权统治不再存在,建立两性关系的新秩序是国家制度将来的任务。

如同在自由权那里一样,必须要首先克服宪法规定的不确定性和开放性,以及必须探明平等的特殊内容。比起自由权,平等权要求需要更加清楚地对私法进行改建或者重建。因此,关于基本权利对私法的影响的讨论在此获得了其出发点,这绝非偶然。[259]通过援引基本权利所保护的意思自治或者合同自由,自由优于平等的观念在此得以实行。[260]建立在意思自治论证基础上的区分(Differenzierungen)获得了认可。然而,这并不是说,“私法中的平等对待的原则”变得没有意义了。[261]但是,宪法上推动力由此被广泛地消除了。[262]意思自治的界限仅仅源于德国《基本法》第1条第1款的人的尊严或者仅仅来源于一般人格权。违背人的尊严的歧视根据德国《民法典》第134条、第138条或者第826条是无效的。[263]欧盟法(Unionsrecht)通过欧洲法院、立法者新安排,尤其是通过颁布一般平等对待法(das Allgemeinen Gleichbehandlungsgesetz)获得了发展,而其规定和修改导致了现今私法学中关于此点的争论,即私人之间所有的不平等对待是否都需要通过足够的客观原因(Sachgründe)来论证,而通常情况下论证义务的范围仅限于特定的情境(Konstellationen)或者事实领域(Sachbereiche)。[264]

国家法学关于德国《基本法》第3条解释的主流观点广泛地追随着社会观点。在20世纪50年代的时候,强调的是男性与女性的不可比性(Unvergleichbarkeit),之后又采纳了平等权的思想,最后——从20世纪70年代起——德国《基本法》第3条第2款被在宪法任务(Verfassungsauftrag)的意义上来加以理解,目的在于提高女性的社会处境。[265]这些根本性的转换是与不断增长的加强德国《基本法》第3条第3款的效力的努力一起的,大家将德国《基本法》第3条第3款这一规范在严格歧视禁止意义上来加以理解,从而加强

---

[259] 关于此点见注释45及以下几个注释中的内容。

[260] 代表性人物,参见 G. Hueck, Der Grundsatz der gleichmäßigen Behandlung im Privatrecht, 1958, S. 252 f.; Dürig, in: Maunz/Dürig, GG-Kommentar, Rn. 134 f., 136 ff.。

[261] 格茨・许克(Götz Hueck)在其教职资格论文中很早就指出这一点了(注释260)。

[262] G. Dürig, in: Maunz/Dürig, GG-Kommentar, Rn. 514,迪里希在德国《基本法》第3条第1款中“也”看到了私法中一般平等要求的“根源”。他的目标可能是维护私法相对宪法的独立性,而非维护私法完全的独立性(请参见 ebd., Rn. 516)。

[263] 这种理解的代表性人物,参见 R. Lehner, Zivilrechtlicher Diskriminierungsschutz und Grundrechte, 2013, 226 ff.; C. Langenfeld, in: Maunz/Dürig, Grundgesetz Kommentar, Art. 3 Abs. 3, Rn. 97 ff. 关于私法上歧视禁止的概念基础的探讨,见 O. Mörsdorf, Ungleichbehandlung als Norm, 2018, S. 27 ff.。

[264] 发展和讨论的概览,参见 Grünberger, Personale Gleichheit, 2013, 247 ff., 288 ff., 303 ff。

[265] 此处的描述采纳了扎克佐夫斯基(Ure Sacksofsky)所勾勒的发展史,参见 U. Sacksofsky, Das Grundrecht auf Gleichberechtigung, 1991, 2. Kap.,关于自20世纪70年代以来建立反歧视法的讨论,参见 W. Gitter 的简短描述, NJW 1982, S. 1567 ff.,以及关于这主题的全面研究,参见 H.-M. Pfarr/K. Bertelsmann, Diskriminierung im Erwerbsleben, 1989。

其效力。这一理解是由米歇尔·萨克斯(Michael Sachs)在其教职资格论文《歧视禁止的界限》(Grenzen des Diskriminierungsverbotes)中发展出来的。[266]

对如何处理这两个特殊的平等规定具有决定性意义的是对这一问题的回答,即平等的内容是否必须被理解为是与个人相关的。从这一关联点出发,那么歧视禁止就可以回溯到人的尊严的思想。[267] 德国《基本法》第 3 条第 3 款是禁止违反人的尊严的歧视的,其规范的核心也在于此。至少从 1994 年的宪法修改起,通过对促进义务(Förderpflicht)的规定,平等权要求得以继续。然而,以此来看,平等权要求成为一个结构上的义务(Fremdkörper)。

从 20 世纪 80 年代末开始,这个问题就被集中讨论了。对这一理解作出重要贡献的是乌特·扎克佐夫斯基(Ute Sacksofsky)以及苏珊娜·巴尔(Susanne Baer)。[268] 与其他的学者一起,她们认为,平等权和歧视更适合被理解为是集体现象(kollektive Phänomene)。[269]因为个人所受到的影响——如果忽视那些非典型的例外——始终是与群体相关的对待(eine gruppenbezogene Behandlung)的表达。某个人之所以被区别对待,并不是因为他是特定的个人(eine bestimmte Person),而是因为他属于特定群体,如女性、有

---

[266] M. Sachs, Grenzen des Diskriminierungsverbotes, 1985, 然而,其拒绝第 3 条第 3 款的间接歧视保护。参见 ders., in: K. Stern, Das Staatsrecht der Bundesrepublik Deutschland, Bd. 5, 2000, S. 1643 ff. 关于概念多样性以及与之相关的不确定性,参见文集 H. Collins/T. Khaitan (ed.), Foundations of Indirect Discrimination Law, 2018。关于德国《基本法》第 3 条第 2 款和第 3 款的一般讨论情况,参见 Langenfeld, in: Maunz/Dürig, GrundgesetzKommentar, Art. 3 Abs. 3, Rn. 37 ff., 其在德国《基本法》第 3 条第 2 款的框架内,只想保护女性免受间接歧视(dies., in: Maunz/ Dürig, Grundgesetz Kommentar, Art. 3 Abs. 2, Rn. 28 ff.). S. Baer/N. Markard, in: v. Mangoldt/Klein/Starck (Hg.), Grundgesetz Kommentar, Bd. 1, 8. Aufl., 2018, Art. 3 Abs. 2 Rn. 429 ff., 以及有助益的研究,见 H. Schramm, Ungewisse und diffuse Diskriminierung, 2013, S. 35 ff.。

[267] 关于一般意义上的歧视禁止,持此种观点的人,参见 E. Picker, Antidiskriminierungsprogramme im freiheitlichen Privatrecht, in: Lorenz (Hg.), Haftung wegen Diskriminierung nach derzeitigem und zukünftigem Recht, 2005, S. 7, 28 ff.; T. Repgen, Antidiskriminierung-die Totenglocke des Privatrechts läutet, in: Isensee (Hg.), Vertragsfreiheit und Diskriminierung, 2007, S. 11, 27 ff.; T. Lobinger, Vertragsfreiheit und Diskriminierungsverbote, ebd., S. 99, 119 f.。维护这一立场,参见 J. Bader, Arbeitsrechtlicher Diskriminierungsschutz als Privatrecht, 2012, 128 ff.。

[268] Sacksofsky (前注 265); S. Baer, Würde oder Gleichheit?, 1995. 否定性观点,见 F. Schorkopf, Staat und Diversität, 2017, 22 ff., 31 ff., 56 ff.。

[269] 此处强调的群体关联(Gruppenbezug)仅仅涉及影响或者损害的类型。因此,鉴于这一狭义理解,并不能建立一个个人主义平等理解的对立之物。广义群体理解(例如, V. Slupik, Die Entscheidung des Grundgesetzes für Parität im Geschlechterverhältnis, 1988, S. 67 ff.)被从配额规则是否被允许角度来讨论,参见 Huster, Rechte und Ziele, 1993, S. 340 ff. 此处意义上的群体关联的概念,见 Sacksofsky, Das Grundrecht auf Gleichberechtigung, 1991, S. 349 ff.; Baer, Würde oder Gleichheit?, 1995, S. 221 ff.; G. Britz, Diskriminierungsschutz und Privatautonomie, VVDStRL 64(2004), S. 355, 384 ff. 布里茨(G. Britz)清楚地强调了歧视保护与社会国弱势者保护之间的区别[之前已有的类似方向 Baer(前注 268), S. 190 ff.; R. Nickel, Gleichheit und Differenz in der vielfältigen Republik, 1999, S. 84 ff.]。对于歧视禁止的不同保护功能的概述,见 A. Peters, Diskriminierungsverbote, in: Merten/Papier (Hg.), Handbuch der Grundrechte, Bd. 7 Hb. 2, 2007, § 211 Rn. 12 ff.。

色人种、同性恋或者犹太人。对于单个的群体成员有时可能会有例外。但是,在此,习惯上的交换—承认手段(Tausch-und Anerkennungsmittel),如金钱或者职业地位并不能发挥决定性的作用。如果将平等内容同其与个体(Individuum)和人的尊严的相关性切割开来,那么基本法上站得住脚的国家和社会清晰的改革方案就显现出来了:沿着德国《基本法》第3条第3款的那些非法的区分特征(Unterscheidungsmerkmale)而形成的社会中的刻板传统、支配性或者等级结构就需要破除了。[270]

(五)欧盟法领域内的基本权利

关于欧盟法领域里的情况只能简单地谈谈。在此,基本法的基本权利与欧盟法的基本权利的复杂关系只能避而不谈。如果大家在简单的优先观念(Vorrangvorstellungen)中没有找到合适的工具来整理这二者之间的关系,那么大家一方面将依靠联邦宪法法院和欧洲法院之间解释上的交织,另一方面将调整适用优先性和权能的划分。[271]

从20世纪50年代起,除了基本法的基本权利,在欧洲的层面还存在欧洲人权公约。国家法学完全意识到这一点并加以思考。[272]然而,基本权利理解与欧盟层面的发展通常没有直接关系。在实践中,这种情况由于联邦宪法法院的古尔古吕判决(Görgülü-Beschluss)而改变了。[273]从那时起,法院如果想要避免违宪,那么其必须要深入研究欧洲人权

---

[270] 与国家法学内的主流意见不同,这一点可能也有助于支持以保护义务的形式赋予德国《基本法》第3条第3款以私的效力(Privatwirkung)。关于主流观点,参见 Jestaedt, Diskriminierungsschutz und Privatautonomie, VVDStRL 64(2004), S. 298, 339 ff.; Britz, Diskriminierungsschutz und Privatautonomie, VVDStRL 64(2004), S. 361 ff.; S. Boysen, in: v. Münch/Kunig (Hg.), Grundgesetz Kommentar, Bd. 1, 6. Aufl., 2012, Art. 3, Rn. 152; Lehner, Zivilrechtlicher Diskriminierungsschutz und Grundrechte, 2013, S. 125 ff., 165 ff.; Langenfeld, in: Maunz/Dürig, Grundgesetz Kommentar, Art. 3 Abs. 3, Rn. 81 ff.; 对客观—权利解释更为公开的反对,参见 M. Sachs, Besondere Gleichheits garantien, in: Isensee/Kirchhof (Hg.), Das Staatsrecht der Bundesrepublik Deutschland, Bd. 8, 2010, § 182 Rn. 137 ff.。支持私法效力的,如 D. Schiek, Differenzierte Gerechtigkeit, 2000, S. 78 f.; S. Baer/N. Markard, in: v. Mangoldt/Klein/Starck (Hg.), Grundgesetz Kommentar, Bd. 1, 8. Aufl., 2018, Art. 3 Abs. 2 Rn. 364。将审慎的民主理解与歧视禁止的实质理解结合起来,参见 A.-K. Mangold, Demokratische Inklusion durch Recht, Habilitationsschrift Frankfurt 2016。施托莱斯将此称为国家法学的"盲点",参见 Stolleis, Geschichte des Öffentlichen Rechts, Bd. 4, 2012, S. 516 ff. 施托莱斯(参见注268)非常忧虑地追踪了这一发展,这种忧虑可能建立在多样性的概念基础之上,远超过此处所支持的对歧视的群体相关的保护的理解。

[271] 不同概念选择的概览,参见 A. Edenharter, Grundrechtsschutz in föderalen Mehrebenensystemen, 2018, §§ 14 f., 此外参见 A. Proelss, Bundesverfassungsgericht und überstaatliche Gerichtsbarkeit, 2014; Andreas Voßkuhle 所设计的联合概念(Verbundkonzept),见 ders., Der europäische Verfassungsgerichtsverbund, NVwZ 2010, 1 ff.; ders., Verfassungsgerichtsbarkeit und europäische Integration, NVwZ Beilage 1/2013, S. 27 ff.; ders., „European Integration Through Law"-The Contribution of the Federal Constitutional Court, European Journal of Sociology, Vol. 58 (2017), 145 ff.。

[272] 对这一学科历史发展的描述,参见 Stolleis, Geschichte des Öffentlichen Rechts, Bd. 4, 2012, S. 603 ff. Bethge, Aktuelle Probleme der Grundrechtsdogmatik, Der Staat 25(1985), S. 379 ff. 强调了基本权利国际化(Internationalisierung)这一重要方面。

[273] BVerfGE 111, 307.

法院对公约的理解。[274]宪法法院自己从那时起也尽可能采纳公约的评价,并详细论证那些偏离于公约的基本权利理解。不同于宪法比较(Verfassungsvergleichung)的方法,国家法学广泛追随了这一观点。[275]在获得跨层的基本权利概念的努力上,这一远景的、内容上的扩展是有益的,如对于数据保护(Datenschutz)。[276]当然这也伴随影响的丧失。因为国家法学并不总是以国际法上的讨论为导向。此外,更为重要的是,对于法院的解释和适用工作来说,国际上的研究对话并不能发挥与国内的研究对话相提并论的影响。

三、总结

德国的宪法秩序在过去的70年中已经发展成为一种"基本权利民主"(Grundrechts-demokratie)。[277]基本权利保障得到了有力的发展,其与一般的法律秩序相互衔接,并带来了丰富的成果。但是,虽然有这些成果,一般法律秩序绝非宪法情境的简单模仿。多样化的基本权利内容得以开辟出来。在此产生的是,在很大的范围上都具有良好可操作性的教义学理论大厦,这一理论大厦的中心除了单个基本权利可以从中得出的规范性规定(die normativenVorgaben),还包括不同的基本权利效力以及合比例性原则。实践上最为重要的是防御权机制。防御权的结构得以澄清。学会正确应用防御权是任何成功的法学教育的组成部分。此外,立法者的基本权利约束[278]的谜题作为20世纪最为困难的问题之一也得到了解决。基本权利想要保障国家与社会中的真正自由。个人的意志自由(die individuelle Willkür)得到保护,对个人的意志自由的限制必须获得基本权利或者宪

---

[274] 关于发展史和概念化,参见 A. Voßkuhle, Pyramide oder Mobile?, EuGRZ 2014, S. 165 ff.; ders., Menschenrechtsschutz durch die Europäischen Verfassungsgerichte, RdA 2015, S. 336 ff.。

[275] 关于欧洲人权公约的理解以及欧洲人权法院司法对德国基本权利理解的影响,参见 K. Rohleder, Grundrechtsschutz im europäischem Mehrebenen-System, 2009, S. 145 ff., 196 ff., 326 ff., 425 ff.; Proelss, Bundesverfassungsgericht und überstaatliche Gerichtsbarkeit, 2014, S. 107 ff., 概述,参见 T. Giegerich, Die EMRK als völkerrechtlicher Vertrag, in: Dörr u. a. (Hg.), EMRK/GG Konkordanzkommentar, 2. Aufl., 2013, Kap. 2。近期关于宪法比较的价值和界限的讨论,参见 C. Schönberger, Verfassungsvergleichung heute, Übersee/Law and Politics 43(2010), S. 6 ff.; S. Müller-Franken, in: Depenheuer/Grabenwarter (Hg.) Verfassungstheorie, 2010, S. 885 ff.; C. Hillgruber, Die Bedeutung der Rechtsvergleichung für das deutsche Verfassungsrecht und die verfassungsrechtliche Rechtsprechung in Deutschland, JöR 63(2015), 367 ff.; S. Baer, Zum Potenzial der Rechtsvergleichung für den Konstitutionalismus, JöR 63(2015), S. 389 ff., B.-O. Bryde, Warum Verfassungsvergleichung?, JöR 64(2016), S. 431 ff., 当前关于这一主题的全面研究,参见 S. Martini, Vergleichende Verfassungsrechtsprechung, 2018。

[276] 参见 N. Marsch, Das europäische Datenschutzgrundrecht, 2018。

[277] W. Fikentscher, Methoden des Rechts, Bd. 4, 1977, S. 516 f.; 这一点被施托尔芝(G. Stourzh)采纳, Wege zur Grundrechtsdemokratie, 1989, S. XII. 基本权利发展的重要阶段可以划分为:(1)20世纪60年代中期前的宪法化时期(Konstituierungszeit);(2)20世纪60年代至70年代中期关于基本权利理解的方向之争;(3)20世纪70年代中期以来一般基本权利理论的建构;(4)20世纪80年代末的基本权利理论的巩固;(5)自20世纪90年代以来,基本权利理论的精细化、扩展以及个别的修正;(6)20世纪90年代以来,平等权理解的变化;(7)20世纪90年代中期以来的欧洲化进程。

[278] 概括性的总结,参见 Bumke, Der Grundrechtsvorbehalt, 1998, S. 40 ff.。

法其他规定的论证。但是个人的意志自由并非基本权利自由的深层意义,相反,基本权利自由是一种自由的法律秩序(eine freiheitliche Rechtsordnung)。同样,平等思想也得到了确立。法律秩序早就已经包含了平等主义(egalitär)的基本特征。通过德国《基本法》第3条第2款,这一基本特征被延伸到了性别关系,并由此消除了几百年来被认为是理所当然的、根深蒂固的至少是宪法层面上的不公正(Ungerechtigkeit)。最后,开放国家性(offene Staatlichkeit)思想包含了基本权利,并导致了将欧盟层面的基本权利和人权理解包含进来。

在过去几十年中,在基本权利教义学领域内所取得的所有这些令人印象深刻的理论以及工具上的成就,都离不开成功的社会实践。在此,对于法教义学的研究来说,联邦宪法法院稳定的实践是决定性的。联邦宪法法院获得越来越高的社会接受度,其长期以来以一种方式来审查立法者,这种方式在其操作上具有足够的可预见性、内容整体上可以得到理解、法律论证和思考的表达基本上是理性的,只有在这种条件下,才可能进行同步的法教义学研究和操作。为了衡量这一实践的意义,大家只需要回想一下早些年在使用恣意禁止时的巨大不确定性,也只需要回忆下这一情况,即不管是恣意禁止(Willkürverbot)、不适当的不平等对待禁止(das Verbot unangemessener Ungleichbehandlung)还是必要性要求(das Gebot der Erforderlichkeit)、不适当性禁止或者过度禁止(das Verbot der Unangemessenheit bzw. Übermäßigkeit),这些都不能单独成为学科上的确定理论工具。这些工具必须以明智的方式来实践。多样化的专门针对保障的(gewährleistungsspezifisch)具体化也是这样,如中立性要求(Neutralitätsgebot),陈述和图像的合情境解释要求(Gebot kontextgerechter Interpretation von Aussagen und Bildern)或者公共言论形成自由相对于一般人格权的优先性(Vorrang der öffentlichen Meinungsbildungsfreiheit vor dem Allgemeinen Persönlichkeitsrecht)。如今,这些建构性的工作已经成为基本权利教义学研究的当然要素,而它们棘手的理论地位无须再以某种方式改变。

这一基本权利的发展有很多的模仿者。不仅新的民主体制,而且老的民主体制如英国、法国都建议对政治权力进行更强的(宪法)法院审查。在这一发展背景下,在几个欧盟成员国及其之外的国家中出现的关于法治国家(Rechtsstaat)受到越来越多的削弱的担忧就可以理解了。

基本法下的基本权利发展不应该理解为是国家法学的成就。但是,它也不是联邦宪法法院的成就,即使联邦宪法法院对基本权利的发展具有重大作用。基本权利的发展涉及的是一个成功的社会过程(ein geglückter gesellschaftlicher Prozess),许多因素,包括国家法学,都曾参与其中,也正在参与其中。

这一发展始终与对司法国家(Jurisdiktionsstaat)的巨大恐惧联系在一起,这一司法国家以联邦宪法法院为真正的主权者(der wahre Souverän)。从某个层面来讲,这种恐惧就像是一个臆想自己患病的人的痛苦呼喊,其原因在于联邦宪法法院是一个法院。联邦宪法法院只因申请才会活动。人事手段非常具有限制性,因此,每年只有数量有限的判决由联邦宪法法院的裁判委员会作出。它并没有执行机构,不能命令警察和军队。联邦宪法法院的权威归功于它的社会声望及其判决文本的说服力。最后,立法者有权调整联邦宪法法院的构成以及进行判决的规则。因此,在政治动荡的年代,总是宣称无限的法官权力这是绝对危险的。回顾一下历史就清楚地知道,无限的权力会有怎样的形态。法官至多是无限权力的顺从的执行者。当然也会有其他的方面,对其批评一定是必要的。[279]因为联邦宪法法院的判决并不是认识行为或者发现行为,而是安排性的具体化(die gestaltende Konkretisierung)。其说服力必须通过法律上的论证来实现,其理性建立在自己的司法实践、并受到自己的司法约束的基础上,其司法实践只能通过充分的理由来推翻,其理性也在建立在伴随的尤其是国家法学的建构性—反思性(konstruktiv-reflektierend)批评之上,国家法学可以批评、进行夸张的描写或者抨击,只要其有意识地留在自己的限制范围之内,并不对联邦宪法法院制度本身提出质疑。这样的批评是必要的,以便确保迄今为止所争论的道路的基础和正确性,确保总是能够不断重新审查自身的做法以及避免将自身的确信以及由此产生的基本权利观念与法律的真实情况相混淆。

[279] H. Schulze-Fielitz, Das Bundesverfassungsgericht in der Krise des Zeitgeists, AöR 122(1997), S. 1 ff.

运转失灵的法院

——一位德国宪法法官眼中的美国联邦最高法院

[德]格特鲁德·吕伯-沃尔夫[*] 著 田 伟[**] 译

摘要:美国联邦最高法院的制度设计,使得每位大法官都表达自己个人的意见。最高法院助长了美国政治的两极分化,而今,政治极化却又威胁到其自身的权威。

译者按:本文作者吕伯-沃尔夫教授是德国著名宪法学者,于2002~2014年任联邦宪法法院第二庭法官,卸任法官职务后,曾撰专文探讨宪法法院的运作方式与合议文化。吕伯-沃尔夫教授早年在哈佛大学法学院获得LLM学位,此后也与各国学界及宪法司法界同行多有交流,对美国联邦最高法院具有非常深入的了解。

本文发表于金斯伯格大法官逝世之后,巴雷特继任大法官席位以及美国总统选举之前。吕伯-沃尔夫教授在文中批评美国联邦最高法院过度政治化以至运转失灵,但文章的旨趣并不在于单纯的批评,而是希望通过分析法院审理案件时的言词辩论流程、合议与投票方式、判决主笔权的分配、大法官的提名任命、多数意见的形成机制等具体问题,尤其是通过隐含地对比美国联邦最高法院和德国联邦宪法法院在这些问题上的差异,来展现以寻求共识为导向的合议文化对于合宪性审查机关的重大意义。

对中国学界来说,本文的讨论亦可提示我们,合宪性审查的有效开展,实际上往往取决于宪法程序法上诸多细微的制度设计,对此不可不察。为便于国内读者理解,译者在文中加入了一些注释补充相关信息;其中涉及宪法法院内部合议程序细节的部分,引自吕伯-沃尔夫教授的相关著作。

---

* 比勒费尔德大学法学院教授,德国联邦宪法法院前任法官。

** 慕尼黑大学法学院博士研究生,中国人民大学法学博士。

本文原载《法兰克福汇报》2020年10月6日,第11版,原标题为《运转失灵的法院》(*Das dysfunktionale Gericht*),副标题为译者所加。本文的翻译和发表得到了吕伯-沃尔夫教授以及《法兰克福汇报》的授权。

鲁斯·巴德·金斯伯格的逝世,以及其在美国联邦最高法院之大法官席位将由谁来接任的问题,已经成为过去几周世界范围内新闻报道的主题。这反映了这位故去法官的伟大,即便是特朗普,也不得不向金斯伯格致以敬意。但与此同时,这位总统又已着手提名新大法官的人选,而他所挑选的金斯伯格的继任者,恰恰必将致力于抹除其前任在最高法院裁判中留下的印迹。金斯伯格大法官辞世所引发的巨大关注,实际上暴露出:她曾经归属的这个法院,存在一些根本性的问题。在一个运转良好的法院,原不应该让任何一位法官具有如此重大的意义。

在一些重要问题上,尤其是在高度政治性的宪法问题上,美国联邦最高法院屡屡作出 5∶4 的判决,在最高法院内部,自由派和保守派大法官形成了两个派别,互相对立。过去 20 年美国联邦最高法院作出的多个重要判决,实际上都取决于由五位大法官组成的多数,而这五位大法官又都是由共和党总统提名的。在 2000 年的"布什诉戈尔案"(Bush v. Gore)中,尽管有证据表明选举中存在不规范之处,但最高法院阻止了佛罗里达州重新计票,从而确保布什赢得了选举。

一、最微弱的多数

美国国会曾于 2002 年通过法案对私人资金介入竞选进行规制,希望以此减轻大金主对选举的影响力,但在 2010 年的"联合公民诉联邦选举委员会案"(Citizens United v. Federal Election Commission)中,联邦最高法院否决了立法者的这一举动。而在 2018 年的"赫斯特德诉伦道夫协会案"(Husted v. A. Philip Randolph Institute)中,最高法院维持了俄亥俄州关于选民登记的规定,这些规定实际上将主要对低收入以及少数族裔群体参加投票造成障碍,并因此降低民主党的胜选可能。进而,在 2019 年的"鲁乔诉共同事业组织案"(Rucho v. Common Cause)中,针对明显是为了尽可能提高共和党胜选概率而进行的选区划分,联邦最高法院却予以放任。在这两起案件中,最高法院的裁判皆以 5∶4 的微弱多数作出,而组成多数意见的五位大法官都具有"共和党"背景,投反对票的四位大法官都是由民主党总统提名的。在线政治百科全书网站 Ballotpedia 上列举了美国联邦最高法院在 2019～2020 年开庭期作出的 69 份判决,其中 10 份,出现了五位共和党总统提名的大法官与民主党总统提名的大法官之间的对立。

美国联邦最高法院内部的派系化,同样反映在意识形态居中的那一位大法官身上,其在一些案件中加入保守派阵营,在另一些案件中又会加入自由派阵营。在美国,这位大法官被称为"摇摆票"。在很长时期内,奥康纳大法官是最高法院内部的摇摆票,奥康纳退休后,肯尼迪大法官接过了这一角色。在 2015 年的"欧伯格菲诉霍奇斯案"(Obergefell v. Hodges)中,肯尼迪加入四位自由派大法官一方,支持保障同性恋者缔结婚姻的权利。而在肯尼迪大法官告别最高法院后,主要是由首席大法官罗伯茨来投出关键票,决定案件的最终走向。在 2019～2020 年开庭期,罗伯茨有两次,特朗普提名的戈萨奇另有一次,成为唯一加入 4 位自由派一方的保守派大法官,并由此帮助其形成多数。

实际上,"摇摆票"大法官会变换立场、作出不同的投票选择本身,并不足以为奇。这其实才应该是正常情形。真正值得关注的是最高法院内部存在意识形态阵营,正是此种阵营的存在,使我们能够在大法官之中识别出那位在对立阵营之间摆荡的"摇摆票"。

[译者注:德国联邦宪法法院由两个审判庭(Senat)组成,每庭八位法官,两庭在管辖权上各有分工。宪法法院裁判原则上以简单多数做出,但在政党禁止等个别程序类型中要求2/3多数。由于每庭的法官人数为偶数,就有可能出现票数相等的情况,此时不得确认违宪。这意味着,宪法法院作出违宪判决至少需要两票的多数。在数量庞大的宪法诉愿以及部分具体规范审查程序中,每个审判庭又分为三个由三位法官组成的审判小组(Kammer)。小组裁判必须由三位法官一致作出,如无法形成一致意见,则须将案件提交审判庭裁决,实践中后一种情况很少出现。

上述制度安排,以及下文将谈及的合议程序与共识文化、法官提名和选举机制等其他因素,共同促使德国联邦宪法法院法官在作出裁判时形成了较高程度的共识。虽然也有一些案件中出现了不同意见,而且在个别领域意见分歧还比较明显,例如2003年"第一次头巾判决"是以5∶3作出的,2015年"第二次头巾裁定"是以6∶2作出的,而2020年1月关于见习法官可否在履行职务期间佩戴头巾的最新裁定是以7∶1作出的,但整体上看,宪法法院的大部分裁判都是全体一致作出的。与美国联邦最高法院的另一个区别在于,虽然德国联邦宪法法院每庭的八位法官,传统上由两大政治力量各提名一半,但如果观察宪法法院作出的少量4∶4裁判,大多时候,并不能在法官裁判立场与其提名党派之间发现直接的对应关系。

宪法法院高度的裁判共识直接体现在异议意见的数量上。德国联邦宪法法院于1971年在裁判中正式引入特别意见书制度(Sondervotum),持不同意见的法官可以选择撰写并公布其个人的特别意见书。特别意见书既可以是异议意见(反对多数意见),也可以是协同意见(赞成多数意见的结论,但提出不同的理由);既可以针对裁判整体作出,也可以只涉及其中的某个具体问题;既可以由一名法官单独撰写,也可由多名法官联合提出。虽然有的特别意见书在学术上具有重大意义,例如格林(Dieter Grimm)法官在1989年"森林骑马案"中批评多数意见将德国《基本法》第2条第1款作为兜底性的一般行为自由将导致基本权利的庸俗化以及宪法诉愿的泛滥,但总体上,相较美国联邦最高法院,特别意见书在德国联邦宪法法院裁判中出现的频率并不高,发挥的作用也并不显著。

在宪法法院1971~2019年作出的2295份裁判中,有7.3%(168份)附有特别意见书。就单个法官而言,德国联邦宪法法院历史上著名的异议者博肯福德(Ernst-Wolfgang Böckenförde),在12年的法官生涯中共撰写了11份不同意见书;而美国联邦最高法院的托马斯大法官,仅在2019~2020年一个开庭期内就作出了11份异议意见和14份协同意见。]

二、不经合议的裁判

在此种情境下，也就难怪法官无偏无私的理念只会普遍受到冷嘲热讽了。法官在一个开放平等的讨论环境中，致力于寻求关于某个宪法问题的正确答案，在此过程中，只适用“更好地论证所独有的非强迫性的强迫力”(哈贝马斯)，这样一种期许在美国被视为无稽之谈。不只是政治学者这样认为，在一定程度上，事实也正是如此，因为这样的事情在美国联邦最高法院确实是不会发生的。

在美国联邦最高法院审理案件的过程中，并不存在真正称得上是合议的环节。在结束对案件的庭审后，大法官会进行一个通常持续半小时的内部讨论(“内部会议”)。讨论时，由首席大法官——自 2005 年起即为罗伯茨——首先发言，之后其他联席大法官按照资历顺序依次发言。早先，在这轮发言结束后会进行一次投票，投票顺序与发言顺序相反。而从 20 世纪后半叶的某个时间起——关于具体时间点存在不同的说法——发言和投票两个环节被合并了。自此之后，每位大法官在发表对案件的观点后，随即投出自己的一票。这样，除最后一位大法官之外，没有任何一位大法官在投票时已经听完了所有同事的意见，而且至迟到最后一位大法官还必须对此做好心理准备：他个人的意见将不再重要，除非此前八位大法官形成了四比四的平局，而需要他投出决定性的一票。一般情况下，这一轮发言加表决就标志着大法官们结束了对案件的共同探讨分析。

通过表决形成多数后，接下来就将决定由哪位大法官代表多数方撰写判决初稿。如果首席大法官属于多数方，那么执笔人选由他指定；如果首席大法官属于异议方，那么就由多数方大法官中最资深者来决定。这样一种分配主笔职责的方式，不仅使首席大法官对判决获得了相较其他大法官更大的影响力，还促成了一种——根据情形或暂时性或终局性的——策略性投票行为，相关大法官可以借此保证其影响力或者确保由自己来撰写判决。

在此之后，仍然有各种形式的非正式交流在幕后进行，有时这些交流是通过大法官的助理们来完成的。这些助理因其业务活动而赚取的总体收入，超过了他们所辅助的大法官。当然，这些钱大部分并非出自公帑，而是来自律师事务所。律师事务所抛出慷慨的奖金，以确保这些前程远大、与闻令人关注的法院内部信息的年轻人在结束一年的助理工作后加盟自己律所。据索托马约尔大法官说，2019 年这些奖金的金额往往达到了 40 万美元。

无论是大法官内部会议上的讨论，还是之后进行的非正式意见交流，几乎都不具备合议的性质。它们所涉及的只是个别大法官及其助理们之间的沟通，而进行这些沟通的目的仅仅在于协商条件，以促使某位大法官最终在形式上加入另一位大法官撰写的意见，无论是多数意见还是异议或协同意见。在学术文献中，这一过程几乎被统一称作“讨价还价”。对于如此形成的判决底稿，此后并不会再举行会议由大法官们进行讨论或表决。

也许有人会问，美国联邦最高法院审案时，是否存在其他交换意见、达成共识的场合与方式,足以发挥与德国联邦宪法法院以及世界诸多国家最高法院之合议程序类似的功能?或许,按照诉讼全过程均尽可能公开并重视言词表达的盎格鲁－撒克逊传统,美国联邦最高法院审理案件的言词辩论环节可以起到相同的作用?事实并非这样!诚然,对所有作出实体裁判的案件,美国联邦最高法院几乎都会开庭进行言词辩论。进而,我们也常常可以发现,大法官们在言词辩论中对出庭律师提出的许多问题以及发表的其他意见,实际上都是说给自己的同事听的。尽管如此,言词辩论却仍然无法替代合议,最主要是因为就合议目的而言,最高法院的言词辩论环节时间太短了。

原则上,每起案件的言词辩论时间为1小时,其中诉讼两造各分得半小时。但无论是哪一方,实际上都没有机会作出完整连贯的发言。这是因为言词辩论并未设置专门时段供大法官提问,因而往往律师在庭上一开口,就会被大法官打断。为了保证出庭律师至少在一开始可以有一个不被打断的短暂陈述时间,美国联邦最高法院在2019年10月设置规则,要求律师发言2分钟后大法官方可提问。在此规则运行后的首次庭审中,律师在第一次被打断之前平均有111秒的时间发言,而此前只有60秒。大法官之间也经常打断彼此的发言。

大法官圈子里对合议性讨论交流的不重视,还可以通过其他事实证明,比如某位大法官就某一案件投票,并不以参加对案件的共同讨论为前提。1914年至1941年任职最高法院的詹姆斯·麦克雷诺兹大法官,为表达其反犹立场,会选择在路易斯·布兰代斯——最高法院历史上第一位犹太裔大法官——发言期间离开会议室,但他的这一行为却并未影响其对案件裁判的投票权。近几十年来,此种丑行不再见诸耳闻,但参加审议仍然不是必需的。据此,假如某位大法官因病无法参加法院的会议,仍可以在病床上投出自己的一票。金斯伯格大法官就曾这样做过。

美国联邦最高法院这种少合议色彩、多个人主义的判决形成程序,以及与此伴随的两极分化究竟是如何产生的呢?如果我们只将此归因于美国出现的政治极化,认为国家政治整体上的极化现象也不可能不对最高法院造成影响,那就流于表面了。美国联邦最高法院在制度设计上的一些缺陷,亦是造成此种结果的重要原因。就日益牵扯其自身的社会极化来说,最高法院并不是毫无责任的受害者。美国联邦最高法院的运转失灵,内生于其组织和程序规则,并导致其一再作出将引发诸多问题的5∶4单方判决,就此而言,最高法院本身是造成政治极化的重要推手,而且这并非自保守派占据法院多数后才开始的。

过去半个世纪中出现的最明显的例子,就是1973年的“罗伊诉韦德案”(Roe v. Wade)了。联邦最高法院在该案中判定,任何一位孕妇都享有在妊娠期第六个月终结之前堕胎的宪法权利,而截至这一节点法律只能出于保护孕妇健康的目的对此权利进行限制。那么,造成这些问题的设计缺陷到底有哪些呢?

[译者注:德国联邦宪法法院裁决的绝大部分案件,都是书面审理的,两庭每年

举行言词辩论的次数都很有限。但如若决定就某一案件举行言词辩论,则会非常深入,译者2017年旁听的德国铁路公司与金融市场监管案庭审,就持续了一天半。而且,宪法法院的言词辩论,在性质上更具有开放性,有些类似于公众听证会,不限于诉讼两造,多方代表得以参与并陈述意见,就系争问题提供广泛的信息。

关于判决主笔权问题,德国联邦宪法法院的每位法官都会选定几个领域长期负责,在某一领域的案件到达宪法法院后,负责该领域的法官即成为该案件的承办法官(Berichterstatter,又译为主责法官)。本文作者吕伯-沃尔夫教授任职宪法法官期间,就执掌庇护法、国籍法、财政宪法和预算法等领域的案件。承办法官需要整理案件材料、撰写鉴定意见,并在合议后草拟判决。虽然承办法官长期负责特定领域的案件,但因为对每一起案件,所有法官都会深度参与审理合议的全过程,所以总体上看,承办法官对其负责的领域并不具备显著超越同侪的影响力。

德国联邦宪法法院审理案件,非常重视法官之间的合议,这一点直接体现在法官的工作时间表上。通常情况下,每两周,审判庭即需要安排三个工作日进行合议,一般是周二到周四,每天六个小时(上午10点至下午1点,下午3点至6点)。案件棘手复杂时还会延长,当然,也有不需要用满三天的时候。审判庭合议不对任何人公开,包括法官助理、宪法法院秘书长等也不能参加。因而,德国一本研究宪法法院裁判形成过程的著作即以"在合议秘密的幕后"(Hinter dem Schleier des Beratungsgeheimnisses)为题。

审判庭合议案件的流程大致如下:首先,承办法官需要就案件撰写一份书面鉴定意见(Votum),该鉴定意见不仅要总结案情、概括申请人等各相关方主张,还要在参阅德国以及其他国家和区域性法院相关判决、学界相关讨论的基础上,对案件涉及的所有法律问题进行分析,非常深入细致,篇幅往往有数百页之长。在第一轮合议开始前至少10天,承办法官需要将其撰写的鉴定意见连同附件一并提供给审判庭其他法官,附件既包括了案卷(所有相关文书),还包括了承办法官在鉴定意见中援引的立法资料、裁判和文献等。这些附件体量也很大,往往装满数个大文件夹,据吕伯-沃尔夫教授告知,宪法法院近来已决定改以电子方式向法官分发附件。对3人小组裁判,一般则不进行合议,而是以传阅鉴定意见和判决初稿替代。

其次,进入第一轮合议,即所谓"案情合议"(Sachberatung),先由承办法官简要概括其撰写的鉴定意见内容,并指出相关争议问题;然后,按照第二庭的惯例,各位法官依次发表对案件的初步意见,发言按照资历反序进行,资历最浅的法官首先发言,庭长最后发言;接下来承办法官会再做一次陈述,随后对争议问题进行共同讨论。第一轮合议一般至少用时半天,遇到疑难案件时也可能持续数日。

第一轮合议结束后,承办法官即开始根据合议结果草拟判决,即便承办法官的个人意见与合议中的多数意见不同,判决初稿也仍然由其执笔。初稿完成后,通常也需要提前10天提供给其他法官,而每位法官都会提出诸多意见,承办法官进而需要汇集整理同事们的意见，并形成一个合并版文档。随后进入第二轮合议，即所谓“会读合议”(Leseberatung)，所有八位法官将对合并版文档逐字逐句进行讨论，并重点讨论那些引发争议的修改意见，最终形成判决书定稿。

总体上，宪法法院的合议程序有两个突出特点，多位卸任法官在回顾其个人的裁判经历时，对此都多有强调和认同。第一个特点是合议的非政治性，无论论者如何批评宪法论证与政治论证实际上难以区分，但至少在法官们的叙述中，宪法法院的合议都是从案件出发、从法律角度作出的，其中没有出现政治性的话语。这种对宪法法官政治中立性的自我要求是如此之强，以至于如果某位法官基于政治立场作出决定，就将有损于其在同事间的声誉，用一位法官的话来说，“谁若是以‘政党战士’(Parteisoldat)的面目出现，只会遭受轻视”。第二个特点是合议中非常强烈的共识导向，法官们的合议不是自说自话，而是认真对待分歧，并通过开诚布公地深入探讨，尽量寻求共识。在此过程中，法官们往往会修正其此前对案件的初步判断，进而形成一个可以共同接受的结果。这种以共识为导向的合议文化，也使宪法法院最终作出的判决，在结果上更注重平衡，更倾向执中行权。另外，也正因为希望尽量寻求共识，所以合议环节往往并不需要进行正式的投票表决；甚至即便确有分歧不能消解，因而需以投票方式加以解决，投票结果也并不必然会在判决中公布，异议法官也不会动辄撰写不同意见书。

另外，与美国联邦最高法院大法官一样，德国联邦宪法法院的每位法官也配备了四名学术助理。区别之处在于，在美国，法官助理多由法学院 JD 应届毕业生直接担任，当然，要成为最高法院大法官助理，通常需要先任地区法院或上诉法院法官助理。而德国联邦宪法法院的助理，虽然总体上也都比较年轻，但是多从普通法院的职业法官中借调，其中以行政法院系统的法官最多，亦有一些来自行政机关；教授出身的宪法法院法官，往往还会从大学招募助理，诸如已获得博士学位、正在撰写教授资格论文的年轻学者。学术助理在宪法法院的工作周期通常是两到三年，之后一般都会回到原单位。]

三、制度化的派系性

美国宪法规定，联邦最高法院大法官由总统提名，并“在取得参议院的意见和同意后”由总统任命。至于大法官的人数，宪法并未作出规定，而是由法律确定，自 1869 年起为九位。在一个由两大政党主导的政治体系中，如果不引入其他矫正性因素，这样一种完全政治性的法官遴选机制再加上奇数的大法官人数，就已经很成问题了。因为这必然导致，永远只是其中一个政党所属意的大法官占据多数。又因为缺乏对最高任职年龄的限制，所以可以预期，美国联邦最高法院的大部分大法官都会任职多年。如果法院内部基于意识形态形成的多数方不能认识到，其将来也有可能变为少数，那么就很难形成一种原本有助于化解意识形态固化的合作性、合议性的工作方式。

除上述问题外,缺少对大法官最高任职年龄的限制在其他很多方面也都构成了致命缺陷。它将妨碍对联邦最高法院周期性的更新换代,使法院无法与社会发展同步,也无法寻求新的政治正当性,每一次的大法官人选更替本来就已附着了过度重大的政治意义,而终身任职又使之变得更加政治性。这进而导致一种不好的现象,个别总统可能因大法官去世或选择性地退休而获得多次提名机会,相应地,也就更难以指望通过总统更替来实现最高法院内相对均衡的大法官组成。此外,对大法官退休年龄不作任何规定还已经多次导致,那些明显已不能胜任职责或被同事认为头脑已不再清醒的大法官,坚持拒绝接受建议辞去职务并继续参与审案。

在德国以及诸多国家,选举宪法法官都要求2/3多数,这一规定的目的在于,防止有权选举的机关在国家最高层级的法院中塞入那些无比忠实于特定政党路线的强硬派。而在美国则缺少这种机制。一个缓和因素是总统所在的政党不掌握参议院多数,此时,为了使其提名的人选通过参议院表决,总统就必须挑选一个立场温和的候选人。但总统和参议院多数分属不同政党的情形,在历史上并不经常出现,当下也不是这样。而如果总统和参议院多数由同一政党掌握,那么类似斯卡利亚那样以其刻薄犀利而声名昭彰的人,就有可能出任大法官。在我接触过的各国最高层级法院的法官中,斯卡利亚堪称个人意见最为强烈、对挑战自己观点的信息最无兴趣、最不具备对话能力的一个了。

美国联邦最高法院之所以形成此种少合议、不重视法官间交流、不致力于达成共识的工作方式,一个原因在于盎格鲁-撒克逊法律文化中的个人主义特质。在英美普通法传统中,各位法官在完成听审后,即不经合议依次作出其个人的判决,而获得多数法官支持的一方也就获得了诉讼的胜利。19世纪初,在马歇尔任首席大法官期间,美国联邦最高法院曾一度偏离了这一传统。当时,马歇尔不仅引入了非常深入的、可能持续超过一周的内部合议,还进一步设法实现,不再由各位法官分别发表意见,而是“以法院之名”作出一份共同的判决,这些判决往往由他亲自执笔,而且通过他的努力,其中大部分并未出现不同意见。

然而,马歇尔的做法却自始即受到非议。1801~1809年任美国总统的杰斐逊曾在1822年写给威廉·约翰逊大法官的一封信中,评价这一制度“适合懒蛋、平庸之徒和无能之辈”,因为,与英国依次裁判的传统相反,它模糊了单个法官的责任。此后,联邦最高法院转向了一种更少合议性的裁判风格,自20世纪40年代早期开始异议意见在频率和数量上也出现了大幅增长,这些变化都与此种传统法律文化的偏好有关。而这一点,刚好又迎合了大法官们原本就难以抑制的提升个人关注度的私利。美国社会中出现的大法官崇拜,正如发生在金斯伯格身上的那样,只有在法官个人——而非作为机关的法院本身——走到前台的情形下,才是可能的。大法官个人由此获得的突出地位,又反过来使在法院内部实现同事间的沟通理解变得更为困难,原因在于,尽管合议可以增进智慧,但每位大法官都有自己的粉丝群体,他们并不希望因此让粉丝失望。

对于至今仍然支配着盎格鲁-撒克逊世界司法实践的另一项来自英国传统的重要

特质,美国联邦最高法院亦从未抛弃。但与普遍存在的先入之见相反,这里说的特质并非是指普通法下法院此前作出之判决所具有的拘束力。就最高层级法院的裁判实践而言,先例拘束问题并不是不同法系国家区别之所在。一方面,先例在法律上的拘束力早已被相对化;另一方面,即便在普通法国家之外,法治国原则也要求,只有在具备压倒性理由的情况下才能例外性地偏离既有裁判。实际上,相较德国联邦宪法法院,美国联邦最高法院反而更经常推翻自己此前作出的判决,仅 2019 年就有 4 次。而德国联邦宪法法院之所以更有可能遵循既有裁判方针,首要原因即在于其判决通常更注重平衡,相较美国也极少仅凭微弱多数作出。

真正对法院运作方式具有重要影响的盎格鲁-撒克逊法律传统特质实际上是,决定是否构成多数的标准,只在于每位法官得出的裁判结果,而不包括其裁判理由。就美国联邦最高法院而言,这意味着,在九位大法官均参加案件审理的情况下,只要其中五位就判决主文达成一致,即可形成多数,但这五位大法官并不需要对据以作出裁判的主要理由具备共识。如果多数方对裁判理由缺乏共识,就出现了所谓的“多元意见判决书”,不同大法官或大法官组合会对同一裁判结果提出不同的论证,但其中任何一份意见都无法得到过半数法官的支持。实践中,这种情况一再发生。与此相对,欧陆传统下的合议式法院,要求法官不仅就裁判结果形成多数,还要进一步寻求能够为多数法官赞同的裁判理由。这种对一致意见的要求,在一个允许作出多元意见判决书的司法体系中,当然是不存在的。相反,每一位法官都并不被期待会去寻求共识,即便其代价是,在此种制度下得出的判决,会因为缺乏统一的理由而无法提供任何法律上的澄清与指引功能。

[译者注:德国联邦宪法法院法官半数由联邦议院、半数由联邦参议院选举产生,均要求 2/3 多数,这是为了保障法官的政治中立性,在法官人选上尽量寻求跨党派的共识。在实际政治运作中,宪法法官提名权主要是在基民盟/基社盟和社民党这两大政党之间平均分配,两个大党一般还会从自己的份额中再分配一个给作为其政治同盟的小党。但随着近年来德国政党格局的变迁,关于既有宪法法官提名机制是否应当更新改革,也引发了讨论。

德国联邦宪法法院法官任期 12 年,且不得超过 68 岁的最高任职年龄;为保证独立性,不得连任。担任法官者,必须年满 40 岁并具备普通法院法官的任职资格,即必须通过法律国家考试。每庭八位法官中的至少三位,必须由联邦最高法院、联邦行政法院等联邦各最高法院的法官担任;职业法官之外,宪法法院法官中学者出身的占到了相当大的比例,另外也经常从立法和行政机关中选任。宪法法院法官是专职,故无论当选法官此前担任何种职务,在被任命为法官后即必须解除原职。唯一可以例外性兼任的是大学法学教师,但《宪法法院法》亦明确规定法官职责优先于教师职责,故而实践中,出任宪法法院法官的教授往往都会为其教席聘请代理。

2020 年卸任宪法法院院长职务的福斯库勒(Andreas Voßkuhle),即为弗赖堡大学宪法学教授,而继任院长哈巴特(Stephan Harbarth)此前是联邦议院议员,并作为律师执业。宪法法院的院长和副院长,由联邦议院和联邦参议院交替选举产生,并分别担任两庭庭长。哈巴特于2018年11月被选为宪法法院副院长并兼任第一庭庭长;2020年5月福斯库勒12年法官任期届满卸任院长兼第二庭庭长职务后,他又被选为院长;随后,同样是大学教授出身的第二庭女法官柯尼希(Doris König)又被选为副院长兼第二庭庭长。

德国联邦宪法法院的组织和程序设置,无论是在裁判事项还是行政管理上,都更重视全体法官的共同参与合作,法官之间的地位也非常平等。院长虽然对外代表宪法法院,对内也行使家宅权,但相较其他法官基本并无特权,在这一点上与法国宪法委员会主席形成鲜明对比。除制度上的安排外,在法院内部文化上,虽然近年来也出现了所谓"宪法法院制度个人化"的忧虑,但从整体上看,宪法法院仍然坚持德国传统,将法的认知与适用视为一个"去个人化的过程",因而并不突出法官个人:对外多以法院名义出现,故而虽然在德国,联邦宪法法院一直是最受人民信赖的国家机关,但法官个人却并未受到公众的关注;对内讲究同僚间的平等交流,借用吕伯-沃尔夫教授的话来说,宪法法院没有超级明星,宪法法院的成功,更多要感谢所有法官之间的合作共事,而非某位领袖式法官的引领。]

四、通过女性力量来改善?

时至今日,即便是盎格鲁-撒克逊世界的许多最高法院也已经认识到,此种源自传统的结构性的法官个人主义,既无法实现司法裁判的指引功能,也不利于发挥其定分止争的作用。这些最高法院因而纷纷强化了其在作出裁判时的合议元素。而在这一过程中,多位曾以首席大法官或院长身份有力促成此种转变,抑或正在任上继续推动此种改革的女性,尤其受到了关注:加拿大最高法院前任首席大法官麦克拉克林(Beverley McLachlin)、英国最高法院前任院长黑尔(Brenda Hale)、澳大利亚高等法院现任首席大法官基弗尔(Susan Kiefel)。

[译者注:1951年德国联邦宪法法院成立时,首批任命的24位法官中只有一位女性。近年来,宪法法院在性别平等上进步明显,女法官的数量有了显著提升。2020年,宪法法院有两位男法官卸任,而继任者都是女性,由此,宪法法院历史上第一次出现了女法官(九位)占多数的情况。此前也有一位女性——林巴赫(Jutta Limbach)——于1994年至2002年担任过宪法法院院长。]

但对美国联邦最高法院来说,这个方向上的改善还未出现在视野中。就当下而言,唯有希冀大法官们在处理可以预见出现的关于即将到来的总统选举的法律争议时,能够意识到,自己需要保证最高法院那已严重受损的声誉不会降到零点以下。

[译者注:2020 年 12 月 8 日,美国联邦最高法院驳回了宾夕法尼亚州共和党人关于拒绝宣布拜登在该州赢得选举的请求;12 月 11 日,联邦最高法院又驳回了得克萨斯州关于推翻拜登胜选的宾夕法尼亚等四个州选举结果的请求。在这两份裁定中,都没有大法官提出异议意见。第二起案件中,得克萨斯州请求最高法院行使初审管辖权,裁决其与其他州之间的争端,但最高法院认为德州欠缺“诉讼资格”(standing),因而直接驳回了诉请。阿利托大法官和托马斯大法官在裁定中表示,他们认为最高法院应该受理这一案件,但同时亦明确指出,即便受理,他们亦并不支持得克萨斯州的实体诉讼请求。]

2019 年德国宪法学发展概览

段　沁*

一、背景

对于一个在架构上致力于体系化,在内容上追求明确、坚实,在方法上以实践、解释为重要引导的学科——法学而言,以单一年份作为时间单位来标识学科的发展阶段,或许仍然是不够充足的。宪法学亦然。因此 2019 年的德国宪法学的面貌,依然是近若干年整体发展趋势的延续,但与此同时也出现了一些新发展、新变化。宪法首先是"政治法",政治的变迁与驱动,是促使宪法秩序发生变动的重要原因。新的政治情势常常带来新的宪法争议,其既可能被既有工具所解决,亦可能促进释义或理论的创新。2019 年的德国处于特定的政治形势与历史语境之中,面对着经济结构、文化心理、社会形态等方面的变动不居与复杂多样,这使其宪法学或对之因应或对之引导,构成 2019 年德国宪法学发展的基本背景。

(一)欧盟与安全

近年来,德国的政治生活主题基本有两个高频词:"欧盟"与"安全"。欧洲一体化已然走入"深水区",欧盟作为结构相对紧密的国家联盟,面对诸多矛盾与挑战,如英国"脱欧"、波兰等国的"法治国危机"、财政决策权是否一体化等。① 欧盟如何通过一系列法律机制加强团结、避免分裂、提升一体化水平,也成为德国法律人在较长一段时期内的重要课题。② 总体而言,德国的司法实践遵循了德国《基本法》第 23 条规定的融入要求,既维

---

* 中国人民大学法学院、慕尼黑大学法学院博士研究生。

① 关于欧盟成员国资格基本制度的变迁及其与欧盟价值和团结的关联,参见 Jörg Philipp Terhechte, Elemente und Wandlungen der Mitgliedschaftsverfassung der EU. Beitritt, flexible Integration, Austritt, Ausschluss, JZ 2019, S. 105 ff.。

② 例如,有德国学者从学科方法论的角度论述了走向欧盟法教义体系化的可能,强调了法教义学并不只是僵死的"德国道路",而是可以服务于欧盟法律解释适用融贯化的重要路径,对此参见 Wolfgang Kahl, Dogmatik im EU-Recht, AöR 144(2019), S. 159 ff.。也有学者已然以法教义学的方法对欧盟法中的一些基础性概念予以厘清和重新定位,希望以此来强化欧盟法治并更好地捍卫欧盟价值,对此参见 Armin von Bogdandy, Der europäische Rechtsraum. Ein Begriff zur Neuausrichtung des Europarechts und besseren Verteidigung europäischer Werte, AöR 144(2019), S. 321 ff.。还有学者探讨了构建统一的欧洲国家教会法的可能,对此参见 Alexander Tischbirek, Ein europäisches Staatskirchenrecht?, Der Staat 58(2019), S. 621 ff.。

护了德国《基本法》的权威,也尊重了对欧盟一体化而言所必要的法制统一趋势。

其中,为了防止欧债危机重演、维护金融市场安全,欧盟建构了"欧洲银行联盟"(Europäische Bankenunion)下的银行单一监管机制(Single Supervisory Mechanism)和单一清算机制(Single Resolution Mechanism),欧元区的各成员国向欧洲央行移转母国的银行监管权,并成立单一清算委员会负责破产银行的清算。然而在德国上述举措的欧盟法律基础和国内授权法遭到了质疑,有人向联邦宪法法院提出了宪法诉愿,认为相关法律构成了权限逾权转移,违反了民主控制原则和欧盟的宪法同质性原则。2019 年 7 月 30 日联邦宪法法院第二庭作出判决,认为相关法律并未明显越权,也并未严重违反民主国原则。① 由此联邦宪法法院确认了欧洲金融稳定机制的合宪性,为欧元区采取更加有力的金融管理措施扫清了部分障碍。

例如,在欧盟一体化尤其是司法一体化的进程中,德国随之面临欧盟法与国内法尤其是宪法的协调等问题。2019 年联邦宪法法院第一庭作出的两个"被遗忘权"裁定中,都论述了基本法与欧盟法的关系。在"被遗忘权一案"中联邦宪法法院强调,部分欧盟部门法保持了具体化的开放性,并未在欧盟层面形成统一规范,可以由成员国在一定框架下再形成,因此对于这类法律规范在德国的适用解释需要依循德国《基本法》,尤其是基本权利规范。②在"被遗忘权二案"中,联邦宪法法院则指出,若所适用的欧盟部门法规范已然在欧盟层面统一起来,那么本着欧盟法适用优先的原则,德国《基本法》中的基本权利规范便不再作为针对该欧盟法的审查标尺,但在这种情况下应根据欧盟的基本权利规范来审查相应欧盟法律是否可以适用,以防止出现基本权利保护漏洞。③

此外,欧盟框架下的"安全"问题也成为德国政治的焦点,如极端政党导致的民主威胁、政党两极化趋向愈加严重、难民危机诱发的恐怖犯罪和种族歧视、新兴科技产生的对个人权利与生态环境的威胁等。④ 这些问题往往涉及国家机构的重构调整、对民众基本权利的保障、环境保护等国家目标的践履等宪法事宜。例如,面对科技发展带来的影响,大众常感到不安,认为新科技很可能危及个人基本权利并极大扰乱日常生活,可能会深刻改变社会结构中的权力关系,造成新的社会不平等与强制,也可能会助长国家权力的扩张,形成更隐蔽、范围更广的权利侵害。为此有学者尝试从法学视角,结合既有的法律机制和教义工具,对科技发展带来的各类风险进行评估并提出应对建议。⑤ 也有学者对

---

① Vgl. BVerfGE 151,202.

② Vgl. BVerfGE 152,152,Rn. 41 ff.

③ Vgl. BVerfGE 152,216,Rn. 32 ff.

④ 关于欧洲的反恐斗争与权利保护,参见 Sophie Straßer, Terrorismusbekämpfung in Europa im Spannungsfeld zwischen Freiheit und Sicherheit-historische Erfahrungen und aktuelle Herausforderungen,JZ 2019,S. 83 ff.。

⑤ Vgl. Hans Peter Bull,Juristische Antworten auf Fragen der Technikentwicklung,Der Staat 58(2019),S. 57 ff.

是否为了因应数字化时代而产生新的基本权利进行了评论,强调经典基本权利尚能全面覆盖各类生活领域,所谓的数字化基本权利存在解释上的风险,尤其是在第三人效力方面。[①] 总而言之,2019 年德国的宪法学热点,较多地回应了政治、社会关切,并且这也是近几年的总体发展特征。

(二)纪念与缅怀

2019 年对德国宪法学来说也是有着特别意义的一年。2019 年是德国《基本法》颁布 70 周年,联邦宪法法院为此举行了一系列纪念活动[②],学界也以此为契机回顾、反思了 70 年来的宪法学发展历程,总结经验与成果,分析不足与教训,提出批判和期待。[③] 其中比较有代表性的著作如汉斯·米夏埃尔·海尼希(Hans Michael Heinig)和弗兰克·朔尔科普夫(Frank Schorkopf)主编的《基本法七十年》。[④] 该文集由 18 篇论文组成,总结了德国《基本法》对德国政治制度重构、社会文化更新及个人自由保障的贡献与影响,回顾了德国《基本法》中重要内容、制度及相关理论(如人性尊严条款、基本权利教义学、法治国原则、宗教自由等)的功能及变迁,也呈现了德国《基本法》及德国宪法学的域外影响力。又如,奥利弗·莱普修斯(Oliver Lepsius)、罗伯特·克里斯蒂安·范欧延(Robert Christian van Ooyen)和亨德里克·瓦塞尔曼(Hendrik Wassermann)主编的《宪法和法政策:基本法七十年》。[⑤] 该文集由 14 篇论文组成,其中既有全面回顾总结之作,又有对新的国家目标和德国《基本法》发展趋势的展望,还有对德国《基本法》下民主政治进程的分析与批判。

2019 年还是《魏玛宪法》颁布 100 周年。魏玛时期大师云集、星光璀璨,各类具有创制意义的公法学思想与理论喷薄而出,影响至今。尽管魏玛共和最终失败,但《魏玛宪法》本身也因诸多独到性而成为人类成文宪法中不可忽视的篇章。回首百年,德国学者

---

① Vgl. Meinhard Schröder, Neue Grundrechte für ein digitales Zeitalter?, JZ 2019, S. 953 ff.

② 对相关纪念活动的介绍,参见 Andreas Voßkuhle, 70 Jahre Grundgesetz und vieles mehr, https://www.bundesverfassungsgericht.de/DE/Verfahren/Jahresstatistiken/2019/gb2019/vorwort.html, May 01, 2021。

③ 例如,对基本法时代中的宗教宪法的回顾总结,参见 Horst Dreier, Religionsverfassung in 70 Jahren Grundgesetz-Rückblick und Ausblick, JZ 2019, S. 1005 ff.。对基本法所凝结的宪法爱国主义的论述,参见 Justin Collings, Verfassungspatriotismus und Verfassungsgedächtnis: Das Grundgesetz als deutscher Erinnerungsort, JZ 2019, S. 1109 ff.。对基本法所面对的各类历史考验及新的时代环境下的挑战的论述,参见 Dieter Grimm, Auf Bewährung, Frankfurter Allgemeine Zeitung, 10. 12. 2018, Nr. 287, S. 6。

④ Hans Michael Heinig/Frank Schorkopf (Hrsg.), 70 Jahre Grundgesetz. In welcher Verfassung ist die Bundesrepublik?, Göttingen: Vandenhoeck & Ruprecht, 2019.

⑤ Oliver Lepsius/Robert Chr. Van Ooyen/Hendrik Wassermann (Hrsg.), Verfassung und Rechtspolitik: 70 Jahre Grundgesetz, Recht und Politik Beiheft 4, Berlin: Duncker & Humblot, 2020.

再度反思了《魏玛宪法》的历史地位与法治功能,提出了许多发人深省的新观点。①

2019年2月24日,德国公法学巨擘恩斯特－沃尔夫冈・伯肯弗尔德(Ernst-Wolfgang Böckenförde)逝世。伯肯弗尔德于1930年9月19日出生在卡塞尔的一个天主教家庭,曾于明斯特大学、慕尼黑大学学习法学和历史学,于1953年通过第一次国家司法考试并在明斯特大学获得法学博士学位,于1960年在慕尼黑大学凭借历史学论文获得哲学博士学位,于1964年在海德堡大学获得公法、宪法和法律史以及法哲学教席并任教至1969年,1969～1977年任教于比勒菲尔德大学,1977～1995年任教于弗赖堡大学,并于1983～1996年担任联邦宪法法院法官。伯肯弗尔德的学术思想深受哲学家约阿希姆・里特尔(Joachim Ritter)、法学家卡尔・施密特(Carl Schmitt)的影响,但又能批判扬弃、与时俱进、善于协调,②他将黑格尔哲学和国家主义中的专制思想倾向进行了民主化、自由化加工,③被认为是在新的宪法秩序下重新以坚实的政治哲学和法哲学基础,对人性尊严、民主和国家等要素予以清晰阐释。基于伯肯弗尔德对第二次世界大战后德国公法学发展的卓越贡献,对他个人的追忆及其诸多理论学说的总结致敬,也成为宪法学界的重要活动。④此外2019年也是德国著名公法学家康拉德・黑塞(Konrad Hesse)一百周年

① 有关魏玛宪法百年的学界动态已有较细致全面的梳理,参见王泽荣:《2018年德国宪法学发展概要》,载韩大元、莫纪宏主编:《中国宪法年刊》2018・第十四卷,法律出版社2019年版。关于魏玛宪法百年这一主题,2019年又有许多新文献问世,例如 Christoph Gusy, Die zweifache „Diktatur" des Reichespräsidenten. Diktatur nach der Verfassung oder gegen die Verfassung?, Der Staat 58 (2019), S. 507 ff.; ders, 100 Jahre Weimarer Verfassung, JZ 2019, S. 741 ff.; Jörg-Detlef Kühne, Zur Entstehung der Weimarer Reichsverfassung, DÖV 2019, S. 573 ff.; Jörg Berkemann, „Das Deutsche Reich ist eine Republik", DÖV 2019, S. 584 ff.; Kathrin Groh, Zu den Grundrechten der Weimarer Reichsverfassung, DÖV 2019, S. 598 ff.; Horst Dreier, Verfassungsgerichtsbarkeit in Weimar, DÖV 2019, S. 609 ff.。

② Vgl. Rolf Grawert, In memoriam Ersnt-Wolfgang Böckenförde, Der Staat 58(2019), S. 161(162).

③ Vgl. Johannes Masing, Es zählte nur das Argument, Der Staat 58(2019), S. 435(436).

④ 有关的纪念文章除前文所引外,还有 Bernhard Schlink, Der Lehrer Ernst-Wolfgang Böckenförde, Der Staat 58(2019), S. 441 ff.; Ralf Poscher, Ernst-Wolfgang Böckenförde an der freiburger Rechtswissenschaftlichen Fakultät, Der Staat 58(2019), S. 445 ff.; Andreas Voßkuhle, Ernst-Wolfgang Böckenförde als Verfassungsrichter, Der Staat 58 (2019), S. 451 ff.; Hans Langendörfer, Worte zum Abschied, Der Staat 58 (2019), S. 457 ff.; Frieder Büchler, Erinnerungen an einen auer Bürger, Der Staat 58(2019), S. 461 ff.; Heinhard Steiger, Münster in den späten 1950er Jahren: Mit Ernst-Wolfgang Böckenförde auf Reisen, Der Staat 58 (2019), S. 465 ff.; Hans Maier, Schonzeiten, Kirchenärger, Kopftücher-Erinnerungen an Gespräche mit Ernst-Wolfgang Böckenförde, Der Staat 58(2019), S. 471 ff.; Klaus Rennert, Böckenförde als Verfassungsrichter-Ein Werkstattbericht, Der Staat 58(2019), S. 475 ff.; Heinrich Meier, Eine Erinnerungen an Ernst-Wolfgang Böckenförde, Der Staat 58(2019), S. 481 ff.; Dieter Gosewinkel, Ernst-Wolfgang Böckenförde-ein deutscher Jurist von europäischer Strahlkraft, JZ 2019, S. 553 f.; Reinhard Mehring, Ernst-Wolfgang Böckenförde(1930－2019) – Bürger, Gründer, Richter. Ein Nachruf, Recht und Politik 55(2019), S. 305 ff.。

诞辰,有若干文章对其学术成就及贡献进行了总结回顾。①

(三)宪法裁判及其他文献材料

对2019年德国宪法学的发展概况进行梳理,需要借助大量有关的文献资料,其中最具有标杆意义的是联邦宪法法院的重要裁判。2019年联邦宪法法院共收到5446件各类型的程序申请。按两庭划分,第一庭2996件,第二庭2450件;按程序类型划分,宪法诉愿5158件,抽象规范审查1件,具体规范审查20件,机关争议及联邦与州的争议6件,暂时命令194件,选举审查66件,政党违宪确认1件。2019年宪法法院收到的案件申请数量创十年来新低,但目前积压在宪法法院的未决程序仍有3472件。

2019年联邦宪法法院共审结各类型案件5210件。按两庭划分,第一庭2804件,第二庭2406件;其中绝大部分案件都由3人小组(Kammer)审理,由合议庭(Senat)直接裁判的主体程序,第一庭7件,第二庭47件。按程序类型划分,宪法诉愿4953件,抽象和具体规范审查13件,暂时命令196件,机关争议及联邦与州的争议3件,其他类型45件。在4953件宪法诉愿程序中(含合并审理的程序),由小组裁决的有4861件,其中只有68件被支持,其余4793件被直接拒绝受理;由合议庭审理的有10件,其中驳回3件,支持7件;另有82件被诉愿人撤回或以其他方式结案。总体上,宪法诉愿的支持率为1.54%。②

面对浩瀚的宪法裁判本文选取了其中被联邦宪法法院登记为重要案件的部分进行评述。另外结合往年前辈学者撰写德国宪法学发展概要的经验,本文也将2019年国家法教师大会的相关学术报告、重要学术期刊的论文、重要的学术专著等文献纳入写作素材。与以往论述格式不同的是,本文试图将这些材料中的部分,按照不同的学术主题进行一定的重新组织和总结,以重点突出2019年德国宪法学发展中的具体热点,不再严格地分别讨论宪法法院的裁判与学界议题。

二、基本权利

(一)历史回顾

德国《基本法》颁布70年来,基本权利条款和与之紧密关联的宪法诉愿制度,在保障个人自由、形塑新的社会秩序方面发挥了巨大的作用。七十年来的宪法司法化进程,也

---

① Vgl. Andreas Voßkuhle / Jakob Schemmel, Der Staatsrechtslehrer Konrad Hesse als Richter des Bundesverfassungsgerichts-Zugleich zum Verhältnis von Verfassungsrechtswissenschaft und Verfassungsrechtsprechung, AöR 144 (2019), S. 425 ff.; Johannes Masing, Demokratie-Verstanden im Geiste Konrad Hesse, AöR 144 (2019), S. 443 ff.; Dieter Grimm, Offenheit als Leitmotiv im Verfassungsverständnis von Konrad Hesse, AöR 144 (2019), S. 457 ff.; Wolfgang Hoffmann-Riem, Praktische konkordanz im Verfassungsrechtsdenken von Konrad Hesse, AöR 144 (2019), S. 467 ff.; Rainer Wahl, Die Antrittsvorlesung Konrad Hesses in ihrem historischen Kontext, Der Staat 58 (2019), S. 195 ff.

② 以上数据均引自《联邦宪法法院2019年度数据报告》(Bundesverfassungsgericht Jahresstatistik 2019),第17~21页。资料来源:https://www.bundesverfassungsgericht.de/SharedDocs/Downloads/DE/Statistik/statistik_2019.pdf?__blob=publicationFile&v=4,最后访问日期:2021年5月1日。

是学界逐渐深化对德国《基本法》的理论认识的过程,而在这一进程中基本权利居于十分核心的位置。为此,汉堡博锐思法学院(Bucerius Law School)教授克里斯蒂安·布姆克(Christian Bumke)在《公法档案》2019年第1期上发表了长达80页的专论《基本法下德国国家法学中的基本权利教义学发展》①,综述了基本权利七十年的发展脉络和要素。

该文指出,基本权利作为一种宪法规范类型要早于1949年出现,对其性质和效力的认识研究也早在魏玛时期就有颇多建树,但真正通过司法实践丰富具化基本权利的规范机制和路径,切实发挥基本权利对国家权力的约束效果,并进而在"联邦宪法法院实证主义"的模式②下开拓出德国公法学研究的独特道路,是德国《基本法》颁布后才逐渐实现的。③文章强调,纳粹德国和联邦德国都曾面临相似的历史时刻,即新的政治秩序与意识形态出现并都试图通过法制来得到确立巩固,但前者的司法实践完全把意识形态与基本权利对立起来,以政治意见作为释法标尺。相反,后者则是尽力使政治机关囿于宪法秩序,以法来扭转、建设新的政治基础。并且,在德国《基本法》颁布初期,普遍认为其条文抽象、理念陌生、工具匮乏④,德国并未有相关的充分实践,基本法仍浮于碎片化的独断确信、方向指示和任务指引,有力、清晰、可操作的现成法教义学工具并不存在。⑤

从"吕特案""艾尔弗斯案""药店案""夫妻分离课税案"等联邦宪法法院的说理裁判,⑥到黑塞的《联邦德国宪法纲要》的出版,⑦再到20世纪60年代开始的有关于基本权利双重性质(纯粹防御权还是客观价值)、保护范围的界定、第三人效力、比例原则等具体理论问题的细致探究与争论,德国的基本权利教义学逐渐趋于完备,并在20世纪80年

① Christian Bumke, Die Entwicklung der Grundrechtsdogmatik in der deutschen Staatsrechtslehre unter dem Grundgesetz, AöR 144(2019), S. 1 ff.

② 伯恩哈特·施林克(Bernhard Schlink)提出了"联邦宪法法院实证主义"的概念,以评价德国国家法学的特征,对此参见 Bernhard Schlink, Die Entthronung der Staatsrechtswissenschaft durch die Verfassungsgerichtsbarkeit, Der Staat 28(1989), S. 161 ff.。

③ Vgl. Christian Bumke, Die Entwicklung der Grundrechtsdogmatik in der deutschen Staatsrechtslehre unter dem Grundgesetz, AöR 144(2019), S. 1 ff.

④ 魏玛时期的诸多学说却并未充分成为德国《基本法》制定的前理解,德国《基本法》主要是将纳粹主义、军国主义、独裁统治等成为前理解中的反面素材,只有由施密特建构的"制度性保障"等少量工具延续到德国《基本法》时期,参见 Christian Bumke, Der Grundrechtsvorbehalt, Baden-Baden: Nomos, 1998, S. 112 f., S. 114。与此相反,恩斯特·福斯特霍夫(Ernst Forsthoff)固守传统自由主义语境下的宪法理解和基本权利理解,认为基本权利的功能和意义已经先天地包含在法治国宪法的诸原则之中,是一个封闭完整的体系,基本权利教义的有关问题在魏玛时期就得到了理论解决。对此,参见 Ernst Forsthoff, Rechtsstaat im Wandel, München: C. H. Beck, 2. Aufl., 1976, S. 189 ff.。

⑤ Christian Bumke, Die Entwicklung der Grundrechtsdogmatik in der deutschen Staatsrechtslehre unter dem Grundgesetz, AöR 144(2019), S. 11 ff.

⑥ BVerfGE 7, 198; 6, 32; 7, 377; 6, 55.

⑦ Konrad Hesse, Grundzüge des Verfassungsrechts, Karlsruhe: C. F. Müller, 1967.

代末 90 年代初得到确立。[1]可见今日德国公法学的繁荣与瞩目并非一蹴而就,也并非按图索骥,同样也是解放思想、实事求是、摸着石头过河的成果。70 年来德国的公法学者、宪法法院法官等法律人,同样面对了大量的历史新课题。尽管有一定的理论累积,但丰富的实践却更为重要。其得以成功的最大经验是理性思辨与勇于实践相结合,既投入了充足的智识供给,又在社会现实的司法实践中探索出光明。[2]

德国基本权利教义学的建立繁荣和广泛实践,解决了 20 世纪最大的法律难题之一,即如何有效通过基本权利约束立法者。[3] 另外基本权利教义学也不仅仅局限于帮助诠释宪法条款和司法实践,还为德国的政治生活和意识形态的建构提供了一套话语体系,为社会共同体的价值观体系的形成做出了重要贡献。[4] 但随着世界的不断发展变化,尤其是人类社会形态、各类法律关系发生深刻变迁,各类新兴科技和人造产物不断涌现,个人与国家、个人与社会的相互关系也逐渐发生了结构性转变。基本权利的发展不会止步不前,其功能、规范模态、作用路径等教义内容也在不断调整。下文就 2019 年出现的有关热门议题作简要论述。

(二)公私法区分争议下的基本权利第三人效力

回顾历史是为了启发新知,在基本权利教义学的七十年发展进程中,对基本权利的第三人效力问题始终有颇多争议。虽然通过对基本权利防御权属性和其蕴含的保护义务要求的综合,间接第三人效力说成为德国学界的主流认识,[5]但在新的社会环境中基本权利的第三人效力的模态越来越需要予以动态反思和调整,并且更加涉及公法与私法的关系这一重要的法教义学课题。[6] 在欧洲一体化和社会结构日益网络化的趋势下,公私法的界限越来越不明显,区分标准和理论越加挂一漏万,公私法迈向融合并催生相应的新的法律机制及相关教义的特征越来越显著。[7]玛格丽特·泽克尔曼(Margrit Seckelmann)将这种现象的原因归结为,要在德国《基本法》所确立的法秩序中明确公权力的归责机制,并实现各类权利的有效保障。[8]

在这种背景下,2019 年 10 月 9 日至 12 日,第 79 届德国国家法教师协会的年会在马

---

① Vgl. Christian Bumke, Die Entwicklung der Grundrechtsdogmatik in der deutschen Staatsrechtslehre unter dem Grundgesetz, AöR 144(2019), S. 33 ff.

② Ebd., S. 78.

③ Ebd., S. 78.

④ Vgl. Jannis Lennartz, Eine Grammatik der Freiheit? Zur gesellschaftspolitischen Dimensionen der Grundrechtsdogmatik, in: Hans Michael Heinig/Frank Schorkopf(Hrsg.), 70 Jahre Grundgesetz, S. 67 ff.

⑤ Ebd., S. 59 ff.

⑥ Vgl. Ulrich Jan Schröder, Das Verhältnis von öffentlichem Recht und Privatrecht, DVBl 2019, S. 1097 ff.

⑦ Vgl. Bernhard Stüer, Öffentliches Recht und Privatrecht—79. Jahrestagung der Vereinigung der Deutschen Staatsrechtslehrer in Marburg, DVBl 2019, S. 1525(1526).

⑧ Vgl. Margrit Seckelmann, Kategoriale Unterscheidung von Öffentlichem Recht und Privatrecht?, DVBl 2019, S. 1107 ff.

尔堡(Marburg)召开,年会的主题正是"公法与私法",下设四场报告。维也纳大学的亚历山大·佐梅克(Alexander Somek)教授和波鸿大学的尤利安·克吕佩尔(Julian Krüper)教授就"公法与私法的明确区别?"进行报告;慕尼黑大学的克劳斯·迪特尔·德吕恩(Klaus-Dieter Drüen)教授和明斯特大学扎比内·施拉克(Sabine Schlacke)教授就"行政法中公法与私法制度的交叠"进行报告;科隆大学的斯特凡·穆克尔(Stefan Muckel)教授和杜塞尔多夫大学的索菲·舍内贝格(Sophie Schönberger)教授就"国家与社会的关系变迁——基本权利理论与基本权利教义学的后果"进行报告;耶拿大学的克里斯多夫·奥勒(Christoph Ohler)教授与图宾根大学的约亨·冯·伯恩斯托夫(Jochen von Bernstorff)教授就"国际法与欧盟法的发展与实施中非国家主体的角色"进行了报告。①

公私法的范畴区分,关系到诠释基本权利第三人效力的前理解。对此,佐梅克教授认为区分一如既往地困难。② 他梳理了区分公私法规范的学说的发展史,认为贯穿其中的主线是私法为获取自身独立性而不断努力并去政治化。③但教义概念式的模型化区分总是容易挂一漏万,实定法规范常常会出现例外而不能简单归类。④ 区分的初衷是为了更好地对现实的社会世界予以解释和建构,也就是说是一种目的性的对客观质料的综合过程,⑤而不是说本体论上就必然地存在范畴差异。从法律所调整的活动内容的视角看,公私法的出现都是在反对封建、世袭国家语境中展开的,公法约束政治权力,私法培育社会力量,⑥同时私法致力于免于竞争中的等级和依附,公法致力于免于私行为极端失控后的丛林法则。⑦ 所以他对此比喻道:"不必要去重新发明车轮,只需要记住其运转之由",即面对公私法混合趋势中的区分难题不囿于概念论的教条,而是应更倾向于实用主义的解决之道。⑧

---

① 碍于篇幅限制和行文主题,奥勒教授和伯恩斯托夫教授的两篇报告在本文中未进一步展开。其具体内容,参见 Christoph Ohler, Die Rolle nicht-staatlicher Akteure bei der Entwicklung und Implementierung des Völker- und Europarechts, VVDStRL 79(2020), S. 348 ff.; Jochen von Bernstorff, Die Rolle nicht-staatlicher Akteure bei der Entwicklung und Implementierung des Völker- und Europarechts, VVDStRL 79(2020), S. 381 ff.。

② 亦有其他德国学者对公私法区分的观念提出批评,参见 András Jakab/Lando Kirchmair, Die Unterscheidung zwischen öffentlichem Recht und Privatrecht als genetischer Fehler in der DNA kontinentaler Rechtsordnungen. Und wie Rechtsanwender mit positivierten rechtsdogmatischen Inkonsequenzen mithilfe von Tradition und Analogie umgehen sollten, Der Staat 58(2019), S. 345 ff.。

③ Vgl. Alexander Somek, Kategoriale Unterscheidung von Öffentlichem Recht und Privatrecht?, VVDStRL 79(2020), S. 7 ff.

④ Ebd., S. 10 ff.

⑤ Ebd., S. 19 ff.

⑥ Ebd., S. 24 ff.

⑦ Ebd., S. 28 ff.

⑧ Ebd., S. 37 ff.

克吕佩尔教授认为,追求公私法在范畴上的明确区分体现了法学作为科学的理论特征,尽管其难以完全区分,但仍然可以从区分的实践、区分的理论及区分的功能等维度来探讨。①他认为,公私法在生效基础、教义结构、功能效果等方面常常交叠,私法的公共化和公共事务的私人化处理都体现了上述趋势,公权力日益相对化,私人力量日益公共化。② 因此公私法的范畴区分总是处于实然和目的追求的紧张之中。③从学理上看,区分的教义学模型需要尽可能地提高涵盖能力,提升体系性综合的容纳能力,但往往很难切实穷尽。④从学科的文化及社会学背景看,区分目的也因多种法外因素的交织而难以实现。⑤ 因此,克吕佩尔认为,在法学研究中一味追求体系性的路径难以应对当下的现实生活,强调法学越来越处在多学科交叉的学术环境之中,采用横切视角而非学科划分或部门法划分式的竖切视角可能更有意义。⑥

弗洛里安·迈内尔(Florian Meinel)、欣内克·维斯曼(Hinnerk Wißmann)、阿明·冯·波格丹迪(Armin von Bogdandy)等教授则认为,即使在公私法混合的领域中,立法者也需要给各个参与主体制定清晰确定的行动规则,而公法在这一方面是具备优势的。克里斯多夫·舍内贝格(Christoph Schönberger)教授也强调,尤其是在国家欲利用私法的内容要素来实现公共事务的情况下,取消公私法的界分是难以想象的,这或许会削弱对公权力的控制。迪尔克·埃勒斯(Dirk Ehlers)教授认为,公私法区分在司法救济的指引上还是很有意义的。克里斯多夫·恩格尔(Christoph Engel)教授表示,取消区别不意味着停止划分,只不过要以新的元素来重新划分法领域,如按照事实主题来划分。约阿希姆·莱格(Joachim Lege)教授指出范畴划分是认识现代社会的条件,有了公私法范畴的区别才能看到现代社会的功能分化,区分出不同的功能系统。哈特穆特·鲍尔(Hartmut Bauer)教授则提出在这个问题上应加强和民法学者的交流。⑦

公私法难以在范畴上得到清晰的划分,这一点在行政法领域也有显著的表现。德吕恩教授认为,税法里存在较多的交叠部分,并强调了立法者在建构处理时具有的较大的灵活空间,以消解公私法在这个领域的张力。⑧ 施拉克则分析了私法对环境行政法的影响,即很多行政法上的环境保护目标的实现可通过私法维权等形式予以实现。并且他强

---

① Vgl. Julian Krüper, Kategoriale Unterscheidung von Öffentlichem Recht und Privatrecht?, VVDStRL 79 (2020), S. 44 ff.

② Ebd., S. 48 ff.

③ Ebd., S. 61 ff.

④ Ebd., S. 69 ff.

⑤ Ebd., S. 74 ff.

⑥ Ebd., S. 89 ff.

⑦ 上述会议讨论的综合介绍,参见 Bernhard Stüer, Öffentliches Recht und Privatrecht—79. Jahrestagung der Vereinigung der Deutschen Staatsrechtslehrer in Marburg, DVBl 2019, S. 1525(1527 ff.)。

⑧ Vgl. Klaus-Dieter Drüen, Verschränkungen öffentlich-rechtlicher und privatrechtlicher Regime im Verwaltungsrecht, VVDStRL 79(2020), S. 127 ff.

调了,至少在环境法领域中,无论是实体法还是诉讼法上公私法区分的界限都不是很严苛,而是以有效实现环境保护目标为指引,多采取交叠混合的机制。① 与会者继续讨论了更多的其他例子,并就立法者、行政权、司法机关如何在制定法律和适用法律中,平衡好行政法中公私法混合带来的价值冲突,进行了各自观点的讨论。此外,在气候诉讼这一问题上,与会者意见分歧较大,并认为在诉讼构造中的很多具体问题尚有待厘清。②

近年来基本权利第三人效力的问题多次出现在宪法法院的裁判中。宪法法院再度重申了基本权利具备间接的第三人效力,即对于那些事实上如传统上的国家具备义务承担和保证地位的私主体来说,在不损害其自身基本权利的前提下,其亦要受到基本权利的限制而负担一定的义务。③例如,德国《基本法》第3条第1款(法律面前人人平等)具备间接第三人效力,但从中不能推导出私主体间的法律关系的建构都必须完全依循平等原则,因为私主体间的法律活动着重需要考量的是意思自治。④然而在一些特殊情形中基本权利的第三人效力则需要发挥效果。例如,2006年曾有拜仁慕尼黑的球迷在足球比赛结束后与对方球队球迷发生暴力冲突,因而被德国足球联盟这一私人团体处以了禁止入场观赛的惩罚。⑤ 联邦宪法法院在针对该球迷提出的宪法诉愿进行裁判时指出,在由私主体举办的无差别对公众开放的大型活动中,部分参与人因为主办方行使私法上的房主权而被拒之门外,并且这种排斥在显著范围内对相对人参与社会生活影响深远,那么主办方就需要节制行使其决定权,在无实质理由时不得排斥参与者。若相对人可能在未来造成破坏,那么在一定的事实判断的基础上(尽管并无证据)可以禁止相对人参与活动,但必须事先听取相对人的申辩,并且在其要求时应当告知其理由。⑥ 这种对私主体课予的类司法性要求,是在一定程度上将私主体在特定情势中的地位比照国家,因此基本权利对公权力的要求也相应地在私主体上展开。⑦

基于这种背景,年会上穆克尔教授特别指出,基于当前的社会发展态势,尤其是全球

---

① Vgl. Sabine Schlacke, Verschränkungen öffentlich-rechtlicher und privatrechtlicher Regime im Verwaltungsrecht, VVDStRL 79(2020), S. 170 ff.

② 上述会议讨论的综合介绍,参见 Bernhard Stüer, Öffentliches Recht und Privatrecht—79. Jahrestagung der Vereinigung der Deutschen Staatsrechtslehrer in Marburg, DVBl 2019, S. 1525(1528 f.)。

③ BVerfG, NJW 2015, S. 2485; BVerfGE 128, 226.

④ Bernhard Stüer, Öffentliches Recht und Privatrecht—79. Jahrestagung der Vereinigung der Deutschen Staatsrechtslehrer in Marburg, DVBl 2019, S. 1525(1530).

⑤ 对该案件的详细介绍及所涉及的宪法诉愿裁判的具体评述,参见王泽荣:《2018年德国宪法学发展概要》,载韩大元、莫纪宏主编:《中国宪法年刊》2018·第十四卷,法律出版社2019年版。

⑥ BVerfGE 148, 267.

⑦ 对这一问题的进一步分析和批判,参见 Patricia Wiater, Verwaltungsverfahren durch Private? Ein neuer Blick auf grundrechtsdogmatische Folgen des Stadionverbots-Beschlusses des Bundesverfassungsgerichts, JZ 2020, S. 379 ff.。

化、工业化、商业化、去建制化、信息化的深入,[1]国家和社会关系的传统自由主义二元划分应得到调整和相对化,也不能期待普遍有效的基本权利理论,应因时制宜地发展基本权利理论以应对社会变迁,例如在性质上将基本权利作为"集体性秩序现象"来考察。[2]穆克尔认为,联邦宪法法院对法人在满足何种标准下可以作为基本权利主体的观点比较混乱,不宜再坚持过多的、标准不明确的范围限制,实践中完全可以做到"一法一处理",通过个别法律规范明确其权利主体或义务主体地位。[3] 例如,他认为应当扩大可作为基本权利主体的公法人的范围,以防止其他的国家公权力违法干预其自治权利,包括广播电视机构、大学,外观是私有财产所有权人的城市、乡镇,行使国家认可的考试权的私人学校,行使公法高权的宗教团体,以及社会保险机构,等等。[4]此外新兴科技发展下的出现的一些新的可能主体,如生物控制机器(Cyborg)、具有人工智能的机器人等可以通过立法来赋予部分的权利能力,尽管这不是能从宪法必然解释出来的,但却是立法可以建构的。[5]

就基本权利的义务主体范围而言,穆克尔指出,较新的联邦宪法法院判决在论述基本权利的间接第三人效力时不再单纯以一般条款或不确定法律概念为切入点,而是着重考察一些事实要件,例如,侵权人是否举办了对被侵权人的社会生活而言具有重要意义的活动。此外,他认为大型互联网公司虽然在经济实力、社会影响力方面有巨大优势地位,但尚不能与国家公权力的分量等同,并不能作为基本权利直接的义务主体,不过立法者仍可创制一定的机制以规制互联网传媒。[6]

舍内贝格教授则将基本权利间接、直接第三人权利效力的争论归结为,基本权利能在或应当在多大程度上参与社会共同体的形塑。[7] 舍内贝格教授认为,基本权利的问题在根本上是社会价值问题,并且相比于国家和社会关系的变化,其与社会内部关系的变化更为紧密,公法学面对社会关系结构的变迁和社会政策的争论应当以法律思维进行法律解决,将其转化为法律议题,例如,基本权利对私人的约束效力。[8] 她认为,社会交往关联是社会秩序的核心,在场式的社会互动对社会共同体的形成有重要意义,物理空间和个人的有形性是展开社会交往的人类学要素,其在新的时代背景下受到商业化、博物馆

---

① Vgl. Stefan Muckel, Wandel des Verhältnisses von Staat und Gesellschaft-Folgen für Grundrechtstheorie und Grundrechtsdogmatik, VVDStRL 79(2020), S. 246 f.

② Ebd., S. 247 ff.

③ Ebd., S. 253 ff.

④ Ebd., S. 256 ff.

⑤ Ebd., S. 262 ff.

⑥ Ebd., S. 273 ff.

⑦ Bernhard Stüer, Öffentliches Recht und Privatrecht—79. Jahrestagung der Vereinigung der Deutschen Staatsrechtslehrer in Marburg, DVBl 2019, S. 1525(1531).

⑧ Vgl. Sophie Schönberger, Wandel des Verhältnisses von Staat und Gesellschaft-Folgen für Grundrechtstheorie und Grundrechtsdogmatik, VVDStRL 79(2020), S. 291 ff.

化的影响。①商业化使社会交往成为经济交换活动的标的,由此带来的社会冲突转变为权利冲突,其本质是对空间性社会交往的参与冲突,因此要着重考虑社会交往空间在多大程度上可以被商业化,从而不完全阻碍非消费主义的社会用益。② 博物馆化进程则将许多发生的客体或实践或相应地点固定到具有特定意涵的意义变迁史之中,从而使活生生的社会交往变成过去,无法再继续嵌入社会日常生活,仅被转译为纪念和意义符号。③ 另外信息化也使社会交往逐渐不再需要物理空间和身体的在场有形,这又会促使商业化、博物馆化进程走向极端,从而形成恶性循环,使空间性社会交往的规则越来越少地被遵循使用。④

针对这种社会交往结构的变迁和由此带来的社会共同体、国家共同体的转变,⑤目前法律的调整应对工具和实践是较为有限狭窄的,虚拟世界的非虚拟利益冲突往往又无法用现实社交规则予以调整,仅有的若干公法方面的调整常局限在共同体建构的政治性领域,并未深入大众社会交往的具体关系之中。⑥ 若沿着这样的路径研究,则除了基本权利的第三人效力外,还需要更多的机制,才能实现基本权利的社会形塑功能,或许应发展出全新的基本权利功能,既保证宪法国家的稳定,又能解决新的问题,宪法在这方面仍有较大的解释空间。⑦

在关于上述议题的讨论中,联邦宪法法院法官安德烈亚斯·保卢斯(Andreas Paulus)表示,法学界的研究和法律制度的建构不应过度阐释联邦宪法法院的裁判,立法者往往更具备能力和优势,宪法法院并不是在所有个案中都能优质地给出建议。乌韦·福尔克曼(Uwe Volkmann)教授及迪特尔·库格尔曼(Dieter Kugelmann)教授则指出,目前的大型互联网公司或也逐渐具备了宪法控制的一些基本要素,奥利弗·莱普修斯(Oliver Lepsius)教授认为,对于国家和社会关系的变迁应当进行差异化应对,而不能完全用尽可能抽象普遍的模式来对待。马库斯·奥格雷克(Markus Ogorek)教授和安德烈亚斯·库利克(Andreas Kulik)教授则认为,应当将防御权和国家保护义务同时置于基本权利模型中考量,若互联网大公司因国家保护义务的履行而被课以更多义务时,也应当给予其更多防御权空间以对抗国家侵害。⑧

通过上述德国国家法教师协会2019年会的主题内容不难发现,德国公法学界已然

① Ebd.,S. 294 f.

② Ebd.,S. 296 ff.

③ Ebd.,S. 300 ff.

④ Ebd.,S. 303 f.

⑤ Ebd.,S. 305.

⑥ Ebd.,S. 306 ff.

⑦ Ebd.,S. 311 ff.

⑧ 上述会议讨论的综合介绍,参见 Bernhard Stüer, Öffentliches Recht und Privatrecht—79. Jahrestagung der Vereinigung der Deutschen Staatsrechtslehrer in Marburg, DVBl 2019, S. 1525(1531)。

看到了新的时代背景下,公私法混合趋势日益明显,宪法中的基本权利又是最为典型的受到这种趋势影响的公法规范。并且进一步发展第三人效力等教义工具,或许是基本权利用以应对重大社会形态变迁的有力策略。下文中的一些案件也表明,社会发展变迁带来的个人—社会—国家关系的结构性调整,使基本权利第三人效力的问题日益成为宪法学的热点问题。

(三)社会权保障

随着工业社会的深入发展,社会公平正义问题越来越突出,要求国家主动介入经济生活的呼声此起彼伏,其中国家对人民予以各种类型的救济帮扶是重要内容。德国《基本法》中的人性尊严条款和社会国条款,构成人民向国家寻求救济这一社会性基本权利的重要基础。2019 年 11 月 5 日德国联邦宪法法院第一庭作出判决,就社会法中相关的制裁措施的合宪性予以了判断。对此有必要予以简要介绍。

德国《社会法典》第二编(SGB Ⅱ)第 31 条第 1 款规定,有资格申领失业救济金的人,若无重要理由而违反了明确告知其后果的促进就业协议(Eingliederungsvereinbarung),拒绝接受和继续进行合理的工作、培训、临时工作或受资助的劳动关系,或通过自身行为阻挠上述事项的进行,或者拒绝、中断、着手中断促进回归工作的合理措施时,则其就违反了相应义务。简言之,若失业人员想要领取救济金、获得国家帮扶,就需要遵守一定的配合义务(Mitwirkungspflicht),按照国家的指导和要求再就业或参与就业培训。

根据《社会法典》第二编第 31a 条的规定,违反义务时,首次违反的法律后果是按照申领人日常需求的 30% 克减失业救济金,第二次违反的法律后果是按照申领人日常需求的 60% 克减失业救济金,若继续违反则取消全部失业救济金。根据《社会法典》第二编第 31b 条的规定,克减期间为 3 个月。在司法实践中确有人因行为触犯这些规定而被克减失业救济金,并对处罚行为不满诉至社会法院。在审理中法院认为相关条款或有与宪法不一致的可能,遂向联邦宪法法院呈递以启动具体规范审查程序。

德国《基本法》第 1 条第 1 款要求国家应保障人性尊严,这也意味着要保障人们能够有尊严地生存的最低限度。但与此同时,确保人们完全自主、不受约束地生存并非保障人性尊严的必然要求,保障生存的最低限度主要是指国家应构建各类机制,使人们可以有效地自力更生。① 据此并综合德国《基本法》第 20 条第 1 款规定的社会国原则,宪法法院在此案中认为,相关条款的立法理念是可取的。立法者可以设定进行失业救济的具体原则,即只有当人们无法自行保障生存时,国家才进行救济给付。② 立法者为了使失业救济金的受领人摆脱困难而设置一些受领附加条件,并在违反时予以制裁,暂时削减救济金,这是为了在“授人以鱼”的同时“授人以渔”,从而使相对人在国家安全托底的帮助

① Vgl. BVerfGE 152,68,Rn. 118 f.

② Ebd.,Rn. 120 ff.

下,通过自身努力而摆脱贫困。① 对于不自救其身的相对人,国家可以通过制裁惩罚等手段迫使其为之。

但是国家立法课以的附加义务,往往是对相对人行为自由的限制,可能对相对人产生特别的负担,故应根据比例原则的严格要求对立法者的自由形成空间予以一定的限制,论证限制行为的合宪性。② 应当看到,立法者施加制裁的目的是使相对人能积极践履促进就业协议中的附加义务,通过参与劳动或培训而走上工作岗位,从而逐渐摆脱困境。因此相应限制措施的目的是合法的,在根本上是为了保障人有尊严地生存。但是也应当看到,相应的制裁规制持续得越久,就越需要严格审查该限制手段的有效性、必要性和适当性。③ 另外,制裁措施也可能涉及限制其他的基本权利保护范围,应当在个案中周延考量。④

宪法法院认为,无论是通过订立促进就业协议以给相对人课以附加义务,还是通过削减 30% 的救济金对相对人予以制裁威慑,都具备合法目的,并且在手段的选择上都符合有效性、必要性和适当性的要求。⑤ 但是对于持续削减和过量削减的规定,宪法法院持否定态度,认为其没有设置停止机制和富有弹性的衡量空间,以防止累计削减造成的过分不利。⑥ 并且所有制裁措施一律施行 3 个月的规定也是不适当的,因为其并未考虑相对人可能又及时地履行了附加义务。一旦相对人履行了附加义务,或先前的附加义务因时机错过无法再被履行,但相对人端正态度切实表明之后会认真履行附加义务,那么立法者的立法目的便实现了,相对人就可以按照促进就业协议的要求而重新走上工作岗位自力更生。在这种情形下,仍然停止救济给付,便会无法保证相对人的最低生存需要,从而侵犯其根据德国《基本法》第 1 条第 1 款享有的人性尊严。相对人应被允许,能够通过合理的方式在削减后重新获得救济给付。

此外,若相对人再次违反附加义务,就将面临削减 60% 救济金的制裁,这一举措过于严苛,一旦落实会无法保证相对人的最低生存需要,反而有违通过制裁迫使相对人履行附加义务的根本初衷,过重的负担会使相对人更加无法顺利地回归劳动市场自给自足。⑦ 并且也不排除有更温和的手段以实现促使相对人履行附加义务的目标,如更少量地削减或延长削减期限。即使通过了有效性、必要性等比例原则的要求,但 60% 的数额仍然过高,极大地造成了对相对人最低生存限度的威胁,不符合狭义比例原则。同样地,完全取

---

① Ebd. ,Rn. 123 ff.

② Ebd. ,Rn. 123 ff.

③ Ebd. ,Rn. 129 ff.

④ Ebd. ,Rn. 135 ff.

⑤ Ebd. ,Rn. 138 ff.

⑥ Ebd. ,Rn. 159 ff.

⑦ Ebd. ,Rn. 189 ff.

消救济金的做法同样不符合比例原则的各项要求。[①]

综上,宪法法院认为,违反附加义务而削减30%的救济金是合理的,但若一年内因再次违反而导致的削减金额超过30%,甚至全部取消,则就构成与宪法不一致。另外,只要对救济金的削减是以不寻常的强度进行的,只要所有的削减都被规定了固定不变的3个月期限,则相应的惩罚行为都与宪法不一致。同时宪法法院宣告与宪法不一致的条款直到新规定出台前仍附条件地继续适用,即在相对人再次违反促进就业协议时,救济金削减额度不得超过30%,在具体个案中若削减额度对相对人而言仍然强度过高,则可不采取削减措施,且当相对人重新履行协议或已认真表明并准备履行协议时,削减措施可撤去。[②]

(四)自杀权

新的时代背景下,在部分基本权利趋于相对化时,另一部分基本权利的绝对防御性却在增强。2020年2月26日德国联邦宪法法院第二庭作出判决[③],就禁止自杀辅助行为的合宪性予以了判断。为此有必要予以简要介绍。

德国《刑法典》第217条规定,意图帮助他人自杀,而于业务上为其提供、谋取创造或媒介机会使之自杀者,处3年以下有期徒刑或罚金。在现实生活中,有部分住所地在德国和瑞士的社团提供自杀协助服务,许多重病患者也想通过他们提供的协助而结束生命,因此他们都反对上述条款。另外一些照顾病患的医生和为自杀提供咨询建议的律师也对此提出了批评。因此,他们都向联邦宪法法院提出了针对法律规范的宪法诉愿。

在基本权利的保护范围问题上,联邦宪法法院首先明确了,结束生命的自我决定权(Recht auf selbstbestimmtes Sterben)属于一般人格权的保障范围。宪法法院认为,尊重和保障人性尊严及自由是德国宪法秩序的基本原则,保障人性尊严意味着要将人切实作为可以自主决定并自我负责的主体对待,尤其是要保证人的独立性、同一性、完整性,使人在自由秩序中舒展自我。保障一般人格权是维护人性尊严的具体化,是为了使个人能够自主地发现、发展和维护其身份认同与独立性,实现其人格。[④] 这就需要人们能够按照自我标准来支配自身,不被与自我形象认同和自我理解相悖的生活模式所强制。如何看待自己的生命及其意义,是否以及为何结束自己的生命,都涉及高度个人的想象与信念,是人按照自己的精神去自主生活生存的重要组成部分。[⑤]

因此自主决定死亡的权利不仅仅是按照自由意志,在重病或不治之症的状态下拒绝

---

① Ebd.,Rn.201 ff.

② Ebd.,Rn.210 ff.

③ 该判决虽然是在2020年作出的,但之前已被预告为2019年待判决的重要案件。鉴于其重要性,本文将该案纳入行文予以介绍。

④ Vgl. BVerfGE 153,182,Rn.205 ff.

⑤ Ebd.,Rn.209.

维持生命措施的自由,还是能够在任何人生阶段不问动机地亲自结束自己生命的权利。[①]这种不需要额外论证(如世界观、宗教性要求、社会风尚、客观理性等对生死问题的论述)的自我决定,属于个人自治的范畴,应当得到国家和社会的尊重。放弃生命并不意味着是对人性尊严的否定,因为勉强活着反而排除了自主决定的空间,意志自由地结束自己的生命反而是人格自我舒展的直接表现,这是保证人性尊严的固有内涵。[②]

此外,自杀的自由也包括了向第三人寻求自杀协助的自由。若某项基本权利的行使涉及第三人的共同作用,那么基本法同样保障个人通过与第三人的互动而舒展自我人格的自由,这在第三人的角度也是保障了其自身的行为自由。[③] 因此禁止第三人为行为人的自由施展提供支持,就干预了行为人的基本权利所保障的范围。上述德国《刑法典》的规定虽然并不是直接针对自杀行为人,但是却在事实上间接地限制了(Mittelbar-faktischer Eingriff)行为人的基本权利,客观上阻碍了行为人人格自由的展开,使其难以实现自杀,且相应禁止性条款在制定时也明知有可能引起的限制效果,并将其作为制定目的之一,因此上述立法行为切实地构成对基本权利的干预。[④]

那么这种限制性立法是否合宪呢?首先宪法法院认为,在立法权衡的天平上,一端是维护自由人格的个人自主决定权,一端是国家有义务保护生命及自杀者的自治。在这种情况下德国《刑法典》第217条的制定具备合法目的,其是为了保证自杀行为人的行动自由,使其自决自治,避免受到第三人的影响或强制。[⑤] 立法者一直对业务上帮助自杀的机制表示怀疑,尤其是对其长期存在的影响没有可靠的专业认识,不能确定这种帮助不会对自杀行为人产生判断上的干扰,也不能确定在协助自杀的过程中行为人的意志能够始终明确、自由地表示。[⑥] 此外立法者也担心,若辅助自杀机制成为自杀的常态化模式,尤其是成为老年人及病患结束自我生命的通常模式,那么可能就会产生一种无形的社会强制,使得行为人的自杀决定不是完全自主的。[⑦] 例如,由于医疗费用的压力以及医疗看护方面的保障漏洞,行为人会害怕失去自主决定的机会从而选择自杀。对此很多调查研究也表明,选择协助自杀的动机往往是不想成为亲人或他人的负担。在这些情况下,行为人的自杀决定都并不是完全自由的,故而立法者对开放为自杀提供业务帮助心怀疑虑是合理的,进行立法禁止的目的也是合法的。

此外,以刑法规范来实现保障行为人自主决定权的目的显然是适当的,[⑧]但是否必

① Ebd., Rn. 210.
② Ebd., Rn. 211.
③ Ebd., Rn. 212.
④ Ebd., Rn. 214 ff.
⑤ Ebd., Rn. 228 ff.
⑥ Ebd., Rn. 240 ff.
⑦ Ebd., Rn. 250 ff.
⑧ Ebd., Rn. 260 ff.

要、合比例是值得怀疑的。从该刑法规范所涉及的宪法法益看,立法者是欲通过限制个人自杀的自主决定权而保障个人自杀的自主决定权及生命,但是这一公权行为的限度在于,其不能反过来彻底排除行为人自主决断的可能。① 立法者当然可以为了保护生命、防止行为人不自由地选择自杀而采取必要措施,例如,完善医疗保障体系、对自杀行为进行预防或通过镇痛治疗等手段打消自杀念头等。② 但是这种社会政策性义务的履行不能以排除行为人受宪法保护的自决权为前提。在很多情况下,行为人不借助第三人的协助是无法完成自杀的。③ 然而刑法规范极大地排除了有效协助的存在,已基本堵死了个人可通过协助而自杀的道路。除德国《刑法典》第 217 条规定的非法情形外,合法的自杀辅助行为难以有效帮助行为人实现自杀,很难满足行为人的自主决定。其他的一些补救举措,如加强镇痛治疗也不能完全实现行为人的自决意愿,④而建议行为人出国寻求自杀协助服务也是不被允许的,因为基本权利直接约束公权力,国家应当在本国法秩序内为个人提供必要的基本权利保护。⑤

综上所述,德国《基本法》第 2 条第 1 款保障人的一般人格权,其包含自我决定死亡的权利。自我决定死亡的权利,意味着自行结束生命以及借助自由第三人的辅助结束生命的自由。个人根据其对生命质量和自身存在的意义的理解而结束生命,即是在行使上述权利,这被视为个人的自治自决,应得到国家和社会的尊重。联邦宪法法院认为德国《刑法典》禁止自杀的业务辅助,在事实上极大地排除了受协助自杀的可能,既侵犯了行为人的自治自决,也侵犯了协助人的行为自由,因此与宪法不一致且无效。但该判决并不意味着,宪法禁止立法者对自杀行为进行规制。立法者必须确保,个人结束生命的自我决定权有足够空间得以展开和行使即可。

(五)被遗忘权

在互联网时代,个人的基本权利往往通过各种新兴的和更复杂的渠道得到展开或限制,这也造成了部分可回溯至基本权利的、新的请求权样态(或者说是所谓"新兴权利")的出现,并且常常凸显出基本权利第三人效力的内容。联邦宪法法院第一庭于 2019 年 11 月 6 日作出了两个关于"被遗忘权"的裁定,⑥其中"被遗忘权一案"(Recht auf Vergessen I)更集中论述了基本权利在私主体间呈现的间接第三人效力,阐释了权衡私人间基本权利冲突的考量因子。

在"被遗忘权一案"中,宪法诉愿人曾于 1982 年因谋杀罪被判终身自由刑,《明镜周

① Ebd. ,Rn. 268 ff.

② Ebd. ,Rn. 273 ff.

③ Ebd. ,Rn. 282 ff.

④ Ebd. ,Rn. 298 ff.

⑤ Ebd. ,Rn. 300.

⑥ 由于"被遗忘权二案"主要涉及根据欧盟基本权利规范审查欧盟法律,且实体法上涉及的理论问题多与"被遗忘权一案"相似,故本文不再过多展开。关于"被遗忘权二案"裁定,参见 BVerfGE 152,216。

刊》(DER SPIEGEL)在和诉愿人进行采访沟通后于1982年、1983年陆续在其纸质刊物上刊登了关于该谋杀案的三篇文章,并自1999年起将相关报道上传至网络并对公众免费开放浏览。若在网络搜索引擎中输入诉愿人姓名,相关文章就会出现并在搜索结果中排在前列。2002年诉愿人出狱后,于2009年得知关于他的报道被放到了网上,于是起诉了《明镜周刊》并要求其在报道案件时不得提及诉愿人的姓氏,但联邦最高法院最终驳回了诉请。诉愿人主张其一般人格权应得到保障,他认为尽管谋杀案无疑是一个历史事件,但在案件过去了这么久后,社会公众并不必然在知晓其姓名上具备公共利益,其不再想被过多关注,从而妨碍其回归于新的社会关系之中;被告人则主张社会公众的知情利益及自身的言论自由应得到维护。

宪法法院指出,基本权利具备间接第三人效力,尽管不直接对私人科以义务,但针对私法关系展开辐射效力,法院在审理时尤其要注意,在对私法上的一般条款和不确定法律概念进行解释时要考量保护当事人的宪法基本权利,并且要旨在尽可能地使各方当事人的基本权利得到保障和实现。①解释和适用民法规范主要是普通法院的任务,但考察其解释适用是否合宪的决定权限在宪法法院,而是否合宪就必须要考察民事法院在审理时是否充分衡量了两造各自的基本权利并给予最优化保障。②

宪法法院认为,在诉愿人一方涉及的是其一般人格权,并且具体是其中的彰表性权利这一保护维度(Äußerungsrechtliche Schutzdimension)。③彰表性权利是一般人格权保护的某一方面,其他方面如保护私人生活的某些关键领域不被侵犯、保障隐私空间、肖像权、人格名誉权等。这些方面都源自一般人格权,是一般人格权在实践中展开时根据个案情形和保护需要而形成的具体面貌。④ 它们的内容范围并不是完全封闭和绝对清晰的,往往要在具体个案中考察个人的社会关联,并还要考量第三人的基本权利保护。⑤ 因此一般人格权保障不意味着,个人得以自在地、不受干预地对自我人格的表现进行把握处分,而是指构建一系列基本条件,以使个人能够自主地发展、维护其个性。⑥ 就彰表性权利而言,其是指个人人格的展开包括能够自主地决定是否、何时、怎样在公众前展示、表现自我形象。⑦ 例如,在传媒通信的过程中,与人格有关、可对人格展开产生巨大妨害的新闻报道以及信息传播受到彰表性权利的抵御。⑧

与彰表性权利有所不同的,是信息自决权(Recht auf informationelle Selbststimmung)。

① Vgl. BVerfGE 152,152,Rn. 76.

② Ebd. ,Rn. 78.

③ Ebd. ,Rn. 79.

④ Ebd. ,Rn. 80.

⑤ Ebd. ,Rn. 81.

⑥ Ebd. ,Rn. 82.

⑦ Ebd. ,Rn. 82.

⑧ Ebd. ,Rn. 80.

信息自决权也是一般人格权的具体化,但该权利强调的是个人对自身信息"保真"的权利,即保护个人信息不被不透明地、非自愿地加工和使用。① 它要保护的,是在现代信息处理技术的背景下,人格的自由展开需要个人避免被无限制地收集、储存、使用、传播个人信息,个人有权自主决定对个人信息的披露和使用。② 进言之,如果个人无法充分确定,哪些和自身相关的信息会被暴露在其社会交往中的特定领域,也不能进而有效地估计潜在的交往对象可能形成的认识,那么他的人格舒展就无从谈起。③ 此外,根据信息自决权对他人人格的自由展开以及公平地融入社会具有重要意义的信息,第三人不得予以强占和专断,不得在排除他人参与下以不合理的方式将其作为对他人"贴标签"(对他人的品质、类型、形象作判断)的工具使用。④

由此可见,彰表性权利和信息自决权都是一般人格权的展开,在涉及个人信息的使用和传播方面时往往十分相像。但两者的区别主要在于,彰表性权利保护的范围更广,⑤ 它不仅仅局限于保障个人自由地向其社会关系展示个人信息,而是综合地保障个人在公众生活中的自我表现和对外展示的自由。如果针对某人的有关数据、信息是透明地、合理地被加工和使用的,那么此时个人信息自决权是得到保障的,但在此基础上的、涉及他人人格形象的新闻报道或其他向公众的信息传递,并不必然受到彰表性权利的保护。⑥ 尽管新闻报道是透明客观、实事求是的,也没有通过专横地加工个人信息而扭曲诉愿人的品质和形象,但它的不合时宜的传播依然可能妨碍诉愿人人格的充分舒展,使其难以回归正常的社会交往。⑦

宪法法院认为,《明镜周刊》一方涉及的是其言论与出版自由。由于相关报道仅仅是被转化为电子版本而在网络上传播,因此宪法法院认为这与广播电视传播自由(Freiheit der Rundfunkberichterstattung)无关。⑧

在权衡言论出版自由与人格权两种基本权利孰重孰轻时,宪法法院认为,时间间隔是一个很重要的参考指标。⑨ 对于已经定谳的刑事案件进行报道,虽然会不可避免地使当事人被识别出来,但基于保障公众知情利益,相关报道依然是被允许的。但是随着时间间隔的增加,这种利益会相应递减。⑩ 另外,纸媒、广播电视等传统媒体传播信息的方

---

① Ebd. ,Rn. 90.

② Ebd. ,Rn. 84.

③ Ebd. ,Rn. 84.

④ Ebd. ,Rn. 84.

⑤ Ebd. ,Rn. 83.

⑥ Ebd. ,Rn. 91.

⑦ Ebd. ,Rn. 92.

⑧ Ebd. ,Rn. 93 ff.

⑨ Ebd. ,Rn. 98.

⑩ Ebd. ,Rn. 102.

式往往是即时的,大众只能在较狭窄的时间段内获取,不久便逐渐遗忘。① 如今数字化网络的发展使报道的信息能长久留存,并可被所有人直接获取。在今天相关信息可以被完全不认识的第三人利用,甚至被断章取义并和其他信息编织在一起,用以对他人人格进行描绘。②

一般人格权的内容包括,个人可以对自身的信念与行为继续发展或进行改变。③ 法律应当允许,个人无害合理地行使上述自由,有机会告别曾犯下的过错。因此一个人过去的种种立场、表现和行为不应当无节制地被呈现在公众面前,只有有可能告别过去,才可以重新来过,这也是自由权的时间性表现。这种人格自由的时间维度保障也被部分地称为"被遗忘权"(Recht auf Vergessen)。④ 但与此同时宪法法院也强调,一般人格权中推导出的并不是一种可以由个人完全掌控的"被遗忘权",对信息的性质的评价与处分,并不是完全由个人单方决定的,因此不能要求基于一般人格权保障而在网络上删去之前与个人相关的所有信息。⑤

如果要求媒体匿名报道,那么无疑也极大地限制了其出版自由,也限制了公众的知情可能。⑥ 保障出版自由,对公众获取所需信息从而推进教育研究,以及对维护民主公共讨论,都具有重要意义。⑦ 因此原则上,杂志社可以将最初合法的公开报道放置于网络文档中,但必须考虑放置时的时间节点对当事人人格的意义,要综合考量相关报道的影响、内容以及对当事人私人生活及人格展开的可能损害等要素。⑧ 另外也要考虑到,在具体个案中有关信息在网络上的传播产生了哪些新的联结内涵。并且当事人的负担也和相关信息的传播广度有关,需要考察通过网络搜索机制相关信息被传播了多广。基于此出版方要与时俱进地考虑,是否在转化成网络文档的同时配置一定的保护措施,以免侵害当事人的一般人格权。⑨ 根据上述的在衡量私主体间基本权利冲突时国家公权力应考虑的要点,联邦宪法法院认为联邦最高法院的判决与宪法的要求不一致,侵犯了诉愿人的一般人格权,故裁定撤销该裁判并将案件发回联邦最高法院。

(六)平等权

2019年联邦宪法法院有两个裁定都涉及平等权保障,加强了对残疾人和非婚姻家庭的继子女的平等权保护,为此本文对这些裁定的要旨予以简单介绍。另外也有德国学

---

① Ebd.,Rn. 102.

② Ebd.,Rn. 103.

③ Ebd.,Rn. 105.

④ Ebd.,Rn. 106.

⑤ Ebd.,Rn. 107.

⑥ Ebd.,Rn. 108 f.

⑦ Ebd.,Rn. 111 f.

⑧ Ebd.,Rn. 114 ff.

⑨ Ebd.,Rn. 117 ff.

者,对通过平权立法提高议会女性议员比例、①施行男女同工同酬等涉及两性平等的议题进行了宪法学解读。②

根据德国《联邦选举法》第 13 条第 2 项,部分残疾人的选举权是被排除的。例如,有些残疾人的监护人很难确定,即使通过法院的临时指令也无法找到能为其处理各类事宜的监护人。有时即使有监护人,但监护人无权处理德国《民法典》第 1896 条第 4 款及第 1905 条所规定的事项(主要是电讯和邮件的往来接收)。因此这些残疾人无法胜任选举行为,故被排除在外。此外该条第 3 项还规定,根据德国《刑法典》第 63 条及第 20 条所作出的命令而被投入精神病院的人,也被排除选举权。如此根据上述规定,一些残疾人无法参加 2013 年 9 月 22 日举行的联邦众议会的选举,并认为上述法律侵犯了其选举权和平等权,提出了选举审查诉愿。联邦宪法法院第二庭于 2019 年 1 月 29 日作出裁定,认为只有当特定人群参与人民与国家机关间的沟通程序的可能性程度很低时,排除其选举权才是合宪的,而上述规定所排除之人皆不能完全符合这项标准,法律的这种类型化特殊区别对待并不能与德国《基本法》第 3 条第 3 款第 2 句所要求的残疾人平等权相契合,故选举法的这两项规定因与宪法不一致而无效。③

根据德国当前的法律规定(德国《民法典》第 1754 条第 1 款、第 2 款及第 1755 条第 1 款第 1 句、第 2 款),结为非婚姻的共同父母关系的两人,其中的继父母一方不能收养合法父母一方的子女(也就是不能收养继子女),除非该子女与其合法父母的法律关系中止。而若两人结婚,继父母就自然成为继子女的合法父母,就无所谓收养问题。因此事实上,非婚姻家庭中的继子女收养是被排除的。这种情况下的继子女和继父母没有特定的法律关系,继父母既无抚养权利也无抚养义务,合法父母方死后或 2 人分开后,继子女也和继父母无特定法律关系。

在实践中,有一位丧偶的母亲带着两个亲生孩子与一位男士生活在一起,构成了生活共同体,并且 2 人育有一子,但 2 人并未结婚。这主要是因为,这位母亲在丧偶后可以获得寡妇养老金(Witwenrente),并且这是她的重要收入来源,一旦重新结婚就无法再享受。两人曾向地方法院提出申请,要求将母亲与前夫所生的两个孩子在法律关系上转为母亲与现未婚配偶的共同子女,但各级法院都并未予以支持。于是该母亲、男士及两个子女向宪法法院提起诉愿。

联邦宪法法院第一庭在 2019 年 3 月 26 日作出的裁定中认为,只有在继父母和合法父母间存在法律关系时继子女收养才被允许的这一立法目的是合法的,立法者可以在收养法中将父母双方缔结婚姻作为具有积极、稳定意义的指标,但在所有的非婚姻家庭中

---

① Vgl. Antje von Ungern-Sternberg, Parité-Gesetzgebung auf dem Prüfstand des Verfassungsrechts, JZ 2019, S. 525 ff.

② Vgl. Nora Markard, Das Gebot der Entgeltgleichheit: Verfassungsrechtliche Perspektiven, JZ 2019, S. 534 ff.

③ Vgl. BVerfGE 151, 1; auch BVerfG, JZ 2019, S. 555 ff.

都排除继子女收养的做法违反了德国《基本法》第3条第1款的一般平等权,造成了对非婚姻家庭中继子女的歧视,并且立法者仍可以有其他措施来保护在非婚姻家庭中被收养的继子女,而不是一律排除收养可能。① 因此联邦宪法法院裁定德国《民法典》中的相关规定与宪法不一致,并要求立法机关限期改正。

三、国家机构

(一)国家安全机关

近年来,由于难民危机和极端右翼政治势力的崛起,恐怖犯罪案件增加,德国国家安全也遭受到越来越多的内外威胁,因此优化完善国家安全体制成为德国国家机构调整的重点之一,并涉及所谓的"安全宪法"。②安全宪法的内容里有两个主要部分:一是基本权利保障,二是权力分工配置。许多对基本权利进行限制的宪法争议,往往需要通过明确职责分工方面的规范内涵方能得到解决。③ 在德国历史上,军占时期的去中心化治理政策促成了警察与情报部门的分离、警察部门垂直领导的解构。④ 去中心化,一方面有利于控制国安权力,另一方面又可能造成能力不足、施策不准、侵犯权利。此外,全球的反恐形势也迫使安全部门的职责分工更优化。

为此有德国学者提出,原有的较松散的合作工作机制对于国家安全事务而言日显乏力,⑤因此有必要从"功能适当"的原则出发,通过重新解释德国《联邦宪法保卫法》等法律规范,改革联邦宪法保卫局的内部结构,增设相应部门、配置适当职权,将国家安全事务进行集中化领导。⑥在上述论理过程中,有关学者也综合了德国的学理观点并强调,要准确理解国家机构职责条款的内涵。⑦ 德国学界普遍认为,国家机构的职责条款并不必然指明实质性的国家任务,其主要服务于决定对某一事项由谁来负责完成,并不决定某一事项应当如何被完成,也不像国家目标条款或宪法委托条款等宪法规范能造就国家义

---

① Vgl. BVerfGE 151,101;auch BVerfG,JZ 2019,S. 611 ff.

② Vgl. S. Tanneberger,Eine Trendwende in der Sicherheitsverfassung?,VBlBW 2014,S. 41 ff.

③ Klaus Ferdinand Gärditz, Zentralisierung von Verfassungsschutzaufgaben und bundesstaatliche Kompetenzarchitektur,AöR 144(2019),S. 81(83).

④ 对于这种去中心化政策和分离原则的历史评价,参见 Johannes Unterreitmeier, Das informationelle Trennungsprinzip-eine historisch-kritische Relecture,AöR 144(2019),S. 234 ff.。

⑤ Ebd.,S. 272 ff.

⑥ Vgl. Klaus Ferdinand Gärditz, Zentralisierung von Verfassungsschutzaufgaben und bundesstaatliche Kompetenzarchitektur, AöR 144(2019), S. 81(91 ff.); Johannes Unterreitmeier, Das informationelle Trennungsprinzip-eine historisch-kritische Relecture,AöR 144(2019),S. 234(281 ff.).

⑦ Vgl. Klaus Ferdinand Gärditz, Zentralisierung von Verfassungsschutzaufgaben und bundesstaatliche Kompetenzarchitektur,AöR 144(2019),S. 81(92 ff.).

务,除非职责条款明确课以了义务性要求。① 这一点对精细化理解我国宪法上各国家机关的职权条款颇有启发意义。

(二)联邦宪法法院

联邦宪法法院既具备司法性又具备政治性,在德国的宪法生活中扮演了极为重要的角色,其裁判结论常常牵动各方利益并影响国家各权力间的协调运行。德国《基本法》颁布 70 年来,联邦宪法法院仿若德国政治生活和法治进程的"压舱石",凝结着德国法治建设的荣耀光芒,见证了一系列影响德国整体法秩序的重大事件。因此对于联邦宪法法院的学术研究也从未停息,并在新的历史阶段出现了更多耳目一新的研究范式。2019 年新出版的若干学术著作,都从较为新颖的维度和更宽广的视域继续了以联邦宪法法院为对象的研究。总体来看,这些研究逐渐从内部技术视角转向外部功能视角,并不仅仅局限于程序性的法教义学探究,常常展开多学科交叉研究,并使用纵横两种比较方法。

例如,在德国《基本法》70 周年的历史时刻,有学者将研究目光扩展到整个宪法法院的发展历程,想要通过对历史材料的梳理与反思,探究宪法法院及以之为核心的行宪模式的内在奥义。为此有关学者探讨了诸多具体问题,例如,人们应当如何评价在波恩共和国时期逐渐形成的以宪法法院为中心的法治国形态?宪法法院对此有何作为?哪些因素促成政治进程法治化的德国模式,并且使司法机关处于宪法法院的管辖之下从而实现法秩序的宪制化?这些因素到底是法体系的固有结构性特征还是具有划时代意义的决断?宪法法院的人员、组织以及作风有什么对外影响?相比于立宪主义的司法化现象,德国式的宪法实施制度将如何发展?② 除了纵向比较,还有学者展开了宪法法院的横向比较研究。例如,在新的发展阶段,法国宪法委会是与德国联邦宪法法院模式相对的另一独具特色的宪制模态。部分学者就二者在证立、说理、审理等方面的差异做了详细的比较研究。③

另外从本体论的视角出发,2019 年也不乏对宪法法院的内在机理与外在的影响功能的细致研究。例如,有学者就宪法程序法的作用提出了新的见解,强调了良好的程序法

---

① Vgl. Hartmut Maurer, Staatsrecht I, München: C. H. Beck, 6. Aufl., 2010, § 6 Rn. 22; Josef Isensee: Staatsaufgaben, in: Josef Isensee/Paul Kirchhof(Hrsg.), Handbuch des Staatsrechts der Bundesrepublik Deutschland, Band Ⅳ, Heidelberg: C. F. Müller, 3. Aufl., 2006, § 73 Rn. 19.

② 这些研究方面的代表文献,参见 Florian Meinel(Hrsg.), Verfassungsgerichtsbarkeit in der Bonner Republik. Aspekte einer Geschichte des Bundesverfassungsgerichts, Tübingen: Mohr Siebeck, 2019。

③ 代表性文献有 Ruth Katharina Weber, Der Begründungsstil von Conseil constitutionnel und Bundesverfassungsgericht. Eine vergleichende Analyse der Spruchpraxis, Tübingen: Mohr Siebeck, 2019; Matthias Jestaedt, Verfassungsgericht ist nicht gleich Verfassungsgericht. Vergleichende Beobachtungen zum französischen Conseil constitutionnel und zum deutschen Bundesverfassungsgericht, JZ 2019, S. 473 ff.。

建构对恰当地解决实体法问题有着重要的影响。[①]有学者对联邦宪法法院与民主统治的关系做出剖析。[②] 也有学者对宪法法院的裁判和宪法学发展间的关系做了研究,重点探讨二者如何相互影响,即到底是宪法裁判引领了宪法学说的变迁,还是宪法学说的探索为宪法法院的正确裁判提供了智识供给。[③]还有学者基于宪法法院及最高法院的消极立法和法官造法等作为空间,探讨了相比于立法机关,最高司法机关展开立法功能的模式与可能,并提出了应如何与立法机关相互协调平衡。[④]

(三)民主制度

在新的时代背景下,尤其是随着民粹主义崛起和新兴科技快速发展,民主制度也面临不断增加的挑战与风险。如何确保国家权力真正受到人民的控制监督,让人民意志切实贯彻到公权力运行的方方面面,如何在利益多元、价值多元的社会格局中平衡好民主决策与个人权利,诸如此类的问题正在被德国学者重新检视和思考。2019 年有部分学者就民主制度相关的议题进行了阐述。

有学者以移民现象为切入点,深入探讨了迁徙自由和民主的关系。其分别站在德国宪法、欧盟法、国际法的视角,揭示了不同的法秩序对个人形象与定位的不同设想,以及他们对个人的迁徙利益与共同体的政治自决利益的关系的不同态度。[⑤] 这些不同的规范预设造成了移民主体常处于不同法体系的紧张对立之中,这种矛盾在根本上与"个人—共同体"关系的观念有关。[⑥] 要解决这种矛盾,仅靠规则的次第适用是无法实现的,还必须使不同的法秩序部分地对其他法秩序开放,接纳其他的"个人—共同体"关系的观念。[⑦]

还有学者结合联邦宪法法院的裁判,从国家组织法和基本权利两个宪法规范的维度,来探讨民主正当性基础形成可能的路径和模态,尝试重新理解选举权的宪法内涵,并

---

① Vgl. Christoph Möllers, Funktionen des Verfassungsprozessrechts, in: Joachim Münch/Alexander Thiele (Hrsg.), Verfassungsrecht im Widerstreit. Gedächtnisschrift für Werner Heun, Tübingen: Mohr Siebeck, 2019, S. 149 ff.

② Vgl. Christine Landfried, Die Verfassungsgerichtsbarkeit als Potential für demokratisches Regieren, in: Hans Michael Heinig/Frank Schorkopf (Hrsg.), 70 Jahre Grundgesetz, S. 255 ff.

③ Vgl. Dieter Grimm (Hrsg.), Vorbereiter-Nachbereiter? Studien zum Verhältnis von Verfassungsrechtsprechung und Verfassungsrechtswissenschaft, Tübingen: Mohr Siebeck, 2019.

④ Vgl. Frank Schorkopf, Gesetzgebung durch Höchstgerichte und Parlamente. Zu Anspruch und Versuch einer gewaltenübergreifenden Korrektur von Rechtsprechungsrecht, AöR 144 (2019), S. 203 ff.

⑤ Vgl. Martin Nettesheim, Migration im Spannungsfeld von Freizügigkeit und Demokratie, AöR 144 (2019), S. 369 ff.

⑥ Ebd., S. 360 ff.

⑦ Ebd., S. 421 ff.

借此阐述了实定宪法和宪法理论间的关系。①

此外有学者回顾了德国《基本法》颁布 70 年来,在新的宪法秩序下民主理论的发展历程,并将其和魏玛时代的民主理论内容对比,同时也指出伯肯弗尔德在这一进程中的贡献。②还有学者针对是否出现了立宪制民主的危机这一问题,进行了探讨与批判,强调要厘清问题范畴,看到民主制度的自我调节过程,不应盲目悲观恐惧。③在数字化时代,伦理委员会的咨询建议对数字政策的出台有重要的影响作用,但这一机构是否充分具备宪法依据是存有疑问的,并且何为数据伦理,这一伦理性要求和民主决策的紧张如何协调,都是有待研究的,德国亦有学者对这些问题作出了回答尝试。④

---

① Vgl. Heiko Sauer, Demokratische Legitimation zwischen Staatsorganisationsrecht und grundrechtlichem Teilhabenspruch. Ein Beitrag zum Verhältnis von Verfassungsrecht und Verfassungstheorie, Der Staat 58(2019), S. 7 ff.

② Vgl. Olivier Jouanjan, Demokratietheorie als Verfassungslehre, Der Staat 58(2019), S. 223 ff.

③ Vgl. Uwe Volkmann, Krise der konstitutionellen Demokratie? Reflexionen anlässlich der Lektüre einschlägiger Literatur, Der Staat 58(2019), S. 643 ff.

④ Vgl. Thomas Wischmeyer/Eva Herzog, Digitale Ethik in der Demokratie. Zur Rolle von Ethik-Kommissionen in der Digitalpolitik, JZ 2019, S. 696 ff.

2020年德国宪法学发展概览

孙　毅*

2020年,新冠肺炎疫情的阴霾笼罩全球,所带来的挑战百年未有。为遏制疫情蔓延,德国各级政府在较短的时间内采取了多项应对措施,也不可避免地极大干预了人民的基本权利。这自然成为德国公法学界探讨的重要议题,也构成联邦宪法法院待决案件的一大主题。由此,对新冠肺炎疫情的"应变"便凸显为2020年德国宪法学发展最显著的特征。

不过,在变化之外更多的还是"延续"。首先,虽实行了诸如在家办公等工作方法上的必要调整,①德国联邦宪法法院仍坚守着其"宪法守护者"的职责,在面对具体案件时也依然承袭既定的审查方法与标准。其次,法院所审结的重要案件所涉及的欧洲一体化、个人信息保护、生命权等领域在近年来多已受到广泛讨论,其判决结果在承袭先前裁判脉络的同时亦有所发展。

本文主体分为两大部分。前半部分总览德国联邦宪法法院2020年度的工作,并对其作出的重要裁判进行评介。后半部分将首先列举德国宪法学界在2020年的关注重点,随后着重介绍围绕抗击新冠肺炎疫情各方面而展开的学术讨论及联邦宪法法院在该领域作出的裁判。

一、联邦宪法法院的工作

联邦宪法法院在2020年经历了重要的人事变动。经联邦参议院选举,法院副院长哈巴特(Stephan Harbarth)于6月22日就任院长,接替担任该职十年的福斯库勒(Andreas Voßkuhle)。不同于大学教授出身、在学界享有盛誉的福斯库勒,哈巴特来自实务界与政界:从海德堡大学和耶鲁大学分别获得法学博士和硕士学位后,他在一家律师事务所从事公司法业务,并自2009年起担任联邦议院议员,直至2018年被选为联邦宪法法院法官、副院长。哈巴特也是宪法法院历史上首位曾在德国以外取得学位的院长。与福斯库

* 慕尼黑大学法学院博士研究生,科隆大学东亚研究所研究助理。

① See Federal Constitutional Court, *Annual Report*, Bundesverfassungsgericht (9 June 2021), https://jahresbericht.bundesverfassungsgericht.de/wp-content/uploads/2021/03/Federal-constitutional-court-annual-report-2020.pdf.

勒同时卸任的还有同在弗赖堡大学任教的宪法法院第一庭法官曼辛(Johannes Masing)教授。接替2人担任宪法法官的则分别是法兰克福大学瓦尔拉本斯泰因(Astrid Wallrabenstein)教授与奥德河畔法兰克福欧洲大学黑尔特(Ines Härtel)教授。

尽管面临新冠肺炎疫情的挑战,联邦宪法法院在2020年仍继续发挥着"宪法守护者"的职能。根据《联邦宪法法院2020年度数据报告》,宪法法院全年共收到5529件各类型的程序申请。按两庭划分,第一庭3088件,第二庭2441件;按程序类型划分,宪法诉愿5194件,抽象规范审查1件,具体规范审查36件,机关争议11件,暂时命令271件,选举审查16件。法院在2020年收到的案件申请数量较前一年的5446件略有上升;目前积压的未决程序有3214件,较上一年度有所减少。

宪法法院在2020年共审结各类型案件5787件。按两庭划分,第一庭3279件,第二庭2508件;其中绝大部分案件都由3人小组(Kammer)审理,由合议庭(Senat)直接裁判的主体程序,第一庭6件,第二庭44件。按程序类型划分,宪法诉愿5466件,抽象和具体规范审查27件,暂时命令261件,机关争议2件,选举审查31件。在5466件宪法诉愿程序中(含合并审理的程序),由小组裁决的有5338件,其中90件被支持,其余5248件被直接拒绝受理;由合议庭审理的有23件,其中驳回2件,支持21件;另有105件由诉愿人撤回或以其他方式结案。总体上,宪法诉愿的支持率为2.07%。①

在例行的年度数据报告之外,联邦宪法法院于2021年3月首次以德英双语发布了《2020年度报告》,向全球公众全面展现法院在过去一年的工作,显示了新任院长进一步贴近公众、加强与国际司法机构对话的努力。②在2020年宪法法院审理的众多案件中,有10个重要裁判被收入法院年报。其中"协助自杀案"判决已在《2019年德国宪法学发展概览》中作了介绍,③本部分以下从剩余9起案件中选取7件加以述评。

(一)"欧洲中央银行公共部门资产购买计划案"

联邦宪法法院2020年所作裁判中,造成政治影响最大、激起学界讨论最多的无疑是其就"欧洲中央银行公共部门资产购买计划"(PublicSector Purchase Programme,PSPP)作出的判决。④要理解这一案件的重要意义,首先需要对其涉及的大背景予以简要阐述。随着欧洲一体化进程的推进,欧盟法律体系与各国国内法律体系的冲突在所难免。欧盟法

---

① Bundesverfassungsgericht, Bundesverfassungsgericht Jahresstatistik 2020, https://www.bundesverfassungsgericht.de/DE/Verfahren/Jahresstatistiken/2020/gb2020/Gesamtstatistik%202020.pdf?__blob=publicationFile&v=2(abgerufen am 9 Juni 2021).

② Federal Constitutional Court, *Federal Constitutional Court Publishes "Annual Report" for the First Time*, Bundesverfassungsgericht(June 9,2021), https://www.bundesverfassungsgericht.de/SharedDocs/Pressemitteilungen/EN/2021/bvg21-019.html.

③ BVerfGE 153,182. 参见段沁:《2019年德国宪法学发展概览》,载本书。

④ BVerfGE 154,17.

优先的原则虽已由欧共体法院在1964年通过判决确立,①但并未作为冲突规范明确载入欧盟条约之中,而更加困难的则是如何处理欧盟法与各国宪法的潜在冲突。对此,德国联邦宪法法院自1974年作出"Solange I"裁定以来,②逐渐发展出三条应对欧盟法与德国《基本法》潜在冲突的基准,作为德国参与欧洲一体化进程的界限和欧盟法优先原则的例外:欧盟法必须提供充足的基本权利保障、法院对欧盟机构越权(ultra vires)行为的审查及对德国《基本法》下宪法同一性(Verfassungsidentität)的绝对保障。③ 而自2009年《欧盟基本权利宪章》实施后,法院对欧盟二级立法(secondary law)的审查主要以越权与宪法同一性两条基准展开。

在针对具体争议的审查中,至2019年为止,德国联邦宪法法院的裁判大多遵循类似"可以、但是"(yes, but)的结构:④一方面,在内容上审查划定欧盟机构的职权范围,但在结果上认定系争欧盟法尚未与德国《基本法》冲突;另一方面,又警告未来欧盟机构不得逾越此界限,可谓"雷声大雨点小"。然而,法院在2020年2月第一次说了"不"字:裁定转化实施欧盟《统一专利法院协议》的德国内国法(Zustimmungsgesetz)对司法权的让渡未获德国《基本法》第79条第2款所要求的联邦议院和联邦参议院各2/3多数,与民主原则不符,因而违宪无效。⑤ 数月后,法院第二庭再次判决欧洲中央银行的PSPP计划以及欧洲法院对此所作判决均越权,德国联邦政府与联邦议院对此计划的全盘接受违反了德国《基本法》第38条第1款、第20条第1款、第2款和第79条第3款等条款,因而德国不得再参与该计划。⑥

PSPP是欧洲中央银行为防止欧元区出现通货紧缩而于2015年开始实行的量化宽松(Quantitative Easing)措施,主要内容是由该行与欧元区各国央行在二级市场上购买债券,规模超过2万亿欧元。⑦ 这是欧洲主权债务危机以来欧洲中央银行为维护金融稳定

---

① Case 6/64, Costa v. ENEL [1964] ECR 585.

② BVerfGE 37, 271.

③ See generally Andreas Voβkuhle, Multilevel Cooperation of the European Constitutional Courts: Der Europäische Verfassungsgerichtsverbund, European Constitutional Law Review 6(2), 2010, p. 175 - 198; Andreas L. Paulus & Jan-Henrik Hinselmann, *International Integration and Its Counter-Limits: A German Constitutional Perspective*, in: Curtis A. Bradley (ed.), The Oxford Handbook of Comparative Foreign Relations Law, Oxford University Press, 2019, p. 424 - 429.

④ See Karsten Schneider, *Yes, but … One More Thing: Karlsruhe's Ruling on the European Stability Mechanism*, German Law Journal 14(1), 2013, p. 53 - 74.

⑤ BVerfGE 153, 74.

⑥ BVerfGE 154, 17.

⑦ Decision(EU)2015/774 of the European Central Bank of 4 March 2015 on a secondary markets sector asset purchase programme, OJ L 121 14.5.2015, p. 20, last amended by Decision(EU)2017/100 of the European Central Bank of 11 January 2011, OJ L 16 20.1.2017, p. 51.

而出台的又一货币政策,此前的欧洲稳定机制(European Stability Mechanism,ESM)①、直接货币交易(Outright Monetary Transactions,OMT)②等均曾在德国联邦宪法法院受到挑战。

在该案中,诉愿人主张欧洲中央银行的任务仅限于《欧盟运行条约》第119条和第127条中明文规定的货币政策而不包括财政政策,而其购债计划违反该条约第123条第1款禁止向成员国提供货币融资的规定,因此超越了被赋予的权限,从而侵害了诉愿人依据德国《基本法》第38条第1款所享有的民主权利。诉愿的可受理性乃基于联邦宪法法院在涉及欧洲一体化的案件中已长期认可的"对民主自决的请求权"(Anspruch auf demokratische Selbstbestimmung),即任何公权力都必须能够通过"民主链条"追溯至公民。③

受理案件后,联邦宪法法院听取了德国联邦政府、德国联邦银行(德国央行)与欧洲中央银行的书面意见,因案件涉及对欧盟法的解释,法院遵循《欧盟运行条约》第267条中止案件审理,于2017年8月将其提交至欧洲法院进行先决裁判(preliminary ruling)。④欧洲法院于2018年11月作出裁判,认为欧洲中央银行的PSPP计划仍属于货币计划范围,因此尚未构成越权;同时,鉴于欧洲中央银行必须基于复杂预判作出技术性决定,其必须被赋予较大的裁量权,因而计划并未违反比例原则。⑤

联邦宪法法院恢复案件审理后作出判决。法院首先重申了其在先前案件中的一贯立场。对欧盟机构行为的审查原则上是欧洲法院的职责,然而,德国《基本法》第38条第1款所保障的"对民主自决的请求权"同样适用于欧洲一体化进程,结合德国《基本法》第20条及第79条第3款,可得出禁止欧盟机构为自身创设新的权限、欧盟机构不享有划定自身权限范围之权限(Kompetenz-Kompetenz)的结论。因此,联邦宪法法院有权在例外情况下审查包括欧洲法院在内的欧盟机构行为是否构成越权。这一审查遵循谦抑原则,仅限于判断越权是否"明显且结构上重要"(offensichtlich und strukturell bedeutsam)。联邦宪法法院原则上将采纳欧洲法院对欧盟机构行为的解释,除非该种解释"不可理解"(nicht mehr nachvollziehbar)且"任意"(willkürlich)。⑥

联邦宪法法院依据此标准审查了欧洲法院的判决。宪法法院承认,欧洲法院对欧盟

---

① BVerfGE 135,317. 对该案的中文介绍,参见曾韬:《2014年德国宪法学发展概述》,载韩大元主编:《中国宪法年刊》2014·第10卷,法律出版社2015年版,第175~177页。

② BVerfGE 142,123. 对该案的中文介绍,参见查云飞:《2016年德国宪法学发展概览》,载韩大元、莫纪宏主编:《中国宪法年刊》2016·第12卷,法律出版社2017年版,第178~181页;杨国栋:《欧盟反危机措施的司法审查研究——兼论后危机时代欧洲一体化模式的博弈》,载《欧洲研究》2019年第2期。

③ Vgl. z. B. BVerfGE 83,37; 93,37; 130,76; 137,185; 139,194; 142,123.

④ BVerfGE 146,216.

⑤ CJEU, Judgment of 11 December 2018, *Weiss and Others*, C－493/17, EU:C:2018:1000.

⑥ BVerfGE 154,17(98 ff.).

法的解释方法乃由各成员国法律传统发展而来,因而不必与各国内法院完全一致,然而其亦不可完全忽略各国法院所采用的解释方法。在考察了多个欧盟成员国法院及欧洲法院对比例原则的适用后,联邦宪法法院认为,欧洲法院在其判决中未能充分认识到比例原则的重要性,在进行比例原则审查时忽略了对 PSPP 计划实际影响的评估,主动放弃了对其进行全面审查,该院甚至完全忽视了计划在财政政策方面的影响,这一切都与其自身在比例原则领域的判例不相符合,使《欧洲联盟条约》第 5 条所规定的比例原则无法发挥其矫正功能(Korrektivfunktion)以保障成员国的权限,架空了该条款下的有限个别授权原则。基于此,联邦宪法法院认为欧洲法院在进行审查时通过自我设限明显扩大了欧盟机构在这一结构上重要领域的权限,构成越权,因而该判决对德国不具约束力。

随后,法院自行重新依据比例原则审查了欧洲中央银行的 PSPP 计划。法院认为,欧洲中央银行在作出 PSPP 决定时未能评估债券购买对财政政策的广泛影响,并列举了公共债务、养老金、房地产价格、公司和银行等各方面,而各成员国在这些领域具有广泛权限;其亦未将这些影响与其将通货膨胀率提升至接近 2% 的货币政策目标作出平衡。换言之,欧洲中央银行实际上完全未将比例原则纳入决策考量,因此其决定同样构成越权。

此外,就诉愿人提出的其他请求,联邦宪法法院认为尚无法断定联邦政府与联邦议院是否因未能积极建议终止 PSPP 计划而违反了对欧洲一体化的责任(Integrationsverantwortung),同时亦无法认定计划违反了《欧盟运行条约》第 123 条第 1 款禁止货币融资的规定。就越权以外的另一审查标准宪法同一性而言,法院认为,尚无法认定 PSPP 计划触犯了德国《基本法》中的宪法同一性或德国联邦议院的预算职责。

法院最后判决:基于其对欧洲一体化的责任,联邦政府与联邦议院必须采取措施确保欧洲中央银行进行比例原则评估,必须明确向欧洲中央银行传达其法律观点或采取其他措施以确保条约重新得到遵守。在 3 个月过渡期满后,德国的宪法机关、行政机关与法院均不得再参与以上越权行为的制定、执行或实施,这也一般性地适用于德国联邦银行。

联邦宪法法院这一判决不啻为重磅炸弹,甫一公布便在整个欧洲范围内激起了轩然大波。欧盟委员会发表声明重申欧盟法的优先地位,其主席冯德莱恩(Ursula von der Leyen)甚至威胁在必要时启动追究德国违反欧盟条约的程序(infringement procedure);欧洲法院严厉批评德国联邦宪法法院,强调其自身是唯一有权审查欧盟法(包括该案所涉欧洲中央银行计划)合法性的机构;欧洲中央银行则回应称将继续在职权范围内采取必要措施稳定欧元区经济。更加雪上加霜的是判决公布的时机。判决原定于 3 月 24 日公布,但迫于新冠疫情的影响而推迟至 5 月 5 日。[①] 此时正值欧洲中央银行为缓解疫情

---

① Federal Constitutional Court, *Pronouncement of the Judgment in the Proceedings "Expanded Asset Purchase Programme of the European Central Bank" is postponed to Tuesday, 5 May 2020, 10:00 a. m.*, Bundesverfassungsgericht, https://www.bundesverfassungsgericht.de/SharedDocs/Pressemitteilungen/EN/2020/bvg20-019.html, 16 March 2020.

冲击而出台紧急抗疫购买计划(Pandemic Emergency Purchase Programme,PEPP)之际,判决也短暂地给欧盟经济复兴计划的谈判前景蒙上了一层阴影。[①]

该案判决引起欧洲政经界如此巨震,自然与 PSPP 及其他资产购买计划对欧元区经济的重大影响紧密相关。与此同时,判决论证所涉法律问题亦极具争议。尽管联邦宪法法院此前已于 2020 年 2 月就统一专利法院所作裁定第一次对欧盟机构说了"不"字,但该案在形式上涉及的是转化实施欧盟《统一专利法院协议》的德国内国法,于该协议生效前阻止德国的批准行为在国际条约法上亦无可指摘。与此相反,该案判决欧洲中央银行与欧洲法院行为越权,在事实上否定了欧洲法院判决在德国的效力,是对欧盟法优先原则的一大挑战,难免令人担忧这是否开启了"潘多拉盒子"。诚然,德国联邦宪法法院此前已多次对包括欧洲中央银行货币政策在内的欧盟机构行为进行了越权审查,且其相关裁判中的疑欧(Eurosceptic)倾向自从 2009 年"里斯本条约判决"以来亦显著增强,[②]但当"狼终于来了"的时候,其对欧盟法体系造成的冲击仍引发了众多学者的强烈批评。[③]

比勒菲尔德大学梅耶(Franz C. Mayer)教授在梳理了德国学界对欧盟权限问题的争议和联邦宪法法院越权审查的判例后,区分了狭义与广义两种越权:狭义的越权行为完全没有法律依据,而当形式或实质上超越法定权限时则构成广义的越权行为。梅耶认为,本判决中的"越权"审查在欧盟法层面违反了欧盟法的约束力,在德国宪法层面上则既无德国《基本法》依据,又超越了法院在"密井案"(Honeywell)[④]自设的仅在不可避免情况下方以"欧盟法友好"(europarechtsfreundlich)方式进行越权审查的自制,因而毋宁说判决本身便是广义的越权行为。梅耶提出,所谓欧盟机构的"越权"问题实属政治问题,因而尝试在欧盟法院之上再建立"权限法院"的提议并不可取,相反应将"越权"问题剔出联邦宪法法院的管辖范围。否则,德国将给其他欧盟国家作出错误榜样,最终破坏欧盟法的稳定性与欧洲一体化进程。[⑤]

与此相对,联邦宪法法院前法官格林(Dieter Grimm)教授对判决抱支持态度。他认为,联邦宪法法院判决中所表达的观点不乏其他欧盟成员国法院的共鸣,且系基于《欧洲联盟条约》第 5 条明定之授权原则(principle of conferral)作出而完全符合欧盟条约。他还指出,欧盟法优先原则并未明确规定于欧盟条约中,且鉴于欧盟的民主赤字更不应一味强调其优先性,因为欧盟条约不同于宪法之处在于其充斥着后者只会交给一般法律的

---

① 石佳友:《德国违宪审查机制考验下的欧盟法优先效力原则——以德国宪法法院关于欧洲中央银行公共债券购买计划的最新判决为例》,载《欧洲研究》2020 年第 5 期。

② BVerfGE 123,267.

③ 对判决最初反应与评论的简要梳理,参见 Mattias Wendel, *Paradoxes of Ultra-Vires Review: A Critical Review of the PSPP Decision and Its Initial Reception*, German Law Journal 21(5),2020,p. 979 – 981.

④ BverfGE126,286.

⑤ Franz C. Mayer, Der Ultra vires-Akt: Zum PSPP-Urteil des BVerfG v. 5. 5. 2020 – 2 BvR 859/15 u. a. , JZ 75(2020),S. 725 – 734.

具体条款。尽管联邦宪法法院的判决可能被其他成员国法院滥用,但这不应成为阻止前者作出正确裁判的理由。①

哥廷根大学朔尔科普夫(Frank Schorkopf)教授也表达了对判决的理解。他认为,联邦宪法法院的越权审查是欧洲"宪法斗争"(Verfassungskämpfe)的表现。由于当前修改欧盟条约机会甚微,欧洲中央银行试图介入财政政策、突破禁止货币融资的规定同欧盟法院的判决一道,乃是在持续地对欧盟宪法进行变迁,而联邦宪法法院的判决意在为这种条约修改与宪法变迁划定界限。②

如果说德国学者对联邦宪法法院的这一判决还有一丝宽容的话,英语学界的批判则显得更加尖锐。例如,来自五国学术与实务界的作者合作撰文批判了法院的判决,认为其无论从德国宪法还是欧盟法角度都问题重重。③ 还有学者认为,尽管国内法院基于人权、民主和国家宪法秩序对欧盟机构反弹可以赢得赞同,但由德国法院对欧洲中央银行货币政策进行比例原则审查于此无益,更非应对全球化的正确方式,因而需要重新讨论违宪审查如何有效且有益地抵御经济全球化的负面影响。④

在最初的强烈反应后,各方态度逐渐软化。6 月初,欧洲中央银行管理委员会(Governing Council)在其货币政策会议上评估了资产购买的成本与收益,讨论了货币政策与财政政策间的互相影响和控制财政主导的风险、保障财政政策的稳健等问题。委员会得出结论,认为资产购买从总体宏观经济角度为欧元区的经济增长和通货膨胀作出了非常重要的积极贡献,PSPP 计划符合比例原则。随后,欧洲中央银行向德国联邦银行提供了相关机密文件,并由后者转呈德国财政部,最终由德国联邦政府提交联邦议院供议员查阅。7 月 2 日,联邦议院在全体会议辩论后以多数作出决议,认为欧洲中央银行理事会所作决定评估了 PSPP 对财政政策的影响与实现其货币政策目标间的关系,因而满足了联邦宪法法院判决的要求。⑤ 德国联邦银行随后表示,将在判决所设定的 3 个月期满后恢复参与 PSPP 计划。

至此,判决导致的政治危机得以化解。2021 年 4 月,联邦宪法法院第二庭裁定驳回了两件执行命令(Vollstreckungsanordnung)申请,认为联邦政府与联邦议院在原判决执行

---

① Dieter Grimm, *A Long Time Coming*, German Law Journal 21(5), 2020, p. 944 – 949.

② Frank Schorkopf, Wer wandelt die Verfassung? Das PSPP-Urteil des Bundesverfassungsgerichts und die Ultra vires-Kontrolle als Ausdruck europäischer Verfassungskämpfe: zugleich Besprechung von BVerfG, Urteil v. 5. 5. 2020 – 2 BvR 859/15 u. a., JZ 75(2020), S. 734 – 740.

③ Jürgen Basedow et al., *European Integration: Quo Vadis? A Critical Commentary on the PSPP Judgment of the German Federal Constitutional Court of May 5, 2020*, International Journal of Constitutional Law 19(1), 2021, p. 188 – 207.

④ Karen J Alter, *When and How to Legally Challenge Economic Globalization: A Comment on the German Constitutional Court's False Promise*, International Journal of Constitutional Law 19(1), 2021, p. 269 – 284.

⑤ German *Bundestag*, Minutes of plenary proceedings 19/170, p. 21283.

方面享有裁量权与形成自由,法院无须审查欧洲中央银行的比例原则评估是否在所有方面都符合《欧洲联盟条约》第5条的要求,因而判决已得到执行。① 至于欧洲法院,其院长莱纳茨(Koen Lenaerts)于2020年10月率团访问德国联邦宪法法院,后者称访问"增进了互相理解,巩固了两个法院间的关系"。② 尽管如此,判决背后的法律问题仍悬而未决,类似争议再起波澜或许只是时间问题。

(二)维护国家安全中的基本权利保障

近年来,恐怖主义成为世界各国共同面临的一大威胁。如何在打击恐怖主义时平衡维护国家安全与保障公民基本权利间的关系,确保各项反恐措施符合本国宪法及各国际人权公约的要求,对各国法院提出了严峻挑战。2020年,联邦宪法法院就此问题作出了三件重要裁判,再次展现了其守护基本权利的坚定立场。

1."联邦情报局国外电信监控案"

在美国中央情报局前雇员斯诺登(Edward Snowden)披露美国政府的监听项目后,德国于2016年修改《联邦情报局法》,为德国联邦情报局对国外电讯的监控提供了法律依据。修改后的法律授权该局对外国公民在德国以外的通信进行所谓的"战略监控"(strategische Auslandstelekommunikationsüberwachung),即无须特别理由或怀疑便可从互联网、卫星等电讯手段中截取、存储数据并进行分析,以获取有价值的情报。实践中,该局主要使用电话号码、电邮地址等对特定个人进行重点监控,但也使用关键词搜索等手段。该法第26条还为与外国情报机构的数据共享等合作提供了依据。

该案诉愿人多为在战乱地区对人权问题进行报道的记者,主张该法将其置于监控下,侵犯了其依据德国《基本法》第10条第1款、第5条第1款第2句和第3条第1款而分别享有的通信秘密、新闻自由与平等权等基本权利。

在为期两天的辩论中,诉愿人、联邦情报局、联邦议院的监督小组和G10委员会③、联邦数据保护与信息自由专员,以及多个专家证人均发表了意见。案件的一大争点在于诉愿人是否在该案中享有德国《基本法》所保障的基本权利。联邦政府援引德国《基本法》"序言"中对16个联邦州的列举,主张德国《基本法》所保障的基本权利仅及于德国领土和德国公民,且联邦情报局在德国管辖范围外的行为不具有高权性,而赋予身处德国以外的外国公民基本权利更将违反国际法上的领土主权原则。

在其判决④中,法院第一庭首次明确了德国《基本法》对基本权利的保障不局限于德国领土范围内。法院的论证主要从德国《基本法》的基本权利保障与德国保障国际人权

---

① BVerfG, Beschluss des Zweiten Senats vom 29. April 2021, 2 BvR 1651/15.

② *Annual Report*, p. 37.

③ 监督小组(Parlamentarische Kontrollgremium, PKGr)在联邦议院内部负责监督联邦情报局等情报机构;G10委员会(G 10 – Kommission)在联邦议院内部负责关于德国《基本法》第10条通信秘密的决定。

④ BVerfGE 154, 152.

的国际义务两方面展开。法院首先指出,德国《基本法》第1条第3款"以下基本权利拘束立法、行政与司法"的措辞并不包含任何地域限制,对制宪史的考察也不支持这种限制性理解。相反,结合德国《基本法》"序言"、第1条第2款、第24条和第25条等的体系解释以及该法尽可能全面地保障基本权利并将其置于整部法律中心地位的目的解释,应当认为基本权利保障延伸至德国公权力行使的范围,无论何地、针对何人、以何方式。此种保障不仅构成德国公权力的客观义务,也同时赋予受影响的相对方以主观权利。

另外,基于第1条第2款中"德意志人民承认不可侵犯且不可让与的人权"的规定,法院认为,德国《基本法》将基本权利保障置于国际人权保障的框架下,以使其保障超越国界范围。这一点既不因基本权利清单中某些权利仅可由德国公民享有而改变,也不因"序言"中对联邦州的列举而存在地域限制。相反,在解释德国《基本法》中的基本权利时必须将国际公约中的人权保障纳入考量。因此,法院又援引了欧洲人权法院关于《欧洲人权公约》域外效力的数件判决,作为支持赋予身处德国以外的外国公民以德国《基本法》基本权利保障的依据。由于这不涉及他国的行为,法院认为这不违反国际法上的不干涉原则,也不构成对他国主权的侵犯。此外,认可身处德国以外的外国公民享有基本权利保障并不意味着其保护范围必须完全一致。

确认该案诉愿人享有其所主张的基本权利后,法院从形式与内容两个方面审查了案涉国外电信监控措施的合宪性。形式上,尽管在立法权限上不存在争议,但《联邦情报局法》未指明受影响的基本权利便授权可能侵犯通信秘密的电信监控措施,因而违反了德国《基本法》第19条第1款第2句的指明条款要求(Zitiergebot)。内容上,虽然战略监控并不当然为德国《基本法》对通信秘密的保障所禁止,但其必须符合比例原则的要求。战略监控旨在及早发现危险、保障德国的行动能力以及向联邦政府提供外交和安全政策方面的情报,符合目的正当之要求,其可获得此种情报,因而是适当的。同时,若无对数据的广泛截取与分析便无法获得此种情报,因而不存在更小侵害手段,符合必要性要求。

法院随后着重依据狭义比例原则对战略监控进行了审查。一方面,战略监控具有在暗中进行、监控范围广泛而又可针对特定个人、数据可被保留进行全面分析、可深入收集分析互联网数据中体现的高度私密的兴趣偏好等特点,因而干预力度强大;另一方面,战略监控所提供的情报有助于联邦政府在国际政治中的决策,从而间接关系到民主自决权与宪法秩序的维护,属于高位阶的宪法法益,加之国外威胁的大幅增加,及早发现威胁对公共安全尤为重要。因此,战略监控对通信秘密的干预原则上尚合比例,但对法律框架的设计提出了严格要求:不得进行全面监视,因而立法者必须限制各传输通道和地理区域的监控数据量;在人工分析前尽可能分离涉及德国公民或居民的数据;以足够的准确性和法律明确性确定监控目的;细分监视措施并通过程序保障监督;限制储存数据量,且时间不得超过六个月;限制针对性监视;特别保护律师和记者等涉及保密义务的群体;不得触及私人生活的核心;删除义务;等等。此外,立法者还必须明确限制与外国情报机构的情报合作;确保与国内或国外机构的情报共享只能基于重要目的,除非情报仅提供给联邦政府;监控措施必须受到全面监督,包括独立的司法审查与行政监督。

宪法法院认定《联邦情报局法》的多个条款均不满足以上比例原则要求,因而侵犯了诉愿人的通信秘密和新闻自由。法院宣告这些条款违宪,但鉴于战略监控对德国国家安全和联邦政府国际政治活动不可或缺的关键作用,判令立法者至迟于 2021 年年底前完成新的立法,在此之前现《联邦情报局法》可继续适用。

2.“第二次用户数据案”

在 2020 年 5 月作出的另一裁定中,联邦宪法法院第一庭宣告关于人工获取用户数据的德国《电信法》第 113 条等法律条款违宪。[①] 根据该条款,为执法或维护公共安全目的,联邦警察、联邦刑警、海关刑警、宪法保卫局、联邦情报局和军事情报局等机构有权要求电信运营商提供“用户数据”(Bestandsdaten)。这些数据是电信运营商根据该法第 95 条和第 111 条要求所收集的用户个人信息,包括姓名、地址、出生日期、银行账号、电话号码和 IP 地址等,但不包括通信时间、地点、时长等“流量数据”(Verkehrsdaten)和通信内容。此前,宪法法院第一庭曾于 2012 年裁定该条款当时的文本部分违宪。[②] 该案诉愿人主张修改后的《电信法》第 113 条及多个相关法律条款侵犯了其依据德国《基本法》第 10 条第 1 款所享有的通信秘密,以及第 2 条第 1 款结合第 1 条第 1 款所享有的个人信息自决权(Recht auf informationelle Selbstbestimmung),再一次提起了宪法诉愿。

法院对该案的审查遵循与上述“联邦情报局国外电信监控案”相同的步骤展开。法院首先认定系争条款构成对诉愿人通信自由与个人信息自决权的干预,并从立法权限和指明条款两方面判定其形式上合宪。在依据比例原则展开的实质合宪性审查中,法院认可了打击违法犯罪、维护公共安全和服务情报工作目的之正当性及人工获取用户数据的适当性和必要性。随后,法院重申了其在“第一次用户数据案”中对电信运营商的数据传输(Datenübermittlung)与安全机构的数据访问(Datenabruf)间的区分,并形象地以“双门”比喻,只有当两者同时获得法律授权时个人数据方能通过开启的“双门”得以交换。

法院重点依据狭义比例原则分别审查了德国《电信法》第 113 条授权的数据传输和其他法律条款授权的数据访问,并根据对基本权利干预的强度进一步细分了普通用户数据、动态 IP 地址和登录数据。法院认为,鉴于潜在涉及宪法法益的重要性,相关法律条款必须明确限定基于何种目的时可传输及访问何种数据。就普通用户数据而言,一般在个案中仅当存在具体危险(konkrete Gefahr)时方可以公共安全目的、仅当存在初始嫌疑(Anfangsverdacht)时方可以打击违法犯罪目的传输和访问数据。受到威胁的法益越重要、威胁越大,其所要求的法益受损可能性及事实的确定性便越小;反之亦然。因此,立法者若为预防性公共安全措施设立更低的要求,则必须将其限于保护重要法益或预防严重犯罪,且至少仍应要求“足够可具体化的危险”(hinreichend konkretisierte Gefahr)存在,

---

① BVerfG, Beschluss des Ersten Senats vom 27. Mai 2020, 1 BvR 1873/13.

② BVerfGE 130, 151.

然而,为打击违法犯罪时不得将标准降至“初始嫌疑”以下。由于根据动态IP地址确定的用户数据还同时与流量数据相关联,对其传输和访问将干预通信秘密,因而只能基于重要法益(Rechtsgüter von hervorgehobenem Gewicht)目的,这不包括轻微行政违法。

法院认定系争条款绝大部分不符合以上比例原则要求。而关于登录数据的《电信法》第113条第1款第2句与修改前内容实质相同,都允许在无明确原因时传输登录数据。虽然联邦与州可通过立法限制对登录数据的访问,但第二道“门”的加强无法弥补第一道“门”的缺陷。法院宣告这些条款违宪,判令立法者至迟于2021年年底前完成新的立法,在此之前现条款可在一定条件下继续适用。

3.“第二次《反恐数据库法》案”

宪法法院第一庭以相同的进路审查了《反恐数据库法》关于数据挖掘(data mining)的第6a条,并裁定其第2款第1句因侵犯个人信息自决权而违宪。①

《反恐数据库法》建立了一个联邦和各州警方与情报机构共用的反恐数据库。各机关均可访问其中存储的姓名、性别和出生日期等基本信息,至于银行账号、婚姻状况和种族等详细信息,则只有在紧急个案情况和符合严格条件下方可在获得录入该信息之机关授予权限后访问。宪法法院第一庭曾于2013年判决该法基本框架合宪但具体设计违宪,②此后,立法者对该法作了相应修改并增加了第6a条,授权对数据库中信息进行“扩展使用”(erweiterte projektbezogene Datennutzung),包括在对象间建立联系、剔除无关情报、将获取的信息与已知信息相关联、对数据进行统计分析等等,以获取新的情报,即通常所称之数据挖掘。

法院认为,这种数据挖掘原则上合宪,但其具体设计必须符合比例原则要求。鉴于数据挖掘行为对基本权利的高强度干预,狭义比例原则要求其只能出于保护特别重要法益(besonders gewichtige Rechtsgüter)的需要,通过明确的法律限定适用情形。具体而言,为维护公共安全目的要求必须存在“足够可具体化的危险”;为情报分析目的时必须服务于对特定行为或分组的调查,且其必须为“具体化且可预见的事件”(konkretisiertes und absehbares Geschehen);为打击犯罪目的时则必须存在基于具体事实的怀疑。宪法法院最终认定,系争条款就维护公共安全与情报分析目的之规定符合比例原则,但为打击犯罪目的时并不要求基于具体事实的怀疑,因而违宪无效。

4.简评

以上3件裁判显示,针对维护国家安全措施中涉及的基本权利保障问题,宪法法院已经发展出了比较成熟的审查步骤与标准。在遵循基本权利案件的“基本权利的保护范围—对基本权利的干预—干预的正当化”三阶层框架进行审查时,着重考察比例原则中的狭义比例原则,以较高的审查强度赋予通信秘密和个人信息自决权等基本权利较强的

---

① BVerfG, Beschluss des Ersten Senats vom 10. November 2020, 1 BvR 3214/15.

② BVerfGE 133, 277.

保障。

对这3件裁判,德国学界总体呈欢迎态度,尤其对“国外电信监控案”判决表示了肯定。在基本权利教义学上,该判决严格限制了战略监控的适用,捍卫了基本权利;在方法论层面,判决借助“《欧洲人权公约》友好”(EMRK-Freundlichkeit)等解释方法将关于国际人权公约域外适用(extraterritorial application)的司法实践与学术讨论引入国内宪法,颇具开创意义。柏林自由大学奥斯特(Helmut Philipp Aust)教授指出,判决将德国联邦情报局的国外情报工作置于更严格的基本权利保障之下,但并未发展出特殊的“德国路线”,只是要求修改一般法律以符合德国《基本法》与《欧洲人权公约》的规定。作者认为,该进路平衡而有区别,令人信服。① 波恩大学盖尔蒂茨(Klaus Gärditz)教授更是不吝赞美之词,称该判决“具有里程碑意义”,使德国宪法抱持对全球化开放态度的同时,在基本权利教义学上回应现实需要而加强保障。尤其难能可贵的是,法院本可基于指明条款要求轻松地作出判决,却不辞辛劳地超越个案而对立法者作出了抽象要求。作者认为,该判决为国际及外国法院提供了宝贵的借鉴。②

确乎如此。在欧洲人权法院第三庭③和第一庭④就两件与该案案情相似的申请作出截然相反的判决后,该院大审判庭(Grand Chamber)于2021年5月作出终局判决,分别认定瑞典与英国情报机构的大规模秘密监控措施违反《欧洲人权公约》对私生活和家庭生活及表达自由的保障。其中,判决在比较法部分详述了联邦宪法法院判决的内容,具体论证也颇多近似之处。⑤

(三)“第三次头巾案”

近年来,穆斯林移民的涌入给欧洲社会带来了深刻的变迁。在文化与宗教越发多元的背景下,多国宪法法院与欧洲人权法院都面临由穆斯林群体提起的宗教自由案件,德国联邦宪法法院也不例外。其中,各种形式的对不同场合佩戴头巾的禁令也在多国频频

---

① Helmut Philipp Aust, Auslandsaufklärung durch den Bundesnachrichtendienst: Rechtsstaatliche Eingehung und grundrechtliche Bindungen im Lichte des Urteils des Bundesverfassungsgerichts zum BND-Gesetz, DÖV 73 (2020), S. 715 - 724.

② Klaus F. Gärditz, Grundrechtliche Grenzen strategischer Ausland-Ausland-Telekommunikationsaufklärung: Ein Wegweiser durch die BND-Entscheidung des BVerfG, Urteil v. 19. 5. 2020 - 1 BvR 2835/17, JZ 75(2020), S. 825 - 835(834 f.).

③ Centrum för rättvisa v. Sweden, No. 35252/08, 19 June 2018.

④ Big Brother Watch and Others v. the United Kingdom, nos. 58170/13 and 2 others, 13 September 2018.

⑤ Centrum för rättvisa v. Sweden [GC], No. 35252/08, 25 May 2021; Big Brother Watch and Others v. the United Kingdom [GC], nos. 58170/13 and 2 others, 25 May 2021.

受到挑战。自2003年和2015年的两次"头巾案"均认定违宪①后,宪法法院第二庭于2020年1月裁定黑森州一项禁止法律实习生穿着可见宗教服饰的法律合宪。②

在德国,为期两年的法律实习(Rechtsreferendariat)是参加第二次国家司法考试进而从事法律职业的前提条件。该案诉愿人在黑森州进行法律实习,但根据该州《法律教育法》规定被禁止在从事可被视为代表司法或国家的任务时佩戴头巾。诉愿人主张这侵犯了其宗教自由和职业自由等多项基本权利。

同前两次"头巾案"一样,法院首先认可诉愿人的宗教自由与职业自由受到了干预。由于德国《基本法》第4条第1款与第2款对宗教自由作出了无保留的保障,对其干预只能基于宪法内在限制,即其他主体的基本权利或其他宪法法益,并由法律明确。法院认定,该案中国家在世界观与宗教上的中立性、司法系统的正常运作及相冲突的其他基本权利主体的消极宗教自由可作为干预诉愿人宗教自由的正当化依据。具体而言,由于抽象的国家之行为只能由具体的个人实施,国家的中立性事实上必然要求执行公权力的个人同样保持中立性。司法系统的正常运作则有赖于公众在法官个人之外对整个司法系统的信任,因而更加要求法官尽量避免展现个人的宗教、世界观与政治观点。关于其他基本权利主体的消极宗教自由,法院将该案与前两次"头巾案"进行了区分,认为不同于意图反映社会宗教多元的公立学校,司法权与公民之间的关系具有典型的传统高权性,因此可能对公民的消极宗教自由产生更大的干预效果。为避免对消极宗教自由的干预,国家对司法人员佩戴头巾这一宗教表达的干预便成为必要。法院认为,解决此种不同宪法法益间的紧张关系是立法者的任务,其必须在政治意志的形成过程中寻求能被广泛接受的妥协。法院承认,本案中天平两端相冲突的宪法法益都不能压倒另一方而在宪法上要求允许或禁止诉愿人佩戴头巾,因此立法者享有相应的裁量余地与形成自由。最后,法院指出宗教服饰的禁令仅适用于诉愿人实习过程中的少数几项非必要任务,不执行这些任务并不影响其完成实习,因而符合狭义比例原则。由于宗教自由的保护范围更广,法院没有对其他基本权利的干预作深入审查。

麦道夫斯基(Maidowski)法官发表了不同意见,认为该禁令起码在案件当事人与公众能够辨别诉愿人是实习生而非法官或检察官时不能证成,且其所涉及任务对实习而言亦属重要,因而诉愿人的宗教自由应当优先,可对系争条款作合宪性解释。

从案情所涉宪法问题来看,该案既不同于政教关系领域的"十字架案",③与前两次"头巾案"相比则又在宗教自由问题之上掺入了代表国家司法的特殊性质。因此,法院必

---

① BVerfGE 108,282; BVerfGE 138,296. 对两案的详细中文介绍,可分别参见周育:《第一次头巾案》《第二次头巾案》,载张翔主编:《德国宪法案例选释》第3辑・宗教法治,法律出版社2018年版,第182～200、221～237页;[德] Eva-Maria Ehemann、田伟:《2015年德国宪法学的发展》,载韩大元、莫纪宏主编:《中国宪法年刊》2015・第11卷,法律出版社2016年版,第165～168页。

② BVerfGE 153,1.

③ BVerfGE 93,1.

须调和国家的宗教中立义务与实习生的宗教自由在法庭空间内的冲突。该案中,法院选择站在了国家的中立性一边。

(四)联邦政府成员的政治言论自由:"联邦内政部长访谈案"

自2013年成立以来,右翼民粹政党德国选择党(Alternative für Deutschland,AfD)在德国政坛异军突起,也在社会上引起争议不断。2018年9月14日,联邦内政部网站刊登了其部长接受媒体采访时的对话内容,其中使用了"破坏瓦解国家"(staatszersetzend)、"简直是卑劣的"(einfach schäbig)等词批评了选择党在议会就联邦总统预算问题进行辩论时质疑联邦总统中立性的言辞。尽管该网站之后将该采访内容撤下,选择党仍向联邦宪法法院提起了机关争议,主张此举侵犯了其依据德国《基本法》第21条第1款第1句所享有的平等参政机会(Recht auf Chancengleichheit der Parteien)。宪法法院第二庭延续了其对政府成员政治言论自由相对较严的要求,①作出了支持选择党的判决。②

法院重申,政府部长仍有权以政党领袖身份参与政党间的竞争并批评其他政党,否则执政党将被置于不利地位。然而,当此举动用政府资源或以政府名义进行时则侵犯了其他政党的平等参政机会。该案中的采访稿属于对政治辩论的参与,因而其本身合宪;但将其刊登于联邦内政部网站则动用了反对党所不具备的政府资源,违反了国家的中立义务,从而侵犯了选择党的平等参政机会。

该案在教义学上承袭了法院先前的判例,结果并无意外之处。在德国各级政府日益通过各种社交媒体发布信息、与民众交流的今天,宪法法院的判决提醒政府宣传部门:应避免使用官方账号发布可被解读为有利于执政党的广告内容,因为在野党并无利用政府资源运营其账号的机会。③

(五)核电站的退核补偿

联邦宪法法院曾于2016年判决《核能法》第13次修正案的大部分条款设定退核期限使核电企业无法完全利用其剩余配额,且不给予补偿,从而侵犯了核电企业的财产权而违宪无效。④ 为此,立法者通过了该法第16次修正案,其中第3条规定该修正案应于

---

① BVerfGE 138,102; BVerfGE 148,11. 对两案的中文介绍,可分别参见曾韬:《2014年德国宪法学发展概述》,载韩大元主编:《中国宪法年刊》2014·第10卷,法律出版社2015年版,第172~173页;王泽荣:《2018年德国宪法学发展概要》,载韩大元、莫纪宏主编:《中国宪法年刊》2018·第14卷,法律出版社2019年版,第135~139页。

② BVerfGE 154,320.

③ Matthias Friehe, Anmerkung zu einer Entscheidung des BVerfG, Urteil vom 9.6.2020(2 BvE 1/19) – Zum Recht auf chancengleiche Teilnahme am politischen Wettbewerb(Fall Seehofer), NJW 73(2020), S.2103–2104.

④ BVerfGE 143,246. 对该案的中文介绍,参见查云飞:《2016年德国宪法学发展概览》,载韩大元、莫纪宏主编:《中国宪法年刊》2016·第12卷,法律出版社2017年版,第182~185页。

欧盟委员会作出国家援助法上的许可[①]或出具有约束力的通信之日起生效。在收到欧盟委员会来信后,联邦环境部宣布修正案生效。多个核电企业主张修正案并未生效,且其规定的补偿不符合法院判决要求而仍侵犯其财产权,再次向法院提起了宪法诉愿。

宪法法院第一庭仔细分析了案涉欧盟委员会来信的性质。由于欧盟《国家援助审查最佳实践》明确委员会来信的性质为非正式且无约束力,将其解释为第16次修正案中的"具有约束力的通信"属于扩张解释。在国内法上采纳该扩张解释并不违反欧盟法,但因其不可预见性而不符合德国《基本法》第82条第2款关于法律生效日期应当明确的规定。在内容上,法院认为第16次修正案要求核电企业必须证明已作出将其限额转让给其他企业的努力方可申请补偿的规定是"不可期待的"(unzumutbar),因为该要求使核电企业必须选择接受尚不确定的转让条款或冒丧失补偿的风险。同时,第16次修正案对补偿条件的规定过于简单,缺乏必要的明确性。法院认为,第16次修正案尚未生效,在内容上亦不符合要求,因而裁定立法者应遵守2016年判决要求尽快再次出台新的补偿规定。[②]

二、关于新冠肺炎疫情

(一)学术讨论

从2020年出版的重要学术期刊论文与学术专著来看,德国宪法学界的研究呈现了方法论上的多元,既有多篇关于宪法学基础理论的文章,亦不乏针对单项基本权与国家机构教义学的研究,还有对联邦宪法法院裁判的梳理与经验研究以及宪法学说史研究等。由于篇幅所限,本部分将首先列举德国宪法学界在2020年集中关注的议题,借以一窥学界兴趣的重点,随后着重介绍围绕抗击新冠疫情各方面而展开的学术讨论。

毋庸置疑,德国公法学界在2020年关注的头号议题是抗击新冠肺炎疫情带来的宪法问题,仅《公共行政》便出版了3期新冠肺炎疫情特辑(2021年截至5月又出版一期)。[③] 此外,《公法年刊》开辟了"判例"与"欧盟法研究的自我理解与未来"两个专栏,分别探讨判例在欧洲人权法院、欧洲法院与德奥两国宪法法院的地位、功能与意义以及欧盟法研究未来的发展方向。[④] 另外,国内法与欧盟法的交叉衔接与冲突调和、欧洲多层

---

① 根据《欧盟运行条约》第107条第1款的规定,"国家援助"(state aid)是指成员国或通过国家资源提供的以偏袒某经济活动或商品而扭曲或威胁扭曲竞争的援助。该条约第108条规定,欧盟委员会可决定某项国家援助符合共同市场的要求并给予许可。

② BVerfG, Beschluss des Ersten Senats vom 29. September 2020, 1 BvR 1550/19.

③ DÖV 73(2020), Heft 15/2020, 20/2020, 24/2020, 6/2021.

④ JöR 68(2020).

级法律体系内的基本权利保障,[①]以及新技术和数字时代对公法带来的挑战[②]也是学者兴趣集中的领域。

德国宪法学界每年一度的盛事自然是德国国家法教师协会年会。由于新冠疫情的影响,由奥地利维也纳大学承办的2020年年会被迫推迟至2021年4月于线上举行,主题是"新冠大流行下的国家与社会"。4位学者在会上作了主题报告。[③] 由于年会论文集于本文截稿时尚未出版,故以下仅列举各篇报告题目,其具体内容请参见《2021年德国宪法学发展概览》。

弗伦斯堡大学曼戈尔德(Anna Katharina Mangold)教授以"关系自由:新冠大流行中的基本权利"为题作了报告。拜罗伊特大学里克森(Stephan Rixen)教授的报告以"脆弱社会中的行政法"为题,探讨了行政法如何应对新冠大流行等大型危机所导致的整体功能丧失。苏黎世大学马尔曼(Matthias Mahlmann)教授以"紧急状态下的民主?"为题,探讨了民主抵御危机的法律和认识论条件。因斯布鲁克大学穆勒(Andreas Th. Müller)教授则就欧盟在抗疫全过程中的表现作了报告。

在国家法教师协会年会之外,德国主要公法期刊也就抗击新冠疫情各方面刊登了数十篇切入点各异的论文,至2021年仍数量不减。同时,受制于学术期刊的发表周期,更多观点和评论以博客或报刊文章等其他形式发表。鉴于其卷帙浩繁,在此作详细的综述是不现实的,因此以下仅对2020年内见刊的部分期刊论文作简要介绍,以期展现德国学者的关注重点。

6位知名学者发表了以"宪法为何重要"为题的合作论文,从宏观角度探讨宪法学在新冠危机中于各方面应发挥的作用。文章首先批判了认为新冠危机下德国处于施米特所称"例外状态"的观点,认为当下尤其凸显宪法(学)的重要意义。文章指出,德国《基本法》能够适应高度动态和迅速变化的社会现实与价值取向,即便在危机下仍无限制地全面适用。

文章强调,基本权利考量应当纳入行政权与司法权的决策过程,不能等待司法权的被动介入。基本权利对立法权的作用是一般抽象、面向规范的,而对行政权的作用是个案具体、基于事实的。尤其是比例原则要求应当贯穿决策全过程,其中目的正当性审查还应在司法概念外纳入伦理和经验等考量。为此,法学为政治提供了行为准则,亦有助

① Siehe z. B. DÖV 73(2020), Heft 9/2020.

② Siehe z. B. DÖV 73 (2020), Heft 5/2020, Heft 6/2020ö; Wolfgang Hoffmann-Riem, Der Umgang mit Wissen bei der digitalisierten Rechtsanwendung, AöR 145 (2020), S. 1 – 39; David Roth-Isigkeit, Staatshaftungsrechtliche Aspekte des Einsatzes automatisierter Entscheidungssysteme in der öffentlichen Verwaltung, AöR 145(2020), S. 321 – 351; Yoan Hermstrüwer, Fairnessprinzipien der algorithmischen Verwaltung, AöR 145 (2020), S. 479 – 521.

③ 参见年会论文集:Christian Walter(Hrsg.), Staat und Gesellschaft in der Pandemie, VVDStRL 80, Berlin: De Gruyter, 2021。

于对决策因果关系与动态认知的理解。此外,文章还就行政权对立法权的侵蚀提出警示,认为议会授权的自我决定保留(Selbstentscheidungsvorbehalt)、方案设定义务(Programmfestsetzungspflicht)与可预见性要求(Vorhersehbarkeitsgebot)均应得到遵守;授权明确性原则不仅是立法机关的权利,更是其义务。文章还强调了民主形式与宪法程序的重要性。学者对抗疫措施的批评并非对政府缺乏信任,而是出于对宪政国家的忠诚。① 还有学者探讨了防控疫情措施影响下的赔(补)偿问题。有学者研究了宾馆和餐厅因被迫关闭而提出的赔(补)偿请求,认为无论是德国《基本法》第14条对财产权的保障还是第12条的特别牺牲(Sonderopfer)均无法构成请求权基础,②但另有学者认为《传染病防治法》中含有请求权基础。③ 还有学者认为,无论是否构成德国《基本法》第3条第1款平等权的特别牺牲,当所受影响不可期待时即已符合准征收(enteignende Eingriff)的条件。④

(二)法院裁判

根据宪法法院年报中的统计,其在2020年共收到了800余件与新冠肺炎疫情相关的案件,其中240件为暂时命令申请。⑤ 许多裁判最终作出尚需时日,仅有少量暂时命令的审理已经完结。以下对部分2020年内作出的裁定予以简述。

根据《联邦宪法法院法》第32条的规定,在诉讼案件中,为避免重大损害、阻止紧急暴力,或基于其他公益上的重要理由,有急迫需要者,法院得作出暂时命令。2020年3月,疫情在德国快速蔓延开来,德国各级政府出台了抗疫措施,并不出意外地受到了法律挑战,部分案件最终来到了联邦宪法法院,包括许多暂时命令申请。这些申请中绝大部分均被驳回。

例如,法院驳回了针对巴伐利亚州预防新冠肺炎感染法令的暂时命令申请。申请人认为,该法令禁止朋友聚会、探望父母、参与示威等各项规定过于宽泛。法院指出,在暂时命令案件中,其必须在权衡后果的基础上考虑系争条款对所有人的影响。必须适用严格标准,只有当所涉后果达到"不可期待"(unzumutbar)程度时方可中止一项有效法律规定的适用。法院认为,系争措施确实对人民的自由权造成了极大干预,但当前人民生命

---

① Hans Michael Heinig/Thorsten Kingreen/Oliver Lepsius/Christoph Möllers/Uwe Volkmann/Hinnerk Wißmann, Why Constitution Matters-Verfassungsrechtswissenschaft in Zeiten der Corona-Krise, JZ 75 (2020), S. 861–872.

② Michael Brenner, Entschädigungsansprüche von Hotels und Gaststätten im Angesicht von COVID–19? DÖV 73(2020), S. 660–665.

③ Lukas Struß/Johannes Fabi, Entschädigungsansprüche für unternehmensbezogene Eingriffe nach dem IfSG, DÖV 73(2020), S. 665–675.

④ Boas Kümper, Zur Verortung der infektionsschutzrechtlichen Entschädigungstatbestände im Gefüge der öffentlichen Ersatzleistungen: Ergänzungen zur Debatte um die Folgen der Corona-Pandemie, DÖV 73 (2020), S. 904–915.

⑤ "Annual Report", p. 4.

和健康权面临的威胁更大。若该案的宪法诉愿最终被驳回,暂时命令将造成极大的不利后果;相反,当宪法诉愿最终得到支持而暂时命令被驳回时,其负面影响并不显著超过前一种情况。①

在第一波疫情稍有缓解后,德国各级政府放宽了部分抗疫措施。法院分别驳回了挑战放宽与延续抗疫措施的申请。② 就社会争议较大的优先救治问题(Triage,在医疗资源紧张时将 ICU 床位优先分配给救治成功率更高的病患),法院认为必须在主程序中进行详细审查,况且当下感染率低而床位充足,因而驳回了暂时命令申请。③ 此外,还有许多申请因程序原因(如未穷尽行政法院等救济)被裁定不具有可受理性。④

也有少数暂时命令申请得到了宪法法院的支持。例如,在以生命和健康权保护优先于在教堂内举行圣餐礼等宗教集会的宗教自由为由而驳回了一项申请⑤后,法院裁定下萨克森州的宗教集会禁令中止适用。该案申请人计划在清真寺举行主麻日聚礼,该仪式不包括唱歌,信徒也将佩戴口罩并保持四倍安全距离。法院认为,对宗教集会审批的决定因素是禁止宗教活动对信仰自由干预的强度,该案中干预的强度较大。该宗教集会禁令至少应当允许在个别情况下申请例外,因而裁定其中止适用。⑥ 此前,法院还裁定部分支持了一项挑战集会禁令的申请。⑦可以预见,在未来数年,与新冠肺炎疫情相关的案件将持续在联邦宪法法院裁判中占据显著位置。

---

① BVerfG, Beschluss der 3. Kammer des Ersten Senats vom 07. April 2020, 1 BvR 755/20.

② BVerfG, Beschluss der 3. Kammer des Ersten Senats vom 12. Mai 2020, 1 BvR 1027/20; BVerfG, Beschluss der 1. Kammer des Ersten Senats vom 13. Mai 2020, 1 BvR 1021/20.

③ BVerfG, Beschluss der 3. Kammer des Ersten Senats vom 16. Juli 2020, 1 BvR 1541/20.

④ Siehe z. B. BVerfG, Beschluss der 2. Kammer des Ersten Senats vom 03. Juni 2020, 1 BvR 990/20; BVerfG, Beschluss der 1. Kammer des Ersten Senats vom 29. August 2020, 1 BvR 2038/20; BVerfG, Beschluss der 1. Kammer des Ersten Senats vom 30. August 2020, 1 BvQ 94/20; BVerfG, Beschluss der 3. Kammer des Ersten Senats vom 22. Oktober 2020, 1 BvQ 116/20.

⑤ BVerfG, Beschluss der 2. Kammer des Ersten Senats vom 10. April 2020, 1 BvQ 28/20.

⑥ BVerfG, Beschluss der 2. Kammer des Ersten Senats vom 29. April 2020, 1 BvQ 44/20.

⑦ BVerfG, Beschluss der 1. Kammer des Ersten Senats vom 15. April 2020, 1 BvR 828/20.

2019~2020年美国宪法发展:以案例为素材

尤 越*

本文以美国联邦最高法院判决的宪法相关案例为素材来回顾2019~2020年美国宪法的发展。笔者经过检索,选取了10个具有宪法意义的案件予以简释。从整体来看,这些案件涉及10个方面:(1)第八修正案禁止残忍且异常的惩罚问题;(2)政党操纵选区划分的可裁判性问题;(3)第十四修正案正当程序条款与第八修正案禁止过重罚款条款之间关系问题;(4)十字架型纪念碑与第一修正案政教分离条款的问题;(5)第十四修正案平等保护条款禁止种族歧视与选取陪审团成员的问题;(6)州与州之间主权豁免问题;(7)第一修正案中的国家行为者(State Actor)问题;(8)商标注册中的粗俗表达问题;(9)第四修正案警察搜查令问题;(10)刑事案件中一事不再理的例外问题。

一、第八修正案禁止残忍且异常的惩罚

在"巴克洛诉普里塞(Bucklew v. Precythe)案"中①,美国联邦最高法院以5:4意见作出以下判决:基于宪法第八修正案中禁止残忍与异常刑罚的条款②,为证明各州的死刑执行方式因造成了过分的痛苦而不符合第八修正案,被判处死刑的囚犯需要证明可行的替代性死刑执行方法。③

请愿人巴克洛(Bucklew),因涉嫌谋杀、强奸以及其他犯罪,在密苏里州法院经过诉讼后被判处死刑。④ 同时,密苏里州开始利用注射3种药物:硫喷妥钠、溴化潘库溴铵和氯化钾作为新的死刑执行方式。许多囚犯通过基于密苏里行政程序法⑤,联邦法规⑥,或基于"表面挑战"(Facial Challenge)⑦,挑战该注射死刑违反第八修正案。随后最高法院通过多数意见决定,根据第八修正案提出表面挑战证明注射死刑违宪,需要证明"可行、

---

* 芝加哥肯特法学院法律博士(JD)候选人,LL. M.。

① Bucklew v. Precythe,139 S. Ct. 1112(2019).

② USCS Const. Amend. 8.

③ See Bucklew,139 S. Ct. at 1119.

④ See Bucklew,139 S. Ct. at 1119.

⑤ See Bucklew,139 S. Ct. at 1119.

⑥ Ringo v. Lombardi,677 F. 3d 793,795(8th Cir. 2012).

⑦ 法律、法规、规章或政策的文字表述违宪。

已经准备好实施的、能够显著降低严重痛苦风险的替代性死刑执行方法”。[①] 在经历了一系列失败的挑战之后,巴克洛开始根据宪法第八修正案,利用适用挑战(As-applied Challenge)[②]挑战该州的注射死刑。因为他患有名为海绵状血管瘤的疾病,注射死刑将会使其产生剧烈疼痛而违反第八修正案。联邦地区法院驳回了他的起诉,但是最高法院同意中止他的死刑执行,直至第八巡回上诉法庭能审理他的上诉。第八巡回上诉法庭指示巴克洛需要提出可行的替代性死刑执行方式,并将其案件发回地区法院。巴克洛提出利用氮气执行死刑,地方法院认为,原告缺少证据证明该替代性方法会显著降低痛苦的风险,作出简易判决支持被告密苏里州胜诉。第八巡回上诉法院确认该判决,反对意见法官认为,主张表面挑战需要证明替代性方式,而像巴克洛一样主张适用挑战不需要证明替代性方式。[③] 最高法院决定审理该案件,并再次中止巴克洛的死刑执行。[④]

最高法院以5:4意见维持了第八巡回上诉法庭的判决。[⑤] 判决理由如下:第一,第八修正案只禁止具有以下特征的惩罚——“长时间未被使用(异常),并通过增加恐惧、痛苦和耻辱(残忍)来加重死刑”,但是并不保证没有任何痛苦。[⑥] 为证明违反第八修正案,被告必须首先提出“可行的、已经预备好实施的且能够显著降低严重痛苦的风险的替代性死刑执行方法”[⑦]。第二,法院拒绝对于适用挑战适用不同的证明要求。先例明确表示原告需要证明可行的替代性死刑执行方式,该标准适用于所有因痛苦而主张的第八修正案关于执行方式的请求。[⑧] 适用不同的证明标准不仅会与第八修正案的理解不一致,而且第八修正案的含义也不会因为原告所寻求的救济而改变。使用不同标准会鼓励诉状游戏,面临严重痛苦的囚犯不可能寻找不到符合条件的替代性死刑执行方式。[⑨]

基于上述证明标准,巴克洛未能满足所有要求。[⑩] 首先,他所主张的替代性死刑执行方式实际上未满足可行标准。对于替代性死刑执行方式,其不仅要在理论上可行,在实践中也要如此。这意味着囚犯的提议必须足够详细,使该州可以相对容易且合理迅速实施该替代性死刑执行方式。巴克洛的主张主要基于其他州关于开展氮气死刑执行方式的研究报告,其中缺少实际执行所需的信息。同时其所在州也有理由拒绝尝试一种新的、未经测试的执行方法。[⑪] 其次,即使巴克洛满足了以上标准,他也没有成功证明该方

---

① Baze v. Rees, 553 U. S. 35(2008); Glossip v. Gross, 576 U. S. 863(2015).

② 法律、法规、规章或政策的文字表述不违反宪法,而该法律的适用违反宪法。

③ Bucklew v. Precythe, 885 F. 3d 527(8th Cir. 2018).

④ Bucklew 139 S. at 1122.

⑤ Bucklew 139 S. at 1134.

⑥ Bucklew 139 S. at 1124.

⑦ Bucklew 139 S. at 1125.

⑧ Bucklew 139 S. at 1126.

⑨ Bucklew 139 S. at 1127 – 1128.

⑩ Bucklew 139 S. at 1129.

⑪ Bucklew 139 S. at 1129.

法会显著降低产生剧烈疼痛的风险。①

布雷耶大法官(Justice Stephen G. Breyer)反对。他主张:第一,注射死刑是否会导致巴克洛产生违反宪法的痛苦,是一个在法庭上可以解决的问题。第二,替代性死刑执行方式的证明要求也不应适用于巴克洛所采取的适用挑战。首先,在作为先例的"格洛西普诉格罗斯(Glossip v. Gross)案"中,法院担心对于死刑执行方式的诉讼会成为废除死刑的后门,这应该是各州议会应该考虑的问题。巴克洛的情况如此特殊,这是州议会在立法时所不能预见的。如果将他排除在该证明标准之外,也不会干扰州议会的决定。②其次,要求巴克洛证明替代性死刑执行方式是不必要的,因为密苏里州已经采用了新的注射药物执行死刑,其可以用来比较所承受的痛苦。最后,多数意见违反先例与宪法,通过拓展该证明要求,使第八修正案的种类型禁止变为了条件性禁止。③ 索托马约尔大法官(Justice Sonia M. Sotomayor)持反对意见,强调在确保死刑及时执行之上存在更高的价值,如果死刑在违宪的情况下被执行,那么这污点将永远不会被消除。④

二、政党操纵选区划分的不可裁判性

格里蝾螈(Gerrymander)意为通过"打包"或"分裂"支持对方政党的选区来划分选区边界,致使投票结果有利于己方的行为。⑤ 在"罗科诉共同条款(Rucho v. Common Cause)案"中,最高法院以5:4意见判决该问题不可由法院裁判。⑥ 在2016年选举中,北卡罗来纳州的共和党议员通过重新划分选区,在共和党仅收到53%选票支持的情况下,使10名共和党人和3名民主党人当选议员。2018年,通过同样的方法,在共和党仅收到一半选票支持的情况下,该州有9名共和党人与3名民主党人当选议员。⑦ 与该情况类似,马里兰州民主党议员通过重新划分选区地图,将360,000名选民"迁出",并将350,000名选民"迁入"某地区以取得竞选优势。⑧ 因为其行为违反了第一修正案、第十四修正案平等保护条款,与美国《宪法》第1条第4款选举条款,两个州的选民均对重新划分选区行为提起了诉讼,两法院都支持了选民的诉求。⑨ 被告基于诉讼规则直接上诉至最高法院,最高法院将两个案件合并审理。⑩

最高法院以5:4意见推翻先前判决,并将案件发回初审法院以驳回起诉。⑪ 法庭认

---

① Bucklew 139 S. at 1129.

② See Bucklew 139 S. at 1140－1141.

③ Bucklew 139 S. at 1142.

④ Bucklew 139 S. at 1148.

⑤ See Gill v. Whitford,138 S. Ct. 1916,1930(2018).

⑥ Rucho v. Common Cause,139 S. Ct. 2484,2508(2019).

⑦ Rucho v. Common Cause,139 S. at 2492.

⑧ Rucho v. Common Cause,139 S. at 2493.

⑨ Rucho v. Common Cause,139 S. at 2493.

⑩ Rucho v. Common Cause,139 S. at 2493.

⑪ Rucho v. Common Cause,139 S. at 2508.

为,政党操纵选区划分属于不可诉的政治问题。[1] 判决理由如下:早在美国建国前就存在政党操纵选区的现象。制宪者注意到了此现象,他们在美国《宪法》第1条中的选举条款中考虑了选举的问题:举行参议员和众议员选举的时间、地点和方式,由各州议会规定。但除此之外,国会得以随时通过法律修改此规定。[2] 然而制宪者虽并未提及联邦法院在此问题中的位置,但是制宪者也并未将联邦法院排除在该问题之外。[3] 实际上,最高法院对有关选区划分的案件作出过判决,其中所涉及的问题包括基于平等保护原则的选区间人口不平等问题,[4]以及选区划分之中的种族歧视问题。[5] 但是法院对于纳入政治因素的选区划分是否可由法院裁判的问题未有定论,如果判定立法者不能在划定选区时考虑政党利益,这会违背制宪者将选区划分委托给政治实体的决定。该案考虑两个问题:诉讼资格(Standing),以及该诉求是否可由法院裁判(Justiciable)。[6]

法院首先否定凭借比例代表制作为诉讼资格,因为宪法并未要求比例代表制。[7] 法院也不认为"公平"的一般要求可以提供司法所需的标准。[8] 随后,法院拒绝了其余的裁判标准,因为宪法允许考虑党派因素,法院对于这些标准中的其他因素也不具有信心。[9] 最后,法院强调各州立法机关正在通过宪法修正案和立法来解决此问题,通过这些方式此问题可以得到解决。[10]

卡根大法官(Justice Elena Kagan)反对,认为多数意见未能保护民主制度,[11]并认为最高法院曾判决极端的政党操纵选区划分违反宪法。[12] 接着,他总结出联邦地区法院裁决该问题应适用的宪法框架:目的、效果与因果关系,并认为该标准是可行的。[13] 最后,反对意见攻击了多数意见对政治程序的依赖。[14]

三、第十四修正案正当程序条款与第八修正案禁止过重罚款条款

在"提布斯诉印第安纳(Timbs v. Indiana)案"中,被告在印第安纳州法院因涉嫌买卖

---

① Rucho v. Common Cause, 139 S. at 2506.
② U. S. CONST. art. I, § 4, cl. 1.
③ Rucho, 139 S. Ct. 2496.
④ See Baker v. Carr, 369 U. S. 186 (1962).
⑤ See Gomillion v. Lightfoot, 364 U. S. 339 (1960).
⑥ Rucho, 139 S. Ct. at 2498.
⑦ Rucho, 139 S. at 2499.
⑧ Rucho, 139 S. at 2500.
⑨ Rucho, 139 S. at 2502 – 2504.
⑩ Rucho, 139 S. at 2507 – 2508.
⑪ Rucho, 139 S. at 2512.
⑫ Rucho, 139 S. at 2513.
⑬ Rucho, 139 S. at 2516.
⑭ Rucho, 139 S. at 2523 – 2524.

管制物品与共谋盗窃被判处1年家中拘留，缓刑5年，同时法院要求其支付＄1203的罚款。[①] 警察在执行逮捕时扣押了被告的一辆购买价格为＄42,000的路虎SUV。州政府试图通过民事没收程序没收该车辆。[②] 初审法院拒绝了该请求，认为该车辆的购买价格＄42,000超过了被告所犯罪行的最大罚款金额＄10,000的4倍，作为刑罚，没收该车辆与被告罪行明显不成比例，这将违反第八修正案中的过重罚款条款。[③] 上诉法院确认了这一裁决，但印第安纳州最高法院推翻了该裁决。印第安纳州最高法院没有决定没收是否过重，而是认为“禁止过重罚款条款”仅适用于联邦，不适用于各州。[④] 联邦最高法院签发调卷令。[⑤]

美国联邦最高法院以9∶0一致意见推翻原案并发回重审，认为根据第十四条修正案的正当程序条款，禁止过重罚款条款适用于各州。[⑥] 理由如下：该条款最早可以追溯到英国大宪章，其中要求经济惩罚与罪行相称，并且其范围不宜扩张至剥夺罪犯生计。[⑦] 美国的《权利法案》也包含了英国法与殖民时期根据比例原则及支付能力来决定罚款的规定。[⑧] 在第十四修正案通过之时，37个州中的35个州的宪法明确禁止过重的罚款。而且现在有50个州都具备这样的宪法保护。[⑨] 过高的罚款可能被用来报复或镇压政敌。即使没有政治动机，超额罚款也可能在某种程度上与以补偿与威慑为目标的刑事政策不相符合，因为进行其他刑罚需要成本，而罚款创造收益。[⑩] 戈萨奇大法官(Justice Neil M. Gorsuch)同意，但是指出第十四修正案中特权或豁免条款[⑪]为更适当的载体，但是多数意见中没有提到该问题。[⑫] 托马斯大法官(Justice Clarence Thomas)同意，认为应当利用特权或豁免条款整合禁止过重惩罚条款，因为特权或豁免条款在被通过前，禁止过重罚款就被理解为受保护的不可分割的权利。[⑬]

四、纪念第一次世界大战的十字架纪念碑未违反第一修正案政教分离条款

1918年，马里兰州乔治王子郡的居民成立委员会并开始为参与第一次世界大战的士兵建立十字架纪念碑，之所以选择该形状是因为一排排白色十字架在美国人的心中代表

① Timbs v. Indiana, 139 S. Ct. 682, 686 (2019).

② Timbs v. Indiana, 139 S. Ct. 682, 686 (2019).

③ Timbs v. Indiana, 139 S. Ct. 682, 686 (2019).

④ Timbs v. Indiana, 139 S. Ct. 682, 686 (2019).

⑤ 585 U. S. __, 138 S. Ct. 2650, 201 L. Ed. 2d 1049 (2018).

⑥ Timbs, 139 S. Ct. at 687.

⑦ Timbs, 139 S. Ct. at 688.

⑧ Timbs, 139 S. Ct. at 688.

⑨ Timbs, 139 S. Ct. at 689.

⑩ Timbs, 139 S. Ct. at 689.

⑪ USCS Const. Amend. 1(任何一州，都不得制定或实施限制合众国公民的特权或豁免权的法律).

⑫ Timbs, 139 S. Ct. at 691 (Gorsuch, J., concurring).

⑬ Timbs, 139 S. Ct. at 693－695.

着士兵在海外的坟墓。① 在该委员会用完资金后,当地的美国退伍军人组织接管了该项目,并完成了纪念碑的建设。这个32英尺高的十字架立在一个大基座上,上面刻有美国退伍军人组织的标志与诸如“英勇”和“耐力”之类的字样,在一块牌匾上面列出了在那次战争中丧生的当地士兵的名字,并指出纪念碑是献给他们的。在建成仪式上,一位当地天主教神父提供了祈愿,仪式以牧师的祝福结束。② 此后该纪念碑成了许多纪念活动的举行场所,周围的交通也随之变得繁忙起来。1961年,由于新的交通安全问题,马里兰州国家首都公园和规划委员会接管了该纪念碑,并花费了$117,000来维护纪念碑,并提供了$100,000的维修预算。③ 2014年,美国人道主义者协会以及华盛顿特区和马里兰州的3名居民在美国马里兰州联邦地方法院提起诉讼,主张该委员会利用公共财产对该纪念碑进行持有、维护与展示,违反了第一修正案的政教分离原则。

联邦地区法院支持被告,作出简易判决,根据先例莱蒙(Lemon v. Kurtzman)案的标准,认为:(1)政府行为必须部分出于世俗目的;(2)政府行为必须具有既不促进也不抑制宗教的实质效果;(3)宗教和国家不得过度纠缠。④ 法院认为,委员会对纪念碑的维护具有世俗意义,即致敬阵亡的士兵与维护交通安全,并没有支持宗教的作用,也避免了政府与宗教的过度纠缠。⑤ 根据布雷耶大法官在其他案件中所认同的标准⑥,考虑纪念碑的背景和历史,十字架没有违反政教分离条款的基本原则,且其保持了宗教与国家之间的健康的分离。⑦ 联邦第四巡回上诉法院推翻了该判决,认为根据相同的标准,纪念碑满足了世俗目的,但纪念碑产生了促进宗教的主要效果,因为合理的观察者会将十字架视为政府对基督教的认可。⑧ 该委员会花费公共资金来维护该纪念碑,没有避免政府与宗教的过度纠缠。⑨

联邦最高法院以7∶2意见推翻了第四巡回上诉法院的判决,判决十字架纪念碑没有违反第一修正案政教分离条款。⑩ 从批判“莱蒙案”中的标准开始⑪,最高法院认为:第一,这些案件通常涉及很久以前就建立的纪念碑、符号,或确立的相关实践,所以很难确

① Am. Legion v. Am. Humanist Ass'n, 139 S. Ct. 2067, 2076.

② Am. Legion v. Am. Humanist Ass'n, 139 S. at 2077.

③ Am. Legion v. Am. Humanist Ass'n, 139 S. at 2078.

④ Lemon v. Kurtzman. 403 U. S. 602(1971).

⑤ Am. Humanist Ass'n, 147 F. Supp. 3d at 385.

⑥ Van Orden v. Perry, 545 U. S. 677(2005).

⑦ Am. Humanist Ass'n, 147 F. Supp. 3d at 388 – 389.

⑧ Am. Humanist Ass'n v. Md. -Nat'l Capital Park & Planning Comm'n, 874 F. 3d 195, 204 – 05 (4th Cir. 2017).

⑨ Am. Humanist Ass'n v. Md. -Nat'l Capital Park & Planning Comm'n, 874 F. 3d 195, at 211 – 212.

⑩ Am. Legion, 139 S. Ct. at 2090.

⑪ Am. Legion, 139 S. Ct. at 2081 – 2085.

定它们的初始目的;第二,随着时间的推移,纪念碑之上可能会产生多个重叠的目的;①第三,随着时间的推移,存在宗教意义的标志、符号也有可能被囊括在世俗的景观之中;②第四,移除已经存在已久且具有宗教意义的纪念碑、标志与类似实践会表现出对宗教的敌意。③

随后法院进行了历史分析,指出自大陆会议以来的实践体现了为实现包容与非歧视而作出的真诚努力,与宗教在美国人生活中的重要作用。④ 长期存在的纪念碑、符号与相关实践基于历史,享有很强的合宪性推定。⑤ 由于十字架的图像最初表示在战争中丧生的美国士兵的坟墓,因此该十字架成为他们所作牺牲的象征。虽然十字架起源于基督教,且在许多情况下仍保留其含义,但是这一事实并没有改变该符号在第一次世界大战纪念碑中存在世俗意义的事实。⑥ 另外,随着时间的流逝,纪念碑使当地的人们想起了他们前辈的事迹,以及他们在战争中所作的牺牲,所以其被赋予了世俗意义。⑦ 最后,十字架是纪念"特定个人的死亡"的纪念物,许多坟墓都标有相同的符号,这一事实使得使用十字架作为纪念碑自然而适当。⑧

布雷耶大法官同意,他强调每个涉及宗教分离条款的案例都必须确定政府行为是否违反了政教分离条款的基本目的:确保宗教自由、避免宗教冲突以及允许教会和政府各自在其单独的领域中蓬勃发展。⑨ 他指出,如果组织者显示出故意的不尊重,或者如果十字架是最近才建立的,案件结果将有所不同。他否认承认任何正式的历史或传统标准,并主张特定纪念碑的长期存在才是案件的决定性事实。⑩ 卡瓦诺大法官(Brett M. Kavanaugh)同意,认为莱蒙案中的标准不再适用于所有案件,并提出了新的标准:如果政府的行为是非强制的、根植于历史与传统、平等对待宗教与世俗活动、符合立法机关的建议或符合一般法律的豁免,则该行为一般来说不会违反政教分离条款。⑪ 同时提到法院的判决只是允许十字架型的纪念碑,而不是要求所有纪念碑需要为十字架型。⑫ 卡根大法官同意,但不同意对"莱蒙案"标准的适用作出任何决定。⑬ 托马斯大法官同意,但是认

① Am. Legion,139 S. Ct. at 2082 - 2083.
② Am. Legion,139 S. Ct. at 2082 - 2083.
③ Am. Legion,139 S. Ct. at 2084 - 2085.
④ Am. Legion,139 S. Ct. at 2085 - 2087.
⑤ Am. Legion,139 S. Ct. at 2089.
⑥ Am. Legion,139 S. Ct. at 2089.
⑦ Am. Legion,139 S. Ct. at 2089.
⑧ Am. Legion,139 S. Ct. at 2090.
⑨ Am. Legion,139 S. Ct. at 2090.
⑩ Am. Legion,139 S. Ct. at 2090.
⑪ Am. Legion,139 S. Ct. at 2093.
⑫ Am. Legion,139 S. Ct. at 2094.
⑬ Am. Legion,139 S. Ct. at 2094.

为"莱蒙案"不适用于各州;即使适用于各州,也只限于州立法机关;即使其适用于立法委员会,他会在所有情况下推翻"莱蒙案"。[①] 戈萨奇大法官同意,但反对"莱蒙案"中的标准。[②]

金斯伯格大法官(Justice Ruth Bader Ginsburg)反对,[③]认为政教分离条款要求政府不能支持某一宗教而不支持另一宗教;政府不能支持宗教而不支持非宗教。利用公共财产展示十字架不是中立行为,所以被假设为违反政教分离条款。但是政府可以通过证明没有支持其宗教意义而推翻该假设。[④] 该案中的政府未能成功推翻其假设,违反了政教分离原则。[⑤] 但是判决该案中的纪念碑违宪并不意味着其他十字架型纪念碑需要被移除,因为其他纪念碑也可能推翻该假设。[⑥]

五、第十四修正案平等保护条款禁止基于种族歧视挑选陪审团成员

在刑事审判中不得基于种族歧视挑选陪审团成员。[⑦] 在"弗洛尔诉密西西比(Flowers v. Mississippi)案"中,犯罪嫌疑人为非裔美国人,因涉嫌谋杀罪被法院审判。[⑧] 但因检察官的不当行为,法院不得不重复进行审判。法院总计进行了六次审判。在第一次审判中,检察官移除了所有非裔陪审团成员。[⑨] 在第二次审判中,检察官试图移除5名非裔陪审团成员,结果其中一位被保留在陪审团当中。[⑩] 两次判决皆判处嫌疑人有罪,但又皆因检察官的上述不当行为被上级法院推翻。[⑪] 第三次审判中,检察官利用无因回避(Peremptory Strikes)试图移除15名非裔陪审团成员,结果陪审团中只保留了一位非裔陪审团成员。因种族歧视问题,该案被上诉法院推翻。[⑫] 在第四次审判中,检察官利用无因回避试图移除11名非裔陪审团成员,结果陪审团中保留了5位非裔陪审团成员。[⑬] 第五次审判中,基于相同原因,陪审团中保留了3位非裔陪审团成员。第四次与第五次审判因陪审团无法达成一致意见导致审理无效。[⑭] 在第六次审判中,检察官成功移除5名非裔成员,而没有试图移除另一名非裔成员,法庭最终判处嫌疑人死刑。[⑮] 密西西比州最高

---

① Am. Legion,139 S. Ct. at 2097.
② Am. Legion,139 S. Ct. at 2102.
③ Am. Legion,139 S. Ct. at 2103.
④ Am. Legion,139 S. Ct. at 2106 - 2107.
⑤ Am. Legion,139 S. Ct. at 2016 - 2107.
⑥ Am. Legion,139 S. Ct. at 2112.
⑦ Batson v. Kentucky,476 U. S. 79,106 S. Ct. 1712,90 L. Ed. 2d 69(1986).
⑧ Flowers v. Mississippi,139 S. Ct. 2228(2019).
⑨ Flowers v. Mississippi,139 S. at 2236.
⑩ Flowers v. Mississippi,139 S. at 2236.
⑪ Flowers v. Mississippi,139 S. at 2235.
⑫ Flowers v. Mississippi,139 S. at 2237.
⑬ Flowers v. Mississippi,139 S. at 2237.
⑭ Flowers v. Mississippi,139 S. at 2237.
⑮ Flowers v. Mississippi,139 S. at 2237.

法院认为,虽然有证据证明陪审团的挑选之中存在种族歧视,但是其不是决定性因素,最终确认该判决。① 2016 年联邦最高法院批准了调卷令,最终撤销该案,并将案件发回重新考虑种族歧视问题。② 密西西比最高法院最终以 5∶4 再次确认嫌疑人的定罪。联邦最高法院再次批准调卷令。③

美国联邦最高法院以 7∶2 意见推翻了原判。④ 联邦最高法院在"巴森诉肯塔基(Batson v. Kentucky)案"中确定以种族歧视的方式选择陪审团违宪。⑤ 一旦嫌疑人提出检方以明显种族歧视的方式使用无因回避,检方必须提供种族中立的理由。第一,被告需要证明检方在法庭选择陪审团时体现了蓄意的歧视。⑥ 第二,检方不应以非裔陪审员会偏向同一种族的人为由提出异议。⑦ 第三,基于种族移除陪审团成员违反宪法,即使检方平等地驱逐了所有少数种族,其行为同样违宪。⑧ 第四,被告可以根据种族罢免陪审团成员的事实并不能证成检方可以做相同的事,因为在刑事案件中,少数族裔被告人的种族通常只占人口的小部分。这意味着检方可以有效地移除该种族的所有陪审员,但是被告方无法移除所有白人陪审员。⑨ 法院在适用以上标准时通常考虑以下几个因素:被移除的陪审员基于种族所占的比例;检方对不同种族的陪审团成员所问问题与调查的不同;被移除的其他种族陪审团成员与留在陪审团中白人的区别;检方歧视性行为的记录;该州的无因回避的记录;其他可能相关的因素。⑩ 在本案中,检方在 6 次审判中共试图移除 42 名非裔陪审团成员之中的 41 名;⑪虽然在第六次审判中,检方没有试图移除一名非裔陪审团成员,但究其原因,可能是为了掩饰其立场;检方对非裔陪审团成员提出了更多的问题;⑫检方以明显的歧视意图移除了一名非裔陪审团成员。⑬ 考虑到这些情况,最高法院推翻原判,发回重审。⑭

阿利托大法官(Justice Samuel Alito)同意,但提出此案极其特殊,6 次审判皆由同一

---

① Flowers Ⅵ,158 So. 3d at 1075.
② Flowers Ⅵ,136 S. Ct. 2157,2157(2016).
③ Flowers,139 S. Ct. 2238.
④ Flowers,139 S. at 2251.
⑤ Batson v. Kentucky,476 U. S. 79(1986).
⑥ Flowers,139 S. Ct. 2241.
⑦ Flowers,139 S. Ct. 2241.
⑧ Flowers,139 S. Ct. 2241.
⑨ Flowers,139 S. at 2242.
⑩ Flowers,139 S. at 2243.
⑪ Flowers,139 S. at 2246.
⑫ Flowers,139 S. at 2246.
⑬ Flowers,139 S. at 2248.
⑭ Flowers,139 S. at 2251.

检察官参与,如果情况并非如此,他会确认密西西比州最高法院的判决。① 托马斯大法官反对②,认为法院不应该受理此案,因为下级法院之间没有分歧,且密西西比州最高法院确实考虑了检察官的行为记录。③ 他发现该案中没有提供任何种族歧视的证据,并指责多数意见推定检察官进行了种族歧视。④ 最后他质疑了"巴森诉肯塔基案"中的标准,认为强制裁量性的法庭审判遵守平等保护原则,实际上使法院无视了种族偏见,这可能影响审判公正的现实。⑤

六、州与州之间主权豁免问题

在"加利福尼亚州税务局诉海特(Franchise Tax Board of California v. Hyatt)案"中,联邦最高法院推翻了先例,重新确认各州保留对在其他州法院提起的私人诉讼的主权豁免。⑥ 本案答辩人海特(Hyatt)在内华达州法院提起侵权之诉,主张加利福尼亚州税务局在进行税务审计时侵权。当案件被上诉至州最高法院时,法院拒绝基于宪法中的充分信任与尊重条款(各州对于他州的公共法律、案卷和司法程序,应给予充分信任和尊重),⑦适用加利福尼亚州法律认定加利福尼亚州税务局具有豁免权,而是根据礼让原则(Principles of Comity),根据内华达州法律赋予加利福尼亚州税务局豁免权从而使其豁免侵权责任。⑧ 随后加利福尼亚州税务局请求联邦最高法院调卷,最高法院审理了该案并确认了内华达州法院的判决,认为内华达州法院适用州法没有违反充分信任与尊重条款。⑨

在该案被发回内华达州进行审理之后,内华达州法院根据内华达州法,认定加利福尼亚州税务局的故意侵权属于恶意行为,否定了其豁免权,判决其承担侵权责任,并拒绝对加利福尼亚州税务局适用与本州相同的侵权责任上限,因为这违反州公共政策,而且礼让原则并不禁止此类情形。⑩ 加利福尼亚州税务局再次申请联邦最高法院调卷,并主张推翻先例"内华达诉哈尔(Nevada v. Hall)案"的决定(宪法不禁止个人在一州法院向另一州提起诉讼)。⑪ 最高法院认为,内华达州法院因同时拒绝适用加利福尼亚州与内华达州法律,违反了充分信任与尊重条款,将案件推翻发回州法院。⑫ 但是因为联邦最高

---

① Flowers,139 S. at 2251 - 2252.

② Flowers,139 S. at 2252.

③ Flowers,139 S. at 2253.

④ Flowers,139 S. at 2265.

⑤ Flowers,139 S. at 2269.

⑥ Franchise Tax Bd. v. Hyatt,139 S. Ct. 1485,1490(2019).

⑦ U. S. CONST. art IV, § 1.

⑧ Hyatt,355 P. 3d at 133.

⑨ See Franchise Tax Bd. v. Hyatt (Hyatt I),538 U. S. 488,494(2003).

⑩ Franchise Tax Bd. v. Hyatt,335 P. 3d 125,147(Nev. 2014)(en banc).

⑪ Nevada v. Hall,440 U. S. 410,99 S. Ct. 1182,59 L. Ed. 2d 416.

⑫ Hyatt II,136 S. Ct. at 1282.

法院未能形成多数意见,所以没有决定是否推翻内华达诉哈尔案。此后内华达州法院适用该州责任上限减少了加利福尼亚州税务局的赔偿责任。① 加利福尼亚州税务局再次申请联邦最高法院审理该案,并重新考虑内华达诉哈尔案。②

联邦最高法院以5∶4意见推翻原案判决并发回重审;法庭推翻了“内华达诉哈尔案”,重新确认各州保留对其他州法院提起的私人诉讼的主权豁免。③ 在“内华达诉哈尔案”中,法院认为,宪法中没有明确规定各州遵守主权豁免原则;制宪者认为礼让原则为避免一州法院对另一州行使司法管辖权提供了充分的保护;各州对待彼此就像对待外国国家一样。④ 在该案中,法院认为“内华达诉哈尔案”误读了历史与制宪者的宪法设计,即使宪法假设各州保留了其主权豁免,宪法也从基础上调整了各州之间的关系,并限制了各州的能力。美国《宪法》第3条规定州与州之间争议服从于联邦法院管辖,从而废除了部分主权豁免。⑤ 随后因为联邦最高法院将联邦法院的司法管辖权拓展到州与其他州公民之间的争议之上,国会随后迅速起草并通过了第十一修正案。这体现了宪法不支持在对宪法来说“反常、未知”的诉讼。根据其历史和结构,其自然的推论是,宪法保留了各州对个人诉讼的豁免权。⑥

法庭拒绝承认礼让原则是豁免权的来源,因为宪法调整了各州之间的关系,使各州之间关系不再像外国主权国家间关系一样。例如,美国《宪法》第1条第10款剥夺了各国的外交和战争等主权权力,第4条则要求各州对其他州的判决给予充分的尊重和信任,并引渡逃犯。⑦ 随后法庭拒绝了只有通过明确的宪法条款才能赋予各州豁免权的观点,认为许多宪法原则虽未在宪法文本中体现出来,但是其隐含在宪法的结构之中,并得到历史实践的支持。⑧ 谈到遵循先例原则,法庭解释道,因为“内华达诉哈尔案”的推理薄弱且与后续的法律发展不一致,虽然该案自宣判以来已经经过了40年,但对个案的信赖利益,不足以成为推翻错误判决的充分理由。⑨

布雷耶大法官反对,金斯伯格大法官、索托马约尔大法官、卡根大法官加入该意见。他们认为“哈尔案”的判决是正确的,且遵循先例原则足以阻止法院推翻该案。他根据19世纪国家为当事人的案例,得出豁免权问题实际上是礼让原则与国际习惯法的问题。⑩ 且

① Franchise Tax Bd. v. Hyatt, 407 P. 3d 717, 725 (Nev. 2017) (en banc).

② Hyatt, 139 S. Ct. at 1491.

③ Hyatt, 139 S. Ct. at 1499.

④ Nevada v. Hall, 440 U. S. 410, 417 - 427 (1979).

⑤ Hyatt, 139 S. Ct. at 1495.

⑥ Hyatt, 139 S. Ct. at 1495 - 1496.

⑦ Hyatt, 139 S. Ct. at 1497.

⑧ Hyatt, 139 S. Ct. at 1499.

⑨ Hyatt, 139 S. Ct. at 1499.

⑩ Hyatt, 139 S. Ct. at 1500 - 1501.

建国时期的辩论,主要涉及的是联邦法院中赦免权的问题,而不是州法院中的赦免权问题。① 另外,他指出建国时期的豁免权的授予不是基于权利而是基于同意,他不同意宪法将该项同意与礼让原则纳入了宪法。② 他同意宪法对各州之间的关系作出了改变,但是如果宪法对该问题已作规定,其总会进行明确的表示。③ 他认为充分的尊重和信任条款可以为各州之间的关系提供足够的保护,维持"内华达诉哈尔案"判决不会冒犯各州的主权与尊严,但是如果推翻该案,反而会因减少各州对州法院的控制从而冒犯其主权。④ 他对"内华达诉哈尔案"以后的案件进行了分类,指出这些案件发生在联邦法院或各州自己的法院中,与该案的事实不同,因此并未影响该案的效力。⑤ 最后,他辩称,法律的稳定是在考虑推翻先例时的重要因素。⑥

七、第一修正案中的国家行为者(State Actor)问题

第一修正案的言论自由条款限制国家行为者,而不限制私人行为者。为了区分国家与私人的概念,美国联邦最高法院采用了国家行为说。当私人实体行使传统上专属国家的职能时,才可将其视为国家行为者。⑦ 在"曼哈顿社区访问公司诉哈雷可(Manhattan Cmty. Access Corp. v. Halleck)案"中,最高法院认为,运营允许公共访问频道的有线电视服务运营者不属于国家行为者。⑧

纽约州法律要求有线电视运营商额外设置一个可供公众访问的频道。这些频道可以由各自的运营商运营,或者由政府或政府指派的私主体运营。⑨ 纽约市指定了一家私营非营利性公司——曼哈顿邻里网络,来运营时代华纳(运营商)在曼哈顿有线系统上的公共访问频道。⑩ 该案中的两名视频作者制作了一部批评曼哈顿邻里网络的视频,并通过公众访问频道播出,随后曼哈顿邻里网络停止了对两名视频制作者的服务。⑪ 视频制作者起诉曼哈顿邻里网络,因为曼哈顿邻里网络因其视频内容而限制其对公共频道的访问违反了他们宪法第一修正案中的言论自由权利。⑫ 联邦地区法院认为,曼哈顿邻里网络不是国家行为者,不受第一修正案约束。第二巡回上诉法院认为,曼哈顿邻里网络是国

---

① Hyatt,139 S. Ct. at 1502 – 1503.

② Hyatt,139 S. Ct. at 1503 – 1504.

③ Hyatt,139 S. Ct. at 1504.

④ Hyatt,139 S. Ct. at 1506.

⑤ Hyatt,139 S. Ct. at 1506.

⑥ Hyatt,139 S. Ct. at 1506.

⑦ Manhattan Cmty. Access Corp. v. Halleck,139 S. Ct. 1921,1928(2019).

⑧ Manhattan Cmty. Access Corp. v. Halleck,139 S. Ct. at 1934.

⑨ Manhattan Cmty. Access Corp. v. Halleck,139 S. Ct. at 1926.

⑩ Manhattan Cmty. Access Corp. v. Halleck,139 S. Ct. at 1935.

⑪ Manhattan Cmty. Access Corp. v. Halleck,139 S. Ct. at 1927.

⑫ Manhattan Cmty. Access Corp. v. Halleck,139 S. Ct. at 1927.

家行动者,受第一修正案约束。曼哈顿邻里网络申请联邦最高法院调卷,最高法院同意。①

最高法院以5∶4意见推翻原案判决并发回重审,判决认为,曼哈顿邻里网络不是国家行为者,不受第一修正案限制。按照法律,存在三种方式认定私主体为受宪法约束的国家行为者:(1)国家强制私主体行动;(2)国家在主体执行职能时与私主体交缠;(3)将公共职能下放给私主体。② 私主体如果在行使传统上专属国家的权力,则会被认定为国家行为者。有线系统上的公共访问频道的运营在传统上不是完全由政府执行的,自1970年以来,私主体和国家行为者都经营着公共访问频道。③ 视频制作者争论道,这里的政府功能是公共论坛的运作,这是传统的专属政府的公共功能。但是法庭认为这是错误的,提供某种形式的公共论坛并不是传统上只有政府实体才能进行的活动,提供公共论坛的私主体并不能仅凭这一事实就转变为国家行为者。④ 视频制作者注意到,纽约市已指定曼哈顿邻里网络来经营时代华纳有线系统上的公共访问频道,并且纽约州针对这些频道对曼哈顿邻里网络进行了严格监管。但是法院反驳道,纽约市的行为类似于政府许可证、政府合同或政府授予的垄断,这些事实都不能将私主体转变为国家行为者,除非该私主体履行了传统的排他性公共职能。⑤ 视频制作者还争辩说,公共访问频道实际上是纽约市的财产,而曼哈顿邻里网络实质上是代表纽约市管理政府财产。但是法院反驳,合同显示纽约市不拥有或租赁公共访问渠道,并且不拥有任何其他财产权益。⑥

索托马约尔大法官反对,金斯伯格大法官、布雷耶大法官、卡根大法官加入该意见。他们认为多数意见在其财产分析和公共职能分析中都犯了错误。⑦ 纽约州法律要求纽约市从时代华纳获得公共访问频道,授予曼哈顿邻里网络专营权以获得收益,那是巨大的财产利益。⑧ 然后,州法律赋予了纽约市维护该频道的义务,这将该频道转变为了公共论坛。⑨ 她紧接着提出了多数意见推理的缺陷。多数意见错误地决定了案中的财产问题,关键问题不是谁拥有有线系统,而是长期地授予经营权的行为本身具有财产价值。⑩ 曼哈顿邻里网络不是一个进入市场后受到政府监管的私主体,而是政府要求它做一份工作,并给予相应的补偿。只要曼哈顿邻里网络继续行使政府赋予的权力,服从于政府的掌控,就必须像任何其他政府行为者一样遵守第一修正案。⑪

---

① Manhattan Cmty. Access Corp. v. Halleck, 139 S. Ct. at 1927.

② Halleck v. City of New York, 224 F. Supp. 3d 238, 244(S. D. N. Y. 2016).

③ Halleck, 139 S. Ct. 1921, 1929–1930(2019).

④ Halleck, 139 S. Ct. 1921, 1929–1930(2019).

⑤ Halleck, 139 S. Ct. at 1931–1932.

⑥ Halleck, 139 S. Ct. at 1933.

⑦ Halleck, 139 S. Ct. at 1934.

⑧ Halleck, 139 S. Ct. at 1937.

⑨ Halleck, 139 S. Ct. at 1939.

⑩ Halleck, 139 S. Ct. at 1941.

⑪ Halleck, 139 S. Ct. at 1942–1945.

八、商标中的粗俗表达问题

美国兰纳姆法案(Lanham Act)禁止"不道德的"(Immoral)或"可耻的"(Scandalous)商标的注册,违反了第一修正案。在"伊安库诉布鲁内蒂(Iancu v. Brunetti)案"中,答辩人试图使用"FUCT"注册联邦商标,美国专利及商标局拒绝了他的申请,因为兰纳姆法案禁止属于或包含不道德的或可耻的成分的商标注册。[①] 申请人在专利与商标局内进行上诉后,该决定被维持。申请人向联邦巡回上诉法院上诉,法院推翻了该商标不能注册的决定,并认定禁止注册属于或包含不道德或可耻成分的商标,属于基于内容的歧视,因违反第一修正案而无效。[②] 因为该法院废除了一条联邦法规,联邦最高法院决定审理该案。[③]

最高法院以6:3意见确认了该案判决。[④] 早在先例中最高法院就认为商标法中禁止注册诋毁任何人或死者的规定,属于基于观点(Viewpoint)的歧视,违反第一修正案。[⑤] 与之类似,禁止注册属于或包含不道德或可耻的成分的商标同样属于基于观点的歧视,违反了第一修正案。该条款中"不道德的"意味着该商标与正直、纯正或良好的道德观念相矛盾。该条款中的"可耻的"的含义为该商标侵犯了良知或道德感情,激起异议、唤起谴责。因此商标法允许注册与社会正义与道德感相一致的商标,而禁止与之相冲突的商标。该法规区分了两种相对的观念:与传统的道德标准相一致的观点,以及与之不一致的观点。[⑥] 这种表面上观点的区分导致了其违反了第一修正案中禁止观点歧视的规定。[⑦] 最高法院拒绝了商标局的争论,即可以通过限制该规定的解释从而避免观点歧视,商标局提出如果把该条款解释为只禁止冒犯性或使人震惊的商标,无关该商标的观点,则可以使商标局将禁止的范围缩小至淫秽、粗俗或亵渎的商标,从而避免违反宪法。法院拒绝了该争论,认为该条文所规定的文本完全不一致,该条款过于宽泛,包含了世界上所有不道德或丑陋的思想,[⑧]通过解释无法实现商标局主张的目标。[⑨] 法院同时拒绝了商标局适用限制过宽原则(Overbreadth Doctrine)的争论(允许非实质性的违宪法律适用),认为该原则不适用于涉及观点歧视的案件。

罗伯茨大法官(Justice John G. Roberts Jr.)部分同意,部分反对。[⑩] 他认为该条款的"可耻的"部分可以被狭义地理解为仅禁止基于表达方式违反规定的商标,法院可以将此

---

① 15 U. S. C. § 1052(a);Iancu v. Brunetti,139 S. Ct. 2294,2298(2019).

② In re Brunetti,877 F. 3d 1330,1335,1342(Fed. Cir. 2017).

③ Brunetti,139 S. Ct. at 2298.

④ Brunetti,139 S. Ct. at 2302.

⑤ Brunetti,139 S. Ct. at 2299.

⑥ Brunetti,139 S. Ct. at 2299 – 2230.

⑦ Brunetti,139 S. Ct. at 2299 – 2230.

⑧ Brunetti,139 S. Ct. at 2302.

⑨ Brunetti,139 S. Ct. at 2301 – 2302.

⑩ Brunetti,139 S. Ct. at 2301 – 2302.

条视为只禁止本身淫秽、粗俗或亵渎的商标,而不是基于它们所表达的想法。① 布雷耶大法官部分同意,部分反对。② 他提出,先例警示法院应尽量在符合宪法的方向上解释法律。③ 在该案中法院对于第一修正案中言论类型的适用不应该是决定性的,而是应作为经验法则适用,通过平衡该条款所保护的社会价值与其对言论自由的限制,他认为该条款中关于“可耻的”定义应被维持。④ 索托马约尔大法官部分同意,部分反对。⑤ 她警告该决定将带来不好的结果,政府将不再拥有法定依据来拒绝淫秽、粗俗或亵渎的文字或图像,她支持通过限缩该条款中“可耻的”定义的解释来维持其合宪性。⑥ “可耻的”这一概念的模糊含义给了法院根据上下文解释并限制其含义的空间,国会在通过该法律时对“不道德的”与“可耻的”赋予了不同含义,“不道德的”包含了因违反社会规范而令人反感的商标,而“可耻的”则涵盖了因其行为方式而令人反感的商标,如此限制解释是适当且符合先例的。⑦ 最后她提出根据“可耻的”条件,对商标进行合理的、基于内容的规制将会符合宪法,因为商标注册等同于有限的公共论坛或者政府分支,其中的言论服从于合理的基于内容的规制。⑧

九、第四修正案警察搜查令问题

随着时间的推移,作为证据的血液酒精含量会逐渐减少,但是联邦最高法院根据第四修正案,认为警察在没有搜查令的情况下,除非存在紧急情况,否则对失去意识的酒驾者进行抽血检查违反宪法。在“迈克尔诉威斯康星(Mitchell v. Wisconsin)案”中⑨,在经初步呼气测试显示其血液酒精浓度为0.24%,为威斯康星州刑事法律规定的3倍后,本案请愿人迈克尔(Mitchell)因酒后驾驶而被捕。⑩ 按照惯例,警方人员将迈克尔带到警察局并使用证据级设备进行更可靠的呼气测试。但是当他们到达时,迈克尔已经昏睡过去,无法进行呼气检测,所以警察将他送到了附近的医院进行血液测试。⑪ 血液分析显示,迈克尔的血液酒精浓度为0.222%,超出了法律规定的上限,所以他被指控犯罪。⑫ 迈克尔试图排除作为证据的血液检验记录,理由是其是在没有搜查令的情况下进行的,

① Brunetti,139 S. Ct. at 2301 – 2302.
② Brunetti,139 S. Ct. at 2304.
③ Brunetti,139 S. Ct. at 2304.
④ Brunetti,139 S. Ct. at 2306 – 2308.
⑤ Brunetti,139 S. Ct. at 2308.
⑥ Brunetti,139 S. Ct. at 2308.
⑦ Brunetti,139 S. Ct. at 2312.
⑧ Brunetti,139 S. Ct. at 2312.
⑨ Mitchell v. Wisconsin,139 S. Ct. 2525(2019).
⑩ Mitchell v. Wisconsin,139 S. Ct. at 2532.
⑪ Mitchell v. Wisconsin,139 S. Ct. at 2532.
⑫ Mitchell v. Wisconsin,139 S. Ct. at 2532.

这违反了他在第四修正案中拥有的不受不合理搜查的权利。① 初审法院驳回了其申请，迈克尔被判有罪。上诉法院申请州最高法院直接审理此案，最终威斯康星州最高法院确认迈克尔的血液检查报告合法。②

联邦最高法院以 5∶4 意见推翻该案判决并将该案发回重审。③ 法院认为，因为抽血属于搜查，所以受第四修正案规范。警察只有在拥有搜查令，或虽无搜查令但存在紧急情况，方可进行血液测试。④ 根据先例，法院提出只有在紧急情况下才能在没有搜查令的情况下进行搜查。满足紧急情况的条件一般需要证明：存在对政府行动的迫切需求，而且没有足够的时间来获得搜查令。⑤ 在该案涉及的事实中，政府需要惩罚血液酒精含量超过法律规定上限的驾驶者，确保公路交通安全，从而减少因交通所导致的伤亡。⑥ 因为血液中的酒精会随着时间的流逝而消散，警察必须能够准确、迅速地对涉嫌醉酒驾车的驾驶员进行血液酒精含量测试。⑦ 当驾驶者处于失去知觉时无法进行呼吸测试，则有必要进行血液检测。⑧ 为证明时间的紧迫性，法院认为要点在于：第一，血液中的酒精正在消散；第二，意识不清的驾驶者的健康、生命安全等需求的优先度处于取得搜查令之上。⑨ 因为迈克尔在之前的审判中没有机会争论这些要件，所以法院将案件发回重审。⑩ 托马斯大法官同意，但是他主张适用单一的规则，即始终允许警察对疑似醉酒的驾驶员进行无搜查令的血液检测，仅凭血液酒精的消散就可以正当化无搜查令的血液检测。⑪

索托马约尔大法官反对，金斯伯格大法官、卡根大法官加入该意见。他认为基于先例，对于血液检测来说，不存在任何基于紧急的例外可以免除警察的搜查令要求。法院必须在具体案件中决定警察是否有时间及时取得搜查令，如果有时间，那么第四修正案强制要求警察在进行抽血检测前取得搜查令。⑫ 值得注意的是，在警察送醉驾者去医院的路上，警察有足够时间取得搜查令；血液中酒精的消散是有规律可循的；另外，新技术的发展使搜查令的获取变得快捷。⑬ 她进而批评了多数意见的推理，她认为并非所有醉驾者都有医疗需求，法院没有必要将统一的例外适用到所有案件之中。而且医疗需求不

---

① Mitchell v. Wisconsin, 139 S. Ct. at 2532.
② Mitchell v. Wisconsin, 139 S. Ct. at 2532.
③ Mitchell v. Wisconsin, 139 S. Ct. at 2539.
④ Mitchell v. Wisconsin, 139 S. Ct. at 2532 – 2534.
⑤ Mitchell v. Wisconsin, 139 S. Ct. at 2534.
⑥ Mitchell v. Wisconsin, 139 S. Ct. at 2535 – 2536.
⑦ Mitchell v. Wisconsin, 139 S. Ct. at 2535 – 2536.
⑧ Mitchell v. Wisconsin, 139 S. Ct. at 2537.
⑨ Mitchell v. Wisconsin, 139 S. Ct. at 2537 – 2539.
⑩ Mitchell v. Wisconsin, 139 S. Ct. at 2539.
⑪ Mitchell v. Wisconsin, 139 S. Ct. at 2539.
⑫ Mitchell v. Wisconsin, 139 S. Ct. at 2539.
⑬ Mitchell v. Wisconsin, 139 S. Ct. at 2548 – 2549.

一定与取得搜查令相冲突,即使警察在个案中也许会面临此情况,法庭也应具体考察每个案件的不同事实,而不是建立统一的例外标准。① 戈萨奇大法官反对,认为法院基于下级法院没有讨论过的紧急例外原则进行判决,没有给予下级法院的争论足够的关注。②

十、刑事案件中一事不再理的例外问题

美国宪法第五修正案禁止就同一罪行对犯罪嫌疑人提起两次公诉。但是基于分离主权原则,犯罪嫌疑人在州法院被起诉后,仍可以在联邦法院被起诉,反之亦然。③ 在"甘博诉美利坚合众国(Gamble v. United States)案"中,犯罪嫌疑人甘博(Gamble)在亚拉巴马州法院因非法持有枪支被判处刑罚后④,联邦检察官根据联邦法律对其同一罪行在联邦地区法院再次提起诉讼。⑤甘博提出了一项驳回动议,主张检方起诉的是对他在州法院已被判处的罪行,检方对他进行了两次起诉。地方法院驳回了该动议,并援引双重主权原则。根据该原则,如果受到不同主权者的起诉,两项罪行就不会构成重复起诉。甘博认罪,但随后基于一事不再理原则提出上诉。美国第十一巡回上诉法院确认原案判决。联邦最高法院批准调卷令。⑥

联邦最高法院以7∶2意见确认原案判决,拒绝推翻分离主权原则。⑦ 法院认为,一事不再理原则不是禁止对同一"行为"进行两次处罚,而是禁止对同一"罪行"进行两次处罚。因为罪行是由主权者通过法律制定的,如果有两个主权者,那么就有两个罪行。⑧对主权的解释,应尊重两个主权者在惩罚同一行为时所具有的利益之间的实质性差异。⑨法院进一步提出,尽管我们的宪法建立在人民享有主权的原则上,但这并不意味着他们将所有主权都授予给一个政府。⑩ 在宪法制定之时,人民将主权分离了。联邦制承载着被分离的主权,双重起诉就是主权被分离的结果。⑪

随后法院开始回应甘博的争论。甘博提出了一条在大陆会议时被拟定写入宪法的一事不再理条款。该条款草案禁止对同一罪行进行多于一次的审判或处罚,但立宪者拒绝了以下额外条款:"美国所有法律所规定的[罪行]"。甘博认为,立宪者对该额外条款的否决说明了立宪者的意图与主权无关。⑫ 法庭否决了该项争论,不仅因为根据被否决

---

① Mitchell v. Wisconsin,139 S. Ct. at 2549-2550.

② Mitchell v. Wisconsin,139 S. Ct. at 2551.

③ Gamble v. United States,139 S. Ct. 1960,1963(2019).

④ Gamble v. United States,139 S. Ct. at 1964.

⑤ Gamble v. United States,139 S. Ct. at 1964.

⑥ Gamble v. United States,139 S. Ct. at 1964.

⑦ Gamble v. United States,139 S. Ct. at 1980.

⑧ Gamble v. United States,139 S. Ct. at 1965.

⑨ Gamble v. United States,139 S. Ct. at 1966.

⑩ Gamble v. United States,139 S. Ct. at 1968.

⑪ Gamble v. United States,139 S. Ct. at 1969.

⑫ Gamble v. United States,139 S. Ct. at 1965.

的立法提案解释法律是极其危险的,而且考虑当时的历史情境,立宪者们反对英国将在美国犯罪的英国士兵发回英国审判,他们不太可能会赞成一事不再理原则。[①] 接着法院认为甘博争辩所用的先例是混乱的,与本案的事实有较大的出入。虽然甘博争论这些案例从较为宏观的角度上支持了他的观点,但是这与美国早期的案例法不一致,[②]法院认为,甘博的证据不足以推翻将近170年来数十个先例。[③] 法院随后拒绝了甘博由于原则的改变而应该推翻先例的争论。甘博认为,最高法院在1969年确立了一事不再理原则,但是因最高法院在其中对罪行的解释是根据主权的解释,所以该案中的一事不再理只禁止各州连续对同一罪名进行起诉。[④] 最后法院反驳了甘博以实践的变化为理由争论应该推翻先例的观点。甘博提出联邦刑法的增殖增加了重复起诉的风险,法院则认为此问题与分离主权原则的合宪性问题无关。[⑤] 托马斯大法官同意,但是对多数意见遵循先例的标准提出异议。[⑥] 他认为,法官的宪法义务是推翻任何明显错误的先例,不论其他因素是否支持这样做。[⑦] 通过要求法官进行权衡来决定是否推翻先例,实际上使法官违反了其宪法义务。[⑧]

金斯伯格大法官反对,认为甘博在亚拉巴马州与联邦被重复起诉,这两个司法管辖区之间的关系不是类似于外国之间的关系,而是一个整体中的两个部分。[⑨] 联邦主义本意图为人民的权利提供双重保护,而分离主权原则呼吁利用联邦主义限制自由。[⑩] 她提到立宪史与先例并没有考虑分离主权原则。[⑪] 她认为多数意见没有根据法律,而是根据裁量权进行了判决,她认为一事不再理原则不会容忍不公正的诉讼。[⑫] 她同意甘博基于实践原因而推翻先例的争论。[⑬] 至于基于原则变化的争论,她对比了类似原则被推翻的事实以支持该争论。[⑭]

戈萨奇大法官反对,并同意金斯伯格大法官的大部分反对意见,并提出不存在证据证明立宪者会同意对"罪行"一词进行上述根据主权的解释。而且即使他们如此认为,联

---

① Gamble v. United States, 139 S. Ct. at 1966.
② Gamble v. United States, 139 S. Ct. at 1969 – 1970.
③ Gamble v. United States, 139 S. Ct. at 1969 – 1970.
④ Gamble v. United States, 139 S. Ct. at 1979.
⑤ Gamble v. United States, 139 S. Ct. at 1979 – 1980.
⑥ Gamble v. United States, 139 S. Ct. at 1980 – 1981.
⑦ Gamble v. United States, 139 S. Ct. at 1981, 1984.
⑧ Gamble v. United States, 139 S. Ct. at 1981, 1988.
⑨ Gamble v. United States, 139 S. Ct. at 1990.
⑩ Gamble v. United States, 139 S. Ct. at 1991.
⑪ Gamble v. United States, 139 S. Ct. at 1991 – 1992.
⑫ Gamble v. United States, 139 S. Ct. at 1991 – 1992.
⑬ Gamble v. United States, 139 S. Ct. at 1994.
⑭ Gamble v. United States, 139 S. Ct. at 1993.

邦与州政府也不是独立的主权者,而是单一人民主权的两种表达方式。① 多数意见实际上是在呼吁联邦主义去威胁,而不是去保护人民的自由。② 他还为甘博根据先例的争论辩护,认为甘博主张的部分先例不仅在立宪时期就被接受,且其中涉及的国家关系与联邦制类似。③ 对于推翻先例,他虽然认识到需要尊重先例,但是依然主张推翻先例。在分离主权原则出现之时,联邦刑法也是新的、谦逊的且克制的,而如今它拥有大概4500个条文。④ 而在一事不再理原则被适用于各州之前,人们普遍认为该原则至少会保证公平。如果不适用一事不再理原则,在联邦进行定罪之后,州可以继续定罪,之后联邦又可以再次定罪,反之亦然。考虑到这些先例的推理质量与适用范围,这些变化足以支持推翻先例。⑤

① Gamble v. United States, 139 S. Ct. at 1999.

② Gamble v. United States, 139 S. Ct. at 2000.

③ Gamble v. United States, 139 S. Ct. at 2001 - 2002.

④ Gamble v. United States, 139 S. Ct. at 2008.

⑤ Gamble v. United States, 139 S. Ct. at 2006.

2019～2020年英国宪法学焦点

——"议会休会案"

许文杰[*]　刘鸢飞[**]

根据首相的建议，英国女王于2019年8月28日颁布枢密院令，要求议会休会。挑战该休会建议和据此颁布的枢密院令之合法性的"米勒/切里案"(Miller/Cherry)，成为2019～2020年英国宪法学界关注的焦点。

2019年8月28日，英国女王伊丽莎白二世在来自英国保守党的时任首相鲍里斯·约翰逊的建议下，颁布枢密院令，要求议会在2019年9月9～12日的某一天到10月14日休会。① 政府之后给出的休会理由是，他们要准备在议会复会后发布的《女王训谕》，以更新议会的立法计划。本次会期已经是自17世纪英国内战以来持续最长的了，因此政府需要在恰当的时间点建议休会本来无可厚非。争议在于，要休会多久，以及究竟于何时休会。② 按照上述枢密院令的要求，这次将是英国议会自1931年以来时间最长的一次休会，远远长于往常为准备新的《女王训谕》而进行的休会。③ 不仅如此，枢密院令要求的休会期结束后，再过两周就是前首相特丽莎·梅与欧盟商定的"英国脱离欧盟之日"(2019年10月31日)。④ 此时休会5周，意味着议会将在"脱欧日"前长时间无法运作，且休会前还未走完程序的法案都将被废弃。反对党政客和政治评论家因此纷纷质疑该休会建议，认为约翰逊有意阻挠议会在英国脱离欧盟前进行立法和监督政府。休会的合法性在苏格兰、英格兰和北爱尔兰法院都遭到了挑战。

---

* 牛津大学法学院博士研究生。

** 清华大学法学院硕士研究生。感谢清华大学法学院屠凯副教授对本文初稿提出有益建议。

① Orders Approved at The Privy Council Held by The Queen at Balmoral on 28th August 2019.

② See House of Commons Library, *Is this the longest parliamentary session ever*?, Accessed January 28, 2021, https://commonslibrary.parliament.uk/is-this-the-longest-parliamentary-session-ever.

③ See House of Commons Library, *The Prorogation Dispute of* 2019: *One Year On*, Accessed January 28, 2021, https://commonslibrary.parliament.uk/research-briefings/cbp-9006/.

④ See *Brexit: UK and EU Agree Delay to 31 October*, Accessed January 28, 2021, https://www.bbc.com/news/uk-politics-47889404.

事实上,在要求议会休会的枢密院令颁布之前,对休会的讨论和防止休会的行动就已经展开。2019年4月1日,权威学者约翰·菲尼斯(John Finnis)发表了题为《"英国脱欧"只剩一个选择——宣布议会休会,允许我们"无协议"退出欧盟》的文章。① 随后,英国宪法学界就可能发生的休会进行了大量讨论。媒体当时就提出,还在竞选中的约翰逊团队正考虑用休会协助"脱欧"。② 有此背景,就不难理解为什么有人会怀疑约翰逊提出休会建议的真实目的了。2019年7月31日,苏格兰民族党的乔娜·切里(Joanna Cherry QC MP)、御用大律师乔里恩·毛姆(Jolyon Maugham QC)共同领衔的79人,就可能的议会休会向苏格兰法院提出了预防性的违宪审查请求,这些人中有78人为西敏寺的英国议会议员。③ 2019年9月4日,"切里案"(Cherry)的初审法官多尔蒂勋爵(Lord Doherty)驳回了原告诉求。之后该案被诉至苏格兰高等民事法院上诉分院。④ 第一上诉庭的3位法官在2019年9月11日判决,支持了原告的诉求,他们裁定,首相的休会建议和由此导致的休会都是不合法的,因为这一建议意图"从中作梗",妨碍议会运行。⑤ 在英格兰,曾轰动一时的第一个"米勒案"[R(Miller) v. Secretary of State for Exiting the European Union]的原告吉娜·米勒在枢密院令颁布后也立即向法院提起违宪审查,挑战休会的合法性。第二个"米勒案"(Miller Ⅱ)的判决同样公布于2019年9月11日,但有趣的是,审理该案的英格兰和威尔士高等法院王座法庭的3位法官驳回了原告的请求,理由是法院认为休会权的行使是一个高度政治化的问题,法院缺少对其进行裁断的法律标准,所诉问题非法院所能裁决之事。⑥ 此外,社会活动家雷蒙德·麦考德(Raymond McCord)还在贝尔法斯特的北爱尔兰高等法院提起诉讼,称政府的"脱欧"谈判违反了《贝尔法斯特协议》(Good Friday Agreement),但同样遭到驳回。⑦

判决截然相反的"切里案"和第二个"米勒案"最后都被上诉至联合王国最高法院,由最高法院的全部11名大法官一同聆讯。最终,这11名大法官一致判决首相的休会建议和女王在首相的建议下颁布的枢密院令都是无效的。但是,最高法院判决的思路与苏格兰高等民事法院不完全相同。最高法院在裁断该案时诉诸了两个宪法原则——"议会

① See J. Finnis, *Only One Option Remains with Brexit-Prorogue Parliament and Allow Us Out Of The EU With No-deal*, Daily Telegraph, Accessed January 28, 2021, https://www.telegraph.co.uk/politics/2019/04/01/one-option-remains-brexit-prorogue-parliament-allow-us-eu.

② See *Boris Johnson Team Considering Plan to Suspend Parliament in Run Up to Brexit*, Sky News, Accessed January 28, 2021, https://news.sky.com/story/boris-johnson-team-considering-plan-to-suspend-parliament-in-run-up-to-brexit-11764347.

③ Cherry v. Advocate General for Scotland[2019]CSOH 70.

④ Cherry v. Advocate General for Scotland[2019]CSOH 70.

⑤ Cherry v. Advocate General for Scotland[2019]CSIH 49.

⑥ R. (on the application of Miller) v. Prime Minister[2019]EWHC 2381(QB).

⑦ See *Northern Irish Court Dismisses Case Against No-Deal Brexit*, the Guardian, Accessed January 28, 2021, https://www.theguardian.com/politics/2019/sep/12/northern-irish-court-dismisses-case-against-no-deal-brexit.

主权”(Parliamentary Sovereignty)和“议会监督政府”(Parliamentary Accountability)。法院认为,如果在没有适当理由的条件下阻挠议会履行其作为立法机关和负责监督行政部门之机关的宪制功能,则该休会决定就是非法的。根据这一标准,最高法院判决首相的休会建议违法,女王据此建议颁布的枢密院令以及由此引发的所谓“休会”都因违法而无效。[①]

“议会休会案”具有广泛而深远的影响。从法律角度来看,首先,最高法院建立起了审查休会权的具体法律标准,并且建立该标准所使用的法律理由也可能在将来被运用于对王权的其他司法审查中。其次,最高法院将通常被认为是宪法惯例(constitutional convention)的“议会监督政府”提升为一项宪法原则(constitutional principle),这也意味着,最高法院继续坚持了自己在第一个“米勒案”中划定的宪法惯例和宪法原则之间的界限。最后,最高法院的判决维护了“议会主权”这一古老的根本法,但由法院定义宪法原则并决定政府与议会间关系,这又强化了法院的“宪法的守护者”地位。从政治角度来看,裁定休会无效的判决当然也对当时正在进行中的英国“脱欧”进程产生了重大影响。

作为英国宪制基石的议会主权原则在我国学界进行了相当多的研究和讨论。根据戴雪的经典论述,议会主权原则,是指根据英国宪法,“君临议会”(Queen-in-Parliament)有权制定或不制定任何法律,并且任何个人或机关都无权推翻或搁置议会立法。[②] 龚祥瑞比较早地介绍了戴雪在《英宪精义》中阐释的议会主权思想及其产生背景,以及对该学说的批评。[③] 于明还原了“议会主权”原则生成的历史过程,指出“议会主权”原则的确立不仅意味着议会战胜君主进而成为主权者,“同时也是‘主权政治’对于‘根本法至上’的古代宪制的胜利”,因此,议会主权实际上是使英国进入现代国家的全新宪制。[④] 当然,对英国宪制来说同样重要的,还有议会主权和法治之间的张力,这一点早在戴雪、詹宁斯等人的著作里就已经得到了充分关注。李栋认为,英国宪制之所以能够良好运行,是因为议会主权和司法独立的巧妙结合——议会平衡国内政治、限制王权,而司法又压抑了议会权力,防止其扩张和专断行使。[⑤]

随着英国普通法院的违宪审查权逐渐巩固,议会主权和法治的关系呈现一种内在紧张。这种议会主权与法治间的张力同样存在于“米勒/切里案”之中。虽然最高法院在该案的判决中,通过诉诸议会主权原则的方式维护了议会主权,但是由法院定义宪法原则

---

① R(on the application of Miller) v. The Prime Minister, Cherry and others, Advocate General for Scotland (Scotland)[2019]UKSC 41.

② A. V. Dicey, Introduction to the Study of the Constitution(Tenth Edition), the Macmillan Press Ltd., 1979, p. 39 – 40.

③ 参见龚祥瑞:《宪法与法律:读戴雪〈英宪之法的研究导论〉》,载《比较法研究》1995 年第 3 期。

④ 参见于明:《议会主权的“国家理由”英国现代宪制生成史的再解读(1642 ~ 1696)》,载《中外法学》2017 年第 4 期。

⑤ 参见李栋:《英国宪政的精髓:议会主权与司法独立相结合的宪政体制》,载《政法论坛》2012 年第 2 期。

并从中提取出限制王权行使的法律标准,充分展现了法院所拥有的"宪法的守护者"的地位,这正是英国现代普通法立宪主义所主张的。我国学者很早就注意到了这一点。何海波的《没有宪法的违宪审查》一文讨论了英国宪制中正在形成的英国法院对议会立法进行审查和抵制的多种机制,并指出英国法院的实践经验"为中国法院在人民代表大会制度下审查最高权力机关立法的合宪性提供了理论上的可能"。① 李蕊佚认为,法院在1998年《人权法》(Human Rights 1998)下的审查权或多或少地限制了议会的立法权,进而修正了戴雪意义上的议会主权。② 不同于其他作者所强调的议会主权受到的冲击,张海廷则指出,欧共体法律、地方分权法以及《人权法》都没能真正颠覆议会主权。③ 李红海梳理了英国当代普通法立宪主义思潮的产生背景、主要观点和论证思路,指出普通法立宪主义推动普通法法院"依据法治的原则对行政行为乃至议会的立法进行审查",以达到保护民众权利和自由的目的。④

一、英格兰判决

2019年9月11日,英格兰和威尔士高等法院王座法庭作出判决,驳回原告的诉讼请求。法院认为,首相建议女王休会的决定是政治性的,法院无法审理。当然,法院也认同,即使是根据王权行事也应当接受司法审查,而决定法院是否可以对王权司法审查的不是权力的来源而是其关涉的事项。但就该案而言,无论是政府的立法计划还是议会休会的时长,都是政治问题,并非法院所能管辖。而对原告所提出的"议会主权"原则,法院则认为分权原则也是英国的宪法原则,政府并没有越权。

该判决作出后立刻引起了激烈讨论,其中批评的声音占据上风。学者的批评集中于以下四个方面。

一是反驳法院在可诉性问题上的主张。格林(Alan Greene)从"法律黑洞"的角度批评了法院对可诉性问题的过度关注。他认为,如果休会建议是不可诉的,则会产生"法律黑洞",决策者可以在其中自由行使绝对的裁量权。为防止出现"法律黑洞",避免法院处理不适合由它决定的政治问题,在该案中应该关注辩护的范围问题(spectrum of defence),而不是可诉性问题。⑤ 内胡什坦(Yossi Nehushtan)也认为,该案的首要问题应该是合法性问题,而非可诉性问题,法院的观点只会误导人们。他提出,从规范角度看,只有当法律不能对涉案问题表明立场,也不能提供用以讨论行政决定合法与否的方法时,我们才能说这一决定在规范上是不可诉的,这意味着,首先要解决合法性问题。从管

---

① 参见何海波:《没有宪法的违宪审查——英国故事》,载《中国社会科学》2005年第2期。

② 参见李蕊佚:《议会主权下的英国弱型违宪审查》,载《法学家》2013年第2期。

③ 参见张海廷:《英国议会主权的变迁》,载《法商研究》2001年第4期。

④ 参见李红海:《当代英国宪政思潮中的普通法宪政主义》,载《华东政法大学学报》2015年第1期。

⑤ See A. Greene, *Miller 2, Non-justiciability and the Danger of Legal Black Holes*, U. K. Const. L. Blog, Accessed Feb. 2, 2021, https://ukconstitutionallaw.org/2019/09/13/alan-greene-miller-2-non-justiciability-and-the-danger-of-legal-black-holes.

辖机构角度看,如果政治性决定严重违法且违法产生的影响也是严重的,那就应该受到法院的管辖。①

二是批评法院援引判例错误。胡珀(Hayley J. Hooper)认为,高等法院在论证时援引的先例都与选举有关,但"议会休会案"涉及的问题是在宪制动荡时刻排除民主机构的干预,与选举无关。② 什帕迪耶尔(Steven Spadijer)则指出,法院忽视了许多对其不利的先例。③

三是从宪法原则角度提出批评。丁杰(Hasan Dindjer)批评了英格兰法院对议会主权原则的狭隘理解。他认为,议会主权原则包含这样一种观点,即在重大的、公共的重要时刻,议会必须拥有有意义的机会来立法。缺乏正当理由、否定这样机会的休会,是违反议会主权原则的。④

四是批评法院观点与政治、法律实践的错位。奈特(Dean Knight)认为,法院绝对克制的立场与现代司法审查相脱节。⑤ 乔治奥普洛斯(Aris Georgopoulos)批评了法院把关注的焦点放在休会的长度上,弱化了对休会效果的强调。但很明显,即使是很短期的休会也会对议会宪制功能的发挥产生很大影响。⑥ 什帕迪耶尔(Steven Spadijer)则指出,法院积极参与政治,轻易介入议会和政府之间的政治斗争是危险的,而且法院忽视了王室在评估休会是否合适时发挥的作用。⑦

当然,讨论中也存在与法院立场类似的声音。早在休会建议提出前,克雷格(Robert

---

① See Y. Nehushtan, *Prorogation and Justiciability*, U. K. Const. L. Blog, Accessed Feb. 3, 2021, https://ukconstitutionallaw. org/2019/09/16/yossi-nehushtan-prorogation-and-justiciability.

② See H. J. Hooper, *Keeping the Lights On: Contrasting Miller v. Prime Minister and Cherry* v *The Advocate General*, U. K. Const. L. Blog, Accessed Feb. 3, 2021, https://ukconstitutionallaw. org/2019/09/16/hayley-j-hooper-keeping-the-lights-on-contrasting-miller-v-prime-minister-and-cherry-v-the-advocate-general.

③ See S. Spadijer, *Miller No. 2 Orthodoxy as Heresy, Heresy as Orthodoxy*, U. K. Const. L. Blog, Accessed Feb. 3, 2021, https://ukconstitutionallaw. org/2019/10/07/steven-spadijer-miller-no-2-orthodoxy-as-hersey-hersey-as-orthodoxy.

④ See H. Dindjer, *Prorogation as a Breach of Parliamentary Sovereignt*, U. K. Const. L. Blog, Accessed Feb. 3, 2021, https://ukconstitutionallaw. org/2019/09/16/hasan-dindjer-prorogation-as-a-breach-of-parliamentary-sovereignty.

⑤ See D. knight, *Reasoning Through Challenges to Prorogation: Cherry and Miller (NO. 2)*, U. K. Const. L. Blog, Accessed Feb. 3, 2021, https://ukconstitutionallaw. org/2019/09/16/dean-knight-reasoning-through-challenges-to-prorogation-cherry-and-miller-no-2.

⑥ See A. Georgopoulos, *The Melting of Constitutional "Glaciers": Miller 2 and the Prerogative Powers of Government*, U. K. Const. L. Blog, Accessed Feb. 3, 2021, https://ukconstitutionallaw. org/2019/09/30/aris-georgopoulos-the-melting-of-constitutional-glaciers-miller-2-and-the-prerogative-powers-of-government.

⑦ See S. Spadijer, *Miller No. 2 Orthodoxy as Heresy, Heresy as Orthodoxy*, U. K. Const. L. Blog, Accessed Feb. 3, 2021, https://ukconstitutionallaw. org/2019/10/07/steven-spadijer-miller-no-2-orthodoxy-as-hersey-hersey-as-orthodoxy.

Craig)就指出,决定休会的王权不可诉,议会主权会因休会受挫的观点也是不成立的,因为没有特别的法律条文规定议会会因为休会而受挫。① 恩迪克特(Timothy Endicott)也支持法院的观点。他认为,原告的主张错误地适用了要求司法干涉重大不正当目的案件这一原则。并没有法律授权法院审查休会的王权,而且法官也不能创造审查议会进程的形式。他认同法院将可诉性问题作为该案的首要问题,也认同休会建议不可诉,并且也和法院一样以分权原则来论证。但相比法院聚焦行政权,他更关注司法权和立法权之间的关系——普通法并不规范议会程序的时间安排,法官的监督会削弱议会对其自身运作的责任。他也不认同为了宪制利益(the interests of constitutional governance)而进行司法干预的观点,因为议会并没有因休会而完全无法发挥作用。总而言之,他认为,让人民代表来负责议会的运作,要比借助司法审查更合适。显然,与其他学者相比,他更强调在非常时刻下更应该保持英国宪法结构的稳定。在他看来,当前的情形十分严峻,经不起任何的恐慌。② 蒂尔尼(Stephen Tierney)虽然也认为该案不应由法院管辖,但不同意法院以政治性来论证为什么不可诉。他认为,休会建议虽然不是良政,但王权与议会之间的紧密关系排除了法院的管辖,对休会的回应应当由议会作出。显然,他与恩迪克特一样,都更看重宪法结构的稳定。但他并没有回应同日在苏格兰宣判的"切里案"中原告"巧妙的论点"——如果议会事实上被休会了,那这种关系将无法运作——虽然他在文章中也提到了这一论点。③

二、苏格兰判决

2019年9月11日,苏格兰高等民事法院判决指出,首相向女王提出的建议是可予法律审查的,而他的建议乃是基于"从中作梗"以妨碍议会运行的动机作出的,因此是不合法的。3位法官分别给出了自己的意见。

卡洛威(Carloway)法官认为,休会建议是否可以审查,取决于权力行使的主题。首相希望休会的真正目的是阻止议会发挥监督政府的功能,这会损害宪法所奉行的善治原则,因而是不合法的。布罗迪(Brodie)法官也认为,王权能否被审查取决于其主题,而且法院虽然不能审查政治问题,但法院在该案中的审查并不违反权力分立原则,也没有构成对议会的蔑视。政府采取程序性手段达成其目的,不意味着必然要对此进行司法审查,然而当这种手段在英国历史的重要节点上被公然设计出来以阻挠议会时,法院应当认定这是不合法的。杨(Drummond Young)法官认为,该案的关键是休会建议是否是行

---

① See R. Craig, *Judicial Review of Advice to Prorogue Parliament*, U. K. Const. L. Blog, Accessed Feb. 3, 2021, https://ukconstitutionallaw. org/2019/07/12/robert-craig-judicial-review-of-advice-to-prorogue-parliament.

② See T. Endicott, *Don't Panic*, U. K. Const. L. Blog, Accessed Feb. 3, 2021, https://ukconstitutionallaw. org/2019/09/13/timothy-endicott-dont-panic.

③ See S. Tierney, *Prorogation and the Courts A Question of Sovereignty*, U. K. Const. L. Blog, Accessed Feb. 3, 2021, https://ukconstitutionallaw. org/2019/09/17/stephen-tierney-prorogation-and-the-courts-a-question-of-sovereignty.

政权力的适当运用。法治原则要求行政权力的行使能够被司法监督,法院必须有决定权力的边界何在、是否越界的权力。法院虽然不能作出政治决定,但法院可以认定涉案行为是任何一个理性人在那种条件下都不会作出的;法院不能审查政治决定,但它可以而且应该确保负责政治审查的议会能够履行职责。"脱欧"问题意义重大,也是政府的一个重要工作,在这种情况下议会对政府的监督就至关重要。而休会将终结议会的监督,被告提交的证据也无法充分论证休会的时长。此时,唯一可以在客观基础上被适当得出的推论是,休会是为了尽可能长期地限制议会运作。而这将使议会几乎不可能再审查政府的行为,因此不是一个适当的目的。此外,杨法官还区分了两种不同形式的休会——两次议会会议之间的休会(prorogation)和议会会议中的休会(recess)。

苏格兰法院与英格兰王座法庭于同一日作出判决,但二者受到的待遇却截然不同。相比王座法庭判决招致的批评,学术界几乎是一边倒地与苏格兰法院站在同一立场。胡珀(Hayley J. Hooper)毫不吝惜地评价苏格兰的判决给行政行为套上宪法标准,可谓普通法恰到好处的一次运用。他盛赞法官的意见有共同的宪法标准,这份判决维护了议会的监督功能,维护了政治责任制(political accountability),维护了代议制民主。①

但同样地,苏格兰法院的判决也存在一些问题。内胡什坦(Yossi Nehushtan)认为,法院犯了一个错误。他认为,决定的违法性不妨碍这个决定的政治性,一个政治性决定也可能是不合法的。② 金(Jeff King)则指出,苏格兰法院的一个形式上的错误——没有区分"声明"和"撤销令"。声明和撤销令是不同的补救措施,前者只是澄清了行为是否非法,并没有自动使其无效;而后者则使涉案行为在任何时候都没有法律效力,并且与声明相比可以执行的程度更高。在该案中,法院使用的是"声明"这一措辞,但后果却是使枢密院的命令无效;以无效为目的,法院应该选择撤销的形式。③ 但这些批评无伤大雅,并没有改变对休会建议可诉的坚持。

除直接针对判决的讨论外,从判决中引申出的问题同样值得玩味。学者不仅从该案,也结合前文"米勒案",讨论了一些面向未来的问题。艾莉森·杨(Alison Young)把精力集中在了由"切里案"和"米勒案"引出的合法性原则上。她认为,合法性原则不仅是法律解释原则,也是宪法原则。合法性原则确定行政权力的范围,也保证法院有能力

---

① See H. J. Hooper, *Keeping the Lights on: Contrasting Miller* v. *Prime Minister and Cherry* v. *the Advocate General*, U. K. Const. L. Blog, Accessed Feb. 4, 2021, https://ukconstitutionallaw.org/2019/09/16/hayley-j-hooper-keeping-the-lights-on-contrasting-miller-v-prime-minister-and-cherry-v-the-advocate-general.

② See Y. Nehushtan, *Prorogation and Justiciability*, U. K. Const. L. Blog, Accessed Feb. 4, 2021, https://ukconstitutionallaw.org/2019/09/16/yossi-nehushtan-prorogation-and-justiciability.

③ See J. King, *Miller/Cherry and Remedies for Ultra Vires Delegated Legislation*, U. K. Const. L. Blog, Accessed Feb. 4, 2021, https://ukconstitutionallaw.org/2019/09/19/jeff-king-miller-cherry-and-remedies-for-ultra-vires-delegated-legislation.

以普通法原则控制行政权力的行为,因此它也是一个宪法原则。① 奈特(Dean knight)提出了法院审查首相所提出的休会建议的其他3种理由:一是保持现有审查框架,但承认审查范围需要修改;二是合比例性;三是出现了需要法院干预的性质和程度错误。② 莱赛斯(George Letsas)想强调的是,该案是有关可诉性问题的新情况,需要新的法律理论论证其可诉性。他认为除非被事先定好,否则法院无权审查王权。③

大不列颠岛南北两地的案子在同一天宣判,这一戏剧性的巧合让人浮想联翩。而这场"比赛"的"定音锤",最终还要等英国最高法院来敲响。

三、最高法院判决

在苏格兰的"切里案"和英格兰的第二个"米勒案"被上诉至联合王国最高法院后,最高法院的11名大法官合并审理了这两个上诉案,并于2019年9月24日作出了一致判决,裁定约翰逊的休会建议不合法,女王根据此建议颁布的枢密院令和由此导致的休会也因不合法而无效。

在裁断休会的合法性之前,大法官首先判断的是争议问题可否由法院进行裁断。在此之前,英格兰和威尔士高等法院与苏格兰高等民事法院上诉分院在审理第二个"米勒案"和"切里案"时,对这一前置性问题分别给出了不同回答。审理该案的11名大法官和苏格兰高等民事法院一样,认定所诉争议可以由法院根据法律进行裁断,但二者给出的理由却不完全相同。苏格兰高等民事法院上诉分院认为,法院有权对公权力行使的合法性进行司法审查,因而可以根据休会建议的不法目的而判定其非法。④ 然而,长久以来英国宪法界的共识是,对一项权力的范围作出判断属于司法问题,但一项权力在其范围内的行使不能由法院裁断,因此上诉分院的判决引发了不小争议,尤其考虑到它与英格兰和威尔士高等法院的判断形成了直接对照。⑤ 最高法院则巧妙地回避了苏格兰高等民事法院上诉分院所采取的高度政治化的进路,并不直接主张对王权行使方式合法性的审查权,而是将争议界定为先于审查权力行使方法的前提性问题——判断权力存在与否及其

---

① See A. Young, *Prorogation, Politics and the Principle of Legality*, U. K. Const. L. Blog, Accessed Feb. 4, 2021, https://ukconstitutionallaw.org/2019/09/13/alison-young-prorogation-politics-and-the-principle-of-legality.

② See D. Knight, *Reasoning Through Challenges to Prorogation: Cherry and Miller (NO. 2)*, U. K. Const. L. Blog, Accessed Feb. 4, 2021, https://ukconstitutionallaw.org/2019/09/16/dean-knight-reasoning-through-challenges-to-prorogation-cherry-and-miller-no-2.

③ See G. Letsas, *Non-Justiciability of Prorogation: A Matter of Law and Logic*, U. K. Const. L. Blog, Accessed Feb. 4, 2021, https://ukconstitutionallaw.org/2019/09/19/george-letsas-non-justiciability-of-prorogation-a-matter-of-law-and-logic.

④ Cherry v. Advocate General for Scotland [2019] CSIH 49.

⑤ 例如,牛津大学教授恩迪克特(Timothy Endicott)就在这两个判决公布后发文支持了英格兰和威尔士高等法院在第二个"米勒案"中的裁断,认为法院无权质疑首相的休会建议的真诚和目的,因为争议问题的可裁断性取决于问题的性质,而议会的程序安排从性质上来说不由普通法调整。See T. Endicott, *Don't Panic*, U. K. Const. L. Blog, Accessed Feb. 4, 2021, https://ukconstitutionallaw.org/2019/09/13/timothy-endicott-dont-panic.

范围。[1] 质言之,法院所需回答的是法律为休会权设定的范围,并判断女王在首相的建议下颁布的休会法令是否超出了法律所允许的范围;如果超出了这项权力的合法边界,那么法院就应当判定它不合法。[2] 通过重新表述争议问题,最高法院得出了可对该案进行裁断的结论。

在确认了所诉争议是一个司法问题后,最高法院下一步需要回答的就是法律为休会权所设的边界在哪里。休会权属于王权,由君主在政府的建议下行使,而非一项制定法规定的权力,因此法院无法通过解释制定法直接获得可适用的规范。但是,虽然休会权本身不是根据制定法而产生的权力,但是议会立法中也存在对休会权进行规制的内容,如 2019 年《北爱尔兰法》(the Northern Ireland Act 2019)的第三节。[3] 约翰逊曾辩解称,他的休会建议并不违反《北爱尔兰法》。最高法院的回应是,休会建议当然需要遵守制定法,但是不违反制定法并不足以证明休会建议是合法的。原因在于,这些成文立法并没有穷尽休会权所受的全部法律限制,现行有效的制定法都与该案的争议问题无关,因此需要在制定法之外寻找能够适用于该案的其他规范。[4]

那么能够确定休会权所受的法律限制的规范到底在哪儿?最高法院给出的答案是,普通法中的两大宪法原则——议会主权(Parliamentary Sovereignty)和议会监督政府原则(Parliamentary Accountability)。大法官指出,“鉴于这是普通法所认可且必须符合普通法原则的权力,这些普通法原则或将阐明权力的边界。特别是当一项王权与议会运行有关时,它的边界很可能由我国宪法的基本原则来阐明,实际上也是由宪法的基本原则来确定”。[5] 也就是说,除制定法外,休会权还受由普通法、制定法、宪法惯例和习惯共同构成的英国宪法中其他法律规范的约束,首相的休会建议可能因为违反了制定法以外的法律规范而超出了权力的合法边界。在该案中,为休会权划定法律边界的就是议会主权原则和议会监督政府原则。最高法院直接诉诸宪法原则以确定权力范围的做法并非没有受到质疑。英国权威公法教授洛克林(Martin Loughlin)认为,法院此举是创新而有争议的,因为王权的行使只有在影响个人权利时才受到普通法的严格审查,而在不涉及个人权利的情形中,王权受普通法的承认本身并不能一般性地推导出王权的行使必须遵守普

---

① R(on the application of Miller) v. The Prime Minister, Cherry and others, Advocate General for Scotland (Scotland) [2019] UKSC 41.

② R(on the application of Miller) v. The Prime Minister, Cherry and others, Advocate General for Scotland (Scotland) [2019] UKSC 41.

③ 《北爱尔兰法》(2019 年)与“米勒/切里案”的关系,参见 House of Commons Library, *The Prorogation Dispute of* 2019: *One Year On*, Accessed Feb. 7, 2021, https://commonslibrary. parliament. uk/research-briefings/cbp-9006。

④ R(on the application of Miller) v. The Prime Minister, Cherry and others, Advocate General for Scotland (Scotland) [2019] UKSC 41.

⑤ R(on the application of Miller) v. The Prime Minister, Cherry and others, Advocate General for Scotland (Scotland) [2019] UKSC 41.

通法原则。洛克林将最高法院的主张评价为“司法至上”(judicial supremacy),它允许法院基于这一推论将“普通法原则”和“宪法原则”合并起来,进而由法官决定到底什么是我们的宪法。① 剑桥大学的艾莉森·杨在最高法院审理该案之前发表的文章中同样指出了上述差异,但杨的观点与洛克林完全相反,她认为,法院应当积极地限制王权的行使,防止王权损害根本性的宪法原则,而不仅是在个人权利领域严格审查王权的行使。② 最高法院用议会主权和议会监督政府原则限制休会权的进路正是杨所主张的。

作为英国宪法最根本的或者说唯一的根本原则,议会主权最简单的表达是君主会同议会(Queen-in-Parliament)颁布的法规都是法律。③ 在过去数十年间该原则遭到了许多质疑,尤其是在1991年“范特泰姆案”(R v. Secretary of State for Transports, ex parte Factortame Ltd.)之后。④ 但是,无论是“范特泰姆案”还是1998年《人权法》(Human Rights Act 1998)的颁布都没能彻底否定这条根本法,“脱欧”更是使人们认识到议会仍然是这个国家最终的主权者。⑤ 英国最高法院在该案的裁决中诉诸的第一个宪法原则就是议会主权,大法官首先阐释了该原则的经典定义——“君主会同议会颁布的法律是我国法律制度中的最高法律形式,包括政府在内的所有人都必须遵守”。但是法院没有就此止步,而是进一步主张为了实现议会主权,法院有权防止其他权力的行使对该原则造成威胁。法院指出,“王权的行使必须符合议会立法”就是用以实现议会主权原则的必要推论,它早在17世纪初的“诏书案”(Case of Proclamations)中就得以确立,并被适用于之后的许多案件中。基于这一推论,法院更进一步认为,王权的行使不仅不应当违反议会立法,更不应当阻止议会行使其立法权。⑥ 因此,议会主权原则要求政府不能根据自己的意愿不受限制地阻止议会发挥其立法功能。公法学者艾略特(Mark Elliott)评价道,从议会主权原则到防止政府不受限制地阻止议会行使其立法权的必要性,法院的推理在逻辑

---

① See M. Loughlin, *The Case of Prorogation*, Policy Exchange, Accessed Feb. 4, 2021, https://policyexchange.org.uk/publication/the-case-of-prorogation.

② See A. Young, *Prorogation, Politics and the Principle of Legality*, U. K. Const. L. Blog, Accessed Feb. 4, 2021, https://ukconstitutionallaw.org/2019/09/13/alison-young-prorogation-politics-and-the-principle-of-legality.

③ See A. V. Dicey, *Introduction to the Study of the Constitution* (*Tenth Edition*), the Macmillan Press Ltd., 1979, p. 39–40.

④ See N. W. Barber, *The Afterlife of Parliamentary Sovereignty*, International Journal of Constitutional Law, Vol. 9, No. 1, 2011, https://academic.oup.com/icon/article/9/1/144/902288? login = true.

⑤ 关于英国“脱欧”,参见屠凯:《2016年英国宪法学焦点——脱离欧盟》,载韩大元、莫纪宏主编:《中国宪法学年刊》2016·第十二卷,法律出版社2017年版。

⑥ R(on the application of Miller) v. The Prime Minister, Cherry and others, Advocate General for Scotland (Scotland) [2019] UKSC 41.

上丝毫不显得激进。①

法院提出的另一条为休会权划定边界的基本宪法原则是“议会监督政府”(parliamentary accountability)。最高法院引用了康沃斯勋爵(Lord Carnwath)为第一个“米勒案”书写的判决书,主张这条原则的重要性绝不亚于“议会主权”。在此之前,康希尔的宾汉姆勋爵(Lord Bingham of Cornhill)还在2006年的“鲍勃诉曼宁案”(Bobb v. Manning [2006] UKPC 22)中将议会监督政府视作西敏寺民主制度的核心。最高法院延续了康沃斯勋爵和康希尔的宾汉姆勋爵的观点,大法官在判决书中写道:“部长们通过诸如回答议会问题和出席议会委员会会议的义务等机制,以及通过议会对部长们制定的授权立法的审查,对议会负责。通过这些手段,行政部门的政策受到选民代表的审议,行政部门必须报告、解释和为其行动辩护,保护公民不受行政权力的任意行使。”②显然,议会只能在运作时才能履行其监督职能,长时间休会将导致政府躲过议会的监督,进而有可能产生不负责任的政府和行政行为。因此,议会监督政府原则和议会主权原则一样,在法律上为政府行使王权设定了边界。但是,“议会监督政府”通常被视作宪法惯例(constitutional convention)而非宪法原则(constitutional principle),在第一个“米勒案”中最高法院认定宪法惯例在法律上是不可执行的。法院对“米勒/切里案”的判决将“议会监督政府”提升为宪法原则,同时继续明确了宪法惯例与宪法原则之间的界限,这或许将影响未来的宪法诉讼。③

最高法院最终建立起了裁定该案争议问题的法律标准:如果休会决定或建议君主休会的决定在没有合理理由的情况下挫败(frustrate)或阻止(impede)议会履行其作为立法机关和负责监督行政部门之机关的宪制功能,则该决定是不合法的。

在该案中,大法官认定,约翰逊建议的休会时间之长实属罕见,它将导致议会在暑假结束后至2019年10月31日“脱欧日”的8周内有5周时间都无法发挥其宪制功能;一般而言,休会还将导致没有走完程序的法案都被废弃,只得在《女王训谕》发表后重新开始。考虑到本次休会发生的时间点恰好在“脱欧日”之前,而议会对于将使英国宪制发生重大改变的“脱欧”是有发言权的,故首相必须对休会建议作出适当解释。然而,首相并没有为此提供合适理由,甚至根本就没有任何理由。法院认为,唯一对休会进行解释的是尼基·达科斯塔(Nikki da Costa)在2019年8月15日所提交的备忘录,但是这一文件远不足以构成适当理由,因为它没有解释此次准备《女王训喻》为何需要异常的5周之久,通

---

① See M. Elliott, *A New Approach to Constitutional Adjudication? Miller* Ⅱ *in the Supreme Court*, Public Law for Everyone, Accessed Feb. 6, 2021, https://publiclawforeveryone.com/2019/09/24/the-supreme-courts-judgment-in-cherry-miller-no-2-a-new-approach-to-constitutional-adjudication.

② R(on the application of Miller) v. The Prime Minister, Cherry and others, Advocate General for Scotland (Scotland) [2019] UKSC 41.

③ See S. Fowles, *Cherry/Miller: What's Next?*, U. K. Const. L. Blog, Accessed Feb. 6, 2021, https://ukconstitutionallaw.org/2019/09/26/sam-fowles-cherry-miller-whats-next.

常这只需要 4 ~6 天;也没有讨论休假和休会的区别(休假不会导致制定中的法案被废弃,议会也可以在休假期间继续履行职责);更没有考虑此时休会 5 周对议会在"脱欧"过程中之作用的影响。因此,法院得出结论:休会建议是非法的。①

最后,判定休会建议非法的法律后果是什么,法院能否提供救济? 在"切里案"诉至最高法院以前,苏格兰高等民事法院上诉分院曾宣布,"首相向女王陛下所提出之建议,以及由此造成之议会休会,违法无效"。② 对此政府辩称,根据 1688 年《权利法案》,法院无权质疑"议会的程序"(proceedings in Parliament),而休会正属于一项"议会的程序"。在终审判决中,最高法院没有采纳政府的辩解。③ 大法官并未否定政府所称的这项议会特权的存在,而是对该规则的立法目的进行了解释,进而排除了它在该案中的适用。根据 1688 年《权利法案》第 9 条和《议会惯例》,议会享有"议会的程序"不受议会以外的任何法院质疑的特权。法院还援引了 2010 年"皇家检控署诉蔡特等案"(R v. Chaytor & Others)确认了这一议会特权。但是在最高法院的大法官看来,"皇家检控署诉蔡特等案"同样确立起了法院对议会特权之范围的解释权,即法院有权界定一项事务是否属于《权利法案》第 9 条所规定的不受质疑的"议会专属审理权"(exclusive cognisance of Parliament)。在"蔡特案"的判决中,法官认为,议会专属审理权"指议会的每一院都各自拥有管理自己事务的专属权利,使其不受来自另一院或议会之外的干涉",其核心是保障议员"在议会和议会委员会中的言论和辩论自由"。④ 审理该案的最高法院法官认定,根据上述"蔡特案"中的解释,休会不应当属于《权利法案》第 9 条所规定的"议会专属审理权"。这是因为虽然议会的上下两院都参与到休会之中,但是休会与否并非他们自己的决定,议员也不能对休会展开辩论或投票;相反,休会决定来自议会之外,并被强加于议会。不仅如此,休会不但与《权利法案》所保护的议会的核心或关键事务无关,反而还扼杀了它们。因此,《权利法案》第 9 条不能使休会程序免于法院的司法审查。在排除《权利法案》第 9 条在该案中的适用后,法院裁定:"由于《枢密院令》建立在非法意见的基础上,因此同样是违法无效的,应当就此被废除。这也意味着,当王家特遣委员会委员们走入上议院的议会大厅时,他们所持是一纸空文。休会因之也同样的无效。"⑤

同样地,最高法院对最后一个问题的裁决也遭到了许多批评。洛克林质疑了法院基

① R(on the application of Miller) v. The Prime Minister, Cherry and others, Advocate General for Scotland (Scotland)[2019] UKSC 41.

② Cherry v. Advocate General for Scotland[2019] CSIH 49.

③ R(on the application of Miller) v. The Prime Minister, Cherry and others, Advocate General for Scotland (Scotland)[2019] UKSC 41.

④ R(on the application of Miller) v. The Prime Minister, Cherry and others, Advocate General for Scotland (Scotland)[2019] UKSC 41.

⑤ R(on the application of Miller) v. The Prime Minister, Cherry and others, Advocate General for Scotland (Scotland)[2019] UKSC 41.

于立法目的限缩地解释议会特权的做法,认为法院对"休会不属于议会的程序"的论证明显违背了1688年《权利法案》的文义。[①] 尼科尔(Danny Nicol)同样指出,最高法院的判决无视了英国宪法的常识——"两院本身并不构成法律意义上的议会:女王也是议会的一个组成部分"。[②]

四、结语

联合王国最高法院对该案的判决是对英国宪法的一次创新。最高法院简短的判决创新性地通过诉诸"议会主权"原则和"议会监督政府"原则,建立起了审查休会建议的法律标准,进而抑制了政府利用长时间的休会阻碍议会运行的违法行为。这一创新在很大程度上发展了英国宪法,一方面,维护且强化了"议会主权"原则这一根本法,使其含义扩展至"保障议会的立法权威能够恰当行使";另一方面,进一步扩张了普通法对王权的审查范围,这或许将影响将来有关其他事项王权的宪法诉讼。如巴伯(Nick Barber)所言,最好的公法律师也无法自信地预测该案的最终判决,这足以见得法院在该案中并非仅仅适用了已有的法律,而是创造了新的宪法。[③] 在菲尼斯教授看来,这种创新是司法权的错误行使,是一次"不合宪"(unconstitutional)的判决。[④] 但在更多论者看来,"法官造法"本就是普通法的基本要素,它不仅是正当的,而且是必要的,否则我们根本无法想象古老的普通法能够在过去的数百年间良好地规范社会秩序和政治秩序。应当注意到的是,"议会休会案"中由法院定义宪法原则、决定宪制机构之间的权力分配的行为本身,见证了司法机关对解决宪法问题所起到的越来越重要的作用。但是该案并非扮演"宪法守护者"角色的法院挑战主权议会,而是法院主张对王权的审查权,以维护议会的权威。这真是颇为吊诡的结果。此外,我们在该案中也能清楚地看到,英国的不成文宪法的发展绝非什么"法律向政治敞开大门";相反,法律和政治之间存在一条由法律人精心维护的界限——那既是法律为政治划定的边界,也是法律自我克制的边界。

---

① See M. Loughlin, *The Case of Prorogation*, Policy Exchange, https://policyexchange.org.uk/publication/the-case-of-prorogation, May 1, 2021.

② D. Nicol, *Supreme Court Against the People*, U. K. Const. L. Blog, Accessed Feb. 7, 2021, https://ukconstitutionallaw.org/2019/09/25/danny-nicol-supreme-court-against-the-people.

③ See Nick Barber, *Prorogation, Prerogative, and the Supreme Court*, Harvard Law Review Blog, Accessed Feb. 7, 2021, https://blog.harvardlawreview.org/prorogation-prerogative-and-the-supreme-court.

④ See John Finnis, *The Unconstitutionality of the Supreme Court's Prorogation Judgment, with Supplementary Notes*, Oxford Legal Studies Research Paper No. 6/2020, Notre Dame Legal Studies Paper No. 200304, p. 1 – 41.

2019～2020年意大利宪法的发展与改革

范继增*

第二次世界大战结束与墨索里尼政权倒台成为意大利民主化的起点。1946年2月,盟军占领下的意大利进行了第二次世界大战后的首次民主选举和公投。年满21周岁的意大利公民拥有选举制宪会议成员与决定未来政治制度的普选权。在支持共和制的民众在公投中夺取胜利后,意大利国王乌姆贝尔托二世(Umberto Ⅱ)宣布尊重民意之选择,从而开启了流亡葡萄牙的生活。意大利人民普选出556名制宪会议代表。左翼共产党和社会主义党占据了219个议席,右翼的全国民主联盟和公民前线等组织仅占71席,但是中间势力的基督教民主党获得了207个议席并成为制宪过程中平衡力量。制宪会议中也包括了具有极高影响性的宪法学者康斯坦蒂诺·莫塔蒂(Costantino Mortati)等8名独立技术人员。此外,支持地方独立的西西里独立党也获得了4个议席。

1946年6月25日意大利制宪会议成立,选举左翼的社会主义党的朱赛佩·沙拉加特(Giuseppe Saragat)为主席。此后,制宪会议选举恩里克·德·尼古拉(Enrico De Nicola)为共和国临时总统。制宪会议成员投票选举75名成员建立宪法委员会,负责制定宪法的总体框架和重要原则,并从中任命部分人员(18名)负责具体起草宪法的工作。宪法委员会共分为3个小组:公民权利和义务、国家机构间的关系和经济与社会关系。分别由基督教民主党的乌姆贝尔托·图皮尼(Umberto Tupini)、意大利共产党乌姆贝尔托·德拉奇尼(Umberto Terracini)和意大利社会主义党古斯塔沃·季迪尼(Gustavo Ghidini)担任起草小组主席。宪法委员会于1947年1月12日完成草案文本初稿的工作,并于3月交由制宪会议讨论修改,最终于1947年12月7日由制宪会议通过宪法草案。时任共和国总统沙拉加特于同年签署后,意大利共和国《宪法》于1948年1月1日正式生效。

尽管制宪会议成员有不同的意识形态,但是所有的政治派别在反对法西斯主义、对抗极权政治体制和维护共和政体方面凝聚了共识。这突出体现在《宪法》第1条维护人民主权、第2条规定保障人权、第3条禁止不合理的歧视、第7条政教分离、第10条尊重国际法和承诺接受

---

* 山东工商学院法学院副教授,四川大学欧洲问题研究中心研究员,意大利比萨圣安娜大学法学博士。感谢意大利比萨圣安娜大学朱塞佩·马丁尼科(Giuseppe Martinico)教授提供的材料、指导与帮助。

难民、第 11 条禁止对外发生侵略战争、第 75 条和第 138 条建立全民公投立法和修宪程序以及第 139 条禁止修改和废除共和制度。值得注意的是,意大利共和国宪法带有强烈的社会主义色彩。例如,《宪法》第 1 条规定“意大利是建立在劳动基础上的民主共和国”以及《宪法》第 4 条将劳动权定义为公民享有的权利和承担义务的混合体。同时,《宪法》中对家庭关系、妇女权利、劳工权利、受教育权的保障体现出促进平等和照顾弱势群体的社会主义性质。

1948 年《宪法》第 127 条规定,设立宪法法院和第 129 条赋予和保障地方立法权皆出自对先前法西斯极权制度的反思。意大利制宪者根据以往的悲剧,意识到任何国家机构享有绝对不受控制的权威皆可能导致专制政体的出现。民主共和制的生命在于权力间的制约与平衡。掌握绝对权力的议会既是代表民意的机构,也可以摧毁民主制度。因此,设立宪法法院审查议会决定的合宪性就成为制约议会专制的最大武器。地方大区和省与国家间的立法分权是维护地方自治,约束多数人暴政的宪法基石。

从 1953 年至今,意大利宪法历经了 35 次修改。通常而言,2/3 以上议员多数票支持就可以通过宪法修正案。同时,《宪法》第 138 条也赋予人民以公投的方式决定是否接受未达到 2/3 多数议员赞同的宪法修正案草案。截至 2020 年 2 月,意大利修宪公投举行了 4 次,通过(2001 年和 2020 年)和否决(2006 年和 2016 年)次数各占半壁江山。

一方面,考虑到目前意大利议会、政府与宪法法院依旧是改变、发展和完善意大利宪法体系的主要推动者和执行者,本文将关注上述 3 个机构间的关系。另一方面,意大利右翼政党对意大利政治与宪法的影响是日益见长。2020 年新冠肺炎疫情不仅对意大利经济和日常生活造成了冲击,甚至意大利政府的疫情防控机制也逐渐公开地突破已有的宪法权力架构和制度设计。孔蒂政府经济刺激计划的失败和新政府的不确定性皆可能在 2021 年酿成新的意大利宪法危机。鉴于此,笔者将在 2019 ~ 2020 年意大利宪法发展报告中重点介绍三个方面:疫情防控对宪法秩序的影响、全民公投修宪以及 2019 ~ 2020 年意大利宪法法院的违宪审查。此外,结束部分还要进一步展望在 2021 年建立的德拉吉政府所面临的宪法挑战。

需要指出的是,在宪法学术研究方面,意大利比较宪法学者已经逐渐有意识地注意意大利宪法学说在国际宪法学界的影响力问题。尽管意大利现代的比较宪法和国际法学者在全球有重要影响力,但是考虑到意大利文在全球学术界不具备英文、法文和德文的普及性,马尔科 · 高登尼(Marco Goldoni)和露西亚 · 卢比奈利(Lucia Rubinelli)等旅居外国的意大利籍学者逐渐通过英文向各国学者宣传莫塔蒂(1891 ~ 1985 年)于 1940 年创造的“真实的宪法”(costituzione in senso materiale,或者直译为“存在的宪法”)的概念①

① 莫塔蒂的代表作品,请参见其在 1940 年出版的专著:Costantino Mortati, La costituzione in senso materiale, Milano: Guffré, 1940。英语读者,请参见 Lucia Rubinelli, *Costantino Mortati and the Idea of Material Constitution*, History of Political Thought 40, 2019, p. 515 – 546; Marco Goldoni & William A. Wilkison, *The Material Constitution*, Modern Law Review 41, 2018, p. 567 – 597。

以及桑迪・罗马诺(Santi Romano,1875～1947年)对法律多元主义的论述。① 另外,意大利比较法传奇学者毛罗・卡佩莱蒂(Mauro Cappeletti,1927～2004年)的学术思想在近几年备受国际宪法学者的关注。② 他在1979年出版的英文著作《当代世界的司法审查》(*Judicial Review in the Contemporary World*)不仅介绍外国宪法审查制度,也从比较法视角研究国际人权法和国内宪法基本权利是否可以彼此开放和相互移植。③ 他所提倡的"通过法律促进社会融合"的理念成为欧盟法和建立欧洲人权共同标准的关键,也是推进和反思违宪审查过程中国际法与宪法互动关系的重要论述。由于字数和版面有限,意大利学者提出的重要宪法学说将在以后的学术作品中予以专门介绍和评论。

一、意大利疫情防控对宪法秩序的影响

2020年新冠肺炎疫情引起了全球性的公共卫生紧急状态,成为对各国既有法律秩序应对病毒侵害能力的一次考验。疫情防控过程中的权力在不同机构间的配置、合作和监督皆属于典型的宪法问题。这既涉及议会与政府之间的关系,也涉及中央和地方间权力配置的问题。

意大利政府于2020年1月31日宣布全国进入持续60天的公共卫生紧急状态。随后,意大利政府于2020年2月23日依据第1/2018号授权立法(decreto legislativo)发布第6/2020号政府立法(decreto-legge),宣布政府有权制定以克减基本权利为代价的实施防控病毒传播的措施,同时赋予时任意大利政府总理朱赛佩・孔蒂(Giuseppe Conte)依据防控需要而制定变化性的具体措施。④ 但是,第6/2020号立法带来了许多宪法问题。一方面,意大利宪法仅允许国家议会以立法途径限制基本权利;另一方面,政府通过颁布第6/2020号政府立法授权总理制定具体的防控措施有可能与《宪法》第117条和其他立法确定的中央与地方间关系发生冲突。⑤

实际上,意大利宪法条文中并没有明确规定紧急状态的类型,甚至没有出现"紧急状态"(Lo stato di emergenza)的概念。《宪法》第78条仅规定了议会有权决定进入"战争状态"(Lo stato di guerra)时,授权政府履行必要的管理职权。即便议会决定进入战争状态,依旧需要总统在程序上宣布进入"战时状态"后,议会方可向政府授权。但是,意大利

---

① 罗马诺的代表作品,请参见其在1918年出版的专著:Santi Romano, L' ordinamento giuridico, Pisa: Enrico Spoerri,1918。意大利学者马里亚诺・克罗齐(Mariano Croce)于2017年出版了该著作的英文翻译本,Santi Romano, *the Legal Order*, trans. by M. Croce, Routledge,2017。

② 代表作品是Doreen Lustig & J H H Weiler, *Judicial Review in the Contemporary World—Retrospective and Prospective*, International Journal of Constitutional Law 16,2018, p. 315－372。

③ See Mauro Cappelletti, *Judicial Review in the Contemporary World*, Indianapolis: Bobbs-Merrill Company, 1971.

④ DECRETO-LEGGE 23 febbraio 2020, n. 6, visto nel sito https://www.gazzettaufficiale.it/eli/id/2020/02/23/20G00020/sg.

⑤ See Arianna Vedaschi, *Italy and COVID－19: A Call for an "Italian Emergency Constitution"*, Just Security, available at https://www.justsecurity.org/70081/italy-and-covid-19-a-call-for-an-italian-emergency-constitution/.

宪法依旧存有施米特主义色彩的立法权与行政权在紧急状态下出现暂时混同的状况。《宪法》第 77 条规定,“在出现非常必要且急迫(urgenza)的情况下,政府有权根据自身的管理责任制定具有法律效力的临时性条款”,但是为了保障议会对政府的约束,第 77 条第 3 段规定:“议会必须在临时性条款制定公布之后的 60 日内将其转化为法律”,否则政府依据《宪法》第 77 条第 2 段立法失效。宪法法院亦有权审查政府紧急立法的合宪性。

尽管议会在 2020 年 3 月 5 日依据《宪法》第 77 条将政府立法转化为第 13/2020 号议会立法,[①]但是这不能消除第 13/2020 号议会立法的违宪风险。第 6/2020 号政府立法授权意大利政府总理依据疫情状况制定克减基本权利的具体规定。授权内容与既有的宪法秩序存在明显冲突。《宪法》第 117 条规定,只有议会有权通过立法方式限制和克减基本权利。但是,第 6/2020 号政府立法却将这项职权授予政府总理,即政府总理可以利用总理法令(Decreto del presidente dei consiglio dei ministri,DPCM)具体设定克减和限制基本权利的程度和内容。尽管总理法令和政府立法皆出自行政机关,但是两者的效力和法律地位有明显不同。后者立法权属于内阁(Consiglio dei ministri),且需要由共和国总统签署生效。总理法令则属于政府立法的下位法。政府法令不受宪法法院的违宪审查的影响,也无须议会将其转化为立法。但是,《宪法》第 77 条的本意虽然赋予政府必要职权,但是宪法授权的前提是不能损及议会的宪法监督权。目前,宪法法院判决和议会皆尚未决定《宪法》第 78 条规定的战时状态条件下的权力配置程序能推广至《宪法》第 77 条规定的紧急状态。考虑到对抗疫情本身不同于武装战争,所以《宪法》第 78 条不具有推展适用的事实基础。因此,可以确认第 6/2020 号政府立法授权总理以发布法令的方式限制基本权利侵犯了议会的专有立法权。

由于第 6/2020 号政府立法第 3 条仅要求总理颁布限制与克减基本权利的措施必须符合比例原则,并未加入任何其他具体性和特殊性的实质要求。部分学者认为,第 6/2020 号政府立法不仅实质上授予总理制定关于基本权利限制的权力,而且其不必受到宪法机构的约束。[②] 总理法令限制基本权利的决定无须由议会转化为立法,也不受宪法法院违宪审查,更无须共和国总统行使签署权。既有的宪法分权机制无法约束政府总理在紧急状态下克减基本权利的决定。

尽管意大利政府可以宣称其依据授权立法《保障人民生活法典》(Codice del protezione civile)宣布进入公共卫生紧急状态,但是《保障人民生活法典》第 5 条仅规定了制定政策、促进城市和乡村之间的卫生医疗联系和公布指导意见,并未授权其颁布总理法令克

---

① LEGGE 5 marzo 2020, n. 13, visto nel sito https://www. normattiva. it/uri-res/N2Ls? urn: nir: stato: legge:2020-03-05;13.

② See Arianna Vedaschi & Chiara Graziani, *Coronavirus Emergency and Public Law Issues: An Update on the Italian Situation*, Verfussangblog, Accessed March 12, 2020, https://verfassungsblog. de/coronavirus-emergency-and-public-law-issues-an-update-on-the-italian-situation/.

减基本权利。[①] 即便疫情防控政策不可避免地会克减基本权利,那么总理法令也只能具有建议性效力。约束性效力必须源自议会立法本身。

另外,政府与议会以及中央政府和地方政府间的权力在此次疫情过程中呈现此消彼长的关系。依据第19/2020号政府立法的规定,总理法令的制定程序必要步骤包括:卫生部在咨询内政部、国防部、经济与财政部以及大区政府后,向总理提出意见,由总理最后决定。[②] 第19/2020号政府立法虽然规定总理必须听取专家委员会的意见,以确保采取的防控措施符合适当性和比例原则,但是没有向政府总理施加必须征求议会意见的前置程序。虽然部分意大利学者认为,专家建议构成了对政府总理权力的约束,[③]但是无法否认的是,紧急状态下意大利议会宪法监督的权力必然会遭到削弱。一方面,依据权力运行的现实视角,议会在紧急状态下转化法律时通常仅关注政府立法是否能够有效地应对危机,而在最大限度上避免从保障基本权利和尊严视角评价政府的紧急政策。另一方面,在新冠肺炎疫情肆虐意大利期间,意大利议会因提倡现场辩论,而拒绝采用远程投票表决的技术途径。因此,在有限的空间内仅能允许半数议员出席立法表决程序。

疫情防控也影响了中央和地方间的分权。《宪法》第117条规定,中央立法和地方(大区、省、市)立法分享健康卫生事项的立法权。中央政府负责制定总体原则和重要事项,地方政府有权依据第117条授权制定具体实施中央立法的地方性立法和规章,或者就中央尚未规定事项进行地方性制度的探索。由于健康卫生立法需要因时、因地制宜,抽象性立法无法预料具体的公共卫生事件的影响。所以,现有全国性立法内容多就具体问题在中央和地方层级进行管辖权分配,无法具体细化到处理所有的重要问题。因此,第833/1978号立法第4条[④]和第112/1998号授权立法第3条第6款[⑤]皆赋予大区政府主席发布规制卫生健康事项大区行政法令的权力。

但是,意大利宪法学者对于大区政府法令是否超越政府立法权力尚存争议。《宪法》第117条规定了联邦性分权体制是中央政府仅管控原则性的操作方针和财政拨款,地方政府因地制宜地制定卫生政策。在新冠肺炎疫情期间,部分大区政府公布的政府法令不仅比中央政府更加严格,甚至以中央政府立法无法有效防控疫情为理由,改变了中央立

---

① DECRETO LEGISLATIVO 2 gennaio 2018, n. 1 (Raccolta 2018), visto nel sito https://www.gazzettaufficiale.it/dettaglio/codici/protezioneCivile.

② DECRETO-LEGGE 25 marzo 2020, n. 19, visto nel sito https://www.gazzettaufficiale.it/eli/id/2020/03/25/20G00035/sg.

③ See Ines Ciolli & Massimo Luciani, *The Italian Parliament and the Pandemic its Difficulties in Maintaining its Centrality towards the Government and the Regions Have Been Confirmed*, available at https://www.robert-schuman.eu/en/doc/ouvrages/FRS_Parliament_Italy.pdf, p. 7.

④ LEGGE 23 dicembre 1978, n. 833, visto nel sito https://www.gazzettaufficiale.it/eli/id/1978/12/28/078U0833/sg.

⑤ DECRETO LEGISLATIVO 31 marzo 1998, n. 112, visto nel sito https://www.gazzettaufficiale.it/eli/id/1998/05/21/098A4235/sg.

法的内容。但是,拒绝实施或制定更严格的管控措施存在合法性依据。中央政府第267/2000号授权立法第54条规定,地方政府的确有权在符合中央政府制定的“一般性原则”框架下,制定更严格的卫生健康治理措施。①

然而,2020年新冠肺炎疫情改变了宪法与相关卫生立法建立的分权关系结构。考虑到市长经常通过颁布市长法令设立比中央更加严格的管制措施,第9/2020号政府立法第35条规定,市级政府不得以中央发布的具体防控措施效果不佳为由擅自采用与中央政府不一致的肺炎防控措施。② 此后,依据19/2020号政府立法第3条第2款重申,市级政府采取的防控疫情的紧急措施不能违反中央政府的要求。倘若意大利中央政府的决定具有合宪性,那么依据《宪法》第77条启动的紧急状态可以克减其他宪法条款的实施。这与卡尔·施米特理论的紧急状态下暂停宪法实施的理论完全契合。任何依据《宪法》第77条发布的政府管制性立法皆不受《宪法》第117条分权和保障基本权利之限制。除非经由中央政府明确同意地方政府改变相应的规定或明确给予地方政府自由,否则地方政府必须遵守中央政府的集中领导。

二、2020年意大利全民修宪公投

随着代议制政体下精英逐渐失去民众的信任,意大利右翼势力代表五星运动(cinque stelle)成为2018年议会选举中的最大党。然而,由于其议员仅占议会席次30%,所以必须与北方联盟(Lega)为代表的右翼势力联合组阁。组阁的过程和变化充满了左右之争,甚至是出现了总统候选人和最大党派之争。核心问题是意大利右翼势力反对欧元区政策,总统却极力阻止采取过激的对抗措施。意大利对欧盟暧昧不清的态度导致了民族主义等力量的抬头。反对精英政客的腐败和与商业权势的勾结成为获得更多民众支持的意识形态。支持欧盟政策的左派民主党也必须重新规划自身的政策路线,以便获得民众的支持。

基于民众要求降低政府开支和惩罚无为政客的呼声,右翼的五星运动和左翼的民主党联合向议会提议缩减议会两院代表的1/3席次。这项宪法修改提议几乎获得了所有意大利主要党派的支持。修宪提议针对《宪法》第56条、第57条和第59条进行修改。依据修宪提议,将众议院议员(deputati)的数量由630人缩减至400人;参议院议员(senati)由315人缩减至200人;共和国总统每次任命的终身参议员数量不得超过5人。反对者认为,尽管修宪的目的是减少政府开支,但是修宪结果会将议员的民众代表性从1.6:100,000缩减至1:100,000。③

---

① Decreto Legislativo 18 agosto 2000, n. 267, visto nel sitohttps://www.gazzettaufficiale.it/eli/id/2000/09/28/000G0304/sg.

② DECRETO-LEGGE 2 marzo 2020, n. 9, visto nel sito https://www.gazzettaufficiale.it/eli/id/2020/03/02/20G00026/sg.

③ See Silvia S. Borrelli, *Italian Lawmakers Want Fewer Italian Lawmakers*, Politico, https://www.politico.eu/article/italian-lawmakers-want-fewer-seats-in-parliament-vote-referendum/.

意大利议会两院需要依据《宪法》第138条对修宪草案进行表决。在两度辩论后,超过半数(绝对多数)的议会议员赞同进入“三读”后的表决程序。然而,最终表决支持宪法修正草案的议员在参众两院皆未能达到宪法规定的2/3同意门槛。随即,71名参议院(超过参议院席次的1/5)于2020年1月10日向最高法院申请依据《宪法》第138条启动全民公投修宪程序。最高法院确认申请内容符合《宪法》第138条的要求,并命令政府在60日内确定公投的日期。受新冠肺炎疫情的影响,公投时间由原计划的2020年3月推迟至2020年9月。共有51%的合格选民参加了公投,其中,约有70%的投票者赞同修改宪法。新的宪法修正案将于2023年议会大选时实施。

三、2019～2020年意大利宪法法院与违宪审查

(一)宪法法院的职权简介

受美国司法审查制度和凯尔森模式的宪法法院的影响,1948年意大利宪法文本的第6章第134条至第137条规定建立意大利宪法法院(第134条),规定宪法法院法官的选举方式、候选人的来源、任期和禁止同时就任其他机关的工作人员(第135条),作出宪法性判决的效力和发布方法(第136条)以及保证宪法法院运行和法官独立的保障形式(第137条)。

虽然制宪委员会建立宪法法院的初衷是审查和制约议会蜕变为宪法权利的侵犯者,但是相比德国宪法法院,意大利宪法法院启动违宪审查的途径较少。依据《宪法》第127条的规定,意大利中央政府有权在大区政府(regione)公布立法之日的60日内向宪法法院提出违宪审查之请求。相反,大区政府亦有权针对中央或者其他大区立法(legge)和行为(atto)作出之日的60日以内,直接向宪法法院提出违宪审查的请求。另外,依据第87/1953号立法中第23条之规定,司法机构(autorità giudizionale)有权在司法程序中就特定法律或者政府行为的合宪性向宪法法院提出违宪审查(预先裁决)的请求。① 在第87/1953号立法第23条确立的分权框架下,普通法院和行政法院负责解释和适用国内立法之规范,而宪法法院负责违宪审查。宪法法院有效实施违宪审查的前提是普通法院和行政法院愿意向宪法法院提交违宪审查的申请。倘若普通法院依照宪法精神和原则作出合宪性解释,则违宪审查的程序将无法启动。显然,在宪法并未规定宪法法院可以接受公民诉愿或者少数议会代表可以启动违宪审查程序的条件下,普通法院向宪法法院提交违宪审查的请求成为宪法法院发挥功能的主要途径。

《宪法》第134条赋予宪法法院有权在满足《宪法》第90条的状况下,审理共和国总统行为是否构成叛国或者推翻宪法秩序等政治犯罪。② 第1/1953号宪法性法律(legge

---

① Norme sulla costituzione e sul funzionamento della Corte costituzionale. LEGGE 11 marzo 1953, n. 87. Visto nel sito https://www.cortecostituzionale.it/documenti/istituzione/LEGGE_11_marzo_1953.pdf.

② 《宪法》第134条并未界定宪法法院受理针对共和国总统指控的范围,但是意大利权威的宪法学者习惯将其范围限定在叛国罪和推翻宪法秩序等政治性领域。See Tania Groppi, *The Italian "Constitutional Court": Towards a "Multilevel System" of a Constitutional Review*, Journal of Comparative Law 3, 2008, p. 102.

costituzionale)第 2 条规定,宪法法院有权审查旨在要求废止法律的全民公投的内容是否满足《宪法》第 75 条对全民公投的约束条件。① 意大利宪法法院在此后的第 1146/1988 号判决中暗示宪法法院有权审查修宪内容是否违反宪法文本中明示或者暗示不可修改的内容。② 但是,相对其他国家的宪法法院,意大利宪法法院职权范围依旧较狭窄,尚缺乏解散政党、确认选举效力和判断总统是否具有履行职权之权能。

虽然宪法法院法官是以选举的方式产生的,但是根据《宪法》第 135 条的规定,议会、共和国总统和最高司法机构(普通法院和行政法院)各享有 1/3 宪法法院人员的任命权。任命制度设计的目的是保障宪法法院法官来源的多样性,维护宪法法院与其他国家机构间的和谐对话关系和确保关键判决的可实施性。宪法法院通常会避免触碰政治议题或者干涉议会的偶然选择,必须以非常谨慎的态度权衡抽象性宪法原则和尊重议会的政治性选择。即便宪法法院认为议会作出了不明智的政治选择,但是只要该自由裁量权落入议会享有的法职权范围内,宪法法院就必须尊重该政治结果。③

(二)意大利宪法法院实施宪法审查的规范基础

一方面,由于意大利《宪法》第 117 条确立了中央和地方大区的立法分权以及欧盟法和《欧洲人权公约》在意大利宪法体系中的地位,所以宪法法院通常依据第 117 条审查国家和地方性的大区和省的立法是否符合宪法确立的纵向分权标准和国内立法是否满足宪法、欧盟法以及《欧洲人权公约》确立的人权保障标准。《欧洲人权公约》和欧洲人权法院的判决在意大利宪法体系具有较特殊的宪法地位。依据宪法法院第 348/2007 号和第 349/2007 号判决,《欧洲人权公约》具有审查国家和大区立法的“中间性条款”(norma interposta)的宪法地位。但是,这项任务只能由宪法法院来完成。普通法院和行政法院必须依据《宪法》第 117 条的规定向宪法法院提交需要审查的国内法和与之可能发生冲突的《欧洲人权公约》规范或相关判决。宪法法院将首先审查国内立法是否与《欧洲人权公约》和判决发生冲突,再对欧洲人权法及其判例进行合宪性审查。④ 部分学者将第 348/2007 号和第 349/2007 号判决对意大利宪法体系的影响概括为 4 点:(1)《欧洲人权公约》具有超越立法的价值。(2)在特定案件中,鉴于国内的立法违反《欧洲人权公约》

---

① LEGGE COSTITUZIONALE 11 marzo 1953, n. 1, visto nel sito https://www.cortecostituzionale.it/documenti/download/pdf/CC_SS_fonti_lc_11031953_n_1_rev.pdf.

② Sentenza 1146/1988, Corte Costituzionale, Decisione del 15/12/1988, sezione 2.1.3. visto nel sito https://www.cortecostituzionale.it/actionSchedaPronuncia.do? anno = 1988&numero = 1146.

③ Che cosa è la corte costituzionale?, Corte Costituzionale Italiana, visto nel sito https://www.cortecostituzionale.it/documenti/download/pdf/lacorte_depliant.pdf, p. 43.

④ 相关的意大利文分析,参见 Francesco Scaglione, L' espropriazione per pubblica unità dopo le sentenze delle corte costituzionale del 24 ottobre 2007, visto nel sito http://www.dirittiuomo.it/sites/default/files/scaglionecortecost.pdf。英文版的案例分析和评论,参见 Francesca Biondi Dal Monte and Filippo Fontanelli, *The Decisions No.* 348 *and* 349/2007 *of the ItalianConstitutional Court*: *The Efficacy of the European Convention in the Italian Legal System*, German Law Journal 9, 2007。

可能会导致对宪法的间接损害,《欧洲人权公约》及人权法院判决可以作为"中间性标准"(parametro interposto)评价国内重要立法的有效性。(3)《欧洲人权公约》以及欧洲人权法院的判例永远不能等同宪法权威;相反,国际人权公约规范必须要符合宪法的价值。(4)在特定情况下,需要对国内法作出合约性解释。①

另一方面,意大利《宪法》第117条原则上承认了欧盟法的优先性。国内机构不得适用违反欧盟法的国内法。《宪法》第117条落实了1964年欧盟法院在"科斯塔诉意大利能源公司案"(Costa v. ENEL)判决的内容,即"成员国必须尊重与实施……依据(当时)《欧共体条约》第294条之规定,欧洲共同体法律是独立的法律来源,具有优先的适用性,不能被成员国国内法所推翻"。② 将欧盟法纳入《宪法》第117条不仅凸显意大利宪法秩序下的法律规范的效力等级,也赋予宪法法院依据欧盟法审查立法合宪性的可能性。但是,《宪法》第117条赋予的欧盟法优先性并未获得宪法法院绝对的支持。《里斯本条约》赋予《欧盟基本权利宪章》欧盟宪法之效力③导致了更复杂问题的产生。依据《欧盟基本权利宪章》第51条第1款之规定,适用《欧盟基本权利宪章》规范审查国内法前,须确认争议的内容属于欧盟法管辖范围内。依据《欧盟机构运行条约》第267条之规定,成员国国内法院或者裁判机构可以在个案中就欧盟法条的适用和解释之问题向欧盟法院提交预先裁决(preliminary ruling)之申请。因此,成员国法院即可以依据该条约第267条要求欧盟法院审查争议之事项是否受到欧盟法的管辖,④也可以要求宪法法院审查争议事项是否属于意大利向欧盟合宪性让渡主权之内容。启动两种不同的预先裁决途径可能会导致针对同一问题作出不同结论。尽管《机构运行条约》第267条赋予欧盟法院解释欧盟法的绝对权威,且《宪法》第117条要求国内立法不得违反欧盟法,但是意大利宪法法院在1973年的"福隆迪尼诉意大利财政部案"(Frontini)的判决确立了"反限制性裁判原则"(la dottrina dei controlimiti),即"当欧盟法的规定违反了意大利宪法秩序中的基本原则或者不可侵犯的人权条款时,欧盟法规范就失去了在意大利宪法体系内的效力"。⑤ 这意味着宪法法院依旧有权对欧盟法进行违宪审查。坚持"反限制性裁判原则"

---

① See Giuseppe Martinico and Oreste Pollicino, *The Interaction between Europe's Legal System: Judicial Dialogue and the Creation of Supranational Law*, Edward Elgar, 2012, p. 92.

② Case C-6/64[1964]ECR I-585.

③ 在欧盟法律体系中不存在一部成文的宪法典,但是依据成文法典国家的宪法内容和由此产生的不同法律文本效力的差异,欧盟法律体系内存在重要的一级立法(primary legislation)和二级立法(secondary legislation)。一级立法包括《欧洲联盟条约》、《欧盟机构运行条约》、《欧盟基本权利宪章》、欧盟法一般原则和欧盟法院解释以及适用一级立法的判例。由于欧盟委员会制定的二级立法(规章或者法令)必须要符合一级立法之规范,因此,我们通常将一级立法中涉及欧盟机构间的权限、保障基本权利、欧盟和成员国的分权内容视为欧盟宪法。

④ Case C-617/10, judgment 26 February 2013.

⑤ Sentenza 183/1973, Corte Costituzionale, sezione 9.3. Visto nel sito https://www.giurcost.org/decisioni/1973/0183s-73.html.

意味着欧盟法与成员国宪法必须在宪法多元主义(constitutional pluralism)的理念和框架下互动,彼此皆坚持自身掌握最高权威,却无法在制度层面建立调整冲突的机制。①

欧盟法院在2010年"梅尔基案"(Melki)的判决中指出,成员国宪法法院仅具有适用欧盟法的权力,欧盟法院依据保留审查国内立法和宪法法院适用欧盟法的结果是否符合欧盟法要求的最终决定权。② 据此,欧盟法院不会接受《宪法》第117条成为宪法法院取代欧盟法院享有最高司法审查权的机构。在这种情景下,就需要调解和避免宪法法院和欧盟法院间冲突的法律诉讼程序。意大利宪法法院从第536/1995号决定(ordinanza)起采取了"双重预先裁决"(doppia pregiudizialità)程序性模式,即当司法机构向宪法法院就有关涉及欧盟法范畴的国内立法或者决定事项提出违宪审查请求时,会向申请机构退回案件并告知不予受理(暗示相关司法机构向欧盟法院申请预先裁决),③或者中止违宪审查程序后等待欧盟法院的预先裁决后再作决定。④ 倘若欧盟法院作出的裁决结果违反意大利宪法基本原则,宪法法院会重新审理已经中止的案件,以抵制欧盟法在本国的适用。⑤ "双重预先裁决机制"是意大利宪法法院处理宪法和欧盟法关系的重要程序。一方面,宪法法院通过命令或者暗示司法机构向欧盟法院提交预先裁决的方式在最大限度上避免了与欧盟法院的直接联系;⑥另一方面,在机制上确保宪法法院成为本国宪法秩序的最终维护者。

最近,意大利宪法法院对抗欧盟法院在"达利科案"(Tarrico)中的预先裁决意见以及意大利宪法法院在《欧盟机构运行条约》第238条框架下启动与欧盟法院的直接对话成为意大利宪法发展的看点。欧盟法院在回复意大利库耐奥法院(Tribunale di Cuneo)提出的预先裁决申请时指出,由于缩短追溯刑事犯罪期限的意大利议会立法未能达到

---

① 关于欧盟范围内宪政多元主义的概念、类型和宪法法院与欧盟法院冲突和运行模式,可以参见以下两篇文章:Neil Walker, *The Idea of Constitutional Pluralism*, Modern Law Review 65, 2002; Miguel P. Maduro, Three Claims of Constitutional Pluralism, available at https://wzb.eu/system/files/docs/tsr/cgc/miguelmaduro-threeclaimsofconstitutionalpluralismhu-collmay152012.pdf。

② Cases C-188/10 & 189/10, judgment 22 June 2010, para. 34.

③ Ordinanza 536/1995, Corte Costituzionale, visto nel sito https://www.giurcost.org/decisioni/1995/0536o-95.htm.

④ Ordinanza 165/2004, Corte Costituzionale, visto nel sito https://www.giurcost.org/decisioni/2004/0165o-04.html.

⑤ 最早使用该用语的意大利语论文,参见 Marta Cartabia, Il processo costituzionale: l'iniziativa. Considerazioni sulla posizione del giudice comune di fronte a casi di "doppia pregiudizialità", comunitaria e costituzionale, Il Foro italiano(1997), No. 5, p. 224。相关概念的英文论文,参见 Giuseppe Martinico, *Judging in the Multilevel Legal Order: Exploring the Techniques of "Hidden Dialogue"*, King's Law Journal 21, 2010, p. 266-267。

⑥ 这并不意味着意大利宪法法院从未依据《欧盟机构运行条约》第267条之内容向欧盟法院提出预先裁决的申请。在著名的"达利科Ⅱ案"(Tarrico Ⅱ)发生前,意大利宪法法院于2008年作出的第102号和第103号裁决中向欧盟法院提交了预先裁决的申请,随后又在2013年第207号决定中向欧盟法院再次申请预先裁决。相关案例的判决分析和介绍请参见范继增:《欧盟法院与成员国法院在人权保障中的司法对话》,载《武大国际法评论》2017年第2期。截至2020年年底,意大利宪法法院共有5次向欧盟法院提出预先裁决申请。

《机构运行条约》第325条和相关欧盟刑事立法目的之要求,导致"在很多严重的刑事案件中,犯罪分子可以逃避法律的制裁"。[①] 欧盟法院宣布意大利立法违反了欧盟法的规定。随后,意大利最高法院在和"达利科案"(Tarrico)相似的案件中请求宪法法院审查倘若采纳欧盟法院要求延长追诉期限的判决,是否会侵犯意大利宪法秩序中的重要罪行法定原则和保障基本权利的规范?显然,宪法法院必须要作出接受抑或是抵制欧盟法院判决的决定。考虑到适用欧盟法院在"达利科案"中的意见会严重冲击意大利宪法规定的基本刑罚制度和基本权利,宪法法院决定依据《欧盟机构运行条约》第286条向欧盟法院提出预先裁决申请,要求其进一步解释《欧盟机构运行条约》第325条的内容和具体实施方法。第一个问题是意大利法院是否需要依据欧盟法院的判决进行改判?倘若意大利法院必须重新受理此案,那么是否符合《欧盟基本权利宪章》第49条所保障的禁止溯及既往和罪行法定等基本原则。其次,宪法法院认为,罪行法定原则的前提是刑罚内容规定得清晰和明确,但是考虑欧盟法院的判决结果和意见不明确,所以请求欧盟法院告知具体的实施方法。在预先裁决申请中,宪法法院向欧盟法院清晰地表达了限制追诉期限属于意大利刑法体系内重要的人权保障制度设计,也是不可剥夺的宪法权利的一部分。倘若欧盟法院的判决与意大利重要的宪法价值相冲突,那么宪法法院就有权依据《宪法》第3条所规定的维护人的尊严抵制欧盟法在意大利境内的实施。[②] 这也是向欧盟法院含蓄地提出的第三个问题,即成员国能否依据《欧洲联盟条约》第4条第3款之保障成员国特征拒绝实施欧盟法?面对宪法法院的压力,欧盟法院在"达利科Ⅱ案"(Tarrico Ⅱ)的裁决决定中采取了温柔缓和的态度。一方面,依据禁止溯及既往和罪行法定原则,欧盟法院认同不应改变已有的判决结果,并确认议会作出修改立法前应该继续适用已有的立法规范。[③] 另一方面,欧盟法院认为,意大利立法机构应负责将欧盟一般性标准予以具体化的立法任务。[④] 但遗憾的是,欧盟法院并未对宪法法院能否依据《欧洲联盟条约》第4条第3款之规定抵制欧盟法的实施作出回应。尽管欧盟法院在"达利科Ⅱ案"的判决中指出,"成员国依据第53条采纳国内人权保障标准落实欧盟法不属于侵犯欧盟法优先性、统一性和有效性之状况",[⑤]欧盟法院与意大利宪法法院并未消除对意大利既有刑事追溯期限是否符合基本权利保障标准的争议。[⑥]

---

① Case C-105/14, judgment 8 September 2015, para. 47.

② Ordinanza 24/2017, Corte Costituzionale, sezione 2.1-2.3.

③ Case C-42/17, judgment 5 December 2017, para. 58.

④ Case C-42/17, judgment 5 December 2017, para. 41

⑤ Case C-42/17, judgment 5 December 2017, para. 47.

⑥ 具体的案例分析和评论,参见 Matteo Binelli, *The Tarrico Saga and the Consolidation of Judicial Dialogue in the European Union*, Maastricht Journal of European and Comparative Law 25, 2008, p. 359-365; Giovanni Piccirilli, *The "Taricco Saga": The Italian Constitutional Court Continues its European Journey*, European Constitutional Law Review 14, 2018, p. 814-833。

宪法法院与欧盟法院间长期的竞争关系,导致意大利宪法法院第 269/2017 号判决中改变了先前宽松性双重预先裁决的模式,要求国内司法机构必须注意国内法与《欧盟基本权利宪章》之间的冲突。倘若发生上述冲突,基于宪章权利和宪法权利内容间具有高度的重合性,国内司法机构必须向宪法法院提交预先裁决的申请。显然,第 269/2017 号判决改变了以往司法机构有权直接适用欧盟法审查国内法的合约性,强化了宪法法院集中性实施违宪审查和管控国内司法机构直接适用《欧盟基本权利宪章》否决国内立法的能力。① 意大利宪法法院创立的新司法审查模式也为宪法法院与欧盟法院之间建立持续性沟通机制铺平了道路。

2019 ~ 2020 年,在第 269/2017 号判决的影响下,宪法法院直接向欧盟法院提交了两次预先裁决的申请。在第 117/2019 号决定中,宪法法院向欧盟法院提出《欧盟基本权利宪章》第 47 条的公平审判权和第 48 条无罪推定原则是否也适用于针对股票内线交易的行政调查程序。② 宪法法院认为,依据《宪法》第 117 条和宪法法院已有判决,意大利国内立法和法院有义务遵守欧盟法的规定,立法机构不具有任何自由裁量权。③ 在第 182/2020号决定中,意大利宪法法院决定向欧盟法院就拥有短期签证的非欧盟成员国公民是否有权依据第 2011/98 号欧盟法令和《欧盟基本权利宪章》第 34 条规定的社会保障权,享有从意大利政府机构领取生育津贴的权利。④ 截至 2021 年 2 月,欧盟法院尚未对两个案件进行回复。

---

① Sentenza 267/2017, Corte Costituzionale, visto nel sito https://www. cortecostituzionale. it/actionSchedaPronuncia. do? param_ecli = ECLI:IT:COST:2017:269. 相关意大利文的案例分析和评论,参见 Lucia Serena Rossi, di Lucia Serena Rossi, La sentenza 269/2017 della Corte costituzionale italiana: obiter "creativi" (o distruttivi?) sul ruolo dei giudici italiani di fronte al diritto dell'Unione europea, federalism. it, 31 Gennaio 2018, visto nel sito https://www. federalismi. it/nv14/articolo-documento. cfm? Artid = 35670。英文版的案例分析与评论,参见 Giuseppe Martinico and Giorgio Repetto, *Fundamental Rights and Constitutional Duals in Europe: An Italian Perspective on Case 269/2017 of Italian Constitutional Court and Its Aftermath*, European Constitutional Law Review 15, 2019, p. 731 – 751。

② Ordinanza 117/2019, Corte Costituzionale, visto nel sito https://www. giurcost. org/decisioni/2019/0117o – 19. html#: ~ : text = 117% 20del% 202019&text = nel% 20giudizio% 20di% 20legittimit% C3% A0% 20costituzionale, legge% 206% 20febbraio% 201996% 2C% 20n.

③ 相关意大利文的案例分析和评论,参见 Stefano Catalano, Rinvio pregiudiziale nei casi di doppia pregiudizialità. Osservazioni a margine dell' opportuna scelta compiuta con l' ordinanza n. 117 del 2019 della Corte costituzionale, Ossevatorio Costituzionale (2019), No. 4, visto nel sito https://www. osservatorioaic. it/images/rivista/pdf/2019_4_03_Catalano. pdf。

④ Ordinanza 182/2020, Corte Costituzionale, visto nel sito https://www. giurcost. org/decisioni/2020/0182o – 20. html. 相关案件的英文分析和介绍,参见 Nicole Lazzerini, *Dual Preliminarity within the Scope of the EU Charter of Fundamental Rights: In the Light of Order 182/2020 of the Italian Constitutional Court*, Insight 5, 2020, p. 1463 – 1476。

(三)2019～2020 年意大利宪法法院活动与违宪审查

依据比埃特罗·法拉古那(Pietro Faraguna)等人撰写的 2019 年意大利宪法发展的年度报告,宪法法院与国家议会启动了在审判、咨询和解释法律等正式的司法程序以及其他非正式渠道的对话。合作对话程序的启动不意味着宪法法院失去了独立性,相反,可以在共同的宪法精神和框架下彼此和平地处理宪法争议。另外,自 2018 年起,宪法法院就逐渐开始与不同社会机构进行接触。2019 年,宪法法院走访了意大利境内的 10 个监狱,并会见了在押的刑事犯人,与其讨论如何利用宪法改善被羁押人的生活条件。① 值得一提的是,玛尔妲·卡勒塔比亚(Marta Cartabia)教授于 2018 年年底成为意大利历史上首位女性院长,任期已于 2020 年 9 月结束,继任者为马里奥·莫雷利(Mario Morelli)。自 2020 年 1 月 8 日起,宪法法院逐渐允许非政府组织和相关领域的专家提交独立的报告,以"法庭之友"(amicus curiae)身份加入诉讼之中。② 由于受新冠肺炎疫情的影响,意大利宪法法院在 2020 年的社会活动较少。

根据依妲·诺莱丽(Ida Norelli)对宪法法院对意大利大区和省级立法进行违宪状况的数据统计,2019 年意大利宪法法院在 100 个案件中审理了地方性立法的合宪性,其中,约有一半的案件(49 起判决)作出了违宪判决。宪法法院共审查 207 个地方性立法条文,确认其中的 84 个条文违反宪法。③ 遗憾的是,目前无法获得 2020 年的统计数据,而且 2019 年统计数据排除了对国家议会和政府立法状况的统计。尽管缺少相关数据,但是 2019～2020 年部分案件的判决结果依旧可以体现出意大利正在积极地扩大受案范围和人权保障标准。

宪法法院在 2019～2020 年作出了 5 个具有里程碑意义的判决。第一,虽然意大利宪法和相关的法律并未给予特定数量的议员向宪法法院请求违宪审查的权利,但是宪法法院认为,这不妨碍国家机构间自行制定请求宪法法院介入以解决争议的条例和协议。④ 在第 17/2019 号宪法决定中,民主党议会党团和部分参议员认为,众议院禁止参议院对政府全面修改的财政预算法案进行再次修改和必须迅速作出决定的要求违反了宪法的

---

① See Pietro Faraguna, Michele Massa, Diletta Tega & Marta Cartabia, Italy, in R. Albert, D. Landau, P. Faraguna & Simon Drugda(eds.), 2019 Global Review of Constitutional Law, I · Connect and the Clough Center, 2020, p. 198.

② Laura Biarella, Giudizi innanzi alla Corte Costituzionale: ammessi gli"amici curiae", visto nel sito https://www.altalex.com/documents/leggi/2020/01/28/giudizi-innanzi-corte-costituzionale-ammessi-amici-curiae.

③ Ida Norelli(cura), Statistiche relative alle dichirazione di illegittimità costituzionale di leggi regionali e provinciali(1956 - 2019), STU 315, Luglio 2020, visto nel sito https://www.cortecostituzionale.it/documenti/convegni_seminari/STU_315_Statistiche_Regionali.pdf, p. 21.

④ See Ordinanza 181/2018, Corte Costituzionale, visto nel sito https://www.giurcost.org/decisioni/2018/0181o-18.html. 宪法法院在确认享有管辖权时提及了参议院和众议院之间达成的依据宪法解决问题的协议和向宪法法院提交争议的决定。

分权原则。依据以往判决,参议院或众议院都不能单独挑战行政机构的宪法职权,①上下两院的争议应该通过各自派遣代表进行协商解决。② 出乎意料的是,宪法法院在第17/2019号决定中改变了以往判例要求议会机构应采取其他渠道寻求救济的要求。宪法法院发现原告所请求的诉讼标的并非质疑立法内容的合宪性,而是"要求依据宪法第72条的规定正确行使立法程序权力,尤其是在《宪法》第81条和第97条第1款的框架下,正确行使预算案中的立法程序权"。③ 在确认该案的核心焦点是界定和维护宪法文本所保障的议会立法程序权后,宪法法院决定改变先前的回避态度,决定在个案中根据分权原则和两院制代表的宪法精神判决政府向参议院提出的迅速表决年度财政法案的要求违宪。在判决中,宪法法院指出,意大利共和国宪法设立两院制的目的是彼此间的制约与平衡。两院间的意见摩擦不应被简单地理解为阻碍实施法律或者政策的负面因素。参议院有独立的宪法地位,也享有宪法保障的立法参与权和表决权。这些皆是意大利议会民主制的核心价值。因此,当政府和众议院不合理地缩短参议院商讨年度预算法草案期时,会导致参议员无法了解政府所提交的文件内容,自然也无法有效行使《宪法》第72条规定的参与权。④ 在第274/2019号和第275/2019号决定中,⑤宪法法院直接依据第17/2019号宪法决定证明议会议员和政党党团有权就特定宪法程序性权利向宪法法院直接提起诉讼,甚至无须相关机构事先缔结相关的协议。第17/2019号宪法决定实际上也拓展了宪法典和宪法性法律规定的适格宪法诉讼的主体范围。

第二,宪法法院在2019年作出的另一个代表性的判决是,在特定情况下实施协助他人自杀的行为不构成意大利《刑法典》第580条所规定的犯罪。无条件适用意大利《刑法典》第580条违反了《宪法》第2条人权保障和第13条人身自由不受侵犯的规定。⑥ 宪法法院早在2018年就受理了此案,但是考虑到该案的规范评判无法脱离道德性争议,所以宪法法院在受理后并未直接开启审理程序,而是等待立法机构加以解决。遗憾的是,由于立法机构并未在一年内作出回应,所以宪法法院在2019年启动了审理程序。在判决

---

① Ordinanza 163/2018, Corte Costituzionale, visto nel sito https://www. giurcost. org/decisioni/2018/0163o - 18. html.

② Ordinanza 277/2017, Corte Costituzionale, visto nel sito https://www. giurcost. org/decisioni/2017/0277o - 17. html.

③ Ordinanza 181/2018, sezione 3. 1.

④ Ordinanza 181/2018, senzione 5. 1.

⑤ Ordinanza 274/2019, Corte Costituzionale, visto nel sito https://www. giurcost. org/decisioni/2019/0274o - 19. html#: ~ : text = Consulta% 20OnLine% 20% 2D% 20Ordinanza% 20n. , 274% 20del% 202019&text = nel% 20giudizio% 20per% 20conflitto% 20di, Repubblica% 2029% 20gennaio% 202019% 2C% 20n. &text = 1% 20del% 20registro% 20conflitti% 20tra, Stato% 202019% 2C% 20fase% 20di% 20ammissibilit% C3% A0. ; Ordinanza 275/2019, Corte Costituzionale, visto nel sito https://www. giurcost. org/decisioni/2019/0275o - 19. html.

⑥ Sentenza 242/2019, Corte Costituzionale, visto nel sito https://www. cortecostituzionale. it/actionSchedaPronuncia. do? anno = 2019&numero = 242.

说理的过程中,宪法法院并未完全否定意大利《刑法典》第580条的合宪性,但是却认为在个人受到特别严重的病痛折磨的情况下(例如,现有的医疗技术无法治愈、承受无法忍受的折磨、只能通过辅助器材维持生命),可以依据患者的自由意志向其提供安乐死的信息并允许其采用。宪法法院在判决中维持了与议会惯常的"制度性联系",建议其对安乐死和意大利《刑法典》第580条适用范围进行调整和细化。

第三,宪法法院依据"儿童利益最大化"原则审查刑事立法与普通法院判决的合宪性成为2020年度违宪审查的主要特征之一。在第18/2020号判决中,意大利宪法法院对第354/1975号立法第47条第1款规定的居家监禁刑罚(detenzione domiciliare)适用主体的范围启动了合宪性审查。① 立法者将适用主体的范围限定于正在抚养10岁以下儿童的母亲,未能对正在抚养的残障或者其他状况的儿童纳入特殊照顾的对象范围。宪法法院依据《宪法》第2条人权保障、第3条平等原则和第31条第2款保障生育权条款进行违宪审查。在说理过程中,宪法法院从经验事实的分析视角出发,认为立法者将儿童对母亲依赖关系的上限界定到10岁缺乏科学依据和合理性。立法机关需要重新调整立法内容,保障儿童在母亲受到监禁过程中的权利和利益。原有立法未能考虑残障儿童与母亲的关系是法律违宪的另一主要原因。宪法法院认为,残障儿童存在脆弱的身体和心理的承受力,而且医学已经证明部分儿童随着年龄的增长,身体健康状况呈现衰退趋势。依据先前宪法法院的第13/2013号判决,维护良好的家庭关系和人际关系是保障弱势群体的关键环节;又依据宪法法院第232/2018号判决,立法者有义务扫除群体成员在其生活环境内获得帮助的障碍。② 所以,宪法法院认为,在抚养儿童和残障子女的母亲尚未触犯其他罪行的情况下,应普遍采取有条件性的居家监禁措施。但是,立法机构依然有权创制具体的刑罚规定。

此后,在第102/2020号判决中,宪法法院延续了第18/2020号判决的价值基础,将保护儿童和父母间的亲密关系作为处理涉及儿童利益案件的优先考虑事项。③ 在该案中,孩子的母亲在未经其父亲同意的情况下,擅自接走其儿童,并将其带到奥地利生活。依据意大利《刑法典》第574条的规定,母亲未经过父亲同意擅自带走子女的行为构成绑架儿童罪,应判处4年有期徒刑并且剥夺其监护权。最高法院在三审程序中就实施第574条的处罚结果是否与意大利宪法与国际人权公约规定的"儿童利益最大化"原则相冲突向宪法法院申请违宪审查。虽然宪法法院承认绑架儿童具有社会危害性,但是法院依旧

---

① Sentenza 18/2020, Corte Costituzionale, visto nel sito https://www. giurcost. org/decisioni/2020/0018s - 20. html.

② Sentenza 232/2018, Corte Costituzionale, visto nel sito https://www. giurcost. org/decisioni/2018/0232s - 18. html.

③ Sentenza 102/2020, Corte Costituzionale, Visto nel sito https://www. giurcost. org/decisioni/2020/0102s - 20. html #: ~ : text = pen. % 2C% 20che% 20stabilisce% 20la% 20regola, dall'esercizio% 20della% 20responsabilit% C3 % A0% 20genitoriale.

有义务在审判过程中考虑适用刑法会恶化父母与子女关系的后果。由于立法规范并未给予法院自由裁量的空间,所以宪法法院在认定执行刑罚会导致儿童与母亲关系的破裂后宣布刑法规范违宪。

第四,宪法法院在第 10/2020 号判决中对 8 个大区议会提出的修改中央议会议员选举方式的全民公投动议进行违宪审查。[①] 全民公投旨在修改意大利参议院和众议院议员的产生办法,将现有的多选区的比例代表制度演变为单一选区单一代表制。意大利宪法法院担心公投议案废除相关的选举法规范后,剩余的法律规范无法继续支持正常的选举。即便选举活动依然是于法有据的,但是公投结果将会影响政府机构的运作。一方面,公投发起者希望缩小议员的数量;另一方面,倘若公投废除依据第 51/2019 号议会立法授予政府的权力内容和范围,那么公投修法的对象不仅是选举法,也包含其他的议会立法。显然,这与宪法规定相冲突。

第五,宪法法院在第 73/2020 号判决中,宪法法院认为,禁止对惯犯(重复犯罪之人)减轻刑罚的制度违反了《宪法》第 3 条保障平等原则和《宪法》第 27 条第 3 款确认的罪刑相应原则(作者注:刑罚领域的比例原则)。[②] 在判决中,宪法法院指出,不符合比例原则的刑罚结果既违反宪法平等原则,也违反了现代刑法具有的改造与教化罪犯的功能。在第 73/2020 号判决中,宪法法院特别强调犯罪人的主观精神状态影响具体的定罪量刑。法院必须考虑刑事被告人在实施犯罪行为时的精神状态。因此,当确认被告人无法完全控制自己行为(限制行为能力人)时,禁止对其重复犯罪给予减免刑罚违反了《宪法》第 27 条。此外,罪刑相应原则审查也是宪法法院在第 40/2019 号判决中审查刑事立法合宪性的基础。[③] 在该案中,宪法法院认为,虽然立法机构依据行为影响和危害后果差异区分重罪和轻罪以及不同的刑期具有合宪性,但是对于轻罪和重罪的刑期设置明显失衡。轻罪的最高刑期为 4 年,而重罪的最低刑期为 8 年,为轻罪最高刑的二倍。由于很多犯罪事实存留于重罪和轻罪之间的模糊地带,因此,刑期规定的较大差异可能会导致不合比例的处罚结果。宪法法院在判决过程中不仅表达具有决定刑事立法违宪的权力,也可以在个案中依据其他类型的犯罪影响和处罚结果类推合适的监禁期间。宪法法院决定更改立法刑期的意图并非希望取代议会的地位。相反,它告知立法机构应该立即重新修订针对相关犯罪的处罚标准。

由于版面有限的关系,宪法法院作出的其他重要性的判决将以表格的方式予以展现。从中不难发现,2019～2020 年,《欧洲人权公约》、《欧盟基本权利宪章》以及欧盟法

---

① Sentenza 10/2020. Corte Costituzionale, visto nel sito https://www. cortecostituzionale. it/actionSchedaPronuncia. do? anno = 2020&numero = 10.

② Sentenza 73/2020, Corte Costituzionale, visto nel sito https://www. cortecostituzionale. it/actionSchedaPronuncia. do? anno = 2020&numero = 73.

③ Sentenza 40/2019, Corte Costituzionale, visto nel sito https://www. cortecostituzionale. it/actionSchedaPronuncia. do? anno = 2019&numero = 40.

院与欧洲人权法院的判决成为意大利宪法法院实施违宪审查的重要规范基础。具有重大影响的其他案件多发生在大数据保障、地方立法权限以及相关的刑事立法领域(见表1)。

表1 2019～2020年度意大利宪法法院重要宪法案件

案件号	审查内容	审查依据	判决理由	结果
第20/2019号(保障个人数据信息权)	审查国内法强制规定所有公共机构的管理人员必须公开其财产和交易信息,以及其配偶和亲属的财产交易信息是否违宪	《宪法》第2条、第3条、第117条;《欧盟基本权利宪章》第7条、第8条、第52条;《欧洲人权公约》第8条	宪法法院依据《欧盟基本权利宪章》和欧盟法院判决解释宪法。同时,宪法法院依据比例原则审查国内立法后认为,国内法对公共机构的管理人施加了过多的歧视性义务,也影响了与公务无关的家人之私生活的权利	违宪
第24/2019号(财产权)	审查国内法规定的预防性措施适用条件的合宪性,即是否可以根据事实和个人生活和习惯的行为方式,推定个人利用相关的物品进行违法行为或者违反交易时,可以对其进行没收	《宪法》第117条;《欧洲人权公约第四议定书》第2条	首先,宪法法院认为,立法条文所规定的预防性措施规范中缺乏明确的可实施性,即立法者没有对何为"违法交易"和"习惯"等概念和表现方式进行解释。其次,现有立法内容也未能达到欧洲人权法院在"托马索案"(Tommasso)确立的保障标准	违宪
第99/2019号(人身自由和健康权)	审查1975年的刑事立法未能规定犯人在羁押期间出现了严重的精神疾病时改变监禁方式的合宪性	《宪法》第2条、第3条、第27条、第32条、第117条;《欧洲人权公约》第3条	缺乏针对精神疾病患者的可替代性的监禁措施导致被羁押者缺乏基本权利的有效保障。同时,由于犯罪人是在监禁过程中被剥夺基本权利的,这也违反了《欧洲人权公约》第3条的规定。因此,宪法法院要求在该案中改为居家监禁方式。同时,宪法法院宣布其有权依据宪法审查具体案件的监禁方法是否合宪	违宪

续表

案件号	审查内容	审查依据	判决理由	结果
第112/2019号(财产权)	意大利调查和处罚内线交易的行政立法不仅规定没收违法者的内线交易所得,同时也没收内线交易者的原始资金和设备。宪法法院对后者进行违宪审查	《宪法》第24条、第111条、第117条;《欧洲人权公约》第6条;《欧盟基本权利宪章》第47条	宪法法院认为,没收违法者内线交易的原始资金违反了比例原则的要求。由于相关立法规定已经对违法者实施巨额的行政处罚,所以继续将处罚范围拓展至没收原始资金将超出必要限度,也不符合《欧洲人权公约》与《欧盟基本权利宪章》的人权保障标准	违宪
第221/2019号(人工辅助生殖)	审查禁止女同性伴侣间寻求人工医疗辅助生殖方式产生自己的后代是否违宪	《宪法》第2条、第3条、第31条、第32条、第117条;《欧洲人权公约》第8条、第14条	宪法法院认为,该案涉及复杂的道德性和历史文化性。宪法法院认为,议会比法院具有更好地规制具有争议性问题的地位。此外,欧洲范围内对此议题也未能达成共识,因此缔约方的立法机构具有自由裁量权	合宪
第253/2019号(终身监禁罪犯短期释放)	审查1975年刑事立法禁止给予拒绝同司法机关合作的涉及黑社会(有组织性)犯罪的皆被处以终身监禁罪的囚犯短期释放制度的合宪性	《宪法》第3条、第27条	首先,宪法法院认为,该刑罚制度违反了调查与处罚分离的基本原则。其次,该处罚制度抹杀了罪犯在服刑期间悔改的表现。最后,已有的立法没有规定犯罪分子必须与司法机构合作。但是,相关机构的情报可以证明其不会与恐怖组织或者和社会发生联系时,服刑人员依旧可以获得短期释放	违宪

续表

案件号	审查内容	审查依据	判决理由	结果
第32/2020号(罪行法定原则)	审查用被告人实施犯罪时尚未生效的法律规范能否成为案件审判时(已生效)的依据	《宪法》第25条;《欧洲人权公约》第7条	宪法法院改变了先前判决中认为的禁止溯及既往的范围仅局限于审判时有效的刑法规范。在该案中,宪法法院认定"罪行法定"中"法"的概念专指犯罪行为发生时的刑法规范	违宪
第44/2020号(居民用房购买权限)	审查伦巴第大区立法规定只有必须在当地住满5年且有收入的自然人具有获得住宅性住房资格的合宪性	《宪法》第3条、第10条、第117条	宪法法院在考虑国家和大区政府具有提供给低收入或者无家可归者社会性住房的社会政策下,认为此种限制不具有合理性	违宪
第97/2020号(交换物品自由)	审查1975年刑事立法禁止被监禁的犯罪组织内部成员交互物品规定的合宪性	《宪法》第3条、第27条	完全禁止此类活动不符合比例原则的适当联系性。即便立法目的是防止犯罪集团内部成员机构密谋沟通,但是这种沟通渠道不限于物品。考虑到他们可以在监禁场所内自由地说话,这个限制措施显然无法达到目的	违宪
第118/2020号(药物损害赔偿)	审查议会在1992年立法规定不给予受到损害的甲型肝炎疫苗接种者赔偿的合宪性	《宪法》第42条、第117条;《欧洲人权公约第四议定书》第1条、第2条	尽管早期判决中指出,非强制性接种该疫苗是对抗赔偿请求的合理理由,但是考虑公共卫生和社会团结性等宪法原则,国家应该担负赔偿责任	违宪
第131/2020号(地方立法权)	依据意大利总理的要求审查乌姆布里亚大区立法要求所有社区机构皆应该是非营利机构的规定是否超越了该大区的宪法职权	《宪法》第117条	宪法法院认为,大区立法不能与国家立法相冲突。并非所有的社区机构都属于非营利性机构,必须按照国家立法规范运行	违宪

续表

案件号	审查内容	审查依据	判决理由	结果
第150/2020号(劳动权)	审查国内立法规定的对永久性合同雇佣人员因违反国家利益的赔偿和适用程序需要符合其从事该职业工龄的合宪性	《宪法》第3条、第4条、第35条	宪法法院认为,缺乏灵活性和变通性的法律解释会违反平等原则。劳动法庭需要进行个案审查已确定未能履行遵守国家利益的义务是否对工作要求和目的造成巨大的负面影响	违宪
第186/2020号(外国人与难民的居留权)	宪法法院在审查大区立法关于要求有居留权的外国人必须到所在地的部门进行登记备案的立法是否合宪	《宪法》第2条、第3条、第10条、第77条、第117条;《欧洲人权公约第四议定书》第4条	宪法法院发现已有的大区立法已在条文中声明其目的是"限制公权力机构针对本地居住人员监视和控制的能力"。但是,行政机构拥有的实际权力缺失增加了其监控的能力。该立法无正常理由地区分对待不同居民,仅就部分居民是外国人而要求其进行登记。这构成了歧视	违宪

四、2021年宪法展望

意大利政府的左右之争并未能随着疫情加重和修宪公投的结束而缓解。缺乏妥协的议会斗争以及总统与议会多数联盟的分歧,导致了孔蒂政府在后疫情时代的经济刺激计划无法获得参议院的支持。尽管议会依旧以微弱优势支持孔蒂政府,但是孔蒂本人依旧决定辞职。前欧洲中央银行行长马里奥·德拉吉(Mario Draghi)于2021年2月获得提名和议会同意成为新一任总理。德拉吉是不具有党派色彩的技术官僚,他在议会按照议会党派的比例分配内阁部长。同时,将部分关键的部长职位留给国内顶尖的无党派技术人才。例如,已卸任的宪法法院院长玛尔达·卡勒达比亚就担任新的司法部部长。

但是,技术人员担任总理职务效果依旧有待考验。马里奥·蒙蒂(Mario Monti)和法学教授朱赛佩·孔蒂皆是失败的典型。议会共和制政府的关键是政府总理和内阁必须要获得议会多数的支持和信任,而内阁的中立化政策有可能招致右翼民粹主义政党的反对。后疫情时代下的经济刺激计划是意大利议会和政府的首要任务,中右势力的反对是德拉吉政府的最大挑战。

2020年俄罗斯宪法的修订和发展

卢森通*

2020年是俄罗斯修宪之年,修订的宪法已于2020年7月初经过全民投票获得高票通过。俄罗斯此次修宪内容涉及国家体制、机构、权力分配等多个领域,对总统参选资格、总理人选决定程序作出了重大调整。

一、俄罗斯修宪的社会背景

俄罗斯宪法的修改与其社会环境发生了深刻的变化有重大关系。苏联解体后的俄罗斯,无论是从政治、经济还是军事方面所面临的挑战都在不断增加。在外部环境中,2014年克里米亚事件使俄罗斯成为欧美国家长期制裁的对象,受到连续的打击和打压。2016年"通俄门"事件使俄罗斯在国际舆论环境中变得更加被动。随后美国继续加大对俄制裁,涉及政府官员、货币和军事科技等多方面。此后在特朗普以"美国优先"为主要政治目标的形势下,虽然在舆论上有向俄罗斯示好的情况,但是已经被美国和欧洲等西方阵营彻底重伤过的俄罗斯并不会相信也并未作出任何缓和的举动。

在俄罗斯内部,普京(Владимир Владимирович Путин)在刺激国内经济的发展中做出了极大努力,但是受制于外部环境的恶劣,俄罗斯的经济还在持续下滑。2014～2019年俄罗斯国内生产总值(GDP)增速分别为:0.7%、-3.7%、-0.2%、-1.5%、2.3%和1.3%。① 2020年国内生产总值(GDP)受全球范围内疫情的影响,增速为 -3.6%,远低于欧洲和美国,俄罗斯刚刚有所起色的经济在一年之间回到了5年前的状况。普京所在的统一俄罗斯党也在选举活动中受到其他党派的挑战(自由民主党、俄罗斯共产党等)。在莫斯科市立法机关选举中统一俄罗斯党虽然是第一大党,但仅获得45席中的19席,未过半数;②在哈巴罗夫斯克边疆区,统一俄罗斯党仅获得2席,成为绝对的少数

---

* 北京大学法学院博士研究生。

① Министерство экономического развития Российской Федерации. https://economy. gov. ru/search/?q=%D0%B2%D0%B2%D0%BF&search=1&s=.

② В фракцию《Единой России》вошли 19 депутатов Мосгордумы, https://regnum. ru/news/2724524.html.

党。① 有资料表明,在地方立法机关选举中,统一俄罗斯党席位比例在持续下降。

可面临内部和外部环境压力,俄罗斯修改宪法有更深远的考虑和社会意义。即希望借助修改宪法的机会试图优化政治体制,加强中央权威和集权,缓解国家的政治社会压力,为适应当下的环境做充分准备。

二、俄罗斯宪法的主要修订内容

(一)总统选举的变化

俄罗斯联邦的总统制确立于1991年3月17日。1993年12月12日规定,俄罗斯联邦为共和制的民主联邦法治国家,并确立了总统和俄罗斯总理权力两院结构的政府体制,这同法国第五共和国的双首长制度类似,属于半总统制度的类型。1993年12月25日,《俄罗斯联邦宪法》正式生效,确定俄罗斯是实行总统制的联邦国家。2008年12月30日,梅德韦杰夫签署宪法修正案,将总统任期4年及国家杜马任期4年分别延长至6年、5年,这也是俄罗斯政府对1993年12月通过并实施至今的现行宪法提出的首次修改。

这次修宪后明确,总统候选人必须是俄罗斯联邦公民,年满35周岁,在俄罗斯联邦永久居留至少25年,没有且未曾有过外国国籍、永久居留许可或在其他国家的永久居留权。总统候选人不具有外国国籍的要求对以前拥有过俄罗斯宪法允许或部分允许国家国籍的人作出了严格要求,同样也不适用于此前拥有俄罗斯联邦国家允许或者部分允许的国家的拥有永久居留权的俄罗斯公民。俄罗斯联邦总统不得以联邦法律禁止的方式在俄罗斯联邦境外的外国银行开立账户(存款)、存放现金和贵重物品。

关于总统方面的修订,并不妨碍在该宪法修正案生效之时曾担任联邦总统和(或)正担任联邦总统职位的人参加总统选举。

(二)总统与国家权力机关

俄罗斯的国家权力机关主要有:总统、俄罗斯联邦委员会(也称为俄罗斯联邦会议上议院,俄语:Совет Федерации)、俄罗斯国家杜马(也称为俄罗斯联邦会议下议院,俄语:Государственная дума)和俄罗斯联邦宪法法院。很明显,按照三权分立的模式,即为总统——俄罗斯联邦会议——俄罗斯联邦宪法法院的分立模式。

按照俄罗斯宪法的规定,俄罗斯联邦会议中的俄罗斯联邦委员会对俄罗斯政府的重要官员和法律的实施都拥有制约总统的权力,但在实际运行过程中,该委员会很难发挥重要作用。新的《俄罗斯联邦委员会组织法》规定联邦委员会议员职位由原来的地方(联邦主体)行政长官和地方立法机关负责人出任改为由此二人各任命一位代表出任。②

---

① ЛДПР победила на выборах всех уровней в Хабаровском крае(2019), https://khv.ldpr.ru/events/ldpr-pobedila-na-vyborakh-vsekh-urovnei-v-khabarovskom-krae/.

② Федеральный закон《О порядке формирования Совета Федерации Федерального Собрания Российской Федерации》,08.08.2000 г.

而俄罗斯联邦会议中的下议院即国家杜马,俄罗斯总统领导的统一俄罗斯党占据绝对多数的席位。在此种情况下,俄罗斯联邦委员会难以对总统和宪法法院进行权力的制约。

俄罗斯国家杜马席位共有450个,原有的宪法规定,国家杜马的任职期限为4年,在2008年后任期延长至5年。2014年2月14日,俄罗斯国家杜马最终通过了普京提交的有关恢复国家杜马混合选举制的法案,意味着以普京为核心的统一俄罗斯党在俄罗斯国家杜马的席位上占据上风。此次宪法修改后,俄罗斯国家杜马的权力进一步被限制和缩小。俄罗斯国家杜马的职责更多在于通过民主手段选举议员,通过投票决定宪法和法律的修改、批准,以及弹劾总统和推翻总统提出的法案。在普京领导下的统一俄罗斯党经过多年经营,在俄罗斯国家杜马席位中占据绝对优势,作为俄罗斯最大党派的统一俄罗斯党,在党首梅德韦杰夫的领导下和普京的运筹下,以党派的形式在一定程度上控制住了俄罗斯国内经济的流失,同时团结了陷入彷徨的俄罗斯人,用民主的形式将政治、经济和宗教牢牢地抓在手中。

俄罗斯联邦宪法法院作为国家宪政机构,是构成联邦民主法治的重要基石。联邦宪法和法律规定了宪法法院的根本法律属性,即作为宪法监督的司法机构,通过司法程序独立自主地行使司法权力。这一组织的主要性质概括起来主要包括:功能性目的(实现司法监督);在权力分立制度中的位置和地位(司法权力);活动的基本原则(独立行使司法权力,赋予所通过决议法律效力);活动的过程形式(宪法诉讼程序)。①

2015年12月14日联邦宪法法律第7号法令在联邦宪法法律中对联邦宪法法院的表述作了修改,在该法第3条第一部分中补充如下内容:应联邦行政机关的请求,在审查国际机构维护建立在国际条约基础上的人权及反俄罗斯的申诉自由行为时,赋予对维护俄罗斯联邦利益的管辖权,并解决国际机构维护人权及自由决议的执行可能性问题。②

据此,俄罗斯联邦宪法法院于2017年1月19日颁布的第1号法令③表示,根据《俄罗斯联邦宪法》,无法执行欧洲人权法院2014年7月31日就"俄罗斯尤科斯石油公司起诉俄罗斯案"的法令。为支持这一决定,俄罗斯联邦宪法法院援引其法律立场作为法律来源,据此提出异议,并强调执行欧洲人权法院法令将违背俄罗斯联邦宪法准则。

2016年12月28日颁布的第11号联邦宪法令,即"关于俄罗斯联邦宪法法院"的联邦宪法法修正案对宪法合法化的解释制度具有重要意义。在这个法律规章中——标明了自法院决定生效以来的一些被认定为不符合《俄罗斯联邦宪法》或法院不承认的行为规范,抑或是《俄罗斯联邦宪法》相关的单独条款不被俄罗斯联邦宪法法院解释允许,而

① V. M. Lebedev, T. Ya. Habrieva, A. S. Avtonomov.

② Б. С. ЭБЗЕЕВ: РЕШЕНИЕ ЕСПЧ ПО ДЕЛУ "РЕСПУБЛИКАНСКАЯ ПАРТИЯ РОССИИ ПРОТИВ РОССИИ", ИЛИ УТРАЧЕННЫЕ ИЛЛЮЗИИ Опубликовано в журнале "Журнал зарубежного законодат ельст ва и сравнит ельного правоведения / Journal of foreign legislation and comparative law" в № 4 за 2017 год в рубрике "Акт уальные проблемы публичного права" на ст раницах 43－54.

③ 俄罗斯联邦法律汇编2017年N15 866条。

以任何其他方式应用或实施的行为规范或其单独条款。

俄罗斯联邦在这项决议中解释道,审议俄罗斯联邦宪法法院裁决生效后的案件的其他法院,无权受不符合《俄罗斯联邦宪法》而由俄宪法法院决议的规范法及其单独条款的管辖,亦不受被应用于与本宪法法院不同解释中的单独条款管辖。

俄罗斯联邦宪法法院裁决的同时形成了符合俄罗斯当代社会、经济、政治和法律现实以及社会民主发展价值的宪法法律学说,这是在国际交流中制定出来的。

因此,俄罗斯联邦宪法法院关于不可能执行保护人权和自由的政府间机构的决定获得了俄罗斯法律来源的地位,①即正是它们,从法律空间中得到的既定事实,形成了欧洲人权法院对“保护人权和基本自由公约”及其各项议定书的强制性解释。

此次修宪,涉及国家权力结构变化的有第 71 条、第 75 条、第 77 条、第 78 条、第 79 条、第 81 条、第 83 条、第 95 条、第 97 条、第 102 条、第 103 条、第 107 条、第 108 条、第 110 条、第 111 条、第 112 条、第 119 条、第 125 条、第 128 条、第 129 条、第 132 条、第 133 条,共计 22 条,可分为联邦立法、行政、司法检察和联邦国家安全与稳定 4 个方向,分布于宪法的第三、第四、第五、第六、第七、第八、第九章。此次修正后,标志《俄罗斯联邦宪法》将从“叶利钦宪法”正式过渡到“普京宪法”。②

(三)总统权力的变化

首先,相较其他国家的总统制,普京在上任俄罗斯总统后进一步加强了总统集权,具体表现在以下几个方面:一是总统可以直接任命政府。事实上,在俄罗斯除任命政府总理需要国家杜马批准外,总统有权任免武装力量最高统帅、政府副总理和各部部长等。二是总统有权决定国家的内外基本政策,全国都必须遵守和执行。三是总统有否决权。若总统否决某一法案,则必须再由联邦委员会和国家杜马各占 2/3 以上的代表赞成才能重新通过,在极大程度上限制了议会的立法权限。四是总统有权解散议会,但议会很难罢免总统。从程序上说,国家杜马 3 次否决总统提名的总理候选人,总统即有权解散议会。这主要对联邦总统权力进行规定,其中修订比较大的有以下几点:

(1)由原来国家杜马同意总理人选、总统任命变为总统向国家杜马提交总理人选,国家杜马通过任命。

(2)明确对俄罗斯联邦政府进行全面领导。

(3)总统和总理关于部门管理的分权,特别是强力部门被总统直接领导。比如,与联邦委员会协商后总统任命、解除负责国防、国家安全、内政、司法、外交、紧急预防和灾害

---

① Лазарев В. В. Решения Конституционного Суда Российской Федерации как источник права // Актуальные проблемы гражданского права и процесса: материалы Международной научно-практической конференции: Сб. науч. ст. М.: Статут, 2006. Вып. 1. С. 25 – 30; Александрова М. А. Путь разрешения многолетнего спора о юридическом статусе решений Конституционного Суда Российской Федерации // Вестник Новгородского государственного университета им. Ярослава Мудрого. 2014. N 83 – 2. С. 60 – 63.

② 参见李永全:《俄罗斯修宪与普京长久国家》,载《俄罗斯学刊》2020 年第 2 期。

应对、公共安全的负责人职务。

(4)组建俄罗斯联邦国务委员会和国家安全委员会,这些委员会具有超部门的权力,也是多部门协调联络平台,在总统权力构建上至关重要。

从宪法条文上看,原来的国家杜马同意总理人、总统任命模式变为总统向国家杜马提交总理人选,国家杜马通过任命,其总理任命权变弱。但实际上,如果总统继续由普京担任,则其强大的影响力和对国家杜马的控制力,不会存在对总理任命失控的情况。

其次,更加细化总统对联邦法院各级法官、各级检察官、联邦正副审计长任免程序规范,并组建俄罗斯联邦国务委员会。

此外,还明确了总统直接领导联邦核心强力部门:俄罗斯外交部、俄罗斯内务部、俄罗斯财政部、俄罗斯国防部、俄罗斯紧急情况部、俄罗斯司法部等,并对国家安全会议进行重新调整,增设副主席一职位,由前总理梅德韦杰夫担任,国家安全会议是"宪法规定的咨询机关",直接对联邦总统负责,为总统起草有关安全问题的决议,涵盖国家安全、公共安全、生态安全、个人安全,在保障个人、社会和国家重要利益免遭内外威胁方面奉行全国统一政策。安全会议负责起草的文件范围还包括国防组织、军事建设、军工生产、对外军事和军工合作、安全领域国际合作等,安全会议由联邦总统任主席。成员分常务成员和普通成员两类。人选由安全会议秘书提议,联邦总统批准。16 名普通成员仅有议事权。现任常务成员共 13 名:安全会议秘书和副秘书、联邦安全局局长、对外情报局局长、国防部长和内务部长 4 个强力部门领导人,总理、议会上院主席、下院主席、总统办公厅主任和外交部长 5 个重要机构"一把手",以及曾任议会下院主席的格雷兹洛夫和联邦安全会议副主席梅德韦杰夫。安全会议下设独联体问题委员会、军事安全委员会、公共安全委员会、经济与社会领域安全问题委员会、信息安全委员会、生态安全委员会和战略计划问题委员会 7 个跨部门委员会。而且,修订的宪法中还专门规定了总统卸任后可以成为俄罗斯联邦委员会成员,拥有豁免权。由此可见,总统通过构建跨部门的组织,增强了对国家各领域的掌控能力。

(四)总统司法豁免权和弹劾权

新宪法规定:俄罗斯联邦总统因其任期届满、提前离职、由于健康原因长期无法行使职权而辞职,应当享有豁免权。俄罗斯联邦总统因其任期届满、提前离职、由于健康原因长期无法行使职权而辞职享有的其他保障,由联邦法律规定。俄罗斯联邦总统停止行使权力后,可以按照《俄罗斯联邦宪法》第 93 条规定的方式剥夺豁免权。这主要是对前总统的司法豁免权。这有助于普京今后更加大胆地探索发展俄罗斯的强国之路。

《俄罗斯联邦宪法》第 93 条关于对总统罢免、取消司法豁免的规定的修改旨在增大对总统的指控和追究难度,即由原来不少于 1/5 的国家杜马关于提出指控的决定和联邦委员会关于罢免总统职务的决定,变成不少于 1/3,事实上对总统增加了另一层的保护措施。若想罢免总统,则必须先由国家杜马 1/3 以上的议员提出,再由国家杜马专门委员会作出结论,随后经过国家杜马 2/3 以上的多数通过该提案,并由最高法院、宪法法院都得出支持提案的结论,最后由联邦委员会 2/3 以上的多数同意,才能最终罢免总统。事实上,这一情况极难出现。

(五)与宪法相关的宪法性法律规范和法案

联邦宪法性法律在国家法律体系处于特殊地位,其本质特征如下:拓展和补充《俄罗斯联邦宪法》;决议基本法直接规定的问题;比普通法拥有更大的法律效力;筹备过程极复杂;俄罗斯总统无权拒绝。俄罗斯的宪法修正案也在第 125 条第 5 款中新增了联邦宪法法院有权应联邦总统的要求,对各联邦主体的规范性法律文件(包括其最高行政长官签署的法律)进行合宪性评价。

俄罗斯宪法修正案中规定了联邦宪法性法律规范的设立过程和要求。其中,该规范的通过需要俄罗斯联邦国家杜马 2/3 以上的议员支持并获得 3/4 以上的投票后才能获批,再经过俄罗斯联邦总统签署发布后实施。但值得注意的是,俄罗斯联邦总统和俄罗斯联邦宪法法院在此过程中有按下"暂停键"的可能,能够暂停该规范继续进行的程序。

2020 年 9 月普京向俄罗斯国家杜马提交了一系列法案,以通过对法律法规的修订使之与于 2020 年 7 月 1 日全俄修宪投票获通过的俄联邦修正案相一致。根据普京提交的法案,国家元首有权在不解散政府的前提下罢免包括总理在内的任何一名政府内阁成员。

法案包括对联邦法律(《俄联邦政府法》《俄联邦宪法法院法》《俄联邦人权事务专员法》)的 4 项修正案和对俄联邦宪法的 3 项修正案等。其中包括:

(1)政府组阁程序。法案中所涉最重要的一项变化是组建政府的程序,根据普京提交的法案,除强力部门负责人外,只有当俄罗斯联邦政府总理、副总理和其他联邦部长的候选人获得俄罗斯国家杜马批准之后,俄罗斯总统才有权任命上述政府内阁成员。强力部门负责人将由俄罗斯总统与联邦委员会协商之后任命。尽管法案中还赋予了俄罗斯国家元首在俄罗斯国家杜马反对的情况下仍可保障行政部门工作的权力,但总体而言,该法案所涉的这项变化加强了俄罗斯联邦议会的作用。俄罗斯总统应向议会递交俄罗斯联邦政府总理候选人提名。俄罗斯联邦政府总理则负责递交政府副总理和联邦部长的候选人提名。提名获批后由总统签署总统令任命上述职位候选人。根据普京提交的法案,任命总理的过程不得超过 1 个月。俄罗斯总统必须在其首次就职或政府解散后两周内向议会递交新总理候选人提名。如果俄罗斯国家杜马不批准总统提交的候选人,则候选人提名可再延期一周。如果俄罗斯国家杜马 3 次否决俄罗斯总统提名的新总理候选人,则总统无须议会批准便可任命新总理。同时,在这种情况下,俄罗斯总统有权解散国家杜马并举行新的议会选举。但总统也可以不行使以上权力。类似的程序亦适用于俄罗斯联邦政府副总理和联邦部长的任命。即在俄罗斯国家杜马 3 次否决副总理和联邦部长候选人的前提下,总统有权绕过议会直接任命总理提名的候选人。如国家杜马 3 次否决内阁超 1/3 职位(强力部门不计入内)候选人提名,则俄罗斯总统有权解散国家杜马。

(2)政府权力终止。根据法案内容,俄罗斯联邦总统有权在不解散政府的前提下罢免包括总理在内的任何一名政府内阁成员。俄罗斯联邦总统上任后,政府自动卸任。在其他情况下,政府可向国家元首提出辞职,国家元首可接受其辞职或予以否决。此外,总统本人也可以解散内阁,前提是俄罗斯国家杜马需进行不信任投票,但总统亦有权不同意议会的意见。俄罗斯政府总理也可对不信任票提出质疑,国家杜马必须于7日内予以审议。如果俄罗斯国家杜马于3个月内两次对政府内阁投不信任票,则俄罗斯总统将面临选择,或宣布罢免政府,或解散国家杜马并举行新的选举。

(3)司法系统。普京提交的法案中还涉及了法院、检察官和监察员的活动。法案中确定,俄罗斯联邦宪法法院由11名法官组成,其中包括宪法法院院长及副院长。宪法法院只有在达到法定6人的前提下,才有权作出决定。俄罗斯联邦宪法法院法官不得少于8名。如因法官离任导致法官人数不足8人,则俄罗斯总统应在1个月内提名新的候选人。普京提交的法案中还规定了宪法法院应总统要求对法案进行违宪审查的程序。① 此外,俄罗斯联邦宪法法院有权解决在执行使俄罗斯联邦负有义务的外国法院或国际法院判决方面的争议。另一项重大变化在于,向宪法法院递交违宪审查申请前,必须先经过上诉至对所涉案件拥有管辖权的最高审级法院的前置程序。

(4)官员海外账号禁令。根据普京提交的法案,俄罗斯政府成员及其配偶、未成年子女不得在海外开立和拥有银行账户,不得在外国银行存放现金和贵重物品,不得拥有和(或)使用外国金融工具。此外,俄罗斯政府成员不得亲自或通过代理参与企业经营活动,通过法律指定的情况除外。该规定也对俄罗斯联邦宪法法院法官、人权事务专员等适用。

该法案的实质既是对宪法修改的补充,但同时也是对总统权力的扩大。

三、修宪对俄罗斯国家民主化进程的影响

虽然内外部环境有很大压力,但是相较20世纪初期俄罗斯面临的国际环境有了很大变化。随着国际金融危机的泛滥,美国和欧盟自顾不暇,特别是欧盟在经济上离不开与能源大国俄罗斯的合作,美国如今亦把战略重心转移向亚太地区。同时,独联体的国家在经过了数次颜色革命之后,并未取得理想的民主效果,经济发展陷入困境,部分国家开始重新向俄罗斯靠拢。② 而普京也敏锐地发现并试图抓住这样的有利战略契机,建立欧亚经济联盟,恢复俄罗斯在苏联地区的影响力,推进其在周边地区的政治、经济、安全建设。白俄罗斯卢卡申科遭遇总统连任危机,也主动与普京讨论俄白的一体化进程。

此次《俄罗斯联邦宪法》的修改如果能够顺利地改善俄罗斯国内的权力分配模式、改

---

① Виталий Третьяков. Суверенная демократия:Ополитической фидимира Путина //Российская газета. 28 апреля 2005 г.

② 参见冯玉军:《"色彩革命"与独联体的未来》,载《俄罗斯研究》2005年第3期。

良俄罗斯联邦政治体制、修正民主化道路,确实可能给俄罗斯带来较大变化。但国家政治体制和发展道路是否符合本国国情的基本标准,主要从其是否符合俄罗斯大多数民众的根本意愿和是否符合俄罗斯国家的发展需要来看。由于每个国家所面临的国内外环境不同,历史发展进程不同,实现民主的方式方法自然也不尽相同。但必须指出的是,俄罗斯的民主应该根据俄罗斯的历史传统和现阶段国内外环境,由俄罗斯自己选择。

第三部分　重要学术会议综述

新中国七十年:宪法与国家治理

——中国法学会宪法学研究会2019年年会综述

洪丹娜*

2019年12月7~8日,由中国法学会宪法学研究会主办,华南理工大学法学院、广东省律师协会、华南理工大学党内法规和备案审查制度研究中心承办的中国法学会宪法学研究会2019年年会在广州召开。在新中国成立70周年的重要节点,党的十九届四中全会作出了《中共中央关于坚持和完善中国特色社会主义制度、推进国家治理体系和治理能力现代化若干重大问题的决定》,本届年会以"新中国七十年:宪法与国家治理"为主题,可谓恰逢其时、意义深远。各地专家学者踊跃投稿,会务组共收到150多篇论文。全国各地200多位专家、学者出席会议。

2019年12月7日上午9时,年会开幕式和全体会议在华南理工大学学术大讲堂举行。大会开幕式由华南理工大学法学院院长蒋悟真主持。华南理工大学副校长李正、广东省律师协会副会长叶乃锋、中国法学会宪法学研究会会长韩大元等先后致辞。中国法学会党组成员、副会长王其江代表中国法学会发表重要讲话。韩大元会长在致辞中指出,我国宪法对国家的建设和发展起到了重要作用,可以概括为:通过宪法赢得人民拥护,巩固党的领导,实现国家发展、民族复兴。对于当前在国家治理方面遇到的问题,从宪法角度,一方面要加强宪法治理能力和治理体系建设,另一方面要加强宪法的全面有效实施。我们应当充分尊重自己的宪法,通过宪法的全面完整实施,迈向宪法治理的新阶段。王其江副会长高度肯定了过去一年中国法学会宪法学研究会所取得的丰硕成果,并对研究会工作提出了3点希望:一是要坚持党的领导,坚持正确的政治方向;二是要深入学习领会贯彻习近平总书记关于宪法的系列重要论述,坚持发展中国特色社会主义宪法理论;三是紧紧围绕党和国家中心工作,进一步发挥中国法学会宪法学研究会的"国家队"智库作用,为推进我国宪法事业发展作出新的贡献。在全体会议上,华南理工大学法学院吴家清教授主持了大会的主题报告。武汉大学副校长周叶中教授、清华大学法学院王振民教授、北京航空航天大学法学院王锴教授、中国社会科学院法学所翟国强研究员、

* 法学博士,华南理工大学法学院副教授。

华南师范大学法学院薛刚凌教授5位学者先后作了主题演讲。

2019年12月7日下午和8日上午,年会第一分论坛和第二分论坛平行举办,共有56位专家担任主持人、发言人和评议人。每个分论坛包括3个单元研讨,主要围绕年会的分主题“党的领导与依宪执政”“国家建构的宪法基础”“国家权力的宪法规范”“宪法实施与合宪性审查”“‘一国两制’与大湾区建设”和其他宪法学问题展开研讨。

2019年12月8日上午10时30分,举行年会全体会议和闭幕式。全体会议安排了主题为“保障宪法全面实施的体制机制”的专家对谈,北京大学法学院王磊教授、武汉大学法学院秦前红教授作为导引人,中国社会科学院大学政法学院马岭教授、华东政法大学法律学院朱应平教授、中国政法大学法学院陈征教授、东南大学法学院陈道英副教授、中国社科院法学研究所助理研究员朱学磊等专家先后发言。闭幕式上,武汉大学法学院副教授伍华军和四川大学法学院副教授邹奕分别就两个分论坛的研讨进行总结。中国法学会宪法学研究会秘书长、研究会学术委员会秘书长张翔宣读宪法学研究会2019年年会优秀论文奖和第十届中青年宪法学者优秀科研成果奖的获奖名单,张庆福教授、文正邦教授为获奖者颁奖。华南理工大学法学院副院长夏正林作闭幕致辞,对中国法学会宪法学研究会给予承办本届年会的机会深表感谢,高度赞扬年会会务组工作人员的辛勤付出,衷心感谢与会专家学者关注和支持华南理工大学法学院的建设与发展。最后,张翔秘书长就学会的相关工作作了说明,并对会务组的出色工作予以感谢和肯定。年会圆满落幕。

现就年会全体会议与分论坛研讨的主要观点作如下综述。

一、年会主题报告:国家治理的公法使命

在主题报告环节,4位宪法学者主要着力探讨国家治理中宪法的地位及其关键制度,并指出需要进一步研究的重大宪法问题以及强调关注中国宪法实施的本土化问题。特邀演讲嘉宾则阐述了国家治理现代化与行政法的改革转型,而行政法的改革转型也需寻求宪法资源的支撑。实现国家治理体系与治理能力的现代化,宪法与行政法理应承担重要的历史使命。

武汉大学副校长周叶中教授作了题为《“中国之治”根源于“宪法之治”》的主题演讲。宪法是治国理政的总章程,是治国安邦的总依据,是国家治理体系的总统领。“中国之治”本质上是“制度之治”,其核心则是“宪法之治”。周叶中教授从三个方面进行了阐释。第一,中国之治本质上是制度之治。第二,宪法是制度之治的总依据。第三,宪法全面实施是新时代有力推动“中国之治”的关键环节。

清华大学法学院王振民教授演讲题目为《澳门回归二十年与“一国两制”》。王振民教授结合自身的任职经历,梳理了澳门特别行政区回归20年来在宪法和基本法的实施、法治体系的完善、政权建设、人权保障、社会治安环境等各方面所取得的丰硕成果,并分析了香港特别行政区回归以来的成就与问题,指出“一国两制”实施中的宪法问题。一是妥适处理宪法与基本法的关系;二是强化国家安全法治建设的课题研究;三是注重特别行政区的国民教育问题研究。

北京航空航天大学法学院王锴教授围绕“合宪性审查与国家治理体系和治理能力现代化”的主题进行演讲。王锴教授结合党的十九届四中全会关于国家治理体系构成的阐述,认为合宪性审查制度是作为根本政治制度的人民代表大会制度的重要组成部分。根据党的十九届四中全会提出的国家治理能力现代化的总体要求,王锴教授从系统治理、依法治理、综合治理、源头治理和提高制度执行力等不同角度提出了合宪性审查制度的优化路径,并指出宪法解释程序、违宪判断的政治化、合宪性审查标准等需进一步研究的问题。

中国社会科学院法学所翟国强研究员以“从《共同纲领》到‘五四’宪法”为主题作了发言,提出要回到新中国宪法发展轨迹中去研究中国宪法实施的本土化问题。回顾《共同纲领》的形成到“五四”宪法的制定历程,他总结了4点体会:一是从《共同纲领》到“五四”宪法的历程,是新中国成立到建制的历程;二是从70年历史发展来看,新中国宪法实与西方不同,是先有国家才有宪法;三是通过这个历程回顾,可以更深入地理解国家制度的变与不变,宪法实际上是定型化、成熟完善的制度的一种积累和体现;四是新中国70年的历史是一个连贯的历史,不能将其作为“断代史”,必须关注中国宪法真正的实践。

大会特别邀请中国法学会行政法学研究会副会长、华南师范大学法学院薛刚凌教授作题为《国家治理现代化与行政法的改革转型》的主旨演讲。薛刚凌教授就国家治理模式和政府的职能定位、行政法对国家治理模式的促进保障和局限、面向中国治理实践的行政法改革创新、行政法改革创新面临的问题4个方面进行深入阐释。

二、第一分论坛:合宪性审查、基本权利保障与国外宪法学理论镜鉴

第一分论坛3个单元研讨虽在侧重点上略有不同,但总体上均围绕宪法学中的经典领域予以展开。合宪性审查是国家治理体系与治理能力不可忽略的一环,如何在中国语境中构建和完善合宪性审查制度需要回到国家权力配置的基本法理中去澄清宪治与政治的基本关系,去明晰宪法规范权力运转的有效“射程”与有效方式,还需要在具有中国特色的法律制度中去洞察中国宪法实践,并以此来检讨、反思和发展合宪性审查规范。基本权利保障作为宪法规范的核心内容,其研究依旧是值得鼓励的,通过对一项一项具体的基本权利的条分缕析与探讨,基本权利理论也将不断丰满,基本权利的现实保障也越来越接近宪法学人的期待。与此同时,国外宪法学理论研究也不应受到忽视。

(一)第一单元:合宪性审查

第一单元由四川大学法学院周伟教授、南京审计大学法学院程乃胜教授主持,主要聚焦中国语境下的合宪性审查问题。

山东大学法学院李忠夏教授作了题为《合宪性审查制度的中国特色与功能展开》的报告。该报告认为,合宪性审查既是一项法律安排也是一项政治安排,既具有法律方面的功能又具有政治方面的功能,它是国家权力结构中的一环,需置身于民主集中制的国家权力运行结构中才能发挥作用。这就需要探讨民主集中制、“议行关系”、合宪性审查这三者之间的关系。合宪性审查制度应以维系议行关系的平衡为功能定向,围绕效率与约束的双重目标,在政治层面和法律层面发挥双重功能。

吉林大学法学院李海平教授作了题为《论合宪性解释的功能》的报告。该报告认为,合宪性解释的功能是由规范功能、裁判功能和组织功能构成的功能体系。合宪性解释的规范功能体现为法律规范的合宪性控制和效力维护,二者蕴含于同一过程之中,是在宪法秩序框架下通过“依法就宪”和“以宪就法”的反复循环而实现的宪法和法律的协调一致。合宪性解释的裁判功能体现为对裁判结果的间接控制,遵循从规范控制到结果控制的一般逻辑。合宪性解释的组织功能体现为合宪性解释过程中蕴含的合宪性审查。

厦门大学法学院刘连泰教授作了题为《中国合宪性审查的宪法文本实现》的报告。该报告认为,宪法文本的结构和逻辑决定了合宪性审查的制度逻辑。中国宪法文本包含消极规范和积极规范,具有行动纲领的性质。国家和公民都是宪法关系的主体,消极规范蕴含“遵守”义务,积极规范蕴含“执行”义务。中国共产党领导是中国特色社会主义最本质的特征,中国共产党享有概括的合宪性审查权,该权力应由中共中央行使,可以由中央全面依法治国委员会承担具体工作。中央在技术上一般不直接作出合宪性判断,可以指导、建议相关机构作出判断。

吉林大学法学院邢斌文讲师作了题为《什么是“违宪”——基于全国人大及其常委会工作实践的考察》的报告。该报告认为,中国在推进合宪性审查工作的过程中要重视“违宪”这一概念。全国人大及其常委会在工作实践中一直公开承认违宪现象的存在,将“违宪”现象分为国家机关及公职人员具体行为违宪、规范性文件违宪、政治与意识形态层面违宪3类。在全国人大及其常委会的实践中,“违宪”作为一种评价结果,其公开适用的范围是存在界限的。我国的合宪性审查对于“违宪”概念的依赖度很低,但在实践中,“违宪”这一概念的存在对于预防公权力违宪、提高公权力行为和立法的合宪性水平、应对重大政治危机都具有重要价值。

武汉大学法学院达璐博士后作了题为《“两层次审查法”的构建——正确处理合宪性审查与备案审查的关系》的报告。该报告认为,备案审查是保障宪法法律实施、维护国家法制统一的宪法性制度。两者都是我国宪法监督中的重要机制。在理论层面存在两种处理合宪性审查和备案审查关系的观点。可将其总结为“寓于合宪性审查中的备案审查”和“寓于备案审查中的合宪性审查”。应进行“两层次审查法”,区分事前审查和事后审查,在条件成熟的情况下,可以纳入对法律的审查。转变“鸭子凫水”般的审查方式,审查决定的公开化程度应该进一步提升。

大连海事大学法学院王世涛教授、四川大学法学院谢维雁教授、西南政法大学行政法学院谭清值讲师作了中肯的点评,指出党的领导与合宪性审查权的行使的关系问题还需要进一步澄清,同时对合宪性解释是否可以视为裁判依据提出质疑。

（二）第二单元：基本权利的保护与限制

第二单元由湖北警官学院院长、中南财经政法大学刘茂林教授、中国人民公安大学齐小力教授主持，主要探讨基本权利的保护与限制问题，包括人格权、生育保险权、表达自由权以及与基本权利保障息息相关的比例原则。

浙江大学光华法学院余军教授作了题为《宪法上人格概念的三个层次》的报告。该报告认为，"价值中立的"、宽泛意义上的"人格"概念可以区分为人格核心领域、内在自由与外在自由3个层面，宪法上个人权利与自由的全面保障即以此为依托而展开。人格核心领域在宪法上的表述是人的自我决定权，内在自由强调保护人的精神领域，外在自由强调行为自由和表达自由。在此框架中，可以观察到分别以"人性尊严""个人自由"为人权基础原理的德国《基本法》、美国联邦《宪法》在权利保障方面所呈现的结构性分殊与共同点。两者共同性可归为"自由主义"的基本信条，分殊实际上可以视为人权理论中关于自由主义的两种不同的诠释进路，显示了两种不同的解决自由与社群关系的路径。

东南大学法学院龚向和教授作了题为《地方立法能限制计划外生育公民的生育保险权吗？——从地方立法的备案审查制出发》的报告。该报告认为，生育保险待遇在地方立法中普遍遭受限制，随着地方立法主体扩容而面临越发严重的风险。然而，生育保险待遇是公民宪法上生育保险基本权利，通过法律的具体化形成了完整的权利内容规范构成。生育保险权属于我国《宪法》规定的社会保障基本权利，生育保险权的规范构成包括生育假、生育医疗费用和生育津贴。针对普遍存在的限制生育保险权的地方立法，应该充分发挥现有的备案审查制的功能和潜力，由对地方立法享有备案审查权的国家机关，依照4个合宪性审查基准进行合宪性审查。现有部分地方立法至少在立法权限基准、抵触基准和合理性基准三个方面难以通过合宪性审查，应予以改变或撤销。

新疆财经大学法学院沈子华副教授作了题为《"极端化"、"极端主义"与表达自由的宪法界限——以〈去极端化条例〉为依据》的报告。该报告认为，表达自由可以分为政治表达和非政治表达。《去极端化条例》界定了"极端化"和"极端主义"的概念，它不是纯粹的"精神自由"，它属于混合型的表达，既包括具有世界观意义上的"宗教表达"形式，又有危及国家利益的政治性表达，还包括危害社会利益、集体利益和他人利益的非政治性表达，是一种混合型的"伪宗教"表达形态，不适用宗教信仰自由原则。表达自由具有相对性，限制表达自由基于事实判断和价值判断的区分原理，从事前预防侧重监督和证明义务、事后追惩侧重客观化原则两个方面，以完善《去极端化条例》对"极端化"事实行为的认定。

中央财经大学法学院刘权副教授作了题为《比例原则的全球化及中国宪法规范基础》的报告。该报告认为，比例原则的思想源流可追溯至古老的分配正义思想。从18世纪末的德国警察法原则，迅速发展成为21世纪许多国家的宪法原则，比例原则的适用已基本遍布全球。在全球化进程中，比例原则的内涵不断发展丰富，不同国家的合比例性分析方法并不完全相同。比例原则的适用范围不断扩大,逐渐从传统公法领域扩展到私法领域。比例原则的审查强度不断类型化,宽松审查、中度审查与严格审查三分法更常见。为了更好地推进合宪性审查以提高人权保障水平,需要尽早确立比例原则在我国的宪法地位。比例原则是确立权力和权利限度的重要准则,通过解释我国宪法文本中的"国家尊重和保障人权"条款和"权利的限度"条款,可以推导出比例原则在我国属于宪法原则,从而有助于使比例原则在我国得以更好地本土化适用。

辽宁大学法学院王秀哲教授、中央民族大学法学院郑毅副教授、中国社科院大学政法学院柳建龙副教授进行了精彩评议,并提出了商榷的观点:生育保险权能否构成基本权利还需要进一步论证;作为社会权的生育保险权是否存在限制的问题;对"行为"视为"表达自由"的观点表示存在商榷的余地。

(三)第三单元:国际视野中的宪法

第三单元由清华大学法学院林来梵教授、青岛大学法学院董和平教授主持,主要基于国外宪法学理论和案例展开问题研讨,发言人主要从微观、中观、宏观来考察有关制度设计的细节、分析和评判具体历史事例和理论的得失、梳理宪法学理论的思想脉络。

南京大学法学院赵娟教授作了题为《罚金条款、吸收适用与合宪性审查技术的边界——美国"Timbs 案"的问题及其展开》的报告。该报告阐述了美国 2019 年 2 月"Timbs 案"的基本案情,指出案件的争诉点在于吸收后的禁止过重罚金条款是否适用于州民事没收诉讼,认为该案是对美国宪法司法适用之吸收原理的局部挑战,需要重新思考"吸收"的问题。就吸收媒介或路径而言,以第十四修正案特权或豁免权条款进行吸收还是用正当程序条款进行吸收值得探讨,前者需要克服宪法规范层面的障碍和先例约束的惯例,后者的缺陷在于罚金条款自身的程序色彩并不明显,更符合实体权利的特征。吸收原理被挑战的实质,不仅在于吸收的方式、内容以及途径、范围,更在于联邦最高法院通过吸收实现宪法修正案司法效力整合行为本身的合宪性,直接关涉合宪性审查技术的价值空间和边界。这是一个有争议的话题,如司法审查一般经典一直被质疑,从未有定论,亦从未因此而失去意义。

华东师范大学法学院姜峰教授作了题为《费城制宪会议的议事规则》的报告。该报告认为,议事规则在法治国家的作用很大,而且不可替代。费城制宪会议的议事规则主要规范 5 个问题:动议与附议、发言、表决、礼节、保密。但议事规则不是万能的,还需要遵循必要的议事伦理,包括五个方面:尊重对手并善于妥协、区分道德与理智、重"理由"轻"动机"、尊重"伪善的教化力量"、认真对待规则。良好的议事规则并不是完成立宪选择的完备条件,但它能把人们从混乱无序的争吵中解放出来,通过平等、理性、有序的讨论达成共识。议事规则和议事伦理一直没有在我国公共生活中得到充分尊重,希望借以全国人大议事规则、常委会议事规则的修改为契机,让它得到应有关注。

河南农业大学文法学院柴华讲师作了题为《如何维护宪法的最高法律效力?——基于对魏玛宪法的反思》的报告。该报告认为,通过制宪权意志、实定宪法和宪法法可以观察成文宪法的最高法律效力。制宪权意志是成文宪法的基础,实定宪法是用以贯彻制宪权意志的宪法原则,而宪法法则是更具体的规范。徒法不足以自行,考虑到政治统一体的政治意志可能会偏离制宪权意志及其实定宪法,成文宪法应当采取必要措施。实施法律以及对法律进行合宪性审查,有利于引导对政治统一体的认同、遵守和自觉维护成文宪法,而有限的宪法改革则确保成文宪法的与时俱进,但此时要防范意图破坏宪法的行为。任何政治意志的表达均应当被置于合宪性审查与宪法改革的限度以内。魏玛宪法在制定时就存在瑕疵,之后也没有限定纳粹主义的政治表达,最终造成了它的失败。

中南财经政法大学法学院付婧讲师作了题为《从司法宪治主义到立法者的法理学——一个对传统宪法审查理论的反思》的报告。该报告认为,建立在“法律”和“政治”二分基础之上的传统法律/司法宪治主义的宪法实施模式逐渐遭遇英美法律世界反对司法审查的批判,宪法学者多强调“宪法(释义)学理纪律的强化”,以各种原则、理念、学说、技术来限制和回应司法权力的扩张。但具有包容和化解一般性法律分歧、论辩和法律权威之间紧张功能的立法活动在很大程度上是一个先于司法审查的问题,只有多数立法模式的成功运转才能减少后续宪法审查面临的反民主诘难。同时,宪法审查也不仅仅是宪法对立法的审查,也意味着对议会民主政治的纠偏。因此,需要建立一种与宪法审查制度相呼应的民主立法理论,从而打破“立法黑匣子”问题,重新恢复立法尊严。

浙江大学法学院副教授郑磊、中央财经大学法学院白斌副教授、吉林大学法学院任喜荣教授作了精彩评议。

三、第二分论坛:宪法与国家权力的构建、规范行使

第二分论坛3个单元的研讨分别聚焦党的领导与依宪执政、监察制度、“一国两制”的理论与实践的具体问题。在关乎国家权力的构建与行使的具体问题的呈现与解决路径的探讨中,宪法展现了在国家治理过程中应担负的重要角色。

(一)第一单元:党的领导与依宪执政

第一单元由中南财经政法大学王广辉教授和广东财经大学法学院杜承铭教授主持,主要围绕“党的领导与依宪执政”展开主题研讨。

云南大学法学院刘国乾副教授作了题为《论统筹设置背景下党的机构依宪执政》的报告。该报告认为,统筹设置背景下,党政机构形成国家权力,会引发如何处理党的“领导—执政”关系,如何解释《宪法》第3条“民主集中制”的问题。以国家机构的名义对外行为的做法,仅在形式上满足国家权力分工要求的“功能与制度合法性”,以及解决了“事务与内容”合法性的问题。宪法上“党的领导”是党的机构执政的合宪性根据,同时也构成统筹设置的范围限定。中国共产党作为中国各族人民的集体性政治代表,以其广泛的代表性、党内选举式民主与民主协商政治,共同确保其民主正当性。党对国家机构的领导,体现为对国家治权的“管理”和“支持”,党的领导所具有的民主正当性,可确保统筹设置后的机构的民主正当性得以维系。统筹设置党政机构应在实质法治方面进一步补强。

中南大学法学院蒋清华讲师作了题为《现行宪法中党的领导之教义学阐释》的报告。该报告认为,党的领导写入宪法正文,迫切需求一种更加完善的领导权宪法教义学。通过重读制宪起草者的论述,并分析宪法序言中"将"字的两种内涵可知,1982 年《宪法》序言并非只是"叙述"党的领导,更是表达了一种规范意志。2018 年修宪在正文明示党的领导,强调了其作为我国宪法基本原则的地位,是党长期执政的总依据。党的领导权具有宪法效力,党自身、民主党派、其他政治性力量、武装力量、国家政权机关等都负有不得破坏党的领导的宪法义务。

中国劳动关系学院法学院杨敬之讲师作了题为《论党的立法建议权》的报告。该报告认为,我国宪法确认且规定了党的领导。党的领导的核心内容是党的领导权。在领导立法时,党的领导权有 3 个不同的运行层面。立法建议权作为党对立法的领导权的一部分,是连接党与人大关系的一个重要桥梁,具有对外属性。党的立法建议权的行权方式有主动提出立法建议和以批复、批示请示报告的形式提出。她指出,从权力运行角度分析党的立法建议权,旨在建议通过制定党内规范性文件,细化党的立法建议权的行权方式和程序,以更好地实现党对立法的领导。

武汉大学法学院博士研究生刘怡达作了题为《法律中的"党的领导"条款及其合宪性调控》的报告。该报告认为,在法律中载明"党的领导"既可使执政党的领导行为有更具体的依据,亦能促使领导活动在法治框架内予以开展。对于是否应将"党的领导"明确写入法律,立法者的认识经历了从"因已入宪故不必入法"到"法律条文该写就写"的转变。在既往的立法实践中,法律中的"党的领导"主要有 4 种表现形态,即表明党领导某项工作或特定对象,规定党的机构承担某项法律职责,将拥护党的领导作为法律义务或任职条件,以及依据"宪法的基本原则"来体现"党的领导"。法律中的"党的领导"乃是宪法中"党的领导"的具体化,这就需要立法者在"党的领导"入法方式的运用上,应以宪法中"党的领导"之规范意涵为依据进行合宪性调控,确保法律中的"党的领导"条款符合宪法的原则和精神。

中共中央党校政法部李少文副教授作了题为《创制性安排的规范性与宪法发展——以"辽宁贿选案"为例》的报告。该报告以"辽宁贿选案"为背景,对创制的概念与创制性安排的特征、宪法定位,创制性建造的规范要件、宪法的民主化实施路径与发展方式进行了阐述。他指出,规范意义的创制性建造需要存在建造空间、具备民主正当性、注重幅度合理性并且得到社会认受,由此形成 4 个规范要件,分别是续造性、民主性、合理性、认受性。创制性建造体现了政治活动参与者实施和发展宪法的主动性,呈现了与司法中心主义不同的民主宪法发展观。正是因为存在一定的民主性,这种宪法发展强于狭义的宪法变迁,又弱于宪法修改,它是非立宪状态下建设宪法工程的重要方式。

苏州大学法学院上官丕亮教授、西北政法大学行政法学院管华教授、东南大学法学院刘练军教授进行了犀利点评,提出了有价值的学术批评意见:将党的立法建议权定性为权力与建议本身相矛盾;“党的领导”入宪并不等于将党的组织国家机构化,应根据宪法原理来解释宪法文本,回到宪法文本研究“党的领导”。

(二)第二单元:监察权的优化路径

第二单元由中南财经政法大学法学院胡弘弘教授和厦门大学法学院朱福惠教授主持,主要探讨监察机关与其他负有监督权能机构之间的衔接问题,以及监察建议的定性问题。

上海交通大学法学院郭延军教授作了题为《两种体制改革竞合下法官惩戒制度的协调统一》的报告。该报告认为,监察机关设立后要不要取消原有法官惩戒制度,这是一个尚待明确的问题。判断要不要用监察制度全面取代原有法官惩戒制度的标准,是新的制度性安排能否在审判监督和审判独立之间实现平衡。若以监察制度全面取代原有法官惩戒制度,可能会再次造成审判监督与审判独立之间的不平衡或加深其程度。两种体制改革竞合下法官惩戒制度的协调统一可采用以监察机关为主,法院、法官惩戒委员会适度分担监督权能的综合监督机制。

福州大学法学院沈跃东教授作了题为《论监察派驻机构与法院监察部门的衔接》的报告。该报告认为,法院监察部门基于独特的组织功能定位而在监察体制改革中未被转隶。在监察委员会向人民法院派驻监察机构的背景下,监察派驻机构与法院监察部门如何实现有效衔接,存在理论探讨的空间。从监察派驻机构与法院监察部门相互配合、相互制约的规范关系出发,在办公形式上宜采合署办公的模式,并且更侧重程序衔接。当法院公职人员的惩戒与监察处分、刑事处罚存在竞合时,采用并罚原则较择一重处更能体现维护特别司法秩序的目的,且并不违反“一事不再罚”的法理内涵。

中国地质大学法学系宦吉娥副教授作了题为《自然资源督察部门与监察机关的衔接机制研究》的报告。该报告认为,自然资源督察部门是内置于行政系统的监督机构,注重政令通畅和行政效能;监察机关是外置于行政系统的监督机构,目的在于深入反腐,监督公职人员。两个新设立的机构具有各自使命,但在自然资源领域也存在监督视域重叠和需要衔接之处。从顶层设计、知识能力和增进效能的角度看,实现两机构的顺畅衔接,有利于自然资源领域政令畅通、廉洁和效能的实现。然而,在实践中会出现移送标准和时机不明确、移送方向和层级不明确、监察派出机构功能定位及证据固定等衔接难题。可以从深入理论研究、完善立法和衔接的顶层设计等方面着手推进两机构的衔接。

武汉大学法学院博士研究生石泽华作了题为《监察建议的功能、性质及其宪法控制》的报告。该报告认为,监察建议的制度功能在于实现监察处置权与惩戒自主权的衔接,现实功能是通过预防和惩治职务犯罪进而落实权能、构建权威,法治愿景是以柔性反腐实现标本兼治。应当采取“职权说”并在法定职权层面定义监察建议,由此明确其两大根本特征是,在特定条件下会触发否定性法律后果以及能够直接产生法律效果。监察建议的基本定位是立足监察职能、结合执法办案、遵循职权法定,其与行政监察建议没有本质上的承继关系。监察建议之宪法控制:一要界定适用范围;二要明确类型除外;三要严格程序控制;四要保障救济机制,明确被监察单位之异议机制以及监察对象之救济渠道。

深圳大学法学院叶海波教授、中南财经政法大学法学院杨小敏副教授、华中科技大学法学院秦小建教授分别进行了细致点评,并指出新一轮监察改革有3个重要论题值得关注:一是监察机关和其他机关的关系;二是监察权如何与其他国家权力相衔接;三是监察体制改革如何贯通监督体系、形成监督体系的合力。

(三)第三单元:"一国两制"的理论和实践

第三单元由中国政法大学李树忠教授、深圳大学法学院邹平学教授主持,围绕"一国两制"的理论和实践问题展开研讨。

大连海事大学法学院杨晓楠教授作了题为《中央在特别行政区发出行政指令权:理论基础与制度建构》的报告。该报告对中央发出行政指令权的立法史进行了梳理,并对"执行中央人民政府就本法规定的有关事务发出的指令"条款进行了解释学分析。该报告认为,问题研究的背景在于对全面管治权的正确理解,对基本法规定的中央权力进行系统性分析。中央行政指令权条款规定的发出主体通过解释学分析应该是国务院代表的中央人民政府,指令的发出应采取公开、规范化的程序,以满足国家治理现代化、法治化的需要。中央人民政府发出的行政指令应限于中央权力以及中央与特别行政区关系的事项,在行使权力时应从中央管治权的整体进行考量,还需考虑这一权力行使与特别行政区政治环境。

三峡大学法学与公共管理学院潘爱国副教授作了题为《论全国人大常委会对香港法院基本法解释的合宪性控制》的报告。该报告梳理了全国人大常委会在基本法中的主权者定位,对全国人大常委会对《基本法》享有最高的和最终的解释权以及全国人大常委会的解释原则进行了论述。该报告阐述了香港特别行政区法院基于特别行政区地方性法院的解释这一问题,剖析了全国人大常委会对《基本法》解释的"合宪性"控制。该报告认为,香港特别行政区法院解释《基本法》的视角是"一国两制"原则中的"两制"。出于"路径依赖"的原因,香港特别行政区法院在解释"自治范围外"条款时,也很有可能将资本主义视角带入"自治范围外"条款的解释中。如何在保障香港特别行政区法院司法终审权和全国人大常委会谨慎释法的前提下又做到对香港特别行政区法院《基本法》解释"合宪性控制"的全面性和有效性,需要在理论和实践两个层面不断进行深入研究。

中山大学法学院孙莹副教授作了题为《香港特别行政区立法会议事规则的修改及其影响》的报告。该报告认为,香港特别行政区立法会在2017年年底修改了其议事规则,这是香港特别行政区法律政治发展的新动态,影响深远。该报告对该次香港特别行政区立法会议事规则修改进行了系统分析。通过界定立法会议事规则的历史渊源,剖析议事规则修改的背景和原因,梳理议事规则修改的主要内容,该报告指出本次议事规则的修改有利于立法会议事效率的提高和行政主导制的落实。此外,《基本法》的实施和立法会的良好运行,除议事规则的完善外,还需共识政治的配套建设。

澳门大学法学院博士研究生王荣国作了题为《港澳基本法问题的宪法教义学展开》

的报告。该报告认为,国家治理的现代化,包含国家治理的法治化,自然也包含国家对香港特别行政区、澳门特别行政区治理的法治化。这一法治化要求运用法治思维去分析和处理特别行政区治理过程中的各类问题,特别是以法教义学的视角来规范处理难解的《基本法》问题。《基本法》的宪法属性为《基本法》问题的宪法教义学探讨提供了逻辑上的前提条件。在现行《宪法》与《基本法》等所构成的中国宪法的规范框架内,通过对特别行政区的宪法适用问题、"第23条立法"问题以及中央指令问题进行示例性的规范分析,说明宪法教义学的研究路径对我国新时代实施《基本法》与特别行政区治理在知识供给上发挥不可替代的作用。

复旦大学法学院刘志刚教授、宁波大学法学院董茂云教授、广东财经大学法学院邓世豹教授分别进行了到位的点评,并提出了有待进一步研究的问题:中央在特别行政区发出行政指令权具体的程序设计究竟是通过立法还是人大常委会对《基本法》的解释来完成的,尚欠明确;全国人大常委会对《基本法》的解释权到底是一种独立的权力还是司法解释权的一部分;对于内地的协商民主模式来说,对抗式民主的议事规则也有可参考之处,但需要注意尺度和时间推进问题。

四、专家对谈:保障宪法全面实施的体制机制

导引人北京大学法学院王磊教授、武汉大学法学院秦前红教授对研讨主题"保障宪法全面实施的体制机制"进行必要的引入,随后,5位发言人分别发表了各自的观点。

中国社会科学院大学政法学院马岭教授就《共同纲领》到"五四宪法"的有关学术问题分享了自己的观点。她认为,《共同纲领》并没有形成人民代表大会制度,因此,1949~1954年的国家政体形式问题需要思考,她提出了"以党统政制"的描述解释框架,并认为在此期间是不成文宪法。

华东政法大学法律学院朱应平教授归结了澳门特别行政区立法司审查地区立法是否符合《澳门特别行政区基本法》的经验,包括立法目的的审查、运用《澳门特别行政区基本法》中的国家权力配置的条文、运用平等原则、运用《澳门特别行政区基本法》政策条文、引用宪法学者的观点对法案进行审查。

中国政法大学法学院陈征教授重点阐述了对全国人大及其常委会立法的合宪性审查,认为基于全国人大及其常委会的性质与职能,在对立法进行审查时应当格外尊重立法机关。在审查时应当从以下几方面考虑:一是程序问题,如设置合宪性审查的筛选程序等;二是实体问题,如合宪性审查的范围、强度、内容等;三是合宪性审查结果的效力问题,如审查后被认定违宪的立法之效力如何等。

东南大学法学院陈道英副教授对合宪性审查中的立法事实进行了阐释。在引介和比较日美立法事实学说的基础上,对立法事实的界定、性质和功能,立法事实在我国合宪性审查中的必要性、来源、方法以及限度等方面进行了探讨。她指出,立法事实本质上属于法律问题,对于判定法律合宪性的涵摄模型来说,起到的作用是构建弥补大前提与小前提之间落差的额外前提,完成完整的涵摄模型;对于解决案件争议本身起到的作用则是帮助形成导出判决结论的涵摄模型的大前提。

中国社科院法学研究所助理研究员朱学磊围绕“法规范合宪性审查的体系化”发表观点。他认为,我国在立法领域事实上存在3种层次的合宪性审查:合宪性判断、合宪性确认与合宪性宣告。它们在审查主体、规范基础、行为性质和法律效力等方面存在差异,共同构成了体系化的法规范审查机制。充分发挥3个层次的审查功效,将有利于降低制度变革成本,强化宪法对立法活动的调控,提高审查效率。

宪法与国家制度建设

——中国法学会宪法学研究会2020年年会综述

周瑞文[*]　刘珊珊[**]　谢睿欣[***]

一、年会简况

2020年10月24～25日,由中国法学会宪法学研究会主办、华中科技大学法学院承办的中国法学会宪法学研究会2020年年会在武汉举行。本届年会主题为"宪法与国家制度建设",受到各地宪法学者的积极响应,共收到参会论文76篇,全国各地100余位代表出席研讨。由于正逢疫情期间,本次会议采用线上、线下相结合的形式,其中,开幕式与主题发言环节通过网络平台同步直播,线上观看人数达2万余人次。

2020年10月24日上午,年会举行开幕式与全体会议。华中科技大学党委常委、副校长梁茜,湖北省高级人民法院党组书记、院长游劝荣,湖北省委政法委副书记、湖北省法学会党组书记、常务副会长刘太平,湖北省人大常委会秘书长王亚平,中国法学会宪法学研究会会长、中国人民大学法学院韩大元教授,中国法学会党组成员、学术委员会主任张文显教授分别致辞。

开幕式由华中科技大学法学院院长、长江学者汪习根教授主持。汪习根教授向以各种方式出席、关心本次会议的专家学者表示问候。汪习根教授认为,在防控新冠肺炎疫情取得重大成果的关键时刻,本次会议围绕"宪法与国家制度建设"这一主题展开讨论,对我国当前、今后一段时间确保国家制度建设之路平稳运行具有重要意义。

华中科技大学党委常委、副校长梁茜同志感谢了专家学者对武汉和华中科技大学的关怀,介绍了华中科技大学的基本概况,并指出会议能够成功召开在根本上得益于大家始终同舟共济、众志成城、守望相助,团结在以习近平同志为核心的党中央周围。在国内统筹常态化疫情防控与经济社会发展的关键时刻,期待本次年会为国家制度建设贡献更多的宪法智慧。

* 华中科技大学法学院博士研究生。
** 北京浩天(深圳)律师事务所律师。
*** 中国人民大学法学院硕士研究生。

湖北省高级人民法院党组书记、院长游劝荣同志代表省高级人民法院欢迎与会专家学者。游劝荣院长谈道,虽然我国国家制度的显著优势在此次防控疫情的过程中得以充分彰显,但也须深入学习习近平总书记关于加快补齐治理体系的短板和弱项的重要论述精神。这场“大考”的考卷首先交给了宪法学界,这场研讨会可谓正当其时、正当其地、正当其题。目前,司法体制改革正深入推进,距离实现人民所期待、习近平总书记所希望的“把每一个司法个案都办成让人民心中感受到公平正义的案件”的目标还有一定的距离,殷切期望宪法学界专家学者对司法工作建言献策。

湖北省委政法委副书记、湖北省法学会党组书记、常务副会长刘太平同志代表湖北省法学会对以实际行动关心武汉这座英雄城市的所有人致以诚挚敬意和衷心感谢。刘太平书记指出,2020年对武汉和全国来讲都极不平凡,斗争艰苦卓绝、挑战前所未有。在此大背景下,华中科技大学法学院承办此次年会,以习近平总书记在全国抗击新冠肺炎疫情表彰大会上的重要讲话等为指导,探讨宪法与国家制度建设这一宏大命题,既充分体现了我们的自信与底气,同时也提醒我们要深刻认识自身肩负的责任与使命。

湖北省人大常委会秘书长王亚平同志代表省人大常委会对会议的召开表示祝贺。王亚平秘书长谈到,地方人大及其常委会在新的历史条件下须充分认识其肩负的使命,即加强自身建设,这对坚持人民主体地位、充分发挥地方国家权力机关作用、健全基层国家政权体制、夯实国家治理体系和治理能力现代化的基础具有重要意义。在国内统筹推进疫情防控与经济社会发展、国际应对“百年未有之大变局”的关键时刻,此次会议将理论与实践结合研究讨论,对新形势下坚持全面依法治国,推动国家治理能力和治理体系现代化,保障我国经济社会发展“化危为机”,开拓新局面,具有重要意义。

中国法学会宪法学研究会会长韩大元教授表示,面对自由与秩序、自由与生命、基本权利限制与比例原则以及国家保护义务等问题,宪法学者以其学术使命和专业精神,为国家依法防疫提供了学术支持。湖北省宪法学者以自身实际行动履行了宪法学者的社会责任,以不同方式参与防疫实践,向中央有关部门献计献策,成效斐然。韩大元教授指出,既要学习武汉人民所塑造的伟大精神,也要思考防疫过程中以及疫情结束后出现的大量宪法问题。宪法发展的历史表明,在充满风险与不确定性的背景下,宪法要发挥其凝聚社会共识的作用。我国正面临百年未有之大变局,疫情深刻地改变了国际政治、经济、社会和文化秩序,加剧了人类生活的不确定性。面对这一新挑战,宪法学者应对过去100年人类文明发展的经验进行客观而理性的判断;立足中国,放眼世界,对未来100年的人类文明以及中国发展进行前瞻性学术研究,积极履行宪法学者的责任与使命。结合年会主题,韩大元教授表示,应认真学习习近平总书记关于宪法与国家制度的重要论述,认真研究宪法与国家制度发展中的新问题,回应实践,构建具有解释力的话语体系、学术体系与理论体系,为完善国家治理提供智力支持。

中国法学会党组成员、学术委员会主任张文显教授代表中国法学会对年会的召开表示热烈祝贺,对宪法学研究会和宪法学者的工作和努力表示充分肯定。张文显教授重点探讨了两个主题:一是习近平总书记的制度理论和制度思维;二是国家制度与宪法法律制度的关系。张文显教授认为,习近平总书记在坚持和完善中国特色社会主义制度,推进国家治理体系和治理能力现代化的伟大实践中创立了新时代中国社会主义制度体系,集中体现为5个核心命题:中国特色社会主义制度是人类制度文明史上的伟大创造;中国共产党的领导是中国特色社会主义制度的最大优势;坚持和完善支撑中国特色社会主义制度的根本制度、基本制度、重要制度;坚持和完善中国特色社会主义制度,推进国家治理现代化;在法治轨道上推进国家治理体系和治理能力现代化。国家制度与宪法法律制度是内容与形式、实体与载体的关系,国家制度作为宪法法律制度的实体内容,其产生与发展需要以宪法法律制度为依托。所有国家制度或在其建立之前需要宪法和法律上的依据以获得其合法性与正当性,或在其较成熟之后通过宪法法律加以确认和巩固。国家制度与宪法法律制度、中国特色社会主义制度体系与中国特色社会主义法律体系是一体两面,因而要坚持从我国国情出发,继续加强制度创新。

二、年会观点综述

本届年会主题为“宪法与国家制度建设”,具体议题包括“宪法与疫情防控、紧急状态规制”“宪法与数据安全保障、个人信息保护”“宪法与国家安全”“国家制度的宪法基础”“百年大变局中的宪法课题”等。现根据发言所涉主题,将年会全体会议以及分论坛发言的主要观点综述如下。

(一)宪法与疫情防控、紧急状态规制

厦门大学法学院刘连泰教授的发言题目是《疫情防治中的征用问题》。刘连泰教授从“大理市卫生健康委员会征用口罩案”切入,引用立法例详细阐述了征用与征收的关系、征用的权力半径、征用的程序和征收与征用的补偿等。围绕上述问题,刘连泰教授认为,在现有征收和征用的知识体系中需补足征用与征收的转化关系;征用程序可为简化版的征收程序,即保留后者基本程序内容;征收补偿财产权消灭的损失,征用补偿权利限制的损失,转化而来的征收则补偿前述两种损失。

中央民族大学法学院郑毅副教授的发言题目是《地方主义、跨区域事务与地方立法改革——以抗击新冠肺炎过程中的央地关系为视角》。郑毅副教授认为,重大传染病防疫作为跨区事务的中央事权属性,理由有三:首先,根据公共产品层次理论,重大传染病防疫事务属于中央事权;其次,根据《宪法》第3条第4款、第89条第7项和第107条等规定,跨区传染病防治事务属于“中央的统一领导”内容;最后,在改革层面,近年来以2016年国务院《关于推进中央与地方财政事权和支出责任划分改革的指导意见》和2018年国务院办公厅《关于印发医疗卫生领域中央与地方财政事权和支出责任划分改革方案的通知》等为代表的央地财政事权与支出责任划分方案明确将全国性重大传染病防治作为中央事权。此外,通过对比防疫实践与实践效果也可看出,将公共健康事项作为中央政府事权的国家的防疫效果更好。回归中国防疫实践,可以看到29个省、区、市及人民解放军对武汉的支援,助推了我国防疫工作的胜利。我们的胜利也正是得益于国内防疫工作联动、跨区防治作为一种中央职权来进行统筹。

苏州大学王健法学院上官丕亮教授的发言题目是《紧急状态下基本权利限制的依据与原则》。上官丕亮教授指出,新冠肺炎疫情期间,全国各地采取“封城”“封路”“封村”的措施是在突发公共卫生紧急事件下对基本权利的限制,毋庸置疑,它们对疫情控制有成效,但其合法性、适度性、必要性也引起了争议。实际上,我国并未宣布进入紧急状态,但许多措施甚至比一些宣布进入紧急状态的国家还要严格。因此,上官教授对基本权利限制的准确界定、紧急状态下基本权利限制的依据、紧急状态下基本权利限制应遵循的基本原则等问题提出了新看法。一是建议我国尽快制定紧急状态法,对各类别、等级的紧急状态以及紧急状态下公民基本权利的限制作出全面系统的规定,以便在紧急状态下对公民基本权利进行限制时可以更好地保障公民的基本权利;二是建议全国人大常委会和地方各级人大常委会加强对现有法律、法规、规章及其他规范性文件中关于紧急状态的规定进行合宪性审查,确保现有紧急状态下对公民基本权利的限制规定符合宪法精神。

中南大学法学院周刚志教授的发言题目是《论公共风险的法律规制及其宪法控制》。周刚志教授谈道,此次新冠肺炎疫情让我们感受到风险防控宁可早一分也不晚一秒,宁可严格也不松懈。公共风险概念中的法理与常规法理有所不同,包括事先预防为主、权力法定例外、权利合理限制 3 个主要原则。对于公共风险的规制,目前有一些引借,如民法中的保险制度、刑法中的以危险方法危害公共安全罪、行政法中的突发事件应对法。从宪法层面讲,以下原理值得关注:第一,公共风险规制中的权力扩张;第二,公共风险规制中的权利限制;第三,公共风险规制中的宪法调适。当下,无论是高新技术的发展还是全球化的急剧扩张,都使人类社会整体面临极大风险,这种风险因社会联系不断加强而有巨大的不确定性和威慑力。因此,宪法和宪法规范的适用应该更审慎地对待风险状态下的法律规制以及法律规制的宪法控制问题。

华东政法大学政治学与公共管理学院刘亮讲师的发言题目是《应急管理措施设定权配置的困境与出路——基于 39 份地方人大常委会决定的分析》。刘亮讲师关注到,在中央全面依法治国委员会《关于依法防控新型冠状病毒感染肺炎疫情　切实保障人民群众生命健康安全的意见》发布之后,短短一周时间里便有 39 个省、市、自治区的人大常委会作出对新冠肺炎疫情进行防控的决定。梳理 39 份决定后发现,应急管理措施设定权的主体范围存在明显争议,疫情防控中应急管理措施特定权配置以及不当行使带来的法制资源供给不足问题明显。重新配置不等于简单赋权,应做到合法性和科学性的平衡。从合法性角度讲,合宪是首要标准,其次要符合《立法法》相关规定,此外还应与强制性领域的基本法律即《行政强制法》的精神和原则相契合。从科学性角度讲,应急管理措施设定权不宜由全国人大常委会单独行使,应当同时发挥中央和地方二者的积极性,赋予地方国家机关一定的权限。考虑到突发事件的不确定性,应允许临时设定权的存在并将其赋予地方国家权力机关。总体而言,合法性是前提,科学性是补充,具体配置应急管理措施设定权应追求二者的统一。

（二）宪法与数据安全保障、个人信息保护

中南财经政法大学法学院王广辉教授的发言题目是《个人信息权的基本权利属性及其宪法化研究》。王广辉教授认为，个人信息权在信息时代至关重要。宪法规定的基本权利体系是开放的，是特定历史阶段基本权利的列举而非穷尽。无论是通过宪法修改，还是对概括性条款的解释，把新产生的权利类型纳入该体系中才能更好地保障公民的基本权利。王广辉教授谈道，从宪法调整的关系讲，基本权利与国家权力形成对抗关系，对个人信息权利造成侵犯的最大威胁实则来自国家公权力的不当运用。仅用人格尊严来维护这一权利，无法涵盖其中蕴含的财产利益，财产利益亦无法涵盖个人信息权中的人格尊严。因此，在宪法中应把个人信息权作为基本权利予以规定，从而化解现实生活中的诸多冲突问题。

北京航空航天大学法学院翟志勇副教授的发言题目是《数据安全法的体系定位》。翟志勇副教授指出，在《数据安全法》的体系定位中，其应为数据安全领域的最高法律，上位法为《宪法》。《数据安全法》的内容远超过网络安全法中数据安全的规定，前者颁布实施之后，后者应作相应调整，使网络安全和数据安全规范相互独立、自成体系。此外，《数据安全法》应独立于《个人信息保护法》，原因有二：一是二者法理基础不同，个人信息保护是以"同意"为基础的个人控制模式，而个人数据安全是以"风险"为基础的社会控制模式；二是数据安全不仅涉及个人数据安全，还涉及自然资源等重要数据的安全。

东南大学法学院陈道英副教授的发言题目是《驯服信息时代的利维坦——以网络平台治理的公法分析为视角》。陈道英副教授谈道，国家在互联网领域基本通过 ISP（网络服务提供者）进行网络治理，这实现了对 ISP 的法律赋权；ISP 天然享有的技术优势也会对其赋权，其中最根本的是资本赋权。陈道英副教授认为，不宜将被多种赋权的 ISP 当作普通的私主体来看待，但当下缺乏有效的规制方法，从宪法学角度出发，网络领域要解决的问题即为如何应对这一情况，如何看待新的利维坦。

中国政法大学比较法学研究院谢立斌教授的发言题目是《个人信息的宪法财产权保护》。谢立斌教授以个人信息与宪法财产权是否有关为切入点，分析了个人信息中的经济利益价值，进而认为如何分配这些经济利益是一个宪法问题，在此基础上讨论了从宪法角度出发，分配个人信息中的经济利益应考虑的因素：一是追求社会公正；二是按劳分配原则的影响；三是平等原则；四是应促进经济发展。

（三）宪法与国家安全

深圳大学法学院邹平学教授的发言题目是《"一国两制"的法理基础》。邹平学教授提出，"一国两制"制度体系是政策、法律和制度的有机组合，要全面准确把握"一国两制"制度体系的科学内涵，认识它在国家治理体系中的重要地位和作用，就有必要探讨其法理基础。其法理基础可从宪法、两部基本法和立法法角度认识。两部基本法和《立法法》构成了"一国两制"的宪制法律规范，那宪法是否构成"一国两制"的根本法基础？答案是肯定的。但《宪法》全文并无"一国两制"的字眼，如何解释这一现象，便涉及深入理解《宪法》第31条的制宪意图、法理意蕴和特殊法理地位的问题。

复旦大学法学院刘志刚教授的发言题目是《香港特别行政区的宪制基础》。刘志刚教授谈道，2020年5月28日，全国人大作出了《关于建立健全香港特别行政区维护国家安全的法律制度和执行机制的决定》。2020年6月30日，全国人大常委会审议通过了《香港特别行政区维护国家安全法》，当天下午全国人大常委会作出决定，把该法列入《香港特别行政区基本法》，一系列举措引发社会各界热议。因此，刘志刚教授从香港特别行政区的宪制基础是什么，《香港特别行政区基本法》第23条性质如何理解，如何认识全国人大2020年5月28日作出的决定三方面作了逻辑线索式的梳理。

香港城市大学法律学院朱国斌教授的发言题目是《宪法与国家安全：以香港为例》。朱国斌教授认为，中央如此迅速地为香港特别行政区立法，既是情理之中又是意料之外。《香港特别行政区国家安全法》的通过及施行无疑给香港特别行政区带来政治、法律、社会、理论、实践等诸多层面的影响，且这种影响在实践中将会是制度性的、长期而深远的。朱国斌教授重点论述了两个问题：第一，就国家安全法对香港特别行政区法律制度的影响来说，它将如何在宪法、刑法、刑事诉讼程序和司法制度等多层面产生影响；第二，在立法与司法实践中如何整合国家安全法与本地法律并使之产生协同效应。

天津大学法学院熊文钊教授的发言题目是《总体国家安全观的宪法基础》。熊文钊教授谈道，国家安全首先是国家没有外部危险与侵害的客观状态，其次是国家没有内部混乱与疾患的客观状态。只有两方面统一，才是国家安全的特有属性。在此基础上，熊文钊教授阐述了总体国家安全观的内涵，基于宪法文本解读了国家安全法律义务，并对第十三届全国人大常委会第二十二次会议通过的《生物安全法》作了简要评析。

(四)国家制度的宪法基础

中国人民大学法学院胡锦光教授的发言题目是《关于全国人大组织法及议事规则修改的若干建议》。胡锦光教授围绕宪法与法律委员会条款、委员长会议职权条款、撤职条款和提前召开与临时召集会议条款展开论述。胡锦光教授认为，修正案中关于宪法和法律委员会职责部分的规定存在具体化空间；关于委员长会议扩权的内容应认真研究其是否符合委员长会议的组织性质和地位；在《宪法》未规定撤职的情况下，《全国人民代表大会组织法》能否增设新的针对领导干部的处理制度值得斟酌，且《全国人大组织法》与议事规则关于撤职制度的规定也不相一致；此次《全国人民代表大会组织法》中全国人大会议可以提前的规定与现行《宪法》取消提前召开会议的考量不一致，关于召开临时会议提议主体的规定也不甚明确。

中南财经政法大学法学院胡弘弘教授的发言题目是《宪法发展与地方人大职权行使的创新》。胡弘弘教授指出，宪法的不断发展推动了地方人大职权行使的创新，突出体现在立法权、监督权、重大事项讨论决定权与人事任免权方面。同时，地方人大不断探索职权行使的创新，4种职权交叉行使、联动发挥制度作用；指导协调机制在实践中得以巩固，开辟解读和研读的新形式；不断探索公众参与的实效，增强了人大职权行使的民主性。

胡弘弘教授也提出了地方人大在行使职权的过程中将如何提高立法效率、发挥代表履职积极性等一些困惑。

吉林大学法学院任喜荣教授的发言题目是《论最高国家权力机关的宪法说理》。任喜荣教授将宪法含义的主动阐明与规范社会生活需要之间的矛盾界定为中国宪法实施中的独特内在矛盾。为解决这一矛盾，任教授指出，其研究的基本理论立场是最高权力机关有必要在权力行使的全过程加强宪法说理，通过加强宪法说理构建起具有中国特色的宪法内涵阐释机制。宪法说理有利于反复确认“适格”的宪法内涵输出中心，激发“活的宪法”的内生动力，为其他主体进行释法说理提供依据。宪法说理类型多样，说理结构也有所不同。宪法说理的规范化可为其他社会主体运用宪法提供概念体系、分析逻辑、论证方法，从而全面提高宪法在国家治理中的根本法效能。

中山大学法学院孙莹副教授的发言题目是《全国人大组织法和议事规则的制度空间——兼评一法一规则的修改完善》。孙莹副教授指出，《全国人民代表大会组织法》和议事规则的立法修法，首先需明确二者的制度空间。所谓制度空间，是指一法一规则作为法规范所规制的对象范围和边界，及其立法修法应遵循怎样的规律和逻辑。关于是否制定法律来规定议会的组织职权和议事程序，目前世界范围内有 3 种立法模式，我国属于专门法的立法模式。基于前述探讨，孙莹副教授讨论了如下内容：第一，一法一规则修正草案对人大原理的遵循；第二，修正草案与宪法、法律的衔接；第三，修正草案对人大运作的回应；第四，人大组织制度的双重逻辑与均衡发展。

广东财经大学法学院戴激涛教授的发言题目是《作为宪法制度的特定问题调查：理论逻辑与实践运作》。早在 1954 年新中国成立后的第一部宪法中就规定了特定问题调查制度，现行 1982 年《宪法》第 71 条也对全国人大及其常委会组织特定问题调查委员会进行了相应规定，但迄今为止，全国人大及其常委会从未组织过特定问题调查，《宪法》第 71 条因此也一直处于“休眠状态”。对于这一重要宪法制度在国家层面为何从未被启动，戴激涛教授从特定问题调查的宪法逻辑、宪法文本中的特定问题调查、我国特定问题调查的制度运作 3 个层面作了思考。戴激涛教授也谈道，特定问题调查作为我国宪法明确规定的重要制度，相信其在未来定会充分发挥“人大是国之重器，不鸣则已，鸣则掷地有声”的监督价值。

南京师范大学法学院屠振宇教授的发言题目是《论街道人大工作机构的职能定位》。屠振宇教授认为，街道设立人大工作机构，是近年来人大工作机制的重要创新。该机构的合法性在 2015 年《地方组织法》中曾得到确认，但在实践中关于其职能定位的争论并未因此停止。从《地方组织法》第 53 条第 3 款的规定来看，街道人大工作机构在组织形式上被称为“机构”而非“机关”，并不妨碍其成为独立的法律主体；其法定职责虽以“交办”的内部视角予以界定，但仍包含对外行使职责的意涵；在权限范围上，街道人大工作机构作为协助常委会处理职能性事务的工作机构，不宜协助处理审议工作报告等大会职权范围内的职能性事务。

北京航空航天大学法学院王锴教授的发言题目是《论宪法上的制度保障》。王锴教授指出,党的十九届四中全会通过的《中共中央关于坚持和完善中国特色社会主义制度推进国家治理体系和治理能力现代化若干重大问题的决定》中特别强调了制度的重要性,专门提到了制度保障概念。制度保障最早出自德国魏玛宪法,“制度”一词在我国宪法上出现了24次之多,那么究竟何为制度、制度与权利有何区别、制度保障的类型、制度保障的内涵、制度保障与权利保障有何区别,王锴教授对此一一作了解答。

山东大学法学院(威海分校)门中敬教授的发言题目是《我国合宪性审查的法理困境及其排除》。门中敬教授认为,不同的违宪(合宪性)审查模式背后往往隐藏法理问题,我国的合宪性审查制度目前已基本建立,但其背后的法理问题尤其是法理困境问题应引起足够的重视,对该问题的分析和讨论有助于我们更清晰地认识它并找到排除的路径与方法。关于合宪性审查的正当性,一般认为有3个法理基础:第一,民主合法性只是国家组织法的基础,不是权力行使的正当性依据;第二,立法本质上是政治决断,而非“是非对错”的正确判断;第三,立法过程表明其政治妥协的成分可能要比法理正确更高。合宪性审查虽具有法理上的正当性,但也并非无懈可击,仍存在自我审查悖论、过度政治化倾向和基础规范统一性难题等法理困境需进一步化解。

(五)百年大变局中的宪法课题

中南财经政法大学法学院刘茂林教授的发言题目是《后疫情时代的宪法课题》。刘茂林教授指出,宪法有多种表达形式,包括文本上的宪法,存在于生活中一般被表达为惯例、判例的现实宪法,以及由存在于思想中的要求、评价等构成的观念宪法。宪法在防疫过程中有两套并行的规则体系,如何处理好二者的关系是后疫情时代的重要课题。疫情期间,武汉“封城”是介于正常和非正常的宪法秩序之间的一种过渡性的宪法状态,若处理得当会回归正常状态;处理欠妥便会进入对权利克减更多、比例原则可能失效的紧急状态。当下仅有《突发事件应对法》关注这种过渡性宪法状态,建议制定一部紧急状态法以满足释明该状态的立法诉求。

武汉大学法学院秦前红教授的发言题目是《民法典实施中的宪法问题》。秦前红教授指出,在德国《民法典》、法国《民法典》中均可找到民事权利的逻辑原点,但我国《民法典》并未阐明民事权利从何而来,基于我国的法治语境,应当明确释明民事权利从宪法来。现行《民法典》也未明确界定何者为民事权利的主体、其范围如何。一些学者认为《民法典》的人格权编建立在一般人格权基础之上,该观点值得斟酌。在《民法典》实施过程中,需要运用宪法原则、宪法价值进行价值填充并构建韩大元教授提到的宪法共识问题,因为其中涉及很多宪法原则的条款,这些条款需从宪法层面出发进行价值理解。与此同时,秦前红教授就中国特色社会主义法治体系的内容、法律效力的位阶问题发表了看法。秦前红教授也提到,《民法典》中大约有100多个条款表述为“任何个人、任何组织不得……”此类条款的设计将义务和责任扩展到了社会中的每一个组织、机关和个人,其能否成为请求权、行政诉讼或者行政案件处理抑或是法院的裁判依据,是值得细细考量的问题。

华东政法大学法律学院童之伟教授的发言题目是《宪法与民法典关系的四个理论问题》。童之伟教授认为,从宪法和法律三元分类角度看,《民法典》将基本民事主体表述为“公民”比表述为“自然人”更合适。就性质而言,民事主体内部关系的内容是权利与权利,应避免使用“权力”之类术语来定义其内部组织或描述其功能。在数字化时代,《民法典》应着力保障数字化背景下备受威胁的个人隐私权,促进民事主体实质性享有平等的发展权利,但不宜承担公法功能。

郑州大学法学院苗连营教授的发言题目是《宪法全面实施的意义探析与模式建构》。苗连营教授指出,新时代的宪法全面实施蕴含丰富的制度内涵和鲜明的时代价值;“健全保证宪法全面实施的体制机制”不仅强调宪法实施布局的全面性,而且凸显了宪法实施的制度思维,强调要通过制度建设来确保宪法的实施。从逻辑结构看,宪法全面实施包括实施内容、范围、领域、主体、方式的全面性等。从实施形态看,宪法实施有保障性实施、执行性实施、监督性实施等多种类型,呈现多方主体、多种方式、多条路径有机结合、协调推进的显著特征,是一种多元复合型的宪法实施模式。只有充分尊重并利用既有的宪法秩序和制度资源,编织起相互衔接、同频共振、保证宪法全面实施的制度之网,才能促进宪法实施的长足发展并把宪法实施提到新水平。

上海交通大学凯原法学院范进学教授的发言题目是《落实宪法解释程序机制论》。范进学教授总结并分析了4种宪法解释模式:立法型宪法解释、抽象型宪法解释、附随型宪法解释与独立型宪法解释,指出抽象型与附随型宪法解释是具有中国特色的宪法解释程序机制,鉴于抽象型宪法解释已开启了我国宪法解释之门,当下亟须启动的是附随型宪法解释程序机制,该机制可在全国人大常委会备案审查中或根据公民、组织提出的审查建议对与宪法的规定和精神相抵触的规范性文件进行审查时,对相应宪法条款的内容作出解释,从而以此启动附随型宪法解释程序机制,以便落实我国的宪法解释程序机制。

山东大学法学院王德志教授的发言题目是《中国梦与中国宪法》。王德志教授谈道,中国梦是习近平总书记在党的十八大以后提出的重要指导思想和重要执政理念,是习近平新时代中国特色社会主义思想的重要组成部分。近年来,对中国梦的研究涉及哲学、政治学、社会学等多层面,但宪法学方面对其研究较少,因此,王德志教授从中国宪法的历史、宪法文本、宪法运行、宪法的未来发展4个角度对中国梦作了阐释分析。

天津大学法学院王建学教授的发言题目是《监察机关立法权纵向配置研究》。王建学教授谈道,自监察法颁布以来,国监委与中央纪委已联合印发30多项规定,2019年10月全国人大常委会作出《关于国家监察委员会制定监察法规的决定》,在全国人大常委会作出授权时即产生一个问题:全国人大常委会授权给国家监察委制定监察法规,地方监察委能否制定相应规则?基于对该问题的思考,王建学教授重点分析了监察机关立法权纵向配置的理论分歧、各级监察机关行使立法权的实践发展及应如何看待这类现象3个问题。

中央财经大学法学院于文豪副教授的发言题目是《贫困治理的宪法视野》。于文豪副教授基于基层扶贫工作经验,围绕对贫困治理的理解谈了3个问题:一是贫困治理与人的发展问题。国家对人的发展提供客观条件与平等机会,人的发展不仅是个体发展也包括社会发展,还应引入区域发展的维度。二是贫困治理实践中的纵向权力运行问题。地方和一些中央单位参与贫困治理,形成了东西部扶贫协作与中央单位定点扶贫两类帮扶关系,中央与地方间的关系值得考虑。贫困治理更需要采取任务周期性的治理方式,宪法需对此作出回应。三是贫困治理与基层治理能力问题。基层治理的重点应当是加强自运行能力与合法性能力,除实质正当外,民主的实现也应注重适当的过程。

中国政法大学法学院焦洪昌教授致闭幕词。焦洪昌教授首先祝贺会议圆满闭幕,后谈到作为宪法学人多年来参加宪法学年会的感受:第一次参加宪法学年会是1985年,距今已有35年,期间学会领导名称、开会时间、开会形式、宪法学会结构组织、开会效率和专业性等都有许多发展和变化。35年弹指一挥间,第一次开会时讨论的宪法制度内容至今仍在被讨论,时光转换,这些制度如今更加具体、完善,程序性、专业性、实效性都有所增强。制度已发展了几十年,但距理想状态仍有很大的发展空间。关于宪法学今后如何发展,焦洪昌教授提出,要重点关注制度创新和学术增量,未来如何应对新时代变化亦是宪法学面临的新课题。焦洪昌教授还谈道,在国家重大改革关键期,面对宪法的重大问题时,很多同仁敢于发言、善于发言,把宪法学界的智慧转化成国家治理成果值得敬佩。韩大元会长带领宪法学会同仁把学会的治理提升到新高度,让大家看到在国家重大问题面前宪法学没有缺位、没有失声。感谢诸位同仁对宪法学会所作的贡献,希望新一届宪法学会有国际眼光、本土情怀、学术精神,在宪法学面对严肃问题时同样保持好奇心和想象力。

华中科技大学法学院秦小建教授对各位参会学者表示了衷心的感谢:中国法学会宪法学研究会用实际行动对武汉的支持令人倍感鼓舞;以各种形式参会的专家学者,来到“英雄的城市”积极交流研究成果,为中国法治事业发展贡献智慧令人感动、受益良多;武汉各大高校宪法学同仁的团结、对华中科技大学法学院的支持,是本次年会成功召开的重要助力。

往返流转于政策命题与规范命题之间的中国宪法学基本范畴研究：从第十六届宪法范畴会议主题范畴“基本经济制度”谈起

郑　磊*

中国宪法包含丰富的经济制度条款，例如，“总纲”第 6 条至第 18 条设置了连续 13 条的经济制度条款，其中，第 6 条第 2 款直接开放式列举了“基本经济制度”的部分内容，即“国家在社会主义初级阶段，坚持公有制为主体、多种所有制经济共同发展的基本经济制度，坚持按劳分配为主体、多种分配方式并存的分配制度”。在此基础上，党的十九届四中全会概括性指出：“公有制为主体、多种所有制经济共同发展，按劳分配为主体、多种分配方式并存，社会主义市场经济体制等社会主义基本经济制度。”“基本经济制度”不仅是中国宪法学的基本范畴，也是改革开放以来中国宪法发展的重要内容与关键线索。

据此，第十六届“中国宪法学基本范畴与方法学术研讨会”选定“基本经济制度”为主题总范畴，围绕经济宪法范畴体系、按劳分配、社会主义市场经济设置单元。这是 1982 年《宪法》中变动最频繁、变动占比最高、变动幅度最大的规范群，并且也正典型地体现出宪法发展的新时代特点。

“中国宪法学基本范畴与方法学术研讨会”旨在研讨凝练中国宪法学基本范畴体系的会议平台，开拔于“五四宪法”50 周年之际的 2004 年，至 2020 年已举办至第十六届。2020 年 9 月 4 日，第十六届基本范畴会议在线上举行。来自中国人民大学、中国社会科学院、北京大学、清华大学、中国政法大学、浙江大学、武汉大学等近 40 位宪法学者、经济法学者、民法学者参加了会议，近 300 人进入腾讯会议室旁听。会议由中国人民大学宪政与行政法治研究中心主办。在 3 个专题一整天的会议中，与会者通过 4 个主题报告、2 个点评与谈、16 个评议发言等形式分享交流了内容丰富、论证饱满的思想观点和思考火花。

笔者尝试基于第十六届范畴会议会前筹备、会中讨论和会后整理中的一些感受与思考，分析式探讨中国宪法学基本范畴研究“往返流转于政策命题与规范命题之间”的相关

* 法学博士，浙江大学光华法学院教授。

现象。首先,从第十六届基本范畴会议主题总范畴选题“基本经济制度”的相关现象特点谈起;其次,向前追溯至第十届基本范畴会议之后、第十一届研讨会以来这 6 届会议主题范畴的选题轨迹;最后,进一步思考近年来基本范畴研究同 2004 年范畴会议开拔时是否体现出一些不同的研究背景和研究特点,并进一步反思什么是中国宪法学基本范畴。

一、“基本经济制度”范畴(规范)的现象特点

“基本经济制度”规范及其相关的基本范畴、具体范畴,在 1982 年《宪法》中,从静态的内容结构看,其条款比例丰富;从动态的变动特点看,这是变动最频繁、变动占比最高、变动幅度最大的一个规范群和范畴群,而且在全面深化改革开放的进一步宪法变动中,是否显现新的宪法变动形态,是值得关注的。围绕以下五方面,“基本经济制度”范畴(规范)变动的现象特点可以从外观层面概括如下。

(一)丰富的条款比例

中国宪法中丰富的经济制度条款,粗略地统计,不限于文本开篇处的列举,除“总纲”第 6 条至第 18 条,连续 13 条的集中规定外,第 28 条也有所涉及;其中,第 6 条的概括性条款,尤其是第 2 款的开放式列举规定,为经济制度条款群提供了结构基础。

那么,现行宪法中具体还有哪些条款属于基本经济制度条款,经济相关的各类基本权利是否属于,相关的国家机关职权是否属于,取决于对于基本经济制度采用什么样的经济宪法观。对此,例如,德国 Wirtschaftsverfassung 语境中的经济宪法观,同美国“宪法经济学”学术脉络就有所不同(见表 1)。

表 1　“总纲”经济制度条款

条款序号	条款内容
第 6 条	基本经济制度
第 7 条	国有经济
第 8 条	集体经济
第 9 条	自然资源
第 10 条	土地制度
第 11 条	非公经济
第 12 条	公共财产
第 13 条	私有财产
第 14 条	生产、节约、积累与消费、社会保障
第 15 条	市场经济

续表

条款序号	条款内容
第 16 条	国有企业
第 17 条	集体经济组织
第 18 条	外资企业
第 28 条	维护秩序的国家义务

（二）频繁的变动频率

1982 年《宪法》的 5 次部分修改中，至 2014 年的 4 次部分修改均涉及基本经济制度，它是宪法条款中涉及宪法修改次数最多的一类规范。

（三）主导的变动比例

现行《宪法》前 4 次修改的 31 条修正案中，经济修宪内容比例占据明显的主导地位。粗略统计，同基本经济制度相关的修改高达 19 条，分别占 1988 年第一次修宪的 2 条中的全部，1993 年修宪的 9 条中的 7 条，1999 年修宪的 6 条中的 5 条，2004 年修宪的 14 条的 5 条（见表 2）。

表 2　1982 年《宪法》前 4 次修改中基本经济制度相关修正案（19 条）

修正案年份、序号		基本经济制度相关修正案内容
1988（2/2）	1	私营经济是补充，对私营经济实行引导、监督、管理
	2	允许出租、转让土地的使用权
1993（7/9）	3	我国正处于社会主义初级阶段，坚持改革开放，把我国建设成为富强、民主、文明的国家
	5	“国营经济”改为“国有经济”
	6	增加“农村中的家庭联产承包为主的责任制”，是“社会主义劳动群众集体所有制经济”
	7	“在社会主义公有制基础上实行计划经济”等改为“国家实行社会主义市场经济”“国家加强经济立法，完善宏观调控”等
	8	“国营企业在服从国家的统一领导和全面完成国家计划的前提下，在法律规定的范围内，有经营管理的自主权”改为“国有企业在法律规定的范围内有权自主经营”
	9	“集体经济组织在接受国家计划指导和遵守有关法律的前提下”改为：“集体经济组织在遵守有关法律的前提下，有独立进行经济活动的自主权”
	10	劳动义务中相应修改“国有企业”

续表

修正案年份、序号		基本经济制度相关修正案内容
1999(5/6)	12	我国将长期处于社会主义初级阶段 邓小平理论、发展社会主义市场经济等入宪
	13	依法治国,建设社会主义法治国家
	14	增加"国家在社会主义初级阶段,坚持公有制为主体、多种所有制经济共同发展的基本经济制度,坚持按劳分配为主体、多种分配方式并存的分配制度"
	15	家庭联产承包经营为基础,统分结合的双层经营体制
	16	非公有制经济是重要组成部分,国家保护个体经济、私营经济的合法的权利和利益,对个体经济、私营经济实行引导、监督和管理
2004(5/14)	20	土地征用,修改为"对土地实行征收或者征用并给予补偿"
	21	国家保护非公有制经济的合法的权利和利益,对非公有制经济进行鼓励、支持和引导非公有制经济的发展,并对非公有制经济依法实行监督和管理
	22	公民合法的私有财产不受侵犯;国家保护公民的私有财产权和继承权;征收或征用公民私有财产给予补偿
	23	建立健全同经济发展水平相适应的社会保障制度
	24	国家尊重和保障人权

同经济修宪内容比例形成对比的是,涉及国家机构的修正案仅 7 条,如表 3 所示,分别出现在 1993 年 1 条、2004 年 6 条。

表 3　1982 年《宪法》前 4 次修改中国家机构相关修正案(7 条)

修正案年份、序号		国家机构相关修正案内容
1993	11	县级人大任期从 3 年改为 5 年
2004	25	全国人大代表中增加特别行政区选出的人大代表
	26	全国人民代表大会常务委员会职权中的"戒严"改为"决定全国或者个别省、自治区、直辖市进入紧急状态"
	27	国家主席的公布权中,增加或修改"宣布进入紧急状态"
	28	国家主席代表国家进行国事活动
	29	国务院职权的"戒严"改为"决定省、自治区、直辖市的范围内部分地区进入紧急状态"
	30	乡级人大任期从 3 年改为 5 年

值得注意的一个变化是,2018 年修宪的 21 条修正案中,国家机构板块从修正案数量涉及 14 条,占据 2/3,其中,监委会相关修正案 11 条,国家主席条款、设区的市法规、宪法和法律委员会更名各 1 条。如此比例规模地涉及国家机构条款,在现行《宪法》的前 4 次修改中是没有出现过的。

(四)较大的变动幅度与时代的变动内容

条款比例、变动频率、变动比例等形式方面的特点之外,在内容方面,相关条款的修改也显现出较大的变动幅度,呈现时代特点的内容变化。

以“社会主义初级阶段”判断入宪两度修改为例(如表 4 所示),这是关于基本经济制度所处的社会阶段背景的宪法判断,同基本经济制度密切相关、互为表征。其在表述上,1993 年第二次修宪时,以“正处于”的即时型点状表述,作出了明确的宪法判断和规范确认;1999 年第三次修宪时,随即进一步修改为“长期处于”时期型段状表述,进行了更准确的判断和更清晰的确认。该规范及其 2 次修改和前后 3 个不同文本所包含的规范内涵和政策内涵及其规范表达和变动,具有典型性。

表 4　1982 年《宪法》历次修宪中“社会主义初级阶段”条款的修改对照

相关修宪时间	“社会主义初级阶段”的条文表述
1982 年《宪法》原文	未涉及
1993 年修宪	“序言”第七自然段增加“我国正处于社会主义初级阶段”
1999 年修宪	“序言”第七自然段修改“我国将长期处于社会主义初级阶段”

另一个典型的例子,是非公经济条款的修改变动,在现行《宪法》的 5 次修改中有 3 次修改涉及该条款,其表述微妙递进,其规范内涵不断趋于准确和清晰(如表 5 所示)。

表 5　1982 年《宪法》历次修宪中非公经济条款的修改对照

相关修宪时间	非公经济的条文表述
1982 年《宪法》原文	第 11 条: “在法律规定范围内的城乡劳动者个体经济,是社会主义公有制经济的补充。国家保护个体经济的合法的权利和利益。国家通过行政管理,指导、帮助和监督个体经济”
1988 年修宪	增加规定: “国家允许私营经济在法律规定的范围内存在和发展。私营经济是社会主义公有制经济的补充。国家保护私营经济的合法权利和利益,对私营经济实行引导、监督和管理”(修正案第 1 条)

续表

相关修宪时间	非公经济的条文表述
1993 年修宪	未涉及
1999 年修宪	修改为:“在法律规定范围内的个体经济、私营经济等非公有制经济,是社会主义市场经济的重要组成部分。”“国家保护个体经济、私营经济的合法的权利和利益。国家对个体经济、私营经济实行引导、监督和管理”(修正案第 16 条)
2004 年修宪	修改为:“国家保护个体经济、私营经济等非公有制经济的合法的权利和利益。国家鼓励、支持和引导非公有制经济的发展,并对非公有制经济依法实行监督和管理”(修正案第 21 条)
2018 年修宪	未涉及

(五)是否为新型的变动形态

这项特点如果成立,可能是意义更饱满的一项变动特点,这 5 项变动特点可层次化为“4＋1”两个层次。当然,该特点在新时代以来更加凸显,但是不是出现了一种新型的变动形态,还需进一步观察探讨。以党的十九届四中全会为例,四中全会以集成体系化的方法论,汇集并体系化了改革开放以来,尤其是近年来一系列重大改革举措,其中不乏具有宪法变迁意义的各项举措,这集中地体现在“根本制度、基本制度、重要制度”标志性提法中,典型地体现在“坚持和完善社会主义基本经济制度”的一系列主张中。尤其值得关注的是:党的十九届四中全会概括性指出,“公有制为主体、多种所有制经济共同发展,按劳分配为主体、多种分配方式并存,社会主义市场经济体制等社会主义基本经济制度”,拓展了《宪法》第 6 条第 2 款的表述:“国家在社会主义初级阶段,坚持公有制为主体、多种所有制经济共同发展的基本经济制度,坚持按劳分配为主体、多种分配方式并存的分配制度。”这是否是正在呈现一种新时代宪法变动形态,或者说宪法变动新形态、新样式,和 20 世纪 80 年代以来的宪法变动方式有什么不同?或者说,我们能不能称其为一种“新型的宪法变动形态”?这个判断成立与否本身尚且存疑待考,但这一端倪客观上给宪法基本范畴研究可能带来的新的变化和影响是需要关注的。

二、宪法学范畴会议主体范畴的选题轨迹

第十一届基本范畴会议以来,会议举办形式上基本已形成“敲定主题,物色作者、未刊论文,书面评议”的惯例。一方面,与会主题报告论文,都是清一色的是未刊大作;另一方面,评议人提前进行书面评议,也就是说,当我们听这个主题发言,已经不是一个仅经作者打磨的杀青稿，而是已经经过多位评议人揉捻，在不同程度上经过了评议前或书面或微信交流后的一个反馈稿和反馈发言。第十一届基本范畴会议以来的主题范畴，如表6所示。

表6　第十一至第十六届宪法学范畴会议基本情况

各届	主题范畴(8)	主旨发言人	主旨报告(6+5+3)	未刊情况	评议形式	举办地
第十一届	财产权	王广辉	中国宪法中的所有权规范变迁及其性质	已刊稿/将刊稿	提前阅读主旨报告	华南理工法学院
		陈征	德国《基本法》中私有财产权的保护范围和限制情形			
	国家所有	李忠夏	“国家所有”的宪法规范分析			
		程雪阳	“城市的土地属于国家所有”的宪法解释			
	土地	刘连泰	土地集体所有的面相			
		李海平	土地集体所有的宪法解释			
第十二届	国家	李忠夏	中国立宪进程中“国家”观念的变迁及其当代意义	已刊稿/将刊稿	提前阅读主旨报告	杭州师范法学院
		赵真	论凯尔森的国家概念			
	备案审查	马岭	我国规范性法律文件的备案审查制度			
		王建学	省级人大常委会法规审查要求权的规范建构			
	人格尊严	王旭	宪法上的尊严理论及其体系化			

续表

各届	主题范畴(8)	主旨发言人	主旨报告(6+5+3)	未刊情况	评议形式	举办地
第十三届	社会	阎天	主义内外话“社会”——中国宪法上的社会范畴	未刊稿会议专供稿	提前书面评议录入论文集	郑州大学法学院
	人民	翟志勇	论宪法上作为主权者的人民			
		杨陈	人民的三个身体			
第十四届	国家机关	王锴	机关、机关法人与国家法人说			山东大学法学院
		刘志鑫	中国宪法上的国家机构及其外部结构——兼论党委作为“机关借用”			
	人	刘练军	承认与重塑:宪法上的人			
		冯威	尊严、人的形象与宪法解释			
第十五届	民主集中制	范进学	论民主集中制与党的全面领导制度化			苏州大学法学院
		林彦	民主集中制的规范内涵及立法具体化			
	监督	黄明涛	“法律监督机关”检察院机构性质条款的规范意义			
		上官丕亮	宪法文本中的“监督”与国家监督体系的构建			
		刘志鑫	德国基本法范畴研究介绍(午餐学术交流)			
第十六届“基本经济制度”	经济宪法范畴概述	李忠夏	宪法中“经济条款”的规范解释——经济宪法范畴论纲			线上
	按劳分配	李响	我国宪法上“按劳分配”范畴的规范内涵探析			
		阎天	宪法按劳分配范畴的当代意涵——从新发展理念入宪切入			
	社会主义市场经济	叶海波	“社会主义市场经济”范畴的双重属性及其规范内涵——一种宪法现实主义的视角			

三、中国宪法学基本范畴研究的新时代特点

2020年，基本范畴会议已经举行到第十六届了，这是第四个"五年会期"的开始，也已经跨入第三个10年——21世纪20年代。无论前述宪法变动的新型形态是否成立，近年来的宪法学范畴研究的研究背景和研究风格在客观上呈现一些新的特点。

在前10届基本范畴会议的研究过程中，更多是自觉地侧重"专业槽"的构建，把它表述成"专业槽"也好、自主性也好、自洽性也好、独立性也好，就如在前5届会议结集出版的出版物《中国宪法学基本范畴与方法：2004～2009》里，韩大元教授在序言中如是阐述会议举办的初衷："我们有义务、也有责任认真地去思考中国宪法学的主体性与今后的发展问题。"①学科的自主性，自然有其多方面的体现，在前10届，相对而言，较多地侧重这样的一个面向：建立和稳固"专业槽"，确定学科独立性。

随着一届接一届会议的讨论和积累，在前述基本功能面向的基础上，相关研究关注宪法学基本范畴的社会适应性、开放性的面向在增加，这其实也是在回应正不断呈现出来的宪法发展的一些新现象。这同前述讨论的新型宪法变动形态是否成立密切相关。这类新现象可以简单描述成：政策命题正以新速度渗透、充实、发展着规范命题。无论改革开放以来或者现行《宪法》实施以来，还是新时代以来，这类现象都典型地体现在基本经济制度范畴之中。截至目前，这里典型的宪法变动途径还是修宪，通过政治决断的方式，大量的政策命题系统性地进入规范领域，当然也包括宪法变迁等其他宪法变动过程。在宪法运行、宪法实施过程中，存在诸多的"往返流转""交流顾盼"特点，以恩吉施在《法律思维导论》②中的这个标志性用语为线索，可以将中国宪法学基本范畴研究随着新时代的宪法变动之新迹象而在近年呈现出的一些新特点，粗浅地概括为如下四个方面。

（一）宪法基本范畴研究同政策的往返流转

近年来，政策命题、政治命题和规范命题的糅合交替的程度在加大、幅度在加深、进度在加快。这对宪法范畴会议的选题和讨论的影响将是多方面的，比如，一篇基本范畴会议论文到底是否属于基本范畴研究直接相关的主题，容易产生疑虑和分歧。这里可以区分两种形态的相关主题：一种是"范畴相关的主题"的研究，另一种就完全是"以范畴本身为主题"的研究，聚焦范畴研究本身这一主题的研究。两者的分野，其实不那么容易区分，这尤其体现在第十六届会议的主题"基本经济制度"这个总范畴下的几项具体的基本范畴研究上。第十六届会议筹备过程中，与四大主题报告人交流时，包括商量发言题目拟定以及文章评议意见交换中，几乎都涉及如何将文章与发言更明显地呈现为范畴主题、范畴风格，或者说"范畴味"怎么更强烈些，主题发言或评议中如何往这个方面引导。

---

① 韩大元：《建构中国宪法学的学术话语体系》，载韩大元、林来梵、郑磊主编：《中国宪法学基本范畴与方法：2004～2009》，法律出版社2010年版，"序言"。

② 参见［德］卡尔·恩吉施：《法律思维导论》，郑永流译，法律出版社2014年版，第72～73页；参见［德］拉伦茨：《法学方法论》，陈爱娥译，商务印书馆2004年版，第13～14、162～163页。

这不仅仅是哪位学者写作风格的问题,恰恰非常典型地说明了政策命题和规范命题的交汇程度之高,而且恰恰就是在基本经济制度这个领域的交汇程度非常之高。这还集中体现在2020年从中央文件到地方立法密集印发的重要文件和法规中。举其要者有:

(1)中共中央、国务院《关于构建更加完善的要素市场化配置体制机制的意见》(2020年3月30日),把数据列为第五元素,直接在"收入分配政策"这一块,有针对性地要求充分体现数据要素的价值,这对按劳分配、分配方式等宪法范畴会带来什么样的影响以及诸多相关问题,值得关注。

(2)中共中央、国务院《关于新时代加快完善社会主义市场经济体制的意见》(2020年5月11日)。

(3)《浙江省民营企业发展促进条例》(2020年1月16日浙江省第十三届人民代表大会第三次会议通过)。

(4)《上海市优化营商环境条例》(2020年4月10日上海市第十五届人民代表大会常务委员会第二十次会议通过)。

(5)《优化营商环境条例》已经2019年10月8日国务院第66次常务会议通过,现予公布,自2020年1月1日起施行。

这些文件、法规,并不当然、直接地跃升为规范或成为规范的内容,但不可忽视地提供了丰富素材,具有非正式渊源的作用,也为宪法基本范畴研究提供了丰富素材。

就学术研究方面,比如,2019年5月11日,宪法学会和经济法学会在武汉大学共同主办"宪法学与经济法学的对话:经济宪法的当代使命",同基本经济制度范畴展开相关讨论;2020年8月29日,宪法学会和破产法学会在长沙举行"中国破产法论坛・破产法与宪法的对话专题研讨会",对话主题为"市场经济・困境拯救・权利谱系",也是同此基本范畴密切相关的主题。

(二)宪法基本范畴研究同立法的往返流转

随着"中国特色社会主义法律体系已经建成"升格为重点明确"完善以宪法为核心的中国特色社会主义法律体系",我们从"大规模的立法时代"进入一个"精细立法时代",或者说后大规模的立法时代,这对于宪法基本范畴的揭示、具体化和研究会带来一种什么样的变化。

基本范畴研究去向立法汲取研究素材、研究养料时,可能情况正在发生一些变化,"通过立法发展宪法"的现实逻辑中所蕴含的立法实然同宪法规范应然的转换度会发生一些变化。

再如,"加强重点领域立法"的立法结构布局和立法进度推进中,不同领域立法对宪法基本范畴研究会带来什么样不同的素材意义。例如,第十三届全国人大正处于宪法相关法修改的密集期。《全国人民代表大会组织法》《全国人民代表大会议事规则》以及《国旗法》《国徽法》的修正草案,均正好经过一审,在中国人大网的法律草案征求意见系统中处于征求意见状态。

"重大改革于法有据"首先是"于宪有据",这一法治原理的强调标志着在全深改时期重置了法律与改革的关系。在改革开放初期,自发试错型改革转向并完善自觉建构型改革的过程中,宪法学范畴研究同立法的关联度将会发生什么样的变化。

恩吉施在《法律思维导论》中将法律思维标志性地描述成,"在大前提与生活事实间的眼光的往返流转",①齐佩利乌斯则进一步明确,这种往返流转并非单程、一次性的,而是一个多阶段、逐步深入的选择过程。在宪法学视野中,事实命题有更丰富的类型,各类立法等规范形态,既可以成为具体化宪法或发展宪法的规范命题,也可以在合宪性审查的场合中作为被审查对象而被视为事实命题。如何关注这些立法,为中国宪法学基本范畴研究发现素材乃至凝练内涵,则是一个丰富而又复杂的素材库。

(三)宪法基本范畴研究同部门法学的往返流转

宪法范畴研究同立法、部门法学的交流往返,是两个密切相关的交流往返面向。随着各部门法立法的完善及其法解释学的发展,部门法学向宪法学的"提问"日益增多,②这不仅丰富了部门宪法学研究的契机,也为相关宪法学范畴研究拓展了素材并提供规范内涵。借着2020年《民法典》颁布契机所增加的宪法学与民法学的交流,以及第十六届主题范畴基本经济制度为蕴含的宪法学与经济法学的交流,都是在与部门法学的往返流转中完善宪法学范畴研究的示例与契机。

《民法典》的颁布实施,关于人格尊严、家庭、集体经济、家庭承包经营等诸多宪法学范畴,同时出现在《宪法》和《民法典》中,研究热度进一步提升。③ 例如,宪法上的人权、人格尊严、社会主义原则,是民法人格权保护的价值基础,也构成人格权条文解释的背景规范;《民法典》人格权编所蕴含的基本权利放弃、基本权利冲突、良心自由保护等宪法原理的规范展开与实施实践,④又将"反哺""人格尊严"这一宪法基本范畴以及隐私、个人信息等相关范畴的内涵沉淀与发展。再如,《民法典》物权编第206条规定:"国家坚持和完善公有制为主体、多种所有制经济共同发展,按劳分配为主体、多种分配方式并存,社会主义市场经济等基本经济制度。国家巩固和发展公有制经济,鼓励、支持和引导非公有制经济的发展。国家实行社会主义市场经济,保障一切市场主体的平等法律地位和发展权利。"韩松教授在点评评议中指出,这一条本应是宪法条文,宪法上还没有把社会主义市场经济明确规定为基本经济制度,《民法典》对党的十九届四中全会的最新概括作了

---

① [德]卡尔·恩吉施:《法律思维导论》,郑永流译,法律出版社2014年版,第72~73页。

② 参见张翔:《"宪法与部门法的关系"栏目主持语》,载《中国法律评论》2019年第1期。栏目主持语中指出,各部门法的实践却颇具自发性地将议题引向宪法,部门法中的宪法争议变得不可回避,我国的法治实践出现了"部门法向宪法提问"的态势。作者更早的类似阐述,参见张翔:《具体法治中的宪法与部门法》,载《华东政法大学学报》2016年第1期。

③ 在第十五届会议的"下一届会议主题范畴商议暨闭幕式"上,任喜荣教授就提出,回应《民法典》的颁布,建议以家庭、人格权等范畴为2020年主题范畴。

④ 参见张翔:《民法人格权规范的宪法意涵》,载《法制与社会发展》2020年第4期。

对应规定。市场机制有多种机制在多个部门法中体现,例如,主体平等、交易自主、产权明晰、责任独立、公平竞争、利益保护激励等市场机制内涵都要在民法领域去实现,①通过与这些具体机制民法规定的交流研究,是相应宪法学范畴研究的重要方面。我国《民法典》在一定程度上超越公私法边界载入了宪法内容,承载宪法功能,对于宪法学基本范畴研究来说,这也在客观上进一步打开了关于往返流转于宪法和民法之间的基本范畴研究的需求和通道。同经济法学研究的交流互动,则是同部门法学交流往返的另一个典型。

尤其是第十六届中国宪法学基本范畴与方法学研讨会,非常荣幸地邀请到了张守文老师、韩松老师两位著名的经济法学教授、民法学教授进行跨部门法的点评与谈。两位部门法学者和诸多宪法学者一样,在发言中不谋而合地提到了宪法与部门法的交流和衔接。例如,张守文教授在点评与谈中谈道,"我们做宪法以外的部门法研究的人非常地能够体会到,宪法研究的价值显得越来越重要,日益凸显。我们在研究过程中就感受到需要主动地去思考一些宪法的问题";韩松教授在点评与谈中也指出,"宪法对社会主义市场经济范畴内涵规范到什么样的度,涉及宪法与部门法的衔接问题"。

(四)宪法基本范畴研究同合宪性审查的往返流转

党的十九大报告提出"推进合宪性审查工作",加速了近年来合宪性审查的制度和能力建设,这对于宪法学基本范畴研究的影响体现在两个方面:

第一,为宪法保障机制本身相关的基本范畴研究充实了素材和实践,带动了诸如合宪性审查、宪法监督、宪法解释、备案审查、改变或撤销、宪法保证等宪法保障机制相关概念范畴梳理研究的再次显现化,或者在实践层面的显现化。

第二,各类规范内涵范畴得以通过宪法事案所涉主题的方式显现出来。比如,通信自由和秘密、隐私、个人信息,这个例子是否成立基本范畴还不一定,但也能说明宪法事案实践推动相关范畴显现化这方面的现象。随着法院调取通话记录相关事件以及甘肃、内蒙地方性法规授权交警查阅复制通信记录等事件的出现、关注和讨论,高质量的学术文章也不少,杜强强和王锴都写过,而且针锋相对:一个说属于隐私,涉及《宪法》第38条;另一个说属于通信自由和秘密,涉及《宪法》第40条,法院调取、交警复制虽然不属于"检查"但仍得有法律层面的明确依据。这样的讨论,在事案实践中推动了相关宪法范畴的研究。

四、余论:什么是中国的?宪法学的?基本的?范畴体系?

综上所述,通过对宪法学基本范畴研究的近年来新特点的分析,包括其在第十一届会议以来主题范畴的选题轨迹中的体现,尤其是其在第十六届会议主题总范畴"基本经济制度"范畴上的集中体现,仍需进一步回到基本范畴会议的核心主题及其遴选角度自觉思考:什么是"中国"的?"宪法学"的?"基本"的?"范畴体系"?

① 参见韩松:《对〈社会主义市场经济范畴的双中属性及其规范内涵——一种宪法现实主义的视角〉的评议》,"第十六届中国宪法学基本范畴与方法学术研讨会会议"书面评议材料,2020年9月4日,线上会议。

这一核心主题,既是围绕什么是中国宪法学基本范畴、各项基本范畴的规范内涵是什么的内容追问,又是如何去确定中国宪法学基本范畴,如何去阐述论证其规范内涵的方法追问。诸如——

什么是"中国"的?宪法文本上的中国,抑或是宪法实施现状中的中国,还是在某种交流顾盼中的兼有。

什么是"宪法学"的?在围绕文本的规范性基础上,如何呈现范畴研究的社会适应性、适度开放性。

什么是"基本"的?多层级的范畴架构中,从丰富的范畴谱系中确定具有枢机基石地位的基本范畴。

什么是"范畴体系"?如何超越零散的概念装置,构建各项范畴自成体系,且范畴之间互成体系的意义脉络。

“后疫情时代”的法学反思

——2020年“宪法与部门法的对话”研讨会综述

朱俊亭*

一、研讨会简况

2020年是不平凡的一年,突如其来的新冠肺炎疫情给全球造成了严重影响,在党和国家及全国人民强有力的应对下,我国的疫情得到有效控制。为彰显中国宪法与国家制度的优越性,进一步思考后疫情时代的国家治理与法治建设,值中国法学会宪法学研究会2020年年会召开之际,在韩大元教授的倡议与法学各界学者、湖北瀛楚律师事务所的支持之下,中国法学会宪法学研究会与华中科技大学法学院共同举办了“后疫情时代的法学反思——宪法与部门法的对话”学术研讨会。

2020年10月23日下午,研讨会在湖北武汉光谷凯悦酒店成功召开。来自清华大学、北京大学、中国人民大学、中国政法大学、中国社会科学院、复旦大学、吉林大学、上海交通大学、厦门大学、四川大学、山东大学、东南大学、湖南大学、北京航空航天大学、华南理工大学、华东政法大学、深圳大学、广东财经大学、青岛大学、武汉大学、中南财经政法大学、武汉理工大学、中南民族大学、三峡大学、华中科技大学等高校、科研机构与实务单位的80余位专家学者、实务工作者参加了会议,结合疫情中的法学问题,从宪法与部门法的跨越性视角出发,展开了精彩纷呈的学术对话。会议由开幕式、基调对谈、“后疫情时代的法学研究”研讨单元、“后疫情时代的国家治理”研讨单元、闭幕式5个环节组成。

开幕式由华中科技大学法学院党委书记姜芳同志主持。姜芳书记对与会专家学者表示欢迎,介绍了华中科技大学法学院的基本情况。华中科技大学法学院院长、中国法学会法理学研究会副会长汪习根教授首先致辞。汪习根教授指出,本次研讨会是华中科技大学在疫情后首次举办的全国性大型高端学术研讨活动,在武汉这座城市展开后疫情时代主题讨论具有重要意义。接下来,由湖北瀛楚律师事务所张仁清主任致辞,张仁清主任从律所实务工作视角出发介绍了疫情期间武汉的情况以及律所作出的努力。

---

* 华中科技大学法学院博士研究生。

二、研讨会内容综述

(一)基调对谈

基调对谈环节由华中科技大学法学院副院长熊琦教授主持。中国人民大学法学院韩大元教授、武汉大学法学院冯果教授、华中科技大学法学院汪习根教授进行对谈。熊琦教授认为,本次对话会具有两个意义:第一,宪法作为根本大法,在中国问题的本土化尝试中对部门法有良好的示范作用,值得部门法学习;第二,"对话"开启了部门法为根本法输送问题的通道,如《专利法》中的公共健康问题、《著作权法》中的表达自由问题等,最终都需回归到宪法的基本权利体系之中。

中国法学会宪法学研究会会长、中国人民大学法学院韩大元教授作基调发言。韩大元教授指出,在武汉对"后疫情时代"法学发展面临的挑战、法学时代使命与知识体系的创新、宪法与部门法关系等进行反思与展望具有重要的现实意义与针对性。结合防疫斗争中取得的成就、经验教训进行学术反思,对武汉的防疫实践进行学术提炼、寻求学术命题并使之体系化、理论化是学者的责任。在我国应对疫情的过程中,法学界的学术贡献有目共睹,但与其他一些学科相比,仍有很大的提升空间:提高法学理论体系化、精细化水平,增强理论命题的前瞻性与战略性应对能力;提升跨学科、综合化知识能力;关注现行有效的法律制度,从"立法思维"转向"解释思维";构建预防性法治理念,避免过度依赖事后追责性法治,充分发挥法治"稳预期"功能,促进多方持续发力。在新冠肺炎疫情对世界秩序产生前所未有的深刻影响背景下,法学更应抓住机遇与挑战,用法治构建社会共识;加强宪法和部门法的对话,主动打破传统学科界限;以问题为导向,更新知识与范畴;以学术良知与责任构建对得起时代与人民的学术共同体。这一过程需要法学界研究好、使用好中国(特别是武汉)防疫实践中体现出的"生命至上"的国家价值观,将政治命题转化为学术命题,重构宪法上的人权价值体系与规范体系。韩大元教授强调,在尊严和正义面前不应过分强调学科内部的界限,未来的中国法学应以问题为导向开展综合性、跨学科、开放性的研究。疫情反思将是中国法学转型的新契机,期待宪法学者以智慧为中国法治以及宪法学发展作出贡献。

武汉大学法学院院长、中国经济法学研究会副会长冯果教授作基调发言。冯果教授从经济法视角出发,指出疫情进一步表明,当前社会已进入高度复杂化、高度关联性、问题多元并发、解决对策需要多部门法合作的时代。冯果教授阐述了疫情期间4个颇具代表性的问题:(1)规制问题,疫情期间,政府面对特殊时期市场非正常的运作应当采取一定的纠偏措施。(2)信息问题,疫情暴露出的因信息不对称而引发的社会现象值得反思,信息权属的利益分配是后疫情时代需进一步探讨的议题。(3)分配问题,疫情期间有关医疗资源的配置、防护用品的配给乃至正常生活物资配给等值得思考。(4)风险问题,疫情后需进一步关注风险分配,尤其是风险发生后投入资金承担主体的问题。对于宪法与部门法的关系,冯果教授认为,宪法中的很多权利需要部门法予以落实,进而与现实对接。疫情经验表明,3种基本权利应在宪法中进一步明确:一是生命健康权,宪法文本中虽有规范设计,但不清晰。二是发展权,疫情带来的影响与社会灾害是长期且持续的,需要通过市场手段、借助资本力量发展以解决"后疫情时代"的社会问题,发展权益需要得到贯彻与落实。三是信息权,包括自身信息受保护的权利、知悉权等。"后疫情时代"背景下,许多问题的根本解决方案需要从宪法中寻找突破口。与此同时,随着社会问题的不断具化以及对部门法的深入研究,部门法在风险防范层面也为宪法学提供了更有益的支持。

华中科技大学法学院院长、中国法学会法理学研究会副会长汪习根教授指出,首先,"后疫情时代"要对中西方法律价值观的冲突进行反思,二者存在诸如生命权与表达自由权、生命健康权与经济权利之间的冲突,不同价值观会产生不同的影响。其次,要对法律功能进行反思。法律作为社会关系的"稳定器",需要体现出"超前调控"的功能,不能仅作事后确认。当前整个世界出现相互攻击、疫情歧视、将己国责任转嫁给他国的不正常现象,导致各国未能快速有效地形成疫情应对共识,对全球法治秩序的稳定造成破坏和冲击。最后,要反思法律规范的体系化问题,尤其是中国特色社会主义法治体系中是否包含非常态化的规范体系。汪习根教授从国际人权角度反思了疫情防控中人权保护的比例原则,提出我国疫情防控取得的成功代表了人权的胜利,人权的胜利也是生命健康权的胜利。《公民权利和政治权利国际公约》第4条规定,在紧急状态下可以对人权进行合理限制,对人权克减的限度应遵循比例原则,即出于公共利益考量限制或干预个人权利时,必须限定在最小范围内,采取手段不能超出所达目的的范围;受限制个人也应当得到必要的赔偿或补偿。人权克减的限度,一方面,要分析克减与不克减权利分别造成的后果,两害相较取其轻;另一方面,要从结果到原因进行回溯性分析,探寻危害后果所指向的原因行为,再从不同原因行为之间寻找量化关系,凡引起较大危害后果的原因行为均不具有正当性。对于人权克减的禁区,汪习根教授指出,生命健康权不可克减,在中国"对生命权、健康权应当予以最高程度的保障"这一理念已达成共识,但在一些国家却不同意限制信息权、自由权、经济权、隐私权等。在疫情暴发的特定情形中,牺牲其他权利以保障生命健康权具有正当性,这种不可克减的权利代表了一种价值取向,虽未达成强行法共识,但可以作为一种法律价值和法律原则,为国内法律尤其是为宪法和宪法性文件提供借鉴和参考。

(二)第一单元:后疫情时代的法学研究

中国法学会宪法学研究会副会长、湖北警官学院院长、中南财经政法大学法学院刘茂林教授作引导发言。刘茂林教授指出,宪法有两种秩序:正常的宪法秩序与紧急状态下非正常的宪法秩序。在缺乏紧急状态下非正常宪法秩序相关法律规定时,不宜将其间的社会生活状态理解为紧急状态,原因在于:第一,《突发事件应对法》与《传染病防治法》主要规定了政府的应对行为,因远未达到紧急状态程度,将疫情中的社会生活状态定义为紧急状态缺乏法律依据;第二,不符合一般意义中对紧急状态的判断,紧急状态需要克减权利。正常和非正常的宪法秩序之间存在一种过渡性的宪法状态,若处理得当会回归正常状态;反之,便会进入紧急状态。关于如何防范紧急状态下权利受到不该有的克减,刘茂林教授认为,宪法学理论应当有表达紧急状态的制度设计和安排,要准确界定两种宪法秩序间的过渡性状态;也需要进一步明确《传染病防治法》与《突发事件应对法》的关系,对于如何由前者进入后者需要更清晰的界定。

武汉大学环境法研究所所长、中国法学会环境资源法学研究会副会长兼秘书长秦天宝教授作引导发言。秦天宝教授指出,从现有已知的科学证据来看,新冠肺炎疫情基本可以确定与环境保护主题相关,牵一发而动全身,对野生动物的保护、捕杀、食用引起了连锁反应,涉及卫生防疫法、公共安全法和基本人权等方面。当下,法学研究已呈现跨学科、综合性等特点,环境法学可能是最能体现未来法学研究发展模式和趋势的领域之一,牵涉现有主流法律部门的多方面。环境法学者不能仅研究环境保护领域内容,也不宜把环境利益或者环境法益凌驾于其他利益之上。如《生物安全法》最早被纳入国家安全板块,其调整范围广泛,包括自然界平衡、外来物种入侵、人为恶意运用生物武器,乃至生物技术的不确定性和人为主观滥用等。如果仅从环境法的部门法角度出发,就很难体会其立法宗旨和价值,因此需要从更系统、整体的视角加以审视。以环境法学为代表的领域法学研究在遇到新问题时主要有两种理解路径:一是把问题还原到主流法学原理,尽可能穷尽现有法理资源和制度资源;二是当现有资源确实无法全面系统和科学地解释新兴问题时,从整体观出发尝试突破现行法学理论和制度规范创造新的理论和制度。以环境法学为例,未来的研究需同时从教义法学和社科法学角度切入,综合两种研究范式对领域法学进行研究。

四川大学法学院周伟教授在自由发言环节指出,在联防联控工作机制的相关文件中,有些属于类似暂停或调整法律的措施,有些属于重组国家机构权力行使的程序或规则,如何根据现有宪法规范体系对这类措施、规则定性;针对联防联控中的具体措施,如最早由企业研发并运用到实践中的健康码,其得到认可后仍需长期应用,如何从法律层面对健康码进行调整、疫情之后其适用范围如何规定;整体公共卫生安全在普遍个体中如何平衡,需要各部门法同宪法一起进行关注、思考。

(三)第二单元:“后疫情时代”的国家治理

中国法学会宪法学研究会副会长、《法学评论》主编、武汉大学法学院秦前红教授就国家治理的议题具体谈了5点内容。第一,对疫情期间宪制的追问——关于国家具体人格化的问题。疫情期间,党的一套体系在国家总体层面上起到了积极作用,宪法学者需要思考将其适当地嵌入宪制框架中。第二,要充分关注应对疫情时医院中非新冠肺炎疫情感染者的生命保障问题。第三,人的自由权问题,尤其是在此次疫情防控中如何更好地保障人民群众的表达权,也是值得深入思考的。第四,中国社会在应对重大事件时存在路径依赖,应当积极反思,注重制度活力与弹性机制的建设。第五,在问责体系与权力配置之间的关系问题上,宪法学需要对此进行价值供应与制度解释。

武汉大学法学院副院长何荣功教授认为,刑法针对犯罪的社会问题,因此刑法学需要思考如何参与社会治理,但犯罪治理涉及犯罪圈的划定和国家刑法的限度问题,所以这又是一个国家治理问题。接下来,何荣功教授从三个方面阐述了宪法、刑法与国家社会治理现代化的关系。第一,刑罚适用意味着对公民权利的限制和剥夺,要有正当化根据,这追根溯源是一个宪法问题。刑法根本上是人权法,刑法的深处是宪法。第二,随着信息网络社会的到来,社会发展以及对应的国家与社会治理出现结构性变化,刑法正在经历结构性调整,刑法活性化明显增强,刑法的范围呈现扩大化趋势,如何划定刑法的边界以及处理好刑法与其他部门法以及其他社会治理措施之间的关系,涉及宪法问题。何荣功教授特别指出,近几年的立法表现出积极主义刑法观,刑法原本作为法益侵害的保护法是后置的,现在却变成社会管理法,犯罪门槛下降,犯罪圈扩大。刑法防线提前看似是为民众提供心理安全感,但问题在于,犯罪圈扩大后谁来保证刑罚权一定是打击犯罪,而不会制造冤假错案和侵犯人权,这是一个非常重要的宪法问题。另外,从社会治理的角度来看,犯罪原因在刑罚权的管辖之外,在表面上刑法能够解决问题,但问题与矛盾实质上被掩盖了,长此以往,社会治理能力会被弱化。第三,"后疫情时代"法益侵害的风险会进一步增加,刑法的功能及其参与社会治理的强度将难以避免地凸显出来。但刑法是一种粗暴的社会治理方式,应谨慎适用,不宜扩大化。何荣功教授强调,国家和社会治理能力与体系的现代化以及真正的刑法现代化应该是国家和社会逐步摆脱对刑法的依赖,而不是强化刑法参与现代社会治理,未来社会应当最大限度地寻求一种整合、团结、和平、友爱的社会治理方式和生活方式。如果刑法学者不站在宏观角度,不站在国家社会治理体系现代化的角度看待刑法和道德的关系、刑法和民商法的关系,刑法的作用有可能被无限放大,进而导致国家治理能力的下降。

深圳大学法学院邹平学教授谈道,"后疫情时代"的国家治理给宪法学和部门法学提供了诸多值得探讨的议题。中外疫情防治效果差异折射出国家治理的深层问题,需关注宪制结构中的权力、义务与责任的平衡。反思国家疫情应对治理措施时,应结合我国全能型政府体制在疫情防控下的权力配置特点,避免出现权力过大或责任过小问题。另外,当前与"澳康码"的转换不存在问题,但与香港特别行政区健康码对接转换中暴露出的紧急状态下香港特别行政区与内地体制的衔接问题需进一步反思。

韩大元教授对"后疫情时代"概念进行了详细阐述,指出这一表述旨在体现疫情对国际秩序、人类生活前所未有的影响,并非约定俗成的时代概念,目前虽有争议,但已基本成为区分疫情前后秩序变化的概念。对于如何将"生命至上"理念学术化的问题,韩大元教授认为,生命至上不只是"活着的权利",而是包含尊严、自由与安全的综合概念,要把"生命至上"这一命题进一步体系化、学术化,避免将其工具化。全球防疫实践充分说明生命权本身应被赋予新的价值内涵,宪法学者在新的时代背景下应承担起更多的社会责任,充分发挥宪法凝聚社会共识的根本法作用。

秦前红教授结合前述引导发言,以武汉疫情防控期间,医院内的新冠肺炎患者与其他患者的救治冲突以及部分新冠肺炎康复者的疫情后遗症、心理疏导、后续生活质量等问题为例,同与会专家学者就生命权之间的冲突问题展开交流与探讨。

中南财经政法大学法学院李栋教授谈道,中国疫情防控斗争中取得的胜利既非法治胜利,亦非社会治理胜利,社会治理强调第三方组织、社会、公民个人的参与,此次疫情防控更多的是通过运用国家力量解决问题,因而是社会管理的胜利。社会管理与法治解决思维的最大区别在于:前者更强调官方、民间和社会群体在互动过程中所总结出的类似公意的内容,此次防疫过程彰显了官方和民间持续的对话与互动过程——政府对民众反应大的做法迅速调适,对民众较认可、效果良好的措施加大力度,在互动过程中确定最终解决方案。这种做法类似古代中国的司法审判,法仅作为其中一个基准,同时需要考量具体个案中的情与理,结合具体的情、理寻求妥协性解决之道,而不是简单地从法中推演结果,未来的社会发展需要更多地运用法治思维从根本上解决问题。

东南大学法学院刘练军教授对何荣功教授的引导发言作出回应。刘练军教授认为,在中国语境下,对于“现代”“前现代”“后现代”概念可以有多种理解:第一,从经济上来看,在发展不平衡的城乡二元结构下,西部类似前现代、中部类似现代、北上广则是后现代。第二,基于此次疫情,目前所面临的疫情问题属于后现代;疫情治理所采取的手段如健康码等仍属于现代;治理思维却更像是前现代,这种思维体现为,在社会治理中抛开了宪法与法律,以政策要求为主导。第三,基于代际产生的思维差异,多数“50 后”停留在前现代思维,“60 后”“70 后”具有现代思维,“90 后”“00 后”则更具后现代思维,不同年代在思维上存在差别和冲突,当下主导国家前行的中坚力量以“50 后”居多,导致在面临现代化、后现代的问题时,依然采用原始粗暴的方法如刑法治理,致使刑法呈现社会管理法趋势。

在“总结·闭幕式”环节中,由中国社会科学院国际法研究所所长、中国法学会宪法学研究会常务副会长莫纪宏教授主持,童之伟教授和张翔教授担任总结人。莫纪宏教授认为,在此次新冠肺炎疫情防控中,法学研究者包括宪法、部门法是没有缺位的。同时也提出,当前疫情防控所取得的成就更多是综合性治理的成就,法治只是其中的一部分,更多起的是形式治理、稳定社会秩序的作用,疫情防控是否能完全靠法治,这值得我们认真反思。

中国法学会宪法学研究会副会长、华东政法大学法律学院童之伟教授作总结发言。首先,童之伟教授对比疫情防控中西方国家与我国采取的法律措施、公民基本权利保障方式与价值理念提出 4 个问题:(1)人权保障中能否进行综合性平衡从而对极端情况加以避免;(2)新冠疫情对于权力(power)总量和强度有何影响;(3)在权力(power)和权利(right)的对立中,前者的总量是否有变化;(4)若有变化,这种量的变化是否会有制度化影响。其次,关于如何总结防疫成果问题,如若此次防疫是成功的,需要考量:这种成功是出于坚持法治还是违反法治要求,抑或是时而坚持法治、时而放弃法治从而取得的成功。后疫情时代需要对这些问题进行梳理,并进行具体、定量化的分析研究。最后,法治、政治、法律传统、人民的生活方式与疫情防治存在怎样的关系,疫情总结不能仅考虑法制和法治,也要考虑与传统生活方式相协调的问题。

中国法学会宪法学研究会秘书长张翔教授对与会学者表示感谢,指出本次会议主要讨论了一些既涉及宪法又涉及部门法,需要宪法与部门法交互沟通、解决的问题,但如果仅限定在这一层面,可能与韩大元教授所提倡的"后疫情时代的法学反思"会议的高度还有一定的距离,因为许多问题在疫情之前便已存在,疫情之后也会继续存在。需要反思的应当多些标志性的内容,即根本性地改变了人类社会生活的事件,无疑它们为国家和法治治理带来了反思、提升与进步。在"后疫情时代"的议题设定中,在我国推进国家治理体系与治理能力现代化的背景下,宪法学与部门法学者,更需要去思考、寻找中国的未来方向,如儒家提倡的"万世开太平"的方向,这正是反思的意义所在。

最后,莫纪宏教授对本次研讨会的内容表示高度肯定。莫纪宏教授指出,"后疫情时代"进行法治总结时,需要结合中西方的防疫情况综合反思。近百年来,法治呈现西式化色彩。西式化的法治原则存在理论前提,即为否定封建集权的合法性而提出人的自然权利概念,事实证明,自然权利的理论假设并不可靠,近现代法治理论的根基很脆弱。因此,我国的法治理论必须转变视角,不仅要处理人与人的关系,也要注重人与自然的关系,把人和自然的关系作为人与人关系的前提,把自由与法治放在综合范围内进行考察,构建新型法治体系,唯其如此,才能推动国家治理和社会治理的进步。

至此,本次研讨会圆满结束。

第四部分　宪法学研究信息

学术著作及教材目录

一、基础理论

吴礼宁、毋晓蕾:《预算权配置的宪法基础》,中国农业出版社2019年版。

[德]鲁道夫·斯门德:《宪法与实在宪法》,曾韬译,商务印书馆2019年版。

[美]罗伯特·D.库特:《宪法设计与理性选择:公法经济分析基础》,张小平译,法律出版社2021年版。

[南非]桑德拉·弗里德曼:《反歧视法》,杨雅云译,中国法制出版社2019年版。

[瑞典]托斯坦·佩森、[意]吉多·塔贝林尼:《制度的经济效应》,廉晓红译,商务印书馆2019年版。

董彦斌编:《自由·权力·宪法:邹文海法政文集》,清华大学出版社2020年版。

陈硕:《中国央地关系:历史、演进及未来》,复旦大学出版社2020年版。

胡健:《地区平等问题研究:中央与地方关系的视角》,法律出版社2020年版。

[意]安东尼奥·罗斯米尼:《社会正义下的宪法》,韦洪发译,商务印书馆2020年版。

二、基本权利

韩正武:《辩护权的基本权利之维》,法律出版社2019年版。

程亚萍:《人权视域下的社会权研究》,中国社会科学出版社2019年版。

贾永健:《控告权的正义之理研究》,法律出版社2019年版 。

阎天:《川上行舟:中国平等就业法引论》,中国民主法制出版社2021年版。

张红:《基本权利与私法》,法律出版社2020年版。

齐延平主编:《基本权利保护的中国探索》,法律出版社2020年版。

邓炜辉:《社会权的国家保护义务研究》,中国社会科学出版社2020年版。

左亦鲁:《超越"街角发言者":表达权的边缘与中心》,社会科学文献出版社2020年版。

骆正言:《民法典时代宪法上的人格权保护》,清华大学出版社2020年版。

菅从进:《公民监督权法制构建论》,商务印书馆2020年版。

张占杰:《宪法请求权研究》,中国财政经济出版社2020年版。

三、国家机构

郑毅:《设区的市级地方立法权的改革与实施》,法律出版社2020年版。

周伟:《全国人大专门委员会:组织结构·法律功能》,法律出版社2020年版 。

中国人民代表大会制度理论研究会编:《人民代表大会制度从这里走来》,中国民主法制出版社2020年版。

王柏荣、崔英楠、郑广永:《人大制度理论问题探索》,中国民主法制出版社2020年版。

陈文博主编:《中国人大与国外议会比较研究》,中国民主法制出版社2020年版。

四、宪法解释、监督与实施

翟国强:《宪法判断的原理与方法:基于比较法的视角》,清华大学出版社2019年版。

刘松山:《健全宪法实施和监督制度若干重大问题研究》,中国人民大学出版社2019年版。

刘志刚:《宪法实施监督机构研究》,复旦大学出版社2019年版。

吴延溢:《中国特色合宪性审查的逻辑、规范与经验》,九州出版社2019年版。

饶龙飞:《违宪构成研究》,同济大学出版社2019年版。

范进学:《完善我国合宪性审查制度与机制研究》,译林出版社2021年版。

王锴、王理万主编:《合宪性审查制度资料汇编》,法律出版社2021年版。

全国人大常委会法制工作委员会法规备案审查室编著:《规范性文件备案审查案例选编》,中国民主法制出版社2020年版。

全国人大常委会法制工作委员会法规备案审查室:《规范性文件备案审查理论与实务》,中国民主法制出版社2020年版。

五、基本法研究

任进:《宪法与澳门基本法》,江苏人民出版社2019年版。

刘志刚:《宪法在香港特别行政区的实施与监督》,法律出版社2020年版。

六、宪法史

沈桥林:《〈中华民国临时约法〉的新理想与旧思维》,厦门大学出版社2019年版。

韩大元主编:《新中国宪法发展70年》,广东人民出版社2020年版。

韩大元主编:《改革开放40年法律制度变迁·宪法卷》,厦门大学出版社2020年版。

陈晓枫:《中国近代宪法史》,商务印书馆2019年版。

全国人大常委会法制工作委员会宪法室编:《中华人民共和国制宪修宪重要文献资料选编》,中国民主法制出版社2021年版。

侯宜杰:《二十世纪初中国政治改革风潮:清末立宪运动史》,辽宁人民出版社2020年版。

杨晖等:《抗战时期地方自治中的民意机关:以四川省县级临时参议会为侧重》,四川大学出版社2020年版。

杨晖、李诗语、汪仁可:《荣县临时参议会(1942—1945):一项关于基层民主政治的历史考察》,四川大学出版社2020年版。

彭剑:《钦定、协定与民定:清季制宪研究》,北京师范大学出版社2021年版。

崔学森:《清廷制宪与明治日本》,中国社会科学出版社 2020 年版。

胡绳武主编:《清末立宪运动史料丛刊》,山西人民出版社 2020 年版。

七、事例研究

胡锦光主编:《2019 年中国十大宪法事例评析》,法律出版社 2020 年版。

八、外国宪法研究

李晓兵:《法国宪法——历史、原理与实践(Ⅰ)》,法律出版社 2019 年版。

[法]卢梭:《科西嘉制宪意见书》,李平沤译,商务印书馆 2019 年版。

李若兰:《德国法中的社会国原则研究》,知识产权出版社 2019 年版。

宋玉波:《美国立宪的思想基础与制度资源》,中国社会科学出版社 2019 年版。

李超:《观弈闲评:有贺长雄宪法理论研究》,上海三联书店 2019 年版。

[日]芦部信喜:《宪法》(第 6 版),林来梵、凌维慈、龙绚丽译,清华大学出版社 2019 年版。

[日]川满信一、[日]仲里效编:《琉球共和社会宪法的潜能》,庄娜译,生活·读书·新知三联书店 2019 年版。

赵立新:《日本修宪:历史、现状与未来》,知识产权出版社 2019 年版。

曹文振、李金林、李崇政编著:《外国宪制》,中国海洋大学出版社 2019 年版。

朱福惠,赖荣发主编:《世界各国宪法文本汇编(非洲卷)》,厦门大学出版社 2020 年版。

孙敏:《美国宪法中的混合政体思想研究——1787 年制宪会议的政体设计》,中国社会科学出版社 2020 年版。

[美]埃里克·方纳:《第二次建国:内战与重建如何重铸了美国宪法》,于留振译,商务印书馆 2020 年版。

[美]威廉·J. 基夫、[美]莫里斯·S. 奥古尔:《美国立法过程:从国会到州议会(第十版)》,王保民、姚志奋译,法律出版社 2019 年版。

[美]克里斯托弗·科利尔、[美]詹姆斯·林肯·科利尔:《费城抉择:美国制宪会议始末》,高玉明译,上海人民出版社 2020 年版。

[美]约翰·哈特·伊利:《民主与不信任:司法审查的一个理论》,张卓明译,法律出版社 2018 年版。

[美]安东尼·刘易斯:《言论的边界:美国宪法第一修正案简史》,徐爽译,法律出版社 2020 年版。

高凌云编著:《美国联邦最高法院判例:2016 ~ 2017 年判例译述》,法律出版社 2020 年版。

罗隆基:《英国议会选举研究》,刘志强译,法律出版社 2020 年版。

[英]詹宁斯:《英国宪法》,李松锋译,法律出版社 2020 年版。

[英]A. V. 戴雪:《英国宪法研究导论》,何永红译,商务印书馆 2020 年版。

黄涛:《自由、权利与共同体:德国观念论的法权演绎学说》,商务印书馆2020年版。
《魏玛宪法》,张君劢译,商务印书馆2020年版。
赵丹:《合宪性审查制度能力研究:以匈牙利为例》,上海三联书店2020年版。
董和平:《中亚国家宪法变迁研究》,中国社会科学出版社2020年版。

九、教材

焦洪昌主编:《宪法学》,国家开放大学出版社2019年版。
王治荃主编:《宪法学》,郑州大学出版社2019年版。
《宪法知识读本》编写组编:《宪法知识读本:小学高年级版》,人民日报出版社2019年版。
《宪法知识读本》编写组编:《宪法知识读本:中学版》,人民日报出版社2019年版。
许安标主编:《宪法及宪法相关法解读》,中国法制出版社2019年版。
许安标主编:《宪法学习读本》,中国法制出版社2019年版。
王文宝主编:《宪法知识社区普及读本》,中国财政经济出版社2019年版。
李浩主编:《宪法与法治理论》,中国人民公安大学出版社2019年版。
《宪法学》编写组编:《宪法学》,高等教育出版社2020年版。
焦洪昌主编:《宪法学》,北京大学出版社2020年版。
林来梵:《宪法学讲义》(第3版),清华大学出版社2018年版。
周叶中主编:《宪法》,高等教育出版社2020年版。

博士学位论文及博士后出站报告目录*

2019年

[中国人民大学法学院]

德国宗教宪法研究——以宗教自由的演进为线索/田伟;指导教师:韩大元

[北京大学法学院]

香港公务员政治中立问题研究/何建宗;指导教师:陈端洪

我国宗教事务管理制度的二元模式研究/李兴;指导教师:王磊

论香港反体制政党的法律限制——基于各国维护宪法体制经验的分析/谢宇;指导教师:王磊

黑格尔国家学说之探究/王曦;指导教师:沈岿

[清华大学法学院]

人民代表大会制度下的质询研究/晏翀;指导教师:林来梵

[中国社会科学院法学研究所]

论政府信息公开申请权滥用的法律规制/江悦;指导教师:周汉华

当代中国法治发展动力研究/何家华;指导教师:李林

公民提名权研究/李宏弢;合作导师:莫纪宏

我国公职人员财产申报制度研究/乔亚南;合作导师:莫纪宏

法学名词规范化研究/赵心;合作导师:莫纪宏

我国少数民族双语教育的法治保障研究/张国庆;合作导师:李洪雷

宪法修改与宪法变迁之间的互动关系——以纳税义务与劳动义务为例/刘志鑫;合作导师:李洪雷

[中共中央党校(国家行政学院)政治和法律教研部]

最高人民检察院司法解释效力研究/任捷;指导教师:王勇

[中国人民公安大学法学院]

行政规范性文件司法审查制度研究/陈依;指导教师:高文英

---

* 感谢各培养单位提供目录。本部分的目录主要为博士学位论文(体现为“指导教师”),少量为博士后出站报告(体现为“合作导师”)。

[吉林大学法学院]
我国预算权监督机制研究/许聪;指导教师:任喜荣
[华东政法大学法律学院]
宪法视野下的审判独立与审判责任/葛翔;指导教师:王月明
[浙江大学光华法学院]
论地方立法权的范围/沈广明;指导教师:章剑生
[东南大学法学院]
社会权的限制及其合宪性控制研究/朱军;指导教师:龚向和
宪法核心价值观的结构体系与释宪功能研究/王炎;指导教师:汪进元
[南京师范大学法学院]
欧盟先予裁决制度研究/牛涵;指导教师:季金华
行政机构设置法定的基础理论研究/王晓强;指导教师:杨登峰
[湘潭大学法学院]
国家治理现代化视域下的巡视制度研究/田良富;指导教师:李伯超
我国公立大学内部治理结构下校长法律地位研究/周亮;指导教师:李伯超
[中南财经政法大学法学院]
我国暂行法的立法研究/靳海婷;指导教师:胡弘弘
法官职业伦理研究/刘欣;指导教师:刘茂林
[重庆大学法学院]
中国式的制宪模式 ——《五五宪草》的创造与反思/邱竹;指导教师:陈伯礼
边沁的舆论思想在其宪法理论中的应用研究/徐蓉蓉;指导教师:陈伯礼
[四川大学法学院]
政府和社会资本合作模式主体资格法治化研究/张继峰;指导教师:周伟

2020年

[中国人民大学法学院]
晚清宪法概念形成过程研究/周威;指导教师:韩大元
中国宪法上的领土条款研究/张腾龙;指导教师:韩大元
行政法规的宪法界限研究/孙如意;指导教师:胡锦光
中国宪法上的“母亲受国家保护”研究/左晶;指导教师:胡锦光
私有财产权的立法限制/游伟;指导教师:胡锦光
[北京大学法学院]
公民投票:代议制政府中的直接民主/王俊芳;指导教师:陈端洪

香港总督制研究/冯韩美皓;指导教师:陈端洪

论全国人大及其常委会决定的性质与效力/江辉;指导教师:王磊

区域协同立法研究/姚琪;指导教师:王磊

平等规范的行政创制——基于行政宪制理论的分析/路平新;指导教师:王锡锌

论个人信息保护制度中的知情同意框架/蔡培如;指导教师:王锡锌

区域行政协作研究/安娜;指导教师:工锡锌

我国行政权力纵向配置模式研究/尹婷;指导教师:湛中乐

行政诉讼原告资格判断中基本权利的意义/黄宇骁;指导教师:湛中乐

我国国家机构体系的权力分工/陈明辉;合作导师:陈端洪

[中国社会科学院法学研究所]

网约车司机法律地位研究/高岫;指导教师:周汉华

公职人员离职后行为限制研究/张炎波;指导教师:张明杰

合宪性审查的权力配置研究/朱学磊;合作导师:翟国强

比较视角下庭审直播的制度构造/李鹰;合作导师:周汉华、张庆福

能源监管机构改革研究/王浩;合作导师:李洪雷

[中共中央党校(国家行政学院)政治和法律教研部]

纪检监察工作"纪法贯通"、"法法衔接"研究/许士友;指导教师:任进

[北京师范大学法学院]

中国退役残疾军人优抚权研究/仇墨涵;指导教师:刘培峰

[吉林大学法学院]

中德纳税人诉权保障比较研究——以基本权利功能理论为视角/池生清;指导教师:任喜荣

[华东政法大学法律学院]

代议机关投票表决的公开性和秘密性研究/刘好;指导教师:刘松山

我国行政区划若干问题研究/曹伟;指导教师:童之伟

[东南大学法学院]

规范性文件司法附带审查问题研究/周乐军;指导教师:龚向和

城市移民社会权保障研究/原新利;指导教师:龚向和

监察委员会处置权研究/陈辉;指导教师:汪进元

[南开大学法学院]

公法视野下的自律性组织/戴加佳;指导教师:宋华琳

[厦门大学法学院]

中国移民管理立法模式研究/肖琼露;指导教师:朱福惠

新疆维吾尔自治区宗教事务立法的历史变迁/沈田;指导教师:朱福惠

台湾地区法秩序中的"一个中国"/马密;指导教师:朱福惠

美国征收法中的公正补偿教义/余文清;指导教师:刘连泰

[武汉大学法学院]

论我国宪法中的“党的领导”规范/刘怡达;指导教师:秦前红

中国人大代表选举中的贿选问题研究/郑文阳;指导教师:秦前红

青海生态文明建设法治化研究/冉清;指导教师:秦前红

论监察法中民主集中制原则的运用/何盼盼;指导教师:江国华

宪法第四十一条之立法研究——以《公民监督法》为落脚点/赖彦君;指导教师:江国华

中国共产党党内惩戒制度研究/王萌;指导教师:祝捷

“一国两制”台湾方案研究/宋静;指导教师:祝捷

[郑州大学法学院]

我国法官司法豁免制度研究/于猛;指导教师:苗连营

[中国海洋大学法学院]

统一战线塑造宪法认同研究/王玉全;指导教师:贺鉴

互联网接入权研究/毛春晓;指导教师:贺鉴

[中南财经政法大学法学院]

现代宪法秩序中的家庭:理论逻辑及其制度展开/唐冬平;指导教师:刘茂林

人大常委会听取和审议专项工作报告制度研究/王丹;指导教师:胡弘弘

作为宪法学研究范畴的民族团结:法制变迁、体系建构/阿力木·沙塔尔;指导教师:胡弘弘

宪法功能演进论/石少剑;指导教师:刘茂林

[西南政法大学法学院]

人民代表大会重大事项决定权研究/杨彬;指导教师:温泽彬

康有为对“君民共主”宪法概念的建构/邢曙光;指导教师:汪太贤

论中国宪法“序言”的三重逻辑/袁士杰;指导教师:温泽彬

[湖南师范大学法学院]

民国初期肃政监察制度研究/任巧;指导教师:肖北庚

[四川大学法学院]

建立各民族相互嵌入式社会结构和社区环境的国家义务研究/张朝霞;指导教师:周伟

授权暂停法律实施制度研究/宇龙;指导教师:谢维雁

行政规范性文件的合宪性审查研究/段鸿斌;指导教师:谢维雁

[南京师范大学法学院]

核心价值观的司法维护研究/李海峰;指导教师:季金华

监察信息公开立法研究/王可利;指导教师:刘旺洪

地方立法质量影响因素研究/宋宇文;指导教师:刘旺洪
中国宪法序言基本问题研究/卞京海;指导教师:刘旺洪
行政法漏洞的填补/侍海艳;指导教师:杨登峰
[复旦大学法学院]
我国版权行政执法体制合理性研究/王骞;指导教师:朱淑娣
中国现代国家的构建——以1954年宪法为中心/孙宇;指导教师:潘伟杰

中国宪法学研究会学术活动

“宪法学与经济法学的对话:经济宪法的当代使命”学术研讨会在武汉举行

2019 年 5 月 11 日,中国法学会宪法学研究会和经济法学研究会主办、武汉大学法学院承办“宪法学与经济法学的对话:经济宪法的当代使命”学术研讨会在武汉大学举行。100 余位专家学者与会。研讨会共分“宪法、经济法的关系与经济宪法范式”“经济法规与合宪性审查”“所有制规范与宪法中的经济条款”3 个单元,与会专家学者分别从不同视角围绕各单元主题进行了集中研讨,通过跨学科对话,携手推进经济宪法学术研究和制度建设。

“宪法学与环境法学的对话:环境宪法的理论与实践”学术研讨会在北京举行

2019 年 6 月 8 日,中国法学会宪法学研究会和环境资源法学研究会主办、北京航空航天大学法学院承办的“宪法学与环境法学的对话:环境宪法的理论与实践”学术研讨会在北京举行。70 余位专家学者与会。研讨会具体议题包括:(1)生态文明入宪与环境宪法;(2)环境保护基本国策与国家环境保护义务;(3)公民基本权利与环境权;(4)国家机关权力配置与环境法治。此次对话在“环境”的宪法语义、生态文明入宪的宪法意义、环境权的宪法属性和宪法调整等基本理论问题上体现了观点争鸣,推动了两个学科共同关注的环境保护领域向纵深发展。

“纪念五四宪法 65 周年暨人大制度创新发展”学术研讨会在威海举行

2019 年 6 月 15 日,中国法学会宪法学研究会支持、山东大学(威海)法学院举办的“纪念五四宪法 65 周年暨人大制度创新发展”学术研讨会在威海举行。40 余位专家学者与会。本次研讨会设主题演讲、专题讨论“五四宪法和人大制度 65 周年回顾与展望”、专题讨论“地方治理与人大制度发展”3 个单元,同时举办了“新公法体系与理论创新”高端论坛。

第十五届“中国宪法学基本范畴与方法”学术研讨会在苏州举行

2019 年 6 月 22 日,中国法学会宪法学研究会支持、中国人民大学宪治与行政法治研究中心和苏州大学王健法学院举办的第十五届“中国宪法学基本范畴与方法”学术研讨会在苏州举行,50 位专家学者与会。会议以“民主集中制”与“监督”这两个范畴为主题,以主旨发言和评议讨论的形式进行。

“2019 年第十届海峡两岸公法学论坛”在西安举行

2019 年 10 月 12 日,“2019 年第十届海峡两岸公法学论坛”在西北政法大学举行。“海峡两岸公法学论坛”旨在推动两岸公法学界和法律实务界之间的稳定交流与长期互动。近

70 位专家学者与青年学子参加了本次论坛。论坛分设专家学者主论坛和学生论坛。主论坛上,与会学者围绕"比较公法视野下的组织法"这一主题先后进行了 3 个单元的交流互动。学生论坛上,来自海峡两岸的公法学青年学子分别围绕论坛主题进行了切磋研讨。

中国法学会代表团出席秘鲁天主教大学法学院国际学术研讨会

2019 年 10 月 21 日上午,秘鲁天主教大学法学院百年庆典,举办主题为"世界范围内的宪法教育"的国际学术研讨会。中国法学会宪法学研究会会长、国际宪法学协会执委韩大元教授介绍了中国目前宪法教育的情况、模式、存在的问题以及今后发展的方向。中国法学会宪法学研究会常务副会长、中国社会科学院法学研究所副所长莫纪宏研究员以及大连海事大学杨晓楠教授等参与了会议讨论,并向与会的发言专家请教了各国目前宪法学教育的一些基本问题。来自国际宪法学协会的专家学者间形成了良好的专业互动。会后,代表团专程访问了秘鲁天主教大学孔子学院。

中国法学会代表团出席国际宪法学协会秘鲁圆桌会议

2019 年 10 月 25 日,国际宪法学协会组织的主题为"移民进程中的宪法挑战"圆桌会议在秘鲁天主教大学法学院举行。国际宪法学协会名誉主席莫纪宏研究员主持了"移民的社会权利保护"单元讨论,吉林大学任喜荣教授和大连海事大学杨晓楠教授代表中国法学会宪法学研究会在青年论坛上作了主题发言,代表团其他成员都积极参与圆桌会议的各项讨论。国际宪法学协会执委韩大元教授等出席此次圆桌会议。

第三届"中国宪法学青年论坛"在武汉举行

2019 年 11 月 9 ~ 10 日,中国法学会宪法学研究会主办,武汉大学法学院承办,广东明思律师事务所、《法学评论》编辑部、《中国法律评论》编辑部协办的第三届"中国宪法学青年论坛"在武汉大学举行。近 150 名专家学者参加论坛。论坛以"宪法程序法"为主题,专家学者围绕"宪法审查程序""备案审查体系""宪法诉愿""合宪性审查的提请"4 个单元进行学术研讨。

中国法学会宪法学研究会 2019 年年会在广州召开

2019 年 12 月 7 ~ 8 日,中国法学会宪法学研究会 2019 年年会在华南理工大学召开。本次年会由中国法学会宪法学研究会主办,华南理工大学法学院、广东省律师协会、华南理工大学党内法规和备案审查制度研究中心承办。会议主题为"新中国七十年:宪法与国家治理",来自全国高校、科研院所和实务界的 200 多位专家学者出席研讨。会议收到学术论文 156 篇,讨论的具体问题主要有:党的领导与依宪执政;国家建构的宪法基础;国家权力的宪法规范;宪法实施与合宪性审查;"一国两制"与粤港澳大湾区建设;保障宪法全面实施的体制机制等。

2019 年度中国十大宪法事例发布暨研讨会举行

2020 年 1 月 4 日下午,2019 年度中国十大宪法事例发布暨研讨会在中国人民大学举行。40 余位专家学者与会,多家媒体到会报道。本次研讨会分为上、下两个半场,围绕 2019 年度中国十大宪法事例进行了主题研讨。

“香港回归23周年:回顾与展望”研讨会举办

2020年7月1日,值香港特别行政区回归祖国23周年之际,“香港回归23周年:回顾与展望”研讨会在线上举办。20多位内地和香港特别行政区的专家学者参加会议,30多位相关领域的学者和学生在线旁听了本次研讨会。

第十六届“中国宪法学基本范畴与方法”学术研讨会举行

2020年9月4日,第十六届“中国宪法学基本范畴与方法”学术研讨会在线上举行。会议由中国人民大学公法研究中心主办。近40位宪法学者、经济法学者、民法学者与会,近300人在线旁听。第十六届“中国宪法学基本范畴与方法”学术研讨会的主题总范畴为“基本经济制度”,研讨会围绕经济宪法范畴体系、按劳分配、社会主义市场经济设置单元。

“《香港国家安全法》理论与实践学术研讨会”举行

2020年9月11日,“《香港国家安全法》理论与实践学术研讨会”在线上举行。逾40位宪法学者、刑法学者、刑事诉讼法学者与会。另有部分香港特别行政区媒体、相关政府部门工作人员在线旁听。研讨会围绕《香港特别行政区维护国家安全法》(以下简称《香港国家安全法》)通过后实施中的重要问题进行研讨,共设6个单元,包括:《香港国家安全法》对“一国两制”政策及香港特别行政区的政治及管治的影响;全国性法律在香港特别行政区的适用、《香港国家安全法》与《基本法》的关系;从国际法角度探讨《香港国家安全法》的影响;《香港国家安全法》与香港特别行政区刑法及刑事诉讼法的对接;《香港国家安全法》之下的国安机制:权力与问责;《香港国家安全法》之下香港特别行政区的人权保障。

“后疫情时代的法学反思——宪法与部门法的对话”研讨会在武汉举行

2020年10月23日下午,“后疫情时代的法学反思——宪法与部门法的对话”研讨会在湖北武汉举行。本次会议由中国法学会宪法学研究会主办,华中科技大学法学院承办。研讨环节由两个单元构成,第一单元主题为“后疫情时代的法学研究”,第二单元主题为“后疫情时代的国家治理”。

中国法学会宪法学研究会2020年年会在武汉召开

2020年10月24～25日,中国法学会宪法学研究会2020年年会在华中科技大学召开。本次会议由中国法学会宪法学研究会主办,华中科技大学法学院承办。受疫情影响,本届年会将采取线上、线下相结合的方式。主办方邀请部分专家到场线下参会,其他代表线上参会。此次年会主题为“宪法与国家制度建设”,具体议题包括:习近平总书记关于依宪治国、依宪执政的重要论述;国家制度的宪法基础;国家根本制度、基本制度与重要制度的宪法依据;风险社会与宪法;宪法与国家安全;宪法与疫情防控、紧急状态规制;宪法与数据安全保障、个人信息保护;百年大变局中的宪法课题等。

中国法学会宪法学研究会人大制度研究专业委员会2020年年会在武汉举办

2020年10月25日下午,中国法学会宪法学研究会人大制度研究专业委员会在华中科技大学举行学术年会,会议主题为“全国人大宪法和法律委员会的宪法职责”。会议采取线上、线下相结合的方式,40余位学者与会,14位学者作了专题发言。

地方宪法学研究会学术活动

广西宪法学研究会 2019 年学术年会举行

2019 年 7 月 6 日，由广西宪法学研究会主办、西宁师范大学法学与社会学院承办的广西宪法学研究会 2019 年学术年会在南宁举行。此次会议以“习近平总书记关于宪法的重要论述”“宪法普及的方法和手段”“青少年宪法教育”为主题展开研讨。

闽粤两省宪法学研究会 2019 年学术年会举行

2019 年 10 月 26 日，由福建省法学会宪法学研究会、广东省法学会宪法学研究会、福建师范大学法学院主办，武夷学院承办的“闽粤两省宪法学研究会 2019 年学术年会”在武夷学院召开。来自闽粤两省法学院校、科研机构和法律实务部门的 50 多名专家学者围绕“建国七十年来宪法的发展”主题展开研讨。

山西省法学会宪法学研究会 2020 年年会召开

2019 年 11 月 29 日，山西省法学会宪法学研究会、省法学会行政法学研究会 2020 年年会在太原召开。此次年会由宪法学研究会和行政法学研究会联合主办，山西大学法学院承办，省律协宪法与行政法专委会协办。

山东省法学会宪法学研究会 2019 年学术年会暨“新时代宪法理论创新”学术研讨会召开

2019 年 11 月 30 日，山东省法学会宪法学研究会 2019 年学术年会暨“新时代宪法理论创新”学术研讨会在日照召开。会议由山东省法学会宪法学研究会主办，曲阜师范大学法学院承办。会上进行了研究会换届选举，学者围绕党的十九届四中全会决定分别作了主旨演讲与议题讨论。

安徽省法学会宪法学研究会 2019 年年会召开

2019 年 12 月 4 日，安徽省法学会宪法学研究会在安徽师范大学法学院召开年会，围绕“加强合宪性审查，维护宪法权威”深入座谈交流。与会人员从弘扬宪法精神、推进国家治理体系和治理能力现代化的角度，就宪法在坚持和完善中国特色社会主义制度，推进国家治理体系和治理能力现代化中的重要地位和作用；加强合宪性审查对维护宪法权威和维护国家法制统一的重要意义；合宪性审查工作存在的问题和不足以及如何进一步加强合宪性审查制度和能力建设等方面发表了意见和建议。

北京市法学会宪法学研究会 2019 年年会暨学术研讨会召开

2019 年 12 月 14 日，北京市法学会宪法学研究会和立法学研究会 2019 年年会暨学术研讨会在北京召开。年会主题为“壮丽七十年:宪法与首都治理”与“完善立法体制机制”。讨论问题包括:弘扬宪法精神,积极构建更加有效的首都治理体系;宪法指引下的首都安全治理;提高首都治理能力的宪法学思考;首都法立法问题前瞻;社会系统论视角下宪法中的社会主义市场经济;宪法与北京地区黑臭水体的治理;土地腾退的合法性与合宪性等。

“新中国70年宪法实施与地方立法发展”鄂豫公法高端论坛暨两省宪法学研究会2019年年会召开

2019年12月14日,由湖北省法学会宪法学研究会、湖北省法学会地方立法研究会、河南省法学会宪法学研究会、河南省法学会地方立法研究会主办的“新中国70年宪法实施与地方立法发展”鄂豫公法高端论坛暨两省宪法学研究会、地方立法研究会2019年年会在武汉召开。年会由华中科技大学法学院、湖北省人大常委会地方立法研究与人才培养基地(华中科技大学)承办。两省年会由湖北省法学会宪法学研究会、地方立法研究会理事会换届会议,开幕式,三省研究会签署合作协议,主旨报告,分论坛会议,闭幕式共6个部分组成。

江苏省法学会宪法学研究会2019年年会召开

2019年12月14～15日,江苏省哲学社会科学界第十三届学术大会政治学·法学专场暨江苏省法学会法理学与宪法学研究会2019年年会在镇江市召开,围绕“依法治省,为江苏高质量发展营造法治环境”这一主题深入交流,开展了多场高质量的专题报告与评议。

河北省法学会宪法学研究会2019年年会召开

2019年12月15日,河北省法学会习近平全面依法治国新理念新思想新战略研究中心、河北省法学会宪法学研究会2019年年会在河北师范大学召开。会议由河北省法学会主办,河北师范大学法政与公共管理学院、河北省法学会习近平全面依法治国新理念新思想新战略研究中心、河北省法学会宪法学研究会承办。本次年会主题为“新中国成立70周年背景下的习近平全面依法治国新理念新思想新战略与宪法实施”,分议题为“新中国70年与习近平依法治国重要论述理论研究”与“新中国70年宪法实施”。

湖南省法学会宪法学研究会换届选举大会暨2019年年会召开

2019年12月22日,湖南省法学会宪法学研究会换届选举大会暨2019年年会在湘潭召开。会议由湖南省法学会宪法学研究会主办,湘潭大学法学院知识产权学院承办。除换届选举外,会议包括主旨报告与学术讨论。其中,主旨报告涵盖“湖南省地方立法的现状与展望”与“行政审判中党内法规的司法适用”两个话题,学术讨论分为“地方立法的理论与实践”单元以及“党内法规的理论与实践”单元。

“宪法实施与全面推进依法治国”学术研讨会暨豫鄂赣三省宪法学研究会召开

2020年10月17日,由江西省法学会宪法学研究会和江西师范大学承办的“宪法实施与全面推进依法治国”学术研讨会暨豫鄂赣三省宪法学研究会、豫鄂两省地方立法研究会2020年年会在江西师范大学召开。研讨会上，理论界和实务界的6名专家发表“民法典实施中的宪法问题”“地方立法的三项基本原则”等主题演讲。来自三省的专家学者围绕“宪法实施的一般理论”“人大立法与宪法实施”“宪法文本与全面依法治国”“宪法实施与合宪性审查”“党内法规与全面依法治国”“部门法中的宪法问题”等议题展开专题研讨。

四川省法学会宪法学研究会2020年年会暨国家治理体系与治理能力现代化研讨会举行

2020年10月31日，四川省法学会宪法学研究会2020年年会暨国家治理体系与治理能力现代化研讨会在成都举行，本次年会以“宪法实施与国家治理体系和治理能力现代化”为主题，由四川大学法学院承办。

闽粤两省宪法学研究会2020年学术年会暨广东省法学会宪法学研究会换届大会举行

2020年11月21日，闽粤两省宪法学研究会2020年学术年会暨广东省法学会宪法学研究会换届大会在广东财经大学法学院举行。会议由广东省法学会宪法学研究会和福建省法学会宪法学研究会联合主办，广东财经大学法学院承办。会议由开幕式、广东省法学会宪法学研究会换届会议、主题报告、专题研讨以及闭幕式五大环节构成。其中，年会以“民法典中的宪法问题、疫情防控视域下突发公共卫生事件与国家安全问题”为主题，共收录36篇高质量论文。

京津冀“习近平法治思想与宪法实施”学术研讨会暨河北省法学会宪法学研究会2020年年会召开

2020年11月27～29日，京津冀“习近平法治思想与宪法实施”学术研讨会暨河北省法学会习近平法治思想研究中心、宪法学研究会2020年年会在河北省石家庄市召开。会议由河北省法学会主办，河北省法学会习近平法治思想研究中心、河北省法学会宪法学研究会、河北师范大学法政与公共管理学院承办。本次会议收到参会论文百余篇，与会代表围绕“习近平法治思想与宪法实施”的主题积极展开探讨。

湖南省法学会宪法学研究会2020年会暨地方法治的理论与实践学术研讨会举行

2020年11月28日，湖南省法学会宪法学研究会2020年会暨地方法治的理论与实践学术研讨会在张家界举行。本次年会由湖南省法学会宪法学研究会主办，吉首大学张家界学院承办。年会主题为“地方法治的理论与实践”，会议包括两场学术交流，第一阶段主旨汇报主题为“中国宪法学重构的党内法规视角”与“老年人长期照护服务保障是新时代人权保障的关键议题”，第二阶段主题为“地方立法的理论与实践”。

山西省法学会宪法学研究会2020年年会召开

2020年11月29日，山西省法学会宪法学研究会、省法学会行政法学研究会2020年年会在太原召开。本次年会由山西省法学会宪法学研究会和行政法学研究会联合主办，山西华炬律师事务所、山西大学法学院承办，省律协宪法与行政法专委会协办。省法学会宪法学研究会会长、行政法学研究会副会长、山西大学法学院副教授何建华主持会议开幕式。

安徽省法学会宪法学研究会2020年年会暨“宪法视野中的民法典”专题研讨会举行

2020年12月4日上午,在第七个国家宪法日到来之际,安徽省法学会宪法学研究会2020年年会暨“宪法视野中的民法典”专题研讨会在六安举行。本次会议由省法学会宪法学研究会主办,皖西学院法学院承办,六安市法宣办协办。专家学者认真学习宣传习近平法治思想,就“宪法视野中的民法典”这一主题进行广泛而深入的研讨交流。

广东省法学会国家宪法日座谈会召开

2020年12月4日,广东省法学会在华南理工大学成功召开国家宪法日座谈会。会议由广东省法学会主办,广东省法学会宪法学研究会承办,座谈会以“践行习近平法治思想,坚持依宪治国、依宪执政”为主题进行深入探讨。

安徽省法学会宪法学研究会2020年年会暨“宪法视野中的民法典”专题研讨会举行

2020年12月4日,在第七个国家宪法日到来之际,安徽省法学会宪法学研究会2020年年会暨“宪法视野中的民法典”专题研讨会在皖西学院举行。会议由安徽省法学会宪法学研究会主办,皖西学院法学院承办。与会人员围绕“宪法视野中的民法典”这一主题,从人格权在宪法和民法中的规定以及二者关系、宪法视野中的《民法典》、从实践角度对宪法和民法的关系思考、宪法视野下的居住权、选举中的救济权等方面进行探讨。

山东省法学会宪法学研究会2020年年会暨“宪法与推进全面依法治国”学术研讨会召开

2020年12月5日,山东省法学会宪法学研究会2020年年会暨“宪法与推进全面依法治国”学术研讨会在济南召开。会议以“宪法与推进全面依法治国”为主题,开展了“合宪性审查与宪法实施”“宪法制度与国家治理”“立法理论与实践”3个单元的专题研讨。

中国十大宪法事例(2019)

2020 年 1 月 4 日,由中国人民大学公法研究中心组织评选的“2019 年度中国十大宪法事例”在中国人民大学发布,这十大事例是:

1. 全国人大常委会决定废止有关收容教育法律规定和制度的决定

2. 贵州省修文县强制农户土地流转事件

3. 全国人大常委会决定授权国家监察委制定监察法规

4. 全国人大常委会决定授予国家勋章和国家荣誉称号

5. 浙江省建立律师与法官互评机制

6. 福建县级人大常委会审查纠正本级政府关于因超生开除公职的规范性文件

7. 郭某诉杭州野生动物世界采集游客人脸信息案

8. 全国人大常委会审查处理省级人大常委会关于授权交警检查通讯记录的规范性文件

9. 中央要求香港特别行政区行政长官就依法禁止“香港民族党”运作等有关情况提交报告

10. 湖南新宁县人民医院要求护士应聘者“两年内不准怀孕”

中国十大宪法事例(2020)

2021 年 1 月 2 日,由中国人民大学公法研究中心组织评选的“2020 年度中国十大宪法事例”在线上发布,这十大事例是:

1. 依法防控疫情中的宪法问题
2. 《民法典》颁布
3. 全国人大及其常委会就香港国家安全问题作出有关决定和通过有关法律
4. 第十三届全国人民代表大会第三次会议推迟召开
5. 杭州在全国率先启动人脸识别禁止性条款的地方立法
6. 国旗法、国徽法迎来重要修改
7. “两高一部”发布依法适用正当防卫制度指导意见
8. 最高人民法院、全国妇联、中国女法官协会联合发布人身安全保护令典型案例
9. 老年人被智能科技边缘化
10. 陈春秀被冒名顶替上大学